社会福祉士国家試験
精神保健福祉士国家試験
受験ワークブック

2025

共通科目

中央法規

はじめに

2025（令和7）年2月の第37回社会福祉士国家試験・第27回精神保健福祉士国家試験から、いよいよ新カリキュラムに対応した試験が始まります。新カリキュラムは、社会保障審議会福祉部会福祉人材確保専門委員会によれば「複合化・複雑化した課題を受けとめる多機関の協働による包括的な相談支援体制」「地域住民等が主体的に地域課題を把握して解決を試みる体制」の構築のために、これらの課題解決を支援できるソーシャルワーカーを養成することにねらいがあるとされます。この新カリキュラムの方針に基づいて国家試験も科目編成され、「出題基準」も示されています。今、その基準にしたがって受験対策に向けた特色を簡単に探ってみましょう。

まず第一の特色としては、これまで専門科目の試験科目であった「ソーシャルワークの基盤と専門職」と「ソーシャルワークの理論と方法」の２科目が、精神保健福祉士との共通科目と社会福祉士の専門科目の両方から出題されることとなりました。もちろんソーシャルワークの実践モデルなどこれまで学んできた内容が変わるわけではありませんが、総合的かつ包括的な支援におけるジェネラリストの視点や多職種連携やチームアプローチ、事例分析や事例検討、ソーシャル・マーケティングなど幅広い分野からの出題に備える必要もあります。事例問題もこれまで以上に多方面から出題されるでしょう。

第二の特色としては、「権利擁護を支える法制度」や「刑事司法と福祉」の科目における法律学の分野の比重の高さです。例えば、出題基準の大項目「法の基礎」は、法学部の科目でいえば法学の科目に該当し、「刑事司法」の大項目は刑法の科目、「刑事事件の手続き、処遇」の項目は刑事訴訟法の科目と、これまでにない内容にまで及んでいます。一方で、「虐待防止法の概要」の項目は、「障害者福祉」「高齢者福祉」「児童・家庭福祉」の3科目で取り上げる各虐待防止法と重なり、「差別禁止法」の項目は、障害者差別解消法であり、これも「障害者福祉」の科目と重なります。このように科目によって同じような出題基準もあり思い切って１つの内容に割り切り合理的な学習も必要です。

第三の特色としては、組織、団体、専門職の役割など、支援と関係機関、社会福祉士の役割などが多くの科目の出題基準に掲げられていることです。新カリキュラムの目指す社会福祉士の養成像として当然といえば当然ですが、ネゴシエーション、コンフリクト、レゾリューションの技法なども実践で活用できるよう学んでおくことが求められています。

さて、新カリキュラムの特色はまだまだありますが、詳細は本書を活用して身につけてください。本書が登場して30年余が経過しました。受験の王道を行くべくゆるぎのない編集方針によって、新カリキュラムに対応し、「出題基準」とそれに基づいた重要項目、過去問の分析など他書の追従を許しません。さらにはめまぐるしく変わる法制度、最新の統計調査の概要など最先端の知識、情報を盛り込んで、受験の動向把握に努めています。

本書を活用して努力・学習された受験者が、めでたく合格されることをお祈りいたします。

2024年5月

中央法規社会福祉士・精神保健福祉士受験対策研究会

側注の出題実績における旧カリキュラムの科目名の略称については、以下のとおりです。

(人体) 人体の構造と機能及び疾病	(権利) 権利擁護と成年後見制度
(心理) 心理学理論と心理的支援	(調査) 社会調査の基礎
(社会) 社会理論と社会システム	(相基) 相談援助の基盤と専門職
(現社) 現代社会と福祉	(相理) 相談援助の理論と方法
(地域) 地域福祉の理論と方法	(経営) 福祉サービスの組織と経営
(行財) 福祉行財政と福祉計画	(高齢) 高齢者に対する支援と介護保険制度
(社保) 社会保障	(児童) 児童や家庭に対する支援と児童・家庭福祉制度
(障害) 障害者に対する支援と障害者自立支援制度	(就労) 就労支援サービス
(低生) 低所得者に対する支援と生活保護制度	(更生) 更生保護制度
(保医) 保健医療サービス	

本書の使い方

『最新　社会福祉士・精神保健福祉士養成講座』『最新　社会福祉士養成講座』を基に、国家試験対策に必要な内容を「重要項目」としてわかりやすく解説しています。

重要ワード（色文字）や出題実績、受験対策アドバイスも参考にしながら、効率・効果的な学習を進めることができます。

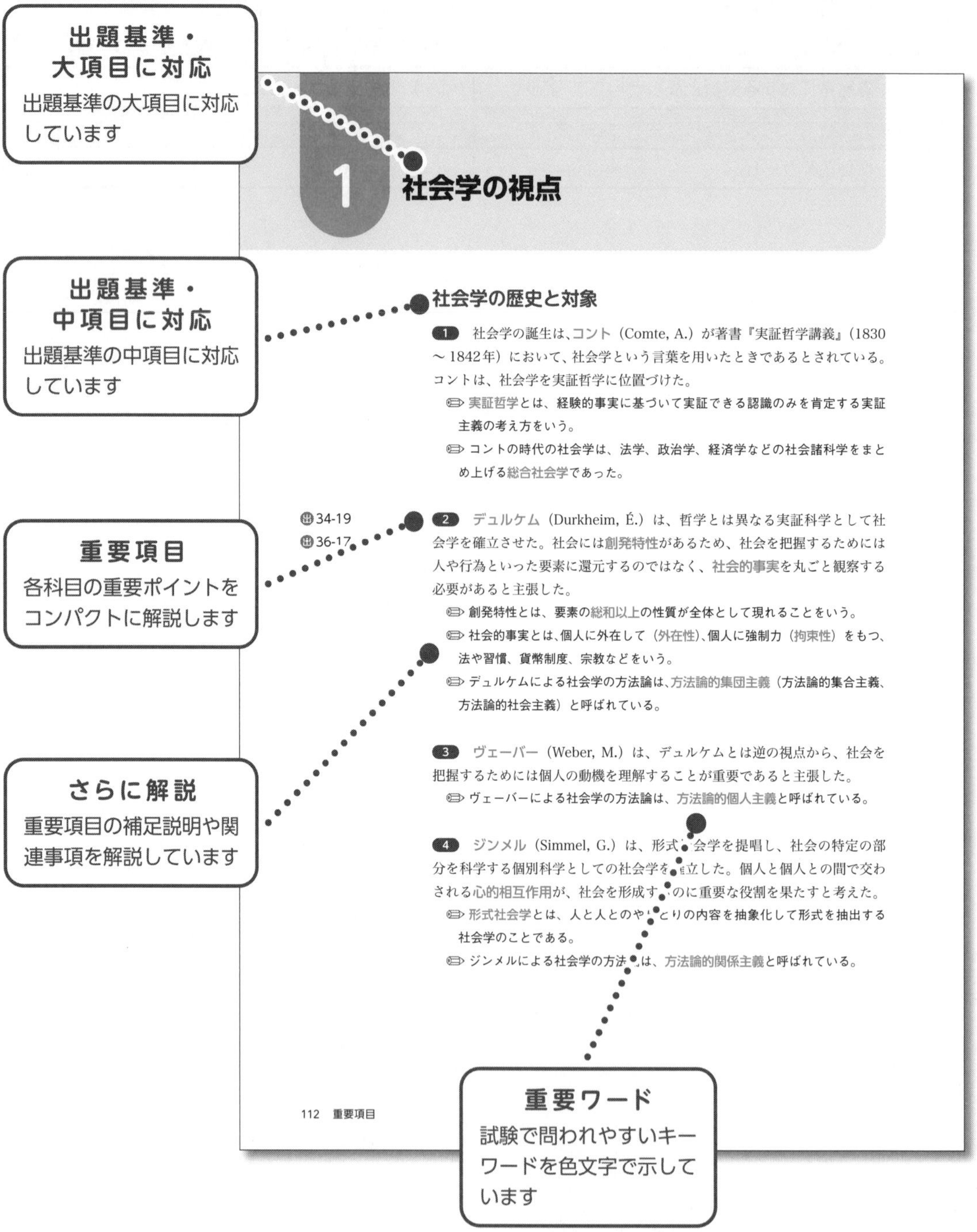

1 社会学の視点

社会学の歴史と対象

1 社会学の誕生は、コント（Comte, A.）が著書『実証哲学講義』（1830～1842年）において、社会学という言葉を用いたときであるとされている。コントは、社会学を実証哲学に位置づけた。

✎ 実証哲学とは、経験的事実に基づいて実証できる認識のみを肯定する実証主義の考え方をいう。

✎ コントの時代の社会学は、法学、政治学、経済学などの社会諸科学をまとめ上げる総合社会学であった。

出 34-19
出 36-17

2 デュルケム（Durkheim, É.）は、哲学とは異なる実証科学として社会学を確立させた。社会には創発特性があるため、社会を把握するためには人や行為といった要素に還元するのではなく、社会的事実を丸ごと観察する必要があると主張した。

✎ 創発特性とは、要素の総和以上の性質が全体として現れることをいう。

✎ 社会的事実とは、個人に外在して（外在性）、個人に強制力（拘束性）をもつ、法や習慣、貨幣制度、宗教などをいう。

✎ デュルケムによる社会学の方法論は、方法論的集団主義（方法論的集合主義、方法論的社会主義）と呼ばれている。

3 ヴェーバー（Weber, M.）は、デュルケムとは逆の視点から、社会を把握するためには個人の動機を理解することが重要であると主張した。

✎ ヴェーバーによる社会学の方法論は、方法論的個人主義と呼ばれている。

4 ジンメル（Simmel, G.）は、形式社会学を提唱し、社会の特定の部分を科学する個別科学としての社会学を確立した。個人と個人との間で交わされる心的相互作用が、社会を形成するのに重要な役割を果たすと考えた。

✎ 形式社会学とは、人と人とのやりとりの内容を抽象化して形式を抽出する社会学のことである。

✎ ジンメルによる社会学の方法論は、方法論的関係主義と呼ばれている。

112　重要項目

図表まとめ
関連内容を図表で整理しています

図表18 縦断調査の種類

	動向調査（傾向調査）	集団調査	パネル調査
調査方法	調査対象者を定義し、時間の経過とともに特定集団の動向（傾向）がどのように変化しているかを確認する	調査者が特定した範囲内の調査対象者が、時間経過のなかでどのように変化していくかを確認する	同一の集団を経時的に複数回調査を行い、その変化を確認する
調査対象	調査時期ごとに調査対象者の定義に該当する者を抽出する	調査時期ごとに特定の集団から調査対象者を抽出する	すべての調査時期で、調査対象者は同一。ただし、調査を重ねるごとに調査対象者が減少する傾向がある

71 パネル調査では、時間を経るにしたがって、何らかの理由で標本が調査から脱落する傾向がある。これを　　　　（摩耗または脱落）という。

72 最初に横断調査を行い、その対象者を固定したまま時間間隔をあけて縦断調査を行って得られたデータを　　　　と呼ぶ（図表17参照）。

パネルデータは、クロス　　　　（　　　）と　　　　タの両方の特徴を併せもつデータである。

73 二次分析とは、既存のデータや行政機関などが収集したデータなど、他者が調査目的を定めて収集したデータを分析することをいう。

質問紙の作成方法と留意点

◎ワーディングの留意点

74 質問紙調査では、調査対象者が理解しやすい　　　　で質問　を作成する必要がある。作成における留意点は、図表19のとおりである。

ワーディングとは、質問文や選択肢における　　　　を指す。

図表19 質問紙を作成するときの留意点

①明瞭かつ簡潔な文章表現を使用する
②専門用語の使用を避ける
③略語の使用を避ける
④二重否定の使用を避ける
⑤ダブル・バーレル質問を避ける
⑥キャリーオーバー効果を防ぐ
⑦パーソナルな質問とインパーソナルな質問を検討する

出 33-87
出 34-85

受験対策アドバイス
◆動向（傾向）調査や集団調査では、調査時点ごとに集団を構成する要素が異なります。一方で、パネル調査では、同一の集団に対して複数回調査を行います。

出 32-88
出 33-88
出 …88

受験対策アドバイス
◆質問紙の作成に関する問題では、ダブル・バーレル質問、キャリーオーバー効果などが繰り返し出題されています。これらの用語の理解とともに、適切な質問紙を作成するための留意点を理解して

12 社会福祉調査の基礎

出題実績
国家試験の過去の出題実績を示しています
例：「35-1」は第35回試験・問題1で出題されたことを指す

対策アドバイス
今後の試験対策や学習の参考になります

赤シート付き
繰り返し学習や暗記に活用できます

実力チェック！一問一答

※解答の横の番号は、本科目で該当する重要項目や図表の番号です。

1	ブルデューが論じた文化資本とは、地域社会が子育て支援に対して寄与する財のことをいう。	1× 16
2	石井十次は岡山孤児院を設立した。	2○ 42
3	児童福祉法は、戦災によって保護者等を失った満18歳未満の者（戦災孤児）にその対象を限定していた。	3× 61
4	新生活保護法（1950（昭和25）年）は、素行不良な者等を保護の対象から除外する欠格条項を有していた。	4× 62
5	1973（昭和48）年の「福祉元年」に、老人医療費支給制度を実施して、75歳以上の医療費を無料にした。	5× 67

実力チェック！一問一答
各科目の最後に一問一答を掲載。理解度チェック、重要項目の復習を通して学びを深めます

目　次

01

医学概論

① 医学概論

※【　】内は問題番号
※　は新カリにおける新規項目

大項目	中項目	小項目（例示）	出題実績		
			第 36 回	第 35 回	第 34 回
1 ライフステージにおける心身の変化と健康課題	1）ライフステージにおける心身の変化と健康課題		【1】	【1】	
	2）心身の加齢・老化				【1】
	3）ライフステージ別の健康課題	・乳幼児期，学童期，思春期，青年期，壮年期，前期高齢期，後期高齢期			
2 健康及び疾病の捉え方	1）健康の概念	・WHO 憲章			
	2）疾病の概念	・疾患，疾病，病気の違い			
	3）国際生活機能分類（ICF）	・国際生活機能分類（ICF）の概要（コーディング，活用事例を含む）	【2】	【2】	【2】
3 身体構造と心身機能	1）人体部位の名称				
	2）基幹系と臓器の役割				
4 疾病と障害の成り立ち及び回復過程	1）疾病の発生原因	・外的要因 ・内的要因			
	2）病変の成立機序	・炎症，変性，虚血，発がん，免疫反応等			
	3）障害の概要	・視覚障害，聴覚障害，平衡機能障害，肢体不自由，内部障害，知的障害，精神障害（DSM を含む），発達障害，認知症，高次脳機能障害等	【3】 【5】 【6】	【7】	【5】 【6】
	4）リハビリテーションの概要と範囲	・リハビリテーションの定義，目的，対象，方法			【7】
	5）疾病と障害及びその予防・治療・予後・リハビリテーション	・がん ・生活習慣病 ・脳血管疾患 ・心疾患 ・感染症 ・神経疾患 ・先天性疾患 ・肺疾患 ・腎・泌尿器疾患 ・消化器疾患 ・骨・関節の疾患 ・血液疾患 ・目・耳の疾患 ・精神疾患 ・高齢者に多い疾患	【4】 【7】	【3】 【4】 【5】 【6】	【3】 【4】
5 公衆衛生	1）公衆衛生の概要	・公衆衛生の考え方 ・健康の社会的決定要因（SDH）			
	2）健康増進と保健医療対策	・母子保健対策，成人保健対策（生活習慣病予防対策及びがん対策），高齢者保健対策，精神保健対策，感染症対策等			

1 ライフステージにおける心身の変化と健康課題

ライフステージにおける心身の変化と健康課題

1 **成長**は、身長、体重など身体の量的な増加と捉えられている。**発達**は、精神、運動、生理などの機能面の成熟に対して用いられる。**発育**は、成長、発達の互換的用途あるいは包括した概念とされる。

図表1 **胎生期から思春期までの発育区分**

胎生期	0日（受精）～280日（出生） 胚芽期（受精後2週） 胎芽期（3～8週） 胎児期（9週～出生）
新生児期	出生後4週間
乳幼児期	6歳まで
学童期	6～12歳
思春期	第2次性徴出現～骨端線閉鎖まで 女子平均10歳（乳頭突出） 男子平均10.8歳（精巣容量3mL以上）

2 胎生期において、**身体の輪郭**ができるのは8週目まで、**器官形成**は12週まで続き、その頃には**性別の判別**が可能となる。

3 発育には原則があり、その大部分が一定の順序で進む。**神経系**の発育は、臓器のなかで最も早く、比較的早い時期に限界に達する。**生殖器系**は思春期になって　急速に発育する。**リンパ系組織**は小児期には成人以上の組織の増大があるが、20歳頃には成人のレベルに縮小する**（図表2参照）**。

出 33-1

4 **出生時の平均身長**は、2021（令和3）年において、男子49.2cm、女子48.7cmである。**身長**は生後**1年で出生時の1.5倍**となる。**4歳で2倍**、**12歳で約3倍**になる。10歳～12歳では一時的に女子のほうが身長は高くなる。

5 **出生時の平均体重**は、2021（令和3）年において、男子3.05kg、女子2.96kgである。初めの3か月で1日に30g、それ以降は1日に10～20g増加する。生後3～4か月で出生時の**2倍**、1歳で3倍、**4歳で5倍**になる。

受験対策アドバイス
◆身長・体重の大まかな標準を知ることは、成長を知るうえでの指標となります。

図表2 **スキャモンの発育曲線**

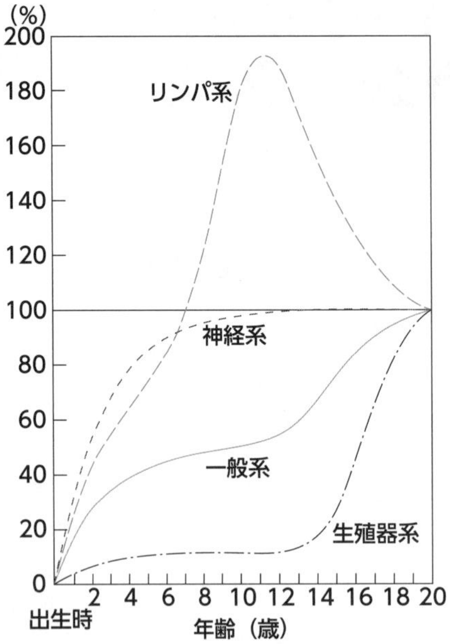

出典：Scammon, R. E., 'The measurement of the body in childhood', Harris, J. A., Jackson, C. M., et al., *The measurement of man*, University of Minnesota Press, 1930.を一部改変

6 **生理的体重減少**とは、出生後3～4日に体重が減少し、その後7～10日で出生体重に戻る現象をいう。

7 **乳歯**は、生後6～8か月から生え始め、2～3歳で生え終わる。乳歯は20本である。

永久歯は6～8歳から生え始め、10～14歳までに28本、その後智歯などにより32本となる。

8 **成長の評価**で、最も用いられるのは、**身長**、**体重**、**頭位**、**胸囲**である。身長は全身発育の指標、体重は栄養状態の指標として用いられ、頭位は脳の発育と深い関係にある。

9 **原始反射**とは、脊髄・脳幹に反射神経をもち、生後5～6か月より発達し、脳の成熟とともに消失し始める。原始反射に随意運動は見られない。

図表3 **主な原始反射**

原始反射	状態
手掌把握反射	手のひらに触れたものを握ろうとする
吸啜《きゅうてつ》反射	口に触れたものに吸いつこうとする
モロー反射	急に頭を後方に落としたときに、両上肢を開き、つづいて側方から抱きつくような動きをする（生後4か月で消失する）
原始歩行	両脇を支えながら足を床につけると歩き出すような足の動きをする

10 運動発達には、個人差があるが、主な発達過程は**図表4**のとおりである。 出33-1

図表4 主な運動発達

1～2か月	光をみつめる、あやすと笑う
3～4か月	首が座る（定頸）
6～7・8か月	寝返りをする、座位ができる、ハイハイをする
9～10か月	つかまり立ち、伝い歩きをする、
12か月	1人立ちができる　指さきでつかむピンセットつかみができる
18か月（1歳半）	歩行・言語、人間らしい基本動作がしっかりする
24か月（2歳）	走る、1人で階段の上り下りをする、2語文を話す
36か月（3歳）	三輪車をこぐ、○を書く、はさみで紙をきる、自分の名前がいえる

受験対策アドバイス
◆思春期の身体的特徴や心理的特徴は、青年期に向けての大きな変化であることから、理解しておきましょう。

11 **思春期**は、**第二次性徴の発現**とともに始まり、長骨骨端線の閉鎖で終結するとされている。思春期の特徴として、生殖器系の器官が男女ともに著しく成長する。 出33-1 出35-1

図表5 思春期の主な身体的変化

女子	乳房や骨盤の発育、恥毛の発生、身長増加の促進、乳房が大きくなる、初経 ※女子の方が早く思春期を迎える
男子	精巣（睾丸）や陰茎が大きくなり始める、恥毛の発生、身長増加の促進

12 身体的変化としての「性のめざめ」と「自我のめざめ」がある。この時期の心理的特徴には、不安や刺激対する過敏性、**自意識過剰**などがある。 出35-1

13 学童期から青年期では、身長、体重等の成長が顕著であり、特に身長においては、脳下垂体前葉から分泌される、成長ホルモンが関与している。 出33-1

14 **青年期**は、第二次性徴の発現と成熟は完成しているが、心理的、社会的には完全な大人でない状態である。

15 エリクソン（Erikson,E.）の発達段階説では、心理・社会的側面の発達が8つの段階にまとめられている。アイデンティティが発達課題となるのは、青年期（12～20歳頃）のなかでも12～15歳頃である。 出33-1

16 **成人前期**の女性は、妊娠、出産、育児に伴う変化がある。男性では、女性ほど身体変化はみられない。

17 近年**女性労働者は増加**しており、その労働力は他の先進国に近づいている。

✎ 近年日本では、男女ともに結婚年齢が世界の他の国よりも高くなり、離婚件数や未婚者も増加している。

心身の加齢・老化

18 **老化**とは、成熟期以降、加齢とともに各臓器あるいはそれらを統合する機能が低下し、個体の恒常性を維持することが不可能になり、死に至る過程を指す。老化には、**生理的老化**と**病的老化**がある。

19 **加齢**とは、生後から時間経過とともに個体に起こる、よいこと、悪いことを含めたすべての過程を示す。

20 老化には、**生理的老化**と**病的老化**がある。しかし、境界はあいまいでどちらともいえない病態が存在することも事実である。

図表6 主な生理的老化と病的老化の特徴

	生理的老化	病的老化
発生頻度	すべての人に	一部のみ
発生時期	20～30歳から	発症とともに
進行様式	不可逆的	治療により可逆的
進行速度	ゆるやか	早い
臨床的分類	健常者（健常高齢者）	患者

21 **高齢者**は一般に、65歳以上とされ、そのうち65～74歳を**前期高齢者**、75歳以上を**後期高齢者**と呼ぶ。後期高齢者のうち90歳以上を**超高齢者**、100歳以上を**百寿者**と呼ぶ場合もある。

図表7 前期高齢者と後期高齢者の主な特徴

前期高齢者	・個体の老化の徴候が明瞭 ・老年疾患罹患者の増加 ・機能障害を有する割合は低い
後期高齢者	・老化の徴候がさらに明瞭 ・老年疾患を複数抱える人が著しく増加 ・機能障害を有する割合が高くなる

22 **骨密度**は、男性では年齢に伴い徐々に低下する。女性では50歳頃に閉経を迎え、女性ホルモンの分泌が変化するので急速に骨密度が低下する。

23 **加齢による身体的特徴**として、筋肉量や骨量は減少し、脂肪の割合が増加する。細胞内液は減少し、脱水になりやすい。また各臓器の機能が低下し、生活習慣病などの疾病になりやすい。**高齢者の疾病の症状**は出にくかったり、非特異的であったりする。

出 34-1

受験対策アドバイス

◆高齢者の身体的特徴と疾患や症状の特徴を理解しておくことは、利用者の相談内容を知ることにも役立ちます。

図表8 主な臓器などの加齢変化など

循環器系	・心筋拡張能が低下、末梢血管抵抗は増加。 ・血管の伸展性は低下し、**収縮期血圧**は上昇、**拡張期血圧**が低下する。 ・心房細動など不整脈が増加。
呼吸器系	・肺の弾性収縮力が低下し、胸壁が硬くなる。 ・胸郭コンプライアンス（胸郭の膨らみやすさ）も低下し**肺活量**は低下。 ・換気できずに残る残気量は増加。
消化器系	・**唾液分泌**が著しく低下し、味覚異常や食欲不良の原因となる。 ・食道蠕動《ぜんどう》運動の低下や下部食道括約筋の弛緩で、**逆流性食道炎**が生じやすい。 ・小腸・大腸の消化吸収機能や蠕動運動の低下から、**便秘**になりやすい。
内分泌系	・成長ホルモンや性ホルモン（エストロゲン・プロゲステロン）は減少する。 ・黄体ホルモンや卵胞刺激ホルモンは増加する。 ・コルチゾル、サイロキシンは保たれる。 ・トリヨードサイロニンは低下し、甲状腺刺激ホルモンは増加する。 ・インスリン感受性やインスリン分泌能は低下し、**糖尿病**等が増加する。
神経系	・**脳萎縮**が起こり、**認知機能が低下**する。 ・神経伝達速度の加齢による変化は10％程度の低下にとどまる。 ・**自律神経の機能低下**により、血圧の低下や一過性の不整脈を起こしやすく、**起立性低血圧**や**食後低血圧**、転倒、入浴事故をおこしやすい原因となる。
腎・泌尿器系	・糸球体《しきゅうたい》効果が進行し、糸球体濾過《ろか》量や尿濃縮力低下がおこる。 ・膀胱《ぼうこう》容量の低下、膀胱伸展性減少、尿道括約筋の低下による**排尿障害**が起こる。 ・男性では前立腺肥大が進行し排尿障害が悪化する。
血液・免疫系	・免疫機能が低下し、**感染症**にかかりやすくなる。 ・原因が特定できない**貧血**のある高齢者は比較的多い。二次性貧血もある。
感覚器系	・視力低下により、**動体視力**が著しく低下する。調節力の低下により**老眼**になる。 ・水晶体の混濁で**白内障**になる。 ・聴力は50歳代で**高音域に著明な低下**が起こる。 ・**味覚障害**、**嗅覚《きゅうかく》障害**も進行する。
骨・運動器系	・骨量減少が**骨粗鬆症**、さらに骨折を引き起こす。 ・関節が変形し**変形性関節症**となる。 ・筋肉量が減少し、**活動性の低下**と**転倒リスク**が生じる。

出33-3

24 **健康寿命**とは、健康で長生きである指標として2000年に世界保健機関（WHO）から提唱された概念である。日本では健康日本21（第二次）において、健康増進の基本的な方向や目標指標のなかに健康寿命が位置づけられた。2019（令和元）年の統計では、平均寿命と健康寿命には男性では約9年、女性では約12年の開きがある。

25 **老年症候群**とは、高齢者に多くみられ、医療だけでなく介護、看護が必要な状態や徴候の総称である。その特徴は、頻度が高いこと、複数の症状を併せもつことが挙げられる。老年症候群では、生理的老化と病的老化に伴う症状が重複する場合がある。

ライフステージ別の健康課題

◎胎生期・乳幼児期・学童期の健康課題

26 胎生期は、外界から隔離された状態にあるが、病的遺伝子による**先天性代謝異常**（フェニルケトン尿症）や**染色体異常**（ダウン症候群・クラインフェルター症候群・ターナー症候群）などがある。

27 妊娠中の風疹《ふうしん》（三日はしか）罹患《りかん》による、難聴・先天性白内障・先天性心疾患などの**先天性風疹症候群**や、抗生物質（テトラサイクリン）服用による歯や骨の発育阻害、抗生物質（ストレプトマイシン）による難聴がある。

28 新生児期は、母親の胎内から分離される時期である。出産前後におこる課題として、早産、分娩異常、仮死などがある。先天異常にこれらの健康課題で脳に器質的障害が残ると、**脳性麻痺**、**精神遅滞**（**知的障害**）などがおきる原因となる。

29 乳児の求める温かさと食物は、原則母親から与えられる。しかしその**母性的養育**が危うくなるものとして**乳児虐待**がある。乳児を含む**児童虐待**の相談件数はここ20年間増加している。乳児虐待死亡例が多いのは、0歳時中でも0日児の割合が高い。加害者の割合は母親が多い。

30 「児童虐待の防止等に関する法律」（児童虐待防止法）では、**身体的虐待**、**性的虐待**、**ネグレクト**、**心理的虐待**の4タイプに分類されている。

31 幼児期前期は、**生活習慣を習得**させていく時期である。しかし、睡眠については、20年前に比べて就寝時間が遅くなり、朝の目覚めも遅くなっている。排泄訓練の開始時期や完了時期も以前に比べて遅くなっている。

✎ 近年、乳児の生活習慣はくずれてきており、要因として親の都合がある。

32 幼児期の虐待も増加している。この時期は「しつけのため」として虐待に発展してしまう。ネグレクトも近年増加している。

33 乳児期後半は、**言葉や運動能力**は目覚ましい発達を遂げ、ともに**社会性**も培う。近年、いきなり「キレる」子どもが増加傾向にある。

✎ 要因として、自発性を抑え込む環境、叱られる経験の欠如、大人社会の暴力の模倣などが挙げられる。

34 学童期における学びの困難性として、**発達障害**◆がある。

受験対策アドバイス

◆2004（平成16）年に発達障害者支援法が制定されました。広汎性発達障害、学習障害、注意欠陥多動性障害など発達障害の位置づけが定着したといえます。

◎思春期・青年期の健康課題

35 **思春期**において**エリクソン**は、性の成熟到来という**身体的変化**と自我同一性（アイデンティティ）という**心理社会的発達段階**を同一時期に定めたが、近年二つの時間的乖離《かいり》が著しい。

✎ 現代社会において、高学歴化と社会的自立の遅延化が起こっている。

36 **青年期**の課題として、**不登校、ひきこもり、ニート**という学校や社会に参加していない、できない人が増えてきていることがある。

◎成人期・高齢期の健康課題

37 **成人前期**から中期においての課題は、ひきこもる状態の人が年々増加していることにある。**成人中期以降**の課題では、高血圧症や、糖尿病などの**生活習慣病**や悪性腫瘍などが多くなっている。

38 高齢者は各種臓器の機能低下が進行し、複数の疾患を抱える。症状が出にくい、症状が典型的でないなどがある。**前期高齢者**では、骨粗鬆症や動脈硬化性疾患などの**老年疾患**を有する割合が増加する。

39 **後期高齢者**、認知症、転倒、失禁、誤嚥《ごえん》などの**老年症候群**が増加し、かつ合併するようになる。疾患や症状が増えることで少しずつ薬が増え**ポリファーマシー**（多剤服用）になりやすい。

◎死因

40 主な**死因別死因**の第1位は、**悪性新生物（がん）**で、1981（昭和56）年以降1位である。全死亡者に占める割合は24.6％（2022（令和4）年）。2位は**心疾患**、3位は**老衰**（2022（令和4）年）である。第3位は2016（平成28）年までは**肺炎**、2017（平成29）年は**脳血管疾患**、2018（平成30）年からが老衰である。これは**超高齢社会**となったことが関係する。

出 33-4

41 **死因の構成割合**は、年齢、性によって異なる。年齢が上がるにつれ**悪性新生物**の占める割合が高くなる。

42 高齢者では、**老衰**や**心疾患**の割合が高く、特に90歳以降で老衰の割合増加は顕著である。

図表9 主な死因別にみた死亡率（人口10万人対）の年次推移

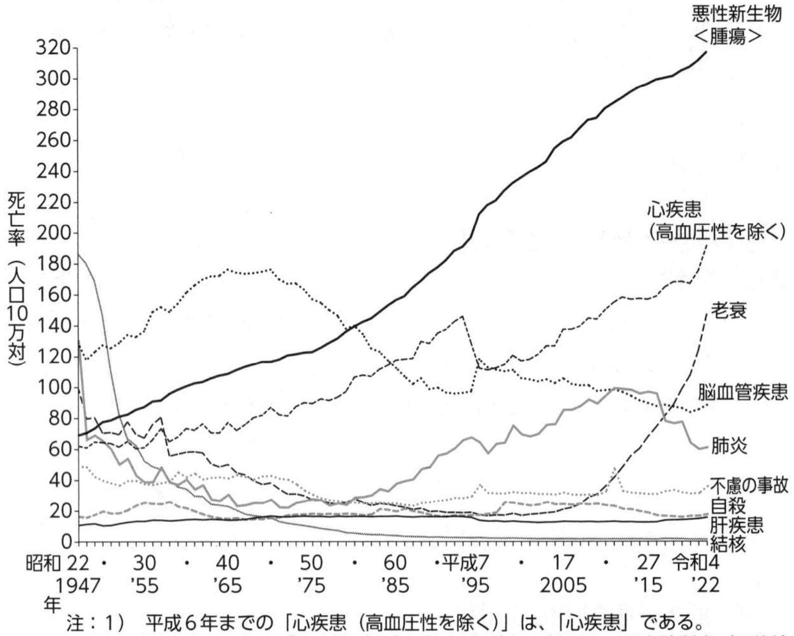

注：1） 平成6年までの「心疾患（高血圧性を除く）」は、「心疾患」である。
2） 平成6・7年の「心疾患（高血圧性を除く）」の低下は、死亡診断書（死体検案書）（平成7年1月施行）において「死亡の原因欄には、疾患の終末期の状態としての心不全、呼吸不全等は書かないでください」という注意書きの施行前からの周知の影響によるものと考えられる。
3） 平成7年の「脳血管疾患」の上昇の主な要因は、ICD-10（平成7年1月適用）による原死因選択ルールの明確化によるものと考えられる。
4） 平成 29 年の「肺炎」の低下の主な要因は、ICD-10（2013 年版）（平成 29 年1月適用）による原死因選択ルールの明確化によるものと考えられる。

2 健康及び疾病の捉え方

健康の概念、疾病の概念

43 世界保健機関（WHO）憲章は、その前文で「健康とは、肉体的、精神的および社会的に完全によい状態であることであり、たんに疾病または虚弱でないということではない。」と定義している。 出33-3

44 病気の認識とその対応は、自身の身体心理的状況への感受性の違いなどの個人特性に加えて、社会や文化、歴史の影響を受けやすいものである。

45 医学的診断により、何らかの医学的異常状態と判断された結果を疾病という。

✏ 病者と医療者での病の認識は異なることを理解することは重要である。

46 疾病及び関連保健問題の国際統計分類（International Statistical Classification of Diseases and Related Health Problems：ICD）は、世界保健機関憲章に基づきWHOが作成した分類である。死亡や疾病のデーターの体系的な記録を目的としている。現在使用されているのはICD-10と呼ばれている。

✏ 2018年6月にWHOはICD-11を公表している。

受験対策アドバイス

◆世界保健機関（WHO）の健康の定義に関する考え方にも、経過があることを理解しておきましょう。

47 健康寿命とは、寿命のなかで健康上の問題で日常生活が制限されることなく生活できる期間を表す。集団を対象とした指標で、算出対象集団の各個人の生存期間を健康な期間、不健康な期間にわけ、前者の平均値で表す。

48 世界保健機関（WHO）◆は、国際疾病分類（ICD）、国際障害分類（International Classification of Impairments Disabilities and Handicaps：ICIDH）、国際生活機能分類（ICF）などの国際分類を開発してきた。 出35-2

49 アルマ・アタ宣言は、1978年、第1回プライマリ・ヘルス・ケアに関する国際会議で採択された。全10章からなり、プライマリ・ヘルスケアの理念を打ち出した。保健専門職からのはたらきかけだけでなく、政府の責任の強調、地域住民の自立自助、自己決定による双方向性のヘルスケアが提唱されている。 出32-5

50 **オタワ憲章**は、「人々が自らの健康をコントロールし、改善することができるプロセス」として、ヘルスプロモーションを定義した。

出33-3
出33-4
出35-3

51 クラーク（Clark, G.）とリーベル（Leavell, H.R.）は、疾病予防の考え方として、次の3つを提案している。

一次予防：健康増進・発病予防
二次予防：疾病の早期発見と早期治療
三次予防：再発予防、疾病の悪化予防、リハビリテーション

国際生活機能分類（ICF）

出35-2

52 世界保健機関（WHO）は、1980年に**国際障害分類（ICIDH）**を提起した。回復不可能な生物学的状態である**機能障害**、回復可能な日常生活上の問題である**能力障害**、社会的関係のなかで権利が侵害されているという**社会的不利**といった概念が明確にされ、障害には3つ次元があることを明示した。

出34-2

53 2001年、WHOは、国際障害分類（ICIDH）の改訂版として**国際生活機能分類（International Classification of Functioning ,Disability and Health：ICF）**を発表した。

✏ ICFは、全ての健康状態を出発点とし、3つの次元にも中立的な表現が採用され、機能障害は心身機能・身体構造へ、能力障害は活動へ、社会的不利は参加へ改められた。さらに環境因子によって、社会的・環境的側面を補強し、障害は人間と環境との相互関係によって発生することを明確にした。

受験対策アドバイス

◆健康状態を頂点にした、構成要素の矢印は、両矢印になっていることから、各々が独立したものではなく、相互に関係性のある要素であることを理解しておくことが、人の生活を理解することにつながります。

図表10 国際生活機能分類（ICF）の構成要素間の相互作用◆

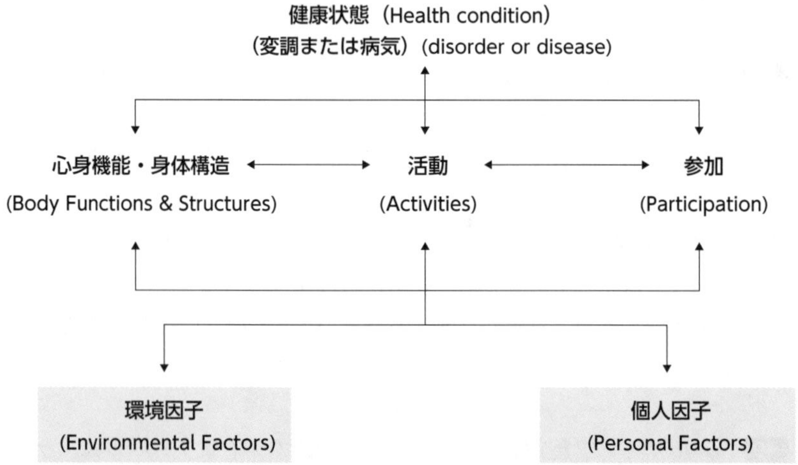

出典：世界保健機関（WHO），障害者福祉研究会編『ICF国際生活機能分類—国際障害分類改定版』中央法規出版，p.17，2002．を一部改変

出35-2

54 ネガティブな側面（生きることの困難さ）だけに注目した障害の分類ではなく、全体的な健康状態（生きることそのもの）を把握しようとする。ICFは障害のある人だけに限らず、すべての人の健康に関する分類となって

いる。

55 ICFの目的は、「健康状況」と「健康関連状況」、人の健康のすべての側面とwell-being(良好な状態)のうち健康に関連する構成要素を記述することにある。日本では概念モデルとして活用されることが多い。ICFは健康とは関係のない状況については取り扱わない。

56 ICFは、人間の生活機能と生涯について「心身機能・身体構造」「活動」「参加」の3つの次元と「環境因子」「個人因子」など、そこに影響を及ぼす背景となる因子で構成される。人間の生活機能と障害をアルファベットと数字を組みあわせ1500項目に分類している。

57 ICFは、ICIDHに比べると、中立的な表現に変更された。すなわち、 出34-2
ICIDHの「疾患」をICFでは健康状態へ、「機能障害」を心身機能と身体構造へ、「能力障害」を活動へ、「社会的不利」を参加へと変更し、マイナス面を示す場合には、「心身機能と身体構造の制限」「活動の制限」「参加の制約」と表現している。

活動制限とは、個人が活動を行うときに生じる難しさのことをいう。参加制約とは、個人が生活や人生場面にかかわるときに経験する難しさのことをいう。

受験対策アドバイス
◆ICFを理解するうえで、これらの要素は必ず確認しておくことが必要な部分です。各々の構成要素の内容まで深く理解しておきましょう。

58 ICFは、健康状況と健康関連状況についての共通言語として活用できる。

◎心身機能と身体構造、活動、参加の概念◆

59 心身機能とは、身体系の生理的機能(心理的機能を含む)を、身体構 出32-4
造とは、器官・肢体とその構成部分などの身体の解剖学的部分を、機能障害 出34-2
(構造障害を含む)とは、著しい変異や喪失などといった、心身機能または身体構造上の問題をいう。

60 活動とは、個人による課題や行為の遂行のことをいい、能力と実行状 出32-4
況で評価される。参加とは、生活・人生場面へのかかわりのことをいう。活 出34-2
動と参加の領域は単一のリストで示され、すべての生活や人生の領域をカ 出35-2
バーする。

◎環境因子と個人因子の概念

61 環境因子とは、人々が生活し、人生を送っている物的な環境や社会的 出32-4
環境、人々の社会的な態度による環境を構成する因子である。心身機能と身 出34-2
体構造、活動と参加という各構成要素と相互作用する。 出35-2

環境因子には、「活動」「参加」を可能にする「促進因子」とそれらを難しくする「阻害因子」の側面がある。

出32-4
出34-2
出35-2

62 **個人因子**とは、個人の人生や生活の特別な背景であり、健康状態や健康状況以外のその人の特徴からなる因子である。具体的には、性別、人種、年齢、健康状態、体力、ライフスタイル、習慣、生育歴、困難への対処法、社会的背景、教育歴、職業等を指す。

63 **生活機能**とは、心身機能と身体構造、活動と参加の包括用語で、背景因子との相互作用のうち肯定的な側面（促進因子）を表す。

3 身体構造と心身機能

人体各部位の名称

64 人体は、頭、頸《くび》、体幹、体肢《たいし》（四肢《しし》）に大別される。

図表11 体幹と体肢

体幹	前面：胸、腹 後面：背、腰、殿部	
体肢	上肢	下肢
	肩：上肢の付け根。 上腕：肩から肘まで。 前腕：肘から手首まで。 手：手首から指先まで。	大腿：股関節から膝まで。 下腿：膝から足首まで。 足：足首から指先まで。

図表12 人体の体表区分と各部位の名称

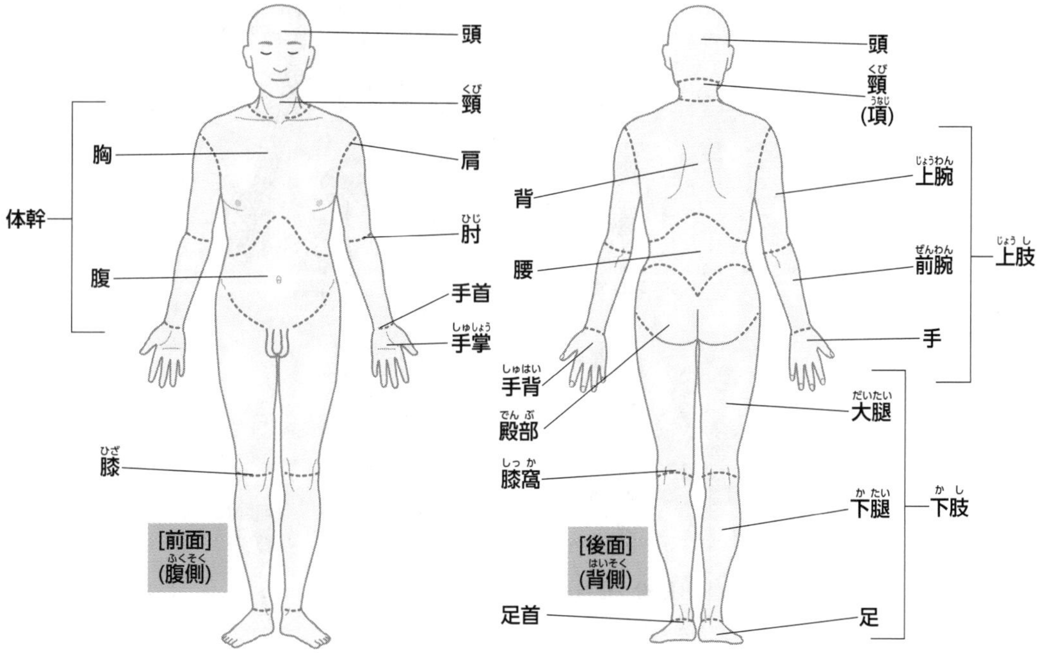

基幹系と臓器の役割

65 人体は、細胞が集まり組織をつくり、組織が集まり器官（臓器）をつくる。協働して機能する器官の集まりを器官系という。さまざまな器官系が人体を構成する。

✏ 器官系には、骨格系、筋系、循環器系、消化器系、呼吸器系、泌尿器系、生殖器系、内分泌系、神経系、感覚器系がある。

◎骨格系

66 骨格系は、骨組みとして人体を形成し、筋系により関節において動くことができる。人体は約200個の骨でできている。骨の表面は丈夫な骨膜《こつまく》に覆われており、骨の表面部は硬く緻密な緻密質からなる。骨の内部には髄腔《ずいくう》があり、骨髄《こつずい》を入れる。骨髄には**赤色骨髄**（造血組織）と**黄色骨髄**（主に脂肪）がある。関節内部の骨表面は軟骨に覆われている。

✏ **骨の機能**には、人体の支持、関節での運動、臓器の保護、血球産生、カルシウムやリンなどの貯蔵がある。**骨膜**は血管や神経に富む。骨の発生、成長、再生、知覚（痛覚）にかかわる。

受験対策アドバイス

◆骨密度の低下は、転倒等により骨折が生じやすくなります。高齢者の骨折部位として、大腿骨頸部・上腕骨近位端・橈骨遠位端・脊椎は確認しておきたい部位です。

図表13 全身の主な骨の名称◆

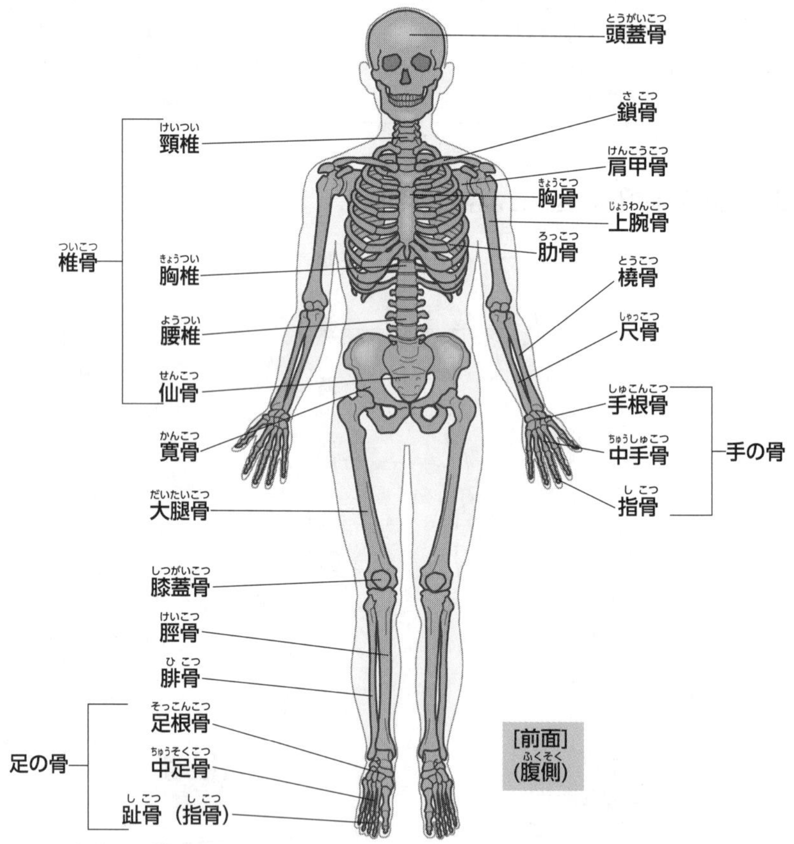

◎筋系

67 筋組織は、**骨格筋**、**心筋**、**平滑筋**の3つに分類される。心筋は不随意《ふずいい》筋《きん》であり、**刺激伝導系**や**自律神経系**、平滑筋も自律神経系に調節される。

✏ 筋の収縮は**運動**を可能にする。筋は収縮で熱を産生し、**体温維持**に貢献している。運動時熱産生量は増加する。

図表14 筋組織の分類

骨格筋	骨に付着し、意識的に筋を収縮し身体（骨や皮膚）を動かす。	随意筋
心筋	心臓壁をつくる。	不随意筋
平滑筋	心臓以外の臓器の筋層や、血管壁、立毛筋《りつもうきん》、瞳孔《どうこう》などを構成する。	不随意筋

図表15 全身の主な骨格筋の名称

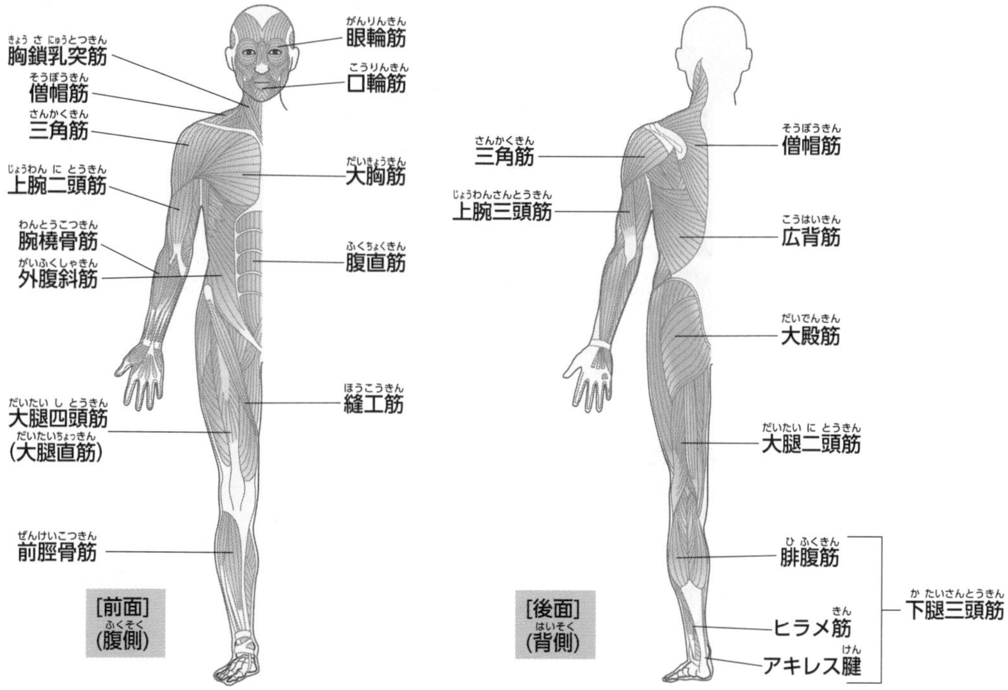

※下腿三頭筋は、腓腹筋の内・外側頭、ヒラメ筋よりなる。
アキレス腱は、下腿三頭筋の停止腱としてかかとの踵骨隆起に付着している。

◎循環器系

68 循環器系は、**血液**を全身に送る**心臓**、血液を流す**血管**、リンパを流す**リンパ系**からなる。

血管には、**動脈**、**毛細血管**、**静脈**がある。動脈は、心臓から全身に血液を運ぶ。毛細血管は、非常に細く血液と細胞の間で物質を交換し、動脈と静脈を結ぶ。静脈は心臓に戻る血液を運ぶ。

✎ 循環器系は、血液を循環させ酸素や二酸化炭素、栄養素や老廃物などさまざまな**物質を全身の細胞に運ぶ**。**酸素**を多く含む血液を**動脈血**、**二酸化炭素**を多く含む**静脈血**がある。

69 **リンパ**（液）は、血管外に出た血液成分などでできており、**リンパ管**を通り**静脈**に注ぐ。リンパ節は免疫反応を起こす場であり、身体に侵入した細菌やがん細胞の**フィルター機能**をもつ。リンパ（液）は消化管で吸収された**脂質の運搬**の働きがある。

出33-2

70 心臓は、胸骨の後ろに位置し、左右の肺の間（縦隔）に位置する。大きさは握りこぶしの1～2倍、重さは200～300gほどである。心臓には4つの部屋（**2心房2心室**）があり、**4つの弁**により血液は一方向に流れる。

受験対策アドバイス

◆血液の流れを確認するために、イラスト上で、動脈と静脈の色をかえて、なぞってみると視覚的な理解が深まります。

図表16 全体の循環システム◆

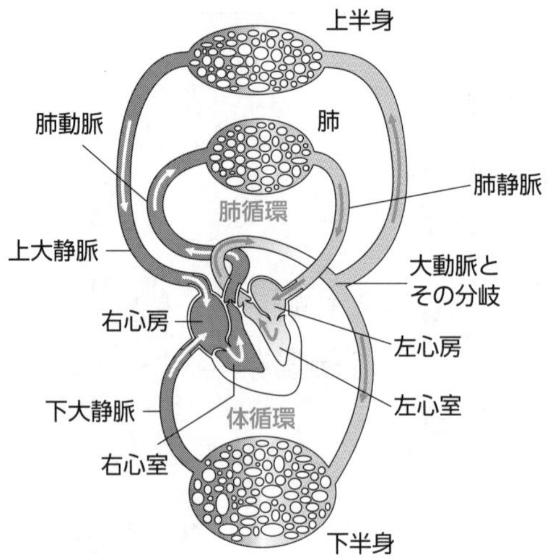

出32-1

出33-2

図表17 肺循環（小循環）と体循環（大循環）

肺循環（小循環）	・肺に血液を送る。 ・右心室から出る肺動脈内には、静脈血が流れ、肺に送られる。 ・肺でガス交換が行われ動脈血になり、肺静脈を通り動脈血は左心房に流れる。
体循環（大循環）	・全身に血液を送る。 ・左心室から出た大動脈には、動脈血が流れ全身をめぐり、毛細血管から静脈に移行し再び心臓に戻る。

71 心臓左右の**冠動脈**と呼ばれる血管により、心臓の筋肉に栄養や酸素が送り込まれる。この血管が血栓で詰まると**心筋梗塞**となる。心臓は**刺激伝導系**の働きにより、電気的興奮が心房から心室の全体に広がり、規則正しく**拍動**している。

✎ 電気的興奮を記録したものが心電図（ECG）で、P波、QRS群（QRS波）T波からなる。

72 左心室が収縮すると圧力の波が動脈壁を伝わり、体表近くを通る動脈で**脈拍**として触知できる。1分間に1つの心室から拍出される血液量を**心拍出量**という。拍出する回数を**心拍数**という。安静時の成人の心拍数は60～90回/分である。小児の心拍数は成人より高い。通常60回/分未満を徐脈、100回/分以上を頻脈という。

出33-1

73 血液が血管内を通る際に血管壁にかかる圧力を**血圧**という。通常は**動**

図表18 全身の主な動脈　　出 34-1

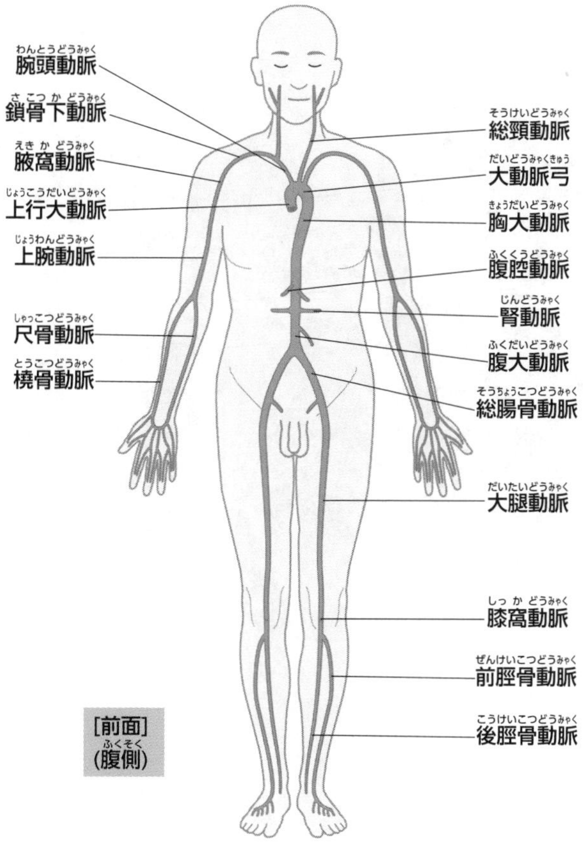

脈内圧を指す。心室収縮期の最も高い血圧を最高血圧（収縮期血圧、最大血圧）といい、正常値は130mmHg未満である。心室拡張期の最も低い血圧を最低血圧（拡張期血圧、最小血圧）といい正常値は85mmHg未満である。血圧は加齢とともに血管の弾性が低下し、収縮期血圧が上昇する傾向にある。よって両者の差は大きくなる。

74 血液は、液体成分（血漿《けっしょう》）と細胞成分（血球）◆からなる。

- 細胞成分には赤血球、白血球、血小板がある。
- 白血球はさらに顆粒球《かりゅうきゅう》（好中球、好酸球、好塩基球）、リンパ球（T細胞、B細胞）、単球と大別される。
- 単球は、血管外でマクロファージになる。

受験対策アドバイス

◆3つの血球の働きも重要です。赤血球は酸素を全身の組織に運ぶ、白血球は体内に侵入した異物などから身体を守る、血小板は出血を止める働きがあります。

75 赤血球は、ヘモグロビンを含み、酸素を運ぶ。白血球やリンパ球は、免疫を担う。体内に入った細菌を食作用により殺菌する。また抗体により破壊する。血小板は、血液凝固に関与する。

図表19 心臓の構造と血液の流れ

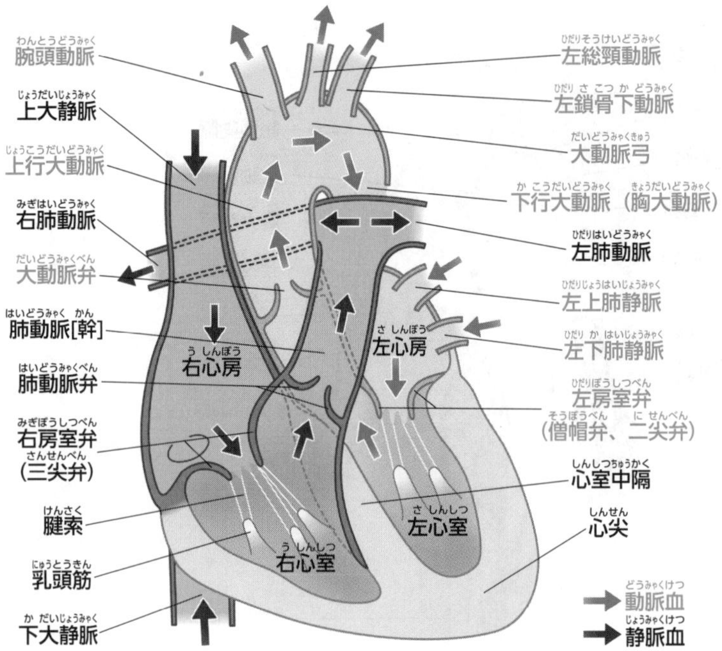

◎消化器系

出32-3 76 消化器系は、口腔《こうくう》から肛門《こうもん》までの消化管と、消化液を分泌する消化腺からなる。消化腺には、大唾液腺《だいだえきせん》（耳下腺《じかせん》・顎下腺《がっかせん》・舌下腺《ぜっかせん》）、肝臓、膵臓《すいぞう》等がある。

✏ 消化器系は、飲食物を消化し、三大栄養素（炭水化物（糖質）、たんぱく質、脂質）を吸収し、残りを便として排泄する。

出32-3 77 口腔には、大唾液腺（耳下腺・顎下腺・舌下腺）と小唾液腺から唾液が分泌される。

✏ 唾液の働きには、①口腔内を潤して滑らかにする、②食べ物などの表面を覆って細菌の繁殖を防ぐ、③食べ物を湿らせて、咀嚼や嚥下をしやすくする、④味覚の発現を助けるなどの働きがある。唾液の消化酵素であるアミラーゼにより、炭水化物はマルトース（麦芽糖）まで分解される。

78 口腔には、歯（図表22参照）や舌があり咀嚼《そしゃく》に関与する。

図表20 消化器の構造

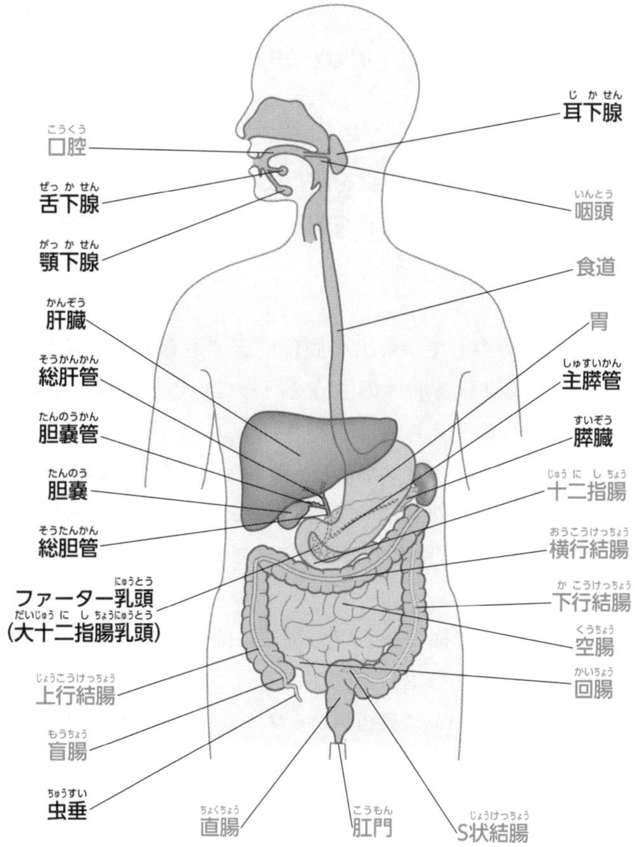

図表21 飲食物通過の流れ

口腔➡咽頭➡食道➡胃➡小腸（十二指腸→空腸→回腸）➡大腸（盲腸→上行結腸→横行結腸→下行結腸→S状結腸→直腸）➡肛門

図表22 乳歯と永久歯の数

乳歯　20本	乳切歯８本、乳犬歯４本、乳臼歯８本
永久歯　28～32本	切歯８本、犬歯４本、小臼歯８本、大臼歯12本

79 嚥下された食べ物は、**咽頭**を通過し**食道**に向かう。咽頭は**食べ物**と**空気**の両方が通過する。咽頭には、ワルダイエル咽頭輪があり、**免疫**を担っている。

80 **胃**は、上腹部、横隔膜の下やや左側にあり、袋状で食べたものを一時的に蓄える。胃の食道側を**噴門**《ふんもん》、十二指腸側を**幽門**《ゆうもん》という。 出32-3

✎ **胃液**には**粘液・ペプシン・塩酸**が含まれている。粘液は胃自身の保護、ペプシンは**たんぱく質**を**ポリペプチド**に分解する。塩酸は**殺菌作用**をもつ。

出32-3

81 **小腸**は、**十二指腸**、**空腸**、**回腸**の3つの部分に分かれている。小腸は、腸絨毛《ちょうじゅうもう》で消化・吸収（栄養素・水分）の**約8～9割**を吸収する。**空腸**と**回腸**は、あわせて数mほどで、境目は不明瞭だが口側の約5分の2が空腸、肛門側の約5分の3が回腸である。

82 **十二指腸**は、長さ約25cmで膵臓を囲むように走行する。十二指腸の内腔には、**総胆管**《そうたんかん》（肝臓から胆のうを経て胆汁を運ぶ）と**膵管**《すいかん》（膵臓から膵液を運ぶ）が開口している。

出32-3

83 **肝臓**は、**物質代謝の中心**で、最大の腹部内臓で最も重く、成人で約1～1.5kgある。**脂肪消化**を助ける**胆汁の生成**を行っている。肝臓で産生された胆汁は総胆管を出て**胆嚢**に蓄えられ、濃縮される。

✎ 胆汁は、脂肪を消化・吸収しやすい形にし、脂溶性ビタミンの吸収を助ける。また、肝臓は、**グリコーゲンの合成や貯蔵・分解**、**たんぱく質の合成**、**アンモニアを尿素に解毒**などの機能を担う重要な臓器である。

出32-3

84 膵臓◆は、長さ約15cmで横に長く胃の後ろに位置する。内分泌腺（ホルモン分泌）と外分泌腺（消化酵素分泌）がある。

✎ 内分泌腺では、ランゲルハンス島組織からグルカゴン（血糖上昇）とインスリン（血糖下降）が分泌される。

出32-3

受験対策アドバイス

◆膵臓は、消化器官の働きと内分泌器官の働きがあります。インスリン分泌不足等による疾患として、糖尿病があります。

85 **膵液**には、**デンプン**を分解する**アミラーゼ**、**たんぱく質**を分解する**トリプシン**や**キモトリプシン**、**脂肪**を分解する**リパーゼ等**が含まれる。膵液は胃酸を中和する。

86 **大腸**は、長さ約1.5mで、**盲腸・結腸**（上行・横行・下行・S状結腸）・**直腸**に区分される。盲腸には**虫垂**《ちゅうすい》がある。直腸は、約20cmで肛門に続く。肛門にはリング状の**内肛門括約筋**（不随意筋）と**外肛門括約筋**（随意筋）がある。

◎呼吸器系

87 **呼吸**は、体内に酸素を取り入れ、二酸化炭素を排出する。呼吸（ガス交換）には外呼吸と内呼吸の2種類がある。

✎ **外呼吸**は、**肺胞**において空気中の**酸素**を血中に取り入れ、血液中の**二酸化炭素**を呼気に排出すること。**内呼吸**は、全身の**細胞**が血液から酸素を取り入れ、血液に二酸化炭素を排出することをいう。

88 **呼吸器**は、空気の通路である**上気道**（外鼻・鼻腔・副鼻腔・咽頭・喉頭）と**下気道**（気管・気管支・細気管支）、ガス交換を行う**肺**からなる。**胸**《きょう》**膜**《まく》、**胸郭**《きょうかく》、**横隔膜**《おうかくまく》も呼吸に必要である。

図表23 呼吸器系の構造

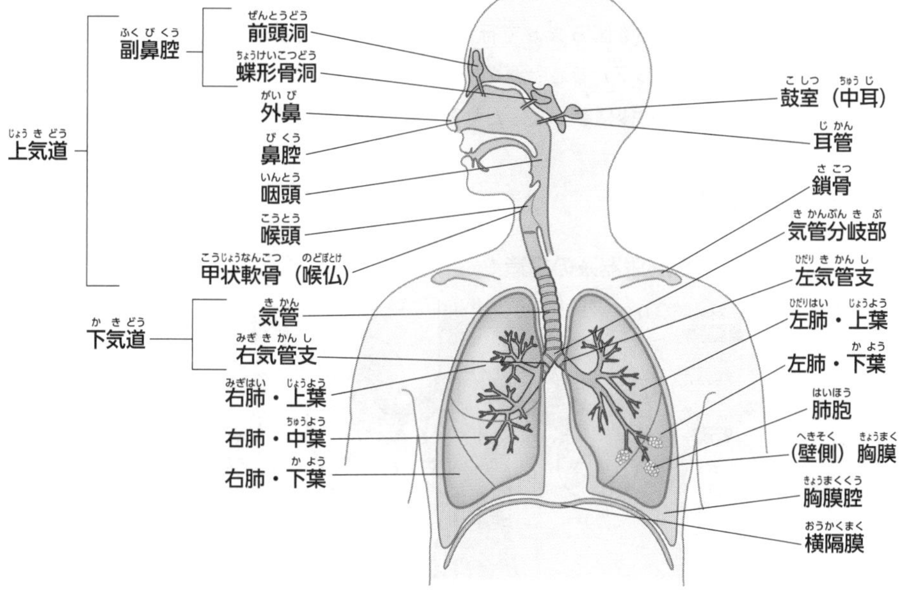

89 **鼻腔**は、外鼻孔《がいびこう》から、鼻中隔《びちゅうかく》で左右に分かれる。鼻腔には行き止まり空洞である**副鼻腔**が開口する。**咽頭**には、中耳の鼓室に通じる**耳管**が開口する。甲状軟骨《こうじょうなんこつ》は喉仏《のどぼとけ》の隆起をなす。鼻毛や粘膜は、外気中の塵埃や細菌を取り除く機能をもつ。

90 **喉頭**には、**声門**があり、**発声器**でもある。喉頭にある**喉頭蓋**《こうとうがい》は、嚥下時に飲食物が気管に**誤嚥**《ごえん》するのを防ぐ役割がある。

91 **気管**は、長さ約10cm、太さ約2cmである。気管は食道の前を下行し左右の**気管支**◆に分岐する。気管支は、肺の中で**細気管支**となり、末端は直径0.2mmほどの肺胞となる。**肺胞**ではガス交換が行われる。

気管支には左右差があり、右気管支のほうが太く短い。

受験対策アドバイス

◆気管支の左右差では、右気管支は角度が垂直に近く、太いため、誤嚥した食物は右気管支に多く入るとされています。

92 健康な成人の**呼吸数**は、約12回～20回/分である。小児の呼吸数は、成人より多い。成人の1回の呼気又は吸気（**1回換気量**）は、約500mLである。**肺活量**は、最大吸息位から最大呼息位までの空気量を言い、通常成人男性で3～4L、成人女性で2～3Lである。

93 **肺**は、左右2つからなり、**右肺**は、上葉・中葉・下葉の3つ、**左肺**は、上葉・下葉の2つの肺葉に分かれている。**肋骨**《ろっこつ》、**胸骨**《きょうこつ》、**胸椎**《きょうつい》からなる籠状《かごじょう》の骨格を**胸郭**《きょうかく》という。肺と胸郭の間には**胸膜**による**胸膜腔**《きょうまくくう》があり、ここは常に陰圧の閉鎖空間であるので肺は膨らむことができ呼吸ができる。

94 肺の下の**横隔膜**《おうかくまく》は、骨格筋（随意筋）であり、収縮し下に下がることで呼吸を行う。

✏ 主に腹部を膨らませて行われる呼吸を**腹式呼吸**という。腹式呼吸では横隔膜が収縮し下がることが関係する。

✏ 胸郭が前後に厚くなったり薄くなったりする呼吸を**胸式呼吸**という。

◎泌尿器系

図表24 泌尿器系の構造

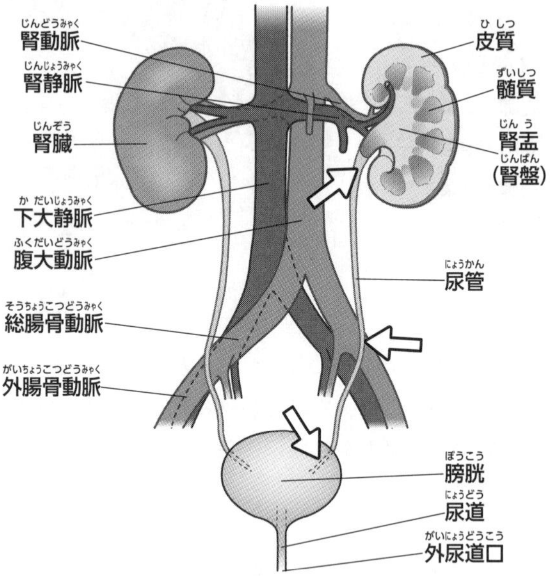

注1：矢印は尿管の三つの生理的狭窄部を示す。
　2：図の尿道および外尿道口は女性の模式図を示す。男性の尿道は前立腺および陰茎の中を通り、外尿道口に通じる。

95 **泌尿器系**は、尿をつくる**腎臓**《じんぞう》と尿を排泄する**排尿路**（尿管、膀胱《ぼうこう》、尿道）からなる。腎臓は、長さ約10～12cm、重さ約120～150gで、腰の背側に左右1対ある。皮質にある腎小体は、**血液**を**濾過**《ろか》し**原尿**を1日に約150L生成する。

✏ 原尿は、尿細管を流れ、水分（原尿の約99％）、糖（ほぼ100％）、ナトリウムなどが再吸収され血液に戻され、残り約1％である約1～1.5Lが尿となる。

96 泌尿器系は、血液を濾過し血液から尿素や不要物などを体外に排泄する。水分やナトリウムの排泄量を調節することで、**ホメオスタシス**（恒常性）に貢献している。

97 **下垂体後葉**から分泌される**バソプレシン**は、腎臓での水分の再吸収を促進する、これにより血圧上昇が促される。**副腎皮質**から分泌される**アルドステロン**は、ナトリウムの再吸収を促進し、体内から尿へのNa^+の流失を減らすので、尿量の減少や、血圧上昇などを促す。

98 腎臓から分泌されるエリスロポエチンは、骨髄に作用し、赤血球の産生を増加させる。腎臓はカルシウムの再吸収を促進する。

99 尿管は、長さ約30cm、直径約5mmで尿を腎臓から膀胱に送る。膀胱は尿をためる平滑筋の袋である。膀胱の貯尿量が約150～300mLになると尿意を感じる。尿道の長さは男女差があり、男性は約16～20cm、女性は約3～4cmである。男性の尿道は前立腺《ぜんりつせん》を貫く。女性の外尿道口は膣前《ちつぜん》庭《てい》に開口する。

受験対策アドバイス

◆尿道の長さにある男女差から、女性は尿道が短いことから尿路感染症になりやすい理由となっています。

◎生殖器系

100 生殖器は、性腺（生殖腺）（精巣・卵巣）、生殖路、附属生殖器からなる。男女の生殖器は構造も機能も異なる。

図表25 男性生殖器と女性生殖器

男性	性腺：精巣（精子形成、男性ホルモン分泌） 生殖路：精巣上体、精管、射精管 附属生殖器：精嚢《せいのう》、前立腺、尿道球腺《にょうどうきゅうせん》 交接器：陰茎、陰嚢
女性	性腺：卵巣（卵胞ホルモン：エストロゲン、黄体ホルモン：プロゲステロンを分泌） 生殖路：内生殖器（卵管、子宮、膣）外生殖器（外陰部） 交接器（産道）：膣、外陰部

101 卵巣から、月に1回卵子が排卵される。卵子と精子が卵管内で受精し、受精卵は卵割を繰り返しながら子宮の内壁に着床する。着床すると妊娠が成立する。着床しない場合月経となる。月経が止まることを閉経という。

✎ 日本人の平均閉経年齢は約50歳である。

◎内分泌系

102 内分泌系の器官（臓器）は、ホルモンを産生し、主に血液中にホルモンを放出する。内分泌器官には、下垂体《かすいたい》、甲状腺、副甲状腺（上皮小体）副《ふく》腎《じん》、膵島《すいとう》（ランゲルハンス島）、性腺（精巣・卵巣）、松果体《しょうかたい》などがある。中枢神経系である間脳の視床下部も下垂体に作用するホルモンを分泌する。

図表26 主な内分泌腺とホルモン

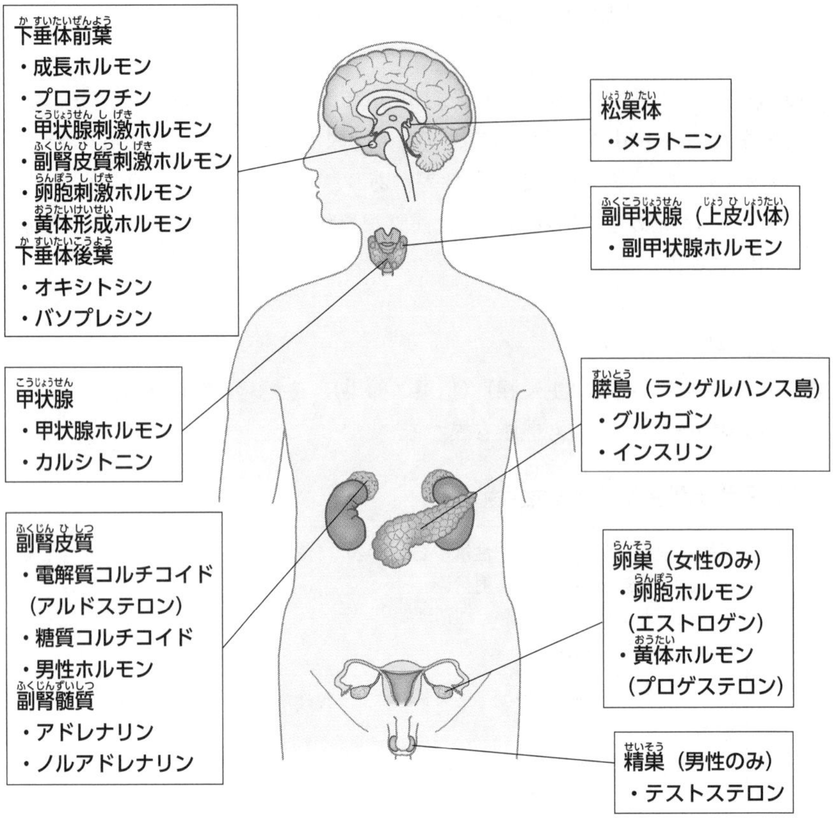

図表27 主なホルモンの分泌部位と作用

下垂体前葉	成長ホルモン プロラクチン 甲状腺刺激ホルモン 副腎皮質刺激ホルモン 卵胞刺激ホルモン 黄体形成ホルモン	骨や子どもの身体の成長を促す 乳腺の発達、乳汁の分泌促進 甲状腺ホルモンの分泌促進 副腎皮質ホルモン分泌促進 卵巣の卵胞の発育を促進 排卵と黄体形成促進
下垂体後葉	オキシトシン バソプレシン	子宮収縮と射乳作用 腎臓での水分の再吸収を促す
松果体	メラトニン	概日リズム
甲状腺	甲状腺ホルモン カルシトニン	基礎代謝亢進 血液中のカルシウム濃度を下げる
副甲状腺（上皮小体）	副甲状腺ホルモン	血液中のカルシウム濃度の調整
副腎皮質	アルドステロン 糖質コルチコイド	腎臓でのナトリウムの再吸収を促す 血糖値を上げる
副腎髄質	アドレナリン、ノルアドレナリン	心機能促進、血糖値上昇を促す
膵島 （ランゲルハンス島）	グルカゴン インスリン	血糖値を上げる 血糖値を下げる

精巣	テストステロン	第2次性徴、精子形成を促す
卵胞	卵胞ホルモン（エストロゲン） 黄体ホルモン（プロゲステロン）	第2次性徴、月経に関与

◎神経系

103 神経系は、情報処理を行う中枢神経系（脳・脊髄《せきずい》）と、さまざまな情報を伝える末梢神経系（脳神経・脊髄神経）に区分される。末梢神経系は、指令を諸器官に伝え、身体の随意運動や自律神経系による内臓の調節を行う。

図表28 神経系の全体像

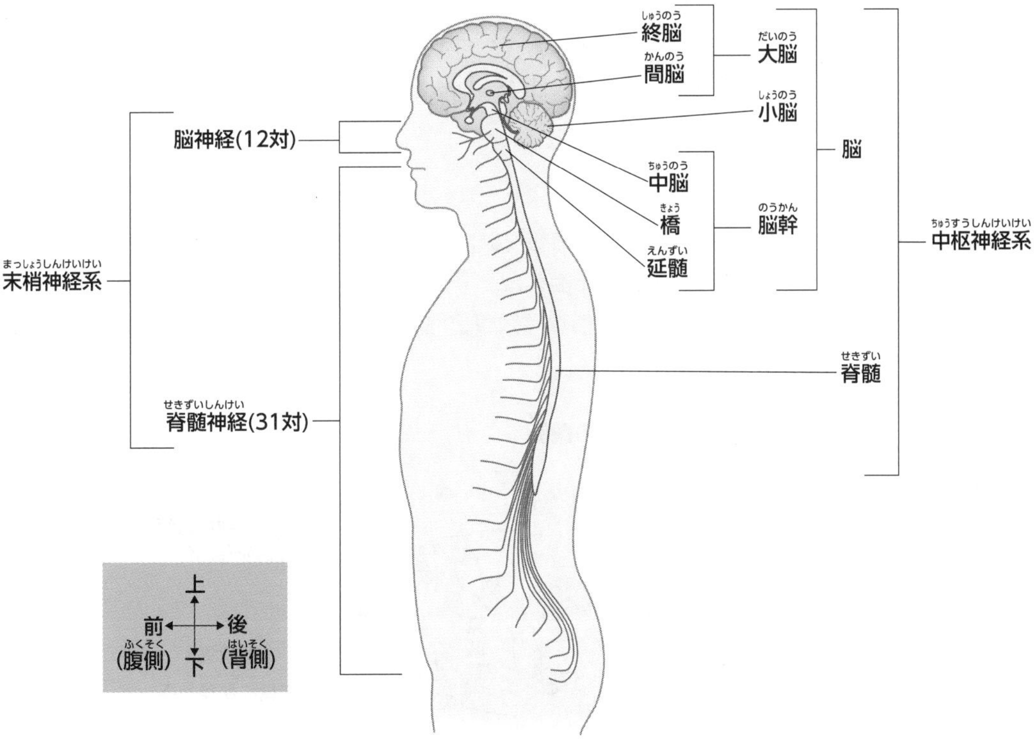

104 脳は、脳の大部分をなす大脳、後方に位置する小脳、脳幹《のうかん》からなる。脳幹は、中脳・橋《きょう》・延髄《えんずい》と区分し脊髄《せきずい》につながる。

- ✎ 中脳は、視覚反射や眼球運動に関する反射の中枢である。橋は、中脳と延髄の間にあり、錐体路《すいたいろ》の通る橋底部と脳神経（Ⅴ～Ⅶ）がある。延髄は、脳幹の一番下に位置し、生命の維持に不可欠な呼吸・心拍・血圧・嚥下・嘔吐などの中枢がある。また、脳幹には多くの脳神経の神経核が存在する。
- ✎ 小脳は、身体の平衡や姿勢の制御、運動の統合的調整を担う。

105 間脳の視床下部には、体温調節中枢、摂食・満腹中枢、飲水中枢や自律神経の重要な中枢がある。

✏ 視床下部は、内分泌器官である下垂体前葉への促進あるいは抑制ホルモンを分泌する。また、下垂体後葉ホルモンを分泌する神経核がある。

図表29 脳の構造

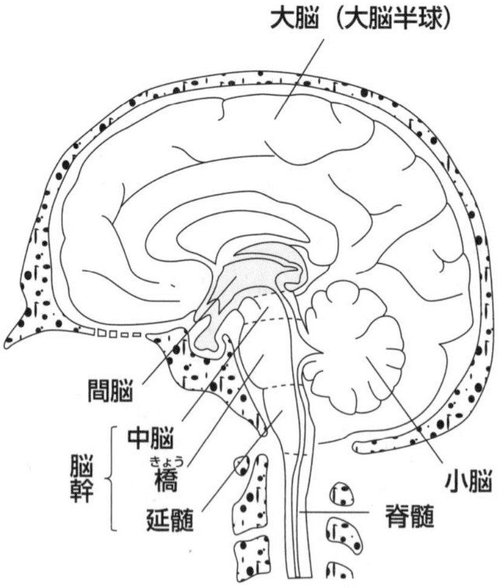

出32-1

106 大脳の働きは、情報を識別して、それに応じた運動を指令することである。そのさまざまな働きは、定まった皮質の部分で分業・統率されている。大脳は、前頭葉、頭頂葉、側頭葉（聴覚にかかわる）、後頭葉（視覚にかかわる）の4つに区分される。

受験対策アドバイス

◆大脳皮質の機能を理解しておくことで、脳の障害部位による特徴を理解することができます。

図表30 大脳皮質の機能◆

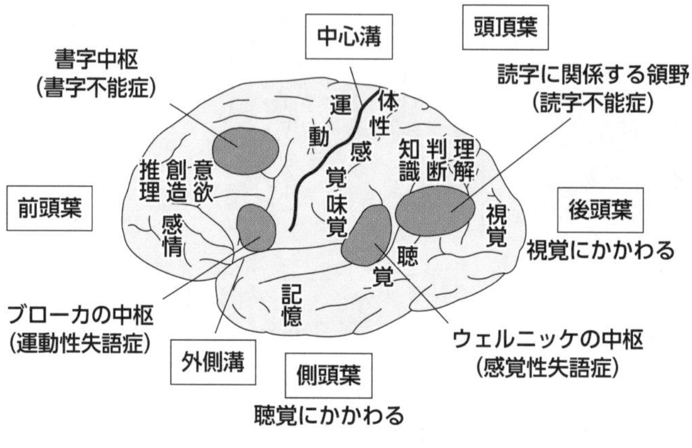

107 脊髄は、長さ約40～50cm、太さ約1～1.5cmの棒状の器官である。頭側から尾側に向かって、頸髄《けいずい》、胸髄《きょうずい》、腰髄《ようずい》、仙髄《せんずい》、尾髄《びずい》に区分される。

108 末梢神経系は、脳神経12対、脊髄神経31対からなり、自律神経などに分類される。

図表31 脳神経と脊髄神経

脳神経	脊髄神経
Ⅰ 嗅神経《きゅうしんけい》	頸髄（頸神経８対）
Ⅱ 視神経	胸髄（胸神経12対）
Ⅲ 動眼神経	腰髄（腰神経５対）
Ⅳ 滑車神経《かっしゃしんけい》	仙髄（仙骨神経５対）
Ⅴ 三叉神経《さんさしんけい》	尾髄（尾骨神経１対）
Ⅵ 外転神経	
Ⅶ 顔面神経	
Ⅷ 内耳神経《ないじしんけい》	
Ⅸ 舌咽神経《ぜついんしんけい》	
Ⅹ 迷走神経	
Ⅺ 副神経	
Ⅻ 舌下神経《ぜっかしんけい》	

図表32 脳神経の主な機能

脳神経	運動系	感覚系	副交感神経系
嗅神経（I）		嗅覚《きゅうかく》	
視神経（II）		視覚	
動眼神経（III）	眼球の運動、開眼		瞳孔《どうこう》の収縮（縮瞳《しゅくどう》）
滑車神経（IV）	眼球の運動		
三叉神経（V）	咀嚼筋《そしゃくきん》	顔面、鼻腔《びくう》、口腔《こうくう》、歯、舌の知覚	
外転神経（VI）	眼球の運動		
顔面神経（VII）	表情筋	舌の前部（約３分の２）の味覚	唾液《だえき》の分泌（舌下腺《ぜっかせん》、顎下腺《がっかせん》）
内耳神経（VIII）		聴覚、平衡覚	
舌咽神経（IX）	咽頭《いんとう》の筋	舌根部《ぜっこんぶ》（舌の後ろ約３分の１）の味覚と感覚（知覚）	唾液の分泌（耳下腺《じかせん》）
迷走神経（X）	発声（喉頭《こうとう》の筋）		胸腹部内臓の副交感神経支配
副神経（XI）	胸鎖乳突筋《きょうさにゅうとつきん》、僧帽筋《そうぼうきん》		
舌下神経（XII）	舌の運動		

109 脳室には、脳脊髄液が流れている。脳脊髄液は、くも膜下腔に流れ、静脈に注ぐ。

◎自律神経系

110 自律神経系は、主に内臓を支配する神経系である。交感神経と副交感神経からなる。自律神経は、不随意（無意識）に機能している。ほとんどの内臓は交感神経と副交感神経の両方に支配されており、これを二重支配という。

図表33 自律神経系の主な機能

器官	交感神経系	副交感神経系
	身体活動を活発にするよう働く	身体活動をリラックスさせるよう働く
	脊髄神経の胸神経、腰神経に含まれる	脳神経の、動眼神経、顔面神経、舌咽神経、迷走神経および脊髄神経の仙骨神経に含まれる
瞳孔《どうこう》	拡大（散瞳《さんどう》）	縮小（縮瞳《しゅくどう》）
唾液腺	粘性の高い唾液、少なく分泌	薄い唾液を、多く分泌
気管支	拡張	収縮
心拍数	増加	減少
血圧	上げる	下げる
消化器官	抑制	促進
男性生殖器	射精	勃起
汗腺《かんせん》	発汗	—
立毛筋《りつもうきん》	収縮（鳥肌）	—

◎感覚器

111 感覚器系には、外界からの情報を検出する視覚器、聴覚器、味覚器、嗅覚器などがあるほか、身体の情報を検出する平衡覚器などがある。

112 視覚器は、眼球とその付属器（眼瞼《がんけん》、結膜《けつまく》、涙器《るいき》、外眼筋《がいがんきん》）からなる。眼球は直径約2.5cmの球状で頭蓋骨の眼窩《がんか》に収まっている。

✏ 眼球に入る光は、角膜、眼房水《がんぼうすい》、水晶体、硝子体《しょうしたい》を経て網膜に結ばれ、視神経を経由し視覚中枢で形が認知される。

113 眼球の表層は、3層からなる眼球壁である。眼球壁の最外層は、中央の透明な角膜《かくまく》と乳白色の強膜《きょうまく》からなる。中膜は、ブドウ膜ともいい、前方の穴を瞳孔《どうこう》という。瞳孔周囲を虹彩《こうさい》といい、日本人は茶褐色である。眼瞼はまぶたのことで上眼瞼《じょうがんけん》と下眼瞼《かがんけん》がある。結膜は、眼瞼の裏側と強膜の前方を覆う。

114 涙器には、涙腺《るいせん》や鼻涙管《びるいかん》がある。涙腺からの涙液は眼球表面を潤したのち、鼻涙管を通り鼻腔《びくう》に流れる。

図表34 眼球の水平断面

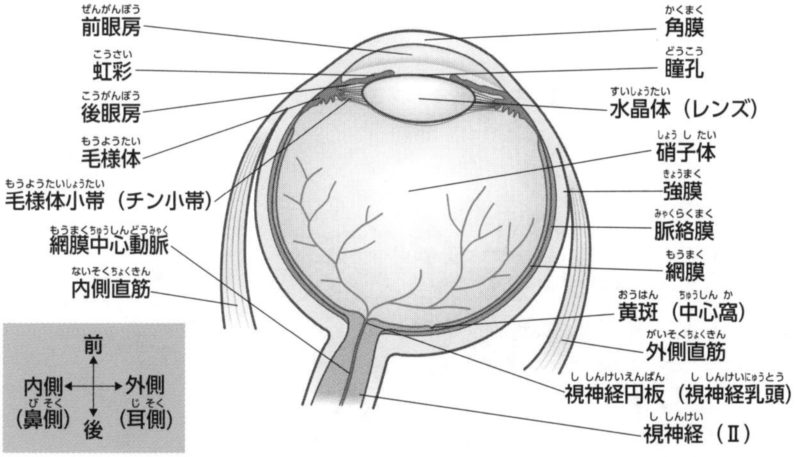

115 水晶体（レンズ）◆は、外界の映像を網膜に結像させる。眼のピント調節（遠近調節）は毛様体の収縮と、水晶体の弾力によりされる。

116 網膜の視細胞（杆体《かんたい》：明暗を感知、錐体《すいたい》：赤色・緑色・青色を感知）が外界からの光を感知し、視神経が視覚情報を脳に伝える。網膜には、最も視力が高い黄斑《おうはん》（中心窩《ちゅうしんか》）とまったく視力のない視神経円板（視神経乳頭）がある。

受験対策アドバイス

◆水晶体が混濁する疾患として白内障があります。水晶体はレンズの働きをしている。手術で混濁を除去することで、視力が回復できます。

◎聴覚器、平衡感覚器

117 聴覚器は、外耳《がいじ》、中耳《ちゅうじ》、内耳《ないじ》からなる。鼓膜《こまく》は、外耳道の行き止まりにあり、中耳との境である。外界の音は、鼓膜を振動させ、その振動が耳小《じしょう》骨《こつ》を通じて内耳に伝わり、蝸牛《かぎゅう》が振動を音として感知する。

- 中耳には、耳小骨（ツチ骨、キヌタ骨、アブミ骨）がある。
- 内耳にある3つの半規管《はんきかん》と前庭《ぜんてい》が平衡感覚を感知する。

図表35 聴覚器、平衡感覚器の構造

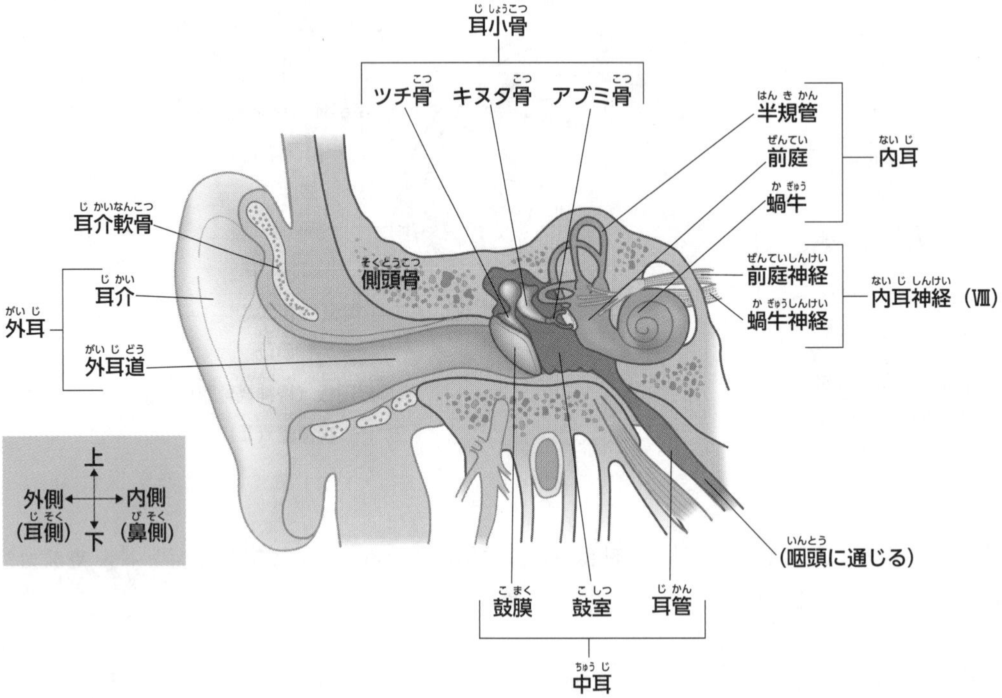

118 味覚は、舌にある味蕾《みらい》の味細胞《みさいぼう》が感知する。嗅覚《きゅうかく》は、鼻腔上壁の嗅上《きゅうじょう》皮《ひ》にある嗅細胞《きゅうさいぼう》が感知する。

✏ 鼻腔の上壁にある嗅細胞が嗅覚を検知し、嗅神経が脳に伝える。

119 皮膚は、身体を覆う薄い器官で、表皮《ひょうひ》、真皮《しんぴ》、皮下組織《ひかそしき》の3層からなる。

✏ 表皮には、汗腺《かんせん》と皮脂腺《ひしせん》の開口部があり、皮膚のバリア機能をもち、皮膚の乾燥を防ぐなどの役割がある。

✏ 真皮は、弾力性に富み、汗腺・皮脂腺・感覚受容器・血管が分布する。

✏ 皮下組織は、主に脂肪で構成されており、汗腺の1つであるアポクリン腺の分泌部がある。汗腺は、汗をかき体温を下げる。

120 汗は、99％が水分である。汗を出すのは汗腺で、アポクリン腺とエクリン腺がある。エクリン腺から出る汗は水と電解質が主な成分であるが、アポクリン腺は、有機成分を含むため、体臭の原因となる。アポクリン腺は、主に腋窩《えきか》、陰部、乳房に分布している。

図表36 汗腺

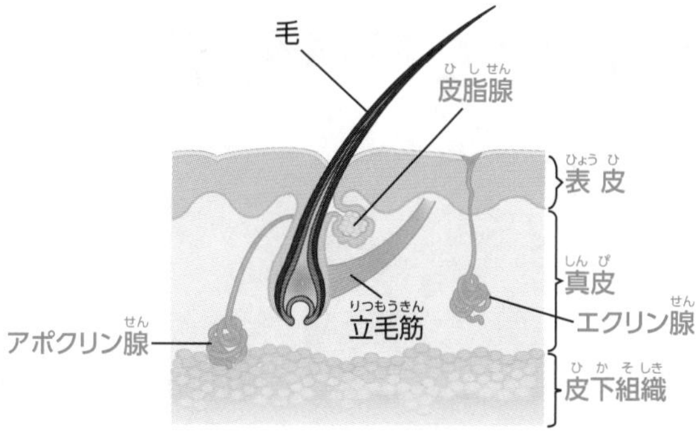

121 手掌《しゅしょう》や足底を除くほぼ全身に毛が生えている。毛には立毛筋《りつもうきん》がついている。手と足の指先には爪《つめ》がある。

4 疾病と障害の成り立ち及び回復過程

疾病の発生原因

122 疾病の発生には、原因（病因）がある。**生活習慣**や**遺伝子異常**など、病因には**外的要因**と**内的要因**に大きく分類できる。

123 疾病の外的要とは、身体の外側、身の回りの外界に存在する病因のことである。

図表37 外的要因

物理的因子	・機械的損傷	創《そう》：皮膚の破綻を伴う開放性損傷 傷《しょう》：皮膚の破綻を伴わない非開放性損傷
	鋭器損傷	切創・割創・刺創
	鈍器損傷	擦過創・挫創・裂創など
	その他	
	・温度	
	寒冷・低温	凍瘡・凍傷・低体温症
	温熱・高温	熱中症（Ⅰ～Ⅲ度に分類）重症例は死亡 熱傷（1 ～ 4度に分類） 熱傷面積が50％になると死亡率も50％に上る
	・気圧	高山病
	・高気圧	減圧症
	・光線	日光皮膚炎・白内障
	・放射線	放射線宿酔《しゅくすい》・皮膚障害など
	・電流	感電・落雷
	・騒音	精神疲労・不眠・難聴
	・振動	振動障害
化学的因子	・腐食剤（腐食毒）	強酸・強塩基・強アルカリ・重貴金属
	・金属性毒（ヒ素および有害性重金属）	カドミウム（イタイイタイ病） 有機水銀中毒（水俣病）など
	・有毒ガス	一酸化炭素中毒・硫化水素など 硫黄酸化物などによる大気汚染など
	・有機溶媒	アルコール・エタノール・アセトンなど
	・薬剤	副作用 乱用により健康被害（麻薬、大麻、覚醒剤など）
	・その他	塵肺（アスベストなど）
生物学的因子	・病原微生物	ウイルス・細菌・真菌や寄生虫による感染症
栄養的因子	・過剰摂取	脂質異常症・糖尿病・肥満など
	・栄養素の不足	ビタミン欠乏症・栄養失調など

124 疾病の内的要因は、身体の内側、体内に存在する病因のことである。疾病にかかりやすい素質（素因）ともいえる。

図表38 内的要因

生理的因子	・年齢素因	加齢に伴う動脈硬化性疾患・悪性腫瘍《あくせいしゅよう》 小児期・若年者にも悪性腫瘍はある
	・性別素因	男性：悪性腫瘍・痛風・尿路結石症・心筋梗塞など 女性：関節リウマチ・膠原病《こうげんびょう》・脂質異常症 骨《こつ》粗《そ》鬆症《しょうしょう》など 生活環境や生活習慣が関係
	・人種素因	近年の日本人は大腸がんが好発
	・組織・臓器素因	肺：結核が好発
病理的因子	・先天的素因	代謝酵素異常 （フェニルケトン尿症・メープルシロップ尿症など） 有機酸代謝異常症・脂肪酸代謝異常症・内分泌疾患など
	常染色体異常	ダウン症候群（21番目の染色体が3本）など
	性染色体異常	クラインフェルター症候群（X染色体過剰） ターナー症候群など
	原発性免疫不全症候群	X連鎖無ガンマグロブリン血症
	・後天的素因	
	免疫異常	後天性免疫不全症候群（AIDS） ヒト免疫不全ウイルス（HIV） アレルギー 自己免疫疾患（関節リウマチ・膠原病など）
	ホルモン異常	機能低下：橋本病による甲状腺機能低下症など 機能亢進：バセドウ病による甲状腺機能亢進症など

病変の成立機序

125 病因により、身体で**生体反応**（例：炎症、変性、虚血、発がん、免疫反応など）が起きて、病変を発生させる。

126 **炎症**とは、何らかの外的要因に対して、それを排除するように起こる生体反応である。炎症の特徴は、発赤、熱感、腫脹、疼痛で「**ケルススの四徴候**」といわれる。これに機能障害を加えると「ガレノスの五徴候」となる。

127 組織に傷害が生じると、**マクロファージ**や**白血球**をはじめとする炎症細胞から化学物質が放出される。それにより、白血球の浸潤など炎症の徴候を生じる。炎症は急性炎症と慢性炎症に分類される。

図表39 炎症分類

急性炎症	傷害部位で初期に生じる炎症。血漿《けっしょう》成分の滲出《しんしゅつ》や白血球の浸潤がみられる。 数時間から数週間以内の経過でおさまる。
慢性炎症	傷害部位に主にリンパ球やマクロファージなどの炎症細胞が浸潤する。 経過は4週間以上にわたる。

128 代謝障害により、**退行性病変**、**進行性病変**を生じる。変性とは、退行性病変の1つで、代謝障害により細胞内・組織内に異常な代謝物質が沈着するもの、正常な物質でも沈着が大量あるいは、沈着の部位が異常なものである。この変化は可逆性なので、代謝機能が正常に戻れば、細胞・組織も正常な状態に回復する。

129 虚血◆とは、循環障害の一種である。血管の**狭窄**《きょうさく》や**閉塞**《へいそく》により血流が低下、あるいは遮断されて細胞や組織への血液供給が不足した状態をいう。虚血が進行すると、細胞や組織が壊死に陥り、梗塞《こうそく》と呼ばれる状態になる。血管が狭窄・閉塞する原因として、**血栓**《けっせん》や**塞栓**《そくせん》があげられる。

受験対策アドバイス

◆虚血性心疾患として、狭心症や心筋梗塞があります。脳の血管に血栓や塞栓が生じると脳梗塞につながります。

130 生活習慣病である、**高血圧**、**糖尿病**、**脂質異常症**では、**動脈硬化**を起こしやすく、動脈硬化を起こした血管では血流の停滞が起こり、血栓ができやすい。心臓の冠状動脈で血管の狭窄や閉塞が生じると心筋梗塞が、脳動脈でおきると脳梗塞となる。

131 長時間の座位など同じ姿勢を取り続けると、下肢や骨盤内の深部静脈に**血栓**が生じやすくなる。この血栓が血流にのり肺静脈を閉塞すると、**肺血栓塞栓症**（**エコノミークラス症候群**）となる。他には、脂肪塞栓症、羊水塞栓症、空気塞栓症もある。

132 正常な細胞のDNAが繰り返し傷害を受けると、DNAの異常や変異が生じ、細胞の増殖と死の制御に異常をきたす。その結果細胞の増殖が起こり腫瘍《しゅよう》が発生する。生命予後に影響しないのを**良性腫瘍**という。増殖速度が速く正常の細胞や組織の機能を障害し転移することで全身に影響を与え、生命予後を脅かすのが**悪性腫瘍**である。がんには遺伝的要因や環境要因が関係する。

133 免疫とは、体内に侵入した病原体に対して、排除して発病しないように働く生体反応である。免疫反応を起こす病原体を**抗原**《こうげん》という。抗原に対して特異的に反応する物質として体内でつくられたものを**抗体**《こうたい》という。抗体は、免疫グロブリン（Ig）と呼ばれ、IgG、IgM、IgA、IgDの5種類が存在する。

134 免疫反応を主に担当している細胞は、白血球に含まれるリンパ球と組織中の樹状細胞である。リンパ球はT細胞、B細胞に分類される。

135 細胞性免疫は、胸腺で分化・成熟したT細胞が担当する局所の免疫反応である。液性免疫は、骨髄由来のB細胞が担当する体液中の抗体による免疫反応である。

リハビリテーションの概要と範囲

◎リハビリテーションの定義、目的

136 リハビリテーション（rehabilitation）の意味は、失われた地位の回復、権利や名誉の回復、復権であるが、健康の回復という意味でも使われる。

137 リハビリテーションとは、「病気や外傷による身体の機能障害（生理的あるいは解剖学的な欠損や障害）および環境面での制約を有する人に対して、身体、精神、社会、職業、趣味、教育の諸側面の潜在能力や可能性を十分に発展させるような指導、訓練、環境設定を行い、機能回復・社会復帰を図ること」である（リハビリテーションの理念）。 出32-7 出33-7

138 リハビリテーションには、4つの側面があり、医学的、社会的、職業的、教育的リハビリテーションに分類される。 出32-7 出33-7 出34-7

139 リハビリテーション医学の歴史には、第二次世界大戦中に戦傷者の社会復帰や職業訓練の概念が加えられた。物理医学とリハビリテーションを基礎として現代リハビリテーションがつくられ、各国に広められた。

140 医学的リハビリテーションの背景にある概念には、戦中戦後の時代からの障害者の復権、1960年代からのノーマライゼーションと、1960～1970年代にアメリカで重度障害のある学生が地域のなかで要求し実行してきた自立生活運動（IL運動）がある。

141 医学的リハビリテーションでは、障害の発生と同時に障害の悪化の予防や再発予防に取り組む。急性期、回復期、生活期（維持期）に分類され、多職種のかかわるチームアプローチで支援される。 出32-7 出33-7

142 リハビリテーションの目的は、人が病気になって万一後遺症が残っても、安心して生活できるように、その人自身およびその周囲を整えていくことである。その対象者は、疾患（がんも含む）または障害（内部障害を含む）を有する小児から高齢者まであらゆる年齢層にわたる。 出32-7

✏ 日常生活動作（activities of daily living：ADL）の改善、生活の質（quality of life：QOL）を高めることでもある。

図表40 日常生活動作（ADL）と手段的日常生活動作（IADL）

日常生活動作（ADL）	食事・更衣・移動・排泄・整容・入浴など １人の人間が独立して行う、毎日繰り返される一連の動作群をいう。
手段的日常生活動作（IADL）	電話をする、買い物、バスに乗る、食事のしたく、服薬管理、金銭管理など ADLを応用して行われる一連の動作群をいう。

143 日常生活動作（ADL）の代表的な評価尺度には、バーセルインデックス（Barthel Index：BI）と機能的自立度評価法（Functional Independence Measure：FIM）などがある。

✏ バーセルインデックスは、ADLの評価にあたり、食事、車いすからベッドへの移動、整容、トイレ動作、入浴、歩行、階段昇降、着替え、排便コントロール、排尿コントロールの計10項目を５点刻みで点数化し、その合計点を100点満点として評価するもの。

✏ FIMは、ADLを13の運動項目と５項目の認知項目、合計18項目で評価する。

受験対策アドバイス

◆バーセルインデックスは、日常生活活動を評価するためのものであり、科学的介護情報システム（LIFE）（厚生労働省）においても、この評価が用いられています。

図表41 バーセルインデックス（Barthel Index：BI）◆食事項目の例

項目	点数	判定基準
食事	10点	自立、手の届くところに食べ物を置けば、トレイあるいはテーブルから1人で摂食可能、必要なら介護器具をつけることができ、適切な時間内で食事が終わる
	5点	食べ物を切る等、介助が必要
	0点	全介助

144 生活の質（QOL）は、主観的な幸福感、生活の質であり、身体的、精神的、社会的、環境的な要因を全て含めた生活の質を意味する。

◎リハビリテーションの対象

145 障害者基本法で障害者とは「身体障害、知的障害、精神障害（発達障害を含む。）その他の心身の機能の障害がある者であって、障害及び社会的障壁により継続的に日常生活又は社会生活に相当な制限を受ける状態にある者」とされている。 (出)33-7 (出)34-7

✏ リハビリテーションの対象は、小児から高齢者まであらゆる年齢と、幅広い障害が含まれる。

図表42 主な障害とその概要

身体障害	視覚障害、聴覚・平衡感覚障害、音声・言語・そしゃく障害、肢体不自由、内部障害に代表される。 肢体不自由の割合が全体の45.0％、年齢階級別では65歳以上の割合が増加。
精神障害	精神保健及び精神障害者福祉に関する法律（精神保健福祉法）では、「統合失調症、精神作用物質による急性中毒又はその依存症、知的障害、精神病質その他の精神疾患を有する者」とされている。 気分障害（うつ病、躁うつ病など）、てんかん、高次脳機能障害、発達障害（自閉症、学習障害、注意欠陥多動性障害等）が含まれる。
知的障害	都道府県知事または指定都市の市長から療育手帳が交付される。 厚生労働省の知的障害児（者）基礎調査では、知的障害を「知的機能の障害が発達期（おおむね18歳まで）にあらわれ、日常生活に支障が生じているため、何らかの特別の援助を必要とする状態にあるもの」と定義している。

146 内部障害には2023（令和5）年12月現在、**心臓機能障害**、**じん臓機能障害**、**呼吸機能障害**、**ぼうこうまたは直腸の機能障害**、**小腸の機能障害**、**ヒト免疫不全ウイルスによる免疫機能障害**、**肝機能障害**の7つがある。

147 高次脳機能障害診断基準によると、高次脳機能障害とは、後天的な脳の器質的病変による記憶障害、注意障害、遂行機能障害、社会的行動障害の4つの認知障害のため日常生活または社会生活が困難なものをいう。

148 廃用症候群は、不動、身体的不活動によって二次的に生じた障害である。身体的不活動状態は、過度の安静などで生じる、日常生活の不活発、身体的、精神的症状を総称した概念である。

✏ 廃用症候群で生じる障害は、**関節拘縮**《かんせつこうしゅく》、**筋力低下**、**筋萎縮**《きんいしゅく》など運動機能の低下、心肺機能の低下、**起立性低血圧**、下肢静脈血栓《かしじょうみゃくけっせん》による**肺塞栓症**《はいそくせんしょう》、**褥瘡**《じょくそう》（いわゆる、床ずれ）などがある。

149 廃用症候群は、予防が最も重要である。廃用症候群の予防は急性期リハビリテーションの重要な目的となる。

150 **ロコモティブシンドローム**（Locomotive syndrome）は、「運動器の障害のために移動機能の低下した状態」とされた新しい概念である。

出34-7 151 **フレイル**は、特定の原因疾患はないが加齢的要因が重なり身体的予備能力が低下し種々の健康障害を引き起こしやすい状態をいい、リハビリテーションの対象となる。

◎リハビリテーションの方法

152 リハビリテーション治療には、理学療法、作業療法、言語聴覚療法などがある。医療機関においてリハビリテーション治療は、医師の指示を受けて、主に理学療法士、作業療法士、言語聴覚士などの関連専門職によって行われる。

図表43 主なリハビリテーション専門職

理学療法士（PT）	理学療法とは、身体に障害のある者に対し、主としてその基本的動作能力の回復を図るため、治療体操その他の運動を行わせ、及び電気刺激、マッサージ、温熱その他の物理的手段を加えること。（理学療法士及び作業療法士法）
作業療法士（OT）	作業療法とは、身体又は精神に障害のある者に対し、主としてその応用的動作又は社会的適応能力の回復を図るため、手芸、工作その他の作業を行わせること。（理学療法士及び作業療法士法）
言語聴覚士（ST）	音声機能、言語機能又は聴覚に障害のある者についてその機能の維持向上を図るため、言語訓練その他の訓練、これに必要な検査及び助言、指導その他の援助を行うとされている。（言語聴覚士法）

出34-7 153 摂食・嚥下のリハビリテーションには、言語聴覚士や管理栄養士もかかわる。

154 包括的リハビリテーションには、**医学的評価**、**運動処方**と**運動療法**、**薬物療法**、**食事療法**、**患者教育**、**カウンセリング**が含まれる（図表44参照）。

出33-7 155 脳卒中発症直後から離床までに行われるリハビリテーションを**急性期リハビリテーション**という。その開始は、症状安定後（2～3日後）ベッド上で行う。意識障害がある場合でもリハビリテーションは行われる。

156 生活期のリハビリテーション医療は、**地域包括ケアシステム**の概念と重なるものである。

157 医療保険制度では、2006（平成18）年に疾患別リハビリテーション科が創設された。主な疾患は、**心大血管疾患**、**脳血管疾患**、**廃用症候群**、**運動器**、**呼吸器**、**がん**が対象である。

図表44 急性期・回復期・生活期のリハビリテーション医学・医療

急性期のリハビリテーション医療	疾病、外傷、手術などの発症や処置直後から原疾患の治療と並行して行われる。	廃用症候群を予防し、早期のADL向上と社会復帰を図る。
回復期のリハビリテーション医療	急性期の治療を受け症状が安定し始めた時期（発症から１～２か月程度）から集中的なリハビリテーション治療が、回復期リハビリテーション病棟や地域包括ケア病棟で実施される。	活動の最大限の賦活化、機能の回復や日常生活で必要な動作の改善を図り、社会や家庭への復帰を図る。
生活期のリハビリテーション医療	急性期、回復期の治療を受けたあとのフェーズのリハビリテーション医療である。	障害のある子ども・成人・高齢者とその家族が住み慣れた地域で自分らしい暮らしを続ける。

疾病と障害及びその予防・治療・予後・リハビリテーション

◎がん

158 がんは、悪性細胞からなる腫瘍《しゅよう》で、自律性増殖（無限に増え続ける）、浸潤（周囲組織に広がる）、転移（リンパ液や血液などを介して離れた部位に病巣をつくる）の3つの性質をもつ。がんは、1984（昭和59）年より死因の第1位を占める。がん全体の死亡数と罹患数は、人口の高齢化を主な要因としてともに増加している。 出 35-4

図表45 がん（悪性新生物）の腫瘍部位別死亡順位（2022年版）

	1位	2位	3位	4位	5位
女性	大腸	肺	膵臓	乳房	胃
男性	肺	大腸	胃	膵臓	肝臓
男女合計	肺	大腸	胃	膵臓	肝臓

159 固形がんの治療の三本柱は、①**手術**、②**薬物療法**（免疫療法を含む）、③**放射線療法**である。複数の治療法を組み合わせて最大限の効果を期待することを**集学的治療**という。

160 がん治療を受ける患者には就労世代が少なくない。そのため、治療をしながら仕事を継続することも課題となっている。「がん（患者）相談支援センター」などを活用したサポートが必要である。

161 緩和ケアとは、命にかかわる病気を患った際に、患者とその家族の苦痛を和らげ、支えていく診療・ケアのことをいう。身体的・心理的・暮らしを支える観点から、医療保健福祉などの多職種チームで協働する。

162 緩和ケアは、がん以外にも心不全、呼吸不全、腎不全、精神疾患、後天性免疫不全症候群（エイズ）なども対象となる。がん以外の疾患は、経過ががんとは異なり予後予測が困難とされる。そのため、治療は症状により異なる。

163 世界保健機関（WHO）による緩和ケアの定義では、苦痛を予防し和らげることを通じて向上させるアプローチとして、痛みやその他のつらい症状を和らげること、などがあげられている。

- 疼痛《とうつう》には、WHOが提唱する三段階ラダーが用いられる。
- 終末期にみられる諸症状としては、全身倦怠感《けんたいかん》、食欲低下、悪心《おしん》・嘔吐、呼吸困難、浮腫《ふしゅ》、口腔粘膜乾燥、舌苔《ぜったい》などがある。

◎生活習慣病

出33-4 164 生活習慣病は、糖尿病・脂質異常症（高脂血症）・高血圧・高尿酸血症など、食事、身体活動、喫煙、飲酒など生活習慣が深く関与する疾患の総称である。(図表46参照)。また、遺伝要因の関与もあるとされている。

図表46 生活習慣病

関連する生活習慣	疾患名
食生活	糖尿病（2型）、肥満、脂質異常症（高脂血症）、高血圧、高尿酸血症、心臓病、大腸がん、歯周病
運動習慣	糖尿病、肥満、脂質異常症（高脂血症）、高血圧
喫煙	肺がん、心臓病、慢性閉塞性肺疾患（COPD）、歯周病、膀胱がん
飲酒	アルコール性肝障害　等

165 メタボリックシンドローム（内臓脂肪症候群）は、内臓脂肪型肥満（内臓肥満・腹部肥満）に、高血糖・血圧上昇・血清脂質異常のうち2つ以上を合併した状態をいう。

◎脳血管疾患

166 2022（令和4）年の日本における脳血管疾患による死亡者数は、6.9％を占め、死因の第**4**位となっている。

図表47 脳血管疾患の分類

・閉塞性脳血管疾患（血管が詰まる）➡脳梗塞
・出血性脳血管疾患（血管が破れる）➡脳出血、くも膜下出血

167 脳血管疾患の特徴は、症状が急に起こること（突然発症）である。主な症状は（**図表48参照**）である。 出35-6

図表48 脳血管疾患の主な症状

片麻痺	同側の手と足の麻痺
顔面麻痺	片麻痺と同じ側の顔のゆがみ
構音障害	呂律が回らない
同名半盲《どうめいはんもう》	両眼とも視野の同じ側の半分が見えづらい
失語	言葉が出てこない 失語には、主に感覚性失語と運動性失語の2種類がある

168 脳血管障害による片麻痺は、障害部位の**反対側**に症状が出る。脊髄障害により生じる麻痺には**対麻痺**があり、左右両側下肢にみられる。 出35-6

169 脳血管疾患の画像検査には、**頭部CT検査**、**頭部MRI検査**、**MRアンギオグラフィ（MRA）**がある。

170 一過性脳虚血発作（TIA）◆は、内頸動脈の**血栓**が剥がれて脳の小動脈を閉塞することにより起こる。**血栓**はすぐ溶解し、意識障害の症状は数分間から24時間以内で消える。

受験対策アドバイス
◆一過性脳虚血発作（TIA）が生じた場合、その原因を確認しておくことが脳梗塞発症の予防につながります。

171 脳梗塞による死亡者数は、脳血管疾患による死亡者数の約6割を占め、主に**脳血栓**と**脳塞栓**に分類される。

- **脳血栓**は、脳動脈硬化から血栓が形成され、脳血管内腔が閉じるものである。高齢者では、脱水による血液濃縮、多血症、血圧低下などによって脳血栓が生じることもある。
- **脳塞栓**は、心房細動などのために心臓内にできた血栓が脳血管へ運ばれて、閉じてしまうものである。脳梗塞は、数時間から数日かけて発症する。失語などをきたす場合もある。

172 多発性脳梗塞とは、多数の小さな梗塞が点在するものである。症状は、脳梗塞と同様の片麻痺、感覚障害（半身の痺れ）、**感情失禁**、失語等がある。 出35-6

173 脳出血は、高血圧により起こりやすく、前駆症状なしに突然、意識障害をもって発症することが多い。意識障害が著明である点が脳梗塞と異なる。急性期治療では、血圧を下げる、手術により血種を取り除くこと（血種除去術）もある。

174 くも膜下出血は、くも膜内で脳動静脈が破裂し出血することで生じる。症状は、激しい頭痛があり、突然に意識障害が出現する。嘔吐《おうと》、痙攣《けいれん》で始まることもあり、昏睡《こんすい》をきたす場合は、予後がよくないとされる。治療としては、開頭クリッピング術、動脈瘤コイル塞栓術がある。

175 慢性硬膜下血種は、通常は脳血管疾患としては取り扱わない。発症には原因として、軽い頭部外傷がある。その後（数週間から数か月）、歩くとふらつく、物忘れの症状がひどくなった、手足の力が弱くなった等の症状が徐々に出てくる。治療は、穿頭《せんとう》ドレナージ術がある。脳外科手術によって治る認知症の1つである。

◎心疾患

176 心疾患は、日本人の三大死因の1つであり、2022（令和4）年には、全死因のうち14.8％を占め、第2位であった。可逆性で胸痛をきたす狭心《きょうしん》症《しょう》と、虚血により心筋が壊死に陥った心筋梗塞《しんきんこうそく》がある。

177 狭心症とは、心筋への酸素供給が不足することで生じる胸痛発作を主張とする症候群である。冠動脈の内腔が狭くなることによって、心筋が一過性に虚血に陥り、胸に不快感を伴う症状が出現する。症状の胸痛は、長くて15分間続く。30分以上続く場合は心筋梗塞が疑われる。狭心症発作時にはニトログリセリンの舌下やスプレーによる投与が行われる。

178 心筋梗塞とは、動脈壁のプラークが破裂し、生じた血栓が冠動脈を完全閉塞し、心筋虚血により心筋壊死に陥った状態をいう。症状は30分以上続く胸痛が特徴である。ニトログリセリンでは胸痛は改善せず、モルヒネが用いられる。

179 何らかの心臓機能障害により、必要な血液量を全身に供給できなくなった状態を心不全という。症状には、呼吸困難、倦怠感《けんたいかん》、浮腫などがある。臨床経過から急性心不全と慢性心不全に、障害される部位から左心不全と右心不全に分けられる。

180 心臓弁膜症とは、心臓の弁膜に異常を生じ、血流が障害されて心機能に影響を及ぼす疾患である。加齢による大動脈弁狭窄症が増加している。狭窄が高度になると、狭心痛、失神、心不全を起こす。他の弁膜疾患として、大動脈弁閉鎖不全症、僧帽弁狭窄症、僧帽弁閉鎖不全症がある。

181 不整脈は、心臓の電気シグナル発生異常や伝導障害により起きる。不整脈には、脈が速くなる**頻脈**（100回／分以上）、脈が遅くなる**徐脈**（60回／分未満）、脈がとぶ**結滞**がある。

◎感染症

182 感染とは、微生物が体の中に侵入して定着することをいう。感染によって生じる病気を**感染症**といい、感染症の予防及び感染症の患者に対する医療に関する法律（感染症法）の対象となる感染症は、一～五類の感染症と、新型インフルエンザ等感染症、指定感染症、新感染症に分類される（図表49参照）。

図表49 感染症法における分類

分　類	感　染　症　名　等
一類感染症（7種）	エボラ出血熱、クリミア・コンゴ出血熱、痘そう、南米出血熱、ペスト、マールブルグ病、ラッサ熱
二類感染症（6種）	急性灰白髄炎（ポリオ）、結核、ジフテリア、重症急性呼吸器症候群（SARS）、中東呼吸器症候群（MERS）、鳥インフルエンザ（特定鳥インフルエンザ）
三類感染症（5種）	コレラ、細菌性赤痢、腸管出血性大腸菌感染症、腸チフス、パラチフス
四類感染症	E型肝炎、A型肝炎、黄熱、Q熱、狂犬病、鳥インフルエンザ（特定鳥インフルエンザを除く）、デング熱など。そのほか、すでに知られている感染性の疾病であって、動物またはその死体、飲食物、衣類、寝具その他の物件を介して人に感染し、国民の健康に影響を与えるおそれがあるものとして政令で定めるもの。
五類感染症	インフルエンザ（鳥インフルエンザ、新型インフルエンザ等感染症を除く）、後天性免疫不全症候群、性器クラミジア感染症、梅毒、メチシリン耐性黄色ブドウ球菌（MRSA）感染症、新型コロナウイルス感染症など。そのほか、すでに知られている感染性の疾病（四類感染症を除く）であって、国民の健康に影響を与えるおそれがあるものとして厚生労働省令で定めるもの。
新型インフルエンザ等感染症	新型インフルエンザ、再興型インフルエンザ
指定感染症	一類～三類に分類されないものであって、一類～三類に準じた対応の必要性の生じたものとして政令で定めるもの。
新感染症	ヒトからヒトに伝染すると認められる疾病であって、既知の感染症と病状等が明らかに異なり、当該疾病に罹患した場合の病状の程度が重篤であり、かつ、当該疾病のまん延により国民の生命および健康に重大な影響を与えるおそれがあると認められるもの。

出34-3

183 インフルエンザは、**インフルエンザウイルス**による呼吸器感染症である。潜伏期間は1～2日で、突然の38℃を超える**発熱**から始まる。**咽頭痛**、**頭痛**、**関節痛**などの全身症状が強い。肺炎を合併することがある。

- 予防のためワクチン接種が推奨される。
- アルコールによる手指衛生は重要である。
- 咳エチケットを含む標準予防策、接触予防策が重要である。

出34-3

184 ノロウイルスは、汚染された二枚貝など（**カキ**、**アサリ**、**シジミ**など）に生息する。経口摂取により感染性胃腸炎を引き起こす。**秋**から**冬**に多く発病する。感染後**1～2**日で下痢、嘔吐、腹痛、発熱などの症状が現れる。吐物や糞便内にはウイルスが存在している。

- ノロウイルスにより汚染された衣類等の消毒には、次亜塩素酸ナトリウムが有効である。

185 **ヒト免疫不全ウイルス**（HIV）が感染し、ヘルパーT細胞の機能低下をきたすことで**エイズ**が発症する。HIVの主な感染経路は、同性間・異性間の性的接触、母子感染、血液製剤による。日常の共同生活のみでは感染しない。

- 「令和4（2022）年エイズ発生動向―概要―」（厚生労働省エイズ動向委員会）によると、感染経路は性的接触（全体の85.9％）によるものが多く、特に同性間の性的接触（全体の70.1％）が圧倒的である。

186 2019年SARSコロナウイルスに似た、新種のコロナウイルスが発見され、2020年に世界的に大流行した。このウイルスは**新型コロナウイルス感染症**（COVID-19）と呼ばれる。平均潜伏期間は暴露後5日くらいまでとされる。筋肉痛、疲労・全身倦怠感、咳嗽などの前駆症状がある。8割は無症状から軽症で治癒するが、2割弱に呼吸困難、肺炎を発症する。

出34-3

187 結核は、**結核菌**の浮遊する空気を吸い込むことにより感染する**空気感染**である。排菌（喀痰《かくたん》中に結核菌が存在すること）している結核患者との**接触**により感染の可能性がある。治療は抗結核薬を組み合わせた併用治療がある。

188 結核は、**二類感染症**に指定されている。結核は、高齢者や全身疾患の合併患者（糖尿病、腎不全、ステロイド治療患者など）、免疫力の低下した者が発病する可能性が高い。2週間以上続く咳《せき》、痰《たん》、微熱、全身倦怠感《けんたいかん》、寝汗、体重減少などの症状がある場合、胸部X線撮影や喀痰検査で診断する必要がある。成人の肺結核の大部分が二次結核症である。

189 黄色ブドウ球菌は、化膿《かのう》性疾患や敗血症、食中毒などの原因菌である。近年、抗生剤の乱用により**MRSA**（**メチシリン耐性黄色ブドウ球菌**）が現れ病院内で発生するようになった。菌のついた手指や衣服により媒介され、菌を有する患者の気道吸引時に飛散し医療従事者に汚染することがある。健常者は通常発病することはない。

190 **腸管出血性大腸炎**は、症状として、下痢、嘔吐、腹痛、血便などがある。病原性大腸菌**O157**の毒素（ベロ毒素）が腎臓に障害を起こしやすいため、急性腎不全と溶血を引き起こす溶血性尿毒症症候群（HUS）を合併し、痙攣や昏睡から死亡に至ることがある。

191 **疥癬《かいせん》**は、**ヒゼンダニ**が皮膚に寄生して皮膚炎を起こし、強いかゆみを生じる疾患である。皮膚に触れることで感染し、性行為や添い寝のみならず寝具や肌着からも感染するため、共同生活者に感染を起こす可能性が高い。感染部位は、陰部・腋《えき》窩《か》・四肢関節の屈側に多い。 出34-3

192 **日和《ひより》見《み》感染症**とは、身体を微生物の感染から守っている防御機構が疾患や治療（手術・放射線治療・抗がん剤など）によって機能低下した場合に、弱毒菌など通常感染を起こさない微生物が感染して病原性を現すことをいう。

図表50 院内・施設内感染対策

ワクチン接種	・自身の麻疹、風疹、水痘、流行性耳下腺炎への罹患歴やワクチン接種歴を確認する。 ・ワクチン接種等で対応。
咳エチケット	・正しいマスクの着用方法を知る。 ・咳をするときには、口と鼻を覆い、人のいない方向に向いて行う。 ・使用したティッシュペーパーはごみ箱に捨てるなど。 ・手指消毒を行う。
帰宅ポリシー	有症状の職員は仕事を休む。他者への感染防止になる。
手指衛生	必要な5つの場面 1　患者に近づくとき（触れる前） 2　無菌・清潔操作の前（吸引操作など） 3　体液に暴露するリスクの後（血液など） 4　患者に触れた後（離れる時） 5　患者の周りに触れた後（環境整備など）
標準予防策と接触予防策	・医療従事者は、標準予防策（スタンダードプリコーション）を行う。 ・接触予防策は、標準予防策に追加して行う予防策である。必要時手袋の着用やガウンの着用を行う。 ・マスクやゴーグル、フェイスシールドを必要時使用する。

◎神経疾患、認知症、高次脳機能障害

出33-5

193 高次脳機能障害とは、脳損傷に起因する認知障害全般をいう。交通事故によるけがなどのほかに、原因疾患は、脳血管疾患、外傷性脳損傷、炎症性疾患、脳症、脳腫瘍《のうしゅよう》（原発性、転移性）、てんかんなどの発作性疾患などで、脳損傷の原因となるほとんどの疾患が含まれる。診断基準では、先天性疾患や周産期における脳損傷は原因疾患には含まれない。

出33-5

194 高次脳機能障害の諸症状には、記憶障害、注意・情報処理障害、遂行機能障害、病識欠落、社会的行動障害などがある。

195 認知症とは、いったん獲得した知的機能が、後天的な器質的要因により低下した状態をいう。認知症の診断には、意識障害がないことが前提とされる。認知症は老化とともに急増する。

✏ 認知症の原因疾患としては、アルツハイマー病が最も多く、約半数を占める。次に脳血管疾患とレビー小体型認知症の頻度がそれぞれ約2割とされる。

196 認知症の症状は、中核症状と行動・心理症状（Behavioral and Psychological Symptoms of Dementia：BPSD）に分けられる。

✏ 中核症状は、病気により脳の認知機能が障害されることによって引き起こされる症状で、具体的には記憶障害や見当識障害である。

✏ 行動・心理症状は、せん妄、抑うつ、興奮、徘徊、睡眠障害、妄想などである。行動・心理症状は個人差が大きく、環境にも影響を受け、適切なケアや薬物療法で軽減し得る。

図表51 認知症の中核症状と行動・心理症状（BPSD）

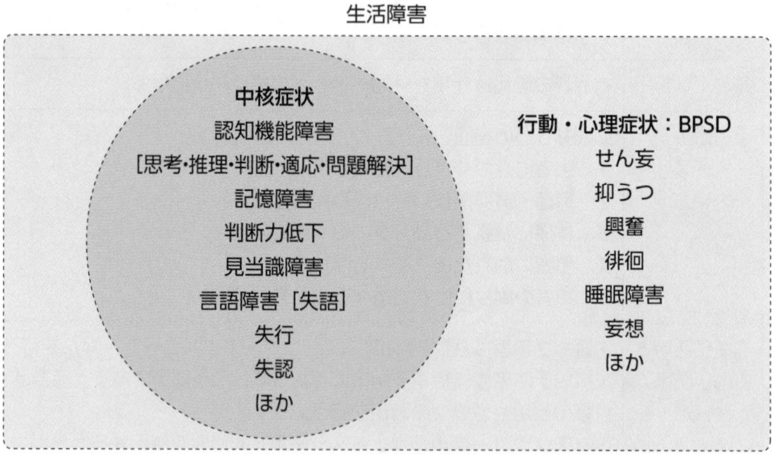

197 認知症の検査には、「治療可能な認知症」を見逃さないため、血液検査は必須である。他に頭部CT/MRI検査、脳血流シンチグラフィ（SPECT）、脳PET検査がある。スクリーニング検査としては、**改訂長谷川式簡易知能評価スケール**（HDS-R）、MMSE（Mini-Mental State Examination）が使用される。 出32-6

図表52 代表的な認知症

名称	主な特徴	症状等
アルツハイマー型認知症	・認知症のなかで最も多い。 ・脳内にアミロイドβが沈着する。	薬物療法 治療薬（ドネベジル、メマンチンなど） ➡症状の進行を遅らせる 非薬物療法 リハビリテーションや回想法など
レビー小体型認知症	・脳にレビー小体という異常たんぱく質が蓄積し、神経細胞が死滅する。	症状 ・鮮やかな幻視 ・症状変動が激しい ・薬剤過敏性 ・パーキンソン症状（レム睡眠行動障害）
前頭側頭型認知症（ピック病）	・前頭葉、側頭葉が障害される。 ・40～60歳代に発症が多い。	症状 ・反社会的行動 ・常同行動
血管性認知症	・多発性ラクナ梗塞《こうそく》など脳血管障害により起こる。	症状 ・まだら状 ・情動失禁 ・片麻痺 ・症状が階段状に悪化 高血圧・糖尿病・心疾患 動脈硬化合併に注意

198 アルツハイマー型認知症の特徴としては、**落ちつきがない、多弁、奇異な屈託のなさ**（多幸性）などがあり、症状は確実に進行していく。

◎神経難病

199 **難病**とは、以下の4つを満たすものいう。①原因不明、②治療法が確立していない、③非常にまれな病気、④それにより長い療育が必要になる。2024（令和6）年現在、指定難病は338疾病あり、そのうち約4分の1が脳神経系疾患（神経難病）である。

200 パーキンソン病は、レビー小体が脳幹（中脳黒質）に限定して出現し、 出35-5
脳内のドーパミンが不足している。パーキンソン病は、**振戦**《しんせん》、**固縮**、**無動**（**動作緩慢**）・**寡動**《かどう》、**姿勢反射障害**を四大主徴とし、40～65歳など中年以降に発症しやすい。原因は脳の黒質、線条体のドーパミン合成の低下である。

出35-5

201 **パーキンソン病**の症状には、表情が乏しく顔面が仮面のような印象を受ける**仮面様顔貌**《かめんようがんぼう》がある。安静時の両手のふるえ（振戦）も全患者の4分の3にみられる。次の動作へ移るのに時間がかかり、体が硬くこわばった歯車様抵抗が生じる（すくみ現象、すくみ足）。歩行時には両手を振らず、前屈で小刻み歩行となる。症状には左右差がみられることが多い（つぎ足歩行）。パーキンソン病の治療には、**L-ドパ**の内服が一般的である。

202 **パーキンソン症候群**とは、パーキンソン病の病変は「大脳基底層・脳幹系」に限局しているが他の複数のシステムも同時に障害された場合をいう。パーキンソン病と異なり、発症年齢や、病気の進行が早い。有効な治療法もない。

203 **脊髄小脳変性症**は、小脳系が徐々に障害される。症状として**小脳性運動失調**（歩行時のふらつき）、四肢の**協調運動障害**（細かい動きができない。不器用など）、呂律緩慢《ろれつかんまん》（酔っぱらったような話し方）がある。約3割が遺伝性とされる。

204 **多系統萎縮症**（MSA）は、かつて線条体黒質変性症、**シャイ・ドレーガー症候群**、オリーブ橋小脳萎縮症と呼ばれていたものを病理学的見地から統一した名称である。小脳性運動失調、パーキンソン症状、自律神経障害（起立性低血圧、排尿障害など）がみられる。根本的治療法はなく、症状に応じた対症療法を行う。

受験対策アドバイス

◆ALSが進行した場合、人工呼吸器を使用した呼吸や、経鼻経管栄養法などによる栄養補給が必要となります。

205 **筋萎縮性側索硬化症**（ALS）◆は、運動神経だけが障害され、全身の筋肉が徐々に萎縮していく難病である。指先の力が入りにくいことから、段差でつまずくなどで始まることが多い。脳に障害はきたさないので最期まで**意識**ははっきりしている。眼球運動障害は比較的生じにくい。**球麻痺**という障害で、食物を飲み込めない状態になり、やがては呼吸筋も麻痺して死亡に至る。

206 **多発性硬化症**（MS）は、脳、脊髄、視神経に原因不明の炎症を起こす。患者の9割は女性である。20～30歳代で発症することが多い。**「時間的・空間的多発」**（良くなったり、悪くなったりする）が特徴である。

207 **クロイツフェルト・ヤコブ病**は、中年期以後に発症する**認知症性疾患**で、小脳症状、不随意運動（ミオクローヌスといわれる筋肉の不随意運動）など多彩な症状がみられる。

◎脳機能性疾患

208 **頭痛**は、最も多い神経症候である。原因の明らかでないものを特発性（一次性）、原因が明確なものを症候性（二次性）という。**緊張性頭痛**は、一番多く、首の筋肉の緊張による。**片頭痛**は、20～40歳代に多く、拍動痛が特徴的である。

209 **てんかん**は、脳細胞が電気的に過剰に興奮したことにより、ひきつけなどの発作を繰り返すものをいう。診断には**脳波検査**が有用で、服薬コントロールで発作を起こさずに生活を送ることができる。

◎先天性疾患

210 出生時までに何らかの症状、障害をもつ疾患を**先天性疾患**という。疾患の原因には、環境要因と遺伝要因がある。

図表53 主な先天性疾患

遺伝要因	胎児要因	周産期要因
染色体異常	風疹胎児病	脳性麻痺
ダウン症候群	白内障	発達障害
ターナー症候群	難聴	てんかん
クラインフェルター症候群	心臓病　など	知的障害
遺伝病	股関節脱臼	
優性遺伝		
軟骨形成不全		
劣性遺伝		
フェニールケトン尿症		
伴性劣性遺伝病		
血友病		
デュシェンヌ型筋ジストロフィー◆		

受験対策アドバイス

◆デュシェンヌ型筋ジストロフィーは、男児に発生する場合がほとんどです。

◎呼吸器疾患

211 気管支喘息は、慢性の気道炎症であり、発作性の**喘鳴**《ぜんめい》、呼吸困難、咳《せき》などで深夜から早朝にかけて出現しやすい。

212 **慢性閉塞性肺疾患**（COPD）は、以前は肺気腫と慢性気管支炎として呼ばれていた。**労作時の呼吸困難**で発症することが多い。息切れは次第に悪化し、軽い咳や喘鳴を伴うようになる。在宅酸素療法や非侵襲的陽圧換気（NPPV）などの換気補助療法が適用される。

213 **肺炎**は、感染症の代表的な疾患である。脳血管疾患患者では、脳梗塞《のうこうそく》に伴う仮性球麻痺《まひ》や筋力低下により、**誤嚥**《ごえん》のリスクが高まるため、肺炎が直接の死因になることが多い。 出35-6

214 高齢者の肺炎では、主な自覚症状として、**咳**、**痰**《たん》、**全身倦怠感**《けんたいかん》などがあげられる。客観的症候としては、発熱（微熱）が最も多い。また、軽度の意識障害（意識レベルの低下）、不穏状態が主症状であることも多い。予防にはワクチン接種や口腔ケアによる、口腔内常在菌量の減少がある。

215 **呼吸不全**とは、動脈血ガスPaO_2、$PaCO_2$が異常であるため、声帯が正常な機能を営めない状態とされている。**急性呼吸不全**と**慢性呼吸不全**がある。呼吸不全の原因には、神経疾患による換気障害なども慢性呼吸不全となる。

216 **睡眠時無呼吸症候群**は、睡眠中に繰り返し無呼吸となり一過性の低酸素血症や**日中の傾眠**や心血管合併症を生じる病態である。

◎腎・泌尿器疾患

217 **急性腎不全**（急性腎障害：AKI）は、数時間から数日という短期間で腎機能が急激に低下する病態である。急性腎障害では、尿量減少、嘔気、食欲不振、全身倦怠感《けんたいかん》、かゆみ、呼吸困難など多様な症状を示す。治療効果が出ず生命の危険がある場合には透析療法が行われる。

218 **慢性腎不全**（慢性腎臓病：CKD）は、月または年単位で腎機能障害が進行し、最終的には不可逆な末期腎不全に至る病態である。

219 **特発性腎疾患**とは、病変が腎臓に限局する病態である。**続発性腎疾患**とは、膠原病《こうげんびょう》、血管炎、代謝疾患《たいしゃしっかん》、遺伝性疾患などの全身性疾患が原因で腎病変をきたす。

図表54 特発性腎疾患と続発性腎疾患

特発性腎疾患	管内増殖性糸球体腎炎、半月体形成性糸球体腎炎、IgA腎症、微小変化型ネフローゼ症候群など
続発性腎疾患	糖尿病性腎症、痛風腎、腎硬化症、ループス腎炎など

220 腎代替療法として、**血液透析《とうせき》**、**腹膜透析**、**腎移植**（**生体腎移植**、**献腎移植**）の3つの方法がある（図表55参照）。

221 正常な排尿が障害されている状態を**排尿障害**という。排尿障害には、排尿回数の異常、排尿時の異常、排尿後の異常、尿失禁、尿意切迫感、遺尿、排尿困難などがある（図表56参照）。

222 **尿路感染症**は、腎臓、尿管、膀胱、尿道に生じた感染症の総称である。原因は大腸菌が多い。症状には、尿混濁、頻尿、排尿痛、残尿感などがある。腎臓まで感染が及ぶと発熱を認める。

図表55 腎代替療法

血液透析	・血液を体外循環させて透析器（ダイアライザー）を用いて、血液中の老廃物や余分な水分を除去し、体内に戻す方法。 ・通常週に3日、1回4時間の透析が必要である。 ・患者に内シャントなどが必要になる。
腹膜透析	・腹腔内に留置したチューブを通じて、腹腔内に透析液を一定時間入れ、血液中の老廃物や余分な水分を透析液に移行させ、透析液を体外に出す方法。 ・血液透析に比べ通院が少ない。 ・食事制限が穏やかなどの利点がある。5 ～ 10年で他の腎代替療法に移行が必要。
腎移植	生体腎移植：ドナー（親族）から提供された腎臓を移植する方法
	献腎移植：本人の生前同意または家族の承認のある脳死後または心停止後のドナーから提供された腎臓を移植する方法

図表56 主な排尿障害

頻尿《ひんにょう》	1日の排尿回数が8回以上になる
稀尿《きにょう》	排尿回数が1 ～ 2回になること
夜間頻尿	就寝後から起床までの間に1回以上起きなければならない
尿失禁	不随意《ふずいい》に尿漏れをきたすこと
排尿困難（尿閉）	膀胱内《ぼうこうない》に貯留している尿を排泄できない状態で早期に導尿が必要

223 **神経性膀胱**は、排尿に関する神経（脳、脊髄《せきずい》、末梢）の障害により生じ、膀胱の蓄尿・排尿機能障害である。過活動性膀胱（膀胱内に尿が少しまたはまったくなくても尿意を感じる）と弛緩性膀胱（膀胱に尿が溜まっても尿意を感じられない）がある。

224 **前立腺肥大**◆は、加齢に伴い前立腺内腺の過形成により下部尿路の閉塞が起きる病態である。原因として男性ホルモンが関与している。症状は、頻尿、尿意切迫感、尿路感染症、腎機能障害がある。夜間頻尿や溢流性尿失禁を起こす。

受験対策アドバイス

◆前立腺は膀胱の下に位置し、尿道を取り囲んでいます。

◎消化器疾患

225 **肝炎**とは、さまざまな原因により肝臓に炎症をきたした状態である。急性肝炎の場合には、黄疸《おうだん》、食欲不振、全身倦怠感《けんたいかん》などの自覚症状を伴うことが多い。**慢性肝炎**は、自覚症状が乏しく、肝細胞の障害が持続すると肝硬《かんこう》変《へん》に至る。

226 肝炎の代表的原因として**ウイルス性肝炎**がある。経口的に感染するのは**A型肝炎**、**E型肝炎**。血液や体液を介して感染するのは**B型肝炎**、**C型肝炎に分類される。

図表57 主な肝炎ウイルスの特徴

	感染経路	特徴
A型肝炎	経口	海外渡航者の感染、日本国内における魚介類生食による感染など
B型肝炎	血液	出生時の感染など
C型肝炎	血液	輸血や注射器の使いまわし、10年から20年の期間を経て肝硬変、肝がんが発生しやすい
E型肝炎	経口	日本国内では、生焼けの野生肉（ジビエ料理）からの感染

227 **アルコール性肝炎**とは、アルコールの摂取により引き起こされる肝炎であり、急性肝炎と慢性肝炎とがある。肝硬変に至ると不可逆的な変化となる。

228 肝硬変は、**肝炎ウイルス**の**慢性持続感染**や**アルコール**の長期摂取などで、慢性肝炎を経て引き起こされる。進行すると肝不全の状態になり、全身倦怠感、腹水貯留、下《か》肢《し》浮《ふ》腫《しゅ》、貧血、黄疸、出血傾向が認められる。肝硬変には肝がんが合併しやすい。

229 肝臓に発生する悪性腫瘍《あくせいしゅよう》は、肝臓の細胞ががん化する**原発性肝癌**と、多臓器からの転移で発生する**転移性肝癌**がある。

230 **膵炎《すいえん》**は、**急性膵炎**と**慢性膵炎**に分けられる。急性膵炎はアルコール摂取や胆石が原因で起こることが多い。強い上腹部痛、嘔気《おうき》・嘔吐《おうと》、発熱などの症状があり、重症化することもある。

231 **胆石症**とは、胆嚢《たんのう》や胆管の中に石（結石）ができることにより、腹痛のほか、さまざまな症状をきたす。

232 **便秘**は、60歳未満の若年者では女性の有病率が高いが、60歳以上では男性の有病率も上昇し、70歳以上では男女ともに有病率が高くなる。治療には生活習慣の改善を主体としつつ、内服薬も効果的である。

出33-4
出35-4

233 **胃がん**は、ヘリコバクター・ピロリ菌の感染が胃がんの危険因子といわれているが、胃検診の普及により死亡率は減少傾向にある。ピロリ菌感染の有無にかかわらずスキルス胃がんは発生し、予後不良の胃がんとして知られている。

234 膵臓がんは、早期発見が難しく、進行が速いため予後不良のがんとされている。

◎骨・関節の疾患

235 **骨粗鬆症《こつそしょうしょう》**とは、骨が強度低下によって脆弱化し、骨折の危険性が増した状態である。発症は男性よりも女性、特に閉経後の女性に多く、女性ホルモンの減少が原因と考えられている。適度な運動、日光浴、栄養状態の改善等が骨粗鬆症の予防となる。

出 34-4

236 骨の強度低下が原因で起こる**脆弱性骨折《ぜいじゃくせいこっせつ》**は、高齢者に多くみられる。部位別では、腰椎圧迫骨折《ようついあっぱくこっせつ》、大腿骨頸部骨折《だいたいこつけいぶこっせつ》、橈骨遠位端骨折《とうこつえんいたんこっせつ》、上腕骨近位部骨折が多い。大腿骨頸部骨折の治療には手術が選択される。

出 34-4

237 **変形性関節症**は、加齢に伴い関節の軟骨が減少し、関節の痛み、腫《しゅ》脹《ちょう》、動かせる範囲の制限などの症状が出現する。最も多いのは**膝《しつ》関節症**であり、男性11～19％、女性20～42％の割合で生じるといわれている。

出 34-4

238 **変形性脊椎症**は、加齢に伴う脊椎の変形により神経が圧迫され、症状が生じた状態をいう。圧迫は頸椎《けいつい》（首の脊椎《せきつい》）、腰椎（腰の脊椎）で生じやすい。頸椎で生じたものを**変形性頸髄症**（**頸髄症**）、腰椎で生じたものを**腰《よう》部脊柱管狭窄症《ぶせきちゅうかんきょうさくしょう》**という。腰部の場合、歩行時に間欠性跛行《かんけっせいはこう》をきたす。

239 **腰部脊柱管狭窄症**の症状は、腰痛、臀部痛《でんぶつう》から始まり、ひどくなると下肢のしびれ、痛み、筋力低下が認められる。高齢者に発症が多い。

出 34-4

240 **関節リウマチ**◆は、全身の関節が慢性的に炎症を繰り返し破壊される疾患である。関節の障害は手に強く出ることが多く、朝のこわばりはよくみられる症状である。変形が加わると日常生活に不自由が生じる。

出 34-4

受験対策アドバイス

◆関節リウマチは、男性より女性に多くみられます。左右同時に変形が生じるので、生活動作に支障がでてきます。

◎血液疾患

241 **貧血**とは、**ヘモグロビン**が男性では13g/dL以下、女性では12g/dL以下、高齢者では11g/dL以下の状態と定義される。赤血球の数が減少するため酸素の運搬機能が低下し、血液量自体も減少する。そのため、顔面が蒼白になり、**起立性低血圧**や運動での息切れ、易疲労感《いひろうかん》などの症状がみられる。

242 **鉄欠乏性貧血**は、成人女性のおよそ10人に1人程度で生じる貧血である。長期に鉄欠乏が続くと**匙状爪《さじじょうづめ》**（**スプーンネイル**）と呼ばれる爪の変形を起こす。経口鉄剤で改善できる。

243 **悪性リンパ腫**は、血液のがんの代表的な疾患である。**ホジキンリンパ腫**と**非ホジキンリンパ腫**に大別される。

244 **白血病**には、急速に進行する**急性白血病**と、ゆっくり進行する**慢性白血病**がある。白血病は成人だけでなく、あらゆる年代に起こる病気である。

図表58 白血病の分類

急性骨髄性白血病	骨髄の中で白血病細胞が無制限に増加し正常の血球が減る。 感染症による発熱、貧血による全身倦怠感《けんたいかん》、出血傾向がみられる。
急性リンパ性白血病	小児白血病の8割を占める。成人の白血病では2割。 小児における化学療法では85％が完治している。 思春期・若年成人では約7割が完治している。
慢性骨髄性白血病	急性白血病と異なり症状が出にくい。以前は難しい病気であったが近年、服薬通院は必要だが健康な人と同様の生活が送れるようになっている。

245 **膠原病《こうげんびょう》**は、**免疫**の異常により、自身の細胞に対して免疫応答を行い、さまざまな症状を呈する。治療には免疫抑制剤やステロイド剤を長期に使用することになるため、副作用も問題となる。

246 **全身性エリテマトーデス**（SLE）は、指定難病（特定疾患）であり、多臓器を障害する原因不明の慢性疾患である。圧倒的に**女性**に多く、20～40歳代に多い。原因としては免疫応答の異常が考えられる。

247 **全身性エリテマトーデス**（SLE）の症状は、再燃や寛解を繰り返し、鼻梁《びりょう》から両側頬にかけて発赤が広がる蝶形紅斑《ちょうけいこうはん》、口腔内潰瘍《こうくうないかいよう》、脱毛などの皮膚粘膜症状、多発性の関節炎や非特異的な筋肉痛などの関節・筋症状、腎障害、心肺障害などである。治療としてはステロイド剤を用いた免疫抑制療法が行われる。

◎目・耳の疾患

出36-4

248 **白内障**は、**水晶体**が混濁《こんだく》した状態をいう。**まぶしさ**を強く感じる、視力が低下するなどの症状が多く､失明に至ることもある。治療方法としては、水晶体を取り出し人工レンズを挿入する手術が主流である。80代では大部分の人に白内障がある。

出36-4

249 **緑内障**は、眼房の圧が高まり、視機能に障害を呈する状態をいう。眼圧は、眼の中の水（房水）によって決まる。毛様体でつくられた栄養を運ぶ房水が、隅角《ぐうかく》という部分から、線維柱帯、出口となる**シュレム管**を通って眼の外に出ていく。この出口が徐々に目詰まりを起こすことによって眼圧が上昇する。

✎ 緑内障には、隅角が狭くなり、吸収が滞る**閉塞隅角緑内障**と、隅角は狭くないにもかかわらず吸収が滞る**開放隅角緑内障**がある。

250 緑内障の症状には、初期には自覚症状はなく、視野障害を自覚する頃には進行した状態である。放置すると失明する。全身症状として、頭痛、眼痛、悪心《おしん》、嘔吐《おうと》などもみられる。

251 **加齢性黄斑変性**《かれいせいおうはんへんせい》は、加齢に伴う黄斑部の変性疾患である。物がゆがんでみえる、視力低下、中心暗転が症状としてみられる。

出 36-4

252 **糖尿病性網膜症**は、糖尿病に合併する眼疾患である。放置すると失明◆に至る疾患である。発症初期でも黄斑部に病変が起きると、視力低下や物がゆがんで見えるなどの症状がでる。

出 36-4

受験対策アドバイス

◆中高年の失明原因には緑内障、糖尿病性網膜症、網膜色素変性症、加齢黄斑変性があります。

253 **網膜色素変性症**は、さまざまな遺伝性形式を伴う進行性の網膜変性疾患である。症状には、夜盲《やもう》、視野異常（輪状暗点、求心性視野狭窄《きょうさく》）、視力低下や色覚異常がある。生活指導として遮光眼鏡の装用がある。

254 外耳、中耳、内耳で受けた空気の振動は、電気信号に変換され、その電気信号が脳の聴覚中枢へ達し、音声として認識される。聴覚が低下し、音声が聞こえにくくなった状態を**難聴**という。難聴には、**伝音難聴**と**感音難聴**、**混合性難聴**がある。

255 **伝音難聴**の原因には、外耳に炎症が起こる外耳道炎、外耳に耳垢《じこう》が詰まることで難聴になる耳垢塞栓《じこうそくせん》、中耳に炎症が起こる中耳炎がある。

256 **感音難聴**には、突然発症する一側性の難聴、耳鳴り、めまいを呈する**突発性難聴**がある。感音難聴は、高い音から聞こえにくくなる。

257 聴覚障害の原因には、**先天性**と**後天性**がある。先天性の場合には遺伝や胎内感染などが原因となる。後天性には、中耳炎や感染症、突発性難聴、外傷性などによるものが含まれている。

258 **平衡機能障害**とは、身体の姿勢（バランス）を調節する機能の障害である。四肢体幹の異常がないのに起立や歩行に異常をきたすことをいう。「めまい」として表現されることが多い。

259 平衡機能を制御するのは、脳幹にある**前庭神経核**であり、**内耳**の前庭からの信号、眼からの視覚情報、頸部《けいぶ》や四肢《しし》の筋肉や関節からの知覚情報を受けている。前庭神経核は、これらの情報を神経運動系に伝え、自分の運動や姿勢を制御している。

260 平衡機能障害の原因には、内耳の疾患、視覚の異常、首や腰の異常、脳の疾患がある。随伴症状として、聴覚症状（難聴、耳鳴り、耳閉塞感）や神経症状（意識障害、頭痛、手足や顔のしびれ感、複視、言語障害、嚥下障害）がある。

261 高齢者における平衡機能障害は、薬剤の副作用や相互作用により増加傾向にある。治療方法には、服薬や理学療法などがある。

262 **嗅覚障害**の原因には、慢性副鼻腔炎《まんせいふくびくうえん》、アレルギー性鼻炎、感冒《かんぼう》、頭部外傷、微量元素（鉄、亜鉛）の不足などがある。

◎精神疾患

263 **精神疾患**の診断基準を明確にして国際的な比較を可能にするために、国際的診断分類が用いられるようになった。診断分類には、WHOが作成した**ICD-10**（**図表59参照**）と、アメリカ精神医学会（APA）が作成した**DSM**（最新版は**DSM-5**）がある（**図表60参照**）。

図表59 ICD-10の診断カテゴリー（大項目）

F0	症状性を含む器質性精神障害—認知症および脳の器質性障害など
F1	精神作用物質による精神および行動の障害—薬物依存症など
F2	統合失調症、統合失調型障害および妄想性障害
F3	気分（感情）障害
F4	神経症性障害、ストレス関連障害および身体表現性障害
F5	生理的障害および身体的要因に関連した行動症候群—摂食障害、睡眠障害、性機能不全など
F6	成人の人格および行動の障害—人格障害、衝動の障害、性同一性障害、性嗜好障害など
F7	精神遅滞（軽度、中度、重度、最重度）
F8	心理的発達の障害—広汎性発達障害（小児自閉症、アスペルガー症候群）、学習能力障害など
F9	小児期および青年期に通常発症する行動および情緒の障害—多動性障害（ADHD）、行為障害、チック障害など

注：この下に多数の疾患分類が含まれる。例えばF3気分障害では、躁病エピソード、うつ病エピソード、双極性障害などがある。

図表60 DSM-5の診断分類

1	神経発達症群／神経発達障害群
2	統合失調症スペクトラム障害および他の精神病性障害群
3	双極性障害および関連障害群
4	抑うつ障害群
5	不安症群／不安障害群
6	強迫症および関連症群／強迫性障害および関連障害群
7	心的外傷およびストレス因関連障害群
8	解離症群／解離性障害群
9	身体症状症および関連症群
10	食行動障害および摂食障害群
11	排泄症群
12	睡眠-覚醒障害群
13	性機能不全群
14	性別違和
15	秩序破壊的・衝動制御・素行症群
16	物質関連障害および嗜癖性障害群
17	神経認知障害群
18	パーソナリティ障害群
19	パラフィリア障害群
20	他の精神疾患群
21	医薬品誘発性運動症群および他の医薬品有害作用
22	臨床的関与の対象となることのある他の状態

出 34-6 **264** DSM-5における**物質関連障害**および**嗜癖性障害群**《しへきせいしょうがいぐん》には、ギャンブル障害が分類される。ほかにはアルコール、薬物などの障害群が含まれる。

出 34-6 **265** DSM-5における**心的外傷およびストレス因関連障害群**には、急性ストレス障害が分類される。

266 DSM-5における**神経性やせ症／神経性無食欲症**の原因には、確定的なものはない。診断基準には、標準体重以下であること、体重増加を防げる持続行動などがある。また食を制限する型と過食と排出行動（嘔吐《おうと》、下剤などの誤用）を繰り返す型がある。 出34-6

267 DSM-5における**統合失調症**の診断のための5つの症状として、①妄想、②幻覚、③まとまりのない思考（発語）、④ひどくまとまりのない、または緊張病性の行動、⑤陰性症状がある。 出33-6

◎発達障害

268 発達障害には、医学、教育、法律などに独自の基準や定義が存在する。2013年にアメリカ精神医学会による新たな診断基準として**DSM-5**が発表され、新たに**神経発達症群**というカテゴリーがつくられた。

269 神経発達症群とは、「日常生活、社会生活、学習、仕事上で支障をきたすほどの発達上の問題が、発達期に顕在化するもの」で、**知的能力障害群**、**自閉スペクトラム症（ASD）**、**コミュニケーション症群**、**注意欠如・多動症（ADHD）**、**限局性学習症**、**運動症群**などが含まれる。なお、障害の重症度も考慮されている。Disorderの訳語として、「症」と「障害」の両方が使えることになった。特に、児童青年期の疾患では、病名に「障害」とつくことは、児童や親に大きな衝撃を与えるとして、「障害」を「症」に変えることが行われている。 出34-6 出36-6

270 自閉スペクトラム症（自閉症スペクトラム障害）は、①**社会的なコミュニケーションおよび相互関係における持続的障害**、②**限定された反復する行動、興味、活動**の2つに特徴づけられる障害である。 出33-6

271 ICD-10の**広汎性発達障害**とDSM-5による**自閉症スペクトラム障害**は、ほぼ同じ疾患概念である。自閉症スペクトラム障害は、社会性の障害、コミュニケーションの障害、想像性の障害の3つ組の障害とされている（**図表61参照**）。

272 **学習障害**とは、全般的な知的障害を伴わないのに、読み、書き、算数の能力が、年齢に期待されるより低く、学習や就労などに支障を引き起こす状態をいう。

273 **注意欠如・多動症（ADHD）（注意欠陥多動性障害）**は、以下の診断基準を満たすものである。また、不注意、多動性・衝動性のいくつかは12歳になる前から存在し、それらが2つ以上の場所で現れることも考慮される。 出35-7

図表61 3つ組の障害

社会性の障害	・相手の気持ちやその場の状況を理解し、自分の言動の相手への影響を理解できない。 ・良好な対人関係を築くことが困難。
コミュニケーションの障害	・相手の表情や身振りなどから感情を読み取ることが苦手。 ・相手の言葉を繰り返す（オウム返し）。一方的に話し続ける。
想像性の障害	・柔軟な対応や予定変更に対応することが困難。 ・自分の考えや習慣に固執する。

学童期の有病率はおよそ３～７％程度とされている。

出35-7 **274** **DSM-5**の診断基準では、症状のいくつかが12歳以前より認められることとされている。治療には、環境への介入、行動への介入、**薬物療法**などを組み合わせることでの効果が高いとされている。

275 **統合失調症**は、主として**思春期**から**青年期**に発病し、再発を繰り返しながら慢性に経過する。精神科入院患者の約**60**％を占めており、生涯《しょうがい》罹《り》患《かん》率《りつ》は0.3～2.0％であり、罹患率は人口の0.7％である。原因は明確ではない。

出33-6
出34-5 **276** 統合失調症の精神症状は、**陽性症状**と**陰性症状**に分けられる。陽性症状には、①**幻覚**、②**妄想**《もうそう》、③**顕著な思考障害**（思考滅裂）、④**緊張病症状**などがある。陰性症状には、①**意欲**や**自発性**の低下、②ひきこもり、③表情や感情の動きが乏しくなることなどがある。

277 統合失調症の治療には、**抗精神病薬**が用いられる。また、本人や家族への心理教育、訪問型の**地域ケア**（**ACT**、訪問看護など）、**社会生活技能訓練**（**SST**）などの心理社会的治療も組み合わせて実施することで、社会適応水準の改善や再発・再入院防止の効果がある。

出34-5 **278** **気分障害**の代表には、**うつ病**と**双極性感情障害**（**躁**《そう》**うつ病**）がある。うつ病は注意力や集中力が減退し、自己評価が低下したり、自信の欠乏がみられる。睡眠障害が起きやすく、寝つきは比較的保たれているものの、睡眠中断が多く、夜中や明け方に目が覚め、その後眠れないことが多い。日内変動（午前中に調子が悪いことが多い）や食欲不振や過食の身体症状を伴うことも多い。

279 うつ病の症状に対して、**叱咤**《しった》**激励**《げきれい》は避ける。回復期の自殺企図には注意する。

280 躁病エピソードは、**気分の高揚**が特徴である。万能感（誇大妄想）および気力や活動性の**亢進《こうしん》**があり、極端に睡眠時間が**短く**なることがある。社交性が高まり、行動の抑制がきかなくなることがある。**易怒的《いどてき》**症状《しょうじょう》がみられる。 出33-6 出34-5

281 パニック障害は、「死んでしまうのではないか」というような恐怖に突然襲われ、**動悸《どうき》**、**胸痛**、**窒息感**、**めまい**や**非現実感**などが**発作的**に起きるものである。通常は数分から10分以内に治まる。

282 強迫性障害には、ある考えにとらわれてしまう**強迫観念**と、ある行動や儀式を反復してしまう**強迫行為**があり、自分では止められないという葛藤が特徴とされている。 出34-6

283 摂食障害は、ICD-10では「生理的障害および身体的要因に関連した行動症候群」に分類されるもので、**神経性無食欲症**（極端な体重減少、肥満への恐怖、ボディイメージの障害など）と、**神経性大食症**（短時間に大量の食物を食べ尽くすなど、食べることへの異常なこだわりや渇望）の2つがある。

✎ 神経性無食欲症は、**思春期**から**青年期**の女性に多く、強いやせ願望や肥満恐怖のために摂食制限や摂食行動の異常を生じる。

◎高齢者に多い疾患

図表62 老化による主な生理的機能の変化

体成分の変化	若年者に比べ、脂肪が増量する。 体内水分量が減少するため脱水になりやすい。 脱水の症状：口唇や皮膚の乾燥、口渇感、だるさ、立ちくらみなど
臓器の変化	臓器は萎縮《いしゅく》し生理機能は低下する。 変化は臓器により差異があり、個人差も大きい。 最大換気量、腎血流量は顕著な機能低下が認められる。
睡眠の変化	全睡眠時間の短縮、深睡眠の減少、レム睡眠が減少する。 入眠まで時間がかかる、中途覚醒しやすい、熟眠が減少。

284 **老年症候群**とは、高齢者に多くみられる、治療と同時に介護・ケアが重要となる症状である。その種類は50以上と言われる。認知症、尿失禁、転倒・骨折が三大老年症候群ともされている。

285 **嚥下障害《えんげしょうがい》**は、飲食物や唾液などを飲み込む動作がうまくできない状態をいう。嚥下は神経機能と筋活動の協調により誤嚥が防止されているが、加齢に伴いこの機能が低下する。高齢者は**誤嚥性肺炎**を起こしやすい。

図表63 高齢者に多い疾患の症状と特徴

① 一人で多くの疾患をもつ
② 症状が非定型的である
③ 慢性化しやすい
④ 合併症を起こしやすい
⑤ 薬剤の副作用が生じやすい
⑥ 機能障害につながりやすい
⑦ 精神・神経症状が起こりやすい
⑧ 水・電解質の異常をきたしやすい
⑨ 症状や予後が、環境や社会的要因に支配されやすい

286 **褥瘡《じょくそう》**は、寝たきりなどで体位変換が十分でないなど、体重などによる皮膚への圧迫による血流障害で皮膚のびらんや潰瘍をきたすことをいう。仰臥位での好発部位は、仙骨部、臀部《でんぶ》、肩甲骨部、踵骨部《しょうこつぶ》などがある。要因には、低栄養状態や皮膚の湿潤、ずれがある。

✎ 褥瘡では、体位変換、栄養改善、皮膚の乾燥状態の維持などの予防が重要となる。

287 **浮腫《ふしゅ》**は、皮下組織に余分な水分が貯留する状態をいう。原因は病気によるもの（心不全、腎臓病など）とそれ以外（塩分や水分の過剰摂取、低栄養など）がある。高齢者の急激な浮腫の進行と同時に息切れや呼吸困難がある場合は、医師に相談する。

288 **廃用症候群**とは、生理的機能が減弱し、その結果生じる一連の症候をいう。主な症状に、骨格筋や骨の萎縮《いしゅく》、関節拘縮、起立性低血圧、静脈血栓、尿路結石、沈下性肺炎、肺梗塞《はいこうそく》、無気肺、褥瘡、尿失禁、便秘、心理的荒廃、認知症化などがある。過度の安静や長期臥床による生理的機能の不活用が原因である。

289 高齢者の生命や健康の維持の基本は、**栄養**と**水分**の摂取である。低栄養は食事摂取カロリーの低下、消化吸収力の低下などが原因であり、高齢者に起こりやすい。栄養の評価としては、血液生化学検査での総たんぱくのほか、**血清アルブミン**の測定が有用となる。

290 高血圧症とは、日本高血圧学会によると、**収縮期血圧**（**最高血圧**）が140mmHg以上かつ/または**拡張期血圧**（**最低血圧**）が90mmHg以上の場合をいう（図表64参照）。

図表64 成人における血圧値の分類（高血圧治療ガイドライン2019）

分類	診察室血圧（mmHg）			家庭血圧（mmHg）		
	収縮期血圧		拡張期血圧	収縮期血圧		拡張期血圧
正常血圧	<120	かつ	<80	<115	かつ	<75
正常高値血圧	120-129	かつ	<80	115-124	かつ	<75
高値血圧	130-139	かつ/または	80-89	125-134	かつ/または	75-84
Ⅰ度高血圧	140-159	かつ/または	90-99	135-144	かつ/または	85-89
Ⅱ度高血圧	160-179	かつ/または	100-109	145-159	かつ/または	90-99
Ⅲ度高血圧	≧180	かつ/または	≧110	≧160	かつ/または	≧100
（孤立性）収縮期高血圧	≧140	かつ	<90	≧135	かつ	<85

291 高血圧は、現時点でその原因がわからない**本態性高血圧**（一次性高血圧）と、何らかの原因疾患によって起こる**続発性高血圧**（二次性高血圧）に分類される。

✎ 日本の高血圧の９割は、本態性高血圧である。高血圧合併症には、心合併症、脳血管障害、腎臓合併症、眼合併症がある。

292 糖尿病は、**膵臓**《すいぞう》のランゲルハンス島β細胞から分泌される**インスリン**の分泌不足と、筋肉・脂肪・肝臓でのインスリン作用不足のために、血液から臓器へ取り込まれるべきブドウ糖が、血液中にとどまり続けるために**高血糖**状態になる疾患である。症状として、口渇・多飲・多尿・体重減少などがある。 出32-3

293 糖尿病の三大合併症（糖尿病性網膜症、糖尿病性腎症、糖尿病性神経障害）は、長期にわたり高血糖が続くと発症する。**糖尿病性網膜症**は失明の危険、**糖尿病性腎症**は腎不全から透析導入の危険、**糖尿病性神経障害**は足のしびれや疼痛《とうつう》、自律神経障害から壊疽《えそ》や突然死の危険がある。糖尿病性腎症は、人工透析導入に至る原因の第１位である。 出33-5

294 糖尿病は、インスリン分泌が著しく障害される、比較的若年者に多い**１型糖尿病**と、インスリン分泌低下とインスリン作用不足が混在した、壮年期や高齢者に多い**２型糖尿病**に分けられる。

✎ 日本人の糖尿病は、95％が２型糖尿病である。

295 糖尿病の治療は、**食事療法**と**運動療法**などの生活習慣の改善が重要である。１型糖尿病は、**インスリン注射**が必要不可欠となる。２型糖尿病であっても、インスリン分泌不全が著しい場合、**インスリン注射**を行う。２型糖尿病では、インスリン分泌促進薬などの服薬治療がある。

296　糖尿病による**低血糖発作**には、四肢脱力感、冷汗、不安、意識混濁《いしきこんだく》などの症状がみられる。

図表65 甲状腺の疾患

甲状腺機能亢進症 （バセドウ病）	・甲状腺の腫大と眼球突出を典型的な特徴とする。 ・症状として、頻脈《ひんみゃく》や不整脈、動悸《どうき》、発汗、暑がり、手指の震え、イライラ、下痢や軟便、体重減少などがみられる。
甲状腺機能低下症	・症状として、行動の緩慢、便秘、寒がり、徐脈、脱毛、嗄声《させい》（かすれた声）、浮腫、皮膚の乾燥などがみられる。 ・高齢者ではうつや認知症と誤診される場合もある。

5 公衆衛生

公衆衛生の概要

297 公衆衛生の定義として、ウィンスロー（Winslow. C. E. A.）は、「公衆衛生とは、環境衛生の改善、伝染病の予防、個人衛生の原則についての教育、疾病の早期診断と治療を行うことのできる医療と看護サービスの組織化、および地域社会のすべての人に健康を保持できる適切な生活水準を保障する社会制度の発展のために、共同社会の組織的な努力を通じて疾病を予防し、寿命を延長し肉体的・精神的健康と能率の増進を図る科学であり、技術である。その恩恵により、すべての市民が健康と長寿という生まれながらの権利を実現できる」とした。

298 世界保健機関（WHO）は、健康の概念を「単に病気がないだけではなく、身体、心理、社会的にも健全な状態」と定義した。また、スピリチュアルな健康についても考慮するようになった。 出 33-3

◎健康の社会的決定要因

299 人の健康・疾病は、社会的、経済的、政治的、文化的、心理社会的、日常生活などの諸条件に影響され、規定される。これらの諸条件を「健康の社会的決定要因（SDH：Social Determinants of Health）という。

図表66 健康の社会的決定要因と主な内容

所得と社会地位	・所得と社会階層の向上は健康によい。 ・社会的に地位が低いと疾病が蔓延し、平均寿命は短くなる。
社会支援ネットワーク（ソーシャルネットワーク）	・家族、友人。 ・地域社会からの支援は健康に関連している。 ・社会支援ネットワークは、ストレスや課題の解決などにおいて重要である。
教育と識字能力	・教育の水準で健康状況は改善する。 ・教育は個人や国家の健康と繁栄に寄与する。
雇用・労働環境	・緊張の多い危険な労働は、健康障害と関係がある。 ・労働環境を管理する緊張の少ない人々は、より健康で長生きする。
社会環境	・社会支援の重要性は地域社会にも広がる。
物理的環境	・物理的環境は重要な健康の決定要因である。

個人の保健行動とストレスへの対応（ストレスコーピングスキル）	・個人の保健行動とコーピングスキルは、疾病の予防などの健康の選択という行動をもたらす。
健康的な小児期の発達	・幼少期の経験が脳の発達、就学準備など、小児期の発達が強力な健康の決定要因であるという合意が形成されてきている。
生物的素質と遺伝的素質	・人体の基本的な生物学と器官の構成は、健康の決定的要因の基礎である。
医療	・医療は集団の健康に寄与する。
性別	・多くの疾病は性的社会状況・役割に関連している。
文化	・文化的な違いは、健康への影響を大きくする。

健康増進と保健医療対策

◎母子保健対策

300 人間の一生は受精に始まり、胎児、新生児から乳児期・幼児期・学童期を経て成人となる。乳児期は栄養・生活環境面で母親に依存し母と子の保健は深くつながっている。

図表67 妊産婦の保健

母子保健法	母体保護法	母子健康手帳
母性ならびに乳児、幼児の健康の保持および増進を図るために、母子保健に関する原理を明らかにするとともに、母性ならびに乳児、幼児に対する保健指導、健康診査、医療その他の措置を講じ、国民保健の向上に寄与することを目的とした。	不妊手術および人工妊娠中絶に関する法律であり、母性の生命健康を保護することを目的に定められた。	妊娠・出産・育児に関する母と子の健康記録で、妊産婦・乳幼児の健康診査や保健指導の資料とされている。

◎成人保健対策

301 **「21世紀における第二次国民健康づくり運動（健康日本21（第二次）」**は、2023（令和5）年度末に終了した。

302 「健康日本21（第三次）」は、2024（令和6）年度から2035（令和17）年度まで推進される。具体的内容は、**健康寿命**の延伸・**健康格差**の縮小、個人の行動と健康状態の改善、社会環境の質の向上、などである。

303 **がん対策基本法**は、2007（平成19）年から施行された。2016（平成28）年にはがん対策基本法の改正法が成立した。そこでは、国・地方公共団体・医療保険者・国民・医師などの責務をあきらかにするなどが行われた。

◎高齢者保健対策

304 わが国では2008（平成20）年4月から、老人保健法が**高齢者の医療の確保に関する法律**（**高齢者医療確保法**）に改正され、75歳以上の独立した後期高齢者医療制度が創設された。

305 40歳以上75歳未満のすべての被保険者・被扶養者を対象に、高齢者医療確保法に基づく、**特定健康診査**・**特定保健指導**の実施が医療保険者に義務づけられた。

特定健康診査では、身体測定、血圧測定、血液検査、尿検査などを実施。特定健康診査の結果に基づき、必要に応じた特定保健指導が行われる。

◎精神保健対策

306 精神障害者の保健福祉施策は、患者の人権確保の配慮がなされている。医療では**精神保健及び精神障害者福祉に関する法律**（**精神保健福祉法**）で入院形態を、**任意**・**措置**・**緊急措置**・**医療保護**・**応急入院**とした。

307 **保健所**は、地域における精神保健福祉活動の第一線機関であり、他機関と連携し精神障害者の早期発見および社会復帰の促進、地域住民の心の健康に関する活動を行う。

出 36-46（行財）

308 **精神保健福祉センター**は、保健所の行う活動を、都道府県レベルで技術面から指導・援助する専門機関である。

◎感染症対策

309 **感染**とは、**病原体**が**宿主**《しゅくしゅ》の体内に侵入し増殖することである。感染症とは、感染により引き起こされるすべての疾患をいう。わが国では**感染症の予防及び感染症の患者に対する医療に関する法律**（**感染症法**）が1999（平成11）年4月1日に施行された。

実力チェック！一問一答

※解答の横の番号は、本科目で該当する重要項目や図表の番号です。

1	身体の標準的な成長・発達において、リンパ系組織の成長がピークとなるのは幼児期である。	1 ×	3 図表2
2	加齢に伴い、肺の残気量が増加する。	2 ○	23 図表8
3	加齢に伴い、聴力は低音域から低下する。	3 ×	23 図表8
4	世界保健機関（WHO）が提唱したヘルスプロモーションは、ヘルシンキ宣言において定義された。	4 ×	50
5	国際生活機能分類（ICF）における生活機能とは、心身機能、身体構造、活動の3つから構成される。	5 ×	57
6	国際生活機能分類（ICF）では「活動」とは、生活・人生場面へのかかわりのことである。	6 ×	60
7	肺と右心房をつなぐのは、肺静脈である。	7 ×	70 図表16
8	脳幹は、延髄《えんずい》・小脳・橋《きょう》からなる。	8 ×	104 図表29
9	フレイルはリハビリテーションの対象に含まれる。	9 ○	151
10	がんは1984（昭和59）年から死因の第1位となっている。	10 ○	158
11	2022（令和4）年における、がん（悪性新生物）の主な部位別にみた死亡数で女性の第1位は、胃がんである	11 ×	158 図表45
12	肺結核の主な感染経路は飛沫感染である。	12 ×	187
13	血管性認知症の特徴的な症状として、情動失禁があげられる。	13 ○	図表52
14	パーキンソン病の症状では、安静時にふるえ（振戦《しんせん》）がみられる。	14 ○	200
15	骨粗鬆症《こつそしょうしょう》は女性より男性に多い。	15 ×	235
16	精神疾患の診断・統計マニュアル（DSM-5）において、限局性学習症は、神経発達症群／神経発達障害群に分類される。	16 ○	269
17	高血圧の診断基準は、収縮期（最高）血圧160mmHg以上あるいは拡張期（最低）血圧90mmHg以上である。	17 ×	290
18	特定保健指導の目的は、健康診査の受診勧奨である。	18 ×	305

02

心理学と
心理的支援

② 心理学と心理的支援

※【　】内は問題番号
※　は新カリにおける新規項目

大項目	中項目	小項目（例示）	出題実績		
			第 36 回	第 35 回	第 34 回
1 心理学の視点	1）心理学の歴史と対象	・心理学の起源 ・心理学の発展と対象			
	2）心を探究する方法の発展	・生態学的心理学 ・進化心理学的アプローチ ・認知行動科学 ・行動遺伝学			
2 人の心の基本的な仕組みと機能	1）心の生物学的基盤	・脳の構造 ・神経機能 ・遺伝			
	2）感情・動機づけ・欲求	・感情の仕組み・機能 ・動機づけ理論		【8】	
	3）感覚・知覚	・知覚の情報処理過程 ・感覚モダリティ ・アフォーダンス	【8】		
	4）学習・行動	・馴化・鋭敏化 ・古典的条件づけ ・道具的条件づけ	【9】		【8】
	5）認知	・記憶・注意 ・思考 ・認知バイアス	【10】		【9】
	6）個人差	・知能 ・パーソナリティ		【9】	
	7）人と環境	・対人関係 ・集団・組織 ・自己	【11】	【10】	
3 人の心の発達過程	1）生涯発達	・発達の定義 ・ライフステージと発達課題		【11】	【10】 【11】
	2）心の発達の基盤	・認知発達理論 ・言語発達 ・アタッチメント理論 ・道徳性の発達			
4 日常生活と心の健康	1）心の不適応	・不適応の理論 ・ストレス理論（コーピングを含む） ・燃え尽き症候群 ・トラウマ ・依存症	【12】	【12】	【12】
	2）健康生成論	・レジリエンス ・首尾一貫感覚（SOC）			
5 心理学の理論を基礎としたアセスメントと支援の基本	1）心理アセスメント	・心理アセスメントの方法 ・事例定式化	【13】	【13】	【13】
	2）心理的支援の基本的技法	・ソーシャルワークにおける心理的支援 ・支持的精神療法 ・マイクロカウンセリング ・動機づけ面接			
	3）心理療法におけるアセスメントと介入技法の概要	・精神分析 ・認知行動療法（SST を含む） ・応用行動分析 ・家族療法 ・ブリーフ・セラピー ・対人関係療法	【14】	【14】	【14】
	4）心理の専門職	・公認心理師			

1 心理学の視点

心理学の歴史と対象

1 1879年、ヴント（Wundt, W.）はドイツのライプチヒ大学に心理学実験室を創設し、心理学を独立した学問として確立した。

ヴントは、直接経験される**意識**を研究対象とし、**内観**（自己観察）や実験を用いた研究を行った。

ヴントは**構成主義心理学**を創始し、心的現象は、意識を分析して抽出した心的要素の総和から構成されると考えた。

3 ヴェルトハイマー（Wertheheimer, M.）は、ヴントの考えを否定して**ゲシュタルト心理学**を創始した。

ゲシュタルト心理学では、心的現象は単なる要素の集まりではなく、それ自体が構造化して**ゲシュタルト**（姿・形態）を形成していると考えた。

4 ワトソン（Watson, J. B.）は、ヴントの意識を内観するという方法を否定して**行動主義**を提唱し、心理学が先進諸自然科学と同様に発展するためには、客観的観察あるいは測定が可能なものを対象としなければならないと主張した。

5 フロイト（Freud, S.）は、意識ではなく無意識を重視して、人の行動や神経症的な症状は無意識的な願望や欲求によって生じるとする**精神分析学**を創始した。

6 心理学の対象は、図表1のように分類することができる。

心を探求する方法の発展

7 生態学的心理学は、**生態学**の視点を人間行動の理解に応用しようとする心理学の総称である。

生態学的心理学では、個人の行動を、対人的、社会的、物理的側面を含めてその文脈とは切り離せないものとして扱う。

8 進化心理学は、心理学に**進化生物学**の知見を取り入れて、人間の心に関する理解を深めようとする学問分野である。

進化心理学では、人間の行動そのものが環境に適応するよう進化してきた

図表1 心理学の対象の分類

感覚・知覚	視覚、色覚、感覚モダリティ、刺激と感覚、錯視等
学習	古典的条件づけ、道具的条件づけ、社会的学習等
認知	記憶、思考、言語、演繹的推論、帰納的推論等
感情	顔面表情、ジェームズ=ランゲ説、キャノン=バード説等
パーソナリティ	気質、類型論、特性論、質問紙法、投影法、作業検査法等
社会	他者と自己、集団、傍観者効果、評価懸念等
動機づけ	一次欲求、二次欲求、欲求階層説、葛藤等
発達	発達段階、発達課題、言語の発達、感情の発達、アタッチメント等
臨床	ストレス、アイデンティティ、PTSD、発達障害等

というより、行動はあくまでも適応の結果にすぎず、そうした行動を生み出す**情報処理・意思決定機構（心理メカニズム）**こそが適応的に形成されてきたことを前提とする。

9 認知行動科学は、より統合的な心の理解を目指して、**認知科学**と**行動科学**の知見や研究方法を用いた学問分野である。

- 認知科学は、**知的システム**の構造や機能、その成り立ちにおける情報の流れを科学的に探る学問である。
- 行動科学は、人間の**個人行動**や**社会行動**などに焦点を当てながら人間を全人的により深く理解しようと試みる学問である。

10 行動遺伝学は、人間の行動における個人差に、**遺伝**と**環境**がどのように影響しているのかについて研究する学問分野である。

2 人の心の基本的な仕組みと機能

心の生物学的基盤

◎脳の構造

11 脳は大きく分けて大脳・間脳・小脳・脳幹（中脳、橋、延髄）に分けられ、主として大脳が人間の高次な心的活動において重要な役割を果たしている。

12 脳には部位ごとに異なる機能を担う機能局在という性質がある（「医学概論」図表30参照）。 出 32-1（人体）

◎神経機能

13 神経系を構成する細胞には、神経細胞（ニューロン）と、神経細胞を支えるための神経膠細胞《しんけいこうさいぼう》（グリア細胞）がある。

- 神経細胞（ニューロン）は大脳皮質に100億以上あり、脳全体にはおおまかに1000億以上あるとされている。その電気的活動は、脳が行っている情報処理の基本的な単位と考えられている。
- 神経膠細胞（グリア細胞）の役割は、神経細胞を物理的に支え、神経細胞への必要な栄養補給や、不要になった化学物質の代謝などに寄与している。

14 神経細胞は、樹状突起を無数に伸ばして、手前の細胞から伸びた軸索とシナプス結合を形成する（図表2参照）。樹状突起や細胞体と手前の細胞の軸索終末には間隙があり、シナプス間隙と呼ばれる。

- 神経細胞と軸索では表面の電位を使って情報を伝達し、シナプス間隙ではアセチルコリン、ドーパミン、セロトニンなどの神経伝達物質を使って情報を伝達する。

◎遺伝

15 心理・行動特性における遺伝の影響は、固定的なものではなく、遺伝と環境の相互作用説から理解することが重要である。

- 遺伝と環境の相互作用説とは、心理・行動特性は遺伝と環境がそれぞれ影響し合って決定されるという考え方のことである。

図表2 神経細胞の模式図

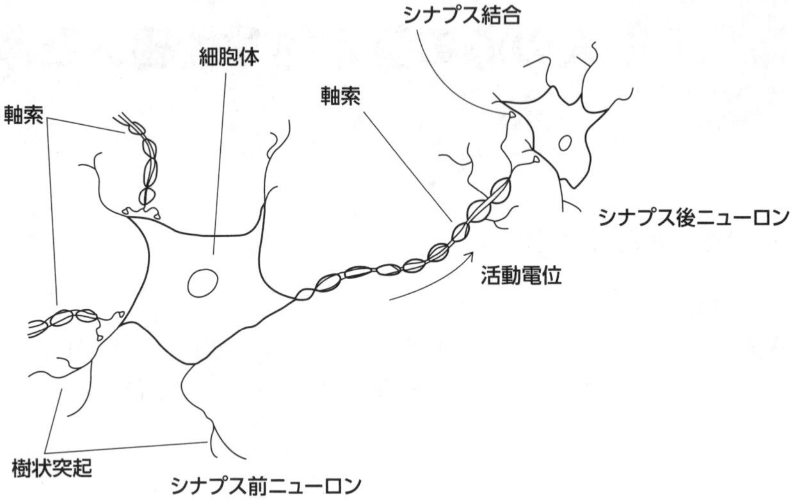

感情・動機づけ・欲求

◎感情

16 **感情**とは、主に自ら主観的に感じ取る心の動きのことを指す。感情は、情動や気分といった心理現象も含む広義の概念である。

✏ **情動**とは、明確な表情や生理的変化（動悸や血圧の上昇、発汗など）を伴う、喜び、怒り、悲しみ、恐れ、嫌悪、驚きなどの比較的強い一過性の反応を指す。

✏ **気分**とは、何となく憂うつと感じるような、比較的微弱で持続的な感情経験を指す。生起した原因は曖昧であることが多く、身体的状態や環境的条件によって影響される。

17 「悲しいから泣く」のではなく、「泣くから悲しい」という考え方のことを**ジェームズ=ランゲ説（末梢起源説）**という。

✏ ジェームズ（James, W.）は、身体的反応（泣く）が脳にフィードバックされて主観的情感（悲しい）が生じると仮定した。

18 情動の起源を中枢神経（脳）に置いた考え方のことを**キャノン=バード説（中枢起源説）**という。

✏ キャノン（Cannon, W. B.）とバード（Bard, P.）は、人がある刺激に遭遇すると、その情報が脳で処理され、そこから独立並行的に主観的情感と身体的反応が生まれると仮定した。

受験対策アドバイス

◆行動そのものに楽しさや興味・関心がある場合は、内発的動機づけに基づく行動になります。それに対して、目的のための手段となる行動は外発的動機づけに基づく行動です。

◎動機づけ

19 **動機づけ**とは、一定の目標に向かってある行動を起こし、方向づけ、それを維持する一連の心的過程（機能）のことである。◆

出35-8

20 **外発的動機づけ**とは、何らかの欲求を満たすための手段として行動が動機づけられることをいう。賞罰、強制、義務など、外からのはたらきかけによってもたらされる。

21 **内発的動機づけ**とは、行動そのものに興味・関心があり、内部からの知的好奇心などによって動機づけられることをいう。行動自体が目的となり、報酬を必要としない動機づけである。 出35-8

22 あることが起こったときに、その原因が何かを考えることを**原因帰属**という。原因帰属は、その後の動機づけや行動に大きく影響すると考えられている。 出36-11

- ワイナー（Weiner, B.）らは、成功・失敗をとらえるための原因は、**内在性次元**（自分に原因があるか）と**安定性次元**（次元的に安定したものか）で分類されるとし、のちに統制可能性次元（行為者に統制可能か）を加えた（図表3参照）。
- エイブラムソン（Abramson, L. Y.）らは、内在性次元と安定性次元に**全般性次元**（ほかの場面・状況でも起こり得るか）を加えた3次元で原因帰属を分類している（図表4参照）。

図表3 ワイナーらによる原因帰属の分類

内在性次元	安定性次元	統制可能性次元	
		統制可能	統制不可能
内的	安定的	普段の努力	能力
	不安定的	一時的な努力	気分
外的	安定的	教師の偏見	課題の困難さ
	不安定的	他者の日常的でない援助	運

図表4 エイブラムソンらによる原因帰属の分類（数学のテストで失敗したとき）

内在性次元	安定性次元	全般性次元	
		全般的	特殊的
内的	安定的	頭が悪いから（能力）	数学の能力がないから
	不安定的	疲れて勉強しなかったから（努力）	風邪をひいていて計算力が鈍っていたから
外的	安定的	授業で習っていないところが出題されたから（課題の困難さ）	数学のテストはいつも不公平だから
	不安定的	13日の金曜日だったから（運）	数学の問題が13問だったから

23 **学習性無力感**とは、統制不可能な課題に対して、解決のための努力が

結果に結びつかず、「何をしてもだめだ」という無力感が学習された状態のことをいう。

エイブラムソンらの分類に基づき、失敗の原因を能力などの内的で安定的・全般的なものに帰属すると、学習性無力感が生じやすくなる。

24 自己効力感とは、ある結果（目標の達成）をもたらすために必要な一連の行動を計画し、遂行する能力に対する信念と定義される。

バンデューラ（Bandura, A.）は、行動による結果の期待を結果期待、行動自体を起こせる自信を自己効力感または効力期待と呼んだ。

◎欲求

25 欲求とは、人の内部にあって行動を引き起こすものであり、生まれつき備わっている生得的な基本的欲求（一次的欲求）と、後天的に学習される社会的欲求（二次的欲求）とに大きく分類することができる。

基本的欲求（一次的欲求）には、生命の維持にかかわる生理的欲求（食物、水分、呼吸、睡眠などへの欲求）や種の保存に関する欲求がある。

社会的欲求（二次的欲求）には、社会での学習経験によって獲得された達成、承認、優越、親和などへの欲求がある。

出33-8

26 マズロー（Maslow, A.）は、人間の欲求を低次から高次の順序で分類し、5段階の階層に位置づける欲求階層説を提案した（図表5参照）。

マズローによると、各階層の欲求は、下位の階層の欲求が充足されると生じ、より高次の欲求充足に向けて動機づけがなされていくとした。

図表5 欲求の階層（マズロー）

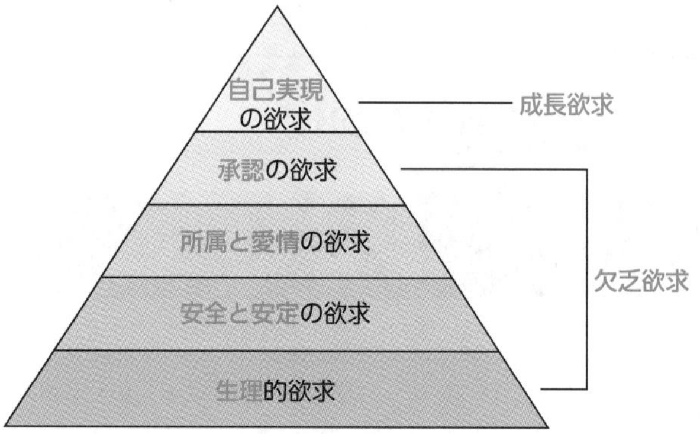

出33-8

27 マズローは、人間が行動を起こす理由として、階層説の第1層から第4層までを欠乏欲求とし、最も高次に位置づけられている第5層の自己実現欲求を成長欲求と呼んだ（図表5参照）。

欠乏欲求とは、足りないものを補うことで満たされる欲求のことをいう。

成長欲求とは、人間的成長を求め続ける欲求のことをいう。

感覚・知覚

◎感覚

28 **感覚**とは、眼球や耳などから外界の情報を取り込む仕組みや、内耳や内臓などから生体内の情報を感じる仕組みのことである。

29 **感覚モダリティ**（感覚様相）とは、それぞれの感覚受容器から得られる感覚の種類の違いのことである（**図表6参照**）。

図表6 感覚モダリティの種類

感覚モダリティ	感覚受容器	適刺激
視覚	眼球（網膜）	可視光線
聴覚	耳	音波
嗅覚	鼻腔内粘膜	揮発性の化学物質
味覚	舌苔《ぜったい》（味蕾《みらい》）	溶解性の化学物質
触覚（皮膚感覚）	皮膚	機械的刺激（圧・力等）、温度等
自己受容感覚	筋・関節等	機械的刺激
平衡感覚	内耳	重力・身体の動き等
内臓感覚	内臓	機械的刺激、化学的刺激等

30 感覚を生じさせるエネルギーのことを**刺激**といい、それぞれの感覚受容器が通常感受するもの（例えば眼球に対する可視光線）のことを**適刺激**、感受できないもの（例えば眼球に対する音波）を**不適刺激**という。

31 刺激を感じる最小の量を**絶対閾**《ぜったいいき》（刺激閾）といい、2つの異なる刺激の明るさや大きさなどの物理的特性の違いを区別することができる最小の差異を**弁別閾**《べんべついき》（丁度可知差異）という。

出 33-9

受験対策アドバイス

◆知覚には、感覚から得た情報から意味を抽出したり、意味を与えたりするはたらきがあります。

◎知覚

32 **知覚**とは、感覚受容器を通じて外界の情報を取り込み、その情報を脳で処理することで認識が成立する情報処理過程のことである。

33 同じ刺激が続くと、その刺激に対する感受性が次第に減少することを**順応**という。

出 33-9

- **明順応**とは、暗い室内から急に明るい戸外に出た場合に、次第にまぶしさに目が慣れてくる現象をいう。
- **暗順応**とは、明るい戸外から暗い室内に入った場合、次第に暗さに目が慣れてくる現象をいう。

出36-8

34 外界は立体（三次元）であるが、網膜像では二次元情報に置き換えられる。その網膜像から、大きさの比較、斜め線、ぼやけ具合、陰影のでき方などを手がかりにして**奥行き**を知覚している。

✏ **線遠近法**とは、手前のものから奥に遠ざかるにつれて小さく見えるという遠近法を線画によって表現した図法である。

✏ **線遠近法**を使った絵画に奥行きを感じるのは、奥行き知覚の事例である。

出33-9
出36-8

35 外界の刺激を、一定の法則に基づいて、時間的・空間的に意味のあるまとまりとして知覚する働きを**知覚の体制化**あるいは**群化**という（図表7参照）。

✏ **図と地の分化（分離）**は体制化における基本現象であり、これにより知覚が成立する。形として知覚される部分を**図**、背景となる部分を**地**という。

図表7 体制化の例

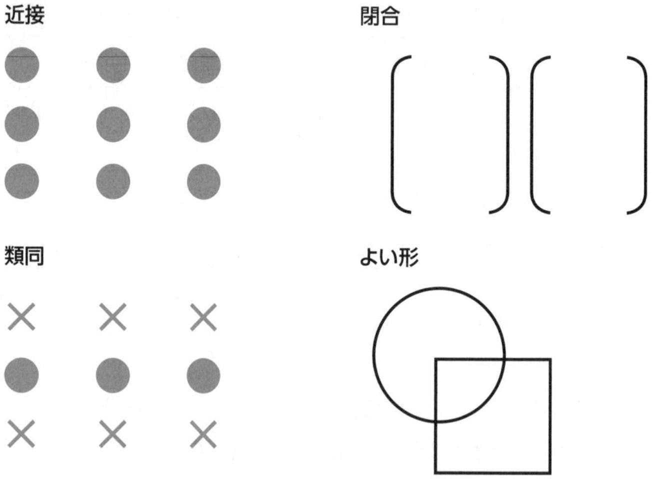

出36-8

36 図表8のように物理的視覚情報が一部欠如していても、その欠如した情報が補われて知覚される働きあるいは現象のことを**知覚的補完**という。知覚的補完による現象の1つに仮現運動がある。

✏ **仮現運動**とは、映画や電光掲示板のように、1コマごとの静止画像を連続して提示すると、画像が動いているように知覚される現象のことをいう。

出33-9
出36-8

37 **錯視**とは、実際の物理的状態と知覚とが一致せず、客観的には同じものが違って見える現象のことである。

✏ 水平線に近い月が中空にある月より大きく見える現象を**月の錯視**という。

出36-8

38 網膜像の変化に比べて、知覚された性質（大きさ、形、明るさ、色、位置）が安定していることを**知覚の恒常性**という。

✏ 遠くにいる人は小さく見えるが、実際の大きさが変化したとは考えずに同一性を知覚するのは、**大きさ**の恒常性がはたらくためである。

39 **アフォーダンス**とは、ギブソン（Gibson, J.）による造語で、「環境世界が知覚者に対して与えるもの」を意味する。環境世界はたんなる物理的な存在ではなく、直接的に意味や価値を提供（アフォード）するものという考え方である。

図表8 主観的輪郭

カニッサ（Kanizsa, G. 1979）の三角形。周りにある図形とともに、白い正三角形が知覚されるが、この主観的三角形を主観的輪郭と呼ぶ。加えて、白い正三角形は、背景の白い部分よりも明るくみえ、また手前に知覚されるという特徴がある。

学習・行動

40 **学習**とは、経験によって獲得された比較的永続的な行動の変化と定義される。

41 **馴《じゅん》化《か》**とは、同一刺激が繰り返し与えられることにより、その刺激に対する反応が弱まる現象のことをいう。 出32-8 出34-8

✎ **脱馴化**とは、馴化が生じた後に異なった別の刺激を経験することによって、馴化した反応が回復する現象のことをいう。

42 **鋭敏化**とは、馴化とは逆に、強い刺激が繰り返し提示されることで反応が増強する現象のことをいう。

43 馴化−脱馴化法とは、馴化の現象を利用して、乳幼児が与えられた刺激について**区別**できているかを確認する方法のことである。 出32-8

✎ 乳児に新しいおもちゃを見せたときに、古いおもちゃよりも長く注視した場合、新しいおもちゃと古いおもちゃとを区別できていると考えられる。

44 **古典的条件づけ（レスポンデント条件づけ）**とは、条件刺激とセットで無条件刺激が繰り返し対提示されると、無条件刺激の提示がなくなり条件刺激だけの提示になっても、無条件反応と同様の条件反応を誘発するようになることをいう。 出34-8 出36-9

✎ パブロフ（Pavlov, I. P.）は、実験において、イヌにベルの音を聞かせてからエサを与えることを繰り返したところ、イヌはベルの音を聞いただけで唾液を分泌するようになることを発見した（図表9参照）。

受験対策アドバイス

◆古典的条件づけは、刺激に対する受動的な反応に基づく条件づけです。それ対して、道具的条件づけは、自発的な行動に基づく条件づけです。

図表9 古典的条件づけ（レスポンデント条件づけ）

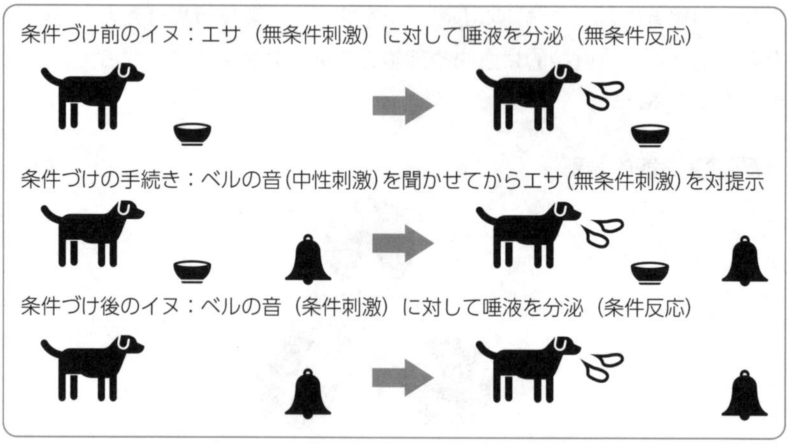

出32-8
出36-9

45 古典的条件づけの例に、**味覚《みかく》嫌悪《けんお》学習《がくしゅう》**がある。例えば、食当たりした後に、その食べ物を見るだけで吐き気がするのは、古典的条件づけによって、その食べ物への嫌悪が学習されたためである。

✏ 嫌悪刺激を用いた条件づけによって、特定の対象への不快感を形成することを**嫌悪条件づけ**という。

出32-8
出34-8
出36-9

46 **道具的条件づけ（オペラント条件づけ）**とは、自発的な行動によって生じた環境の変化が、後の行動に影響を与える学習のことをいう。

✏ スキナー（Skinner, B. F.）は、実験において、バー（棒）を押せばエサが出る仕掛けのスキナー箱と呼ばれる実験装置を用いて、ネズミがエサを得るためにバーを押す反応を頻繁にするようになることを発見した。

47 道具的条件づけでは、行動によって環境の変化（よいことや悪いこと）が生じ、その影響で将来的に行動の頻度が増加することを**強化**という。

✏ 正の強化とは、刺激の**出現**によって行動の頻度が増加することであり、負の強化とは、刺激の**消失**により行動が増加することである（図表10参照）。

48 道具的条件づけでは、行動によって環境の変化（よいことや悪いこと）が生じ、その影響で将来的に行動が減少することを**弱化**という。

✏ 正の弱化とは、刺激の**出現**により行動が減少することであり、負の弱化とは、刺激の**消失**により行動が減少することである（図表10参照）。

49 バンデューラ（Bandura, A.）は、**社会的学習理論**を提唱し、他者の行動の観察をするだけで、直接行動を起こさずに、直接強化もされない場面で学習が成立することを強調した。

✏ モデルを観察するだけで成立する学習を**観察学習**という。

✏ 観察後にモデルの行動を模倣して、強化を受けることにより成立する学習のことを**模倣学習**という。

図表10 **環境の変化による行動の増減の4パターン**

		行動	
		増加↗	減少↘
刺激	出現	①正の強化	③正の弱化（罰）
	消失	②負の強化	④負の弱化（罰）

認知

◎注意

50 **選択的注意**とは、複数の情報のなかから適切な情報を選択して注意を向けることをいう。選択的注意による現象の1つにカクテルパーティ効果がある。 出33-9

✎ **カクテルパーティ効果**は、多くの人が会話をしている場面において、周りの騒がしさは無視し、目の前にいる人の話し声を聞き取ることができる現象である。

51 **分割的注意**とは、車の運転のように複数の対象に注意を分散させたり、注意を切り替えたりすることであり、同時に複数の課題に対応する能力のことをいう。

◎記憶

52 **記憶**には、記銘・貯蔵・想起の3つの基本的過程が存在する。

✎ **記銘**：情報を取り込む段階。符号化とも呼ばれる。

✎ **貯蔵**：記銘された情報を保管する段階。保持とも呼ばれる。

✎ **想起**：必要な情報を思い出す段階。検索とも呼ばれる。

53 **感覚記憶**とは、目に入った情報や耳に入った情報など、感覚を通して入ってきた情報を数秒保持する記憶である。選択的注意が向けられた情報のみ、短期記憶に移される。 出36-10

54 **短期記憶**は、数秒から数分間の短い時間の記憶である。リハーサルを繰り返すことにより、その情報は長期記憶に移される。

✎ **リハーサル**とは、記銘した情報を、それが消失されないように注意を向け続け、反芻している状態を指す。

55 **長期記憶**は、短期記憶よりも長い時間の記憶であり、成人は多くの知識を長期記憶に保持している。

56 **ワーキングメモリ**とは、計算途中の数値のように、情報の保持だけで 出32-11

出36-10 なく、情報の操作や処理を行う機能にも焦点を当てた概念である。作動記憶や作業記憶とも呼ばれる。

出32-11
出34-9
出36-10

57 **エピソード記憶**とは、個人が経験した事実に関する時間空間的情報（「いつ」「どこで」の情報）が伴う記憶である。

出34-9

58 **自伝的記憶**とは、エピソード記憶の1つで、子どもの頃に鉄棒から落ちてケガをしたなどのその人個人がもつ経験に関する記憶である。

出32-11
出34-9
出36-10

59 **意味記憶**とは、日本の首都は東京であるなどの一般的な知識や概念に関する記憶である。

出34-9
出36-10

60 **手続き記憶**とは、ピアノの演奏、自動車の運転、スキーやテニスなどの技能や一連の動作に関する記憶である。

出34-9

61 **展望的記憶**とは、友人と会う約束や病院に通う日時などの将来の約束や予定に関する記憶である。

出32-11

受験対策アドバイス

◆エピソード記憶、意味記憶、手続き記憶、展望的記憶が繰り返し出題されています。それぞれの記憶について、具体的な事例とともに説明できるようにしておきましょう。

62 一般的に、**意味記憶**と**手続き記憶**には加齢による影響はほとんどないが、**エピソード記憶**と**ワーキングメモリ**には加齢の影響が顕著にみられる（**図表11参照**）。

図表11 記憶の種類と加齢の影響

種　類		加齢の影響
短期記憶		ほとんど受けない
長期記憶	意味記憶	ほとんど受けない
	手続き記憶	受けにくい
	エピソード記憶	顕著
ワーキングメモリ		顕著

◎思考

63 **推論**とは、前提となる情報と結果（帰結）の関係を明らかにすることをいう。

64 問題解決の方法には、アルゴリズムとヒューリスティックと呼ばれるものがある。

- **アルゴリズム**とは、論理だった道筋のある解決方法で、その方法を用いれば確実に目標の達成が導かれる方法のことである。
- **ヒューリスティック**とは、過去の経験から得られた経験則のことである。直感的に用いてしまうことが多いが、ヒューリスティックで解決できない問題も多くある。

65 認知バイアスとは、直感的に思考する傾向のことをいう。代表的なものに、確証バイアスや正常性バイアスなどがある。

- 確証バイアスとは、判断をする前に、自分が考えていることに合致するような情報ばかりを集めて、自身の考えを補強しようとする傾向のことをいう。
- 正常性バイアスとは、災害や事件などの状況で、自分に都合の悪い情報の重要性を過小評価し、自分には問題は振りかからないだろうと考えてしまう傾向のことをいう。

個人差

◎知能

66 ウェクスラー（Wechsler, D.）は、知能を「目的的に行動し、合理的に思考し、環境を効果的に処理する総合的、または全体的な能力」と定義した。

67 キャッテル（Cattell, R. B.）は、知能を流動性知能と結晶性知能の2つに分かれるとした。

- 流動性知能とは、身の回りに起きた問題を解決する判断、物事・事実の関係を理解、推理する能力などの情報処理と問題解決の能力のことをいう。
- 結晶性知能とは、特定の文化に特徴的な言語や知識に適用されるとされ、その人の生活経験、教育、職業経歴などのそれまでの人生を通じた学習が反映される能力のことをいう。

受験対策アドバイス

◆類型論はいくつかのタイプに分類することで、パーソナリティを単純化してしまう短所があります。その一方で、各タイプの典型例が示されることで、パーソナリティを直観的・全体に把握しやすくなる長所もあります。

68 流動性知能は、成人中期頃から衰退が始まり、加齢とともに低下するが個人差が大きい。結晶性知能には成人期以降も加齢に伴い上昇し続けるという特徴があり、老年期においても比較的よく維持される。

出 32-11

◎パーソナリティ

69 パーソナリティとは、一貫性と持続性をもって個人の行動を特徴づける統一的な心身の体制のことである。しかも、その体制は個人の成長とともに、絶えず変化・発展を繰り返していく。

70 類型論とは、パーソナリティを一定の原理に基づいて、いくつかのタイプに分類し理解しようとする方法である。代表的なものとして、クレッチマー（Kretschmer, E.）やユング（Jung, C.）の理論がある。

出 32-9

71 クレッチマーは、精神疾患のある患者の体型を調べて、人間の体格と気質の関係を図表12のように示した。

出 32-9

- 気質とは、個人特有の行動様式の基礎となっている遺伝的・生物学的特性を意味する。

図表12 体格と気質（E・クレッチマー）

細長型	統合失調症	非社交的、きまじめ、臆病、神経質、従順、鈍感、無関心、など
肥満型	躁うつ病	社交的、善良、陽気、活発、激しやすい、物静か、鈍重、など
闘士型	てんかん	几帳面、執着性、粘り強い、怒りやすい、など

出32-9

72 ユングは、**リビドー**（心の中にあるエネルギー）の向かう方向によって、**外向型**と**内向型**の2類型を示し、それぞれに4つの心理機能を加えた8タイプのパーソナリティ類型を考えた。

✎ 4つの心理機能とは、**直感**機能、**思考**機能、**感情**機能、**感覚**機能である。

出32-9

73 **特性論**とは、パーソナリティの違いは質の差ではなく、パーソナリティを構成している特性の量的な差によるものと考える方法である。代表的なものとして、オールポート（Allport, G. W.）や、キャッテル（Cattell, R. B.）の理論がある。

出32-9

74 オールポートは、辞典から人間の行動に関する単語約1万8000語を取り出して、パーソナリティの特性を14に整理した。14の特性には、個人の特徴が反映される固有の**個別特性**と、人間に共通している**共通特性**があるとした。

出32-9

75 キャッテルは、オールポートの研究にならい、個人の特徴となる個別特性と共通特性の分類に加えて、周囲から観察できる外部的な**表面特性**と観察されない**根源特性**に分類されることを指摘した。

✎ 根源特性は、表面特性を決定するより深い層にあり、自己観察や内省により確認できるものをいう。**16**の特性がある。

出32-9
出35-9

76 **ビッグファイブ（5因子モデル）**とは、全体的なパーソナリティを5つの特性で説明できるという考え方である（図表13参照）。

図表13 5因子モデル

神経症的傾向 (Neuroticism)	落ち込みやすいなど感情面・情緒面で不安定な傾向 「情緒不安定性」「情緒安定性」と訳されることもある。
外向性 (Extraversion)	興味関心が外界に向けられる傾向
開放性 (Openness)	知的、美的、文化的に新しい経験に開放的な傾向 「経験への開放性」「知的好奇心」と訳されることもある。
協調性 (Agreeableness)	バランスを取り協調的な行動を取る傾向
誠実性 (Conscientiousness)	責任感があり勤勉で真面目な傾向 「勤勉性」「良識性」と訳されることもある。

人と環境

◎対人関係

77 **印象形成**とは、他者を認知する際に、認識した特性（性格、見た目など）からその他者の印象をつくることをいう。

✏ 印象形成には、生活経験による信念体系（個人差）や出会った状況も影響する。

78 **ハロー効果**とは、ある側面で望ましい（あるいは望ましくない）特徴をもっている人に対して、他の側面の特徴まで高く（あるいは低く）評価してしまうことをいう。 出 33-10

✏ 外見が良いことによって、能力や性格など他の特性も**高評価**を下しやすくなるのはハロー効果による現象である。

79 **ステレオタイプ**とは、過度に一般化された認知と定義される。職業や民族などによって、一定のイメージを抱いてしまうことをいう。 出 33-10

80 **単純接触効果**とは、頻繁に接触する人に対して、好意をもちやすくなることをいう。 出 33-10

✏ 単純接触効果は、対人関係に限らず音楽や景色などに対しても生じる。

81 **傍観者効果**とは、他者の存在によって援助行動が抑制される現象のことをいう。 出 35-10

✏ 緊急事態において目撃している人が多いほど、援助の手が差し伸べられる割合が**少なく**なる。また、自分より有能と思われる他者が存在するほど、介入が**抑制**される傾向がある。

82 **社会的促進**とは、周囲の他者の存在によって人々の行動が起こりやすくなる現象のことをいう。 出 35-10

✏ 単純課題や機械的作業の場合、1人で行うより集団で行うほうが作業速度や作業量が**向上**する。

83 **社会的抑制**とは、周囲の他者の存在によって人々の行動が起こりにくくなる現象のことをいう。

✏ 複雑課題や未学習課題の場合、集団作業のほうが生産量は**低下**する。

84 **ピグマリオン効果**とは、他者から期待をかけられると、学習や作業の成果が上がることをいう。教師が期待をかけると生徒の**成績**が上がるという実験から、教師期待効果、ローゼンタール効果とも呼ばれる。 出 33-10

◎集団・組織

85 **集団凝集性**とは、メンバーを自発的に集団に留まらせる力の総体、あるいは集団のもつ魅力のことをいう。

> 高い集団凝集性は、集団による課題遂行に正の効果をもつ一方で、他集団に対して**排他的**になりやすい。

86 **集団規範**とは、集団においてメンバーが共有する行動の準拠枠をいう。メンバーに期待される行動基準を意味する。

出33-10 **87** 特定の状況で、周囲の人が一致した行動や意見を示した場合、それが自分の信念や判断に反するものであってもそれに合わせてしまうことを**同調**という。

> 集団凝集性が**高い**ほど、周囲が同調を働きかける直接的な圧力と、自発的に同調の必要性を感じる間接的な圧力が発生しやすくなる。

88 **内集団ひいき（内集団バイアス）**とは、自分が所属する集団（内集団）の成員のことを、それ以外の集団（外集団）の成員よりも好意的に評価することをいう。内集団ひいきは即席の集団間でも生じることがある。

出35-10 **89** **社会的手抜き**とは、集団で課題を遂行する場合に一人ひとりの成果が問われないならば、自分ひとりくらい手を抜いてもかまわないと考え、自分の力を十分に発揮しない現象のことをいう。

> 集団の人数が**多く**なるほど発生しやすい。

90 **社会的補償**とは、集団の成果が個人にとって重要な意味をもつとき、努力が期待できないメンバーの不足分を補うように遂行量・努力が向上することをいう。

出35-10 **91** 集団極性化とは、集団討議によって意思決定がなされる場合、討議後の集団の反応が、討議の前の個々人の反応に比べて、より**極端**になって現れる現象をいう。

> 危険性の高い決定がなされることを**リスキーシフト**、安全性の高い決定がなされることを**コーシャスシフト**という。

出33-123（経営） **92** 三隅《みすみ》二不二《じゅうじ》のPM理論は、**P（課題遂行）**機能と、**M（集団維持）**機能を組み合わせて4つのリーダーシップの行動型に区別している。両機能が
出35-10
高い**PM型**リーダーが最も生産的である（図表14参照）。

> P機能のPはperformance、M機能のMはmaintenanceの頭文字である。

図表14 PM理論

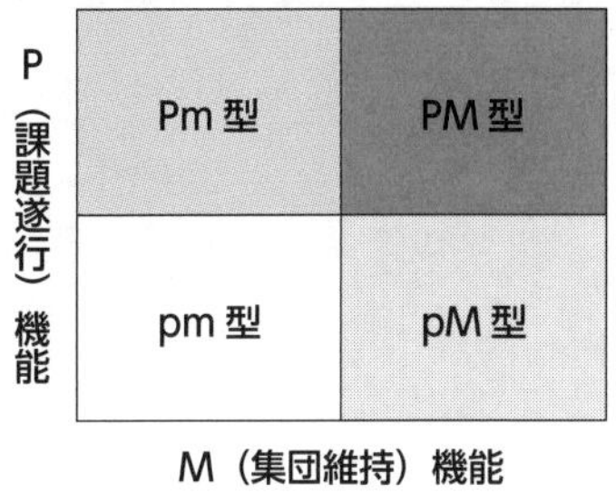

◎自己

93 **自己**とは、自分によって認識される自分のことである。

94 **自己概念**とは、性格や能力、身体的特徴などに関する自分の考えのことをいい、自分の自分に対する観察や、周囲の人からの評価、自身の言動などによって形成される。

95 **アイデンティティ**とは、「自分とは何者か」「自分には何ができるのか」という自己定義のことをいう。自己同一性と訳される。

96 **社会的アイデンティティ**とは、社会との関係で自己自身を確認することである。

3 人の心の発達過程

生涯発達

◎発達の定義

97 **発達**とは、心身の形態や機能の成長的変化に伴い、置かれた環境のなかで経験をしていくことで生じる質的な変化をいう。

98 **生涯発達**とは、人の一生（受精から死に至るまで）を連続的な発達の過程と捉える考え方をいう。

99 ローレンツ（Lorenz, K.）は、カモなどの鳥類が孵化《ふか》した後、一時期に見た動体に追随する現象から**刻印づけ**（**インプリンティング**）を発見した。

✏ 刻印づけ（インプリンティング）とは、生まれてすぐの特定の時期に特定の刺激によって生じた反応が、そのまま永続的に継続するような学習のことである。**遺伝的**要因の強い行動と考えられる。

100 **臨界期**とは、生物がある特性を獲得するために生物学的に備わった限られた期間のことをいう。

✏ 母国語や運動機能などの習得に適した時期を臨界期と呼ぶことがあるが、近年では習得が行われやすい時期を表す**敏感期**という用語が使われている。

101 ゲゼル（Gesell, A.）は、発達に決定的に影響があるのは遺伝的要因であるとする**成熟優位説**を唱え、レディネス（準備性）の重要性を強調した。

✏ **レディネス**（**準備性**）とは、ある行動について経験による発達が効果的になるための成長や成熟の状態をいう。

102 ワトソン（Watson, J. B.）らは、成熟の役割を認めず、環境からの働きかけを重視した**環境優位説**を唱え、しつけや訓練の重要性を強調した。

103 シュテルン（Stern, W.）は、遺伝的要因と環境的要因の両方の加算的な影響によって発達は規定されるとする**輻輳《ふくそう》説**を唱えた。

◎ライフステージと発達課題

104 ハヴィガースト（Havighurst, R. J.）は、乳幼児期から老年期までの**6**段階における発達課題を**図表15**のように整理した。

✏ **発達課題**とは、発達段階ごとに解決したり達成したりすべき課題のことである。

図表15 ハヴィガーストの発達課題

発達段階と年齢の目安	発達課題
乳幼児期（6歳未満）	歩行・話すことの学習、排泄のコントロールの習得、単純な概念の形成、善悪の区別、良心の学習など
児童期（6～12歳頃）	日常の遊びに必要な身体的技能の学習、日常生活に必要な概念の発達、読み・書き・計算の基礎的技能の発達、良心・道徳性・価値観の発達、社会集団や社会制度に対する態度の発達など
青年期（12～18歳頃）	親や他の大人からの情緒面での自立、結婚や家庭生活への準備、職業選択や就職への準備、社会的に責任のある行動の遂行、行動指針としての価値化や倫理体系の形成など
壮年初期（18～30歳頃）	配偶者の選択、配偶者との生活の学習、子どもの養育、家庭の管理、就職、市民的責任の負担など
中年期（30～60歳頃）	子どもへの自立援助、社会的責任・市民的責任の達成、配偶者との結びつき、中年の生理的変化の受容と対応、年老いた親への対応と世話など
老年期（60歳以降）	体力と健康の衰退への適応、退職生活と収入減少への適応、同年齢集団との親密な関係の確立、配偶者の死に対する適応、社会的責任への関与、満足な生活空間の確保など

105 エリクソン（Erikson, E.）のライフサイクル理論では、人間の生涯を8つの段階に区分して、それぞれの段階における発達課題を図表16のように整理した。心理社会的発達理論とも呼ばれ、社会とのかかわりを重視した考え方を示している。 出 34-11

図表16 エリクソンの発達段階

発達段階	年齢の目安	心理社会的危機	獲得される人格的強さ
乳児期	0～1歳頃	「基本的信頼」対「基本的不信」	希望
幼児前期	1～3歳頃	「自立性」対「恥・疑惑」	意志
遊戯期（幼児後期）	3～6歳頃	「自主性」対「罪悪感」	目的
学童期	7～11歳頃	「勤勉性」対「劣等感」	適格
青年期	12～20歳頃	「同一性獲得」対「同一性拡散」	忠誠
前成人期	20～30歳頃	「親密」対「孤立」	愛
成人期	30～65歳頃	「世代性」対「停滞」	配慮
老年期	65歳頃～	「統合」対「絶望」	英知

出典：Erikson, E. H., Erikson, J. M. & Kivnick, H. Q., *Vital Involvement in Old Age*, W. W. Norton & Company, 1994. より作成

心の発達の基盤

◎認知発達理論

106 ピアジェ（Piaget, J.）の認知発達理論では、人間の思考に関して、**感覚運動期**、**前操作期**、**具体的操作期**、**形式的操作期**の4つの段階にまとめ、必ずこの順序を踏んで発達するとしている（図表17参照）。

出 34-10

出 35-11

受験対策アドバイス

◆ピアジェの認知発達理論については、発達段階の名称と順序、年齢の目安を覚えておくだけでなく、対象の永続性、自己中心性、保存の概念などの意味を理解しておく必要があります。

図表17 ピアジェの発達段階

発達段階		年齢の目安	特　徴
感覚運動期		出生～2歳頃	感覚運動的知能 ：感覚と運動の協応によって外界を知り適応していく（見たり触れたりして知識を獲得する） 対象の永続性の獲得 ：ものが隠されて目の前から消えても、そのもの自体が消えてなくなるのではなく、どこかで存在し続けているととらえ始める 手段と目的の関係が成立 ：自分の行動において手段と目的の関係が理解できるようになる
表象的思考段階	前操作期	2～7歳頃	＜2～4歳頃：象徴的（前概念的）思考段階＞ 記号的機能 ：ものごとを言葉やイメージ（心象）などの記号化されたもので認識するようになる 象徴機能 ：象徴遊び（ごっこ遊び）にみられるように、「まね」「ふり」などのイメージが使えるようになる ＜4～7歳頃：直感的思考段階＞ 自己中心的な思考 ：自分の現在の視点や経験を中心にものごとをとらえ、他者の立場から考えることができない アニミズム ：無生物にも意識や感情があると考える
	具体的操作期	7～11、12歳頃	保存の概念の獲得 ：外観が変化しても、体積や量そのものは変わらないことがわかり、見かけの変化に左右されなくなる 可逆的な操作 ：対象に何らかの操作を加えた後に、その操作を取り消して元の状態に戻すための操作を考え出せるようになる 自己中心的な考えから客観的な考えへ ：他者の視点や立場に立って考えることができるようになり、具体的なものに対しては論理的な思考も可能になる
	形式的操作期	11、12歳以降	論理的思考・抽象的な概念の理解 ：具体的な内容を離れて思考することができる ：仮説演繹《えんえき》的に推論し、仮説の真偽を検証するような思考も可能になる

◎言語発達

107 一般的に生後2、3か月頃から、クーイングと呼ばれる声を出し始め、5、6か月ごろから喃語が目立つようになり、7～8か月にピークに達する。 出35-11

✏ クーイングとは、「うー」「あー」などの音声を発することをいう。

✏ 喃語《なんご》は、ことばへとつながる前の過渡期の発声であり、「ま、ま、ま」「だーだー」などの意味をもたない言葉のことをいう。

108 言語の発達と獲得において重要と考えられているのが、共同注意と指さしである。 出35-11

✏ 共同注意とは、他者と一緒に外界の同じものに注意を向け、一緒に見ようと意識を向ける現象のことである。生後9か月頃以降に起こり、言葉が出てくるよりも前にみられる。

✏ 指さしは、共同注意と同じ意味をもつ行為である。共同注意と同じ時期に行われ始め、11か月以降に増加する。

109 初めて子どもが話すことばを初語といい、早くて10か月から、遅くても1歳数か月頃までには出現する。 出35-11

110 語彙《ごい》獲得の段階は図表18のとおりである。

図表18 語彙獲得の段階

年齢の目安	特　徴
10か月～1歳半頃	・30～50語くらい話せるようになる ・意味のある単語で一語文が始まる ・「ワンワン」「マンマ」などの事物名称が最も多い
1歳半頃	・語彙が爆発的に増加する<語彙爆発>
1歳8か月頃	・2つの言葉を組み合わせた二語文が始まる
2歳頃	・3語以上の話ことばが増える
4歳以降	・文字への興味が生まれる
5歳頃	・ひらがなを読めるようになる
6歳頃	・書くことができるようになる ・小学校に入学する頃までには、8000～1万語以上を獲得する

◎社会的行動の発達

111 生後9か月頃までの子どもは二項関係（自分と他者、自分とものなどの2者間の関係）でコミュニケーションをとるが、9か月頃以降は三項関係（自分と他者とものなどの3者間の関係）が可能になり、社会的参照がみられるようになる。 出35-11

✏ 社会的参照とは、養育者などの表情を手がかりにして行動を決める現象のことである。生後1年前後から、初対面の人と会ったときや、初めて何かを体験するときなどに、養育者の表情や反応を確かめながら行動するようになる。

◎アタッチメント理論

出32-10 **112** ボウルビィ（Bowlby, J.）は、子どもと養育者との特別な心の結びつきを**アタッチメント**（**愛着**）と呼び、アタッチメントを形成する生得的傾向を有して人間は生まれると考えた。

出32-10 **113** アタッチメント行動には、接近・接触・後追いなどの**接近行動**のほか、泣き・発声などでアタッチメント対象を引き寄せる**信号行動**、アタッチメント対象に常に視線を向ける**定位行動**がある。

✏ **アタッチメント行動**とは、アタッチメントの存在を示す具体的な行動のことをいう。愛着行動とも呼ばれる。

出32-10 **114** ボウルビィは、アタッチメント対象とのかかわりによって、子どもたちの心の中に自分、家族、自分を取り巻く世界全体に対する捉え方の基盤が形成されるとして、それを**内的ワーキングモデル**と呼んだ。

✏ 内的ワーキングモデルは、生涯にわたって存在し続け、その後の子どもたちの内的な適応や社会的適応、**対人関係パターン**に大きな影響を与えるとされている。

出32-10 **115** ストレンジ・シチュエーション法とは、アタッチメント行動の**有無**や**質**を測定するために、操作的に子どもにストレスを与えて愛着対象への愛着行動を引き出す方法である。子どもの反応に基づき、4つの愛着のタイプに分類される（図表19参照）。

図表19 愛着のタイプ

タイプ	母親との分離	再会場面
A型 （回避型）	悲しみや抵抗を示すことがなく、見知らぬ人とも容易に交流する。	母親との再会場面でも、母親を気にすることなく一人遊びをしている。
B型 （安定型）	積極的に探索行動をする。母親がいるときには見知らぬ人とも楽しそうに交流できる。	母親へと積極的に近づき、接触を求めて安らぎを得ることができる。探索、遊び、そして母親との交流に容易に移ることができる。
C型 （抵抗型あるいは両極型）	母親との分離前も泣きが激しく、母親によって気持ちをなだめることが難しい。	母親に抱きかかえられてもぐずり、かんしゃくなどの行動を示し、気持ちを落ち着けるのに時間がかかる。
D型 （無秩序・無方向型）	親との再会時にぼーっとしていたり、急に動きを止める「動作の停止」がみられたり、親に対して接近したかと思うとすぐに激しく回避したり、親から顔や視線をそらしつつ接近・接触したりする。抱っこされているのに親の体をつねり続けたりする。このように組織化されていない行動を示す。	

◎道徳性の発達

116　コールバーグ（Kohlberg, L.）は、**道徳性**の発達について、行為の良い悪いを何によって判断するのかを図表20のように、3つのレベルと6つの段階に整理した。

図表20 道徳性の発達段階

レベル	段階
慣習以前のレベル	1　罰と服従への志向 ・その行為が罰をもたらすかどうかで判断する ・この段階では、**罰を回避**し、**権威に服従**する行為を行う
	2　道具主義的相対主義への志向 ・その行為がもたらす報酬などの**損得**によって判断する ・この段階では、自身の欲求や利益を満たすための行為を行う
慣習的レベル	3　対人的同調あるいは「よい子」への志向 ・その行為が**多数の意見**なのか、他者から承認されるのかによって判断する
	4　「法と秩序」の維持への志向 ・その行為が**規則**や**社会的秩序**を守っているかによって判断する
脱慣習的レベル	5　社会契約的遵法への志向 ・その行為が**個人の権利**や**社会全体の価値**に従って合意されたものかによって判断する
	6　普遍的な倫理的原理への志向 ・人間としての尊厳の尊重に価値を置いて、**人間の権利**や**平等性などの倫理**に従って判断する

4　日常生活と心の健康

心の不適応

◎不適応の理論

出35-104（相理）

117　自我が傷つくのを防ぎ、心理的な安定を維持しようとする無意識な心の働きを**防衛機制**（図表21参照）という。適切に機能すれば適応機制となるが、不適切な機制への固執や過度の依存により、神経症的症状が現れることもある。

図表21　主な防衛機制（適応機制）

抑圧	容認しがたい欲求や感情を意識の表面に現れないように抑えつけ、意識にのぼらせないように（無意識のうちに忘れてしまう等）する機制
逃避	不安、緊張、葛藤などから（白昼夢・空想や疾病などに）逃げ出してしまうことによって、自己の安定を求める機制
退行	より以前の発達段階に逆戻りして、甘えるなどの未熟な行動をとる機制
代償	本来の目標が得られないとき、獲得しやすい代わりのものに欲求を移して我慢する機制
補償	ある一面での劣等感情を、ほかの面での優越感情で補おうとする機制
合理化	自分に都合のよい理屈づけ・いいわけをすることで、自分の失敗や欠点を正当化する機制
昇華	社会的に承認されない欲求や衝動（性的・攻撃的）を、社会的に認められる形で満たそうとする機制、「置き換え」の一形態
同一化（同一視）	満たせない願望を実現している他者と自分とを同一化することにより、あたかも自分自身のことのように代理的に満足する機制
投射（投影）	自分の容認しがたい欲求や感情を他者のなかにあると考えて、それを指摘・非難する機制
置き換え	ある対象に向けられた欲求・感情（愛情・憎しみなど）を、ほかの対象に向けて表現する機制
反動形成	知られたくない欲求・感情と正反対の行動をとることによって、本当の自分を隠そうとする機制
知性化	知的な思考をすることによって、不安などの感情をコントロールする機制

◎ストレス理論

出32-12

118　一般的にストレスとは、身体的健康や心理的幸福感を脅かすと知覚される出来事を指す。そうした出来事を**ストレッサー**と呼び、ストレッサーに対する反応を**ストレス反応**と呼ぶ。

119 セリエ（Selye, H.）は、外界からの悪性刺激によって起こる身体的な非特異的反応を**汎適応症候群**《はんてきおうしょうこうぐん》（**一般適応症候群**）と定義した。これが後年「ストレス」という用語になった。 出34-12

120 汎適応症候群（一般適応症候群）は、外界からの悪性刺激に対する**身体の適応状態**の様子から、警告反応期、抵抗期、疲弊期の３段階に分類される。 出34-12

- **警告反応期**とは、刺激が加えられた直後で適応が獲得されていない段階である。
- **抵抗期**とは、刺激に対して適応ができている段階である。
- **疲弊期**《ひへいき》とは、刺激を長期間受けて生体のエネルギーが限界を超えた段階である。

121 **恒常性維持（ホメオスタシス）**とは、外的内的環境の絶え間ない変化に応じて、生体を一定の安定した状態に保つ働きのことをいう。 出34-12 出36-17（社会）

122 ラザルス（Lazarus, R. S.）とフォルクマン（Folkman, S.）による**心理社会的ストレスモデル**（多変量的なシステム理論）では、ある出来事がストレスになり得るかどうかは、個人の主観的な解釈による評価である**認知的評価**によって判断されるとした。 出34-12

123 **ハーディネス**とは、ストレスに直面しても身体的・情緒的健康を損なうことが少ない性格特性のことをいう。 出32-12

124 フリードマン（Freidman, M.）とローゼンマン（Rosenman, R. H.）が提唱した**タイプA行動パターン**は、ストレスと関連した行動様式である。**図表22**のような特徴がある。 出34-12

図表22 タイプA行動パターンの特徴

①自分が定めた目標を達成しようとする持続的で強い欲求
②競争を好みそれに熱中する傾向
③永続的な功名心
④時間に追われながらも常に多方面に自己を関与させようとする傾向
⑤身体的精神的な著しい過敏性
⑥強い敵意性や攻撃性
⑦大声で早口で話すこと　など

受験対策アドバイス

◆防衛機制が無意識的な水準の対処であるのに対して、コーピングは意識的な水準の対処過程を指します。

125 **コーピング**とは、ストレスが脅威であると評価された場合、適切に処理してストレス反応を少しでも減らそうとする意識的な水準の対処過程のことである。 出32-12 出35-12

✏ 問題焦点型コーピングとは、ストレスフルな環境そのものを直接的に変革していこうとする対処法である。

✏ 情動焦点型コーピングとは、ストレッサーによってもたらされるストレス反応を統制、軽減しようとする対処法である。

◎ストレッサーと関連した心理的反応

出32-12

126 アパシーとは、自発性に欠けた状態のことであり、無気力や無関心を特徴とする。ストレス状態に上手く対処できないときや、うつ病、認知症でもみられる。

127 バーンアウトとは、医療・福祉・教育などのヒューマンサービスの現場で生じやすい燃え尽き症候群のことである。

✏ 燃え尽き症候群とは、フロイデンバーガー（Freudenberger, H.）が提唱した概念であり、仕事への気力を燃え尽きたかのように失って、心身ともに疲れ果てた不適応状態をいう。

出32-13

128 マスラック（Maslach, C.）の開発したバーンアウト尺度（Maslach Burnout Inventory：MBI）は、情緒的消耗感、個人的達成感の低下、脱人格化の程度を測定する。これらをバーンアウトの3大症状と呼ぶことがある。

✏ 情緒的消耗感とは、疲れ果て、もう働くことができないという気分をいう。

✏ 個人的達成感の低下とは、仕事への達成感が得られない状態をいう。

✏ 脱人格化とは、人間性を欠くような感情や行動が目立つようになる状態をいう。

129 適応障害は、はっきりと同定されるストレス因子の開始から3か月以内に出現する。抑うつ気分を伴うもの、不安を伴うもの、不安と抑うつ気分の混合、素行の障害（無断欠席、無謀運転）、情緒と素行の障害の混合などがある。

130 うつ病とは、抑うつ気分を中核として、焦燥感や悲哀感、興味・喜びの喪失、思考力・集中力の減退による精神運動制止や思考制止、罪責感・絶望的観念、自殺念慮・企図などの症状を示す。また、身体的訴えも多く、睡眠障害、食欲減退または増加、頭重、易疲労性などがある。

出33-12
出36-12

131 心的外傷後ストレス障害（PTSD）とは、DSM-5（「精神疾患の診断・統計マニュアル第5版」）によると、外傷体験の直接体験・目撃・近親者や友人の体験の伝聞、さらに職業上で他者の外傷体験に暴露され続けることによって、図表23のような症状が生じることである。これらの症状は長期間続く特徴がある。

✏ 外傷体験とは、心的外傷やトラウマとも呼ばれる。外傷体験を引き起こす事態として、命の危険にさらされるような戦争への参戦、暴力被害、身体的虐待、性暴力被害、誘拐、災害、事故などがある。

図表23 心的外傷後ストレス障害の症状

再体験	外傷体験が繰り返し思い起こされたり（フラッシュバック）、悪夢として反復されたりする。
回避	外傷体験に関する刺激を持続的に避けようとする。外傷体験に関して考えたり、話したりすることや、体験を思い出させるような事物や状況を回避しようとする。
否定的感情と認知	怒りや罪悪感などの否定的な感情が続いたり、自己認識が過剰に否定的なものになったりする。
覚醒亢進（過覚醒）	外傷体験の後、過剰な驚愕反応を示す。物音に過敏反応したり、過剰な警戒心や集中困難などがみられたりする。

132 **依存症**とは、特定の物質の使用や行動に関して、自分で自分の欲求をコントロールできなくなる状態をいう。本人や家族が苦痛を感じていたり、生活に支障が出てきたりして、健全な社会生活に悪影響を及ぼす。代表的な依存の対象には、薬物、アルコール、ギャンブルなどがある。

- **薬物依存症**とは、依存性の薬物（麻薬、覚醒剤、シンナーなど）を常用することによって身体と精神の依存が生じた状態をいう。
- **アルコール依存症**とは、大量のアルコールを長期にわたって摂取することで、アルコールに対する身体と精神の依存が生じた状態をいう。
- **ギャンブル依存性**とは、スリルや興奮を繰り返し得ようとして、経済的、社会的、精神的な問題が生じていてもギャンブルをやめることができない状態をいう。

健康生成論

133 健康社会学者のアントノフスキー（Antonovsky, A.）が提唱した**健康生成論**は、健康はいかにして生成されるのかに光を当てたもので、健康の回復・維持・増進に関する理論である。

- 疾病はどのようにして起こるのかという観点から原因を探り、解決を見出す立場を**疾病生成論**という。

134 従来の**リスクファクター（危険因子）**に焦点を当てた疾病生成論と、**サリュタリーファクター（健康要因）**に注目する健康生成論は、相互補完的な関係にあり、どちらの視点も重要である。

135 **首尾一貫感覚**（sense of coherence：SOC）とは、把握可能感、処理可能感、有意味感の3つからなる、自分の生きている世界が首尾一貫しているという感覚のことをいう。

- **把握可能感**とは、自分が置かれている、あるいは置かれるであろう状況がある程度予測でき、理解できるという感覚である。

✏ **処理可能感**とは、何とかなる、何とかやっていけるという感覚である。

✏ **有意味感**とは、人生を意味があると感じている程度のことを指す。

136 **レジリエンス**（精神的回復力）とは、ストレスフルな状況や逆境に陥ったときに回復していく力、あるいはその過程自体を指している。

5 心理学の理論を基礎としたアセスメントと支援の基本

心理アセスメント

◎心理アセスメント

137 心理アセスメントとは、クライエント（要支援者）の心理状態や行動特性、あるいは発達水準を評価することをいい、その方法には**面接・心理検査・観察法**がある。

138 心理アセスメントを根拠として、クライエントの問題を明確にし、心理的支援のねらいや方法についての見立てを行うことを**事例定式化**という。

事例定式化は、**ケースフォーミュレーション**とも呼ばれる。

◎知能検査

139 ウェクスラー式知能検査には、**WAIS**（成人用）、**WISC**（児童用）、**WPPSI**（低年齢児用）の３種類がある（図表24参照）。 出33-13 出35-13 出36-13

図表24 ウェクスラー式知能検査

種類	対象年齢
成人用（WAIS-Ⅳ）	16歳～90歳11か月
児童用（WISC-Ⅴ）	5歳～16歳11か月
低年齢児用（WPPSI-III）	2歳6か月～7歳3か月

140 WAIS-Ⅳでは、全般的な知能を表す**全検査IQ**（FSIQ）と、特定の認知領域の知的機能を表す**4つの指標**得点を算出する。 出33-13 出36-13

4つの指標とは、**言語理解**指標、**知覚推理**指標、**ワーキングメモリ**指標、**処理速度**指標を指す。

141 WISC-Ⅴでは、全般的な知能を表す**全検査IQ**（FSIQ）と、特定の認知領域の知的機能を表す**5つの主要指標**得点を算出する。

5つの主要指標とは、**言語理解**指標、**視空間**指標、**流動性推理**指標、**ワーキングメモリ**指標、**処理速度**指標を指す。

主要指標のほかに、子どもの認知能力やWISC-Ⅴの成績について付加的な情報を提供する**5つの補助指標**得点も算出する。

142 ビネー式知能検査では、知能程度を**精神年齢**（MA）と**生活年齢**（CA） 出36-13

の比で表す知能指数（IQ）が測定される。

✏ ビネー式知能検査には、田中ビネー知能検査Ⅴや改訂版鈴木ビネー知能検査などがある（図表25参照）。

図表25 ビネー式知能検査

種類	対象年齢
田中ビネー知能検査Ⅴ	2歳～成人
改訂版鈴木ビネー知能検査	2歳～ 18歳11か月

出33-13
出34-13

143 改訂長谷川式簡易知能評価スケール（HDS-R）は、**認知症**を評価する質問式の検査である。30点満点で採点し、**20**点（カットオフポイント）以下の場合、認知症の可能性があると判断される。

◎人格検査

144 人格検査の方法には、質問紙法、投影法、作業検査法がある（図表26参照）。

✏ **質問紙法**とは、個人の人格や心理的状態についていくつかの特性を仮定し、その仮定に基づいてつくられた質問項目に回答する検査方法である。個別でも集団でも行うことができる。

✏ **投影法**とは、曖昧な視覚的あるいは言語的刺激、表現的運動にその個人の内的な世界を投影させ、反応様式をみることによってパーソナリティを理解する検査方法である。

✏ **作業検査法**は、被検査者に簡単な作業を連続的に行わせ、その結果により作業能力などの心理的特性を探ろうとするものである。

図表26 代表的な人格検査

質問紙法		YG（矢田部ギルフォード）性格検査、MMPI-3（ミネソタ多面人格目録）、日本版CMI、東大式エゴグラム（新版TEG3）など
投影法	絵を利用する方法	ロールシャッハテスト、TAT（主題統覚検査・絵画統覚検査）、バウムテストなど
	絵と文を利用する方法	P-Fスタディ（絵画欲求不満検査）など
	文章を利用する方法	文章完成法テスト（SCT）など
作業検査法		内田クレペリン精神作業検査など

受験対策アドバイス

◆人格検査については、質問紙法、投影法、作業検査法それぞれの代表的な検査の名称と適用対象・場面を整理しておく必要があります。

出33-13
出34-13
出36-13

145 YG（矢田部ギルフォード）性格検査は、**質問紙法**による人格検査である。**12**の人格特性について全120の質問項目から成っており、**5**つの類型で代表的なタイプの特徴を示す（図表27参照）。

図表27 YG（矢田部ギルフォード）性格検査の５つの性格類型

A型（Average Type）	平均型
B型（Black list Type）	情緒不安定・不適応、活動積極型
C型（Calm Type）	情緒安定・適応、活動消極型
D型（Director Type）	情緒安定、活動積極型
E型（Eccentric Type）	情緒不安定、活動消極型

146 MMPI-3日本版（Minnesota Multiphasic Personality Inventory：ミネソタ多面人格目録）は、**質問紙法**による人格検査である。質問項目が335項目あり、「妥当性尺度」によって回答の妥当性を検証できることが特徴である。 出34-13 出36-13

147 日本版CMI(Cornell Medical Index：コーネル・メディカル・インデックス）は、**質問紙法**による人格検査である。**CMI健康調査票**と呼ばれ、身体的項目から精神的項目の順で質問に回答する。

148 東大式エゴグラム（新版TEG3）は、**質問紙法**による人格検査である。53問の質問項目があり、**交流分析理論**に基づき、５つの自我状態（批判的な親、養育的な親、大人、自由な子ども、順応した子ども）のバランスから性格特性と行動パターンを把握する。 出35-13

149 ロールシャッハテストは、ロールシャッハ（Rorschach, H.）によって考案された**投影法**の代表的な人格検査である。**左右対称のインクのしみ**図版（10枚）を被検査者に見せて、それが何に見えるかを尋ね、その反応内容などにより人格を評価する。 出33-13 出34-13

150 TAT（Thematic Apperception Test：主題統覚検査・絵画統覚検査）は、モルガン（Morgan, C. D.）とマレー（Murray, H. A.）によって開発された**投影法**の人格検査である。絵画を被検査者に提示し、自由に**空想の物語**をつくるように求める。その内容から「欲求」「圧力」などを分析して人格の特徴を診断する。

151 バウムテストは、被検査者に１本の実のなる木を描いてもらい、人格をアセスメントする**描画法**テストであり、**投影法**の人格検査である。 出35-13

152 P-Fスタディ(Picture-Frustration Study：絵画欲求不満検査)は、ローゼンツァイク（Rosenzweig, S.）によって考案された**投影法**の人格検査である。被検査者に日常生活における**欲求不満場面**が描かれた絵を提示し、その反応を３つの攻撃の方向と３つの反応型により分析し、人格を評価する。 出34-13 出35-13

153 文章完成法テスト（SCT）は、文章を利用した**投影法**の人格検査である。**短い刺激文**に続く短文を書いてもらい、個人の性格を診断する。

短い刺激文の例として、「私はよく____」「私の父は____」などがある。

出34-13 出35-13

154 内田クレペリン精神作業検査は、**作業検査法**による人格検査である。**連続した単純な加算作業**を行い、作業量の変化や計算の正確度などから人格を診断する。

内田クレペリン検査では、一行1分間の一桁の足し算を連続して15分間行い、5分間の休憩を入れて後半も同様に15分間行う。

心理的支援の基本的技法

155 ソーシャルワークにおける心理的支援は、心の健康だけではなく現実生活の質の高さを目指して、環境調整も含めた介入の一部として行われ、心理的支援のための技法を**ソーシャルワークの目的**のために用いる。

156 **支持的精神療法**とは、4つの特徴をもつ心理療法である。

4つの特徴とは、①無意識の洞察や転移を直接的には扱わない、②**現実的で意識的な生活**への適応を重視する、③治療者と患者が基本的な**相互の信頼関係**を保持できるように配慮する、④支持や面接を展開させるための介入技法を用いる、である。

出35-14 出36-14

157 ロジャーズ（Rogers, C. R.）が提唱した**来談者中心療法**（**クライエント中心療法**）では、クライエント自身の成長に向かう力を重視して、クライエントに指示を**与えず**に傾聴を続けることで、クライエントの自己実現を目指していく。

158 **マイクロカウンセリング**とは、アイビイ（Ivey, A.）によって開発されたカウンセリングの基本モデルである。面接時の**技法**を系統的に配列した階層表があり、一つひとつの技法を習得することによりカウンセラーとしての能力向上を図ることを特徴としている。

階層表の基礎部分には**基本的傾聴**技法が位置づけられており、そのなかには、かかわりと共感の技法、観察技法、質問、励まし・パラフレーズ・要約、感情の反映がある。

出33-109（相理）

159 マイクロカウンセリングの基本的傾聴技法に含まれる**開かれた質問**とは、「どのように」「何が」「何を」で始まる質問や、「〜について話していただけますか？」などのように自由に回答できる質問のことをいう。

出32-108（相理） 出33-109（相理）

160 マイクロカウンセリングの基本的傾聴技法に含まれる**閉じた質問**とは、名前、住所、性別など、求められている答えが決まっている質問や、「はい」か「いいえ」で回答する質問などである。

161 **動機づけ面接**とは、両価的な状況にある人に対して、目標達成への動機づけを高めて、目標に向かう行動をとりやすい状態にするための面接の技法である。

- **両価的な状況**とは、「変わりたいけど、変わりたくない」などのように相反する感情をもったり、相反する態度を示したりする状況のことである。

心理療法におけるアセスメントと介入技法の概要

162 フロイト（Freud, S.）によって創始された**精神分析理論**では、精神構造はエス（イド）・自我（エゴ）・超自我（スーパー・エゴ）から成り立つと考える。 出34-14

- **エス**は、人間の本能的な部分で快楽原理に従う。
- **超自我**は、道徳原理に従ってエスの直接的な行動を阻止し、良心および理想機能の役割をもつ。
- **自我**は、エスと超自我の間で現実的な調整を図る。

163 精神分析療法は、精神分析理論に基づく心理療法である。**自由連想法**を使用し、無意識下に抑圧された葛藤の意識化が治療の焦点となる。無意識の**エス**（**イド**）の活動と、意識の**自我**（**エゴ**）の活動とが適切に関連するよう援助する。 出34-14 出35-14

164 精神分析理論では、過去の体験が現在の人間関係のなかに反復強迫的に持ち越されることを**転移**と呼ぶ。転移という現象は、精神分析療法中に必然的に生じると考えられ、その解釈と洞察が重要である。

165 行動療法では、さまざまな症状を「学習された行動」もしくは「学習の欠陥によるもの」としてとらえ、問題となっている行動の消去や、適応行動の強化が**学習理論**に基づいて実施される。行動療法には、系統的脱感作法や暴露療法などの技法がある。 出34-14 出35-14

- **系統的脱感作法**では、不安や恐怖の対象となっている刺激を、極めて弱い状態から段階を追って強めていき、リラックスした精神状態を保たせることで不安や恐怖反応を消去する。
- **暴《ばく》露《ろ》療《りょう》法《ほう》**（エクスポージャー法）では、不安や恐怖を感じる場面に、実際に、あるいはイメージで直面する体験を重ねることにより徐々に慣れさせる。

166 認知行動療法とは、「行動科学と認知科学の知見を臨床の諸問題への支援に応用したもの」と定義される。**行動療法**の技法と**認知療法**の技法を効果的に組み合わせて用いることによって、問題の改善を図ろうとする治療アプローチの総称である。 出32-14 出33-14 出36-14

出32-14

167 応用行動分析では、周囲の**環境**の変化によって**行動**が形成されるという法則を利用してABC分析を行い、行動上の問題の解決を目指す。

✏ **ABC分析**とは、直前の状況（Antecedent）、行動（Behavior）、直後の結果（Consequence）をアセスメントし、その関連性を分析することをいう。

出34-14
出36-14

168 家族療法は、家族を1つの**システム**とみなし、クライエントの症状を個人の問題としてではなく家族全体の症状としてとらえる。原因と結果の認識が直線的ではなく循環的・円環的になされ、家族間の関係性の悪循環を変化させようとする療法である。

出32-14
出35-14

169 ブリーフ・セラピー（短期療法）は、問題解決に必要な**小さな変化**を目標とし、それが全体を変容させていくという考え方に基づいて実施される。過去ではなく、現在と未来に焦点を当てて介入する、治療期間の**短い**効率的かつ効果的な療法である。

出36-14

170 ソリューション・フォーカスト・アプローチ（SFA）は、ブリーフ・セラピー（短期療法）の代表的なモデルで、**解決志向アプローチ**とも呼ばれる。問題が起きなかった**例外的な状況**に関心を向け、その例外を意図的に再現することを継続して、クライエントの問題解決を目指す。

出34-14

171 臨床動作法では、**動作課題**を通して、リラクゼーション体験（筋緊張が緩み心理的にも楽になる体験）や、クライエントの体験様式（感情や思考と動作との一連の結びつき）の変容を図る。

172 対人関係療法は、**うつ病**の心理療法として開発された。期間限定の短期療法であること、現在の人間関係に焦点を当てること、医学モデルをとること、対人関係上の4つの問題領域（悲哀、不和、変化、欠如）を定めていること、の4つを特徴とする。

出34-14

173 プレイセラピー（遊戯療法）は、子どもと治療者が**玩具や遊具**を用いて、プレイルームで遊びながら治療関係をつくりあげる療法である。絵画療法やコラージュ療法、箱庭療法が活用されることが多い。

✏ **箱庭療法**は、保護された空間のなかで、クライエントが自由に心の中のイメージを箱庭の中に形づくる象徴的表現が可能であり、強い情動体験を伴う。

出34-14

174 心理劇（サイコドラマ）とは、筋書きのない**即興劇**を演じることによって、参加者の役割行為に変化をもたらし、自発性や創造性を高めようとする集団療法である。モレノ（Moreno, J. L.）によって始められた。対人関係の改善、社会性の発達および情動活性化を目的とする。

出32-14

175 森田正馬《まさたけ》の森田療法では、1週間の**絶対臥褥《がじょく》期**（個室でただひたすら

図表28 代表的な心理療法の特徴

心理療法	焦点	特徴
精神分析療法	無意識下に抑圧された葛藤を意識化する	・**精神分析理論**に基づいて実施 ・自由連想法を用いる
行動療法	不適切行動を消去、あるいは適応行動を強化する	・**学習理論**に基づいて実施 ・系統的脱感作法や暴露療法などの技法がある
認知行動療法	対象となる問題や状態に応じて技法を組み合わせて問題解決を図る	・**行動療法**の技法と**認知療法**の技法を用いる
家族療法	個人の問題を、家族全体の症状としてとらえる	・家族を1つの**システム**とみなす ・**循環的・円環的**に原因と結果を認識する
ブリーフ・セラピー（短期療法）	問題解決に必要な小さな変化を目標とする	・治療期間が**短い** ・代表的なモデルに**解決志向アプローチ**がある
プレイセラピー（遊戯療法）	プレイルームで遊びながら治療関係をつくりあげる	・**子ども**を対象とするが、大人に適用されることもある ・**玩具**や**遊具**を用いる
心理劇（サイコドラマ）	自発性や創造性を高める	・筋書きのない**即興劇**を演じる集団療法である
森田療法	あるがままに受け入れる態度を体得する	・1週間の**絶対臥褥期**がある

寝ている）を経て、生の欲望や外界にはたらきかける意欲を起こさせ、自発的に作業をさせながら外界と自らの精神的現実を「**あるがまま**」に受け入れていく態度を体得させる。 出35-14

176 回想法は、人生や過去の出来事を回想することで、記憶や思い出を呼び起こして、情緒の安定や認知機能の活性化を目的とする療法である。 出32-14

177 自律訓練法では、身体感覚への特有の**受動的注意集中**を通して、心身の状態を緊張から弛緩へ切り替えることで、外界の諸現象に対する**受動的態度**をつくっていく。 出34-14

178 漸進的筋《ざんしんてききん》弛《し》緩法《かんほう》は、ジェイコブソン（Jacobson, E.）により開発された技法である。**骨格筋を弛緩**させて緊張を和らげることによって、心理的緊張も減少させるリラクゼーション法である。

179 社会生活技能訓練（SST）は、**学習理論**を基盤とし、ロールプレイやモデリングなどの技法を用いて、日常生活や対人関係で必要な**スキルを習得**するための訓練のことである。 出35-14

心理の専門職

180 **臨床心理士**は、公益財団法人日本臨床心理士資格認定協会が認定する指定大学院修士課程（臨床心理学）などを修了し、資格試験に合格した者である。教育、医療、福祉、司法・矯正などの領域で臨床心理の実践家として活躍している。

181 1995（平成7）年度より、文部科学省によって臨床心理士などが**スクールカウンセラー**として公立小・中学校に配置され、児童生徒への心理的援助や保護者への相談活動、教師へのコンサルテーションなどを行っている。

182 **公認心理師**は、日本で初めて法律に明記された心理職の国家資格である。保健医療、福祉、教育、その他の分野において、心理的アセスメント、心理相談、心理的支援、心の健康にかかわる知識の普及のための教育、情報提供を行う。

実力チェック！一問一答

※解答の横の番号は、本科目で該当する重要項目や図表の番号です。

1 マズローの理論によると、階層の最下位の欲求は、人間関係を求める欲求である。	1 ×	図表5
2 マズローの理論によると、階層の最上位の欲求は、自己実現の欲求である。	2 ○	図表5
3 明るい場所から暗い場所に移動した際、徐々に見えるようになる現象を、視覚の明順応という。	3 ×	33
4 外界の刺激を時間的・空間的に意味のあるまとまりとして知覚する働きを、知覚の体制化という。	4 ○	35
5 おもちゃを乱暴に扱っていた子どもに注意をしたら、優しく扱うようになったのは、レスポンデント条件づけの例である。	5 ×	46
6 感覚記憶とは、自転車に乗ったり楽器を演奏したりするときの技能に関する記憶である。	6 ×	53 60
7 ワーキングメモリの機能は、加齢による影響が顕著にみられる。	7 ○	62 図表11
8 クレッチーマーは、特性論に基づき、体格と気質の関係を示した。	8 ×	71 図表12
9 エリクソンのライフサイクル理論によると、乳児期の課題は、自発性の獲得である。	9 ×	105 図表16
10 ピアジェの認知発達理論では、形式的操作期には、思考の自己中心性が強く見られる。	10 ×	106 図表17
11 ピアジェの認知発達理論では、抽象的な理論的思考は、形式的操作期に発達する。	11 ○	106 図表17
12 失敗した体験は苦痛なので意識から締め出した。この防衛機制を昇華という。	12 ×	117 図表21
13 試験の結果が悪かったので、気晴らしのため休日に友人と遊びに出かけた。これは、問題焦点型コーピングである。	13 ×	125
14 TAT（主題統覚検査）では、インクの染みを用いた知覚統合力を測定する。	14 ×	150
15 精神分析療法は、学習理論に基づいて不適応行動の改善を行っていく。	15 ×	163
16 ブリーフ・セラピーは、クライエントの現在と未来に焦点を当てて解決を目指していく。	16 ○	169

03

社会学と社会システム

③社会学と社会システム

※【　】内は問題番号
※　は新カリにおける新規項目

大項目	中項目	小項目（例示）	出題実績		
			第36回	第35回	第34回
1 社会学の視点	1）社会学の歴史と対象	・社会学の発展と対象			
2 社会構造と変動	1）社会システム	・社会システムの概念 ・社会的行為，文化・規範，社会構造，社会意識，産業と職業，社会階級と社会階層，社会指標	【17】 【21】	【15】	【15】 【19】
	2）組織と集団	・社会集団の概念 ・第一次集団，第二次集団 ・準拠集団 ・組織の概念，官僚制 ・企業，学校，病院，施設（全制的施設），NPO		【20】	
	3）人口	・人口の概念 ・人口構造，人口動態，人口減少，人口問題，少子高齢化，超高齢社会，人口転換	【18】		
	4）グローバリゼーション	・国境を超える移動（人・モノ・資本・情報 等） ・エスニシティ，移民，多文化，国籍 ・グローバル・エイジング			
	5）社会変動	・社会変動の概念 ・近代化，産業化，情報化 ・第２の近代		【16】	【17】
	6）地域	・地域の概念，コミュニティの概念 ・コミュニティの再生，社会関係資本（ソーシャルキャピタル） ・都市化と地域社会，過疎化と地域社会，中山間地域の課題 ・地域社会の集団・組織	【16】 【20】		
	7）環境	・気候変動 ・環境破壊 ・持続可能性	【15】		
3 市民社会と公共性	1）社会的格差	・所得，教育，健康，住宅			
	2）社会政策と社会問題	・雇用 ・福祉国家と福祉社会，福祉レジーム ・社会政策 ・福祉政策 ・社会運動 ・公共空間			
	3）差別と偏見	・ラベリング理論，構築主義理論，逸脱，社会統制 ・マイノリティ（性的少数者等を含む） ・社会的排除，排斥		【21】	【21】
	4）災害と復興	・避難計画，生活破壊，生活再建 ・災害時要援護者 ・ボランティア			
4 生活と人生	1）家族とジェンダー	・家族の概念，家族の変容，家族の個人化 ・世帯の概念 ・男女共同参画，ジェンダー平等 ・ひとり親，子育て，介護，8050問題 ・虐待，DV		【17】	【18】
	2）健康	・社会モデルと医学モデル ・心身の障害，慢性疾患 ・治療と仕事の両立 ・依存症 ・自殺			
	3）労働	・ワークライフバランス ・女性の活躍推進 ・ジェンダー平等 ・正規雇用，非正規雇用 ・失業 ・過労死		【143】 【144】	【16】

大項目	中項目	小項目（例示）	出題実績		
			第36回	第35回	第34回
	4）世代	・ライフステージ，ライフコース ・世代間交流 ・個人化 ・いじめ，ハラスメント ・社会的孤立と孤独	【19】	【18】	
5 自己と他者	1）自己と他者	・相互作用，間主観性 ・社会的自我			【20】
	2）社会化	・役割取得，アイデンティティ ・生涯発達		【19】	
	3）相互行為	・シンボリック相互作用論 ・親密性 ・コミュニケーション（SNSを含む） ・ひきこもり			

1 社会学の視点

社会学の歴史と対象

1 社会学の誕生は、**コント**（Comte, A.）が著書『実証哲学講義』（1830〜1842年）において、社会学という言葉を用いたときであるとされている。コントは、社会学を実証哲学に位置づけた。

- **実証哲学**とは、経験的事実に基づいて実証できる認識のみを肯定する実証主義の考え方をいう。
- コントの時代の社会学は、法学、政治学、経済学などの社会諸科学をまとめ上げる**総合社会学**であった。

出34-19
出36-17

2 **デュルケム**（Durkheim, É.）は、哲学とは異なる実証科学として社会学を確立させた。社会には**創発特性**があるため、社会を把握するためには人や行為といった要素に還元するのではなく、**社会的事実**を丸ごと観察する必要があると主張した。

- 創発特性とは、要素の**総和以上**の性質が全体として現れることをいう。
- 社会的事実とは、個人に外在して（**外在性**）、個人に強制力（**拘束性**）をもつ、法や習慣、貨幣制度、宗教などをいう。
- デュルケムによる社会学の方法論は、**方法論的集団主義**（方法論的集合主義、方法論的社会主義）と呼ばれている。

3 **ヴェーバー**（Weber, M.）は、デュルケムとは逆の視点から、社会を把握するためには個人の動機を理解することが重要であると主張した。

- ヴェーバーによる社会学の方法論は、**方法論的個人主義**と呼ばれている。

4 **ジンメル**（Simmel, G.）は、形式社会学を提唱し、社会の特定の部分を科学する個別科学としての社会学を確立した。個人と個人との間で交わされる**心的相互作用**が、社会を形成するのに重要な役割を果たすと考えた。

- **形式社会学**とは、人と人とのやりとりの内容を抽象化して形式を抽出する社会学のことである。
- ジンメルによる社会学の方法論は、**方法論的関係主義**と呼ばれている。

2 社会構造と変動

社会システム

◎社会システムの概念

5 **社会システム**とは、相互に作用しあう社会的要素の集合をいう。社会を構成する人々の相互行為を、それらが全体としてもつ働きや意味という視点から捉えた概念である。

6 ルーマン（Luhmann, N.）は、世界は多様な可能性をもつ不確実なものであるとして、不確実性のリスクを抑制するための秩序づけの働きを**複雑性の縮減**と呼んだ。また、社会システムとは、この複雑性の縮減のためのコミュニケーションからなる、意味のシステムであるとした。 出36-17

7 パーソンズ（Parsons, T.）は、**システム理論**を社会学に取り入れ、社会システムが満たすべき4つの機能要件を**AGIL図式**で示した（図表1参照）。 出35-16

✏ パーソンズは、近代社会では4つの機能に対応した下位システムが分出すると主張した。

図表1 AGIL図式

A	適応 (Adaptation)	・環境から資源を得て、システム全体に分配する。 ・貨幣をメディアとする経済領域
G	目標達成 (Goal-attainment)	・目標の優先順位を調整し、目標達成のための資源動員を行う。 ・権力をメディアとする政治領域
I	統合 (Integration)	・システムの構成要素を結合調整し、社会のまとまりを維持する。 ・影響力をメディアとする共同体領域
L	潜在的パターン維持 (Latent-pattern Maintenance and Tension-management)	・システム内部の緊張を緩和しつつ、価値パターンと行為者の動機づけを温存させる。 ・コミットメントをメディアとする教育・家族・宗教領域

8 パーソンズは、社会システムの諸過程が、社会構造の維持に貢献しているか否かという機能の観点から、創発のメカニズムを捉えた。このアプローチを**構造-機能主義**と呼ぶ。

✏ **構造**とは、さまざまな地位の人々の間の比較的安定した関係の様式を指す。

出34-20

9 マートン（Merton, R. K.）によれば、ある社会もしくは集団における活動の果たす**機能**には、顕在機能と潜在機能がある。

✏ **顕在機能**とは、成員に認知、意識されている機能のことである。

✏ **潜在機能**とは、成員に認知、意識されていない機能のことである。

出36-17

10 マートンによれば、社会における活動が社会に貢献する（プラスの効果を及ぼす）場合、その機能を**順機能**と呼ぶ。逆に、人々の欲求充足や目標達成を妨げたり、システムの存続発展にとってマイナスに働いたりする場合には**逆機能**と呼ぶ。

◎文化・規範

11 **文化**とは、社会で暮らす人の生活様式を意味する。

✏ タイラー（Tylor, E.）の定義によると、文化とは「知識、信仰、道徳、芸術、法律、慣習のほか、人間が社会の構成員として修得したすべての能力と習慣の複合体」である。

12 **社会規範**とは、社会や集団において個人が同調することを期待される行動や判断の基準のことをいい、慣習、道徳、法などが含まれる。

✏ 社会規範は、共通の価値や行動様式への同調を促す**社会統制**の有効な手段となる。

◎社会指標

13 **社会指標**は、社会システムの活動水準の測定値のことであり、人々の福祉・生活の質に寄与する要因を数量化したものである。

✏ 社会システムの活動水準を客観的に測定したものを**客観指標**という。

✏ 社会システムの活動の状態に対する人々の意識（満足度やニーズなど）を測定したものを**主観指標**という。

14 社会の福祉水準を測定する社会指標として、**幸福度指標**がある。

◎社会階層と社会階級

15 階層に対して社会資源が不均等に配分され、格差が生じている状態を**社会階層**、あるいは階層構造という。

✏ **階層**とは、社会的・経済的地位がほぼ同じ程度の人々の集団である。

✏ **社会資源**とは、社会システムの活動に利用される財の総称である。

16 社会階層を決定する社会的資源には、富、権力、名声、知識がある。

✏ **富**とは、欲求を充足する手段としての財・物的資源をいう。

✏ **権力**とは、資源を動員する能力・自分の意思をおし通す能力をいう。

✏ **名声**とは、地位や役割、職業に対する他者の評価をいう。

✏ **知識**とは、知識、情報、技能などの総称、文化的資源をいう。

17 マルクス（Marx, K.）は、資本主義社会における不平等を、資本主義的な生産様式が本来的に抱える構造的矛盾とし、資本主義が生み出す資本家と労働者という社会的カテゴリーを**社会階級**と呼んだ。

- マルクスは資本主義を批判し、社会主義を実現することを目指す**マルクス主義**を提唱した。
- **資本家階級**（**ブルジョアジー**）は、有産者階級とも呼ばれ、生産手段を私有し、賃金労働者を雇って利潤を得る。
- **労働者階級**（**プロレタリアート**）は、無産階級とも呼ばれ、自らの労働力を賃金と引換えに売る以外に生活の手段をもたない。

18 社会階層間の人の移動を**社会移動**と呼ぶ（図表2参照）。より高い地位を獲得することを**上昇移動**といい、より低い地位になることを**下降移動**という。

出 34-15

受験対策アドバイス
◆近年、社会移動の諸概念が出題されています。それぞれの概念が、社会階層間でのどのような移動を指すのかを整理しておきましょう。

図表2 社会移動

世代内移動	個人の一生の間に生じる移動
世代間移動	個人とその親や子との間に生じる移動
純粋移動	自発的な意志によると推定される移動
構造移動（強制移動）	産業構造や経済的変動、人口動態の変化による移動
庇《ひ》護《ご》移動《いどう》	あらかじめ定められたエリートの基準に見合う者だけが育成され、エリートとしての地位を得る上昇移動
競争移動	個人の競争によって、より高い地位を得る上昇移動

19 **属性主義**とは、身分・家柄・性別・年齢など、本人の努力による変更が困難な属性によって地位が与えられることである。これに対して、**業績主義**とは、個人の能力・実績によって地位が与えられることである。

出 34-15

- 公教育の普及、職業選択の自由の増大と機会の平等化によって、人々が生まれながらの身分階層に固定された**属性主義社会**から、教育達成や職業選択による**業績主義社会**へと変化するようになる。

受験対策アドバイス
◆社会的行為については、近年ではヴェーバーの4類型のほか、パーソンズの主意主義的行為理論やハーバマスのコミュニケーション的行為などが出題されています。

◎社会的行為

20 ヴェーバー（Weber, M.）は、行為の主観的意味を理解することを通して、その過程および結果を説明しようとする**理解社会学**を提唱した。

21 ヴェーバーは行為者の動機を理解するために、社会的行為を行為者の主観的な意味に従って①**目的合理的行為**、②**価値合理的行為**、③**伝統的行為**、④**感情的行為**の4つに分類している。

出 34-19

- 目的合理的行為とは、ある目的を実現するための**条件**や**手段**になっている行為である。
- 価値合理的行為とは、ある行動の独自の絶対的価値そのものへの、結果を度外視した**意識的な信仰**による行為である。

伝統的行為とは、**身についた習慣**による行為である。

感情的行為とは、**直接の感情や気分**による行為である。

出32-19 **22** パーソンズ（Parsons, T.）は、ヴェーバーの目的合理的行為と価値合理的行為を継承して、合理性と価値の両方の規範に基づき、適切な手段を用いて適切な目的を追求するという**主意主義的行為理論**を提唱した。

パーソンズは、**共通価値**という概念から個人の欲求や利益追求に制限を加えることで社会秩序を可能とする考えを示した。

23 ゴッフマン（Goffman, E.）は、人間は目的を追求するだけでなく、同時に他者の前である役割を演じていると考え、社会的行為がもつ演技としての側面に注目した**演劇論的行為論**を提唱した。

出34-19
出36-20 **24** ブルデュー（Bourdieu, P.）は、ヴェーバーの伝統的行為を継承して、行為者が意識せず習慣に基づいて行う行為に注目した**ハビトゥス論**を提唱した。

ハビトゥスとは、過去の経験によって形成され身についた知覚・思考・行為の図式のことである。

ハビトゥスによって自動的になされる振る舞いを**プラティック**と呼んだ。

出32-19
出34-19 **25** ハーバマス（Habermas, J.）は、さまざまな行為理論を踏まえて、行為を①**目的論的行為**、②**戦略的行為**、③**規範に規制される行為**、④**演劇論的行為**、⑤**コミュニケーション的行為**に分類している（図表3参照）。

図表3 ハーバマスの分類

	対応する行為理論
①目的論的行為	ヴェーバーの目的合理的行為
②戦略的行為	合理的選択理論。①目的論的行為の一種
③規範に規制される行為	パーソンズの主意主義的行為理論
④演劇論的行為	ゴッフマンの演劇論的行為論
⑤コミュニケーション的行為	ハーバマス独自の類型。言語を媒介として、自己と他者の間で相互了解に基づく合意形成を目指す行為

受験対策アドバイス

◆合理的選択理論とは、自己の利益を最大化するために他者の出方を計算に入れつつ戦略的に手段を選択するという、功利主義を継承した考え方です。

受験対策アドバイス

◆社会集団の類型とその提唱者の組み合わせを問う問題は頻出です。社会集団については、社会変動の理論とともに整理することで理解を深めておきましょう。

組織と集団

◎社会集団の概念

26 社会集団とは、人間と人間の間に**相互行為**があり、その相互関係に**規則性**や**持続性**がある状態を指す。

27 フォーマル・グループは、**公式集団**と訳される。合理性と形式性が明確な組織機能をもつ社会集団であり、会社、官庁などで組織図が示す集団のことである。

28 インフォーマル・グループは、**非公式集団**と訳される。フォーマル・グループの内部で自然発生的に生まれる人間関係や、相互の親密性を基礎とする比較的小規模な集団をいう。家族、友人・仲間関係などがある。

29 高田保馬によると、集団は、**基礎集団**と**派生集団**の2つに大別される（図表4参照）。

- **基礎集団**（**基礎社会**）とは、血縁や地縁によって自然発生的に形成される社会集団をいい、家族、部族、民族、村落、小都市などが含まれる。
- **派生集団**（**派生社会**）とは、基礎集団が担ってきた機能をより効果的とするために人為的・計画的に組織される社会集団をいい、学校、会社、政党などがある。
- 近代社会の傾向として、**派生**社会が、**基礎**社会で行われていた諸機能を吸収して分化・拡大すると考えられている。

30 クーリー（Cooley, C. H.）は、**第一次集団**と**第二次集団**という概念を提唱した（図表4参照）。 出33-17

- 第一次集団は、**対面的・直接的な接触**を基盤とした親密な結合や、集団のなかの**連帯感・一体感**を特徴とする集団をいう。家族、友達、近隣集団、遊び仲間などが含まれる。
- 第二次集団は、**非対面的・間接的な接触**によって維持・形成される集団をいう。企業、組合、政党などがある。
- クーリーは、近代化に伴い**第二次集団**が急激に台頭することによって、**第一次集団**のよさが失われ、人々が互いに孤立しがちになると考えた。

31 テンニース（Tonnies, F.）は、人間の意志の結果として社会関係を把握し、**ゲマインシャフト**と**ゲゼルシャフト**という概念を提唱した（図表4参照）。 出33-17 出34-17 出34-20 出35-16

- ゲマインシャフトとは、自然的な**本質意志**に基づいて成立する集団を指す。感情的な融合を特徴とする**共同社会**のことで、家族や村落共同体などがあげられる。
- ゲゼルシャフトとは、人為的な**選択意志**に基づいて成立する集団を指す。目的、利害関係による結合を特徴とする**利益社会**のことで、企業や大都市などがあげられる。
- テンニースは、近代化に伴い**ゲマインシャフト**から**ゲゼルシャフト**へ移行すると主張した。

32 マッキーヴァー（MacIver, R.）は、**コミュニティ**と**アソシエーショ** 出36-16

ンという概念を提唱した（**図表4参照**）。

- コミュニティとは、**一定の地域性**、**共同生活**、**共属感情**という3つの指標を満たす集団である。近隣集団、村落、都市を経て国民社会へと同心円的な広がりをもつ。
- アソシエーションは、特定の目的を達成するための**手段**として形成される集団（結社）である。家族や企業などが含まれ、コミュニティから派生し、共同生活上の諸課題を分担する機関と位置づけられる。

図表4 社会集団の類型

提唱者	概念	例
高田保馬	基礎集団（基礎社会）	家族、部族、民族、村落、小都市など
	派生集団（派生社会）	学校、会社、政党など
クーリー（Cooley, C. H.）	第一次集団	家族、友達、近隣集団、遊び仲間など
	第二次集団	企業、組合、政党など
テンニース（Tonnies, F.）	ゲマインシャフト（共同社会）	家族や村落共同体など
	ゲゼルシャフト（利益社会）	企業や大都市など
マッキーヴァー（MacIver, R.）	コミュニティ	近隣集団、村落、都市など
	アソシエーション	家族や企業など

出34-20
33 ジンメル（Simmel, G.）の**社会分化論**によれば、近代以前の共同体的生活が解体し、社会的な分化が進むことによって、人々が相互に交流する範囲は広まる。

出33-17
出34-20
34 ハイマン（Hyman, H.）が初めて使用し、マートン（Merton, R. K.）によって体系化されたのが**準拠集団論**である。

- **準拠集団（リファレンス・グループ）**とは、自分の態度や意見の変容に影響を与える集団のことである。家族、友人集団、近隣集団等の所属集団のほか、かつて所属した集団や、将来所属したい集団などの非所属集団も含まれる。

出33-17
出36-20
35 サムナー（Sumner, W.）は、親族・隣人・取引先など、愛情や帰属感をもつ「われわれ集団（we-group）」を**内集団**、結びつきの弱い関係、対立関係にある「彼ら集団（they-group）」を**外集団**と呼んだ。

出33-17
36 群集（群衆）とは、何らかの事象への共通した関心をもち、**直接的な接触**によってつながり、**非合理的・感情的**な言動を噴出する傾向にある人々の集まりを指す。

37 公衆は、衝動的な群集とは対照的に、**間接的接触**によりつながりを保ち、**合理的・理性的**に思考し行動する人々の集まりを指す。 出33-17

◎組織の概念

38 近代的な組織とは、目標達成のために**支配**関係ならびに**協働**関係が高度に制度化された機能集団のことである。

- ヴェーバー（Weber, M.）は、組織を**支配システム**として捉え、組織の要素を**専門性**、**集権性**、**公式性**とした。
- バーナード（Barnard, C.）は、組織を**協働システム**として捉え、組織の要素を**共通目的**、**コミュニケーション**、**貢献意欲**とした。

39 **企業**とは、営利を目的として、一定の計画に従って経済活動を行う経済主体である。株式会社、合名会社、合資会社、合同会社が含まれる。

- 営利を目的としない**非営利組織**（NPO）や社会的企業と区別するため、営利目的の企業を**営利企業**ともいう。

40 **学校**は、近代社会を支える重要な教育組織である。幼稚園、小・中・高等学校、特別支援学校、大学および高等専門学校などが含まれる。

41 **全制的施設**とは、病院や施設など外部との社会的交流を欠いた生活空間のことをいう。

- 病院や施設などは対象者が限定され、入院や入所の場合には一定期間、専門家の指示のもとに生活が管理されるため、長所だけでなく短所や問題も少なくない。

◎官僚制

42 ヴェーバー（Weber, M.）によれば、社会の近代化の重要な指標の一 出32-15
つが**合理化**であり、組織のなかに生まれる**官僚制**は、社会の合理化を示す重 出35-15
要な現象としている。

- ヴェーバーは、正当な手続きにより制定された法に従うことで成立する支配のことを**合法的支配**と呼び、合法的支配の純粋型として官僚制を考えた。
- ヴェーバーによれば、官僚制を構成する人間の関係は、血縁や感情的な結びつきではなく、**能率**を重視する非人格的な結びつきにより成り立っている。

43 **官僚制**とは、現実の行政組織そのもののことではなく、官公庁・会社・学校・病院などの機能集団における組織・管理の体系を意味する。官僚制には図表5のような特徴がある。

44 マートン（Merton, R. K.）は、官僚制の**逆機能**として、目標を効率 出33-20
的かつ公正に達成するための手段として制定されたルールが、それ自体目的 出34-20
となってしまうことで、非効率的な結果が生み出されている状況を指摘した。 出36-17

図表5 近代官僚制の特徴

権限の原則	規則によって秩序づけられた職務の配分
階層の原則	上下関係のはっきりした官職階層制
文書主義	文書による事務処理
専門性の原則	専門的訓練、専門的知識を備えた専門職員の任用

45 リプスキー（Lipsky, M.）は、市民一般が市役所の窓口などで接する官僚制組織を**ストリート・レベルの官僚制**と呼んだ。

✎ ストリート・レベルの官僚は、広い裁量の余地をもって、対象者と直接的に接触しながら職務を遂行しており、上司の濃密な指揮監督を受けず、半ば独立的に執務しているという特徴がある。

人口

◎人口の概念・人口構造

46 人口とは、特定の時点で、特定の地域に居住する人間の数のことである。日本の人口とは、統計上、日本に在住する日本人と国内滞在期間が**3か月**を超える外国人の合計を指す。

47 **人口動態**とは、一定期間中における人口の変動の状態をいう。

✎ 出生と死亡によって起こる人口変動の状態を**自然動態**という。

✎ 転入と転出によって起こる人口変動の状態を**社会動態**という。

48 人口増加は、自然増加と社会増加を合わせて算出したもので、人口増加＝(出生－死亡)＋(転入－転出) の**人口学的方程式**によって表される。

✎ **自然増加**とは、出生数から死亡数を引いたものである。

✎ **社会増加**とは、転入数から転出数を引いたものである。

49 人口増加率とは、人口の増減の割合のことである。特定のある時点の人口と比較して算出したもので、(当該時点の人口－前時点の人口) ÷前時点の人口× 100で表される。

50 人口ボーナスとは、人口の年齢構成が経済にとって**プラス**に作用することをいう。総人口に占める**生産年齢人口**が増え続ける、もしくは**従属人口**に対しての比率が多いと**人口ボーナス期**になる。

✎ 生産年齢人口とは、生産活動を中心となって支える**15～64**歳の人口のことである。

✎ 従属人口とは、**14**歳以下と**65**歳以上を合わせた人口のことである。

51 人口オーナスとは、人口の年齢構成が経済にとって**マイナス**に作用することである。

◎人口問題・少子高齢化

52 人口転換とは、多産多死から多産少死を経て少産少死へと移行する、社会の自然増加の構図が大きく転換するプロセスのことである。

- 多産多死の時代では、長期的には人口が増加しない。
- 多産少死の時代では、人口が増加する。

53 日本では明治・大正期に多産多死から多産少死への移行が進展し、人口増加が生じたが、2008（平成20）年を境にして日本の人口は減少に転じた。

54 少子化とは、合計特殊出生率が継続的に人口置換水準以下に低下・停滞する状態のことを指す。 出35-29

- 合計特殊出生率とは、15～49歳までの女性の年齢別出生率を合計したものであり、女性が生涯に出産する子どもの数に相当する指標である。
- 人口置換水準（人口置き換え水準）とは、人口が増加も減少もしない均衡した状態となる合計特殊出生率の水準を指す。現在の人口置換水準はおおむね2.07である。
- 日本では1970年代半ばから、合計特殊出生率は人口置換水準を下回っている。

55 日本の合計特殊出生率は、第一次ベビーブーム期には4.3を超えていたが、その後急激に低下し、第二次ベビーブーム期には2.1台になり、1995（平成7）年以降1.5未満で推移している。 出33-15 出35-29

- 2022（令和4）年の合計特殊出生率は1.26で、2005（平成17）年に並んで過去最低となった。
- 2023（令和5）年の出生数は75万8631人となり、2年連続で80万人台を割り込んだ。

グローバリゼーション

56 グローバリゼーション（グローバル化）とは、世界規模のつながりを意味する。国境を越えて人・モノ・カネ・情報の流れが移動、拡大していくことをいう。

- グローバリゼーションによって、空間を超えた人間関係の構築やコミュニティの形成が可能となった一方で、経済格差を拡大させ、貧困層を増大させたという見方もある。

57 国境を越えた外国での労働や学習経験、国際結婚などによって、言語や文化が異なる人々のグローバルな移動が増えているが、政治や福祉などの権利の制限を受けながら暮らしていることが多い。

58 日本の医療や福祉の現場でも、2008（平成20）年から経済連携協定(Economic Partnership Agreement：EPA）により、インドネシア、フィリピン、ベトナムからの外国人看護師、外国人介護福祉士の受け入れが始まっている。

社会変動

◎社会変動の概念

59 **社会変動**とは、社会構造の変化を指す。

✏ **社会構造**とは、個人、集団、制度などの要素が結びつき合った総合的な形態であり、ある時点（時代）におけるその社会の標準的で平常な状態・特徴を表す。

60 社会学における社会変動の研究は、前近代社会から近代社会への移行に伴う社会構造の変動や、その傾向、方向性を解明することを主たる目的としていた。代表的なものに、コント、スペンサー、テンニース、デュルケム、ルーマンの学説がある（図表6参照）。

図表6 前近代社会から近代社会へ

	前近代　から　近代へ
コント	（人間精神）神学的 ➡ 形而上学的 ➡ 実証的 （社会組織）軍事型 ➡ 法律型 ➡ 産業型
スペンサー	軍事型社会 ➡ 産業型社会
テンニース	ゲマインシャフト ➡ ゲゼルシャフト
デュルケム	機械的連帯 ➡ 有機的連帯
ルーマン	環節的分化 ➡ 階層的分化 ➡ 機能的分化

61 コント（Comte, A.）は、社会変動の方向性を**三状態（三段階）の法則**として定式化した。

✏ 三状態（三段階）の法則とは、人間の精神の発達段階を**神学的**・**形而上学的**・**実証的**な態度と捉えて、その発達段階に対応した社会組織が**軍事型**・**法律型**・**産業型**へと発展することを提示したものである。

✏ コントは、近代社会は**実証的**段階の**産業型社会**に到達しつつあるとした。

出35-16

62 スペンサー（Spencer, H.）は、**社会進化論**の立場に立ち、社会の発展に伴って軍事型社会から産業型社会へ移行すると考えた。

✏ **軍事型社会**とは、軍事的統制によって個人の社会に対する協力を強制する社会をいう。

✏ **産業型社会**とは、個人が自由な自発的協力によって産業に従事する社会をいう。

63 デュルケム（Durkheim, É.）は、**社会分化論**の立場に立ち、社会的 出35-16
分業の進展に伴って機械的連帯から有機的連帯に移行すると考えた。 出36-20

✏ **機械的連帯**とは、同質な人々の並列的な結びつきのことをいう。

✏ **有機的連帯**とは、異質な人々の分業による結びつきのことをいう。

64 デュルケムは、近代社会が進行すると、社会的連帯が緩んで**アノミー状態**に陥ると指摘し、自殺等の社会病理現象が増えることを説明した。

✏ アノミーとは、社会的規範の弛緩や崩壊により社会秩序が維持できなくなる**無規制状態**のことをいう。

65 ルーマン（Luhmann, N.）は、3つの社会構造の分化パターンとして、 出34-20
環節的分化・階層的分化・機能的分化を考えた。 出35-16

✏ 近代社会では**階層的**分化から**機能的**分化への移行に伴い、経済、政治、法、科学、芸術、教育、宗教などの**サブシステム**が分出するとした。

◎近代化、産業化、情報化

66 **近代化**とは、近代的な状態への移行とそれに伴う変化を指す概念である。捉える側面により、産業化・資本主義化・合理化・民主化などの観点が存在する。

67 **産業化**とは、その社会の主要な産業が第一次産業から第二次産業へ、そして第三次産業へと移行することを意味する。経済の領域における変動を指す概念である。

✏ 第一次産業とは、**農林水産業**を意味する。

✏ 第二次産業とは、製造業・建築業・鉱業などの**工業**を意味する。

✏ 第三次産業とは、**サービス業・情報産業**などを意味する。

68 **情報化**とは、産業化の次の段階として、情報の生産、処理、流通にか 出34-17
かわる第三次産業の発展を意味している。

✏ 情報化した社会は、**情報社会**と呼ばれる。

69 ベル（Bell, D.）は、産業化の発展に伴い、物質的な生産を主力とす 出34-17
る工業社会から、知識や技術などの情報を商品として扱う情報産業が主力と 出35-16
なる**脱工業社会**（**脱工業化社会**）へと移行すると考えた。

70 トフラー（Toffler, A.）は、ベルの脱工業社会論を発展させ、1980年代以降では世界中で「**第三の波**」が押し寄せて、工業社会を変貌させていくと考えた。

✏ 現代は、**農業革命**に起因する「第一の波」、**産業革命**に起因する「第二の波」に次ぐ、**情報革命**等に起因する「第三の波」の時代とされる。

出34-17

71 ベック（Beck, U.）は、産業社会の発展に伴う環境破壊等によって人々の生活や社会が脅かされ、何らかの対処が迫られている社会を**リスク社会**と呼んだ。

72 **消費社会**とは、生理的欲求を満たすための消費ばかりでなく、文化的・社会的要求を満たすための消費が広範に行われるような社会と定義される。

✏ 消費社会は、**産業化**が十分に進展した後に現れると考えられている。

出34-17

73 **大衆社会**とは、産業の発達による大量生産・大量消費やマスメディアの発達などの結果、政治・経済・社会・文化などの領域において、**大衆**が重要な役割を果たすようになった社会のことをいう。

✏ 大衆とは、**他人**の意志や行為を基準に**他律的・受動的**に行為する市民を指す。

74 ボードリヤール（Baudrillard, J.）は、生理的・機能的欲求に基づくモノの消費から、モノが何かしら社会的意味をもつ**記号的意味**の消費（**記号**の消費）へと移っていくと考えた。

75 ヴェブレン（Veblen, T.）は、有閑階級特有の消費の仕方として、見せびらかしの消費としての**誇示的消費**（**衒示的《げんじてき》消費**）を指摘した。消費の目的は、そのモノへの欲求や必要性ではなく、浪費行為やそのモノの所有によって示されるステイタス・シンボルの機能や他者への優越と考えた。

76 リースマン（Riesman, D.）は、他者からの期待や好みに敏感に反応する**他人指向型**の社会的性格に基づいて、**スタンダードパッケージ**としてのモノが大量生産され、人並みであることを社会的価値とする消費が生まれると考えた。

✏ **社会的性格**とは、個人的性格を超えた、人々がその時代や社会に共有している性格上の特徴をいう。「国民性」は、社会的性格の代表的な例である。

✏ リースマンは、社会の発展に応じて、慣習などの規定を受ける**伝統指向**型から、個人内部の理想や目標に動かされる**内部指向**型へ、さらに**他人指向**型へと社会的性格が推移すると考えた。

地域

◎地域の概念

77 地域社会とは、住むことを中心にして広がる**社会関係**の存在を前提にした、具体的な場所に関連づけられた社会のことであり、**コミュニティ**とも呼ばれる。

出36-16

78 ヒラリー（Hillery, G. A.）は、94のコミュニティの定義を収集・分析し、コミュニティの概念の共通性として、**社会的相互作用**、**共通の絆・結**

合、**地理的領域**の３つを見いだした。

79 **社会関係資本（ソーシャルキャピタル）**は、物的資本や人的資本などと並ぶ新しい概念であり、社会や地域における人々の信頼関係や結びつきを表す。 出34-38（地域） 出36-20

80 パットナム（Putnam, R. D.）は、社会関係資本の構成要素として、ネットワーク、信頼、規範をあげている。 出33-20 出36-20

- **ネットワーク**とは、隣近所、友人・知人、親戚とのつきあい等の人的・社会的ネットワークを指す。
- **信頼**とは、ネットワークの人々や一般的な人との信頼関係を指す。
- **規範**とは、社会参加・ボランティア活動等の互《ご》酬《しゅう》性の規範を指す。

81 ブルデュー（Bourdieu, P.）は、社会的に高い価値があるとされる文化の保有が資本として機能する**文化資本**に注目し、文化を介して、不平等や序列を含んだものとしての社会秩序や社会構造が維持・再生産されるとする**文化的再生産論**を提唱した。 出33-20 出34-19 出36-20

◎都市化と地域社会

82 都市化とは、特定の社会のなかで都市的な集落に住む人口の割合が増加することにより、都市自体の**規模**が大きくなっていくことや、本来は都市的集落に特有の**生活様式**や**社会関係**、**意識形態**が、社会全体に浸透していくことと定義できる。

83 都市化の進展によってコミュニティは喪失もしくは解体されていると考える**コミュニティ衰退論**と、都市化が進展しても近隣を単位としたコミュニティは存続していると考える**コミュニティ存続論**がある。

84 ワース（Wirth, L.）は、都市では人間関係の分節化と希薄化が進み、無関心などの社会心理が生み出されるとする**アーバニズム論**を提起した。 出33-16 出36-16

- ワースは、都市化が進む背景には、**人口の規模・密度・異質性**があると考えた。
- **アーバニズム（都市的生活様式）**の特徴には、親族や近隣を基盤とした結合の弱体化、相互扶助から専門処理システムへの依存、匿名性、無関心、個人主義、などがある。

85 フィッシャー（Fischer, C.）は、大都市では類似した者同士が結びつき、ネットワークが分化していくなかで多様な下位文化が形成されるとする**下位文化理論**を提起した。 出33-16

86 クラッセン（Klaassen, L.）は、大都市では、都市化から郊外化を経 出33-16

て衰退に向かうという**逆都市化（反都市化）**が発生し、都市中心部の空洞化が生じるとする**都市の発展段階論**を提起した。

出33-16
出36-16

87 ウェルマン（Wellman, B.）は、都市化した社会では、コミュニティが地域や親族などの**伝統的紐帯《ちゅうたい》**から解放されたネットワークとして、地域という空間に限定されない形で展開されるとする**コミュニティ解放論**を提起した。

出33-16
出36-16

88 バージェス（Burgess, E.）は、都市の発展過程は、住民階層の違いに基づいて中心部から同心円状に拡大されていくとする**同心円地帯理論**を提起した。

出32-17

89 **コンパクトシティ**とは、中心部にさまざまな機能を集約し、市街地をコンパクトな規模に収めた都市形態をいう。拡散した都市機能を集約させ、**生活圏の再構築**を図る。

90 **テクノポリス**とは、高度技術集積都市を意味する。テクノポリス構想とは、先端技術産業や学術研究機関と住環境が一体となった都市を建設しようとするものをいう。

◎過疎化と地域社会

91 過疎化とは、①地域の人口（戸数）が**急減**し、②産業の**衰退**や生活環境の**悪化**がもたらされ、③住民意識が**低下**し、④最後には地域から人がいなくなる（集落が消滅する）ことと捉えられる。

92 **過疎問題**とは、産業化や都市化などに伴う人口流出によって、それまでの生活水準または生活のパターンが維持できない状態になった過疎地域の問題をいう。

✏ 過疎地域においては、若年層の人口流出により地域人口が**高齢化**し、高齢者問題が深刻になり、地域の**生産機能**も低下する。

93 限界集落とは、過疎化と高齢化の進行により高齢化率が**50％**を超え、共同体機能の維持が困難になり、存在の限界に達している集落のことをいう。

✏ **中山間地域**（農業地域類型区分のうち中間農業地域と山間農業地域を合わせた地域）などの条件不利地域では限界集落化が起こっている。

94 **消滅可能性都市**とは、地方自治体としての基本的な機能が果たせなくなり、行政や社会保障の維持、雇用の確保などが困難になるとみられる自治体のことをいう。

◎地域社会の集団・組織

95 **町内会**とは、日本特有の地域住民組織であり、町、丁を単位として形成される。①地域区画性、②世帯単位、③全世帯加入原則、④包括性、⑤地域代表性などの特徴がある。

- **地域区画性**とは、一定の区画が相互に重ならないことを意味する。
- **世帯単位**とは、加入単位は個人でなく世帯であることを意味する。
- **全世帯加入原則**とは、加入は半強制的または自動的であることを意味する。
- **包括性**とは、町内会の機能は包括的で多目的的であることを意味する。
- **地域代表性**とは、行政や外部の第三者に対して、地域を代表することを意味する。

96 1991（平成3）年の地方自治法の改正により、町内会は**法人格**をもつことが可能になった。

環境

97 **環境社会学**とは、現代社会における人間と環境の相互関係を対象とする社会学の一分野である。

- ここでいう環境とは、身近でローカルな問題からグローバルな地球環境問題まで幅広い領域を含む。

98 特定の問題において、便益を受ける社会的まとまり（集団・組織や地域）を**受益圏**、被害を受ける社会的まとまりを**受苦圏**という。

- 公害問題では、受益圏と受苦圏の関係が**分離型**と位置づけられる。
- 環境問題や気候変動問題では、我々自身の生活が我々自身の環境を破壊することから、受益圏と受苦圏の関係が**重なり型**と位置づけられる。

99 **持続可能性**とは、地球レベル、地域レベルの人間活動が、将来も持続できるかどうかを表す概念である。 出 36-15

- 持続可能性は、**環境**、**経済**、**社会**という３つの側面から捉えられる。
- 2015年9月の国連サミットでは、持続可能でよりよい世界を目指す2030年までの国際目標としての**SDGs（持続可能な開発目標）**が掲げられた。持続可能な社会を実現するために掲げられた具体的な目標であり、この目標によって貧困に終止符を打ち、気候変動への具体的な対策を進めることが行われている。

3 市民社会と公共性

社会的格差

100 経済的格差の程度を知る指標として、ジニ係数が用いられる。

- ジニ係数は所得不平等の度合いを国際比較する際に用いられ、0に近いほど所得が均等に配分され、1に近いほど所得格差が大きくなる。0.5を超えると政策による是正が必要とされる。
- 雇用者間の所得格差の拡大は、非正規雇用者の増加が一因であることが指摘されている。

101 実証的な調査研究によると、平均的な高学歴化が進行しても、父の学歴と子の学歴の関連の強さは大きく変わっていないため、日本の社会には教育格差があると指摘されている。

102 先進国の健康格差（健康水準の違い）は、所得格差が一因であることが指摘されている。

- 貧困のような絶対的な所得水準だけではなく、相対的な所得水準が人々の健康に影響を及ぼすことを相対所得仮説という。

社会政策と社会問題

103 社会政策とは、国や地方政府が、市民生活の安定や向上を目標として行う各種の公共的な政策のことをいう。

104 労働者のリスク（失業や退職、傷病、障害、扶養など）を社会全体で対処すべき社会問題と捉え、社会政策として国家が責任をもって対応するのが福祉国家である。

出34-24（現社）
出36-28（現社）

105 エスピン-アンデルセン（Esping-Andersen, G.）は、脱商品化・社会的階層化・脱家族化の指標を用いて、福祉国家の発展度合いの高い順に国家グループを3つに分け福祉レジームの3類型を示した（図表7参照）。

- 脱商品化とは、自分の労働力を商品にしなくても、社会的に認められた一定水準の生活を維持できるかという程度を示す指標である。
- 社会的階層化とは、社会政策がもたらす階層化の程度を示す指標である。
- 脱家族化とは、家族に依存することなく、社会的に認められた一定水準の生活を維持できるかという程度を示す指標である。

図表7 福祉レジームの３類型

福祉レジーム	福祉国家	主な特徴
社会民主主義レジーム	北欧諸国（スウェーデン、ノルウェー、デンマークなど）	・発展度合いが最も高い ・国家の役割が大きい
保守主義レジーム	大陸ヨーロッパ諸国（ドイツ、フランスなど）	・発展度合いが高い ・家族・職域の役割が大きい
自由主義レジーム	アングロサクソン諸国（イギリス、アメリカなど）	・発展度合いが低い ・市場の役割が大きい

106 欧米では1960年代から福祉国家体制への批判が強まり、学生や女性、障害者による運動、環境運動などの**社会運動**が続出するようになった。

✏ これらは労働運動とは異なるものとして、**新しい社会運動**と呼ばれた。

✏ 運動のありようが**福祉レジーム**ごとに異なることが指摘されている。

107 **社会問題**は、ある状態を解決されるべき問題とみなす人々のクレイム申立てと、それに対する反応を通じて作り出されるという捉え方を**構築主義**という。 出32-21 出33-21 出34-21

✏ **クレイム申立て**とは、世の中に向けて「問題だ」と主張する活動のことをいう。労働者が労働組合をつくり、雇い主（会社）と交渉したりデモやストライキを行ったりするのはクレイム申立て活動の例である。

108 人々が社会状況について誤った認識をし、その認識に基づいて行動することで、結果としてその認識どおりの状況が実現してしまうことを**予言の自己成就**（**自己成就的予言**）という。マートン（Merton, R. K.）が提唱した概念である。 出34-21 出36-17

差別と偏見

109 ラベリング理論◆とは、社会がある行為に対してレッテルを貼り統制しようとすることによって、**逸脱**はつくり出されると考える立場である。 出32-21 出33-21 出35-21

110 レマート（Lemert, E. M.）は一次的逸脱と二次的逸脱という概念を用いて、**逸脱的アイデンティティ**が形成されるメカニズムを説明した。

✏ **一次的逸脱**とは、最初の違反行為を意味する。

✏ **二次的逸脱**とは、他者から付与されたレッテルが当人のアイデンティティの中心的要素となり、結果として逸脱的行動の継続や激化をもたらすことをいう。

111 社会的役割からの逸脱を抑止するサンクション（賞罰）の仕組みを**社会統制**という。

受験対策アドバイス

◆近年、ラベリング理論の説明や考え方に関する出題が多くなっています。従来の研究では、逸脱を個人や集団の性質と捉える傾向がありましたが、ラベリング理論では逸脱に対する社会のリアクション（反作用）に注目しています。

✎ **インフォーマルな社会統制**には、親のしつけや遊び仲間の制裁などがある。

✎ **制度化されたフォーマルな社会統制**として、法に準拠して市民としての役割から逸脱した人々を隔離し、再社会化して、社会に復帰させることを目的とする刑務所や更生施設がある。

出34-21

112　ゴッフマン（Goffman, E.）は、他者や社会集団によって個人に押しつけられた**スティグマ**に基づいて、それを負う人々に対してさまざまな差別が行われることを指摘した。

✎ スティグマとは、好ましくない違いを表す印（**社会的烙印**）を意味する。ゴッフマンは、社会的に優位な立場にある者が劣位な立場にある者に対して押しつける**否定的な評価**を示す用語として用いた。

113　**差別**とは、取り扱いに差をつけることを意味する。例えば、ある集団がほかの集団から社会的に忌避・排除されて不平等・不利益な取り扱いを受けることを指す。

✎ 偏見が主に**意識**にかかわる概念であるのに対して、差別は**行為**にかかわる概念である。

114　**社会的排除**とは、物質的・金銭的欠如のみならず、居住、教育、保健、社会サービス、就労などの多次元の領域において個人が排除され、社会的交流や社会参加さえも阻まれ、社会の周縁に追いやられていくことを指す。

出34-21

115　**マイノリティ**とは、少数や少数派のことである。人種的マイノリティや性的マイノリティなどは、単に社会的少数者を指すだけでなく、**社会的弱者**という意味でも用いられる。

災害と復興

116　災害対策基本法によると、**災害**とは「暴風、竜巻、豪雨、豪雪、洪水、崖崩れ、土石流、高潮、地震、津波、噴火、地滑りその他の異常な自然現象又は大規模な火事若しくは爆発その他」により生じる被害のことである。

✎ **災害対策基本法**は、1961（昭和36）年に制定された。災害による被害を最小限にするための国や地方公共団体の責務を定めている。

117　災害対策基本法では、高齢者、障害者、乳幼児等の防災施策において特に配慮を要する人々のことを**要配慮者**、要配慮者のなかでも特に避難行動に支援を要する人々のことを**避難行動要支援者**と定義している。

出35-39（地域）

118　災害対策基本法は、市町村長が避難行動要支援者ごとに、避難支援等を実施するための**個別避難計画**を作成するよう努めなければならないと規定している。

119 災害対策基本法は、**避難行動要支援者名簿**の作成を市町村に義務づけるとともに、その作成に際し必要な個人情報を利用できることを規定している。 出35-39（地域）

災害が発生または発生のおそれが生じた場合には、本人の同意の有無にかかわらず、名簿情報を**避難支援等関係者**その他の者に提供することができる。

120 災害対策基本法は、主として要配慮者を滞在させることを想定した**福祉避難所**について規定している。 出35-39（地域）

121 災害対策基本法では、避難支援等関係者は本人またはその家族等の生命および身体の安全を守ることが前提とされている。 出34-37（地域）

避難支援等関係者には、災害時に自分の避難より、避難行動要支援者の避難を優先して支援する役割が**期待されているわけではない。**

122 災害対策基本法は、**ボランティア**による防災活動が災害時において果たす役割が重要であることから、国および地方公共団体は、その自主性を尊重しつつ、ボランティアとの連携に努めなければならないと規定している。 出32-35（地域）

123 **災害ボランティアセンター**は、ボランティア希望者の受付の円滑化や情報発信、被災地の支援ニーズとの調整等、被災地におけるボランティア活動と情報発信の拠点である。 出35-36（地域）

災害ボランティアセンターは、法律で定められている機関ではなく、被災地域の自治体ごとに社会福祉協議会が中心になって、ボランティア団体と連携して設置・運営されることが一般化している。

4 生活と人生

家族とジェンダー

◎家族の概念

124 森岡清美の定義によると、現代家族とは「夫婦と親子、きょうだいなど少数の近親者を主要な成員とし、成員相互の深い感情的かかわりで結ばれた、**第一次的な福祉追求**の集団」である。

✏ 夫婦のみ、母子、父子、血縁関係を欠く養親《ようしん》子《し》も家族であり、進学、単身赴任等の理由で別居している成員も家族に含む。

125 家族社会学では、家族を**夫婦家族**、**直系家族**、**複合家族**の３つに分類する。

✏ **家族社会学**とは、家族を社会的な事象と捉えて、家族を通じて社会と個人との関係を研究する社会学の学問分野である。

✏ 夫婦家族とは、夫婦とその未婚の子どもで構成された**核家族**が典型である。

✏ 直系家族とは、夫婦と**１人の既婚子**およびその配偶者や子どもで構成される。

✏ 複合家族とは、夫婦と**複数の既婚子**およびその配偶者や子どもで構成される。

出32-18

126 戦前の日本の家族制度は、**直系家族制**であり、跡継ぎとなる子の家族と同居し、家族が世代的に再生産されることを原則とした。

127 マードック（Murdock, G.）によれば、**核家族**とは、夫婦と未婚の子どもたちで構成される基礎的なユニットであり、ユニットの組み合わせによって拡大家族や複婚家族に分類される。

✏ **拡大家族**とは、既婚子が親たちの家族と同居や隣居する場合で、親子関係によって２つ以上の核家族が複合した類型を指す。

✏ **複婚家族**とは、一夫多妻など、１人の配偶者を共有することで核家族が結びついた類型を指す。

出35-16

128 パーソンズ（Parsons, T.）は、**核家族孤立説**を提示して、核家族がもつ従来の機能（生産活動や教育的機能など）を外部サービス（企業や学校など）に代替させた結果、核家族がほかの家族や地域から孤立しながらも、**子どもの社会化**と**成人の情緒的安定**の機能が残って特化しているとした。

✏ 子どもの社会化とは、幼児期から子ども期にしつけを通じて**パーソナリティ**の核を形成する営みを意味する。

✏ 成人の情緒的安定は、主に**夫婦の相互作用**によって満たされるとした。

129 オグバーン（Ogburn, W.）は、**家族機能縮小論**の立場から、産業化以前の家族が果たしていた7つの機能（経済・地位付与・教育・保護・宗教・娯楽・愛情）のうち、**愛情**以外の機能は、産業化の進展に伴い学校など専門的な制度体に吸収され、失われるか弱体化するとした。

◎家族の変容・家族の個人化

130 「国民生活基礎調査」（厚生労働省）によれば、2022（令和4）年では、世帯構造で最も多いのが**単独世帯**（全世帯の32.9％）、次いで**夫婦と未婚の子のみの世帯**（全世帯の25.8％）、その次が**夫婦のみの世帯**（全世帯の24.5％）となっている（**図表8参照**）。

図表8 **世帯構造の内訳**

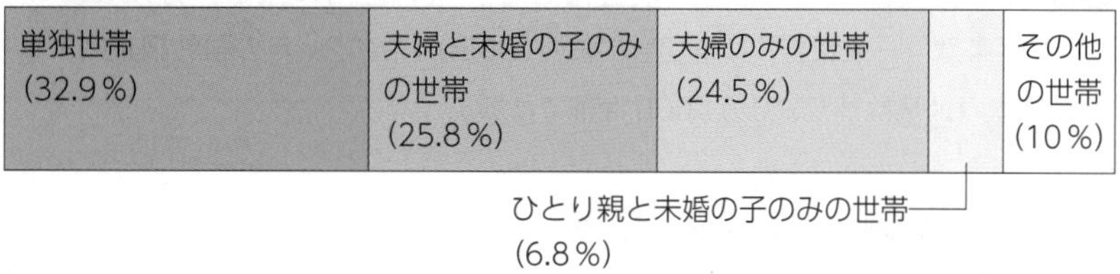

131 「国民生活基礎調査」（厚生労働省）によれば、2022（令和4）年では、65歳以上の者のいる世帯は2747万4000世帯（全世帯の50.6％）である。世帯構造で最も多いのが**夫婦のみの世帯**、次いで**単独世帯**となっている。 出34-18

132 「国民生活基礎調査」（厚生労働省）によれば、2022（令和4）年では、高齢者世帯は1693万1000世帯（全世帯の31.2％）である。世帯構造で最も多いのが**単独世帯**、次いで**夫婦のみの世帯**となっている。 出34-18

✏ 高齢者世帯の単独世帯に占める割合は、**女の単独世帯**が33.0％で、**男の単独世帯**の18.5％よりも高い。

133 「国民生活基礎調査」（厚生労働省）によれば、2022（令和4）年では、18歳未満の児童のいる世帯は991万7000世帯（全世帯の18.3％）である。 出34-18

✏ **児童が1人いる世帯**は全世帯の9.0％、**2人いる世帯**は全世帯の6.9％となっている。

✏ 児童のいる世帯構造で最も多いのが**夫婦と未婚の子のみの世帯**、次いで**三世代世帯**となっている。

134 **8050問題**とは、80歳代の親とひきこもり者である50歳代の子が同居する家族が直面する問題を指した造語である。少子高齢化の進行に伴い、高齢者と家族の問題として注目されている。

✏ **ひきこもり**とは、仕事や学校に行かず、かつ家族以外の人との交流をほとんどせずに、6か月以上続けて自宅にひきこもっている状態と定義される。

✏ 2022（令和4）年に内閣府が実施した「こども・若者の意識と生活に関する調査」によれば、全国で146万人を超えると推計されており、40～64歳が約72万人を占めているとされている。

◎世帯の概念

受験対策アドバイス

◆「家族」と「世帯」のそれぞれの定義を明確にしておきましょう。進学や単身赴任などの理由で別居している成員は家族に含まれますが、同一世帯にはなりません。

135 世帯◆は、「**住居**と**生計**をともにする人々の集まり」と定義され、国勢調査、家計調査や住民登録（住民基本台帳への記載）などで用いられる行政上の概念である。

✏ 同居して寝食をともにする非親族員（下宿などの同居人や被雇用者など）は、**世帯に含まれる**。

✏ 家族の概念とは異なり、経済的扶養関係にあっても、進学や単身赴任のため一時的に別居している者は、**同一世帯とならない**。

出34-18

136 国勢調査では、世帯を**一般世帯**と**施設等の世帯**に大きく分類している。

✏ 世帯数（一般世帯）は**増加**しており、2020（令和2）年の国勢調査によると、日本の世帯数は5570万5000世帯である。

◎男女共同参画・ジェンダー平等

137 ジェンダーとは、生物学的な性差とは異なり、**社会的・文化的**に形成される性差を表す用語である。

138 1999（平成11）年に、性別に関係なく個人の尊重を目指す社会の実現を目指して**男女共同参画社会基本法**が制定・施行された。

出35-17

139 2023（令和5）年版の「男女共同参画白書」（内閣府）によれば、家事、育児における配偶者間の負担割合について、「配偶者と半分ずつ分担したい（外部サービスを利用しながら分担するを含む）」と希望する18～39歳の男性の割合は約**80%**である。

出36-18

140 2022（令和4）年に公表された「第16回出生動向基本調査結果の概要」（国立社会保障・人口問題研究所）によると、未婚男性がパートナーとなる女性に望む生き方として、結婚し、子どもをもつが、仕事も続ける「両立コース」が最も**多く**選択された（図表9参照）。

✏ **出生動向基本調査**は、日本の結婚と出産に関する全国調査であり、独身者調査と夫婦調査から構成されている。

図表9「第16回出生動向基本調査結果の概要」の主なポイント

【独身者調査】
・女性のライフコースの理想像は、男女ともに「**両立コース（仕事と子育ての両立）**」が初めて最多になった。
・「いずれ結婚するつもり」と回答した18~34歳の未婚者の割合は、前回より男女ともに**低下**した。
・「結婚したら子どもを持つべき」という考えに賛成する未婚者の割合は、男女ともに前回より大きく**低下**した。
【夫婦調査】
・第1子の妊娠が分かったときに就業していた妻が、第1子が1歳のときも就業していた割合を示す「就業継続率」は、前回より大きく**上昇**した。
・妻45～49歳夫婦の最終的な出生子ども数は、晩婚化を背景に**減少**した。

※前回とは、2015（平成27）年に実施された第15回出生動向基本調査のことである。

健康

◎障害の概念

141 障害の概念は従来の**医学モデル**から、**社会モデル**へと変化している。

医学モデルとは、障害を個人の心身機能や病気、外傷などから直接的に生じるものとし、**個人的な問題**として捉える考え方である。

社会モデルとは、障害は社会（モノ、環境、人的環境など）によってつくられる側面があり、障壁を取り除くことが**社会全体の責務**であると捉える考え方である。

142 2006（平成18）年に、国連総会において障害の社会モデルの考えが示された「**障害者の権利に関する条約（障害者権利条約）**」が採択され、日本は2014（平成26）年に批准した。

143 パーソンズ（Parsons, T.）は、病気によって通常の役割を効果的に遂行することができなくなることを、社会システムからの逸脱と捉え、**病人役割**を提示した。

病人役割とは、病気にかかった人に**期待される**行動様式をいう。

144 ゴードン（Gordon, G.）は、さほど重大でない障害をもっている病人（重篤でない慢性疾患患者）に関して**障害者役割**を提唱した。

障害者役割の要素として、持続的な機能障害をもつ、制限された健康条件の範囲内で通常の行動を維持することが期待される、回復よりも**残された能力**を最大限活かすことを促される、などがある。

◎自殺

145 2006（平成18）年に**自殺対策基本法**が成立した。この法律は、自殺の防止と自殺者の親族等への支援の充実を目的として制定された。

基本理念として、自殺対策が**社会的な取り組み**として実施されなければならないこと、国や地方公共団体、医療機関などの各団体が密接に連携しなければならないことなどを掲げている。

対策の実施には**国や自治体**が責務を負うこと、未遂者や自殺者の親族への支援、自殺対策に取り組む民間団体の支援、自殺総合対策会議の設置と政府による施策の報告義務などが定められている。

146 2022（令和4）年に閣議決定された「自殺総合対策大綱〜誰も自殺に追い込まれることのない社会の実現を目指して〜」では、社会における生きることの阻害要因を減らし、生きることの促進要因を増やすことを通じて、**社会全体の自殺リスク**を低下させることを基本理念に掲げている。

生きることの**阻害要因**には、過労、生活困窮、育児や介護疲れ、いじめや孤立などが含まれる。

生きることの**促進要因**には、自己肯定感、信頼できる人間関係、危機回避能力などが含まれる。

労働

147 労働とは、かつてはものを生み出す生産活動を意味していた。現代では、労働は金銭（賃金）と交換されることが多いことから、**賃労働**とほぼ同じものとされている。

148 **労働市場**とは、企業と労働者との間で労働力が売買される場を指す。

労働市場における不均衡は、労働力の供給量の多さ、労働組合と企業の力関係、政府の雇用政策などに左右される。

出34-16 **149** 2020（令和2）年「国勢調査」（総務省）によると、雇用者の内訳は、「正規の職員・従業員」が就業者の55.0％、「労働者派遣事業所の派遣社員」が2.7％、「パート・アルバイト・その他」が25.6％であった。男女ともに「**正規の職員・従業員**」の割合が最も高くなっている。

150 2020（令和2）年「国勢調査」（総務省）によると、産業（大分類）別の15歳以上就業者の割合は、「**製造業**」が15.9％と最も高く、次いで「**卸売業、小売業**」が15.8％、その次に「**医療、福祉**」が13.5％であった。

出32-16 **151** 2022（令和4）年「労働力調査（基本集計）」（総務省）によると、完全失業率（労働力人口に占める完全失業者の割合）は、2022（令和4）年平均で**2.6％**であった。

152 **均等待遇（均等処遇）**とは、雇用形態にかかわらず、同じ仕事であれば時間当たりの賃金が同じになることをいう。

非正規雇用は、正規雇用と比べて賃金労働条件が低く、給与格差がみられることから、均等待遇の必要性が指摘されている。

✏ 均等待遇の実現には、雇用形態間だけでなく、**男女間**の待遇差を解消する必要がある。

153 **ワーク・ライフ・バランス**は、「仕事と生活の調和」と訳される。男性・女性ともに、仕事と家事、出産・育児や介護などとの両立を図って、多様な働き方・生き方を目指す考え方をいう。

✏ 2007（平成19）年に政府・地方公共団体・労使各代表からなる官民トップ会議が「**仕事と生活との調和（ワーク・ライフ・バランス）憲章**」を策定した。

✏ ワークライフバランスの実現を目指して、2018（平成30）年に「**働き方改革を推進するための関係法律の整備に関する法律（働き方改革関連法）**」が公布された。

世代

受験対策アドバイス

◆ライフサイクルは結婚や出産、就職などの標準的な出来事に着目するのに対して、ライフコースでは標準的ではない出来事や歴史的な出来事にも注目します。

154 **世代**とは、出生時期を同じくし、同一の時代的背景のもとで歴史的・社会的経験を共有することによって共通した意識形態や行動様式をもつようになった人々の集合体である。出生コーホートとも呼ばれる。

✏ **コーホート**とは、同じ条件の集団を意味し、ある期間に出生や婚姻等、何らかの事象が発生した人々を集団として捉える。

155 **ライフコース**とは、標準的な段階設定をすることなく、社会的存在として個人がたどる生涯の過程を示す概念である。 出 33-18 出 36-19

✏ **ライフコースモデル**とは、歴史的出来事や社会状況の変化が個人やコーホートの人生に与えた影響を縦断的に調査する研究法のことをいう。

156 **ライフサイクル**◆とは、人間の出生から死に至るプロセスに着目し、平均的・標準的な段階を設定して人間の一生の規則性を捉える概念である。生活周期、人生周期とも訳される。 出 36-19

157 **ライフステージ**とは、乳幼児期、児童期、青年期、成人期、高齢期などのように、出生から死に至るまでの人の生涯を複数の段階に分けて捉える概念である。 出 33-18 出 35-18 出 36-19

158 **ライフスタイル**とは、個人の人生の横断面に見られる生活の様式や構造、価値観を捉える概念である。**生活様式**とも呼ばれる。 出 35-18 出 36-19

159 **生活構造**とは、生活を構成する諸要素間の相対的に安定したパターンを示す概念である。 出 33-18 出 36-19

出33-18
出35-18

160 **家族周期（ファミリーライフサイクル）**とは、結婚をスタート地点として、子どもの出生・成長・自立、配偶者の死といったライフイベントの時間的展開の規則性を説明する概念である。

161 現代社会では、個人の権利や自由を重視する**個人化**や、ライフコースの多様化によって、ライフサイクルのさまざまな場面で**リスク**や**社会問題**に直面しやすくなった。

✏ 個人化は、個人が**選択の自由**を獲得すると同時に、企業や家族、地域共同体などから包摂されないリスクや不安を引き起こし、選択した結果に対する**責任**を自ら引き受けなくてはならない事態を招いている。

✏ 個人化する社会では、**社会的孤立**の問題のほか、乳幼児期の児童虐待や育児放棄、学齢期のいじめ問題や不登校問題、青年期のひきこもりや就業にかかわる問題、成人期では職場でのハラスメントや子育て・介護問題などに直面しやすい。

5 自己と他者

自己と他者

162 クーリー（Cooley, C. H.）は、他者による認知、すなわち鏡としての他者に映し出される自己を「**鏡に映った自己**」と呼んだ。自己は他者を通して得られるということを示した。

- クーリーは、自己の鏡となる他者として、家族や近隣の人々といった**第一次集団**のなかで、自己は愛・正義・平等・自由といった抽象的・普遍的な価値を他者から写し取っていくと考えた。

163 ミード（Mead, G.）は、クーリーの考えをさらに検討し、自我（self）とは**主我**（I）と**客我**（me）の2つの側面から成立しており、他者との関係が自己自身への関係へと転換されることによって形成されると考えた。 出 34-20

- 主我（I）は、自我の**主体性**を示す部分であり、自分の内面にある**客我に対する反応**を意味する。
- 客我（me）は、自我の**社会性**を示す部分であり、役割取得を通して獲得された**他者や社会からの期待**を意味する。
- クーリーは、自我（self）を自分一人で完結するものではなく、他者との**相互作用**のなかで生じる社会現象と捉えた。

社会化

◎社会化

164 **社会化**とは、他者との相互作用により自らが所属する社会・集団に特定の生活様式や社会規範を内面化し、その社会の一員になっていく過程のことである。

- 社会化される側に対して、社会化する側を**社会化の担い手**と呼ぶ。

165 第一次社会化（一次的社会化）は、幼児期から児童期にかけて言語や基本的な**生活習慣**を習得するほか、その時期に習得した物事の善悪の区別、性差、情緒的関係などから**パーソナリティの基盤**を形成し、人格形成において重要な役割を担う。

- 第一次社会化では、**家族**が重要な社会化の担い手となる。

166 第二次社会化（二次的社会化）では、児童期後期から成熟期にかけて**社会的役割**を習得する。

第二次社会化では、学校、同世代、職場などが社会化の担い手となる。

成人後の社会への適応能力を身につけるための社会化を成人社会化と呼ぶ。

◎社会的役割

167 役割とは、その人が占める社会的地位に付随して期待される行動様式のセットのことであり、社会的役割は行為の社会性を強調した言葉である。

受験対策アドバイス
◆社会的役割に関する概念と、その意味を問う問題が多く出題されています。それぞれの概念について、具体例とともに覚えておきましょう。

168 リントン（Linton, R.）は、役割と地位とを対概念として提示し、役割は地位に対応する行為の次元を表しているとした。

地位とは、特定の諸個人が占める社会体系内の位置を意味する。

役割とは、かかる地位に属する形式化された期待を演ずることを意味する。

図表10 主な社会的役割

役割葛藤	個人が複数の役割を担うことで、役割の間に矛盾が生じ、個人の心理的緊張を引き起こすこと
役割期待	個人が社会的地位に応じた役割を果たすことを他者から期待されること
役割取得	個人が他者からの期待を自らに取り入れ、行為を形成すること
役割形成	個人が他者との相互行為のなかで相手の期待に変容をもたらすことで、既存の役割期待を超えて新たな行為が展開すること
役割距離	個人が他者からの期待や社会の規範から少しずらしたかたちで行為をすることで、自己の主体性を表現すること

出33-19
出35-19

169 役割葛藤とは、個人が複数の役割を担うことで、役割の間に矛盾が生じ、個人の心理的緊張を引き起こすことを指す。

複数の役割が調和的に遂行されることもあるが、異なる行動様式が同時に要求される場合に葛藤が生じやすい。

出33-19
出35-19

170 役割期待とは、個人が社会的地位に応じた役割を果たすことを他者から期待されることを指す。

役割期待に応えている状態を役割適応という。

役割期待を実際に演ずる行為を役割行動と呼ぶ。

171 人は、特定の位置にある人物（例えば父、母、教師等）から、自分が同じ位置についたときにどのように行動すべきかを学習する。このとき、特定の位置にある人の役割行動を役割モデルという。

出33-19
出35-19

172 役割取得とは、個人が他者からの期待を自らに取り入れ、行為を形成することを指す。

期待が地域社会、国民社会、国際社会において一般化されたものを一般化された他者の期待という。

173 **役割形成**とは、個人が他者との相互行為のなかで相手の期待に変容を もたらすことで、既存の役割期待を超えて新たな行為が展開することを指す。 出35-19

174 **役割距離**とは、個人が他者からの期待や社会の規範から少しずらした 出33-19
かたちで行為をすることで、**自己の主体性**を表現することを指す。 出35-19

相互行為

◎相互行為

175 パーソンズ（Parsons, T.）は、相互行為が相手の行為や期待に依存 出34-19
し合って成立していることを**ダブル・コンティンジェンシー**（**二重の条件依存性**）と呼んだ。

176 モノや出来事は、社会的相互作用のなかで個人的に意味付けされなければ、本質的な意味は存在しないと考える立場を**シンボリック相互作用論**という。

✏ シンボリック相互作用論では、**アイデンティティ**は固定的で永続的なものではなく、異なる社会状況ではアイデンティティの優先順位は変わると考える。

◎社会的ジレンマ

177 個人のレベルでの合理性と、集団・社会レベルでの合理性とが必ずし 出33-20
も一致しないという現象を**社会的ジレンマ**と呼ぶ。各個人が自らの利益を考 出35-20
えて合理的に行動した結果、集団あるいは社会全体として不利益な結果を招 出36-21
いてしまう状況を指す。

✏ 最小集団のジレンマの例として**囚人のジレンマ**、大集団のジレンマの例として**共有地の悲劇**などがある。

178 囚人のジレンマとは、協力し合うことが互いの利益になるにもかかわ 出32-20
らず、**非協力への個人的誘因**が存在する状況を指す。協力してお互いに利益 出35-20
を得るか、相手を裏切って自分だけの利益を得るか、選択しなければならな 出36-21
い状況をいう。

179 共有地の悲劇とは、それぞれの個人が合理的な判断の下で自己利益を 出35-20
追求した結果、全体としては**誰にとっても不利益な結果**を招いてしまう状況を指す。個人が利己的に行動することによって、集団全体の利益総体が減少することをいう。

180 **外部不経済**とは、ある経済主体の行為が、ほかの経済主体や個人に対して不利益や損失を及ぼすことをいう。

✏ 典型的な例として、公害問題がある。

181 **ゼロサム（ゼロ和）ゲーム**とは、全員の得失の総和がゼロになることをいい、非ゼロサム（非ゼロ和）ゲームとは、1人の利益が必ずしもほかの誰かの損失にならないことをいう。

✏ 囚人のジレンマは、非ゼロサムゲームの代表例である。

出35-20
出36-21

182 **フリーライダー**とは、非協力を選択して、自ら負担することなく利益のみを享受する人のことである。

✏ フリーライダーをいかになくすかという問題を**フリーライダー問題**と呼ぶ。

✏ フリーライダー問題の解決法として、オルソン（Olson, M.）による選択的誘因がある。これは、非協力的行動に対し罰を、協力的行動に対して報酬を与えることにより、外的な要因から協力的行動を選択させる方法である。

実力チェック！一問一答

※解答の横の番号は、本科目で該当する重要項目や図表の番号です。

問題	解答	番号
1 パーソンズは、近代社会では適応、目標達成、統合、潜在的パターン維持の4つの機能に対応した下位システムが分出すると主張した。	1○	7
2 デュルケムは、言語を媒介とした自己と他者の間で相互了解に基づく合意形成を目指す行為を「コミュニケーション的行為」と呼んだ。	2×	25 図表3
3 第一次集団とは、非対面的・間接的な接触で維持・形成される組織である。	3×	30
4 テンニースは、自然的な本質意志に基づくゲマインシャフトから人為的な選択意志に基づくゲゼルシャフトへ移行すると主張した。	4○	31
5 マッキーヴァーは、特定の共通関心を追求するために明確に設立された社会集団をコミュニティと呼んだ。	5×	32
6 ヴェーバーの定義によると、合法的支配とは、伝統や慣習により正当化される支配のことである。	6×	42
7 日本の合計特殊出生率は、1995年以降2.0を下回っている。	7○	55
8 デュルケムは、産業化の進展に伴い、工業社会の次の発展段階として脱工業社会が到来すると主張した。	8×	69
9 直系家族制では、跡継ぎとなる子どもの家族との同居を繰り返して、家族が世代的に再生産される。	9○	126
10「2022年国民生活基礎調査」によると、65歳以上の者のいる世帯の世帯構造のうち、「単独世帯」「夫婦のみ世帯」「親と未婚の子のみの世帯」のなかで、最も多いのは「夫婦のみの世帯」である。	10○	131
11 自我は主我（I）と客我（me）の2つの側面から成立しており、他者との関係が自己自身への関係へと転換されることによって形成されるということを指摘した人物は、ミードである。	11○	163
12 役割取得とは、個人が他者との相互行為のなかで相手の期待に変容をもたらすことで、既存の役割期待を超えて新たな行為が展開することを指す。	12×	172
13 役割距離とは、個人が他者からの期待を自らに取り入れ、行為を形成することを指す。	13×	174
14 社会的ジレンマとは、各個人が自らの利益を考えて合理的に行動した結果、集団あるいは社会全体として不利益な結果を招いてしまう状況をいう。	14○	177

04

社会福祉の原理と政策

④ 社会福祉の原理と政策

※【　】内は問題番号
※ は新カリにおける新規項目

大項目	中項目	小項目（例示）	出題実績		
			第36回	第35回	第34回
1 社会福祉の原理	1）社会福祉の原理を学ぶ視点	・社会福祉の歴史，思想・哲学，理論，社会福祉の原理と実践 ・社会福祉学の構造と特徴			【24】
2 社会福祉の歴史	1）社会福祉の歴史を学ぶ視点	・歴史観，政策史，実践史，発達史，時代区分 ・日本と欧米の社会福祉の比較史の視点			
	2）日本の社会福祉の歴史的展開	・慈善事業，博愛事業 ・社会事業 ・厚生事業 ・社会福祉事業 ・社会福祉基礎構造改革		【25】 【26】	【25】
	3）欧米の社会福祉の歴史的展開	・救貧法 ・慈善事業，博愛事業 ・社会事業，社会保険 ・福祉国家，福祉社会 ・国際的潮流	【23】		【26】
3 社会福祉の思想・哲学，理論	1）社会福祉の思想・哲学	・社会福祉の思想・哲学の考え方 ・人間の尊厳 ・社会正義 ・平和主義 ・人権，市民権（シティズンシップ）等		【23】	【28】
	2）社会福祉の理論	・社会福祉の理論の基本的な考え方 ・戦後社会福祉の展開と社会福祉理論 ・社会福祉の理論（政策論，技術論，固有論，統合論，運動論，経営論） ・欧米の社会福祉の理論			
	3）社会福祉の論点	・公私関係，効率性と公平性，普遍主義と選別主義，自立と依存，自己選択・自己決定とパターナリズム，参加とエンパワメント，再分配と承認，ジェンダー，社会的包摂（ソーシャルインクルージョン）	【22】		
	4）社会福祉の対象とニーズ	・ニーズと需要の概念 ・社会福祉の対象とニーズ ・ニーズの種類と次元 ・ニーズの理論とその課題	【25】	【27】	
4 社会問題と社会構造	1）現代における社会問題	・貧困，孤立，失業，要援護性，偏見と差別，社会的排除，ヴァルネラビリティ，新しい社会的リスク，依存症，自殺	【24】		【27】
	2）社会問題の構造的背景	・低成長経済，グローバル化，少子高齢化，人口減少社会，格差，貧困，社会意識・価値観の変化	【26】	【29】	
5 福祉政策の基本的な視点	1）福祉政策の概念・理念	・現代の社会問題と福祉政策 ・福祉政策の概念・理念 ・福祉政策と社会保障，社会政策 ・福祉レジームと福祉政策 ・社会的包摂（ソーシャルインクルージョン） ・人権，社会権 ・諸外国における差別禁止立法	【27】 【28】 【29】	【24】	【23】
6 福祉政策におけるニーズと資源	1）ニーズ	・種類と内容 ・把握方法			
	2）資源	・種類と内容 ・把握方法 ・開発方法			
7 福祉政策の構成要素と過程	1）福祉政策の構成要素	・福祉政策の構成要素とその役割・機能 ・政府，市場（経済市場，準市場，社会市場），事業者，国民（利用者を含む） ・措置制度 ・多元化する福祉サービス提供方式			【29】
	2）福祉政策の過程	・政策決定，実施，評価 ・福祉政策の方法・手段 ・福祉政策の政策評価・行政評価 ・福祉政策と福祉計画			【30】

大項目	中項目	小項目（例示）	出題実績		
			第36回	第35回	第34回
8 福祉政策の動向と課題	1）福祉政策と包括的支援	・社会福祉法 ・地域包括ケアシステム ・地域共生社会 ・多文化共生 ・持続可能性（SDGs 等） ・環境問題 ・気候変動 ・グローバリゼーション（グローバル化）	【30】	【22】	
9 福祉政策と関連施策	1）関連政策	・保健医療政策，教育政策，住宅政策，労働政策，経済政策	【31】	【28】 【31】	【22】 【31】
10 福祉サービスの供給と利用過程	1）福祉供給部門	・公的部門（政府・地方公共団体） ・民間部門（営利・非営利），ボランタリー部門，インフォーマル部門 ・部門間の調整・連携・協働			
	2）福祉供給過程	・公私（民）関係 ・再分配，割当（ラショニング） ・市場，準市場 ・福祉行財政，福祉計画 ・福祉開発			
	3）福祉利用過程	・スティグマ，情報の非対称性，受給資格とシティズンシップ		【30】	
11 福祉政策の国際比較	1）福祉政策の国際比較	・国際比較の視点と方法 ・福祉政策の類型（欧米，東アジア 等）			

1 社会福祉の原理

社会福祉の原理を学ぶ視点

◎福祉の原理をめぐる理論

出 35-24

受験対策アドバイス

科目名称にも「社会福祉の原理」が加えられたように、この科目の基礎を学ぶ項目と言えます。「社会福祉の思想・哲学、理論」の大項目と重なるところもあるので、両方をまとめて学びましょう。

1 **ロールズ**（Rawls, J.）は、『正義論』を著し、「所与の制約条件下で、最も不遇な人々の期待を最大限に高める」ことを目的とする**格差原理**と呼ばれる分配原理を提案する。すべての人に無条件で一定額の基本所得を支給するという**ベーシック・インカム構想**は、格差原理を基礎哲学として展開されたものである。

2 **セン**（Sen, A.）は、1985年『財と潜在能力』を著した。**潜在能力（ケイパビリティ）**理論とは、「福祉的自由への権利」の保障を具体的に求めた考え方である。センのいう福祉は、よりよき暮らしを意味する富裕などと異なり、個々人が獲得する自立的な機能、個々人の行いやありようの豊かさをとらえる概念である。

✎ そのためロールズが指摘するように、個人の私的領域や個人的情報への**社会的介入**を招く危険がある。特定の行いやありように注目することによって、特定の価値や目的に特権的な位置を与えるおそれがあるからである。

出 34-30

3 センは、人が善い生活や善い人生を生きるために、どのような状態にありたいのか、そしてどのような行動をとりたいのかといった個人の意思とそこから生じる意思選択によって実際に選ぶことのできる選択肢の集合を**潜在能力（ケイパビリティ）**と定義している。そして、弱い立場の人々が潜在能力を生かして社会参加することを主張する。

4 センによる潜在能力理論の特徴は、実際に本人が達成した行いやありようの背後にある、実際に選ぶことのできる選択肢の集合である選択機会をとらえることにある。本人が達成しようと思ったら達成できる点（**潜在能力内の点**）と本人が達成しようと思っても達成できない点（**潜在能力外の点**）を区別し、達成しようと思ってもできない理由を追究することに特徴がある。

5 センは、自由を「本人が価値をおく理由のある生を生きられること」と定義し、**福祉的自由**と呼んでいる。本人の選択が外から妨げられないだけではなく、本人が実際に選択できること、選択するための条件を備えていることも自由の要件としている。

6 センによれば、個人の潜在能力を実現する**資源**には、所得や資産・余暇など個人に所属する資源、市場の成熟度、無料でアクセス可能な天然資源、公共的な財・サービス、人との関係性や私的能力を活用する場などがある。また、資源の利用能力には、生産や消費に関する能力、熟慮的な判断の基礎となる能力、習慣、他者への介助などがある。

7 ジョンソン（Johnson, N.）は、混合経済（政府と民間が協力して経済を運営することを目指したケインズ経済の概念）と**ニュー・パブリック・マネジメント**（NPM）（計画経済と市場原理を導入して「合理的政府」を目指す、行政管理に民間企業の経営原理や経営手法を導入する考え方）を提唱し、国家が担う役割の縮小を論じた。 出34-29 出36-22

8 ルグラン（LeGrand, J.）は、医療や教育の分野に市場原理を導入し、効率性と質の向上を目指すとともに、**準市場化**という概念を提唱した。 出34-29

9 ローズ（Rose, R.）は、**福祉ミックス論**（インフォーマルな福祉供給を見直し、これらを適切に組み合わせてサービスを提供する考え方）を提唱し、社会における福祉の総量（TWS）は、H（**家族福祉**）とM（**市場福祉**）とS（**国家福祉**）の総量（TWS＝H＋M＋S）であるとした。 出34-24

10 貧困には、基本的な身体的ニーズを満たすのに十分な貨幣の欠如である**絶対的貧困**、その所属する社会で慣習になっているか広く奨励または是認されている類の食事をとったり、社会的諸活動に参加したり、生活の必要諸条件や快適さをもったりするために必要な資源を欠いている**相対的貧困**がある。

社会的排除理論という貧困理論の変遷があり、社会的排除の概念は貧困概念を**補完**するものである。

11 ルイス（Lewis, O.）は、貧困者には共通した**貧困の文化**があるとした。絶対的困窮におかれた社会集団は、その階層的特質を意識しながら、貧しい状態を運命的に受け入れ、貧困から抜け出すような努力を減じるように考え行動すると主張した。

12 スピッカー（Spicker, P.）は、貧困の多様な意味を**物質的状態**、**経済的境遇**、**社会的地位**の3つの群に整理し、その真ん中に「**容認できない困難**」という共通項があるとした。それは、ある状態におかれた本人が容認できないという意味と社会がそれを認めないほうがいいと考える二面があり、価値判断であって、この価値判断に貧困の概念の共通点があると指摘する。

13 ポーガム（Paugam, S.）は、**社会的降格**という概念を通して、現代の貧困の特徴を論じた。社会的降格は、①脆弱《ぜいじゃく》になる。②依存する。③社会的な絆が断絶するというプロセスとして起こりハンディキャップが蓄積していくと指摘する。

14 ピケティ（Piketty, T.）は､資本の収益率（R）は賃金等の成長率（G）より高い傾向にあり、一部の層が資産を独占し格差が生じているとし、**資産への課税**を強化しなければ格差社会は拡大すると指摘する。

15 ポランニー（Polanyi, K.）は、ウィーン生まれの経済学者。経済や交換に関する人類学を研究。物質の交換形態として、互酬・再配分・交換の3つのパターンをあげた。**互酬**は義務としての相互扶助関係など、**再配分**は権力の中心に対する義務的支払いと中心からの払い戻し、**交換**は市場における財の移動であるとした。

16 ブルデュー（Bourdieu, P.）は、フランスの社会学哲学者。文化資本、社会関係資本、象徴資本などで知られる。

✎ **文化資本**とは、再生産される文化的所産の総称で、言葉使いなど身体化されたもの、書物など物として客体化されたもの、学歴など制度化された形態をもつとする。

17 ホネット（Honneth, A.）は、ドイツの哲学者。社会哲学の分野で**承認**の観点から考察を加えた、人間の自己実現を間主観性を出発点として理解する理論、人間のよき生を実現するための社会的正義を論じる。

18 バージェス（Burgess, E.）は、アメリカの都市経済学者。都市地域は都市の発展に連れて、中心を占める中心業務地区、住商複合地となる遷移地帯、低級な住宅地（インナーシティ）、比較的良質な中産階級の住宅地、通勤者地帯と**円環状**に広がっていくとする。

出35-24

19 フリードマン（Friedman, M.）は、**市場原理主義**、**金融資本主義**を主張。市場への制度上の規制は排除されるべきだと主張した。反ケインズ主義ともいわれる。

出35-23

20 バーリン（Berlin, I.）は、イギリスの哲学者。自由という概念を**積極的自由**と**消極的自由**に分けた。

✎ 積極的自由は、人格的成長を目指して「個性」を発達させたり、自己実現を図ったりすることを指す。「～になる自由」（～への自由）を積極的自由として、「～に干渉されない自由」（～からの自由）を消極的自由と対比する。

◎社会福祉学の構造と特徴

21 社会福祉の拡大と変容は、**少子高齢化**の進行、格差・不平等の拡大、ホームレスやニート、ワーキングプアの出現、子どもや高齢者に対する虐待、家庭内暴力の増加などにみられる。

22 利用者個々に着目するミクロ的視点からの社会福祉の機能として、**自立支援**があげられる。これは、単に経済的自立を意味するものではなく、「**福祉サービス**の利用者が心身ともに健やかに育成され、又はその有する能力に応じ自立した日常生活を営むことができるように支援するもの」（社会福祉法第3条：福祉サービスの基本的理念）を意味する。そのために提供されるのが福祉サービスということになる。

23 市場的分配の論理と福祉の思想は、完全に矛盾するものではなく、ほかに還元し得ない独自性をもっている。福祉の思想は、利益への配慮を離れ、市場とは別個の制度として確立することによって実現していくことも重要となる。

24 **目標指向的制度**とは、性・年齢・障害・国籍・就労状態・一人親・離婚・死別・単身などの特定の自然的・社会的属性を理由とする経済的給付を行う制度をいう。

- これらは、不当性の判断に基づく補償的性格をもつものである。
- 社会的価値を根拠として経済的給付がなされる場合もある。

25 1950（昭和25）年の**社会保障制度審議会**は、「**社会保障制度に関する勧告**」（「**50年勧告**」）のなかで、「**社会保障制度**とは、疾病、負傷、分娩《ぶんべん》、廃疾、死亡、老齢、失業、多子その他困窮の原因に対し、保険的方法又は直接公の負担において経済保障の途を講じ、生活困窮に陥った者に対しては、国家扶助によって最低限度の生活を保障するとともに、公衆衛生及び社会福祉の向上を図り、もってすべての国民が文化的社会の成員たるに値する生活を営むことができるようにすることをいうのである」と定義している。

出32-49（社保）
出34-22
出35-49（社保）

26 日本で制度上いまだに使われている社会福祉概念は、1950（昭和25）年の社会保障制度審議会の50年勧告における定義である。

- 「**社会福祉**とは、国家扶助の適用をうけている者、身体障害者、児童、その他援護育成を要する者が、自立してその能力を発揮できるよう、必要な生活指導、更生補導、その他の援護育成を行うこと」と定義している。

27 社会保障と社会福祉の関係は、社会保障を上位概念とすると、**社会福祉**は、社会保険・社会手当とともに社会保障を構成する要素の1つとして位置づけられる。社会保障と社会福祉を並列する概念とすると、社会保障や公衆衛生と同格の概念であり、社会福祉は、国が目指すべき望ましい状態であり、それを実現するための施策ということになる（**図表1参照**）。

28 社会保障制度審議会の「社会保障制度の総合調整に関する基本方策に

出34-22

ついての答申および社会保障制度の推進に関する勧告」（「1962年の答申・勧告」）では、社会保障に関する施策を所得階層別の観点から、「貧困階層に対する施策」「低所得階層に対する施策」「一般所得階層に対する施策」に区分し、社会福祉対策を「**低所得階層に対する施策**」として位置づけた。

図表1 社会保障と社会福祉の関係

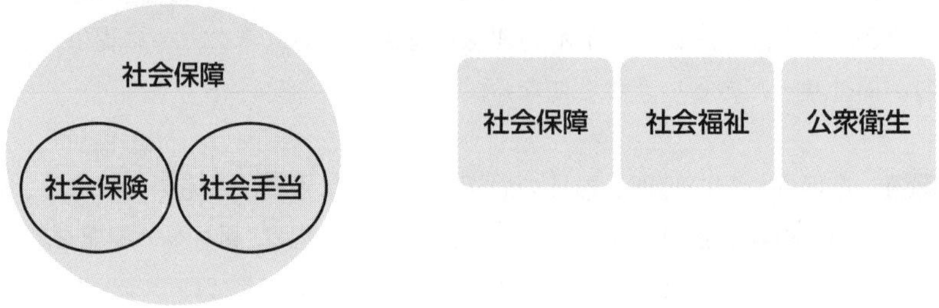

29 わが国における社会福祉の最近の動向は、人権尊重や共存の思想が普及するにつれて、以下のように発展してきている。

図表2 社会福祉の最近の動向

- 恩恵――――――――――――――――→権利
- 選別的・救貧的福祉――――――――→普遍的・一般的福祉
- 残余的社会福祉――――――――――→制度的社会福祉
- 自発的社会福祉――――――――――→法律による社会福祉
- 開発的社会福祉――――――――――→調整的社会福祉
- 受動的措置の福祉―――――――――→主体的選択利用の福祉
- 無料・低額負担の福祉―――――――→有料・応能負担の福祉
- 公的行政による一元的なサービス供給→公私協働による多元的供給
- 中央集権的社会福祉――――――――→地方分権的社会福祉

30 福祉には、「**しあわせ**」や「**さいわい**」という意味があり、「人々の幸福」という語源的な意味では、対象が限定されていないことから、広義の福祉ととらえられる。また、「社会的に弱い立場にある人々への援助や支援」という意味では、対象となる人々が限定されていることから、狭義の福祉ととらえられる。

31 2000（平成12）年の社会福祉法の改正で**福祉サービス**という考え方が登場した。福祉サービスは、社会福祉を目的とする事業（第一種社会福祉事業・第二種社会福祉事業）と地域社会の一員として自立した日常生活を営むことを支援する事業（給食、入浴サービスなど）から成り立っている。

32 社会福祉の原理とは、多種多様な形で存在する社会福祉に**共通する前提やルール**をいう。

✎ 日本の戦後の研究は、社会福祉の原理を社会福祉の本質とほぼ同義に解してきたので社会福祉とは何かという問いとなって今日に至っている。

33 **社会福祉学**は、実践の学、問題解決志向の学としての性質を有している。また、社会福祉が政治や経済など社会の各システムから影響を受けるという面からは、時代を映す鏡でもある。

34 社会福祉制度のパラダイムの転換の時代となり、福祉サービス分野に**市場原理（競争原理）**が導入されている。また、**第三者による質の評価**の導入、**利用者の権利擁護**、**苦情解決**の仕組みが整えられつつある。

2 社会福祉の歴史

受験対策アドバイス

歴史を学ぶ場合、暗記中心になりがちですが、時間に沿った流れを理解することが基本です。そして、そこに日本と欧米の社会福祉の比較史を盛り込むとよりわかりやすくなります。

社会福祉の歴史を学ぶ視点

35 社会福祉は、**歴史的・社会的につくり出された**ものであり、社会福祉の形成過程や基本的性格を学ぶことによって、歴史的に人々がどのように生きてきたのか探ることができる。

36 **マッキーヴァー**（MacIver, R.）は、「社会関係は活動であり、人生の糸である。社会のありようは糸を布に織りこんでゆく織機である」と表現したが、社会のありようだけでなく、個人のありようを歴史的視点から学ぶことにより、個人の問題を単に個人の問題とせず、広く社会の問題としてとらえることが社会福祉を学ぶ視点として大切となる。

日本の社会福祉の歴史的展開

◎明治以前

37 日本の慈善救済の始まりは、聖徳太子らによる593年創立といわれる**四箇《しか》院**（悲田《ひでん》院、敬田《きょうでん》院、施薬《せやく》院、療病院）からといわれている。

38 公的慈善制度の始まりは、718（養老2）年の戸令に「鰥寡《かんか》孤独貧窮老疾、不能自存者」が規定されたことといわれている。親族相救の相互扶助が中心で、天皇による賑給《しんごう》も行われた。

39 江戸時代の施設としては、加賀藩の**貧民小屋**、江戸の**小石川養生所**などがあり、江戸では、無宿や浮浪者に職業訓練のための**石川島人足寄場**や江戸の町費の70％を積み立て災害や救済などに備える**七分積金制度**が設けられた。七分積金制度は、明治期に東京市（府）養育院に引き継がれた。

40 江戸時代には、村落共同体を中心にして相互扶助組織が整備された。**ゆい**、**もやい**といった共同で1つのことをしたり農作業をする慣行、**頼母子講**といった金融目的の講、**伊勢講**といった宗教的な講が組織された。

◎慈善事業、博愛事業

41 明治政府の公的救済制度は、1874（明治7）年に制定された**恤救《じゅっきゅう》規則**である。前文で述べているように、「人民相互ノ情誼《じょうぎ》」（誠意をもって人と付き合おうとする気持ち）によって行われ、「無告ノ窮民」（自らの貧しさを告げる人がいない）に限ることを基調としていた。また、孤児に関して13歳以下とも規定している。

42 明治期の民間慈善事業ではキリスト教の信仰をもつ人々による事業が多く、**石井十次**らの**岡山孤児院**、**留岡幸助**らの**家庭学校**、**石井亮一**らの**滝乃川学園**、**野口幽香**《ゆか》らによる**二葉幼稚園**（保育園）、**山室軍平**《やまむろぐんぺい》らの**救世軍**、岩永マキの浦上養育院などがある。

出33-94（相基）
出35-25

43 近代的貧困層の社会調査としては、横山源之助の『**日本之下層社会**』（1899（明治32）年）がある。

44 労働者の実態調査の報告書としては、農商務省による『**職工事情**』（1903（明治36）年）がある。

45 1899（明治32）年、**行旅病人及行旅死亡人取扱法**が制定された。歩けないような病人の旅行者や旅行中に死亡した場合の取り扱いに関する法律で、現在も適用されている。病気や死亡した場合で引取りや助ける人もいない者などに対し、市町村に救護義務などを定めている。

46 1900（明治33）年に内務省官僚や慈善事業家たちが貧民研究会を結成した。また、感化救済事業が推進され、1900（明治33）年には、**感化法**が制定された。

✏ 同法による**感化院**は、満8歳以上16歳未満を対象とし、日本で最初に法律上位置づけられた社会事業施設であり、辛亥《しんがい》救済会、小野慈善院などがある。

47 1908（明治41）年10月に慈善事業の活動を組織的、計画的に行う必要性から、調査・連絡機関として**中央慈善協会**が設立された。その後、社会事業という名称の一般化に伴って、1921（大正10）年に**社会事業協会**と改称された。

出32-32（地域）

✏ 1908（明治41）年には渋沢栄一が中央慈善協会の初代会長となり、東京市養育院長、東京感化院などの顧問も兼ねた。

✏ 1920（大正9）年には内務省に社会局ができ、「社会事業」が法令上に明記された。

48 日清戦争（1894-1895）と日露戦争（1904-1905）の勝利を境に、帝国主義、富国強兵政策が推し進められ、それに対して、**労働運動**が広がりをみせるようになった。

49 日本で最初に「**養老院**」と名がついたのは、1895（明治28）年のソーントン（Thornton, E.）による聖ヒルダ養老院である。また、「**老人ホーム**」と名がついたのは1920（大正9）年の松江の愛隣社老人ホームである。

◎社会事業

50 1916（大正5）年、河上肇は大阪朝日新聞に『**貧乏物語**』を書き始めた。

出32-32（地域） 出34-25 **51** 1917（大正6）年、岡山県知事の笠井信一によって、岡山で**済世顧問制度**が創設された。また、同年、軍事救護法（一般兵士の傷病や死亡による家族等への救済）が公布された。

出34-25 **52** 1918（大正7）年の夏の米騒動は、全国に広がり、各地で軍隊が出動するほどであった。10月に、大阪府で、林市蔵、小河滋次郎によって**方面委員制度**（**民生委員制度**の前身、方面とは地域を指す）が登場し、全国に普及した。

53 1921（大正10）年に公営職業紹介所の設置などを規定した**職業紹介法**、1922（大正11）年に**健康保険法**が制定された。これは、第一次世界大戦後に表面化した労働問題と工場法の実施により、労働者の疾病対策が必要とされたことによるものである。

54 1918（大正7）年、内務省に**救済事業調査会**が設置され、大原社会問題研究所もこの頃設置された。社会事業研究の先駆者である生江《なまえ》孝之《たかゆき》の名著『社会事業綱要』は、1923（大正12）年に書かれた。

出34-25 **55** 大正末期から昭和初期は不況であり、貧困問題が顕在化し、恤救《じゅっきゅう》規則や民間の慈善事業ではこの問題に対処できず、防貧に重点をおいた社会事業が開始された。1929（昭和4）年には**救護法**が公布された。同法は、公的扶助義務主義に立つが、労働能力がある困窮《こんきゅう》者を排除する制限扶助主義をとっている。なお、実施されたのは1932（昭和7）年である。

✎ わが国の救護法は、イギリスの新救貧法をモデルとしているといわれる。両者に共通するのは劣等処遇とミーンズ・テスト（資力調査）である。

出33-94（相基） **56** わが国の**セツルメント**は、1891（明治24）年の**アダムス**（Adams, A. P.）による岡山博愛会、あるいは1897（明治30）年の片山潜による**キングスレー館**が最初といわれる。1911（明治44）年の渡辺海旭らの浄土宗労働共済会、1919（大正8）年の長谷川良信らのマハヤナ学園、1924（大正13）年の東京帝国大学セツルメントと続き、大正期、公営のセツルメントが誕生した。1926（大正15）年には、大林宗嗣によって『セッツルメントの研究』が著された。

出35-49（社保） **57** 日本の社会保険の歴史は、1920年代までさかのぼることができる。1920年代は社会保険としての**医療保険**、第二次世界大戦中は**年金保険**、1945（昭和20）年以後**失業保険**、**労災保険**が制度化された。

◎厚生事業

58 日中戦争・太平洋戦争下、戦争遂行のために人的資源の確保と健民健兵政策を強化し、1937（昭和12）年に母子保護法や軍事扶助法の整備が行われ、社会事業はこれまでどおりに継続することは困難となり、**厚生事業**と呼ばれるようになった。 出34-25

59 1933（昭和8）年、**児童虐待防止法**が制定された。14歳未満の家庭内虐待の禁止、こじきをさせることやかるわざ、曲馬をさせることの禁止が規定されていた。1947（昭和22）年の**児童福祉法**の制定に伴い、同法第34条に禁止行為と規定することによって児童虐待防止法は廃止された。

60 1938（昭和13）年に**厚生省**が設置され、**国民健康保険法**が制定された。1941（昭和16）年には**医療保護法**も制定された。国民健康保険法の制定により、医療保険制度も「銃後の守り」として拡充されていった。また、1938（昭和13）年に**社会事業法**が成立し、民間の社会事業への補助金が制度化されたが、政府の規制も強まった。 出34-25

◎社会福祉事業

61 1946（昭和21）年に、連合国軍最高司令官総司令部（GHQ）から「社会救済に関する覚書」（SCAPIN775）が示され、これに基づいて**旧生活保護法**が成立した。また、1947（昭和22）年に児童一般を対象とし、児童福祉を積極的に増進する**児童福祉法**、1949（昭和24）年に**身体障害者福祉法**が成立し、いわゆる**福祉三法**が成立した。 出35-26

62 1950（昭和25）年、旧生活保護法を廃止し、**日本国憲法第25条の生存権**に基づいた**新生活保護法**が制定された。 出35-26

✏ 旧法の怠惰者や素行不良者を保護の対象外とする欠格条項などの改善点があり、保護請求権、保護の補足性を規定し、教育扶助と住宅扶助が加えられた。

63 1946（昭和21）年に成立した日本国憲法は、第89条では、公の支配に属しない慈善、教育もしくは博愛の事業に対し、公金等公の財産を支出してはならないとしている。そのため**社会福祉法人**は、厳しい公の監督・従属を条件にした**公益法人**とし、公の財政援助の道を開いた。

64 昭和30年代においても、**貨幣的ニード**への対応は福祉政策の中心であり、施設福祉も国民の最低生活の保障の意味があった。1960（昭和35）年に**精神薄弱者福祉法**（現・知的障害者福祉法）、1963（昭和38）年に高齢化問題が表面化し**老人福祉法**を制定、1964（昭和39）年に**母子福祉法**（現・母子及び父子並びに寡婦福祉法）が成立し、**福祉六法体制**となる。 出35-26 出36-127（高齢）

65 **1961（昭和36）年に、国民皆保険・皆年金体制**が確立した。新し 出32-49（社保）

い福祉各法の制定があったものの、低所得者層への対応が課題であり、生活保護の比重は依然として大きかった。

出32-47（行財）
出34-22

66 昭和40年代に入り、高齢化率が7％を超えた。国民生活の向上や価値観の変化などにより福祉ニードの多様化、高度化が起こり、**非貨幣的ニード**への対応が課題となった。1970（昭和45）年には、社会福祉施設緊急整備5か年計画が策定され、施設の増設、老人医療費支給制度の創設や年金支給額の物価スライド制の導入などが行われた。

出32-26
出35-49（社保）

67 高度経済成長が国民生活に産業化・都市化・核家族化の影響をもたらし、1971（昭和46）年には**児童手当法**が制定された。1973（昭和48）年には経済社会基本計画が策定される一方、政府は同年を**福祉元年**にすると宣言した。そして、年金給付水準の引上げ（物価スライド・賃金スライド）、高額療養費支給制度、老人医療費支給制度（70歳以上の者と65歳以上の寝たきりの者への無料化）が行われた。

出34-22

68 1979（昭和54）年に、「**新経済社会7カ年計画**」で**日本型福祉社会**の創造が求められていることが示された。個人の自助努力と家庭や近隣・地域社会等との連携を基礎とした「日本型ともいうべき新しい福祉社会の実現を目指す」ことを構想している。

出32-49（社保）
出34-22
出35-49（社保）
出36-127（高齢）

69 **高齢化**に伴う在宅の要援護高齢者への介護サービスに対するニーズが増大し、その対応が重要な課題となり、1982（昭和57）年には**老人保健法**（現・高齢者の医療の確保に関する法律）が制定され、高齢者に定額の自己負担が課せられることとなった。

70 1985（昭和60）年には、**基礎年金制度**が創設されたが、昭和60年代以降は、大多数の者を対象とした社会福祉の普遍化、公的福祉サービスを中核としながらも、ボランティア活動や非営利団体による福祉サービス、さらに民間シルバーサービスを加えた**多元的**なサービス供給体制が求められている。また、**クオリティ・オブ・ライフ（QOL；quality of life）**を問う視点が入るようになった。

◎社会福祉基礎構造改革

71 1990年代における福祉改革の総決算として1998（平成10）年に「**社会福祉基礎構造改革について**（中間まとめ）」が出され、戦後の社会福祉の変化に対応する改革が意図された。そして、2000（平成12）年に「社会福祉の増進のための社会福祉事業法等の一部を改正する等の法律」が成立し、社会福祉事業法は**社会福祉法**と改称された。

72 「社会福祉基礎構造改革について（中間まとめ）」によれば、社会福祉制度は「今、時代の大きな転換期を迎えている」とし、少子・高齢化や国際化の進展、低成長経済への移行をはじめとする構造変化に対応し、社会福祉の新たな枠組みをつくり上げていく必要があるとしている。

欧米の社会福祉の歴史的展開

◎救貧法（イギリス）

73 1601年、イギリスでは、**エリザベス救貧法**が完成した。労働能力の有無を基準に、①有能貧民、②無能力貧民、③児童、の3種類に分け、就労を強制したり、教区徒弟として送り出した。

✏ その後、**労役場テスト法**（1722年、労役場への収容を救済の条件）、**ギルバート法**（1782年、労役場は労働能力のない貧民の救済施設、労働能力のある貧民は居宅救済）、スピーナムランド制（1795年、貧民への賃金補助）などが施行・制定された。

74 **スミス**（Smith, A.）は、1776年に『国富論』を著し、古典経済学の基礎を確立した。重商主義政策の矛盾の打開と自由放任主義を経済学的に展開し、「見えざる手」による私利と公益の一致を説いた。 出35-24

75 **チャドウィック**（Chadwick, E.）は、1832年に救貧法委員会に加わり、シーニア（Senior, N. W.）が、労働者の資質をそこなうとして救貧法の弊害を強調したのに対して、生存の危機に瀕した際に救済を受ける権利を擁護しようとした。

76 1834年、イギリスは増大する公共的救済費用の節約のために**新救貧法**を成立させた。①救済水準を全国均一とする、②有能貧民の居宅保護を廃止して、救済をワークハウス（労役場）収容に限定する、③**劣等処遇の原則**による、として労働不能や就業不能で生計の手段を得られない「窮乏」のみを救済の対象とした。 出33-25

77 イギリスの新救貧法の思想的根拠の一つとして、**マルサス**（Malthus, T.）の**『人口の原理』**（1798年）がある。有効な貧困対策は、人口抑制策以外にはないとするものであった。 出35-24

◎慈善事業、博愛事業

78 新救貧法の公共的救済の否定による矛盾は、慈善事業や博愛事業の私的慈善を発達させた。

✏ **慈善事業**は、自助の努力を通じて自立を要求しつつ、社会的役割を重要なものとした。

✏ **博愛事業**は、「救済に価する貧民」を自助の努力を弱めないように救済し、自由放任主義のもとで公共的救済に代位する役割を与えられた。

79 19世紀になって、地域において慈善事業を積極的に取り上げたのがチャルマーズ（Chalmers, T.）による**隣友運動**であった。自助を図るための指導を重視し、“施与者であるよりも友人であれ”と主張し、友愛訪問の重要性を説いた。

80 1869年、ロンドンに設立された「慈善的救済の組織化と乞食のための協会」は翌年、**慈善組織協会（COS）**と改称し、慈善団体の連絡、調整、協力の組織化と、慈善的救済の適正化を目的とした。特に個別の訪問指導活動は、**友愛訪問**として有名である。

✏ 個別処遇方法は**ケースワーク**に、慈善組織化の方法は**コミュニティ・オーガニゼーション**に発展、さらに綿密な調査の必要性につながった。

出35-93（相基） 81 都市を中心に発達した**ソーシャル・セツルメント運動**は、その指導理念をデニスン（Denison, E.）によって開拓された。知識と人格を兼備する有産階級の人々がスラム地域に住み込み、貧民と知的および人格的接触を通じて、福祉の向上を図ろうとするものである。

✏ 慈善組織運動が貧困問題を個人的に解決する方向であるのに対し、セツルメント運動は貧困を労働者階級全体の問題として社会改良へと発展した。

82 **救世軍**は、ロンドンのメソジスト派牧師である**ブース**（Booth, W.）によって1878年に始められた。伝道と慈善に熱心に取り組み、産業革命下の生活苦にあえぐ貧民に救いの手をさしのべた。

◎社会事業、社会保険

83 20世紀になると事後の救貧ではなく、事前の**防貧**が大切であるとの考え方が広がり、他方では貧困問題解決のためには国や社会の援助が必要であるとの意見が高まった。また、**貧困調査**が行われることで、救貧法の劣等処遇原則への疑問や救貧費の増大による救貧法の危機が明らかにされた。

84 **ブース**（Booth, C.）は、『ロンドン民衆の生活と労働』全17巻を著した。1886年から行った3回にわたる調査結果の報告である。ブースはそのなかで、ロンドン市民の30.7％が貧困線以下の生活を送っており、貧困の原因は個人的習慣ではなく、雇用や環境の問題であると指摘した。

出33-25
出34-26

85 1899年に**ラウントリー**（Rowntree, B. S.）は、ヨーク市において貧困調査を行い、1901年に『貧困――都市生活の研究』を著した。さらに、1941年には第2回の結果を『貧困と進歩』に、第3回の結果を1951年の『貧困と福祉国家』に著し、貧困を科学的に計測する方法を生み出している。

✏ 第1回のヨーク市調査において、所得の総収入が肉体的能率を維持するための最低限を示す水準を第1次貧困線、または絶対的貧困線といっている。

✏ 第2次貧困線として、収入が飲酒や賭《と》博《ばく》などのように平常とは異なったものに消費されない限り、第1次貧困線以上の生活を送ることのできる水準を設定している。

86 イギリス独自の社会主義団体である**フェビアン協会**は、イギリスの福祉国家形成に大きな影響を与えた。初期には、**バーナード・ショウ**（Shaw, G. B.）や**ウェッブ夫妻**（Webb, S. & B.）が参加していた。 出35-23

87 ウェッブ夫妻は、救貧法の廃止を主張し、『産業民主制論』でナショナルミニマムの考え方を提唱した。これは、防貧のために「**国民最低水準の福祉**」あるいは「**国民最低生活**」を保障するというものである。 出36-22

受験対策アドバイス

◆ウェッブ夫妻は、繰り出し梯子《はしご》理論を提唱しました。福祉供給で政府と民間の役割は異なりますが、役割分担を担いながら発展していく考え方です。

88 イギリスの**国民保険法**（1911年）は、健康保険と失業保険からなり、適用を免税点以下の低所得労働者に限定、均一拠出、均一給付を採用した。

◎福祉国家、福祉社会

89 1942年に発表された**ベヴァリッジ報告**（「社会保険及び関連サービス」）は、イギリスの戦後の社会保障制度を準備する設計図となった。そこでは、最低生活については国の責任、快適生活については私的責任とする。そして、ベヴァリッジ報告では、①リハビリテーションを含む包括的国営医療サービス、②多子家族の所得保障として第2子以降への児童手当、③失業率を一定限度以下とする完全雇用政策を前提とし、年収75ポンド以下には加入の選択権を認めつつ、強制的拠出原理に基づく総合的社会保険の加入を義務づけている。 出32-25 出34-26

90 ベヴァリッジ（Beveridge, W.）は、福祉国家体制の中核をなす社会保険・公的扶助・社会福祉サービスの指導理念として、「広範な社会政策の一環」として相互連携的に運用されるべきことを強調した。「**窮乏**」をはじめとして、「**怠惰**」「**疾病**」「**無知**」「**不潔**」を人間社会を脅かす「**五巨人悪**」であるとした。これらに対する総合的な社会政策の取組みが必要であり、所得保障としての社会保障制度によって、福祉国家の機能の有効性が保障されると主張した。 出33-25 出35-24

91 **エイベル-スミス**と**タウンゼント**は、イギリスの貧困世帯が増加していることを1960年代に指摘し、それが**貧困の再発見**の契機となった。 出34-26

92 1968年には、イギリスの社会福祉制度の抜本的改革を目指して、地方自治体および統一的対人社会サービスに関する**シーボーム報告**が発表された。「堅実、かつ有効な家族サービス」の体系づくりと対人社会サービスの提供の主要な責任を担っていた地方自治体の再編成がなされた。特に、居住ならびに入所保護を統一的に行うよう配慮している。

出32-25 **93** 1980年代初頭にソーシャルワーカーの役割と課題が議論されたが、いっそう効果的な**コミュニティケア**の推進が課題になり、より高度なソーシャルワーカー教育の必要性とともに、グリフィス報告はその行動指針を提言した。

94 1982年の**バークレイ報告**は、ソーシャルワーカーの役割と任務について検討し、政府に勧告を行ったものである。この報告書では、**コミュニティソーシャルワーカー**の重要性が指摘され、その任務は、社会的ケア活動とカウンセリングの2つの活動であるとされた。

95 1988年の**グリフィス報告**は、コミュニティケアの行動のための指針を示し、コミュニティケアの財政責任とマネジメント責任を地方自治体社会サービス部に位置づけるように提言している。1990年には国民保健サービス及びコミュニティケア法が成立している。

96 1990年代初期以降におけるイギリスの**コミュニティケア改革**の動向は、①ケアマネジメントシステムを導入すること、②地方自治体によるコミュニティ計画策定、③サービス購入者とサービス提供者を分離することと、民間サービスの積極的活用、④利用者などからの苦情処理システムの整備、監査システム強化によるサービスの質の確保、などがある。

97 1979年にイギリスの首相となったサッチャー（Thatcher, M. H.）は、新自由主義の下、住宅、教育、保健、医療などの領域で**民営化**を柱とした政策が推進され、サッチャリズムとも呼ばれた。

◎アメリカ、ドイツ

98 1843年、アメリカでは、ニューヨークに**貧民生活状態改良協会**が設立された。当初は浪費・怠惰などを困窮原因として自助を強調する社会統制機関としての性格が強かったが、その後、救済を課題とする機関となっていった。

99 アメリカの**セツルメント運動**では、1886年、**コイト**（Coit, S.）によってニューヨークに**ネイバーフッド・ギルド**が設立され、1889年にはシカゴに**ハル・ハウス**が**アダムス**（**Addams, J.**）によって設立された。

出36-23 **100** アメリカにおいて、1935年に制定された**連邦社会保障法**は、社会保障という言葉を世界で最初に用いた法律といわれている。**ニューディール政策**の一環として実施された。

101 ドイツでは、1880年代に世界で最初の**社会保険制度**が実施され、他方においては**社会主義運動**が弾圧された。しばしば「飴《あめ》と鞭《むち》」の政策と称される。

✎ 1883年に疾病保険、1884年に災害保険、1889年に養老および廃疾保険が導入された。

✎ 1994年に**介護保険法**が成立し、1995年4月から在宅介護関連給付、1996年7月から施設介護給付が実施されている。

102 1980年にアメリカの大統領となったレーガンによって新保守主義的改革が行われた。福祉国家が寛容な福祉サービスを実施したことによって社会の道徳的規範が形骸化したとして、個人の自助努力を強調。**小さな政府**と**市場原理**を重視した考え方である。

3 社会福祉の思想・哲学、理論

社会福祉の思想・哲学

◎社会福祉の理論の基本的な考え方

103 人間の尊厳とは、人間が人間らしくあることという意味であるが、**社会福祉士の倫理綱領**では、「すべての人々を、出自、人種、民族、国籍、性別、性自認、性的指向、年齢、身体的精神的状況、宗教的文化的背景、社会的地位、経済状況などの違いにかかわらず、かけがえのない存在として尊重する」と規定している。

104 **社会正義**とは、社会の常識から考えて正しい道理の意味で用いられ、社会の構成員である人々が平等に扱われ、社会福祉の保障などが実現することを指す。

社会福祉士の倫理綱領では、「差別、貧困、抑圧、排除、無関心、暴力、環境破壊などの無い、自由、平等、共生に基づく社会正義の実現をめざす」と規定している。

105 **平和主義**とは、戦争や暴力に反対し、恒久的な平和を指向する思想を指し、日本国憲法第9条では、戦争放棄、戦力の不保持、交戦権を認めないと規定している。

社会福祉士の倫理綱領では、前文で「われわれは平和を擁護し」と宣言している。

106 **人権**とは、人間が人として本来もっている権利という意味である。

社会福祉士の倫理綱領では、「すべての人々を生まれながらにして侵すことのできない権利を有する存在であることを認識し、いかなる理由によってもその権利の抑圧・侵害・略奪を容認しない」と規定している。

107 **シティズンシップ**は、市民としての資格と訳される。それによって市民としての諸権利（**市民権**）が与えられる。**マーシャル**（Marshall, T.）は、市民権について、18世紀は**公民権**あるいは市民的権利、19世紀は**参政権**あるいは政治的権利、20世紀は**社会権**あるいは社会的権利が発達したとする。そして、社会的権利が市民資格に参入された段階を**福祉国家**とする。

社会福祉の理論

図表3 社会福祉の理論に関する主な人物

分　類	主な人物名
政策論	大河内一男、孝橋正一
技術論	竹内愛二、仲村優一
固有論	岡村重夫
統合論（中範囲論）	木田徹郎、嶋田啓一郎
運動論	真田是、一番ヶ瀬康子
経営論	三浦文夫
段階論	古川孝順

◎政策論

108 大河内一男は、社会政策と社会事業とを区別した。

✏ 社会政策は、資本主義経済の存立にとって必要不可欠な労働力を確保するために行われる社会的総資本の立場からの労働政策である。

✏ 社会事業は、資本主義経済との連携を断たれ、社会的分業の一環であることを止めた「経済秩序外的存在」が対象であるとした。

109 孝橋《こうはし》正一は、社会政策と社会事業の関連を統一的に説明するために、「社会問題」と「社会的問題」を区別した。

✏ 孝橋正一は、社会問題は、資本主義体制が生み出す「基礎的・本質的課題」であるとした。社会事業の対象は、単なる消費者ではなく労働者階級であるが、ただ、その現れ方が社会問題でなく、社会生活上の障害である社会的問題として現れるとした点に特徴がある。それに対応する施策が社会事業である。 出32-24

◎技術論

110 竹内愛二は、社会福祉研究における技術論の系譜に属し、アメリカで発展したソーシャルワークを日本に紹介し、定着させようとした。個人・集団・地域社会が有する社会（関係）的要求を、自ら発見・充足するために能力等の資源開発を側面から支援する専門的な援助過程として社会福祉をとらえる技術論の考え方である。 出32-24

111 仲村優一は、受動的措置福祉から主体的選択への福祉という公私共働の多元供給論を展開した。また、機能主義ケースワーク論の立場から、公的扶助におけるケースワークの民主的機能の可能性を論じた技術論でもある。

◎固有論

112 岡村重夫は、「一定の資本主義経済の発達段階における社会・経済的条件によって規定される社会福祉の典型は、「**法律による社会福祉**」である。わが国の現状でいえば福祉六法である」として、法律による社会福祉を強調する。

- 岡村重夫は、「法律によらない民間の自発的な社会福祉による社会福祉的活動の存在こそ、社会福祉全体の自己改造の原動力として評価されなければならない」として、社会福祉は単に2側面があるととらえるのみならず、すでに存在する制度とボランタリーな活動との関係で、その認識を深める必要を強調している。

出32-99（相理）

113 岡村重夫は、社会生活の基本的要求を「**生理的要求**」と「**心理的または人格的要求**」としてとらえ、それと社会制度との社会関係を評価、調整、送致、開発、保護する機能をもつものとして、社会福祉をとらえている。

出32-24

114 岡村重夫は、社会関係の客体的側面だけに着目する一般的な政策だけでは不十分であって、年金など多様な社会制度と個人の間に結ばれる社会関係の主体的側面を問題とする個別化援助の方策がなくてはならないとした。岡村は、社会福祉を限定して固有の領域（役割）を確立しようとした。

- 社会福祉の固有の領域（役割）とは、3種類の生活困難である**社会関係の不調和**、**社会関係の欠損**、**社会制度の欠如**に介入し、個人が基本的な社会制度を主体的に利用できるように援助することをさす。

115 岡村重夫は、「救貧事業段階」の社会福祉事業は、「**劣等処遇の原則**」であり、救貧事業の対象者に対して、その生理的生存を維持し得る程度の生活しか保障しないという特色をもつとした。

116 岡村重夫は、「保護事業段階」は社会的弱者を対象とした事後措置であるとして下記の特色を示している。

- 救済を必要とする者が貧困に陥った直接的な原因を治療し、回復させるような処遇の方法を講じるという「**回復的処遇の原則**」（治療的措置）
- 生活困窮に陥った原因を見出すための診断的分類を行うという「**分類保護の原則**」
- 生活困窮者に対する医療、教育、職業、住宅などの提供を、一般国民のそれから区別して、単一の行政機関（救貧庁）で行うという「**単一保護行政の原則**」

◎統合論（中範囲論）

出32-24

117 **木田徹郎**は、戦後の社会事業の理論にはマクロな政策論が多かったのに対し、中範囲的な志向によって、制度体系と行動体系の統合を図った。中範囲論とも呼ばれる。

118 **嶋田啓一郎**は、社会福祉体系論を経済的なもの（資本主義経済）に抗する社会的なもの（生活者の生活防衛）という視点から力動的統合理論を提唱した。高度経済成長期以後の社会状況を背景として、社会事業の体系は、社会体制論の矛盾から相互関連的に研究する必要があるとして人間行動科学との統一的理解を主張した。

◎運動論

119 **真田是**は、社会福祉の存立条件を**三元構造論**からとらえ、「対象としての社会問題（社会問題としての生活問題）」「社会問題の解決を求める運動（国民の社会福祉要求と運動）」「資本主義国家（社会福祉を行う主体）から出される政策」に注目した。

120 **一番ヶ瀬康子**は、社会福祉を目的概念としての福祉と実体概念としての福祉に区分した。 出 32-24

- **目的概念**としての福祉は、「社会の福祉」であり、社会福祉の理念・目的・目標、背景に位置する価値がそれにあたるとした。
- **実体概念**としての福祉は、社会福祉という目的を実現するための手段としての政策、制度、活動などであると指摘した。

121 一番ヶ瀬康子は、生活権を基点に据えた実践論・運動論を組み入れた**社会福祉学**が総合的に体系化されなければならないと論じた。革新自治体による独自の社会福祉施策、国の施策に影響力をもった運動論である。 出 32-24

◎経営論

122 **三浦文夫**は、社会福祉の政策対象について、社会福祉の実践では、**要援護性**が具体的に体現された人間を実践対象とすると考える。社会福祉の政策対象は、要援護性を具体的に体現した人間ではなく、政策的視点からこの要援護性をもつ人間を何らかの形で集合的・範疇的に“切りとり”、その範囲内での集団を政策対象にするとしている。政策と技術の中間に位置する考え方である。 出 32-24

◎段階論

123 **古川孝順**は、「社会福祉」は、2通りの方向性が考えられるとしている。

- 1つ目は、社会福祉の限定をさらに推し進め、ソーシャルワークという範囲に限定し、社会福祉の範囲を福祉ニーズをもつ人々に対する社会的援助の知識や技術の体系に固有性を再確認するという方向性（「**社会福祉の限定**」）
- 2つ目は、限定されてきた社会福祉を新しい状況のなかに埋め戻し、そこから社会福祉を定義し直すという方向性（「**社会福祉の拡大**」）

124 社会福祉の領域としての固有性とは、独自性と代替・補充性にあり、社会福祉におけるアプローチとしての固有性とは、個別性と包括・総合性にあるとされる。

✎ 社会福祉における代替性や補充性の例としては、無年金の貧困者に支給される公的扶助が、年金保険を代替し、かつ、補充していることがあげられる。また、貧困な家庭で生活する子どもに対する就学支援、医療ソーシャルワークやスクール（学校）ソーシャルワーク・就労支援、日常生活自立支援事業や苦情対応制度などにも補充性が認められる。

受験対策アドバイス

◆中項目「社会福祉の論点」は、現代社会で生起するさまざまな問題に対して専門職としてどう向き合うかも求められています。

社会福祉の論点◆

125 岡村重夫によれば、「福祉国家段階」は、国民生活上の困難に関連するすべての生活関連施策を整備し、それらをすべての国民に平等に利用させ、生活困難の早期発見と事前の予防を達成する**普遍的処遇**（普遍的対策）の原則に特色がある。

出 33-26
出 35-30

126 **選別主義**は、資力調査を伴うため、利用者に**スティグマ**を与えやすいという問題点がある。これに対し、**普遍主義**は、利用者が拡大し、財政上の負担が大きくなりがちであるという問題点がある。

127 経済学で用いられる**パレート効率性**とは、イタリアの経済学者パレート（Pareto, V.）の考え方で資源配分に関する考え方であり、集団のなかで、誰かの満足度を犠牲にしなければ、ほかの誰かの満足度を高めることはできないという効率性の概念をいう。

✎ ほかの個人の満足度を犠牲にすることなく、ある個人の満足度を高めるような資源配分が可能であるとすれば、それは、パレート改善として推奨されることとなる。個人を対象とする経済的給付である補償とは、仮想的に財の移転する可能性を考えることによって、パレート基準を拡張する試みであるということになる。

128 個々人の貢献と報酬が個人別に釣り合っているという**衡平性の視点**は、それまで無償で行われてきた家事・育児労働を、ほかの市場的労働にならって有償的に評価する途を開いたといわれる。

129 外部不経済（経済活動がもたらす便益・負担を本人に完全に帰属させることが困難な場合）や公共財（人々が共通に恩恵を受ける財）が存在する経済においては、競争市場がパレート効率を達成することは難しく、そこでは**市場の失敗**（**市場の機能不全**）が問題にされ、政府による介入を正当化してきた。

130 経済分野からは、社会保障や福祉政策は、私的所有権が明確ではなく、便益と負担の関係が対応していないために、健康管理などによる費用節約努力の低下といった、情報の非対称性を利用した資源の浪費を人々に誘発するおそれがあると指摘される。また、保険料を納めようという個人の意欲あるいは就労意欲そのものを低下させるおそれがあるとも指摘されている。

131 **公共的相互性**とは、日本の生活保護制度のように（誰であれ）余裕のあるときは資源を提供し、(誰であれ)困窮しているときは資源を受給する「お互いさま」という関係性が成立することを意味する。また、公正性と正義とを結ぶパイプともなる。

132 客観的に必要があると考えられており、本人はそのことを自覚しているがあえてそのことを望まないといった、必要と需要が対立する場合は、当事者の自由意思を尊重し、専門家といえどもその決定に従うという立場（自己決定）、必要なものは需要として表明されていなくても、サービスの提供者などの第三者が本人に代わって正しい判断をすべきであるという立場（**パターナリズム**）の2つの立場がある。

✏ 社会政策や福祉政策にとって自己決定の考え方を原則としつつ、ニーズをもつ者自身より第三者が本人に代わって判断するパターナリズムの領域をどこまで認めるかは難しい問題である。他者に危害を加える可能性のある場合や本人の生死に関係する場合には、パターナリズムの要素が認められることが多い。

133 市民的自由への権利を前提とし、私的利益の最大化を個人の行動動機として仮定すると、負担を伴うことなく便益が得られるならば、人々は費用削減のための自助努力を怠るといった**インセンティブ問題**が生じる。

134 社会福祉の機能は、利用者個々に着目すると**自立支援**が尊重される。利用者の主体性を尊重し、サービス提供者はその自立支援の側にまわることになる。社会福祉法第3条には、その理念が規定されている。

135 **ジェンダー**とは、生物学的な性と異なり、男性と女性の社会的、文化的につくられている差異をいう。

136 2003（平成15）年、性同一性障害者の性別の取扱いの特例に関する法律（**性同一性障害特例法**）が成立した。同法によれば、「性同一性障害者」とは、「生物学的には性別が明らかであるにもかかわらず、心理的にはそれとは別の性別（他の性別）であるとの持続的な確信を持ち、かつ、自己を身体的及び社会的に他の性別に適合させようとする意思を有する者であって、そのことについてその診断を的確に行うために必要な知識及び経験を有する2人以上の医師の一般に認められている医学的知見に基づき行う診断が一致しているものをいう」と定義されている。

✏ 2023（令和5）年最高裁判所で性別変更手術要件を違憲とする判決が出された。

137 性同一性障害特例法は、戸籍上の性別を変えるための手続きを定めた法律で、複数の医師から性同一性障害と診断されたうえで家庭裁判所に審判を申し立て、次のすべてに該当するものについて、性別の取扱いの変更の審判をすることができる。①18歳以上であること、②現に婚姻をしていないこと、③現に未成年の子がいないこと、④生殖腺がないこと、または生殖腺の機能を永続的に欠く状態にあること（**生殖不能手術要件**）、⑤その身体について、ほかの性別にかかる身体の性器にかかる部分に近似する外観を備えていること（**外観要件**）。

138 2023（令和5）年10月25日、最高裁判所は、性同一性障害特例法は、生殖不能手術を受けるか、性自認に従った性別の取り扱いを放棄するか、過酷な二者択一を迫っているとして、**生殖不能手術要件**は、憲法第13条が保障する「身体への侵襲を受けない自由」の過剰な制約で**違憲**、**無効**であるとする決定を下した。なお、変更後の性別の性器に似た外観を備える外観要件については判断をしていない。

139 **同性婚**とは、男性と男性、女性と女性が結婚することをいう。日本では、民法や戸籍法では同性婚の制度は設けられていない。

出 34-28

140 人権に関する国際条約のなかで、日本では性的指向および性自認に基づく差別の禁止に関する事項はまだ条文として規定されるに至っていない。

受験対策アドバイス

◆中項目「社会福祉の対象とニーズ」は、大項目「福祉政策におけるニーズと資源」とも重なるので、両方をまとめて学ぶとよいでしょう。

社会福祉の対象とニーズ◆

◎ニーズと需要の概念

141 近年、ニードやニーズというカタカナ言葉ではなく、「**必要**」という言葉も用いられ、「必要」に対比して「**需要**（デマンド）」という言葉が用いられる（**図表4参照**）。これは、ニードやニーズを用いると、福祉政策に関する議論を日常生活から切り離してしまったり、専門家支配に加担することにつながることや、発言者の意図とは異なった意味でとらえられるおそれがあるといった理由からである。

図表4 必要と需要の対比

	必　要	需　要
根拠	道徳・価値	欲望・欲求
根拠の性質	客観的・外在的	主観的・内在的
判断基準	善悪（正・不正）	利害（快・苦）

142 **行政需要**とは、国民から政府に対して寄せられる要求・要望・要請などの行政サービスに対する需要を指す。そして、行政需要に応えるのが政府

の仕事であるとされている。

✏ 財政的理由と道徳的理由によって「国民の生の声」、つまり国民が直接表明した行政需要（即自的な行政需要）と、国民が表明した行政需要に何らかの検討が加えられた結果、行政が応える価値があると考えるようになった行政需要（真の行政需要、対自的な行政需要）に区分される。

◎社会福祉の対象とニーズ

143 市場経済では、人が必要とするものの多くは市場を介して充たされる。しかし、必要なものの市場が成立していない場合、貨幣をもっていても、生活に必要なものを市場から調達することはできない。その場合、家族・親族や民間非営利団体から入手することとなるが、それもできない場合、政府が**福祉政策（社会政策）**としてそれらを提供する。 出36-22

✏ 福祉政策によって提供される福祉サービスは、市場が成立しない領域で政府によって供給されるものが多い。

144 個人あるいは消費者が貧困や低所得の状態にある場合は、自分が必要とするものを市場で購入することができないために、必要が充足されない。このような貧困や低所得の状態に陥ることの予防や、貧困や低所得の状態の救済のために、生活保護制度といった**公的扶助**、**所得保障**のための福祉政策（社会政策）が制度化されている。

145 市場を通じて供給される財やサービスが市場の側の要因によって個人あるいは消費者に供給されない場合もある。価格が高価であるなど、貧困や低所得の状態の人や平均的な所得水準の人が必要な財・サービスを購入できない場合に、それが人間の生存にとって必要とみなされると、社会政策や福祉政策が行われる。

146 古川孝順によれば、社会福祉の対象は、「原因論」の系譜（社会的問題や生活問題論）と「状態論」中心の系譜（福祉ニーズ論）に分類されるとする。原因論の系譜は、政策分析に強いが、制度運営や援助活動に弱く、状態論の系譜はその逆であるとする。

✏ 「**原因論**」の系譜としては、大河内一男の経済秩序外存在、孝橋正一の社会的問題、一番ヶ瀬康子の生活問題、副田義也の生活構造といった考え方があげられる。

✏ 「**状態論**」の系譜としては、岡村重夫の社会関係の不調和・欠損、社会制度の欠陥、三浦文夫の社会福祉ニード、京極高宣の福祉需要といった考え方があげられる。

147 古川孝順は、社会福祉の対象論に対して、生活支援ニーズをあげ、所得保障ニーズ、保健医療ニーズ、福祉ニーズに分類し、これらが社会福祉制度の規準に合致し認定されることで、社会福祉の制度として構築されるとする。

◎ニーズの種類と次元

148　福祉政策によって福祉サービスが提供される場合、社会的に共有された価値判断によって人が何を必要としているかの判断が行われる。その必要の判定は、社会サービスを利用する者が自らの感じ方や考え方に基づいて行う場合（主観的な必要）と、第三者によって利用者の意思を超えた客観的な基準に基づいて行われる場合（客観的な必要）がある。

- ✎ **主観的な必要**は、サービス利用者やその家族などが自らの感じ方や考え方に基づいて判定した必要であり、**フェルト・ニード**（感得された必要）、**表明されたニード**、**直感的必要**などと呼ばれる。
- ✎ **客観的な必要**は、専門家による専門性や社会通念（常識・共通感覚）に基づいて判定される。

149　ニーズに応じた分配とは、人々の出身、能力、貢献などとは無関係に、各人が必要とする資源を分配することである。また、同じ量の資源を用いてもニーズの充足のされ方は個人の健康状態や生活水準などに応じて異なる。

150　災害時の福祉ニーズについては、福祉避難所での速やかな対応を実現するため、平常時から「**要配慮者**」（高齢者、障害者、乳幼児その他の特に配慮を要する者）に関する情報の管理や共有体制の整備があげられる。

151　ニード論は、三浦文夫が社会福祉政策論のなかで貨幣的ニードと非貨幣的ニードを区分したことから論ぜられるようになった。一般的には、人間が社会生活を営むために欠かすことのできない基本的要件を欠く状態といった形で説明される（図表5参照）。

図表5 三浦文夫によるニード

貨幣的ニード	非貨幣的ニード
ニードそのものが経済的要件に規定され、貨幣的に測定されうるものであり、さらにそのニードの充足は主として**金銭給付**によって行われているというもの	ニードを貨幣的に測ることが困難であり、その充足に当たっては金銭（現金）給付では十分に効果をもちえず、非現金的対応を必要とするものであり、また貨幣的には表示しえない生活上の諸障害に基づいて現われる要援護性を意味し、したがってそのニードの充足に当たっては、**現物または役務（人的）サービス等**によらなければならないもの

- ✎ 当初は、単数形のニードが用いられていた。また、岡村重夫は「社会生活の基本的要求」と表現している。

152 **潜在的ニード**とは、ニードをもつ人々があるニードの存在を自覚あるいは感得していない場合をいう。表明された需要に転化しないでその状態が一定の基準から乖離しており、かつ、その状態の解決が必要であるとみなされる状態をいう。**顕在的ニード**とは、その状態の解決の必要性を、本人が自覚あるいは感得している場合をいう。サービス供給体制の整備に伴い、潜在的ニードが顕在化することもある。 出36-25

153 **ブラッドショー**（Bradshaw, J.）は、ニード（必要）を**図表6**のように分類している。 出36-25

図表6 ブラッドショーによるニードの分類

主観的ニード	感得されたニード（フェルト・ニード）	「～してほしい」と感じているニード。それらが実際に表出されているとは限らない。
	表明されたニード（エクスプレスト・ニード）	感得されたニードを満たそうとして行動に表されたニード
規範的ニード（ノーマティブ・ニード）		何らかの価値基準や科学的判断に基づいて確認されているニード
比較ニード（コンパラティブ・ニード）		他人やほかの集合体の状態との比較に基づいて存在するニード

154 **フレイザー**（Fraser, N.）は、ニーズの中身について、「（専門家が「客観的」に判定した）必要をどのように充足するのか」という**必要充足**の政治ではなく、「誰が必要を解釈するのか」という**必要解釈**の政治を強調している。 出35-27

◎ニーズの理論とその課題

155 ニーズ（必要）には、福祉政策を正当化する原理に加えて、「**分配の正義**」「**分配の公正**」としての役割があるとされる。

✏ 分配の正義は、①絶対の平等（数量的平等＝一人ひとりが全く同一の富を所有するように分配する）、②相対的平等（比例的平等＝各人の資質や事情を考慮して行われる分配）に分類され、相対的平等はさらに貢献原則と必要原則に分類される。

156 **貢献原則**は、それぞれの貢献を平等に評価し、貢献の度合いに応じて分配を行うもので、例えば、社会保険における給付は、「拠出」や「保険料」に応じて給付額が変わることがあげられる。

157 **必要原則**は、各人の必要を平等に扱うという考え方で、例えば、生活保護は保護を必要としている者に提供され、医療は病気やけがで治療などを必要としている者に提供されることがあげられる。市場経済のなかでは貢献原則が大きな位置を占めるが、家族手当、住宅手当などは、扶養や居住の必要に応じて支給され必ずしも貢献原則によるものではない。

158 ニーズ論は、脱工業社会のなかで、働き方や雇い方の変化、家族の多様化などにより工業社会とは異なる生活支援ニーズを抱える人々が現れ、より特有のリスクが生じていることで多くの課題を抱えるようになった。**新しい社会リスク**とも呼ばれる。

✏ 新しい社会リスクには、ニート、フリーター、ワーキングプア、老老介護や介護難民、ダブルケア、ヤングケアラーなどこれまでになかったリスクを生じさせている。ニーズの現れ方がより個別的となり、社会保険などで対応することが困難な状況となりつつある。このような状況に応じてニーズ論の新たな構築も必要となっている。

4 社会問題と社会構造

現代における社会問題

159 日本では、「貧困や生活の不安定化」や「心身のストレス」に加え、1990年代以降、ホームレスの増加、精神障害者等の生活問題、滞日外国人家族の地域摩擦、高齢者の孤独死や自殺、少年犯罪の増加といった新たな福祉問題群が生じている。

160 近年は、家族が**相互扶助（共助）**機能や愛情などを発揮する基盤は弱く、過度な期待を寄せることはできない。家庭内暴力（DV）、ヤングケアラー、育児や介護の放棄、殺人や心中などは、家族の相互扶助機能の限界を示し、それはまた市場が解決できない問題を家族に押し付けることの限界を示しているともいえる。

161 現代社会の多様化・複雑化・高度化する生活上の困難や障害に対応するためには、社会福祉には一般社会サービスとの連絡・調整・連携を視野に入れた**協働アプローチ**が必要となってきている。

162 これからの地域福祉は、地域の閉鎖性による**社会的排除（ソーシャルエクスクルージョン）**ではなく、外に開かれた地域を創造することで**社会的包摂（ソーシャルインクルージョン）**を実現する場にすることが求められている。1980年代のヨーロッパの移民排斥に対応する理念・思想である。

✏ 社会的包摂（ソーシャルインクルージョン）を進めるためには、社会のなかにセーフティネットが必要となる。社会的包摂とは網の目のように救済策を張ることで、何か危険が生じた場合に安全や安心を提供するための仕組みをいう。

163 社会環境のあり方が、人々の**ケイパビリティ**を制約したり、社会的排除による社会参加の機会の剥奪を生むことがある。

✏ ケイパビリティとは、医療や教育などの機能によって保障される個人の潜在能力のことである。

164 **社会連帯**とは、諸個人の社会的に緊密な依存状態という意味である。新たな社会問題として社会的排除や長期的失業などが深刻化し、福祉国家の危機的状況を社会連帯の破壊であるとし、新たな社会連帯を模索する動きが始まっている。

165 地域社会に対して共通する政策課題は、地方政府の政策や施策（プログラム）としての対応であり、自治体が政策対象から排除していた問題を政策として包摂すること、窓口が対象別であったものを1か所に総合化する（**ワンストップサービス**）ことなどが求められる。また、市場のサービスが行き届かなかったりする地理的に不利な居住地への行政サービスのアクセス保障など公平化も求められる。

出36-27

166 **地域社会の実践的課題**としては、ホームレスなどの社会的排除、障害者に対する地域葛藤の克服、外国人の生活様式を理解する異文化間交流、交通弱者や災害弱者などの社会的弱者への支援プログラム、マイノリティ（少数派）、当事者の市民権の獲得への取組みが求められる。

- 外国人が安全に安心して暮らせるように、外国人に対する情報発信や相談体制の強化などによって共生社会を実現していことが求められている。

167 2016（平成28）年に「本邦外出身者に対する不当な差別的言動の解消に向けた取組の推進に関する法律」（**ヘイトスピーチ解消法**）が成立した。

- 前文で本邦外出身者に対する不当な差別的言動は許されないことを宣言している。
- 第2条で「本邦外出身者に対する不当な差別的言動」を「専ら本邦の域外にある国若しくは地域の出身である者又はその子孫であって適法に居住するもの（**本邦外出身者**）に対する差別的意識を助長し又は誘発する目的で公然とその生命、身体、自由、名誉若しくは財産に危害を加える旨を告知し又は本邦外出身者を著しく侮辱するなど、本邦の域外にある国又は地域の出身であることを理由として、本邦外出身者を地域社会から排除することを煽動する不当な差別的言動をいう」としている。

168 ヘイトスピーチ解消法は、基本理念（**第3条**）、国および地方公共団体の責務（**第4条**）を規定するとともに、基本的施策として、相談体制の整備、教育の充実、啓発活動などを規定している。**インターネット**による不当な差別的言動などに対する解消の取組みは附帯決議にある。なお、罰則規定はない。

169 **ヴァルネラビリティ**とは、傷つきやすい、脆弱性《ぜいじゃくせい》、攻撃を受けやすいこと、などの意味がある。精神などの障害や、年齢、疾病などの理由でコミュニティケアサービスを必要とする者のなかで、自分自身の面倒をみることができない者、重大な侵害行為や搾取《さくしゅ》から自分自身を守ることのできない者に対して特別な保護を必要とする政策がとられている。

170 虐待などからの保護を必要とする**社会的弱者**（ヴァルネラブルな人々）に関する法律として、2000（平成12）年の児童虐待の防止等に関する法律（**児童虐待防止法**）、2001（平成13）年の配偶者からの暴力の防止及び被害者の保護等に関する法律（DV防止法）、2005（平成17）年の高齢者虐待の防止、高齢者の養護者に対する支援等に関する法律（**高齢者虐待防止法**）、2011（平成23）年の障害者虐待の防止、障害者の養護者に対する支援等に関する法律（**障害者虐待防止法**）があげられる。

171 **ニューリスク（新しい社会的リスク）**とは、科学技術の進展や社会の変革により新たに生み出されたリスク（危険）のことを指す。こうした社会情勢のなかでは、働く女性、小さな子どもをもつ家族、移民といった人々が生活上の困難を抱えやすく、将来的にも貧困の再生産につながると指摘されている。

172 厚生労働省は、**依存症**とは、特定の物質や行為・過程に対して、やめたくてもやめられない、ほどほどにできない状態になることと定義する。

アルコールや薬物などの物質に対する依存、特定の行為や過程に必要以上に熱中し、のめりこんでしまうプロセスの依存があるとされる。

173 2016（平成28）年3月、**自殺対策基本法**が改正され、第1条（目的）に「誰も自殺に追い込まれることのない社会の実現を目指して、これに対処していくことが重要な課題となっていること」が追加された。

174 2016（平成28）年3月の自殺対策基本法改正により、第2条（基本理念）に、自殺対策は、生きることの包括的な支援として、すべての人がかけがえのない個人として尊重されるとともに、生きる力を基礎として生きがいや希望をもって暮らすことができるよう、**支援や環境の整備充実**などが総合的に実施されなければならないことが追加された。

175 2016（平成28）年3月の自殺対策基本法改正により、都道府県・市町村は、それぞれ都道府県自殺対策計画・市町村自殺対策計画を策定することが義務づけられた。また、国は、都道府県自殺対策計画・市町村自殺対策計画に基づいて、地域の状況に応じた自殺対策のために必要な事業や取組み等を実施する都道府県または市町村に対して、交付金を交付することとなった。

出 35-47（行財）

176 2017（平成29）年7月、自殺総合対策大綱が見直され、次の①～③が掲げられた。①地域レベルの実践的な取組みのさらなる推進、②若者の自殺対策、勤務問題による自殺対策のさらなる推進、③自殺死亡率を先進諸国の現在の水準まで減少させることを目指し、2026（令和8）年までに、2015（平成27）年比**30％以上減少**させることを目標とすること。

受験対策アドバイス

◆グローバル化、人口減社会など、これからの日本の抱える問題は非常に多く、現場でも必要とされる論点です。

社会問題の構造的背景◆

177 **経済成長**とは、国民経済の規模が年々拡大していくプロセスをいい、**国民総生産**（GNP）、**国内総生産**（GDP）や実質国民所得がその計測の指標とされている。バブル経済が崩壊した1991（平成3）年以降、日本の経済は低い経済成長率となり**低成長経済**になったといわれる。

178 **グローバル化**とは、資本や労働力、物資、情報などの流れが地球全体を覆い、国境を越えた活動が活発化し、商品を海外から入手することが簡単になったり、通信手段や移動手段も容易になり、経済、文化などの結びつきが深まる状況を指す。

179 2023（令和5）年4月に国立社会保障・人口問題研究所が公表した**将来推計人口**によると、2050（令和32）年に日本人の人口は9740万人と2020（令和2）年時点の8割弱に減る**人口減社会**となる。その時点での外国人は729万人で2020（令和2）年時点の2.7倍に増加すると予測される。

- 介護人材の不足に対する人材確保の方策としては外国人採用が考えられるが、日本語や介護技術の習得の壁、在留資格によっては家族が来られないなどの問題もある。働きがいや生きがいにつながる処遇が重要となる。
- 第1次ベビーブーム期の出生者が後期高齢者になる2025年問題のために、医療や介護の供給体制が整備されつつある。

180 格差とは、価格、資格、等級などの差を表す言葉で、**格差社会**は、社会問題として取り上げられ、収入や財産をもとに人間社会が**階層化**され、今の階層から別の階層への移動が難しくなっている状態を指す。

出 36-24

181 格差社会を表す指標として、**ジニ係数**（社会における所得分配の不平等さを測る指標）や**相対的貧困率**（等価可処分所得の中央値の50％未満の所得層が全人口に占める比率）が用いられる。近年のOECDレポートは、日本社会における格差の拡大を指摘している。

- 2019（平成31）年頃の相対的貧困率をみてみると、日本（15.7％）は、アメリカ（18.0％）、韓国（16.3％）、メキシコ（15.9％）などに続いて第12位であり、OECD諸国内の比較では高いグループに位置する。
- デンマーク（6.4％）やスウェーデン（9.3％）などの北欧諸国の相対的貧困率は低い。
- 子どもがいる現役世帯の世帯員の「貧困率」は、「大人が2人以上」の世帯員よりも「大人が1人」の世帯員のほうが高い。

182 **社会保障給付費**と相対的貧困率の間には相関関係がある。社会保障給付は、各国の社会における格差是正に関係し、社会保障給付の規模が大きい北欧諸国では相対的貧困率が低く、給付の規模が小さいアメリカや日本では相対的貧困率が高い。

183 **社会意識**とは、社会集団において構成員に共有されている意識をいう。晩婚化や非婚化、性別役割の変化、選択的夫婦別姓の問題、LGBTsにおける性自認や性指向の問題など社会の多様性や価値観の変化への理解が求められている。

5 福祉政策の基本的な視点

受験対策アドバイス

これまでの社会福祉の論点や社会問題とも重なる内容であり、ここでは「政策」という言葉の概念や理念を押さえましょう。

福祉政策の概念・理念

◎福祉政策の概念・理念

184 **社会政策**、**福祉政策**、**社会福祉政策**それぞれの概念は、社会政策（広義の福祉政策）＞福祉政策＞社会福祉政策（狭義の福祉政策）という範域順で理解される。

185 **福祉政策**の概念は、社会福祉政策を機軸にそれを取り囲む人権擁護・後見制度、消費者保護、健康政策、教育、雇用・労働政策、所得保障、保健サービス、医療サービス、少年・家事審判制度、更生保護、住宅政策、まちづくりなど一般社会サービスとの連絡・調整・連携を通じて行われる施策展開に向けられるものとなる。

186 **社会福祉政策**（**狭義の福祉政策**）とは、社会福祉事業や福祉サービスに関係する社会政策を指す。福祉サービスの供給体制は国によって異なり、北欧では財源・供給ともに公共部門が、ドイツや日本では財源はともかく供給は民間部門が、アメリカでは財源・供給ともに民間部門が中心となっている。

187 日本では、歴史的な理由から社会政策を労働政策に限定して用いていたが、今日では、**広義の福祉政策**を社会政策の意味で用いるようになっている。そして、イギリスやアメリカで用いられているソーシャルポリシーに社会政策、ソーシャルサービスに社会サービスを対応させ、社会政策を上位概念とし、構成要素として社会サービスを位置づけた。

188 **公共政策**とは、政府などが主体となって策定・実行する政策を指す。国、地方自治体（地方公共団体）、国際連合、国際労働機関も公共政策の担い手となり得る。

189 公共政策は、社会秩序維持政策、経済政策、社会政策に体系化できる。

- 最も基底的なものは、警察・消防・軍隊・司法などの**社会秩序維持政策**であり、公共サービスと呼ばれ、政府が行うのが当然の仕事とみなされている。
- **経済政策**は、経済システムの安定と成長を目的とした公共政策をいう。ケインズ革命以降の先進諸国は、金融政策・財政政策・産業政策などによって、経済システムの制御を行っている。

- 社会政策は、市民生活の安定と向上を目的として策定・実施される公共政策をいう。第二次世界大戦後の福祉国家体制の成立以降、先進諸国は雇用・社会保障・住宅・教育など市民生活にかかわるさまざまな領域で社会政策を策定・実施してきた。
- 社会政策には、無為《むい》、窮乏《きゅうぼう》、疾病《しっぺい》・依存、不潔、無知などのマイナスの価値を回避することを目的としているものがある。

190 社会政策と経済政策の区分は、機能的に考えた場合、相対的である。ある公共政策は、直接的には経済政策であっても、市民生活の安定と向上につながることもあり、社会政策としても機能する。また、ある公共政策は、直接的には社会政策であっても、経済システムの安定と成長に間接的に寄与することもあり、経済政策としても機能する。

図表7 社会政策と経済政策の関係

◎福祉政策と社会保障、社会政策

191 社会福祉に関する政策では、社会福祉にかかわる国や自治体による一定の目的や目標の設定、それを達成するための権限、情報、要員、財源の動員、手順や手段についての計画の創出が行われる。次に制度という形で政策が運用され、さらに援助という形に実体化されていき、そこで初めて、利用者は社会福祉を利用することができるようになる。

192 施策の有用的効果は、政策が策定される過程で設定された目的や目標を基準にして評価測定される。

193 社会保障・福祉政策は、公的財源を投入することによる利用者の負担軽減が必要な財やサービスの特定、市場での経済活動を通じての生活維持が困難であると想定され公的財源を投入して援助していく必要のある人々のタイプの特定、公的財源の投入により保障すべき生活保障の内容と水準、などを政治的な決定の対象とする。

194 福祉政策は、国民の代表によって成り立つ国会と行政府である政府を中心とし、さらに地方自治体である都道府県、市町村によって展開されている。地方分権により市町村の役割が増している。

195 政策主体とは、社会福祉に関連する政策を計画・策定し、実行する主体をいう。国（厚生労働省）が主に政策を立案し、国会が法律として定める形となる。

196 福祉政策の**対象者**は、現に社会福祉の支援・援助を受けている人々を指す。クライエント、利用者、要援護者といった呼び方をされる。

197 福祉政策の対象となるのは、社会福祉サービスを利用する必要性のある状態におかれている人々が抱えている社会福祉問題・生活問題である。

198 今後の福祉政策は、①幅広い階層の**社会的・心理的ニーズ**に応えられる対人福祉サービスの促進、②地方自治体の**分権化**と財政的自立、③福祉サービス提供事業者の**多元化**など協働関係を確立すること、④**予防的な施策**の促進、⑤福祉問題に立ち向かう主体形成の推進による市民や住民の**自律化**が求められている。

199 現代社会における福祉政策の展開には2つの方向性がある。

- 第1に、メゾ（中間≒地域）領域としての「**地域社会**」を再生するための取組みがあげられる。
- 第2に、国民国家による**ナショナル・ミニマム**としてのセーフティネットの基盤形成と市民社会による役割と参加の場の創出といったマクロの視点があげられる。

200 新たな「公共」論は、社会福祉制度の運営手続き面の欠陥を克服し、地域社会の希少資源を有効に活用しつつ新しい価値（公共）を創造することである。新しい価値（公共）の創造のために、公共性の構成要件である「公平」と「効率」を積極的に両立させることが求められ、その方法理論として「**ローカル・ガバナンス論**」が注目されている。

201 家族機能の低下・地域共同性の衰退によって生じる個別福祉問題への対処方法としては、**ソーシャルキャピタル**の蓄積と新しい共同の創出が考えられる。ソーシャルキャピタルの蓄積と地域居住資源にかかわる項目を抽出し社会指標とすることで、家族・地域社会の弱体化の**相互補強**を目指す。

202 **豊かな公共圏（市民社会）**を形成するためには、地域格差・地方財政危機・社会的排除や摩擦といった地域の生活問題の解決が必要となる。その手段はローカル・ガバナンスの政策化と実践化にあり、その指標となるものとしては、社会サービス、地方分権と財政、企業福利・市民団体・社会教育などがあげられる。

203 2020年の国連開発計画が発表した「**人間開発報告書2020**」は、各国の二酸化炭素排出量とマテリアルフットプリントを勘案した人間の進歩に関する新たな試験的指数を提示した。また「人新世」という、人類が初めて地球の生態系や気候に大きな影響を与えるようになったヒト中心の時代という地質学的時代を指す言葉も用いている。

6 福祉政策におけるニーズと資源

ニーズ

※「社会福祉の対象とニーズ」（170頁）を参照。

資源

204 資源（**社会資源**）とは、人々の必要を満たすことのできるもので、希少性があって入手が容易でないものをいう。

205 **ラショニング**（**配当、割当**）とは、希少な資源を、市場メカニズムを用いずに、これを必要とする人々に供給するために、何らかの人為的な手段によって必要と資源の間の調整を行う過程を指す。 出 35-27

206 福祉政策の資源は、報酬と用具に分類される。

- **報酬**とは、必要の充足にとって直接役立つ資源であり、雇用機会の提供や職業訓練といった「現物給付」として提供される。
- **用具**とは、現金給付、利用券といった必要の充足にとって間接的に役立つ資源をいう。また、現金給付と同様の機能をもつものとして税額控除がある。

207 福祉政策の資源は、現物か貨幣によって表示される。社会支出や社会保障給付費の総額といった**貨幣表示**による資源総量と、従事者数・施設数・定員数などの**現物表示**による資源総量とがある。

208 社会政策のうち社会福祉政策（狭義の福祉政策）の分野の**資源**としては、①社会福祉施設、②社会福祉事業の従事者、③介護保険制度によるサービス、④地域福祉に関係する団体や人材、⑤家族や近隣などの非公式ネットワーク、⑥社会福祉に関係する現金や現物の給付などがあげられる。

7 福祉政策の構成要素と過程

受験対策アドバイス
社会福祉の構成要素として、特に市場や多元化する福祉サービス提供方式の理解は欠かせません。まずは、ハイエク、ギデンズ、ティトマスらが何を提唱しているかを押さえましょう。

福祉政策の構成要素

◎政府、市場、事業者、国民の役割

209 **ハイエク**（Hayek, F.）は、イギリスで活躍した理論経済学者・社会哲学者であり、自由な市場経済の優位性を強く主張した。経済に対する政府の干渉は有害であるとし、福祉国家を批判した。

✏ ハイエクは、自由の価値を探求し、文明の進歩の源泉には自由があるとする**新自由主義**の代表的論者である。自由権といった市民的権利と社会的権利とは同時に達成できないとした。

出32-25 **210** **ギデンズ**（Giddens, A.）は、イギリスの社会学者であり、**『第三の道』**を著した。第三の道とは、社会民主主義や新自由主義とは別の道のことであり、公共の利益に配慮しつつ、市場の力を活用しようとする考え方である。ブレア政権の福祉政策のあり方に影響を与えた。

出35-23 ✏ ギデンズは、新たな福祉国家の方向性として、金銭給付よりも、教育や職業訓練によって**人的資本**に投資することを重視し、**ポジティブ・ウェルフェア**を提唱した。

出34-24 **211** **ティトマス**（Titmuss, R.）は、イギリスの社会福祉研究者である。論文「福祉の社会的分業」で福祉の供給体制を論じ、福祉制度を財政福祉、社会福祉、企業福祉の３類型に分類し、**スティグマ**を軽減するための福祉供給の方法を模索している。

✏ ティトマスは、普遍主義に基づきサービスを誰もが利用できることを基盤にしながら、強いニーズをもつ集団や地域に対して、スティグマを与えることなく積極的に優遇することをねらいとし、権利としてサービスが提供されることが必要であるとした。

212 スウェーデンの**ペストフ**（Pestoff, V.）は、NPO・NGOを理解するための組織分類法として、社会経済システムを「公共・民間部門」「営利・非営利部門」「公式・非公式部門」の３軸で構想し、それによってできた福祉三角形における**第三セクター**の位置づけを明確にした。

✏ ペストフは、第三セクターであるNPO・NGOは、公的・非営利・公式な政府、私的・営利・公式な私企業、私的・非営利・非公式な共同体（血縁・地縁・文化）の３つの組織が交わる福祉三角形の中心にあって、政府・企業・共同体に学び、それぞれの欠点を補う組織であるとした。

図表8 第三セクターの位置づけ

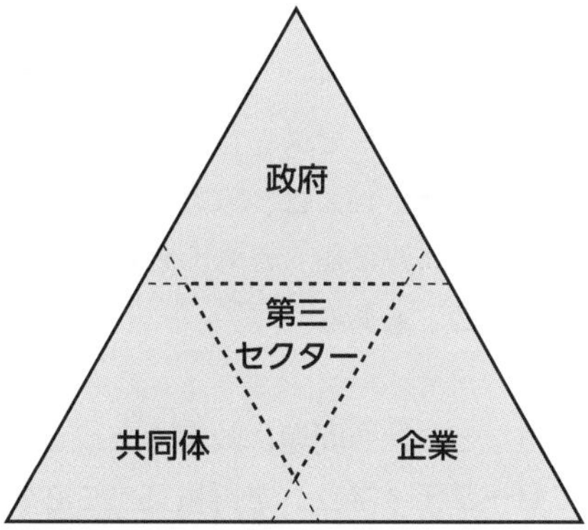

213 **ケインズ的福祉国家**は、社会福祉施設・サービスの基盤整備については、地方分権化政策や施策によってその使命を果たしたが、所得再分配やソーシャル・セーフティネットの構築については使命を果たせなくなってきている。 出35-24

✎ ケインズ的福祉国家を代替するものとして、**分権型福祉社会**の考え方がある。これによれば、地方分権化に基づく「小さな政府」、経済システムにおいて生産機能を支える社会的インフラストラクチュアが情報・知識産業を基軸とする産業基盤へと転換すること、就労義務付雇用手当支給など働くための福祉を進めることといった特色を有している。

214 **福祉国家**から**福祉社会**への移行とは、さまざまな民間部門（非営利部門や営利部門）によって、個人の福祉の実現に主体的にかかわる福祉社会を実現することである。 出32-25 出36-22

✎ イギリスのジョンソン（Johnson, N.）による**福祉多元主義**という福祉の供給主体を多元化する考え方を受けて、住民などによる地域福祉推進の期待が高まっている。

✎ 平行棒の理論は、民間事業が先駆的に独自の個別支援を行い、次いで公私事業が社会福祉事業を行うなど、政府と民間の役割は異なっていて、平行棒のように交わることはないとする考え方である。

215 市場が有する**反福祉的要素**に対する規制としては、政府が最低賃金を定めたり、簡単に解雇できないように労働者の権利を定めていることなどがある。

216 市場が無規制に近い状態を理想とする**市場原理主義**、**新自由主義**と呼ばれる立場がある。近年、資源・環境・労働・南北問題などの視点から、これらの考え方の矛盾が顕在化してきている。

217 家族が有する反福祉的要素に対する規制としては、政府が家族に扶養義務を負わせたり、虐待を禁止することなどがある。そして、家族を私的空間として閉ざさずに、個人の福祉に反する行為がなされたときは、社会の責任で対処する。

218 **脱家族化**を可能にするサービスとは、家族によるケアを代替する社会サービスであり、これらのサービスは、家族に頼って生活する度合いを減らす。脱家族化は社会サービスだけがもたらすわけではなく、民間の育児サービスなど市場がもたらすこともある。

219 **貧困・所得格差**などの社会問題に政策や実践として対処し、中央政府と地方政府によって**セーフティネット**を再構築する必要がある。その指標としては、社会保険、社会保障制度、社会福祉などがあげられる。

220 地域コミュニティの新たなニーズに応えるために、伝統的な地縁組織をNPO法人として設立し運営することで、地縁組織とNPO法人が連携・融合した新たな**ソーシャルキャピタル（社会関係資本）**が形成される地域もある。これらの動きは、「**互酬の制度化**」でもある。

8 福祉政策の動向と課題

福祉政策と包括的支援

受験対策アドバイス
小項目で「社会福祉法」が取り上げられています。ここでは、法の条文も読んでおくようにしましょう。

◎2000（平成12）年の社会福祉法の成立

221 2000（平成12）年の、社会福祉の増進のための社会福祉事業法等の一部を改正する等の法律によって**社会福祉事業法**が改正され、法名称も**社会福祉法**となった。1951（昭和26）年の社会福祉事業法制定以来の大改正であり、社会福祉事業、社会福祉法人、措置制度など社会福祉の共通基盤制度について、増大・多様化が見込まれる国民の福祉への要求に対応するための見直しが行われた。

222 社会福祉法の**目的**は、「社会福祉を目的とする事業の全分野における共通的基本事項を定め、社会福祉を目的とする他の法律と相まって、福祉サービスの利用者の利益の保護及び地域における社会福祉（以下「地域福祉」という。）の推進を図るとともに、社会福祉事業の公明かつ適正な実施の確保及び社会福祉を目的とする事業の健全な発達を図り、もって社会福祉の増進に資すること」と改められた（**第1条**）。

223 福祉サービスの**基本的理念**として「福祉サービスは、個人の尊厳の保持を旨とし、その内容は、福祉サービスの利用者が心身ともに健やかに育成され、又はその有する能力に応じ自立した日常生活を営むことができるように支援するものとして、良質かつ適切なものでなければならない」と改められた（**第3条**）。

出 33-22
出 35-30

224 **地域福祉の推進**として、「地域住民、社会福祉を目的とする事業を経営する者及び社会福祉に関する活動を行う者は、相互に協力し、福祉サービスを必要とする地域住民が地域社会を構成する一員として日常生活を営み、社会、経済、文化その他あらゆる分野の活動に参加する機会が与えられるように、地域福祉の推進に努めなければならない」ことと規定されていた（**第4条**）。

✏ 2017（平成29）年6月の改正で、「与えられる」ものではなく「確保される」べきものと改められた。

225 福祉サービスの提供体制の確保等に関する**国および地方公共団体の責務**として、「国及び地方公共団体は、社会福祉を目的とする事業を経営する者と協力して、社会福祉を目的とする事業の広範かつ計画的な実施が図られるよう、福祉サービスを提供する体制の確保に関する施策、福祉サービスの適切な利用の推進に関する施策その他の必要な各般の措置を講じなければならない」ことと規定している（第6条）。

226 **事業経営の準則**は、第61条に改めて規定された。国、地方公共団体、社会福祉法人その他社会福祉事業を経営する者は、図表9に示すとおり、それぞれの責任を明確にしなければならないとし、国または地方公共団体が、その経営する社会福祉事業について、福祉サービスを必要とする者を施設に入所させることその他の措置をほかの社会福祉事業を経営する者に**委託**することを妨げるものではないとしている。

図表9 事業経営の準則（社会福祉法第61条第1項）

①国及び地方公共団体は、法律に基づくその責任を他の社会福祉事業を経営する者に転嫁し、又はこれらの者の財政的援助を求めないこと。
②国及び地方公共団体は、他の社会福祉事業を経営する者に対し、その自主性を重んじ、不当な関与を行わないこと。
③社会福祉事業を経営する者は、不当に国及び地方公共団体の財政的、管理的援助を仰がないこと。

227 新たに福祉サービスの適切な利用に関する章（第75条～第88条）が加えられた。

社会福祉事業の経営者は、福祉サービスを利用しようとする者が、適切かつ円滑にこれを利用することができるように、その経営する社会福祉事業に関し**情報の提供**を行うよう努めなければならないと規定している（第75条第1項）。

228 利用契約の申込み時の説明に関して、社会福祉事業の経営者は、福祉サービスの利用を希望する者からの申込みがあった場合には、福祉サービスを利用するための**契約内容等を説明**するよう努めなければならないとしている（第76条）。

出 35-30

229 利用契約の成立時の書面の交付に関して、利用契約が成立後遅滞なく、その利用者に対し、当該契約にかかる重要事項を記載した**書面**を交付しなければならないとしている（第77条）。

利用契約の成立時の書面の交付に関して、利用者の承諾を得て、書面の交付に加え電子メールなどの**電子的手段**を用いることも認められている。

230 福祉サービスの質の向上のための措置に関して規定し、社会福祉事業の経営者は、自らその提供する**福祉サービスの質の評価**を行うことその他の措置を講ずるよう努めなければならないこととし、国は福祉サービスの質の公正かつ適切な評価の実施に資するための措置を講ずるよう努めなければならないとしている（第78条）。

231 社会福祉事業の経営者は、誇大広告をしてはならないと規定している（第79条）。

232 **苦情解決**の仕組みが導入され、社会福祉サービスに対する利用者の苦情や意見を幅広く汲み上げ、サービスの改善を図る観点から、①第三者が加わった施設内における苦情解決の仕組みの整備が社会福祉事業の経営者の義務とされ、②解決困難な事例に対応するため、**運営適正化委員会**が**都道府県社会福祉協議会**に設置されることとなった（第82条）。 出35-30

233 国は社会福祉事業従事者の確保および国民の社会福祉に関する活動への参加を促進するために**必要な財政上および金融上の措置**、その他の措置を講ずるよう努めなければならないとしている（第92条）。 出32-22

234 2011（平成23）年8月の改正で、都道府県は、福祉サービスの提供の方法、利用者等からの苦情への対応その他の社会福祉施設の運営について、**条例**で基準を定めなければならないこととされた。

◎2016（平成28）年の改正

235 2016（平成28）年3月、社会福祉法が改正された。その趣旨は、福祉サービスの供給体制の整備および充実を図るため、**社会福祉法人の経営組織の見直し**、**事業運営の透明性**の向上および財務規律の強化、**介護人材の確保**を推進するための取組みの拡充、社会福祉施設職員等退職手当共済制度の見直し等の措置を講ずることにある。

236 2016（平成28）年4月より、社会福祉法人は、社会福祉事業および公益事業を行うにあたっては、日常生活または社会生活上の支援を必要とする者に対して、無料または低額な料金で、福祉サービスを積極的に提供するよう努めなければならないものとされ、地域における**公益的な取組み**を実施する責務が規定された（第24条第2項）。 出32-29

237 2017（平成29）年4月より、社会福祉法人は**評議員会**をおかなければならないものとし、評議員会において、理事、監事および会計監査人の選任等の重要事項の決議を行うものとすることとなった（第36条第1項、第43条第1項、第45条の8等）。 出32-122（経営） 出34-43（行財） 出35-119（経営） 出36-119（経営）

✏ 一定規模以上の社会福祉法人は、会計監査人をおかなければならないこととされ、組織経営のガバナンスの強化が規定された（第37条）。

238 社会福祉法人の経営組織が見直され、2017（平成29）年4月より、評議員、理事、監事および会計監査人の資格、職務および責任並びに評議員、評議員会、理事、理事会、監事および会計監査人の権限に関する規定が整備された。理事会は、理事・理事長に対する牽制機能を働かせるよう位置づけられた。

図表10 社会福祉法人の機関

評議員	評議員は、社会福祉法人の適正な運営に必要な識見を有する者のうちから、定款の定めるところにより、選任する。
評議員会	法人運営の基本ルール・体制の決定と事後的な監督を行う機関
理事会	○すべての理事で組織する業務執行に関する意思決定機関 ○理事会の職務 ①社会福祉法人の業務執行の決定 ②理事の職務の執行の監督 ③理事長の選定および解職
監事	理事の職務の執行の監査

✏ 社会福祉法人の公益性・非営利性の確保、国民に対する**説明責任（アカウンタビリティ）**を果たし、地域社会に貢献する法人としての制度改正が行われた。

出35-119（経営）
出36-119（経営）

239 社会福祉法人は、①定款、計算書類、事業の概要を記載した書類等の備え置きおよび国民一般に対する閲覧等にかかる規定を整備すること、②定款、計算書類、事業の概要を記載した書類等を**公表**しなければならないことが規定された。

✏ 事業運営の透明性の向上が図られた。

240 都道府県知事は、社会福祉法人の活動の状況等の調査および分析を行い、統計等を作成し、公表に努めるとともに、厚生労働大臣は、社会福祉法人に関する情報にかかるデータベースの整備を図り、国民に迅速に当該**情報を提供**できるよう必要な施策を実施することとなった（第59条の2第2項、第5項）。

241 **厚生労働大臣**は、都道府県知事および市長に対し、都道府県知事は市長に対し、社会福祉法人の指導および監督の実施に関し必要な助言、情報の提供その他の支援を行うよう努めなければならないこととなった（第59条の3）。

242 図表11のように社会福祉法人の財務規律が強化され、適正かつ公正な支出管理、内部留保の明確化、**社会福祉充実残額**の社会福祉事業等への計画的な再投資が図られることとなった。

出36-119（経営）

243 社会福祉法人は、**理事**を**6人以上**、**監事**を**2人以上**おかなければならないこととされた。

図表11 社会福祉法人の財務規律の強化等

① 評議員、理事、監事、職員等の関係者に対し特別の利益を与えてはならない（社会福祉法第27条）。
② 理事、監事および評議員に対する報酬等の支給の基準を定め、公表しなければならない（社会福祉法第45条の35第１項および第59条の２第１項）。
③ 毎会計年度、純資産の額が事業の継続に必要な額を超える社会福祉法人について、既存の社会福祉事業もしくは公益事業の充実または新規の社会福祉事業もしくは公益事業の実施に関する計画（社会福祉充実計画）を作成し、所轄庁の承認を受けなければならない（社会福祉法第55条の２第１項）。
④ 社会福祉充実計画の作成にあたっては、次に掲げる事業の順に検討し、記載しなければならない（社会福祉法第55条の２第４項）。
　ア　社会福祉事業または公益事業（小規模な事業に限る）
　イ　公益事業（小規模な事業を除き、日常生活または社会生活上の支援を必要とする事業区域の住民に対して、無料または低額な料金で、その需要に応じた福祉サービスを提供するもの（「地域公益事業」）に限る）
　ウ　その他の公益事業
⑤ 社会福祉充実計画の作成にあたっては、公認会計士、税理士等の財務に関する専門的な知識経験を有する者の意見を聴かなければならない（社会福祉法第55条の２第５項）。
⑥ 地域公益事業を行う社会福祉充実計画の作成にあたっては、事業区域の住民その他の関係者の意見を聴かなければならない（社会福祉法第55条の２第６項）。

244 所轄庁は、社会福祉法人が法令等に違反し、またはその運営が著しく適正を欠くと認めるときは、改善のために必要な**勧告**をすることができるなど、行政の関与のあり方が見直された。

245 社会福祉事業に従事する者の確保等に関する基本指針を、社会福祉事業その他の政令で定める社会福祉を目的とする事業（社会福祉事業等）に従事する者の確保等に関する基本指針に改めることとし**（第89条）**、**福祉人材の確保**等に関する基本的な指針の対象者の範囲を拡大し、社会福祉事業と密接に関連する介護サービス従事者が追加された。

246 社会福祉事業等に従事していた介護福祉士等の資格を有する者が離職した場合等には、**都道府県福祉人材センター**に住所、氏名等を届け出るよう努めなければならないものとなった**（第95条の3）**。これにより福祉人材センターの機能強化が図られた。

◎2017（平成29）・2018（平成30）年の改正

247 2017（平成29）年６月の改正で、第４条に第２項が追加された。

✏ 第２項は、地域福祉の推進にあたり、地域住民、社会福祉を目的とする事業を経営する者および社会福祉に関する活動を行う者（地域住民等）は、①本人のみならず、その者が属する世帯全体に着目し、②福祉、介護、保健医療に限らない、地域生活課題を把握するとともに、③地域生活課題の解決に資する支援を行う関係機関（支援関係機関）と連携し、課題の解決を図るよう特に留意する旨を定め、**地域福祉の推進の理念**を明確化するものとなった。

248 第5条は、福祉サービスの提供の原則を規定しているが、2017（平成29）年6月の改正で「社会福祉を目的とする事業を経営する者は、その提供する多様な福祉サービスについて、利用者の意向を十分に尊重し」の後に「地域福祉の推進に係る取組を行う他の**地域住民等との連携**を図り」が加えられた。

249 2017（平成29）年6月の改正時も、第5条の後半はそのまま「かつ、保健医療サービスその他の関連するサービスとの有機的な連携を図るよう創意工夫を行いつつ、これを総合的に提供することができるようにその事業の実施に努めなければならない」こととなっている。それ自体は**福祉サービスにあたらない**地域福祉の推進にかかる取組みとの連携にも配慮すべきであることを明らかにしている。

250 2017（平成29）年6月の改正で、第106条の3が追加された。

- ①住民に身近な圏域において、地域住民等が主体的に地域生活課題を把握し解決を試みることができる環境の整備（第1号）。
- ②住民に身近な圏域において、地域生活課題に関する相談を包括的に受け止める体制の整備（第2号）。
- ③多機関の協働による市町村における包括的な相談支援体制の構築（第3号）

等により**包括的な支援体制**を整備していくことを市町村の努力義務とした。

251 2018（平成30）年の社会福祉法の改正によって、無料低額宿泊所等を設置する**第二種社会福祉事業の規制の強化**がなされた。

- ①無料低額宿泊所等を設置して、第二種社会福祉事業を開始する場合、市町村または社会福祉法人は、事業開始の日から1月以内に、国、都道府県に、市町村および社会福祉法人以外の者は、事業の開始前に都道府県知事に、施設の名称等を届け出る。
- ②都道府県は、無料低額宿泊所等の設備の規模および構造並びに福祉サービスの提供の方法、利用者等からの苦情への対応その他の社会福祉住居施設の運営について、条例で基準を定める。
- ③無料低額宿泊所等には、専任の管理者を置かなければならない。

◎2020年の改正

252 新たに地域福祉の推進は、地域住民が相互に人格と個性を尊重し合いながら、参加し、**共生する地域社会の実現**を目指して行われなければならないと規定された（第4条第1項）。

出 32-36（地域）

253 国及び地方公共団体は、地域生活課題の解決に資する支援が包括的に提供される体制の整備その他地域福祉の推進のために必要な各般の措置を講ずるよう努めるとともに、当該措置の推進に当たっては、**保健医療**、**労働**、**教育**、**住まい**及び**地域再生**に関する施策その他の関連施策との連携に配慮するよう努めなければならないことと改められた（**第6条第2項**）。

254 国及び都道府県は、市町村において**重層的支援体制整備事業**その他地域生活課題の解決に資する支援が包括的に提供される体制の整備が適正かつ円滑に行われるよう、必要な助言、情報提供その他の援助を行わなければならないこととなった（**第6条第3項**）。

出36-35（地域）

✏ 厚生労働大臣は、重層的支援体制整備事業をはじめとする施策に関して、その適切かつ有効な実施を図るため必要な指針を公表するものとすることとなった。

255 市町村は、地域生活課題の解決に資する包括的な支援体制を整備するため、社会福祉法に基づく事業並びに介護保険法、障害者の日常生活及び社会生活を総合的に支援するための法律、子ども・子育て支援法及び生活困窮者自立支援法に基づく事業を一体のものとして実施することにより、地域生活課題を抱える地域住民及びその世帯に対する支援体制並びに地域住民等による地域福祉の推進のために必要な環境を一体的かつ重層的に整備する事業として、**重層的支援体制整備事業**を行うことができることとなった（**第106条の4**）。

出36-35（地域）

256 新たに**社会福祉連携推進法人制度**が創設された。社会福祉法人間の連携方法として「社会福祉協議会や法人間の緩やかな連携」「合併、事業譲渡」「社会福祉法人の新設」に加え、新たな選択肢の1つとして、社会福祉法人を中核とする非営利連携法人である「社会福祉連携推進法人」設立を認めた。

◎地域包括システム、地域共生社会、多文化共生、持続可能性（SDGs）◆ など（グローバリゼーションについては、178頁参照）

受験対策アドバイス

◆地域共生社会、多文化共生、持続可能性(SGDs)、気候変動など近年さまざまな形で取り上げられている問題に目を向け、自分なりの考え方をまとめておきましょう。

257 2013（平成25）年12月に、持続可能な社会保障制度の確立を図るための改革の推進に関する法律（**社会保障改革プログラム法**）が成立した。少子化対策について子ども・子育て関連法等の着実な実施、医療制度について国民健康保険の保険者・運営等のあり方の改革、介護保険制度について**地域包括ケア**の推進などが掲げられた。

✏ 円滑な実施と持続可能な制度に関する検討を行うために「**社会保障制度改革推進会議**」の設置が盛り込まれている。

258 2014（平成26）年6月、地域における医療及び介護の総合的な確保を推進するための関係法律の整備等に関する法律（**医療介護総合確保推進法**）が成立した。これに伴い、医療法などとともに介護保険法も改正された。介護保険制度の改正は、①**地域包括ケアシステム**の構築と、②費用負担の公平化に分かれ、2015（平成27）年4月以降順次施行された。

出35-22

259 2017（平成29）年6月の社会福祉法の改正は、地域福祉は、支え手側と受け手側に分かれるのではなく、福祉サービスを必要とする地域住民も含め地域のあらゆる住民が役割をもち、支え合いながら、自分らしく活躍できる**地域共生社会**の実現を目指していく必要があるとするものである。

出36-27

260 総務省は、**多文化共生**について、国籍や民族などの異なる人々が、互いの文化的違いを認め合い、対等な関係を築こうとしながら、地域社会の構成員として共に生きていくこととしている。

出32-27
出36-27

261 2018（平成30）年の「外国人材の受入れ・共生のための総合的対応策」では、災害時に避難所等にいる外国人被災者への**情報伝達を支援**する「災害時外国人支援情報コーディネーター」の養成研修を実施することとしている。

出32-28
出33-24

262 2015年の国際連合による「**持続可能な開発目標**」（SDGs）は、「我々の世界を変革する：持続可能な開発のための2030アジェンダ」と題する文書で、人間、地球と繁栄のための行動計画とし、極度の貧困を含むあらゆる形態と側面の貧困を解消することが地球規模の最大の課題であるとし、貧困に終止符を打つとともに、気候変動や環境保護への取組みも求めている。

✏ SDGsを支える柱は、人間、豊かさ、地球、平和、パートナーシップであり、実施にあたっての原則として、普遍性、包摂性、参画性、統合性、透明性が定められている。

9 福祉政策と関連施策

◎教育政策

263 **スクールソーシャルワーカー**は、文部科学省のいじめ対策・不登校支援等総合推進事業のスクールソーシャルワーカー活用事業に位置づけられ、いじめや不登校など児童生徒本人が抱える問題だけでなく、学校や家庭、地域なども視野に入れ、安定した学校生活のための支援を行っている。 出32-30

264 教育と福祉政策の視点からは、障害者の学習を支援する**特別支援学校・学級**や**社会教育**での支援、不登校などを支援する**フリースクール**、不登校児童生徒の意思を十分に尊重し、その状況によっては休養が必要な場合があることに留意して、不登校児童生徒の実態に配慮した教育を実施する「特例校」の設置促進、不利益層を支える教育といったものがあげられる。 出32-30

265 **学校教育法**に基づく**就学援助制度**は、経済的理由により就学困難と認められる学齢児童生徒の保護者への援助である。対象者は生活保護法に規定する要保護者とそれに準ずる程度に困窮している準要保護者に分けられている。 出34-31

◎住宅政策

266 **公営住宅法**は第二次世界大戦後、低額所得者向けに健康で文化的な生活を営むに足りる住宅を整備・賃貸し、国民生活の安定と社会福祉の増進に寄与することを目的として制定された。 出36-31

267 2001（平成13）年に、高齢者の居住の安定確保に関する法律（**高齢者住まい法**）が制定された。国による基本的方針を定めている。2006（平成18）年に**住生活基本法**、そしてこれを受け2007（平成19）年には住宅確保要配慮者に対する賃貸住宅の供給の促進に関する法律（**住宅セーフティネット法**）が施行された。高齢者や障害者、子育て世帯、被災者など住宅確保の困難な人々に対する支援である。 出36-31

268 2017（平成29）年4月の住宅セーフティネット法改正の概要は図表12のとおりである。 出33-30 出36-31

図表12 **新しい住宅セーフティネット法の概要**

① 住宅確保要配慮者の入居を拒まない賃貸住宅の登録制度
民間の空き家、空き室を活用して、**住宅確保要配慮者**（高齢者、低額所得者、子育て世帯、障害者、被災者等の住宅の確保に特に配慮を要する者）の入居を拒まない賃貸住宅の登録制度が創設された。

② 登録住宅の改修や入居者への経済的支援
国や地方公共団体等による、登録住宅の**改修**への支援、入居者**負担**の**軽減**を行うことが可能となった。

③ 住宅確保要配慮者の居住支援
都道府県による**居住支援法人**の指定、居住支援法人や居住支援協議会による居住支援活動の充実、生活保護受給者の住宅扶助費等の代理納付の推進、適正に家賃債務保証を行う事業者の登録制度、居住支援活動に対する補助等が実施されることとなった。

◎労働政策

269 就業者の大部分が雇用者となっているため、労働政策では雇用労働の政策が重要となる。**労働基準法**や**労働安全衛生法**は、労働時間・賃金・安全衛生など、労働条件に関する規制を行っている。**失業**は、人々の生活を破壊しがちであるため、完全雇用を達成するための政策や、失業者の求職が容易となるように、職業紹介や職業訓練などの積極的労働市場政策が実施される。

270 **アクティベーション**は、活動的にすることと訳されるが、労働市場や教育機関のサービスを充実させながら、貧困者の被雇用意欲を促進させ自主的な就労につなげる政策をいう。

出 33-143（就労）

271 雇用労働以外の仕事についても、社会的評価が必要となってきており、**アンペイド・ワーク（無償労働）**と呼ばれる、家事やケア、ボランティアのような稼得を伴わない仕事も注目されるようになってきている。

272 家族を介護する者の仕事と介護の両立のために勤務先に希望する支援として、「出社・退社時刻を自分の都合で変えられる仕組み」「残業をなくす・減らす仕組み」の要望が強くなっている。

新型コロナ感染症の感染予防を契機に、勤務先に出社せずに自宅など会社以外の場所で仕事をする**リモートワーク**が行われるようになった。

出 33-143（就労）

273 **ワークフェア**とは、福祉の目的が就労の拡大におかれ、同時に受給要件として就労を求めるものである。経済のグローバル化、ポスト産業社会、リスク社会が進行するなかで、ウェルフェアではなくワークフェアを重視するという**ポスト福祉国家**の考え方が提示されている。

274 ILO（国際労働機関）の提唱した**ディーセント・ワーク**とは、権利が保障され、十分な収入を得て、適切な社会的保護のある生産的な仕事に従事することを意味している。

275 フレキシキュリティは、柔軟な労働市場と失業保障の充実を両立させる政策である。

出 33-143（就労）

276 特定求職者雇用開発助成金制度は、60歳以上65歳未満の高年齢者、障害者、ひとり親家庭の親などを「継続して雇用する労働者として雇い入れる事業主」に対して、助成金を対象労働者の区分や企業規模に応じ一定期間支給するものである。

277 2019（令和元）年、労働施策の総合的な推進並びに労働者の雇用の安定及び職業生活の充実等に関する法律（**労働施策総合推進法**）の改正が行われ、事業主は、職場の**パワーハラスメント防止**のため、雇用管理上必要な措置を講じることが義務化された。

出 33-31

◎経済政策◆

受験対策アドバイス

◆旧カリキュラムでは、教育、住宅、労働の各政策が中項目にありました。新カリキュラムでは、これに保健医療政策と経済政策が加わりました。

278 貨幣経済のもとでは、収入が途絶えると人々の生活は解体するため、社会保険・社会手当・公的扶助などの手段を用いた**所得保障**のための社会政策が、人々の生活の安定にとって不可欠となる。

279 所得保障と福祉政策を、「公的責任で実施され、現実に発生している必要（ニーズ）を要件とし、便益に対応する拠出（負担）を要求せずに、資源を提供する仕組み」と定義すると、両者の対比は、現金給付か現物給付か、**普遍的給付**か**属性別給付**かという視点からなされる。

280 税を通じた低所得者政策（所得控除・課税控除）としては、アメリカの稼得所得が一定額未満である場合に定率(率は稼得所得区間ごとに異なる)給付を行う**稼得所得税額控除**（EITC）が注目されている。

281 福祉政策で提供される財・サービスは、私的財（便益を受ける個人を特定化できる財）、公共サービス（警察・防衛・救急医療・公営住宅など）で提供される公共財（便益を受ける個人の特定化が困難である財）という違いはあるが、提供する財・サービスの品質・価格・数量は市場にまかせず**公的責任で決定**するという点で共通し、応益負担の原則をとらない。

282 所得保障政策には、「公的扶助はスティグマを生むため所得保障の効果を上げることができない」「働くよりも給付を受け取ったほうが得になる」（**貧困の罠**）といった批判がある。そこで、市民権をもった人全員に一定額の給付を無条件で定期的に支給する**ベーシック・インカム**の構想も打ち出されている。

✎ 市場を補完する所得保障としては、雇用保険・労働者災害補償保険、公的年金保険、公的健康保険における傷病手当があり、その他生活福祉資金貸付制度や、資源の移転を伴わない所得保障である最低賃金政策も含まれる。福祉政策と所得保障は、それぞれ独自の意義と広がりをもち、相互に補完する関係にある。

283 日本の最低賃金制度は、1959（昭和34）年の**最低賃金法**によって導入された。最低賃金には、地域別最低賃金と特定最低賃金（特定の産業または職業について設定されている最低賃金）がある。地域別最低賃金の額の決定、変更は、中央最低賃金審議会が厚生労働大臣へ引上げ（引下げ）の目安について答申を行う。使用者は、労働者に最低賃金の概要を通知しなければならず、また正社員やパート・アルバイトを問わず適用されるが、都道府県労働局長の許可を得た場合には、試用期間中や精神・身体の障害により著しく労働能力の低い者などは適用除外として減額できる。

10 福祉サービスの供給と利用過程

福祉供給部門

◎公的部門、民間部門

284 社会福祉事業とは、社会福祉法第2条に規定された事業で、事業における利用者の権利性の保護や事業形態により、**第一種社会福祉事業**（国、地方公共団体､社会福祉法人が経営することが原則）と**第二種社会福祉事業**（事業を開始したときは、都道府県知事に届け出る）に分かれる。

出 32-128（高齢）

受験対策アドバイス

再分配、割当、市場、準市場といった内容は、過去にも何度も出題されています。また、中項目「福祉利用過程」のスティグマなどは、現場で直面する問題とつながるので考え方などを整理しておきましょう。

285 1990年代には、**福祉ミックス論**が展開され、市場セクターにも参入を認め、公共セクター、民間営利セクター、民間非営利（ボランタリー）セクター､インフォーマルセクターによる供給体制となっていった。デボリューション（権限下方委譲）は、民間セクター、民営セクターに社会福祉の供給体制が委譲されることであるが、これは、規制緩和・参入機会の拡大として歓迎された。しかし、公的責任の低下を招いて、ミルクスキミング（いいとこ取りという意味）などの弊害の温床となったと批判された。

286 民営福祉セクターは、企業組織をもつ事業者・個人事業者などで、社会福祉の実施機関によって援助提供事業者として認可された事業者（指定事業者）やそれに準拠する指定を受けている事業者をいう。同じ指定事業者の提供する生活支援サービスでも、指定の範囲外で提供されている生活支援サービスは民営福祉サービスではなく、福祉関連サービス商品となる。

287 福祉サービス供給における**供給主体**とは、福祉サービスの供給に関する責任を負い必要な財の調達および配分を行う者で、公的福祉サービスの場合、政府（国）や地方自治体を指す。その役割は、調達・配分にかかわる規則の整備（制度化）、調達・配分の計画立案（政策化）実施、配分した財が適正に利用者のもとに届けられているかどうかの監視である。

288 福祉サービスの**供給組織**は、介護保険制度における指定介護保険サービス事業所のように、供給主体から配分された財を利用して、サービスを創出し利用者に提供する。

289 **中間支援組織**は、**特定非営利活動法人**（NPO法人）など市民や住民によって運営される供給組織内では対応しきれない運営・管理を側面から支援する役割を担うものである。

290 福祉サービスを供給するセクターは、**図表13**のように分類される。

図表13 福祉サービス供給の4セクター

公共セクター	国・地方自治体（都道府県・市町村）であり、分権化が推進されるなかで、市町村の役割は大きくなってきている。また、近年は、公共セクターは、ほかの部門がサービス供給をする際の条件整備や調整が主たる役割であるとする考え方もある。
民間営利セクター	株式会社などといった市場のシステムのなかで福祉サービスを供給するものをいう。なお、福祉サービスの供給を民間セクターに委ねることに慎重な立場もある。
民間非営利（ボランタリー）セクター	社会福祉法人・NPO法人・生活協同組合・農業協同組合など、特定の目的のために自発的に組織された機能集団をいう。法人格をもたずに任意団体として活動している住民参加型の団体も含む。
インフォーマルセクター	例えば、町内会・自治会・老人クラブなどであり、集まることそれ自体を目的とした帰属《きぞく》集団である家族や近隣、地域コミュニティなどをいう。

出34-29 **291** 2003（平成15）年に導入された**指定管理者制度**は、福祉分野に限らず、個別法でその管理者を規定している施設を除き、公共施設のすべてを対象として、民間にその管理を行わせる制度である。公共施設は、営利を目的とする民間組織やNPOなどによる管理・運営が可能となり、公立の福祉施設にもこの制度が導入された。

出34-29 **292** 公共サービスの民営化の具体的方策として、サービス供給主体の決定に官民競争入札および民間競争入札制度を導入する**市場化テスト**がある。

福祉供給過程

※「福祉行財政」「福祉計画」「福祉開発」については、「07地域福祉と包括的支援体制」の該当項目（333頁以降）を参照。

出36-29 **293** 福祉サービスの供給は、政府が必要な資源を調達し、調達した資源を必要な人に分配するという**再分配**（**再配分**）の作業から始まる。

再分配は、市場での所得分配によって生じる格差を是正する機能をもつ。

出35-27 **294** 資源が必要量に対して不足し、かつ価格が配分機能を果たさない場合、市場を通さず公的機関による**割当**（**ラショニング**）、つまり、資源が必要とする一人ひとりに配分される。公的福祉サービスの供給には、公平性が求められ、政府はサービスが必要な人に対して、公平に資源の割当を行うことが要求されている。

295 **準市場**（**擬似市場**）とは、介護、医療、福祉、教育など公的サービスにおいて、部分的に市場原理を導入している場合の総称。現金給付の利点を活かし問題点を抑制する方策として、市場を規制して準市場を形成して、それを通した給付も行われる。また、利用者のサービス選択を支援する仕組みも必要とされる。 出34-29 出36-22

サービスの供給にあたり、競争や選択の要素を取り入れつつ、人々の購買力の違いによる不平等を緩和するための施策が講じられる。

296 現金提供が不向きか､現金提供では援助の目的が達成できないときは、施設保護、居宅における生活手段、生活サービスの現物給付が行われる。現金給付と現物給付の中間形態として**バウチャー**（利用券）がある。金券や利用券等の証票の形として、対象となる個人に交付する方法である。 出33-26 出36-29

297 社会保障制度のサービス給付方法として「**現金給付**」と「**現物給付**」がある。「現金給付」は、金銭を支給する方法であり、「現物給付」は、利用者に対してサービスそのものを提供する方法である。 出33-26 出36-29

それぞれに長所と短所があり、制度の趣旨や目的に照らしてどちらの方法が有効に支援できるかなどによって給付方法を決定する。

298 日本では、児童扶養手当・特別児童扶養手当・特別障害者手当は、**所得調査**（**インカム・テスト**）を伴う現金提供の制度となっている。

299 日本の介護保険制度では、現金給付は行われていない。 出33-26

300 利用者負担が低所得者層のサービス利用の阻害要因となるのを防ぐという観点からみると、一般的に、福祉サービスの利用者負担の方式として、応益負担より応能負担のほうが優れている。

応益負担とは、サービスの利用量（受益）に応じて費用を負担すること。

応能負担とは､利用者等の負担能力（所得等）に応じて費用を負担すること。

301 社会的便益の提供は、優先的認可や料金の割引などによる低所得者や母子家庭・寡婦・高齢者世帯などの自立生活の**側面的支援**である。

302 政府の予算編成において、**インクリメンタリズム**（漸増主義あるいは増分主義ともいう）の原理が作用している場合には、合理主義的な予算編成の原理が作用している場合と比べて、行政分野ごとの予算額の構成比の変化が少なくなる傾向がある。

福祉利用過程

303 福祉サービスの情報収集は、利用の必要が自覚されて初めて開始される。また、サービスが存在するのはサービス提供者と利用者とが同一空間・時間に居合わせている場合に限られるため、実際にサービスを利用するまで、供給組織が提供しているサービスがどのようなものかを把握できないという面がある。このため、供給する側からの情報提供と情報の受け手の利用者の間の**情報の非対称性**という問題がある。

304 **契約**とは、利用者と供給組織の間でのサービスの提供にかかわる約束である。どのような組織と契約するかは利用者の選択によって決められる。提供するサービス内容や量、事故への対応のルールなどを確認して契約書を作成することとなる。

305 福祉サービスの利用における**申請主義の原則**は、福祉サービスの受給権を保障するという肯定的な面をもつが、一方で、福祉サービスに対するニーズ（必要）は、顕在化しにくい面があり、**潜在的ニーズ**が申請に結びつきにくいという限界もある。

306 利用者は、自らが利用したサービスとほかの人が利用したサービスを比較しにくいため、利用者が福祉サービスを評価する視点・基準の明示は困難である。そのため、苦情処理の過程では利用者側の評価と供給者側の評価が一致しないこともある。

307 **第三者評価機関**は、供給されているサービスの評価を行い、結果を公表することによって、サービスの質の管理や利用者の選択のための情報提供を行う。ただし、第三者評価事業は、各都道府県ごとにガイドラインが定められているため、そのシステムは一様ではない。

308 **スティグマ**とは、社会福祉の分野では、恥とも称され、公的扶助の受給者が貧民として扱われることで、否定的・差別的感情をもつときに用いられる。福祉サービスに関しても、受けることは恥であるというイメージがあり、スティグマはサービス利用を敬遠する一因ともなった。

11 福祉政策の国際比較

福祉政策の国際比較

◎国際比較の視点と方法

309 マーシャル（Marshall, T.）は、『シティズンシップと社会的階級』のなかで、**シティズンシップ（市民権）**を「ある共同社会の完全な成員である人びとに与えられた地位身分」と定義し、その構成要素として、市民的権利、政治的権利、社会的権利をあげた。 出34-24

310 **ウィレンスキー**（Wilensky, H.）は、アメリカの社会福祉学者・社会学者である。『福祉国家と平等』において、福祉国家の発展に長期的に影響を与えるのは、経済水準の上昇であり、その国家がいかなる政治体制であるかには影響を受けないとする福祉国家収斂《しゅうれん》説を唱えている。経済水準の上昇は、少子高齢化社会とそれによる福祉ニーズの高まりをもたらすため福祉国家形成の要因となるとする。制度整備の水準や支出の規模など国家間の**量的差異**を基準とした国際比較である。 出34-24

311 デンマークの政治経済学者**エスピン-アンデルセン**◆（Esping-Andersen, G.）は、『福祉資本主義の三つの世界』において、脱商品化と社会的階層化という2つの指標をもとに、福祉国家を3つに類型化した（**図表14参照**）。 出34-24 出36-28

受験対策アドバイス

◆第36回でエスピン-アンデルセンが出題されたように、欧米の福祉政策を押さえましょう。また、小項目に「東アジア等」があるように、近隣の国々の福祉政策にも目を配るようにしておきましょう。

図表14 エスピン-アンデルセンの福祉国家の３類型

リベラル（自由主義）レジーム	給付は低所得層に重点的に支給されるが、その水準は低く、厳格なミーンズテストによって、スティグマを伴うような公的扶助（メディケイド、メディケア）の比率が高くなるため、社会の二極分化が強まる。社会保険などの割合が低く社会保障は不十分である。アメリカを典型とする。
保守的コーポラティズム（同業組合主義）レジーム	職業別・地位別の賃労働による社会保険制度が中心であるため、職業によって給付は不平等となり、階層間格差が維持される。スティグマは弱まるが、所得再分配システム機能は弱いとする。フランスとドイツに代表される。
普遍主義的・社会民主主義レジーム	高福祉・高負担で、高い税金による社会保護で平等な社会を目指し、高い給付、大きな福祉サービスを提供する点に特色がある。各階層が単一普遍的な社会保険制度に加入し、労働力の脱商品化が進み、完全雇用が促進されているとする。北欧諸国等にみられる。

✎ **脱商品化**とは、市民が必要と判断した場合には、仕事や所得を失うことなく自由に労働から離脱できるか否かを指標としたものである。

✎ **社会的階層化**とは、福祉国家自体が階層化を生み出すシステムであることに注目した指標をいう。制度整備の効果やその支出の使途方法などの質的差異に着目した。

312 エスピン-アンデルセンの3類型を日本に当てはめると、男性労働者を対象に職域ごとの社会保険を中心に福祉政策が発達したのは、**保守主義レジーム**に近いが、脱商品化程度の低さという**自由主義レジーム**の特徴も併せもっている点では、両者の「混合型」とする説が強いが、完全雇用に着目すると**社会民主主義レジーム**の要素もあるとされる。

313 これからの福祉政策は、脱商品化の考え方の20世紀型福祉政策から脱商品化を抑制しつつ**再商品化**（福祉政策の対象者を減らし、再度の労働市場への参加促進化）と**援商品化**（職業紹介など労働者の労働市場参加を支援）という21世紀型福祉政策への転換期にあるとされる。

◎アメリカの福祉政策

314 アメリカでは、1960年代に貧困層への対策として食糧補助のための**フード・スタンプ制度**や就学前教育としての**ヘッド・スタート計画**などが導入された。

㊥36-23

315 アメリカ民主党のクリントン（Clinton, B.）大統領は、1996年に貧困家庭が勤労・職業訓練へ参加しなければ給付を受けることができない「福祉から就労」への**貧困家庭一時扶助**（TANF）を取り入れ、個人責任・就労機会調停法により、要扶養児童家庭扶助（AFDC）を廃止した。

316 アメリカは、市場原理と残余的福祉（経済的な生活困窮者のみを対象とする福祉）を特徴とし、利用者本人の**費用負担能力**によって介護サービスの利用量が決まる。

㊥33-27
㊥36-23

317 **メディケア**は、主に高齢者を対象とした公的医療保険である。ナーシングホームや訪問看護は医療の一部とみなされ、一定期間（100日）のみ、利用にかかる費用がメディケアにより保障される。期間経過後の介護費用は完全な自己負担となる。

318 メディケアではナーシングホームでの長期入所がカバーできず、長期入所すると入所者が自己破産してしまい、**メディケイド**（低所得者を対象とした医療扶助）の対象となる。メディケイド支出総額のうち半分以上が、ナーシングホームなどの施設に対して使われる。

319 アメリカには、これまで全国民を対象とした包括的な公的医療保障制度は存在しなかった。2010年、オバマ（Obama, B.）大統領によって**医療保険制度改革**が行われ、医療保険改革法が成立し、国民の95％が対象となる見通しとなったものの、民間保険制度を中心としたものが依然多く、トランプ（Trump, D.）大統領によって廃案が試みられるなど、まだ問題があるといわれている。

320 アメリカの**在宅サービス**には、原則として公的保障はない。公的な在宅サービスは生活保護受給者のみを対象としているため、一般の利用者はサービス事業者と直接契約を結び、市場価格でサービスを購入する。

321 アメリカは、電力・通信分野では、消費者間の資源移転を積極的に導入する**ユニバーサルサービス**が私企業によって政府の援助を受けて推進されている。また、公共財とみなされてきた道路や公園、救急車、警察、軍隊に市場の論理が導入されている。費用負担と便益享受関係が個人別に明確化される傾向となっている。

◎ドイツの福祉政策

322 ドイツの社会保障制度は、**補完性の原則**をとり、社会保障は国民の連帯によって成立し、国家の介入を避ける。公費は生活保護や障害者福祉などに限られる。介護保険制度は、保険料により運営されるため、公費投入は行われていない。 出 33-27

323 ドイツの**介護保険制度**においては、利用者負担はない。保険料率は2023年1月時点で所得の3.05％（ただし、子を有しない23歳以上の被保険者については、3.4％）、被用者は労使折半、自営業者は全額負担、年金生活者は年金制度で半額負担となっている。

324 ドイツの介護保険制度は、**障害者福祉**のうち**介護サービス部分**については介護保険制度によっても対応され、在宅で生活する障害者のほとんどは、介護手当（現金給付）を受けている。ただし、この介護保険制度は、介護部分だけをカバーしているため、日常生活に要する費用は公費でまかなわれる。

325 ドイツでは、在宅給付において**介護手当**（現金給付）かサービス給付（現物給付）のどちらか、あるいは両者の組み合わせを選べる。要介護者の3分の2が現金給付である介護手当を選択している。

326 ドイツでは、介護保険制度の財源を管理するのは、8つの**疾病金庫**（日本の健康保険組合にほぼ相当）である。疾病金庫の被保険者は、加入する疾病金庫に設置された介護金庫の被保険者となる。介護金庫は、疾病金庫が州単位に共同設置する審査組織（MDK）を通じて要介護認定を行い、事業者と契約して、介護報酬を決定する。

327 ドイツでは、2003年から「ハルツ改革」と呼ばれる改革が行われ、福祉に関連して、**求職者基礎保障**が創設された。労働能力のある貧困者は、求職者とされ、ジョブセンターに登録し、再就労協定を結び、それに基づいて生活に必要な資金の給付とともに、職業相談、職業斡旋、職業訓練などの就労支援を受けなければならなくなった。

再就労協定を結ばなかったり義務を怠ったりした場合、給付の一部あるいは全額削減が行われる。

328 **求職者基礎保障**における就労支援としては、①1ユーロジョブ（長期失業者に対して自治体や福祉団体が提供する公共的な労働）②ミニ・ジョッブ（低賃金パートタイム労働）③コンビ賃金（福祉政策の給付によって低賃金を補完する制度）、などがある。これによって労働市場の柔軟化が進み、保守主義レジュームの変化が起きているといわれる。

◎スウェーデンの福祉政策

329 スウェーデンは、1950年に、それまでの救貧制度をすべて公的扶助制度に切り替え、**完全雇用**や**最低賃金制度**を確立、年金・社会保障をよりいっそう充実させた。同国は、社会保険を中心に社会扶助がそれを補い、社会生活の変化に伴う福祉要求には社会的サービスによって応えるという制度が確立した。

330 社会扶助は、給付とともに**アクティベーション・プログラム**が行われ、個々の事情や能力にあわせたケアやリハビリテーションを行い、生活が停滞している人々を活発化させ、社会参加を促すことを目標としていた。しかし、労働能力がある人が社会扶助を受け費用が増大するなかでウプサラモデルが導入された。

ウプサラモデルでは、社会扶助を受ける期間を限り、給付の条件にアクティベーション・プログラムに参加することが強制され、参加を拒否する場合は、給付が休止となった。

331 ウプサラモデルをきっかけに、自治体に**ジョブセンター**が設立された。社会扶助の対象者は、そこに登録し、自立に向けた援助計画が策定され、その計画に沿った活動をすることが義務となった。社会民主主義レジームの変化をもたらす政策ともいえる。

出 33-27

332 スウェーデンは、老齢年金、児童手当、傷病手当等が国の事業として行われ、**レギオン**と呼ばれる広域自治体によって保健・医療サービスが供給される。また、**コミューン**と呼ばれる基礎的自治体によって高齢者サービス、障害者サービス等の社会サービスが行われる。

333 1992年には老人改革委員会の頭文字をとった**エーデル改革**によって高齢者福祉改革、1994年に障害施策改革、1995年に精神障害施策改革（サイコエーデル）の二大改革が行われた。

334 スウェーデンでは、エーデル改革以降、ナーシングホーム・サービスハウス・グループホームなどは**介護つき住宅**と総称される。

335 後期高齢者が増えるなか、同居している配偶者やパートナーも同様に虚弱であることが多く、2000年の社会サービス法の改正で「（コミューンの）社会福祉委員会は、長期療養者、高齢者や近親者のために、**支援**や**レスパイト**（介護からの休息）を用意しなければならない」と家族支援策が盛り込まれた。家族に対する介護手当（現金給付）もある。

◎イギリスの福祉政策

336 イギリスでは、就労による貧困解消の改革が行われている。**タックス・クレジット（給付付き税額控除）**は、就労している者に給付を行うことで就労の意欲などを高めることを目的とした制度である。

337 子どもの貧困対策では、保育サービスの充実、親への就労の支援、タックス・クレジットなど就労を条件とする給付を加えるなどにより**就労奨励策**が行われている。

338 **ニューディール・プログラム**という就労支援サービスでは、ジョブセンタープラスで、公的扶助の受給者に、就労に向けてのプラン作成、求職活動への支援、教育・訓練などのサービスが行われている。

339 1980年代以降、イギリスなどで行政活動に民間企業の管理手法を導入することで質の高い行政サービスを目指す**新公共経営論**（NPM）が提唱された。成果主義、市場メカニズムの活用、顧客（利用者）中心主義、組織編成の簡素化の特色があげられる。

◎韓国の福祉政策

340 1999年から2008年、韓国保健福祉部は「第1次・第2次社会保障長期発展5か年計画」によって、韓国の社会構造にふさわしい福祉政策のあり方を模索した。「第1次社会保障長期発展計画」（1999年—2003年）に示された**生産的福祉**という理念は、「生涯にわたって起こりうる社会的リスクから全ての国民を守り、人間らしい生活を保障する福祉制度」を指す。

341 韓国では、1999年に**国民基礎生活保障**という公的扶助制度が創設された。これまでは労働能力のない貧困者を対象としていた公的扶助を労働能力の有無にかかわらず貧困状態にある人々に給付を行うこととなった。ただし、労働能力のある貧困者には、就労支援プログラムを受けることが義務づけられ、参加しない場合給付の一部か全額の削減が行われる。

342 韓国では、2007年4月に**高齢者長期療養保険法**（介護保険法）が成立し、東アジア地域において日本に次いで介護保険制度を導入した。これまで高齢者の介護は家族によって行われてきたが、介護保険制度の導入により、国家と社会が責任を担うことになった。

343 韓国の**介護保険制度**は、対象者を65歳以上の者と老人性疾患をもつ65歳未満の者に限定している。離島地域で療養施設がないなど、やむを得ず家族が療養を受けもつ場合には現金給付を認めているが、現物給付および在宅給付の給付上限方式の採択など、日本の介護保険制度と類似している。

出33-27

344 介護保険制度の**財源**は、保険料と国庫支援、利用者の自己負担からなる。保険料は、医療保険料額に長期療養保険料率をかけて算定され、医療保険料と一括徴収される。自己負担は、施設給付20％、在宅給付15％、国民基礎生活保障制度による受給者は無料。被保険者は、国民医療保険加入者全員で、財政的な基盤は日本に比べ安定しているとみられている。

345 韓国の要介護者判定は、軽度のものから順に**5等級**から**1等級**の5段階判定である（導入初期は3段階であった）。

346 韓国の**合計特殊出生率**は、1970年代は4.5であったが、1980年に2.7まで減少し、2002年には1.17、2022年は0.78と**急落**している。

◎中国の福祉政策

347 中国では、1986年に失業保険制度、1997年に生活救助制度が創設された。1993年の年金・医療保険制度の基礎改革では、保険料をすべて国・企業が負担するというこれまでの労働保険制度から、国・企業・個人の三者が負担する**社会保険制度**への転換がなされた。

出33-27

348 中国では、2000年代初頭、市場経済優位・開発主義によってもたらされた社会格差の拡大や、非正規労働者である農民工の生活保障問題などが浮上し、さらに**一人っ子政策**の実施で高齢化が急速に進み、少子高齢化に対して緊急に対応する必要性が出てきた。そのため一人っ子政策は廃止された。

349 2000年代初期から、新自由主義の市場経済を利用する福祉政策の見直しや少子高齢化への対応のために、**和《わ》諧《かい》社会の建設**が国家戦略の根幹に位置づけられた。

350 **ソーシャルワーカー**は、①社会政策の策定、実施にかかわる公務員など、②社会保障事務所、社会福祉各分野の関連施設にかかわる職員、③社会保障および社会福祉事業にかかわる諸団体の職員など、④地域福祉領域に従事する職員などを指す。

351 国有企業改革による失業者や貧困者救済が行われ、1999年には都市部全体で、2007年には農村部全体で実施され、2014年には統一した制度となった。地域によっては先求職後保障などの条件付けが行われ、給付の条件付けも行われている。

◎その他

352 2017年にタイで発行された福祉カードは、低所得者に配付され、生活必需品の購入に使用されるが、カードを使用するには、政府の職業斡旋や職業訓練の就労支援を受けることが条件とされる。

353 国際的な福祉政策の最近の傾向としては、貧困者などに直接所得を保障する制度から就労による自立支援のためのサービス提供の保障へと変化してきている。この背景には、就労を重視する政策、女性の社会進出、少子高齢化などがあるとされる。

実力チェック！一問一答

※解答の横の番号は、本科目で該当する重要項目や図表の番号です。

	問題	解答	番号
1	ブルデューが論じた文化資本とは、地域社会が子育て支援に対して寄与する財のことをいう。	1 ×	16
2	石井十次は岡山孤児院を設立した。	2 ○	42
3	児童福祉法は、戦災によって保護者等を失った満18歳未満の者（戦災孤児）にその対象を限定していた。	3 ×	61
4	新生活保護法（1950（昭和25）年）は、素行不良な者等を保護の対象から除外する欠格条項を有していた。	4 ×	62
5	1973（昭和48）年の「福祉元年」に、老人医療費支給制度を実施して、75歳以上の医療費を無料にした。	5 ×	67
6	新救貧法（イギリス、1834年）では、劣等処遇の原則を導入し、救貧の水準を自活している最下層の労働者の生活水準よりも低いものとした。	6 ○	76
7	ブースは、ロンドンで貧困調査を行い、貧困の主たる原因が飲酒や浪費のような個人的習慣にあると指摘した。	7 ×	84
8	ベヴァリッジは、窮乏・疾病・無知・不潔・怠惰の「五つの巨悪（巨人）」を克服するために、包括的な社会保障制度の整備を主張した。	8 ○	90
9	福祉サービスを真に必要とする人に、資力調査を用いて選別主義的に提供すると、利用者へのスティグマの付与を回避できる。	9 ×	126
10	利用者のフェルト・ニードとは、専門職が社会規範に照らして把握する福祉ニードのことである。	10 ×	148
11	自殺対策基本法では、精神保健的観点から自殺対策を強化することが、優先的課題とされている。	11 ×	174
12	「持続可能な開発目標」（SDGs）では、持続可能な開発の達成には、政府の手を借りることなく民間セクターによる行動が必要とされている。	12 ×	262
13	福祉政策における資源供給としては、現金よりも現物で給付を行うほうが、利用者の選択の自由を保障できる。	13 ×	297
14	エスピン-アンデルセンは、自由主義・保守主義・社会民主主義という3類型からなる福祉レジーム論を提示した。	14 ○	311 図表14
15	韓国の高齢者の介護保障（長期療養保障）制度は、日本と同じく社会保険方式で運用されている。	15 ○	343
16	中国の計画出産政策は、一組の夫婦につき子は一人までとする原則が維持されている。	16 ×	348

05

社会保障

※【　】内は問題番号
※　は新カリにおける新規項目

⑤社会保障

大項目	中項目	小項目（例示）	出題実績 第36回	出題実績 第35回	出題実績 第34回
1 社会保障制度	1）人口動態の変化	・少子高齢化，人口減少社会	【49】		
	2）経済環境の変化	・低成長社会と社会保障の持続可能性			
	3）労働環境の変化	・労働関係の法制度（男女雇用機会均等法 等） ・ワークライフバランス ・正規雇用と非正規雇用			
2 社会保障の概念や対象及びその理念	1）社会保障の概念と範囲				
	2）社会保障の目的				
	3）社会保障の機能	・セーフティネット，所得再分配			
	4）社会保障の対象				
	5）社会保障制度の歴史	・社会保障制度の歴史		【49】	【49】
3 社会保障と財政	1）社会保障給付費	・内訳 ・推移			【50】
	2）社会保障の費用負担	・社会保険料 ・公費負担（国庫負担，地方自治体の負担） ・利用者負担 ・財政調整	【51】		【52】
4 社会保険と社会扶助の関係	1）社会保険の概念と範囲		【52】	【50】 【51】 【54】	【51】*
	2）社会扶助の概念と範囲				【51】*
5 公的保険制度と民間保険制度の関係	1）公的保険と民間保険の現状	・公的保険と民間保険の主な制度 ・公的保険と民間保険の違い			
6 社会保障制度の体系	1）医療保険制度の概要	・制度の目的，対象，給付，費用負担 ・公費負担医療	【50】* 【54】*	【52】	
	2）介護保険制度の概要	・制度の目的，対象，給付，費用負担			
	3）年金保険制度の概要	・制度の目的，対象，給付，費用負担	【50】* 【54】* 【55】	【55】	【54】* 【55】
	4）労災保険制度と雇用保険制度の概要	・制度の目的，対象，給付，費用負担	【50】* 【53】 【54】*	【53】	【53】 【54】*
	5）生活保護制度の概要	・制度の目的，対象，給付，費用負担			
	6）社会手当制度の概要	・制度の目的，対象，給付，費用負担	【50】* 【54】*		
	7）社会福祉制度の概要	・制度の目的，対象，給付，費用負担			
7 諸外国における社会保障制度	1）諸外国における社会保障制度の概要	・先進諸国の社会保障制度の歴史と概要			
	2）社会保障制度の国際比較	・高齢化と社会保障の規模 ・社会保障給付費の内訳など			

＊は複数の項目に該当する問題

1 社会保障制度

人口動態の変化

◎少子高齢化、人口減少社会

1 2022（令和4）年の出生数は、**77万759人**で、1899（明治32）年の「人口動態調査」開始以来最少となった。出生率（人口1000人対）は、6.3で、前年の6.6より低下した。出生率の低下は高齢化を加速的に進行させ、給付と負担のバランスが崩れ、将来の社会保障に深刻な影響を与える。 出33-49

✏ 日本の**合計特殊出生率**は、2005（平成17）年に1.26まで下がり、その後は緩やかに回復し、2017（平成29）年から緩やかに減少し始め、2022（令和4）年は1.26（厚生労働省「令和4年（2022）人口動態統計」）で過去最低となった（7年連続低下）。先進国のなかでは低い（西欧で低いドイツでも1.53（2020年））。

受験対策アドバイス
「日本の将来推計人口（令和5年推計）」（国立社会保障・人口問題研究所）によると、出生数は2070（令和52）年には50万人になると推計されています。

2 日本の**高齢化率**（65歳以上人口が総人口に占める割合）は、1950（昭和25）年には総人口の5％に満たなかったが、1970（昭和45）年に7％を超え高齢化社会に、1994（平成6）年には14％を超え高齢社会に、2007（平成19）年には20％を超え超高齢社会に入った。

✏ 高齢化率の上昇のスピードは、欧米諸国に比べ速い。

3 国立社会保障・人口問題研究所の「日本の将来推計人口（令和5年推計）」によると、65歳以上人口は、2043（令和25）年に3953万人とピークを迎え、その後減少に転じると推計されている。2070（令和52）年には総人口は8700万人で高齢化率が38.7％に達し、国民2.6人に1人が65歳以上の者となると推計されている。 出33-49

4 日本の総人口は、2008（平成20）年に1億2808万人とピークを迎え、2011年（平成23）年以降は一貫して**減少**している。 出33-49

✏ 「人口推計（2023年（令和5年）1月1日現在）」（総務省）によると、総人口は1億2475万人と前年より56万人（0.44％）減少した。15歳未満人口1443万人（29万人・1.94％減少）、15～64歳人口（生産年齢人口）7415万人（23万人・0.31％減少）、65歳以上人口3617万人（4万人・0.11％減少）となっている。 出36-49

経済環境の変化

◎低成長社会と社会保障の持続可能性

5 バブル景気崩壊後、日本の国内総生産（GDP：Gross Domestic Product）は、ほぼ横ばいで推移している。日本の**経済成長率**（**GDP**の伸び率）が低くとどまってきた理由の一つには、「労働投入量の減少」や「設備投資の伸び悩み」などがあると指摘されている。設備や人への投資により、**労働生産性**を向上させ、持続的な経済成長の実現につなげていくことが期待されている。

6 少子化による現役世代の減少により、一人当たりの保険料の負担は増加している。一方、2025（令和7）年には**団塊の世代**が、75歳以上になることから**医療費**のさらなる増加が懸念されるなど、給付と負担のアンバランスが問題となっている。

✏ 政府は、「**社会保障と税の一体改革**」に取り組み、社会保障の充実・安定化と、そのための安定財源確保と財政健全化の同時達成を目指している。

労働環境の変化

◎労働関係の法制度（男女雇用機会均等法等）、ワークライフバランス等

出 35-31（現社）

7 政府は、「**仕事と生活の調和（ワーク・ライフ・バランス）**」を目指して、長時間労働の抑制、有給休暇の取得促進の企業の取り組みと、仕事と家庭の両立の支援策を推進している。また、女性が差別されることがなく、やりたい仕事を続けられるための施策「雇用の分野における男女の均等な機会及び待遇の確保等に関する法律」（**男女雇用機会均等法**）も進め、セクシャルハラスメントの防止や妊娠・出産のハラスメントの防止措置、パワーハラスメントの防止措置を雇用者に求めている。

8 **共働き世帯**が増加し、1997（平成9）年以降は共働き世帯数が男性雇用者と無業の妻からなる世帯数を上回る現象が起き、両者の差は年々広がる傾向にある（2022（令和4）年、共働き世帯は70.1％）。これは、夫の可処分所得の減少を妻がパートで補うなどの要因が考えられる。

9 「労働力調査」（総務省）によると、2022（令和4）年の**完全失業率**は、前年と変わらず2.6％で、**非正規雇用**（パート・派遣社員、契約社員など）は、役員を除く雇用者5699万人のうち36.9％を占めている（基本集計、2022（令和4）年平均結果の概要）。その年間給与は正規職員に比較し著しく低い。

✏ 被用者の社会保険の適用率も低く、能力開発の機会も乏しく、非正規雇用からなかなか抜け出せない状況が**ワーキング・プア**として社会問題化する背景である。

10 国が非正規雇用者の待遇改善、過労死などの雇用者の就労環境の改善を目指した「働き方改革を推進するための関係法律の整備に関する法律」（**働き方改革関連法**）は、2018（平成30）年に公布され、2019（令和元）年4月から2021（令和3）年4月にかけて順次実施された。

✏ 内容は、①正規雇用者と非正規雇用者の待遇に不合理な差をつけることの禁止、②残業時間の上限規制、③有給休暇の取得の義務づけ、④産業医の機能の強化、⑤高度プロフェッショナル制度の制定などである。

11 男性の育児休業取得促進のため、**産後パパ育休**の創設など、希望に応じて仕事と育児が両立できるようにするため、「育児休業、介護休業等育児又は家族介護を行う労働者の福祉に関する法律及び雇用保険法の一部を改正する法律」が、2021（令和3）年6月に公布され、2023（令和5）年4月にかけて順次施行された。

✏ 2022（令和4）年度の雇用均等基本調査（厚生労働省）における男性育休取得率は、17.13％で、2021（令和3）年度（13.97％）より、3.16％上昇した。

2 社会保障の概念や対象及びその理念

社会保障の概念と範囲

出32-49
出33-50
出35-49

12 1950（昭和25）年の**社会保障制度審議会勧告**は、困窮の原因に対して、保険的方法（**社会保険**）または公の負担（**社会扶助**）における経済保障を講じ、国家扶助（**公的扶助**）によって最低生活の保障をする方法とあわせて、公衆衛生および社会福祉の向上を図り、国民が文化社会の成員たるに値する生活を営むことができるようにすること、とした。

出32-49
出33-50

13 社会保障制度審議会は、**国民皆保険・皆年金**実現後の1962（昭和37）年には最低生活の保障から防貧に視点を移し、低所得層に対する手当、福祉施策を提言している。

✏ 少子高齢化が問題となっていた1995（平成7）年には「安心して暮らせる21世紀の社会」を目指し、給付と負担のバランスと公的介護保険制度を提言するなど社会保障制度の発展に寄与してきた。

社会保障の目的、機能、対象

出33-50

14 **社会保障**は、**所得保障**、**医療保障**、**介護保障**、**社会福祉**に区分され、その主な機能には、①生活安定・向上機能、②所得再分配機能、③経済安定機能があり、相互に重なり合って機能している。

✏ **所得再分配**には、**現金給付**だけでなく、医療サービスや保育などの**現物給付**がある。また、**垂直的所得再分配**（高所得者から低所得者）と**水平的所得再分配**（同一所得層）がある。

社会保障制度の歴史

15 1601年イギリスで**エリザベス救貧法**が制定され、貧民監督官が救貧税を徴収し、救貧事業が始まり、1834年に**新救貧法**となり救貧処遇が導入され（院外救済の禁止、劣等処遇の原則）、救貧行政が中央集権化された。以後の欧米の社会保障に関する展開は**図表1**のとおりである。

図表1 欧米の社会保障の展開

法・報告（国・機関）	時期	関連事項
疾病保険（現ドイツ）	1883年	プロイセンのビスマルク宰相下、世界最初の社会保険でその後４年で災害保険、養老および廃疾保険を制定
国民保険法（イギリス）	1911年	１部は健康保険で２部は失業保険→1946年健康保険は国民保健サービス法が移り、退職年金などが増え所得保障を担う現行制度に改正された。
社会保障法（アメリカ）	1935年	ルーズベルト大統領により、世界恐慌のニューディール政策に続き制定、医療保障はない。→1965年メディケア・メディケイドを創設
社会保障への途（ILO）	1942年	社会保険を中心にした社会保障制度の確立に向けた研究報告書で、各国に大きな影響を与えた。
ベヴァリッジ報告（イギリス）	1942年	均一拠出・均一給付の社会保険による所得保障を中心とした社会保障計画案

出 32-25（現社）

16 1916（大正5）年に低所得者を対象とした簡易生命保険法が制定され、 出 32-49
1922（大正11）年ドイツの影響を受けて鉱工業労働者を対象とした日本最 出 34-49
初の社会保険制度として**健康保険法**が制定された。国民皆保険・皆年金制度 出 35-49
発足までの制度の展開は**図表２**のとおりで、1958（昭和33）年には国民健康保険法が改正（市町村の義務設置・強制加入）され、1959（昭和34）年には非被用者を対象にした国民年金法が制定され、それぞれ1961（昭和36）年４月に実施され、**国民皆保険・国民皆年金**が実現した。

図表2 日本の社会保障制度の展開

法・制度	制定時期	関連事項
簡易生命保険法	1916（大正５）	低所得者対象（小口・無審査・月掛け・集金制）
健康保険法	1922（大正11）	鉱工業労働者、被保険者本人に業務外と業務上の療養給付
国民健康保険法	1938（昭和13）	組合方式、任意設立→1958（昭和33）年全面改正（市町村義務設置、強制加入）
厚生年金保険法	1944（昭和19）	労働者年金法（1941（昭和16）年制定、男子肉体労働者が対象）を改称し、対象を事務・女子に拡大
労働者災害補償法	1947（昭和22）	→1973（昭和48）年通勤災害も対象
失業保険法	1947（昭和22）	→1974（昭和49）年全面改正、同年雇用保険法に
国民年金法	1959（昭和34）	非被用者年金創設、1961（昭和36）年国民皆年金法施行

出 35-49

※これ以降は各制度を参照のこと

3 社会保障と財政

社会保障給付費

◎社会保障の財源

出32-50 **17** 社会保障財源は、総額163兆4389億円で、内訳は、**社会保険料**が46.2％、**公費負担**が40.4％（国庫負担29.3％）、資産収入が8.8％、その他が4.5％で、社会保障給付費のほか管理費、施設整備費等の支出に充てている（2021（令和3）年度）。

出34-50
出34-52
出35-50 **18** 社会保険の給付財源は、主に保険料であるが、国や地方自治体が給付費の一部を負担している。負担割合は国庫負担のほうが多い。詳細は図表3のとおりである。

図表3 社会保険の国庫負担割合等

区分	国	備考
基礎年金	2分の1	
国民健康保険	41%	都道府県が9％
国民健康保険組合	13～32%	所得水準により異なる
協会管掌健康保険	16.4%	
後期高齢者医療制度	3分の1	都道府県・市町村が6分の1ずつ
雇用保険・求職者給付	雇用状勢および財政状況が悪化している場合：4分の1 上記以外の場合：40分の1	
雇用保険・雇用継続給付 育児休業給付	8分の1	当分の間、左記の額の55％（6.875％）とされたが、2022（令和4）年度から2024（令和6）年度に限っては80分の1（1.25%）となる
介護保険（居宅給付）	25%	都道府県、市町村12.5%ずつ
介護保険（施設等給付）	20%	都道府県17.5%、市町村12.5%

注1：厚生年金は、基礎年金分について国庫負担がある。組合管掌健康保険は原則として国庫負担なし。
2：雇用保険の、高年齢求職者給付金、就職促進給付、教育訓練給付、高年齢雇用継続給付、雇用保険二事業（就職支援法事業を除く）に要する費用には、国庫負担はない。

出32-50
出34-50 **19** 社会保障の費用は、**社会保障給付費**（ILO基準）と**社会支出**（OECD基準）があり、国際比較には社会支出が使われている。

✏ 2023（令和5）年度の社会保障給付費は、138兆7433億円（国民1人あたり110万5500円）で、対国内総生産（GDP）比は25.2％である。

- 2023（令和5）年度の社会支出は、142兆9802億円、社会支出の伸び率は4.9％、対GDP比は25.97％である。
- 2024（令和6）年度の国家予算（一般会計）は、112兆717億円で、うち**社会保障関係費**は、37兆7193億円で33.7％を占めている。

20 2021（令和3）年度の社会保障費用統計（国立社会保障・人口問題研究所）によると、社会支出の国内総生産に占める割合の国際比較は**図表4**のとおりで、日本はスウェーデン（2019年度）とほぼ同じで、フランスなどより低い。

出 32-50

図表4 社会支出の国内総生産に占める割合（2020年度）

日本	アメリカ	イギリス	ドイツ	スウェーデン	フランス
25.36％	29.67％	22.49％ （参考）	28.18％ （2019年度）	25.47％ （2019年度）	35.62％

※イギリスは、欧州連合からの離脱に伴い、2019年度以降のデータソース等が変更されており留意が必要であるため、参考値として掲載。2020年度は「積極的労働市場政策」の数値が公表されていない。

21 2021（令和3）年度の社会保障費用統計（国立社会保障・人口問題研究所）によると、社会保障給付費は、部門別では**年金**が40.2％、医療が34.2％、福祉その他が25.6％（うち介護対策8.1％）であり、近年伸び率が高いのは、「医療」である。また、機能別では、**高齢**42.3％、保健医療33.1％、家族9.4％、遺族4.6％となっている（**図表5参照**）。

出 32-50
出 34-50

図表5 社会保障給付費（2021（令和3）年度）

部門別	年金40.2％	医療34.2％	福祉その他25.6％ （うち介護対策8.1％）	
機能別	高齢42.3％	保健医療33.1％	家族9.4％	遺族4.6％

22 2021（令和3）年度の社会保障費用統計（国立社会保障・人口問題研究所）によると、社会支出の政策的分野別の構成割合は、保健42.3％、高齢34.1％、家族9.5％、遺族4.7％の順で、保健はアメリカの次に高く、高齢はフランス、スウェーデン（2019年度）に次ぐが、傷害・業務災害・疾病、家族は西欧に比べ低い（**図表6参照**）。

図表6 社会支出の政策分野別で構成割合が最も高い国（2020年度）

	高齢	保健	遺族	家族	失業
国名	フランス	アメリカ	ドイツ	イギリス	フランス
割合	37.4％	53.9％	6.1％ （2019年度）	10.3％	7.8％

※イギリスは、欧州連合からの離脱に伴い、2019年度以降のデータソース等が変更されており留意が必要であるため、参考値として掲載。2020年度は「積極的労働市場政策」の数値が公表されていない。

社会保障の費用負担

23 社会保険料は、**医療保険料**、**介護保険料**、**年金保険料**、**雇用保険料**、**労働者災害補償保険料**の5つを指すのが一般的であり、それらは各制度の財源となる。

24 保育所や障害者施設、生活保護などの福祉サービスは、**公費**（**一般会計**）でその費用が賄われる。また、一般会計からは、社会保険制度への費用補助も行われる。

✏ 地方公共団体は、**民生費**や**衛生費**といった、福祉や環境保全、疾病予防に対する費用を負担している。

◎国民負担率

25 日本の**国民負担率**（税と社会保障の負担の合計を国民所得で割った率）は、45.1％で、内訳としては租税負担26.7％、社会保障負担18.4％である（2024（令和6）年度見通し）。過去10年の推移をみると、租税負担は1.6ポイント、社会保障負担は1.2ポイント増加している。

✏ 国民負担率は、アメリカより少し高いが、ヨーロッパ諸国よりは低い（図表7参照）。

図表7 国民負担率の国際比較（2021年）

	日本	アメリカ	イギリス	ドイツ	スウェーデン	フランス
国民負担率	48.1％	33.9％	47.6％	54.9％	55.0％	68.0％
租税負担率	28.9％	25.6％	36.1％	32.1％	50.0％	43.9％
社会保障負担率	19.2％	8.3％	11.6％	22.8％	5.1％	24.1％

資料：財務省 「国民負担率の国際比較」に関する資料より一部改変

4 社会保険と社会扶助の関係

26 **社会保険**は、保険技術を用い、主に保険料を財源に、国・地方自治体や公的団体が、保険事故が発生した場合に給付を行うという**防貧的機能**がある。 出34-51

27 社会扶助の代表的制度である**公的扶助**は、国や地方自治体が税金を財源に、国民の最低生活を保障するための給付を行うという**救貧的機能**がある。 出34-51

給付の権利性が弱く、その受給にスティグマが伴いやすい。しかし、社会扶助の分野でも**社会手当**（248頁参照）は公的扶助と異なっている。

図表8 社会保険と公的扶助の給付要件と給付内容

	給付要件	給付内容
社会保険	保険事故の発生により自動的に給付が受けられるが、保険料の拠出が滞ると、受給できない。	給付は保険事故に限定され、給付内容は社会的に必要な額（定額または報酬比例給付）である。
公的扶助	公的扶助は、給付のための拠出はないが、**資力調査**により給付の内容が決まる。資力調査があるため、受給に関してスティグマが伴いやすい。	個別の最低生活の保障に必要な現金や現物給付である。

5 公的保険制度と民間保険制度の関係

公的保険と民間保険の現状

出35-50

28 公的保険の種類は、年金保険（厚生年金保険、国民年金）、医療保険（健康保険、国民健康保険）、介護保険、雇用保険、労災保険（労働者災害補償保険）である。

図表9 民間保険と社会保険の相違

	民間保険	社会保険
保険事故	人的事故と物的事故	生活不安の原因になりやすく、社会的な対応を必要とする傷病、失業、死亡などの人的事故
保険者	民間会社	国、地方自治体、それに準ずる公的団体
加入形態	任意加入（リスクが著しく高い者＝病人、高齢者などは加入できない可能性が高い）	強制加入
給付内容	個人のニーズと負担能力に応じて選択できる	社会的に必要とされる標準化・規格化されたもの
給付形態	現金給付	現金給付のほかに現物給付あり
給付の物価スライド	なし	あり
費用負担	加入者の保険料	加入者以外に事業主負担の保険料や国庫負担がある 加入者の保険料は所得に対応する場合が多い
拠出と給付の関係	保険料と給付は正比例する	所得再分配があるため、保険料と給付は必ずしも正比例しない
税制優遇措置	生命（損害）保険料控除	社会保険料控除

29 **民間保険**の種類は、**生命保険**（死亡保険、生存保険、第三分野の保険）、**損害保険**（海上保険、火災保険、自動車保険、第三分野の保険）である。 出35-50

✏ 公的保険（**強制加入**）と異なり、**任意加入**で公的保険の給付に上乗せ給付（公的保険の補完部分）や、公的保険にない給付（公的保険の代替部分）を行っている。

✏ 危険率の測定が正確に行われ、被保険者が支払う保険料が受けとる保険金の期待値と一致する（給付・反対給付均等の原則）。公的保険では、給付・反対給付均等の原則が必ず成立するとはいえない。

30 社会保険は、私的（民間）保険と異なり非営利保険で、保険者が国または公的団体であり、一定の要件にある者は強制加入である。加入にあたっては、**国籍要件はない**。 出35-50

31 日本の社会保険の体系は、**図表10**のとおりで、年金、医療、労災、雇用、介護の5分野に分かれている。

図表10 日本の社会保険制度

		年金給付	医療給付	労災給付	失業給付	介護給付
被用者	一般労働者	厚生年金保険	健康保険	労働者災害補償保険	雇用保険	介護保険
	船員	厚生年金保険	船員保険	労働者災害補償保険	雇用保険	介護保険
	公務員	厚生年金保険（国家公務員共済組合・地方公務員共済組合）	国家公務員共済組合 地方公務員共済組合	（国家公務員災害補償法） （地方公務員災害補償法）	（国家公務員退職手当法） （退職手当に関する条例）	介護保険
	私学教職員	厚生年金保険（日本私立学校振興・共済事業団）	日本私立学校振興・共済事業団	労働者災害補償保険	雇用保険	介護保険
非被用者		国民年金	国民健康保険	／	／	介護保険

注1：被用者年金制度の一元化で2015（平成27）年10月から公務員・私学教職員も厚生年金の被保険者となった。ただし、給付等の事務は各共済組合、私学振興・共済事業団が行う。また、3階部分は各組合等が給付する。
2：健康保険は協会管掌健康保険と組合管掌健康保険に、国民健康保険は市町村国民健康保険と組合国民健康保険に区分される。
3：公務員には労災、失業の保険給付はないが、法律、条例により類似の給付があるので、（ ）で表示した。

6 社会保障制度の体系

医療保険制度の概要

◎医療保険制度の沿革・概要

出32-49
出34-43
出34-49
出35-49

32 1961（昭和36）年４月に国民皆保険制度が発足したが、その後の制度の展開は図表11のとおりである。

図表11 医療保険制度の展開

1973（昭和48）年	法改正、老人医療費無料化、高額療養費制度創設、給付水準の大幅改善など
1982（昭和57）年	**老人保健法**制定（高齢者の一部負担の導入、老人医療費を各保険者間で按分《あんぶん》負担）、施行は1983（昭和58）年2月
2001（平成13）年	法改正、老人医療の一部負担金に**定率制**導入
2002（平成14）年	法改正、給付水準の見直し（3歳以上70歳未満の加入者は一律3割負担）、老人医療受給対象年齢を引き上げ
2003（平成15）年	法改正、**総報酬制**を導入
2006（平成18）年	「**医療制度改革大綱**」（2005（平成17）年）に沿って健康保険法等を改正（①医療費適正化の総合的な推進、②後期高齢者医療制度の創設、③保険者の再編統合）
2008（平成20）年	**後期高齢者医療制度**発足
2015（平成27）年	法改正、持続可能な医療保険制度の構築　①国民健康保険の財政運営は**都道府県**、②国保組合の補助金見直し、③後期高齢者支援金の総報酬制導入、④入院時の食事代の引上げ、⑤患者申出療養制度の創設
2021（令和3）年	法改正、全世帯対応型の社会保障制度の構築　①後期高齢者の窓口負担割合の見直し、②傷病手当金の支給期間の通算化
2023（令和5）年	法改正、①出産育児一時金の引上げ、②後期高齢者医療における高齢者の保険料負担割合の見直し

出35-70（保医）

33 2008（平成20）年４月から、高齢者の医療給付が次のように変わった。①前期高齢者（65～74歳）は、国民健康保険、被用者保険に加入したままその給付を受け、前期高齢者の偏在による保険者間の負担の不均衡を、各保険の加入者数に応じて調整を行う、②後期高齢者（原則75歳以上）は、国民健康保険、被用者保険から独立した**後期高齢者医療制度**に加入し、そこから給付を受ける。

✏ 市町村は、都道府県の区域ごとにすべての市町村が加入する**後期高齢者医**

療広域連合を設ける。この区域内に住所を有する原則75歳以上の者が被保険者となるが、生活保護法の提供を受けている世帯に属する者等は被保険者とならない。

34 2008（平成20）年10月に**全国健康保険協会**（全国単位の公法人）が設立され、都道府県ごとに地域の医療費を反映した異なる保険料率を、3～13％の範囲で設定している。また、**健康保険組合**は従来どおりであるが、小規模・財政窮迫した健康保険組合の再編・統合の受け皿として都道府県単位の地域健康保険組合の設立が可能になった。 出 33-51

35 2015（平成27）年5月、国民健康保険法等の改正で、2018（平成30）年4月から**都道府県**が**国民健康保険**の財政運営の責任主体となり、都道府県内の市町村及び特別区とともに国民健康保険を行う。安定的な財政運営、市町村国保事業の効率的な実施の確保を目的として、市町村国保事業の健全運営に中心的役割を果たす。 出 32-53

✏ **市町村**及び**特別区**は、資格の取得・喪失、**保険料の徴収**、保険事業の実施に役割が変わった。

36 日本の医療保険制度は、基本的に**健康保険**（一般被用者）、**船員保険**、**共済組合**（国家公務員など）、**国民健康保険**および**後期高齢者医療制度**（原則75歳以上）の5つがある。加入者が最も多いのは健康保険で約6866万人（55.4％）である（**図表12参照**）。

図表12 医療保険制度

加入制度	保険者	対象者	加入者数（千人）
健康保険	全国健康保険協会（協会けんぽ）	一般被用者	40,265
	健康保険組合（組合健保）		28,381
	全国健康保険協会（協会けんぽ）	日雇被用者	16
船員保険	全国健康保険協会（協会けんぽ）	船員	113
共済組合	共済組合・事業団	公務員・教員等	8,690
国民健康保険	市町村（市町村国保）	農業・自営業者等（非被用者）	25,369
	国民健康保険組合（国保組合）		2,683
後期高齢者医療制度	広域連合	後期高齢者	18,434

出典：厚生労働省編『厚生労働白書 令和5年版』2023年、資料編27頁を一部改変

37 **健康保険**は、被用者を対象とした制度で、**保険者**（健康保険事業の運営主体）は、全国健康保険協会（全国健康保険協会管掌健康保険（協会けんぽ））と健康保険組合（組合管掌健康保険（組合健保））である。前者の保険者は、以前は政府で、政府管掌健康保険と言われていたが、2008（平成20）年に協会けんぽが全国単位の公法人として設立された。

- 近年、長期にわたる経済低迷から組合健保は保険者、被保険者とも減少している。
- 船員保険は、全国健康保険協会が保険者である。

出35-70（保医）

38 **国民健康保険**は、他の公的医療保険に加入していない人を対象としており、市町村が保険者となるもの（**市町村国保**）と国民健康保険組合が保険者となるもの（**国保組合**）がある。なお、2018（平成30）年度から都道府県が市町村とともに保険者となり、財政運営の責任主体となった。

- 後期高齢者医療制度の発足で、国民健康保険の加入人員は大幅に減った。
- 市町村国保の加入者は、農業従事者や自営業者あわせて2割弱と減少し、無職者や非正規雇用者が増え、低所得者や75歳未満の高齢者の医療保険制度に変わりつつある。

出33-51
出35-50
出35-51

39 都道府県の区域内に住所を有する者は、法律上当然に市町村国保の被保険者となる。国民健康保険では、「扶養」という考え方はなく、したがって被扶養者もない。

出35-52
出35-54

40 市町村に居住する者で、被用者保険の被保険者やその被扶養者、生活保護法の保護を受けている世帯（その保護を停止されている世帯を除く）に属する者、高齢者医療確保法の被保険者（後期高齢者）、国保組合の被保険者等を除く者が、国民健康保険の対象となる。なお、在留期間が3か月を超える在留資格を有する外国人も対象となる。

- 社会福祉施設などに入院して施設の所在地に住所を異動した場合には、転出前の市町村の国民健康保険の被保険者とする制度があり、**住所地特例**という。介護保険や後期高齢者医療制度にも設けられている。

◎適用

出35-70（保医）

41 健康保険組合は、単一組合（一事業所の事業主が単独で設立し、おおむね700人以上の被保険者がいる場合）と、総合組合（同種の事業あるいは一定の地域に所在する業種を異にする2以上の事業所の事業主が共同して設立し、おおむね3000人以上の被保険者がいる場合）で、都道府県知事の認可を得て設立される。組合が設立されれば、使用される被保険者は、組合に加入する。

- **法定給付**のほかに独自の**付加給付**ができる。
- 共済組合も同様に付加給付ができる。

42 健康保険の被保険者は、適用事業所に使用される者等である。事業所には**強制適用事業所**と**任意適用事業所**がある。強制適用事業所は、常時５人以上の従業員を使用する法定17業種の事業所および１人でも常時従業員を使用する国、地方公共団体または法人の事業所である。強制適用の対象外でも申請すれば任意適用事業所とされる。 出35-51

✎ 個人事業主で、常時５人未満の従業員を使用する事業所、あるいは常時５人以上の従業員を使用していても法定17業種以外の事業所は、適用事業所とはならず、健康保険の対象とはならない。この場合には、国民健康保険に加入することとなる。

✎ 強制適用事業所に使用されていても、所定労働日数が一定未満の短時間労働者は、健康保険の被保険者とならない（図表20参照）。

43 **被用者保険**には、健康保険、船員保険、共済組合があるが、被用者である被保険者（組合員）の**被扶養者**も保険給付を受けることができる。 出33-51 出35-70（保医）

✎ 被扶養者の要件は、原則として被保険者と生計維持関係にある直系尊属、配偶者（内縁関係を含む）、子、孫、兄弟姉妹で主として被保険者に生計を維持されている人をいう。また、被扶養者として認定されるには、年収が130万円未満（認定対象者が60歳以上または障害厚生年金を受けられる程度の障害者の場合は180万円未満）であって、かつ被保険者の年収の２分の１未満であることとされている（生計維持関係にあればよく、同居は必要としない）。日本国内に住所を有すること（国内居住要件）が必要である。

44 各種共済組合の医療保険は、**国家公務員**、**地方公務員**等および**私立学校教職員**の３つが短期給付として行っている。

45 国民健康保険組合（国保組合）は、同種の事業または業務（医師、歯科医師、薬剤師等健康保険組合）に従事する者300人以上を組合員とする都道府県知事の認可を受けた公法人である。

◎医療給付

46 健康保険、船員保険、共済組合、国民健康保険の**医療給付**は、被保険者の疾病および負傷に対して、**現物給付**の形で行われる。

✎ 医療給付には、療養の給付（家族療養費）、**入院時食事療養費**、入院時生活療養費、**保険外併用療養費**、訪問看護療養費（家族訪問看護療養費）、療養費、**高額療養費**、**高額介護合算療養費**等がある。

47 健康診断、予防接種、正常分娩、美容整形などは医療給付の対象とはならない。自損の負傷は故意の犯罪行為や故意に疾病にかかったりした場合等以外であれば、医療給付が受けられる。第三者行為による負傷も給付を受けられるが、保険者は費用の一部または全部を加害者に請求することになる。労働者の業務上や通勤による傷病は、**労災保険**による給付が優先される。 出33-52 出35-53

出32-54
出34-70（保医）
出35-52

48 療養の給付割合は各保険共通で**図表13**のとおりである。

図表13 療養の給付割合

対象	給付割合
0歳から義務教育就学前の者	8割
義務教育就学後から70歳未満の被保険者本人・被扶養者	7割
70歳以上75歳未満の者	8割（1944（昭和19）年4月1日以前に生まれた者は9割、現役並み所得者は7割）

49 入院中に食事の提供を受けたときは、費用のうち定額の標準負担額を支払い、残りが**入院時食事療養費**として支給（現物給付）される。標準負担額は1食単位となり、在宅療養との公平性の観点から、2018（平成30）年4月に一般所得者は460円になった。

50 長期療養を必要とする医療療養病床に入院している医療の必要性が高い65歳以上の者（特定長期入院被保険者）が、生活療養を受けたときには、**食費**の負担のほかに**居住費**（平均的家計における光熱水費相当額）の負担がある（生活療養標準負担額）。

✎ 指定難病患者や老齢福祉年金受給者を除き、1日370円の負担である。

出34-74（保医）

51 **保険外併用療養費**は、先進医療、医薬品の治験、薬価基準に収載前の医薬品の使用など、将来的な保険導入のため評価を行う評価療養と、特別の病室の提供など快適性を患者が選択する選定療養とに分かれており、これらの療養が行われた場合は、保険対象となる通常の療養と共通の部分は保険外併用療養費として給付されるが、特別なサービスの部分は自費となる。

52 2016（平成28）年4月から困難な病気をもつ患者からの申出で、最新の医薬品等を迅速に保険外併用療養として使用する制度（患者申出療養制度）が発足した。

出34-70（保医）

53 健康保険などの被保険者とその被扶養者は、医療費の**自己負担限度額**を超えると、その超えた分が**高額療養費**として支給される。自己負担限度額は、年齢や所得階層のほか、世帯合算、多数該当などにより異なる。

54 同一世帯で医療保険の自己負担額と介護保険の利用者負担額の1年間（8月から翌年7月）の合計額が一定の金額を超えると、超えた分が**高額介護合算療養費**として被保険者に支給される。

◎医療給付以外の給付

55 **現金給付**として、移送費（家族移送費）、**傷病手当金**、**出産育児一時金**（家族出産育児一時金）、出産手当金、埋葬料（家族埋葬料）がある。 出34-70（保医）

56 **傷病手当金**は、被保険者が病気やけがの療養のため労務につけず、4日以上その状態が続き、報酬が支給されないときに休業中の所得保障として給付される。 出32-51 出34-54 出35-52

- 支給額は、直近の継続した12月間の各月の標準報酬月額平均額の30分の1に相当する額（日額）の3分の2であり、支給期間は支給を開始した日から通算して1年6か月を限度とする。その所得は非課税である。退職しても被保険者期間が継続して1年以上あり、資格喪失時に傷病手当金を受けているか、受けられる状態にあれば、継続して期間満了まで支給される。
- 業務上の病気やけがの場合は、労災保険が適用になる。

57 傷病手当金は、健康保険では法定給付である。国民健康保険では、任意給付である。

- 同じ病気やけがで障害厚生年金・障害手当金を受けると、傷病手当金は支給されない場合がある。
- 労災保険の休業補償給付受給中に傷病手当受給権が発生しても、その期間は傷病手当金は支給されない。

58 被保険者が出産したときは、健康保険、国民健康保険とも出産育児一時金が、健康保険では被扶養者が分娩したときは、家族出産育児一時金が同額支給される。 出32-54 出36-50

- 一時金は原則出産を行った保険医療機関等に直接支払われる。給付額は健康保険では50万円（産科医療保険制度未加入の病院で出産の場合は48.8万円）である。国民健康保険における支給額は条例で定める。

59 **出産手当金**は、出産の日以前42日（多胎妊娠の場合は98日）、出産の日後56日以内、労務に服さず、賃金･給料が得られないときに支給される。1日について**標準報酬日額**の3分の2に相当する額が支給される。退職後の継続給付は、傷病手当金と同じである。

60 健康保険では、被保険者本人または被扶養者が死亡したときには、埋葬料または家族埋葬料が5万円支給される。また、緊急時などに傷病で移動が困難なため移送されたときは、実費または保険者が認めた額が移送費（家族移送費）として支給される。

61 被保険者が自己の**故意**の犯罪行為または故意に給付事由（傷病、死亡等）を生じさせた場合には、保険給付は全部行わない。

- 自殺による死亡あるいは道路交通法違反による死亡は、埋葬料のみ支給さ

05 社会保障

れる。

◎財源

出33-51 **62** 協会けんぽの一般保険料率は、**総報酬制**（賞与を含めた年収を対象）を導入している。標準報酬月額および標準賞与額に保険料率を乗じ、被保険者と事業主が**折半**負担する。

- ✏ 保険料率は3～13％の範囲で都道府県ごとに設定され、2024（令和6）年度から保険料率は、最低は新潟県の9.35％、最高は佐賀県の10.42％である。
- ✏ 標準賞与額の上限は、年間をとおして（4月～翌年3月の累計額）573万円である。これを越した額相当額には負担はない。
- ✏ 産前産後休業期間中及び育児休業期間中の保険料は、被保険者負担分、事業主負担分ともに免除される。

出32-53 **63** 組合健保の保険料率は、協会けんぽと同様に3～13％の範囲で組合
出35-52 ごとに定められる（被保険者と事業主の負担は原則折半であるが、特例として事業主の負担を増加することができる）。

出35-52 **64** 市町村は、国民健康保険料（税）を世帯主（組合国保は組合員）から
出36-51 徴収する。保険料（税）の額は、当該世帯の各被保険者を対象にした所得割額、資産割額、被保険者数に応じた均等割額、世帯別平等割額を合算して得た額である。なお、組み合わせや比率は市町村ごとに決定する。

出32-53 **65** 給付費に対する**国庫補助**があり、協会けんぽには当分の間1000分の
出34-52 164で、組合健保には原則としてない（一部の財政逼迫健康保険組合に定額
出35-50 補助がある）。

66 市町村の国民健康保険は、給付費（前期高齢者納付金および後期高齢者支援金分を含む）の50％以上を公費で賄っている。国の負担は41％（定率負担32％、財政調整交付金9％）、都道府県の負担は9％（調整交付金）である。

67 国保組合にも国は給付費の32％を定率負担しているが、被保険者の平均所得が高い組合は、所得水準に応じて13％から32％になる。また、所得水準の低い組合にはその影響が生じないように、全給付費の15.4％を上限に調整交付金を交付する。

68 国保財政の安定化のため、2018（平成30）年4月から著しく高額な医療費（1件420万円超え）に都道府県からの拠出金を財源に全国で費用負担を調整する**特別高額医療費共同事業**が発足した（国は予算の範囲で一部を負担）。このほか、高額療養費（1件80万円超え）の発生による国保財政の影響を緩和するため国と都道府県が高額療養費の4分の1ずつを負担し、さ

らに低所得者の保険料軽減分を都道府県が4分の3支援する。

◎後期高齢者医療制度

69 **老人保健法**が、「高齢者の医療の確保に関する法律」に改正されたことにより、2008（平成20）年4月から後期高齢者医療制度が発足した。 出35-49 出35-74（保医）

✏ 事務の運営主体は、**後期高齢者医療広域連合**（都道府県単位ですべての市町村が加入する）であるが、保険料の徴収および窓口業務は、**市町村**が行う。

✏ 後期高齢者医療広域連合および市町村は、特別会計を設けなければならない。

70 被保険者は、広域連合内に住所がある**75歳以上**の者（65歳以上75歳未満で一定の障害の状態にあると広域連合が認定した者を含む）で、75歳の誕生日から被保険者となる。 出32-53 出35-74（保医）

✏ 個人が被保険者となり、被用者保険のような被扶養者という概念がない。後期高齢者医療制度の被保険者は、健康保険等各医療保険制度の被保険者・被扶養者から除外される。

71 給付内容は、健康保険とほぼ同じ内容である。療養の給付の自己負担は、1割（現役並み所得者は3割）であったが、2021（令和3）年の改正で、翌2022（令和4）年10月から、一定以上所得者（課税所得が28万円以上等）は自己負担割合が2割となり、3区分となった。所得の認定は世帯単位で行う。 出35-74（保医）

✏ 高額療養費および高額介護合算療養費の制度もある。

72 後期高齢者医療制度の費用負担は、保険料が1割（後期高齢者負担率）、後期高齢者支援金（各医療保険制度の徴収保険料）が4割、公費が5割（国：都道府県：市町村＝4：1：1）である。 出32-53 出34-52 出35-74（保医）

✏ 後期高齢者支援金は、被用者保険の加入者数に基づく計算から、被用者の給与や賞与に基づく全面総報酬割となった。

73 保険料は、原則として年金から天引き（**特別徴収**）される（年額18万円以上の者。18万円未満の場合は普通徴収となる）が、市町村が納入の通知（納付書）をすることによって徴収する方法（**普通徴収**）もある。 出35-74（保医） 出36-51

✏ 市町村が徴収する保険料は、被保険者一人ひとりに課され、世帯単位ではない。

✏ 応能負担（所得割）と応益負担（被保険者均等割）で構成されている。所得割があることによって、所得が異なれば保険料が異なり、保険料は均等ではない。

介護保険制度の概要

※介護保険の出題が社会保険の概要のなかでは少ないので、被保険者、保険料などに絞った。全体については、専門科目の「高齢者福祉」を参照のこと。

出34-52
出35-50
出35-51
出36-51

74 介護保険の保険者は、市町村および特別区である。**第1号被保険者**は、市町村の区域内に住所を有する65歳以上の者であり、**第2号被保険者**は、市町村の区域内に住所を有する40歳以上65歳未満の医療保険加入者である(図表14参照)。

✏ 保険給付は要支援・要介護の程度により給付限度基準額があり、その9割（一定以上の所得を有する第1号被保険者は8割または7割）である。

図表14 第1号被保険者と第2号被保険者

	第1号被保険者	第2号被保険者
対象者	65歳以上の者	40歳以上65歳未満の医療保険加入者
受給権者	要介護者 要支援者	加齢に起因する疾病（特定疾病として16種類を指定）を原因とする要介護者および要支援者
介護報酬に対する利用者負担	年金および給与等の所得金の合算額に応じた負担（上限あり） 340万円以上　3割 280万円以上　2割 280万円未満　1割	1割
保険料	保険料率は所得段階別で市町村ごとに設定している。 年金額が18万円以上の者は年金から天引き徴収となる。	被用者医療保険加入者は保険料率が毎年改定（事業主負担あり） 国民健康保険被保険者は市町村ごとに所得割、均等割、平等割を設定（国庫負担あり）
公費負担	給付費の50%（国25%、都道府県・市町村各12.5%） ただし、施設等給付は国20%、都道府県17.5%、市町村12.5%	

資料：厚生労働省編『令和5年版厚生労働白書』2023年、資料編231頁を一部改変

年金保険制度の概要

◎年金制度の沿革と概要

75 1961（昭和36）年4月に、国民皆年金制度が発足した。その後の制度の展開は**図表15**のとおりである。

76 年金制度は、**公的年金**（国民年金・厚生年金保険）、**企業年金**（確定拠出年金・確定給付企業年金等）及び**個人年金**（保険会社）に分かれている。

図表15 年金制度の展開

1973（昭和48）年	年金給付水準の引上げ、物価スライド制・標準報酬月額の再評価制の導入
1985（昭和60）年	年金改正、①基礎年金の導入による年金制度の一元化、②被用者の妻のすべてに国民年金加入の義務化
1998（平成10）年	ドイツと社会保障（年金）協定締結（２国間で海外勤務者の年金適用調整などを協定）
2003（平成15）年	総報酬制の実施
2004（平成16）年	年金改正、保険料水準固定方式とマクロ経済スライド方式導入、保険料の多段階免除制度、基礎年金の国庫負担を２分の１に引上げ（消費税８％増額が財源）
2011（平成23）年	年金確保支援法制定（将来無年金者・低所得者の発生を防止する改正）
2012（平成24）年	年金改正（社会保障・税の一体改革に関連した改正）、基礎年金の受給資格期間を10年に短縮など、被用者年金の一元化
2013（平成25）年	年金改正：厚生年金基金の見直し（2014（平成26）年４月実施）
2016（平成28）年	年金改正、国民年金加入者の産前産後の保険料免除
2019（令和元）年	年金生活者支援給付金支給開始
2020（令和２）年	年金改正（被用者保険の適用拡大）
2022（令和４）年	年金改正、繰下げ受給の上限年齢引上げ、繰上げ受給の減額率の見直し、在職老齢年金制度の見直しなど

受験対策アドバイス

2024（令和6）年4月1日にイタリアとの間で社会保障協定が発効します（23か国との間で協定が発効することになります）。

77 公的年金制度は、憲法の理念に基づき社会保障として行われ、高齢者の年金支給に必要な財源は、年金給付時の現役世代の支払う保険料で賄われる方式（**賦課方式**）で運営される（**世代間扶養**）。民間の保険会社に多い、現役時に自己が積み立てた保険料を高齢時に年金として給付する（**積立方式**）のではない。

✏ この賦課方式が、少子高齢化が進むと現役世代の負担の増加となって表れる原因となる。

✏ 公的年金のそのほかの特徴として、一定の要件に該当したら強制加入しなければならない。物価や賃金の変動に応じて年金額を見直す等がある。

78 政府は、少なくとも５年ごとに財政の現況および財政均衡期間における見通しを作成しなければならない。財政均衡期間は、財政の現況および見通しが作成される年以降おおむね100年間とする。

◎国民年金の対象

79 国民年金は、日本国憲法第25条第２項の理念に基づき、**老齢**、**障害**、または**死亡**によって国民生活の安定が損われることを国民の共同連帯によっ

図表16 わが国の年金制度の体系

○現役世代は全て国民年金の被保険者となり、高齢期となれば、基礎年金の給付を受ける。（1階部分）
○民間サラリーマンや公務員等は、これに加え、厚生年金保険に加入し、基礎年金の上乗せとして報酬比例年金の給付を受ける。（2階部分）
○また、希望する者は、iDeCo（個人型確定拠出年金）等の私的年金に任意で加入し、さらに上乗せの給付を受けることができる。（3階部分）

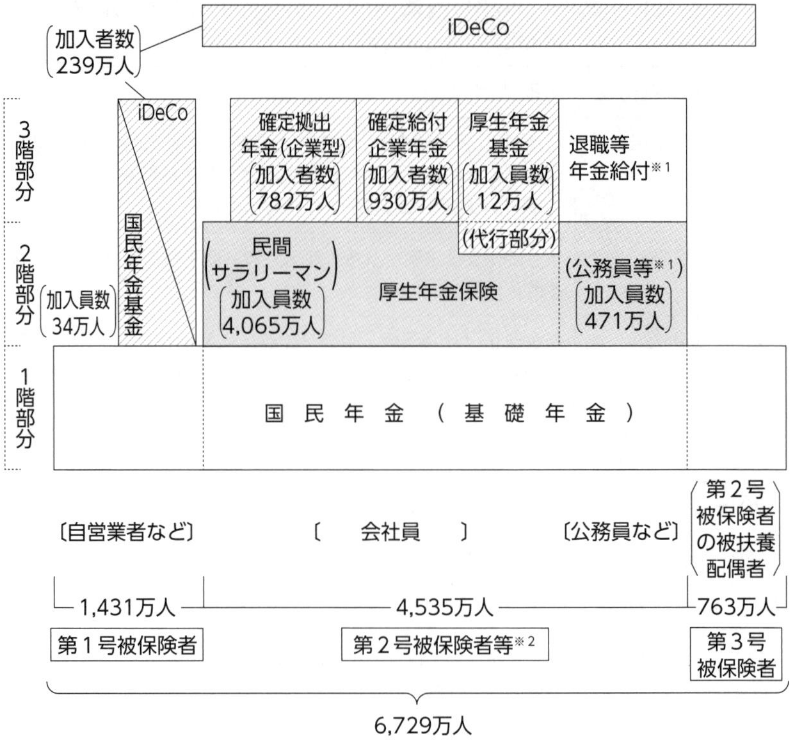

（数値は2022（令和4）年3月末時点）※斜線部は任意加入

※1　被用者年金制度の一元化に伴い、2015（平成27）年10月1日から公務員および私学教職員も厚生年金に加入。また、共済年金の職域加算部分は廃止され、新たに退職等年金給付が創設。ただし、2015（平成27）年9月30日までの共済年金に加入していた期間分については、2015（平成27）年10月以後においても、加入期間に応じた職域加算部分を支給。

※2　第2号被保険者等とは、厚生年金被保険者のことをいう（第2号被保険者のほか、65歳以上で老齢、または、退職を支給事由とする年金給付の受給権を有する者を含む）。

資料：厚生労働省編『令和5年版厚生労働白書』2023年、資料編240頁

て防止し、もって健全な国民生活の維持および向上に寄与することを目的としている。

✐ 国民年金事業は、政府が管掌する。

80 国民年金は「給付」といい、厚生年金保険は「保険給付」という。これは国民年金に保険料の免除規定があったり、20歳前傷病による障害に基づく障害基礎年金のように、保険原理に基づかない福祉的なものがあるからである。

出33-55 **81** 被保険者には、強制被保険者と任意加入被保険者がある。

出34-55 ✐ 強制被保険者は、第1号被保険者、第2号被保険者、第3号被保険者（第2

号被保険者の被扶養配偶者）にわかれる。国籍要件はなく、資格要件は図表17のとおりである。 出35-51 出35-54 出35-55

任意加入被保険者は、日本国内に住所を有する60歳以上65歳未満の者、日本国籍を有する者で日本国内に住所を有しない20歳以上65歳未満の者などである。特例として、1965（昭和40）年4月1日生まれの者で老齢基礎年金の受給資格期間（10年）を満たせない場合、日本国内に住所を有する65歳以上70歳未満の者などが任意に加入できる。

図表17 国民年金の被保険者

強制適用	第1号被保険者	日本国内に住所を有する20歳以上60歳未満の者（第2号・第3号に非該当）
	第2号被保険者	被用者年金制度の被保険者
	第3号被保険者	第2号被保険者の被扶養配偶者であって20歳以上60歳未満の者（第2号被保険者以外）

◎国民年金の給付

82 老齢基礎年金、障害基礎年金、遺族基礎年金と、第1号被保険者に係る独自給付の付加年金、寡婦年金、死亡一時金、その他の給付として脱退一時金がある。

83 国民年金は、国籍を問わず強制加入である。そのため日本に短期在留する外国人が帰国する場合、老齢基礎年金の受給期間を満たしていなければ、保険料を支払っていても年金給付がなく、支払った保険料が掛け捨てになる。それを防止するため、保険料納付済期間等が6か月以上等の要件を満たせば、脱退一時金が支給される。

84 老齢基礎年金は、受給資格期間が10年以上ある者に対して65歳から支給される。年金額は、単身高齢者の基礎的消費支出に見合う水準に定められ、2024（令和6）年度の新規裁定者（67歳以下の者）は、満額で81万6000円（月額6万8000円）である。 出32-55

満額受給には加入可能年数の全期間保険料納付が必要となる。

85 受給資格期間は、65歳に達した月前の①保険料納付済期間、②保険料免除期間、③合算対象期間を合算した期間である。

合算対象期間は、カラ期間ともいわれ、老齢基礎年金の受給資格期間に反映するが、年金額には反映しない。

86 日本の年金の財政方式は、当初積立方式であったが、今日では欧米と同様に賦課方式である（77参照）。年金額については政府が5年ごとに財政均衡の見通しを作成し、財政の均衡を保てない場合、給付額の調整を行う。

年金額算出は、保険料水準固定方式（将来の保険料を固定し、その収入の範囲内で給付水準を自動的に調整する仕組み）と**マクロ経済スライド**方式を採用している。

87 **老齢基礎年金**の支給開始年齢は、原則65歳であるが、65歳で受け取らず本人の希望によって、60歳から64歳までの**繰り上げ**（減額率1000分の4）支給、66歳以降75歳までの**繰り下げ**（増額率1000分の7）支給を選択できる。

✎ 年金の受給権は、死亡によってのみ消滅する。

✎ 老齢厚生年金も66歳以降75歳までの繰り下げ支給ができる。

88 **障害基礎年金**は、被保険者または60歳以上65歳未満の被保険者であった者が、①障害認定日（初診日から1年6か月を経過した日、または、その間に治った場合は治った日）において障害等級（年金独自基準で、基礎・厚生年金とも同一）に定める障害の状態（**1・2級**）にあり、②初診日前に保険料納付済期間と保険料免除期間を合わせた期間が被保険者期間の3分の2以上ある場合に支給される。

89 障害認定日に、障害等級1級または2級（3級の場合は支給されない）に該当しなかった場合でも、65歳に達する日の前日までに、同じ傷病によって障害等級に該当する状態になれば（**事後重症**）、請求により障害基礎年金が支給される。

90 障害基礎年金の年金額は、定額（子がいる場合のみ加算があり、配偶者がいても加算はない。加算の対象は現に受給権者と生計維持関係にある者である）で、2級が老齢基礎年金と同額、1級がその**1.25倍**で、受給権者には**所得制限はない**。

✎ 障害基礎年金と老齢厚生年金や遺族厚生年金は、併給できるが、労災保険の障害補償年金との**併給**では、労災の給付が減額調整される。

出 33-53

91 20歳前の傷病による障害基礎年金は、傷病の初診日に20歳未満であった者（出生時からの重度の障害も対象となる。初診日における保険料納付要件も問われない）が、その障害認定日以後に20歳に達した時、または障害認定日が20歳に達した日後の場合はその障害認定日において1級または2級の障害等級に該当すれば、障害基礎年金が支給される。

✎ したがって20歳前に支給されることはない。

92 20歳前の傷病による障害基礎年金は、保険料を納めていなくても受け取れる福祉的な年金なので、支給停止の要件が一般の支給停止より厳しくなっている。日本国内に住所を有していないとき、受給権者本人の前年の所得が一定の額を超えるとき等にその支給が停止される。給付財源は、国庫負担（給付に要する費用の100分の60）と保険料である。

93 **遺族基礎年金**は、国民年金の被保険者等が死亡したとき、その者と生計を維持していた子のある配偶者または子（婚姻している子は除く）に定額（老齢基礎年金と同額で、子がいる場合は加算）を支給する。 出32-52 出34-52

障害基礎年金と同様に保険料納付済期間等の受給要件がある。

94 国民年金には、第1号被保険者を対象とした独自給付として**図表18**の給付がある。

図表18 国民年金の独自給付

付加年金	老齢基礎年金に上乗せされる任意加入制の給付
寡婦年金※	第1号被保険者として老齢基礎年金の受給資格を満たしていた夫が年金を受給せずに死亡した場合に、妻に支給（60歳から65歳になるまでの間、夫が受け取るはずの老齢基礎年金の3／4）
死亡一時金※	第1号被保険者として3年以上保険料を納付した者が年金を受給せずに死亡した場合に、一定範囲の遺族に支給

※寡婦年金と死亡一時金は併給できず、どちらかを選択しなければならない。

95 年金、手当でいう「子」とは、現に婚姻をしていない①18歳に到達した年度の末日（翌年の3月31日）までにある子、または②20歳未満で障害等級1・2級の障害をもつ子である。年金額の増額改定は、配偶者が遺族基礎年金の受給権を取得した当時胎児であった子が生まれたときのみに行われる。

減額改定は、配偶者の子の数が減少すれば行い、子の数が0人になれば、配偶者への支給はなくなる。

◎国民年金の財源

96 公的年金給付費の財源は、保険料、積立金運用収入および国庫負担金である。すべての基礎年金給付の**国庫負担**割合は、**2分の1**である。厚生年金・共済年金の保険者にも基礎年金の拠出部分に国庫負担がある。 出34-52 出35-55

97 政府は、国民年金の第1号被保険者と任意加入被保険者から保険料を徴収する。第2号被保険者および第3号被保険者から保険料は徴収しない。 出32-55 出33-55 出36-51

国民年金の保険料は、均一拠出で、2019（令和元）年度以降は月額1万7000円に固定された（実際には1万7000円にその年の改定率を掛けた額（2024（令和6）年度は1万6980円）となる）。

保険料は国に納付するが、納付にあたり世帯主は連帯責任を負う。

98 第2号・第3号被保険者の保険料は、被用者年金の保険者が被保険者の数に応じて基礎年金拠出金として負担する。なお第3号被保険者は本人が保険料を拠出することはない。 出32-55

出33-55
出35-55
出36-51

99 国民年金の第1号被保険者には、**保険料免除制度**がある。生活扶助受給者、ハンセン病療養所などで療養している者、障害基礎年金受給権者などには法定免除、生活扶助以外の扶助を受けるとき、所得がない者などには申請免除（全額、4分の3、2分の1、4分の1免除の4区分）がある。

✎ 保険料免除期間は、受給資格期間に算入され、年金は減額されるが、国庫負担分は老齢基礎年金額に反映される（図表19参照）。

✎ 免除保険料は、厚生労働大臣の承認を受けて10年以内の期間分は追納できる。

図表19 申請免除の区分と年金給付の関係

免除区分	全額免除	3／4免除	1／2免除	1／4免除
給付割合	1／2	5／8	6／8	7／8

出33-55
出34-54

100 **学生納付特例制度**は、本人の前年所得が一定所得以下の学生が申請により保険料納付を猶予される制度である。10年以内に追納しないと、その期間は受給資格期間には算入されるが、国庫負担が全くないので老齢基礎年金額に反映されない（所定の要件に該当すれば障害基礎年金・遺族基礎年金は支給される）。

101 **保険料納付猶予制度**は、20歳以上50歳未満の第1号被保険者で、本人・配偶者の前年度の一定所得以下（配偶者が免除事由に該当しない場合は免除されない）の場合に、保険料納付を申請により猶予する。保険料を追納しないと法定免除等の保険料免除制度と異なり、受給資格期間には算入されるが老齢基礎年金の年金額には反映されない。

✎ 追納可能期間は、10年間である。

出32-54
出36-50

102 第1号被保険者は**産前産後期間**（出産日または出産予定日の属する前月から出産予定月の翌々月までの4か月間）は、**保険料が免除**されるが、保険料納付済期間に算入され、将来の老齢基礎年金の年金額に反映される。

✎ 財源は、国庫負担と保険料が2分の1ずつである。

◎国民年金基金

103 **国民年金基金**は、基礎年金給付しかない国民年金第1号被保険者に、上乗せ給付を行うもので、全国国民年金基金と3つの業種別の職能型国民年金基金がある。

104 国民年金基金は、基本給付（物価スライドしない）、ボーナス給付、各基金独自の給付で構成され、加入者は給付の型を選択できる。対象は日本国内に居住する第1号被保険者と、60歳以上65歳未満の任意加入被保険者である。

✏ 加入員は自ら申し出て任意に脱退できず、国民年金第1号被保険者の資格を喪失等の場合に加入員の資格を喪失する。

✏ 掛金は、所得税法の社会保険料控除の対象となる。

◎厚生年金保険

105 **厚生年金保険**は、労働者の**老齢**、**障害**、**死亡**について保険給付を行い、労働者およびその遺族の生活の安定と福祉の向上に寄与することを目的としている。

✏ 厚生年金保険は、政府が管掌する。

106 厚生年金保険の実施機関は、①厚生労働大臣（第1号厚生年金被保険者）、②国家公務員共済組合等（第2号厚生年金被保険者）、③地方公務員共済組合等（第3号厚生年金被保険者）、④日本私立学校振興・共済事業団（第4号厚生年金被保険者）である。

✏ 各実施機関は、標準報酬・保険給付・受給権者・保険料・基礎年金拠出金等に関する事務を行う。

◎厚生年金保険の対象

107 適用事業所には、**強制適用事業所**と**任意適用事業所**がある。 出34-55

108 被保険者は、適用事業所に使用される**70歳未満の者**である。短時間労働者の社会保険加入要件は、**図表20**のとおりである（健康保険も同じ）。 出34-55 出35-70（保医）

図表20 短時間労働者の社会保険加入要件

区分	資格取得要件
健康保険・厚生年金	1週の所定労働時間と1月の所定労働日数が、事業所の同種の正規職員の**4分の3**以上ある。 2016（平成28）年10月以降 ①週所定労働時間が**20**時間以上、②雇用期間が1年以上見込まれる、③月額賃金が**8万8000**円以上（年収106万円以上）、④学生でない、⑤従業員500人超の事業所に勤務 2017（平成29）年4月以降 ①～④を満たしていれば500人以下の事業所でも労使の合意で拡大可能になった 2022（令和4）年10月以降（2020（令和2）年6月公布） 「雇用期間が2か月を超えて見込まれる」に改正 100人超の事業所まで適用を拡大 弁護士、税理士等の資格を有する法律または会計業務を行う5人以上の個人事務所を追加 2024（令和6）年10月以降（2020（令和2）年6月公布） 50人超の事業所まで適用を拡大
雇用保険	同一事業主に**31**日以上雇用の見込みがあり、所定労働時間が週**20**時間以上

109 被保険者の資格取得日は、適用事業所に使用されるに至った日である。

✏ 資格喪失日は、死亡したときは翌日、退職時は翌日、70歳に達したとき（誕生日の前日）は、例外としてその日等である。国外に勤務していても資格は喪失しない。

◎厚生年金保険の保険給付

出32-55

110 **老齢厚生年金**は、基礎年金の支給要件を満たした場合に上乗せする形で65歳から支給される。年金額は、**平均標準報酬額**（在職中の標準報酬月額と標準賞与額との総額を被保険者期間の月数で除した額）に被保険者期間と一定の給付乗率を掛けて算出される。

出32-55
出35-55

111 65歳を超えて事業収入があっても、老齢厚生年金の年金額の調整減額はないが、厚生年金の被保険者として勤務していると、**在職老齢年金**として年金額が調整減額される（70歳以上は被保険者ではないが、65歳以上と同様の調整をされる）。在職老齢年金の計算方法は、総報酬月額相当額（標準報酬月額＋直近1年の標準賞与額を月額換算）と基本月額（報酬比例の老齢厚生年金の月額）の合算額が支給停止調整額（令和6年度は50万円）を超える場合、超えた額の2分の1の12か月分が老齢厚生年金から減額される。

✏ この場合、国民年金の老齢基礎年金部分は減額の対象にはならない。全額支給される。

出33-54

112 離婚等をした場合に、厚生年金保険の被保険者またはその配偶者の双方の合意または裁判所の決定に基づいて、厚生年金保険の婚姻期間中の保険料納付記録を、2分の1を上限に分割できる（厚生年金の**合意分割**）。また、2008（平成20）年4月以降の第3号被保険者期間については、被扶養配偶者の請求により（当事者の合意は必要とされていない）、保険料納付記録を**自動的に2分の1**に分割できる。

113 特別支給の老齢厚生年金（60歳台前半の老齢厚生年金）、3級の障害厚生年金、障害手当金および子のない妻、55歳以上の夫・父母・祖父母、孫に対する遺族厚生年金は、厚生年金の独自給付である。

出32-51

114 **障害厚生年金**は、厚生年金保険の被保険者期間中に、初診日のある傷病が原因で、障害認定日に障害等級（1級から3級）に該当する程度の障害の状態であるときが生じたときに支給される。障害認定日とは、初診日から起算して**1年6か月**を経過した日、または初診日から1年6か月以内に治った場合には**治った日**が該当する。1年6か月以内にその症状が固定し、治療の効果が期待できない状態に至った日も含む。

✏ 障害等級1・2級の場合は、障害基礎年金（1・2級のみ支給）に上乗せする形での支給である。

115 障害基礎年金に該当しない程度の障害であっても、厚生年金保険の3級の障害等級に該当する場合は、3級の障害厚生年金が支給される。3級より軽い障害の場合、一時金として**障害手当金**が支給される場合がある。

116 **遺族厚生年金**は、①被保険者が死亡したとき、②被保険者期間に初診日がある傷病が原因で、当該初診日から起算して5年以内に死亡したときなどに遺族に支給される。 出32-52

- 支給額は、おおむね死亡した被保険者に支給される老齢厚生年金（報酬比例の年金額）の4分の3に、中高齢寡婦加算または経過的寡婦加算の額が加わった額である。

117 遺族年金は、死亡日の翌月から、受給権が消滅した日の属する月まで支給する。

- 受給権者が死亡したとき、婚姻した（内縁関係を含む）とき、直系血族および直系姻族以外の者の養子となったときなどの場合、受給権は消滅する。
- 夫の死亡当時子のない30歳未満の妻は5年間のみ受給できる。また、遺族基礎年金の受給権を失権した当時30歳未満である妻は遺族基礎年金の受給権を失権した当時から5年後までの受給となる。

118 遺族の範囲は、①遺族基礎年金の支給対象となる遺族（子のある妻、子のある55歳以上の夫、遺族基礎年金の要件に該当する子）②子のない妻、③被保険者が死亡したときに55歳以上の夫、父母、祖父母（いずれも60歳から支給）、④孫（子と同じ要件。**95**参照）である。

- ①は遺族基礎年金と遺族厚生年金が支給されるが、その他（②～④）は遺族厚生年金のみが支給される。

119 老齢厚生年金と遺族厚生年金との調整について、遺族厚生年金の受給者が65歳に達し、自らの老齢厚生年金の受給権が発生すると、自ら納めた保険料を年金に反映するため、自らの老齢厚生年金を優先して支給する。遺族厚生年金のほうが多い場合は、差額が遺族厚生年金として支給される。

◎厚生年金保険の財源

120 厚生年金保険の保険料は、**総報酬制**で被保険者の標準報酬月額と標準賞与額に保険料率を乗じた額となり、被保険者と事業主が折半するが、保険料の納付義務者は**事業主**である。 出32-55 出35-55

- 厚生年金保険の保険料率は、2017（平成29）年9月以降は18.3％に固定されている。
- 国民年金のような定額制ではない。

121 保険料の標準報酬分は、厚生年金保険は第1級8万8000円から第32級65万円、健康保険は第1級5万8000円から第50級139万円である。標準賞与額分は、厚生年金保険は賞与額から1000円未満を切り捨てた額（1回の支給につき上限150万円）で、健康保険は、年間上限573万円である。

出32-51

122 産前産後休業期間中および育児休業期間中の保険料は、被保険者負担分、事業主負担分ともに**免除**される。この免除期間は、保険料を納めた期間とされ、将来の年金額には反映される。免除される期間の最長は子が3歳に達するまでである。被用者医療保険（健康保険など）も同様である。

労災保険制度と雇用保険制度の概要

◎労災保険制度の目的・対象

123 **労働者災害補償保険（労災保険）**と**雇用保険**を総称して、**労働保険**という。労働保険の保険料の徴収等に関する法律により、保険料徴収は一体的に取り扱うが、保険給付等の運営はそれぞれの保険制度で行う。

出34-70（保医）

124 **労働者災害補償保険（労災保険）**の目的は、業務上の事由、複数事業労働者の二以上の事業の業務を要因とする事由、または通勤による労働者の負傷、疾病、障害、死亡等に対して迅速かつ公正な保護をするため、必要な保険給付を行い、あわせて、その労働者の社会復帰の促進、遺族の援護、労働者の安全および衛生の確保等を図ることにより、労働者の福祉の増進に寄与することである。

出35-53

125 労災保険は、**政府**が管掌する。労災保険は、労働者を使用する事業を開始した日に法律上当然に、事業者の意思にかかわらず「事業」ごとに適用される（強制適用事業）。個々の労働者ごとに適用されるわけではない。

- 事務部門（一般職）の国家公務員および地方公務員については、労災保険と類似の制度があるため適用除外となっている。
- 個人経営の農業、畜産、水産業で常時労働者が5人未満のもの、または林業で年間使用延べ労働者が300人未満のものは、暫定任意適用事業とされ、事業者が加入申請をすることによって労災保険の適用を受ける。

出33-52

126 労災保険の適用を受ける労働者は、適用事業所に使用され賃金を支払われる者であり、職業の種類、雇用形態（常用、臨時雇用、アルバイトなど）、国籍、雇用期間を問わない。

- 派遣労働者は、派遣元の労災保険の適用を受ける。
- 保険事故が発生したときには、例外なく保険給付を受けられる（事業主が保険料を滞納していても給付は受けることができる）。この場合、労働者の自己負担は発生しない。

出35-54

127 労災保険の適用を受けない者でも、業務実態等から保護の必要が認められる者に対して、特別加入制度がある。

✎ 特別加入ができる者は、①中小事業主（法人の場合は代表者）および中小事業主の事業に従事する家族従業者、②一人親方とその他の自営業者（大工、左官、とび職人、個人タクシーの運転手、個人貨物運送事業など個人事業主）、③特定作業従事者、④海外派遣者、である。

◎労災保険制度の給付内容

128 保険給付は、業務上の事由による**業務災害**と通勤に起因する**通勤災害** 出33-52
を**保険事故**として行われ、内容は同じである。保険給付の種類は、**図表21** 出33-53
のとおりである。また、給付内容は退職後も変更されず、外国人は帰国後も給付される。

図表21 **労災保険の保険給付**

出32-51 出33-52

傷病のため休業する場合	療養（補償）給付（医療費全額給付で、労災病院や指定病院は現物給付、指定以外の医療機関は現金給付（償還払い）である）
	休業（補償）給付（休業4日目から休業1日につき給付基礎日額の60%相当。なお、休業（補償）給付支給者には給付基礎日額の20%が社会復帰促進等事業の休業特別支給金として支給される）
	傷病（補償）年金（療養開始後1年6か月経過しても治癒せず、第1級～第3級の傷病が重い場合に支給）
障害が残った場合	障害（補償）年金（第1級～第7級の障害が重い者に程度に応じて年金を支給）
	障害（補償）一時金（第8級～第14級の障害が軽い者に程度に応じて一時金を支給）
介護を要する場合	介護（補償）給付（常時または随時介護を要する場合、その程度に応じて手当を支給）
死亡した場合	遺族（補償）年金（遺族数に応じて年金を支給）
	遺族（補償）一時金（受給資格者がいない場合、その他の遺族に支給）
	葬祭料（葬祭給付）
定期健診で異常が認められた場合	事業主が行う定期健診（一次健康診断）で「過労死」などに関連する一定の項目に異常の所見があると、二次健康診断等給付（二次健康診断と医師等による特定保健指導）が受けられる。

注：業務災害の場合は療養補償給付というように「補償」の語が入る。通勤災害の場合には療養給付となる。
給付内容は同一であるが、通勤災害の場合は療養給付を受ける場合に自己負担がある。

✎ 同じ原因で給付される障害補償年金や遺族補償年金は、同一の原因による障害および遺族にかかわる社会保険（国民年金、厚生年金）の給付がある場合は、社会保険の年金給付が全額優先支給され、労災保険の給付が多い場合は、差額を支給することにより調整される（労災の給付額より低くならない）。

129 業務災害は、「労働者が使用者の支配下にある状態」（**業務遂行性**）で、 出35-53
それに伴う危険が現実化した業務と傷病との間に相当の因果関係がある（**業**

務起因性）災害であり、その認定業務は、被災労働者やその遺族等の申請に基づいて、**労働基準監督署**が行っている。認定は、厚生労働省の通達や個々の認定事例の積み重ねのもとに行われる。

出33-52
出34-54

130 通勤災害は、被災労働者の申請を受けて、労働基準監督署が認定を行う。対象となる「通勤」とは、労働者が就業に関し、合理的な経路・方法によって行う住居と就業の場所との間の往復などである。この経路を逸脱し、または移動を中断した場合は、その間およびその後の移動は、たとえ元の経路に戻っても通勤とはしない。

✎ 逸脱または中断が日常生活上必要な行為であり、やむを得ず最小限のものの場合は、合理的な経路に戻ればその後は通勤とする。

◎労災保険制度の財源構成

出35-53

131 労災保険の給付費用は、保険料で賄われており、保険料負担は、**事業主のみ**である。労災保険の保険料率（労災保険料率）は、厚生労働大臣が業種ごとに定めており、2023（令和5）年度は総賃金の1000分の2.5（出版・金融業など）から1000分の88（金属鉱業、石炭鉱業など）までの範囲になっている。

✎ 一定規模以上の事業は、**メリット制**（通勤災害は事業主の災害防止努力が及ばないとして、算定の対象ではない）を適用し、事業主の労災防止努力の促進を図っている。雇用保険率については、メリット制の対象外である。

✎ 保険料未納期間中の事故についても保険給付は行われるが、保険給付に要した費用に相当する金額の全額または一部を事業主から徴収することができる。

◎雇用保険制度の目的・体系

出34-53

132 雇用保険は、**政府**が管掌する。

受験対策アドバイス
失業状態とは、離職し労働の意思および能力を有するにもかかわらず、職業に就くことができない状態にあることをいいます。

133 **雇用保険**は、労働者が失業した場合および労働者について雇用の継続が困難となる事由が生じた場合に必要な給付を行うほか、労働者が自ら職業に関する教育訓練を受けた場合および労働者が子を養育するための休業をした場合に必要な給付を行うことにより、労働者の生活および雇用の安定を図るとともに、求職活動を容易にする等その就職を促進し、あわせて、労働者の職業の安定に資するため、失業の予防、雇用状態の是正および雇用機会の増大、労働者の能力の開発・向上その他労働者の福祉の増進を図ることを目的としている。

出34-53

134 **育児休業給付**は、失業時の基本手当に匹敵する給付総額となることが見込まれるとして、2020（令和2）年の法改正で、育児休業給付を失業等給付から独立（分離）させ、その財源を明確にした。

135 雇用保険制度の体系は、**図表22**のとおりである。

図表22 雇用保険制度の体系

- 雇用保険
  - 失業等給付
    - 求職者給付
      - 一般求職者給付（基本手当等）
      - 高年齢求職者給付（高年齢求職者給付金）
      - 短期雇用特例求職者給付（特例一時金）
      - 日雇労働求職者給付（日雇労働求職者給付金）
    - 就職促進給付（就業促進手当等）
    - 教育訓練給付（教育訓練給付金）
    - 雇用継続給付（高年齢雇用継続給付金、介護休業給付金）
  - 育児休業給付（育児休業給付金）
  - 二　事　業
    - 雇用安定事業（景気の変動、産業構造の変化等に対処して失業の予防、雇用機会の増大その他雇用の安定を図る事業）
    - 能力開発事業（被保険者に関し、職業生活の全期間を通じて、能力を開発、向上させることを促進するための事業）

◎雇用保険制度の対象

136 雇用保険の適用事業には、強制適用事業と暫定任意適用事業がある。

✏ 労働者を1人でも雇用している事業は、原則として適用事業とされ、日本人以外の事業主が国内で行う事業も含まれる（**強制適用事業**）。

✏ 個人経営の農林水産業で、常時5人未満の労働者を使用している事業は、雇用保険に加入しなくてもよいが、厚生労働大臣の認可を受ければ雇用保険に加入できる（**暫定任意適用事業**）。

✏ 雇用保険の資格取得・資格喪失の届出は、事業主が行う。

137 適用事業に雇用されている労働者は、原則として**被保険者**である。国籍の要件は設けられていない。 出35-50

138 雇用保険の被保険者には、一般被保険者、高年齢被保険者、短期雇用特例被保険者、日雇労働被保険者がある。

✏ 特例高年齢被保険者とは、2以上の事業主の適用事業に雇用される65歳以上の者で、それぞれの週の所定労働時間が5時間以上20時間未満であり、その合計が20時間以上の者をいう。

139 たとえ適用事業に雇用されていても雇用保険の被保険者とならない（**適用除外**）場合がある。具体的には、①1週間の所定労働時間が20時間未満である者、②同一の事業主の適用事業に継続して31日以上雇用されることが見込まれない者、③季節的に雇用される者、④昼間学生または生徒、などである。 出34-54

◎雇用保険制度の給付内容

出34-53

140 雇用保険は、**政府**が管掌する。**失業等給付**および**育児休業給付**のほかに、事業主が全額拠出する**雇用保険二事業**である**雇用安定事業**（失業予防や雇用機会増大）および**能力開発事業**（労働者の能力開発）を行っている。

141 失業等給付には、①求職活動期間中の生活保障の**求職者給付**（基本手当など）、②再就職を援助促進する**就職促進給付**、③職業訓練を受けた労働者に対して受講に要した費用の一部を援助する**教育訓練給付**、④労働者の職業生活の円滑な継続を援助する**雇用継続給付**（高年齢雇用継続給付・介護休業給付）がある。失業等給付および育児休業給付の給付内容は**図表23**のとおりである。

出33-54（社保）
出34-53（社保）

142 失業等給付の基本手当の受給には、公共職業安定所に申し出て、失業の認定を受けることが必要である。受給要件は、離職の日以前2年間に通算して**12か月（1年）以上**の被保険者期間があること（倒産・解雇などの場合は1年間に通算6か月以上）で、失業状態にあることである（失業の理由は問わない）。自己都合で離職した場合でも受給できる。

143 雇用保険を受給できない求職者に、求職者支援訓練を原則無料で提供する**求職者支援制度**があり、窓口は**公共職業安定所**である。

✏ 職業訓練は厚生労働省の認可を受けた民間訓練機関が行い、期間は1コース2か月から6か月で、一定の要件を満たすと職業訓練受講手当（月10万円）が支給される。

144 **雇用調整助成金**は、経済上の理由により、事業活動の縮小を余儀なくされた事業主が、雇用の維持を図るための休業、教育訓練、出向に要した費用を助成する制度です。

図表23 雇用保険の失業等給付・育児休業給付の内容

求職者給付	〈基本手当〉 支給額：被保険者期間とされた最後の6か月に支払われた賃金総額（賞与を除く）を180で除して算出した賃金日額の50～80％の範囲で定められる（60歳以上65歳未満は45～80％）。 支給日数：被保険者期間によって**90日**から**150日**となる。ただし、倒産・解雇等による離職者（特定受給者）は年齢と被保険者期間によって90日から330日（45歳以上60歳未満の場合）となる。 受給期間：離職日の翌日から**1年間**であるが、出産・育児・傷病等で30日以上連続して職業に就けない場合は、最長4年間まで延長できる。
就職促進給付	就業促進手当（再就職手当等）、移転費、広域求職活動費などがある。就業促進手当は基本手当の支給残日数が所定給付費の**3分の1**以上あることが必要で、残日数により支給率が変わる。

教育訓練給付	〈一般教育訓練給付金〉 支給要件：被保険者や被保険者であった者が、厚生労働大臣が指定する職業に関する教育訓練を受け、修了すること。 支給額：被保険者期間が3年以上ある場合に**受講費用の20％**相当額（上限**10万円**）が支給される。なお、初回に限り被保険者期間が1年以上でも支給対象となる。 〈特定一般教育訓練給付金〉（2019（令和元）年10月より） 支給要件：被保険者または被保険者であった者（資格喪失から1年以内）が、資格要件（受講開始日までに同一の事業者に3年以上雇用されている）を満たしていて、厚生労働大臣が指定する特定一般教育訓練（大型自動車免許取得など）を受講し、修了すること。なお、初回に限り被保険者期間が1年以上でも支給対象となる。 支給額：**受講費用の40％**（上限は**20万円**） 〈教育訓練支援給付金〉（2025（令和7）年3月31日までの時限措置） 支給要件：**45歳未満の離職者**が上記教育訓練を受講すること。 支給額：訓練中に基本手当の80％を支給する。 〈専門実践教育訓練給付金〉 支給要件：被保険者または被保険者であった者（特定一般教育訓練と同じ）が、資格要件（特定一般教育訓練と同じ）を満たしていて、専門実践教育訓練（専門学校、大学院などでの）の対象となる講座を受講し、修了すること。 支給額：**受講費用の50％**（上限は最大3年間で**120万円**）が支給される。受講後、資格取得等により就職に結びついた場合は、**受講費用の20％**が追加して支給される。
雇用継続給付	〈介護休業給付金〉 支給要件：配偶者・父母・子等の介護で休業する場合に支給される。 支給期間：介護休業は開始から**3か月**（通算して**93日**）。同一の対象家族で介護を要する状態に至ったごとに給付。なお、対象家族1人について**3回**まで分割して取得できる。 支給額：休業前賃金の**67％**
育児休業給付	〈育児休業給付金〉 支給要件：**1歳**（保育所に入れないなど期間延長に該当すれば**1歳6か月**）未満の子を養育するために育児休業を取得した場合に支給される。なお、1歳6か月に延長しても保育所に入れない場合、6か月再延長できることになり、最大**2歳**まで支給される。 また、母だけでなく父も取得すれば（パパママ育休プラス制度）、子が**1歳2か月**に達する前日までに最大1年間育児休業給付を受けられる。 支給額：開始後180日は休業前賃金の**67％**、それ以降は**50％**である。 〈出生時育児休業給付金〉 支給要件：子の出生日から起算して8週間を経過する日の翌日までの期間内に、**4週間（28日）**以内の期間を定めて、当該子を養育するための産後パパ育休（出生時育児休業）を取得した被保険者で、休業期間中の就業日数・時間が一定の日数・時間数以下である場合に支給される。 支給額：育児休業給付金と同額

出32-51
出32-54
出33-54

受験対策アドバイス
育児休業および出生時育児休業は、それぞれ2回まで分割可能です。

◎雇用保険制度の財源

145 雇用保険の財源は、**保険料**であるが、給付内容により国庫負担の対象

出34-53

となる。**国庫負担割合**は、求職者給付の4分の1（日雇労働者を除く）、雇用継続給付（介護休業給付金に限る）の8分の1、育児休業給付の8分の1（暫定措置あり）である。

146 雇用保険の保険料率（雇用保険率）は、2023（令和5）年度は1000分の15.5である。そのうち1000分の12を事業主と労働者で折半して負担する。雇用保険二事業（雇用安定事業・能力開発事業）に対する料率の1000分の3.5は、事業主だけが負担する（農林水産業、清酒製造業、建設業は別の料率）。

生活保護制度の概要

※生活保護制度に関しては、専門科目の「貧困に対する支援」を参照。

社会手当制度の概要

147 **社会手当**は、一定の要件に該当する人々に現金給付をすることにより、生活支援等の政策目的を果たす制度で、公的扶助と異なり、防貧の役割をもち、資力調査もないが、所得調査や所得制限を伴うことが多い。

✏ 児童手当、児童扶養手当、特別児童扶養手当、特別障害者手当、障害児福祉手当、老齢福祉年金、特別障害給付金が含まれる。制定の時期は、図表24のとおりである。

図表24 社会手当制度の展開

1961（昭和36）年	**児童扶養手当法**制定
1964（昭和39）年	重度精神薄弱児扶養手当制度実施→1966（昭和41）年　特別児童扶養手当等の支給に関する法律に改正→1985（昭和60）年法改正（特別障害者手当創設、福祉手当を障害児福祉手当に）
1971（昭和46）年	**児童手当法**制定（施行は1972（昭和47）年）
2010（平成22）年	子ども手当法制定
2012（平成24）年	子ども手当が廃止され、児童手当に改正
出32-49	**年金生活者支援給付金**制定（施行は2019（令和元）年）

出32-54
出33-53

148 **児童手当**は、中学校修了までの児童を対象に、月額で3歳未満は一律1万5000円、3歳以上小学校修了前（第1子、第2子）は1万円（第3子以降は1万5000円）、中学校修了前は一律1万円である（図表25参照）。

✏ 所得制限があり、それを超える者にも月額5000円が特例支給されるが、児童を養育している者の年収入が一定以上（扶養親族数によって変わる）の場合、**特例給付**は行われない。

✏ 児童手当は、家庭等の生活安定と児童の健やかな成長を目的とした制度であり、20歳未満の障害のある児童の養育をしている者に支給する特別児童扶養手当などと併給できる。

✏ 2024（令和6）年10月から、児童手当について、①支給対象を高校生までに拡大、②所得制限の撤廃、③第3子以降の支給額を月額3万円に引き上げなどが予定されている。

図表25 児童手当の支給額

児童の年齢	児童手当の額（一人あたり月額）
3歳未満	一律15,000円
3歳以上小学校修了前	第1子、第2子…10,000円 第3子以降…15,000円
中学生	一律10,000円

※児童を養育している者の所得が所得制限限度額以上、所得上限限度額未満の場合は、特例給付として月額一律5,000円を支給。

149 児童手当の費用負担は、国が3分の2とし、都道府県・市町村は6分の1ずつとなる。 出36-50

✏ 一般事業主は、民間に被用される者の3歳未満の児童に係る費用の15分の7を負担するのみである。国、都道府県、市町村の負担は、合わせて15分の8となる。

✏ 公務員は、所属庁・都道府県・市町村が全額負担する。

150 **特別障害者手当**（特別児童扶養手当等の支給に関する法律）は、精神および身体に著しく重度の障害を有するため、日常生活に常時特別な介護を必要とする20歳以上の在宅の者に、月額2万7980円が支給される（2023（令和5）年4月より）受給資格者（特別障害者）もしくはその配偶者および扶養義務者の所得制限がある。 出33-53

151 **特別障害給付金**（特別障害者に対する特別障害給付金の支給に関する法律）は、学生の国民年金が任意加入であった時期に障害を負った者の救済のための福祉的措置である。したがって国民年金が強制加入となった1991（平成3）年4月以降の未加入者は対象外である。給付財源は国が全額負担する。

152 **児童扶養手当**は、ひとり親家庭の生活の安定と自立の促進のために父または母と生計を同じくしていない児童（18歳に達する日以後の最初の3月31日までの間にある者または20歳未満で一定の障害にある者）の養育者に児童1人の場合月額4万4140円（2023（令和5）年度）が支給され、第2子以降の加算がある。 出33-54 出36-50

✏ 原則として児童福祉施設等に入所している場合は支給されないが、児童福祉施設であっても母子生活支援施設、通園施設、保育施設等へ入所の場合は支給される。

✎ 所得制限があり、受給開始から５年を経過し、就労困難でないにもかかわらず就労意欲がみられない場合は２分の１に減額される。

✎ 給付財源は、国が３分の１を負担し、都道府県と市が３分の２を負担する。

出33-53 **153** 障害児福祉手当は、養育者ではなく児童本人に支給する。

図表26 障害に関する社会手当

	要件	所得制限の対象	支給額（月額）	財源
特別児童扶養手当	20歳未満の障害児を家庭で監護、養育している父母または養育者	受給資格者（父母等）、その配偶者、生計を一にする扶養義務者	重度（１級） ５万3700円 中度（２級） ３万5760円	国　10/10
障害児福祉手当	日常生活で常時介護を要する状態にある在宅の20歳未満の者	受給資格者（重度障害児）、その配偶者、生計を一にする扶養義務者	１万5220円	国　3/4、都道府県等　1/4
特別障害者手当	日常生活で常時特別の介護を要する状態にある20歳以上の在宅の者	受給資格者（特別障害者）、その配偶者、生計を一にする扶養義務者	２万7980円	国　3/4、都道府県・市　1/4
特別障害給付金	国民年金に任意加入していなかったことにより障害基礎年金等を受給していない障害者（障害基礎年金等級１・２級相当者）	受給者本人	１級相当に該当 ５万3650円 ２級相当に該当 ４万2920円	国　10/10

注１：特別児童扶養手当、障害児福祉手当、特別障害者手当は、障害児支援施設または障害者支援施設に入所している場合は、支給されない。

注２：所得制限の対象に該当する者の前年所得が一定の額を超えると当該手当は支給されない。

社会福祉制度の概要

154 社会福祉制度で行われる給付は、人的なサービス給付が中心であるが、金銭給付によるものもある。社会福祉は、制度の利用者がこれらの給付を受けることにより、日常生活上の不便や困難を自ら克服して、自立した生活を営むことができるよう支援することを目的としている。

155 社会福祉制度の特徴の一つは、必要な費用の大半が税財源（公費）および利用者の自己負担によって賄われており、税財源を国、都道府県、市町村が、社会福祉各法の規定する負担割合に基づいて分担していることである。

✎ 2000（平成12）年以前には、利用者負担は応能負担であったが、介護サービスは社会保険となり応益負担を採用して低所得者には軽減措置をとっている。

7 諸外国における社会保障制度

諸外国における社会保障制度の概要

◎スウェーデン

156 国は、老齢年金、両親保険（児童手当）、疾病保険（傷病手当）などの社会保険給付を行い、基礎的自治体である**コミューン**は介護、保育など福祉分野のサービスを、広域自治体の**レギオン**が医療サービスを担っている。

157 老齢年金、両親保険（児童手当）、疾病保険（傷病手当）など社会保険の現金給付は、職種・職域に関係なく、従前所得額の一定割合を保障する所得比例が基本である。主要財源は**事業主**（自営業者を含む）**と被保険者の保険料**である。

158 医療サービスは、現物給付で財源は**税金**である。自己負担額は、レギオンが国の定めた上限額の範囲内で決めている。

159 介護サービスは、エーデル改革（1992年）でランスティングが行っていた医療サービスから分離され、**コミューン**が行っている。本人や家族の申請により各コミューンの判定員が要介護度やサービス内容を決定し、サービスを提供し、その財源は税金である。自己負担は国の定めた上限の範囲内で定めている。

◎ドイツ

160 社会保障は保険原則を重視し、所得比例主義の保険料と保険給付の構造を確立して、**職域**を基礎に普及している。医療、年金、労災、介護保険を最初に導入した国としても知られている。また、介護保険は医療保険と連動し、医療保険被保険者は強制加入で、扶養家族も適用対象となる。財源は**保険料だけ**である。

161 年金は、**一般年金保険**が最大で、被用者は強制加入であるが、自営業者は一部の職種（手工業者、芸術家、教師など）以外は任意加入である（国民皆年金ではない）。保険料は**労使折半**であり、賦課方式で運営され、国庫負担も約24％（2020年）ある。受給要件は、5年間の被保険者期間を有する者で、支給開始年齢は段階的に67歳になる。

162 医療サービスは、社会保険方式で職域や地域の**疾病金庫**が運営し、国民の約9割が加入している。なお、一定収入を超える一般労働者、公務員、自営業者（一部の職種）は任意加入であるが、加入しない場合は民間保険の加入を義務づけられている。給付は、現物給付で原則自己負担はないが、入院と薬剤は、一部負担がある。財源は、主に保険料収入で、国庫負担はわずかである。保険料率は、統一されていて14.6％（2020年）で、加入する被保険者の数とリスク構造を考慮し、疾病金庫に配分される。

163 **介護保険**は、医療保険と連動し、医療保険被保険者は**強制加入**で、扶養家族も適用対象となる。サービスの内容は日本と異なり、在宅での介護者への現金給付（介護手当）がある。財源は、保険料だけである。

◎フランス

164 年金と医療は、**職域**を基礎にしているが、数多くの制度に分立している。医療には、一般制度（民間商工業職域の被用者）、特別制度（公務員、鉄道など特定の職域）、農業制度（農業経営者など）などがある。

165 年金は、所得比例であり、年金の財源は保険料、国の補助はわずかである。上乗せ年金である補足年金は、労使協定に基づいて適用され、保険料も労使折半でなく事業主が高くなっている。また、無年金・低年金者には、無拠出で公的資金による最低所得保障として**高齢者連帯手当**がある。

166 医療は、社会保険方式で国民の9割が一般制度に加入している。給付は、外来診療70％、入院診療80％、薬剤費65％が基本で、**償還方式**であるが、2017年から外来診療も含めて第三者支払方式が採用されることになった。医療保険（一般制度）は、労使代表による自治管理の**医療保険基金**が管理する。財源は、保険料と目的税であり、国庫補助はわずかである。

167 介護サービスは、県が実施主体で**税方式**を採用し、高齢者と障害者の介護サービスを一体化している。財源は、県の一般財源と年金保険金庫の拠出金、国庫負担等である。

◎イギリス

168 **国民保険法**は、老齢、遺族、障害の年金制度と疾病、失業、労災などによる所得給付を統合した所得保障制度であり、比較的低い水準の給付であるが、広くすべての人に適用している。

169 国民保険の老齢年金は、2016年に**国家第二年金**（付加年金）を基礎年金に統合し、定額の一層型の年金制度となった。受給資格期間は10年だが、満額支給には35年の受給資格期間を要する。また、保険料は年金を含めたすべての給付制度の総額を所得に応じて一定比率で負担する。なお、財源は保険料収入のみである。支給開始は段階的に引き上げられていて現在66歳であるが、2028年までに68歳に引き上がる。

170 **国民保健サービス法**（1946年制定、1948年施行）により、国営の医療機関がすべての居住者を対象として予防、リハビリを含めた包括的な保健医療サービスを税財源により原則無料で提供していたが、近年は財政難から自己負担や供給面でも市場の原理が導入されつつある。財源はほぼ税金で、それ以外は国民保険の保険料率が12％、自己負担が3％である（2015年）。

171 介護は、施設入所や在宅看護などは国民保健サービスで提供し、在宅サービスは、地方自治体が実施主体で、財源は**税金**である。なお、在宅サービスの提供は、民間事業者への移行が進んでいる。自己負担は、地方自治体によって異なる。

◎アメリカ

172 アメリカは、国民の自己責任による生活防衛の考え方が強く、国は国民の生活保障に対して最低限の役割しか果たさないため、医療だけでなく所得保障も**民間保険制度**の役割が大きい。生活に関するサービスは、公的扶助を含め州政府が管轄し、制度内容が州ごとに異なることが多い。

173 公的医療保障制度は、老齢年金受給者などを対象とする**メディケア**（連邦政府の健康保険）と、低所得者を対象とする**メディケイド**（州政府運営の医療扶助）で、約6割の国民は民間保険に加入している。全国民を対象とする公的な医療保険制度は存在しない。

✏ しかし無保険者が多いため、2010年に医療保険改革法を制定（2014年施行）し、加入条件の緩和と助成を行い、国民に民間保険加入を義務づけた。改革で無保険者は減少し、2018年に約半減した（改正前は13.2％→2019年8.0％）が、公的助成費用の増大と保険料の増額などの課題を残している。

174 年金は、**公的年金制度（OASDI）**が最大で、連邦政府が運営している。**OASDI**は、アメリカに居住する労働者と一定所得以上の自営業者に強制適用される（一定所得未満の者は年金に加入できない）。財源は、社会保障税が主である。支給は段階的に67歳になる。民間保険は、確定拠出型の企業年金が多い。

社会保障制度の国際比較

◎高齢化と社会保障の規模

175 平均寿命はどの国でもこの50年間で大きく伸びており、特に中国と韓国では平均寿命が20年以上長くなった。日本の平均寿命は、2022（令和4）年の簡易生命表によると、男性は**81.05**歳（世界第5位）、女性**87.09**歳（世界第1位）であり、男女平均すると世界第1位の水準である。

✏ スウェーデン、フランス、ドイツ、イギリス、アメリカといった先進諸国は、平均寿命が長く、開発途上国は、平均寿命が短い傾向にあり、短い理由は貧困や社会開発の遅れなどとされている。

✏ 合計特殊出生率は、どの国も減少傾向が著しく、先進諸国、アジア諸国ともに低下傾向にある。高齢化と少子化の同時進行が続くことにより、社会保障費に大きな影響を与えることが懸念されている。

176 各国の社会保障の主な財源は、税金と社会保険料である。国民所得に対する税負担と社会保障負担の比率を示す**国民負担率**は、2020年時点でフランス69.9％、スウェーデン54.5％、ドイツ54.0％、日本47.9％、イギリス46.0％、アメリカ32.3％となっている。

◎社会保障給付費の内訳など

177 「令和3年度社会保障費用統計」（国立社会保障・人口問題研究所）によると、各国の政策分野別社会支出は、「高齢」「保健」「家族」「失業」「遺族」「障害、業務災害、傷病」といった項目のうち、日本・アメリカ・イギリス・ドイツは「保健」「高齢」の順、フランス・スウェーデンは「高齢」「保健」の順に多い。次いで日本・フランス・イギリスは「家族」が多く、スウェーデン・ドイツは「障害、業務災害、傷病」、アメリカは「積極的労働市場政策」が多い。

✏ OECD平均と比較すると日本は、「保健」「高齢」が多く、その他の項目は少ない。

◎社会保障の国際化

178 日本は、フィリピン（2006年）、インドネシア（2007年）、ベトナム（2008年）と**経済連携協定（EPA）**を結び、看護師・介護福祉士など六つの区分に関して労働者を受け入れているほか、2019（令和元）年に新たな在留資格として**特定技能**を導入し、人材を確保することが困難な状況にある「特定業種」（1号12種、2号11種、2023（令和5）年8月31日時点）において外国人雇用を拡大させた。一方、外国人への社会保障の適用は、人の自由異動を前提とする欧州と比べて受け入れの歴史が浅いことから十分といえず、問題が残されている。

✏ 介護分野については、現行の専門的・技術的分野の在留資格「介護」があることから、特定技能2号の対象分野から除かれている。

実力チェック！一問一答

※解答の横の番号は、本科目で該当する重要項目や図表の番号です。

1 1961（昭和36）年に国民皆保険が実現した。	1 ○	16
2 日本の社会保障の歴史上、最初に実施された公的医療保険制度は、国民健康保険である。	2 ×	16 図表2
3 協会管掌健康保険の給付費に対する国庫負担はない。	3 ×	18 図表3
4 2021（令和3）年度の社会保障費用統計によると、部門別社会保障給付費の構成割合をみると、「年金」が最も高い。	4 ○	21 図表5
5 2021（令和3）年度の社会保障費用統計によると、機能別社会保障給付費の構成割合をみると、「高齢」のほうが「家族」よりも高い。	5 ○	21 図表5
6 社会保険は救貧的機能を果たし、公的扶助は防貧的機能を果たす。	6 ×	26 27
7 健康保険の被保険者が病気やけがの療養のために会社を休んだときは、標準報酬月額の2分の1に相当する額が傷病手当金として支給される。	7 ×	56
8 2000（平成12）年に、介護保険制度と後期高齢者医療制度が同時に創設された。	8 ×	69
9 日本国内に住所を有する20歳以上60歳未満の外国人には、国民年金に加入する義務はない。	9 ×	81 83 図表16
10 厚生年金保険の被保険者は、国民年金の被保険者になれない。	10 ×	81 図表16 図表17
11 老齢基礎年金の給付に要する費用は、その2分の1が国庫負担で賄われている。	11 ○	96
12 育児休業期間中の被保険者負担分と事業主負担分の厚生年金保険料は、免除される。	12 ○	122
13 労働者災害補償保険の保険料は、事業主が全額を負担する。	13 ○	131
14 雇用保険の保険者は、都道府県である。	14 ×	132
15 雇用継続給付には、高年齢雇用継続給付金および介護休業給付金がある。	15 ○	135 図表22
16 児童手当は、特別児童扶養手当などと併給できる。	16 ○	148
17 障害児福祉手当は、重度障害児の養育者に対し支給される手当である。	17 ×	153

06

権利擁護を支える法制度

※【　】内は問題番号
※　は新カリにおける新規項目

⑥ 権利擁護を支える法制度

大項目	中項目	小項目（例示）	出題実績 第36回	出題実績 第35回	出題実績 第34回
1 法の基礎	1）法と規範	・法の規範との関係 ・法と道徳の関係			
	2）法の体系，種類，機能	・成文法と不文法 ・公法と私法 ・実体法と手続法 ・法規範の特質と機能			
	3）法律の基礎知識，法の解釈	・法律条文の構造 ・法解釈の基準と方法			
	4）裁判制度，判例を学ぶ意義	・裁判の種類，判決の種類 ・判例とは			
2 ソーシャルワークと法の関わり	1）憲法	・憲法の概要（最高法規性，日本国憲法の基本原理） ・基本的人権（基本的人権と公共の福祉，平等性，自由権，社会権） ・幸福追求権	【77】	【77】	【143】
	2）民法	・民法総則（権利の主体・客体，権利の変動，無効と取消し） ・契約（売買，賃貸借等） ・不法行為（不法行為の要件，不法行為の効果（損害賠償）） ・親族（婚姻，離婚，親権，扶養，成年後見制度） ・遺産管理	【78】 【79】		【81】
	3）行政法	・行政組織（国，地方公共団体の組織，公務員） ・行政の行為形式（行政処分） ・行政上の義務履行確保（行政強制，行政罰） ・行政訴訟制度（行政不服申立て，行政訴訟） ・国家の責任（国家賠償） ・地方自治法（国と自治体の関係）			【77】
3 権利擁護の意義と支える仕組み	1）権利擁護の意義				
	2）福祉サービスの適切な利用	・運営適正化委員会 ・国民健康保険団体連合会			
	3）苦情解決の仕組み	・事業者による苦情解決 ・自治体等による苦情解決			
	4）虐待防止法の概要	・高齢者虐待防止法 ・児童虐待防止法 ・障害者虐待防止法			
	5）差別禁止法の概要	・障害者差別解消法			
	6）意思決定支援ガイドライン	・障害福祉サービス等の提供に係る意思決定支援ガイドライン ・人生の最終段階における医療・ケアの決定プロセスに関するガイドライン ・認知症の人の日常生活・社会生活における意思決定支援ガイドライン	【83】		
4 権利擁護活動で直面しうる法的諸問題	1）インフォームド・コンセント	・法的概念としてのインフォームド・コンセント ・インフォームド・コンセントに関する判例			
	2）秘密・プライバシー・個人情報	・秘密 ・プライバシー ・個人情報 ・情報共有			【115】
	3）権利擁護活動と社会の安全	・守秘義務 ・通報，警告義務		【83】	
5 権利擁護に関わる組織，団体，専門職	1）権利擁護に関わる組織，団体の役割	・家庭裁判所，法務局 ・市町村 ・社会福祉協議会 ・権利擁護支援の地域連携ネットワークの中核機関 ・弁護士，司法書士		【82】	【83】
6 成年後見制度	1）成年後見の概要	・法定後見，任意後見 ・専門職後見	【80】	【78】 【79】	【78】 【79】

大項目	中項目	小項目（例示）	出題実績		
			第36回	第35回	第34回
	2）後見の概要	・成年被後見人の行為能力 ・成年後見人の役割	【81】		
	3）保佐の概要	・被保佐人の行為能力 ・保佐人の役割			
	4）補助の概要	・補助人の役割		【80】	
	5）任意後見の概要				【80】
	6）成年後見制度の最近の動向	・利用動向 ・成年後見制度利用促進法 ・成年後見制度利用促進基本計画 ・意思決定支援	【82】		
	7）成年後見制度利用支援事業				
	8）日常生活自立支援事業	・日常生活自立支援事業の動向 ・専門員の役割 ・生活支援員の役割		【81】	【82】

1 法の基礎

法と規範

受験対策アドバイス

いわゆる「法学」の科目に相当する項目ですが、社会福祉を学ぶための基本的な内容であり、法律条文の構造や裁判の種類など、初心者向けの内容もあります。さらに「判例」の小項目もあり、これらの分野は事例問題として出題される可能性もあります。

1 規範は「～べきである」と記述され、判断･行為などの拠るべき規則、きまりごとを指す。人々が社会生活を送るうえでの行動基準となるものを社会規範と呼ぶ。

- **社会規範**には、法や道徳、伝統、慣習、宗教、習俗等がある。

2 道徳は、人の内心のあり方を規制する価値判断の基準である。これに対して法は、社会秩序を維持するために、人の行為を外面的に規制する。法は、強制力を伴う特色をもつ点で道徳と異なる。

- ラートブルフ（Radbruch, G.）は、法と道徳の区別は、「法の外面性、道徳の内面性」という言葉で表されるとした。

法の体系、種類、機能

3 **成文法**は、制定法ともいい、一定の手続きによって制定され、文章で表現されている法をいう。法律・命令・条例・条約等がこれにあたる。

4 **不文法**は、法源のうち成文法以外のものを指し、文章で書かれていない法をいう。慣習法や判例法等がこれにあたる。

- **慣習**は、ある社会において歴史的に成立し、一般に認められている、伝統的な行動様式をいう。日本において、慣習は、一定の条件のもと、法律と同一の効力を有する場合がある。
- **判例**は、裁判所の過去の裁判例を指すが、最高裁判所の判例などで示した原理が法として拘束力をもつ場合もある。

5 **公法**とは、国や公共団体といった優越的意思の主体としての公権力と私人の関係を規律する法を指す。公益の実現を目指す。憲法、刑法、行政法、刑事訴訟法、民事訴訟法等がこれにあたる。

6 **私法**とは、私人同士の関係を規律する法律である。自由平等な関係を基盤に、私益を調整することを目的とする。民法や商法等がこれにあたる。

7 **社会法**は、私的な所有権の絶対性や契約自由の原則のもとでの自由放任の国家の矛盾から社会的に弱い立場の人々を救済するため、国家が場合によっては私的な自治に介入するという考えから生まれた。私人間の関係に必要に応じて公権力が介入するもので、労働法、経済法、社会保険法、社会福祉法等がこれにあたる。

8 **実体法**とは、権利が発生したり、変更、消滅するための条件を規定した法を指す。憲法・民法・刑法・商法がこれにあたる。また、その内容を実現するための手続きを定めた法を手続法という。刑事訴訟法や民事訴訟法がこれにあたる。

9 法の機能については、さまざまな考え方があるが、主なものとしては、人の行動を規制し社会の秩序を維持する機能、人の活動を促進する機能、紛争を解決する機能、資源を配分する機能があげられる。

- **人の行動を規制し社会の秩序を維持する機能**としては、例えば、刑法において犯罪に対して刑罰を科すことを示すことで、人々が犯罪を犯さないように心理的な抑制を働かせることがあげられる。これにより社会を統制し、安定を実現することができる。
- **人の活動を促進する機能**としては、例えば、民法において売買契約などで契約を結んだらその内容を守らなければならないという規則を示すことで、安心して自由な活動を促進・支援する機能をいう。
- **紛争を解決する機能**は、社会での争いを事前に予防したり、争いを解決するための規則を定めることで紛争を解決する機能を指す。
- **資源を配分する機能**は、法が人々の自由・平等を実質的に保障するために、国家が一定の政策に基づいて資源を配分する機能を指す。国民から集められた税を再配分することなどがこれにあたる。

法律の基礎知識、法の解釈

10 法律は、立法権をもつ**国会**によって制定される。原則として、衆議院・参議院の両院で可決され、主任の国務大臣の署名、内閣総理大臣の連署後、天皇により公布され、施行によって発効する。

11 法律条文の構造は、「第何条」という「**条**」が基本となる。条はさらに「**項**」に細分され、1、2、3のようにアラビア数字で表されるが、第1項は、省略されることが多い。条や項のなかでいくつかの事項を列挙する場合、「**号**」が用いられ、一、二など漢数字で表される（図表1参照）。

図表1 民法の条文（一部）

> 第1編　総則
> 第1章　通則
> （基本原則）　［条］　［項］
> 第1条　私権は、公共の福祉に適合しなければならない。
> 2　権利の行使及び義務の履行は、信義に従い誠実に行わなければならない。
> 3　権利の濫用は、これを許さない。
> （中略）　［号］
> （保佐人の同意を要する行為等）
> 第13条　被保佐人が次に掲げる行為をするには、その保佐人の同意を得なければならない。ただし、第九条ただし書に規定する行為については、この限りでない。
> 一　元本を領収し、又は利用すること。
> 二　借財又は保証をすること。
> 三　不動産その他重要な財産に関する権利の得喪を目的とする行為をすること。
> （以下略）

12　ある事項について複数の法律が競合した場合、特別法優先の原則、後法優先の原則が適用される。

13　**特別法優先の原則**とは、ある事柄について広く定めている**一般法**とその事柄の特定の分野について定めている**特別法**が存在した場合、ある事柄についてそれぞれ異なった規律を定めているときは、その事柄に関しては一般法の適用が排除され、特別法が優先的に適用されるという原則をいう。

14　**後法優先の原則**とは、同一の法形式の間で、旧法と新法の間で矛盾が生じた場合、新法の法律が優先されるという原則をいう。

- 形式の異なる憲法と法律、法律と命令の間では適用されない。
- 旧法である特別法と新法である一般法の間でも適用されず、旧法である特別法が優先される。

15　法は、実際に適用される場合、法の意味を確定する必要があり、「**解釈**」が行われる。解釈の際には、法の目的、立法者がどういうつもりで法を制定したか（立法者意思）、立法の際に法の基礎を提供しその合理性を支える事実（立法事実）、論理的整合性、社会的必要性等、さまざまな要素を考慮して法の意味を確定していく必要がある。

16　解釈の技法としては、文理解釈、論理解釈（拡張解釈・縮小解釈・類推解釈・反対解釈・勿論解釈）といったものがあげられる（図表2参照）。

図表2 解釈の技法

文理解釈	条文を文字どおり解釈することをいう。成文法の体系では文理解釈が基本とされる。
論理解釈	法全体との整合性を考え、その条文のもつ意味を解釈することをいう。
拡張解釈（拡大解釈）	法で用いられている用語を、その目的にかなうように、普通に使われている意味より広く解釈することをいう。例えば、配偶者は、正式に婚姻届を出している場合に用いられるが、内縁の配偶者も含め、意味を広めて解釈することも行われる。
縮小解釈	法で用いられている用語を、普通に意味するものより狭く解釈することをいう。例えば、民法の「被相続人の配偶者は、常に相続人となる」という条文における配偶者には、内縁の配偶者は含まれないと解釈する例がこれにあたる。
類推解釈	条文に直接適用する規定がない場合、条文に類似した事実にまでその条文を適用することをいう。拡張解釈との違いは、言葉本来の意味を踏み越えて解釈することにある。なお、刑事事件には、罪刑法定主義の原則があり、類推解釈を許すと犯罪の範囲が限りなく広げられる恐れがあるため、類推解釈は許されない。
反対解釈	ある特定の事項に関しての規定がある場合、それ以外の場合は反対の原則が適用されることをいう。例えば、「車馬通行禁止」とある場合、人は通行してもよいと解釈することを指す。
勿論《もちろん》解釈	類推解釈の一種で、ある法の規定や立法趣旨から、明文の規定はなくても、それと同趣旨の規定があるとして、法解釈の適用範囲に含まれるとすることをいう。例えば、壊れそうな橋の前に「車馬通行禁止」とあり、そこに象がやってきた場合、車馬が通行すれば危険であるし、もちろん象の通行も危険であるとして、象の通行を禁止する解釈を指す。

裁判制度、判例を学ぶ意義

◎裁判の種類、判決の種類

17 **裁判**とは、社会のなかでの利害の衝突や紛争の解決のために、一定の権威をもつ第三者が拘束力のある判断を下す制度である。一般的には、国家が司法権を有し、裁判所を設置して、訴訟や事件を扱うことが多い。

✏ 国家以外では、国際連合の設置する国際司法裁判所が、国家間の紛争について裁判を行う例もある。

18 **司法権**は、憲法上、最高裁判所および法律の定めるところにより設置する下級裁判所（高等裁判所・地方裁判所・家庭裁判所・簡易裁判所）に属する。

19 **司法権の独立**とは、裁判所の独立と裁判官の職権の独立を意味する。裁判官はその職権を行使するにあたっては完全に独立しており、何人の指揮命令も受けない。裁判官は、ひたすら自己の良心と憲法および法律のみに従って自主的に判断を下し、公平無私な態度で裁判をしなければならない。自己の信念に基づいて裁判をすることは許されない。

20 わが国の裁判は**三審制**で、第一審、控訴《こうそ》審、上告審の審級制をとる。高等裁判所は、控訴・上告裁判所となるが、内乱罪など第一審となる裁判事件をも扱う。特別裁判所は設置できず、行政機関は終審として裁判を行うことができない。

21 **最高裁判所**は、一切の法律、命令、規則または処分が憲法に適合するかしないかを決定する権限を有する終審裁判所である。また、下級裁判所も、司法権の行使に付随して、**違憲審査権**を行使できる。

22 最高裁判所の長たる裁判官は、内閣の**指名**に基づいて天皇が**任命**し、その他の14人の最高裁判所裁判官は内閣が任命する。下級裁判所の裁判官は、最高裁判所の指名した者の**名簿**によって内閣が任命する。

23 **刑事裁判**は、検察官が起訴した事件について、刑法などの刑罰が定められている法律に違反したかどうかを判断する刑事手続きを指す。起訴するかどうかは、検察官が判断し、犯罪被害の程度、犯罪の軽重など諸事情を考慮して**起訴猶予**とする場合もある。

✏ **起訴独占主義**とは、刑事訴訟で起訴する権限を検察官に独占させ、私人、機関などに起訴を認めない制度。

24 **民事裁判**は、私人間で発生した争いを解決するための手続きを指す。訴える人を「**原告**」、訴えられる人を「**被告**」と呼ぶ。

25 **判決**は、裁判所が訴訟について一定の手続きを行ったうえで示す判断をいう。刑事裁判の判決の種類には、有罪判決、無罪判決、免訴判決、公訴棄却判決、管轄違いの判決がある。

26 民事訴訟における判決には、請求に対する判断を示した本案判決、訴えや上訴が不適法であるために、請求についての**判断に立ち入らない**訴訟判決がある。

27 **判例**とは、裁判で裁判所が具体的事件について示した法律的判断を指す。なお、法律解釈の先例として、後のほかの事件についても適用される可能性のある過去の判決と限定して用いる場合もある。

2 ソーシャルワークと法の関わり

憲法

◎憲法の概要

28 **成文憲法**は、成文化され文書化された憲法のことであり、ほとんどの国の憲法がこの形式をとる。**不文憲法**は、成文法の形式をとらない憲法で、イギリスの憲法がその例である。

受験対策アドバイス

◆憲法では、基本原理、基本的人権、幸福追求権が小項目にあげられ、これらを中心に学んでおきましょう。

29 憲法は改正手続きの難易により、硬性憲法と軟性憲法に分けられる。

✏ **硬性憲法**は、通常の法律改正よりも厳格な手続きを要する。

✏ **軟性憲法**は通常の法律と同じ手続きで改正される。

30 日本国憲法は、**最高法規性**を明確化するために第十章を「最高法規」とし、基本的人権の本質（第97条）、憲法の最高法規性、条約および国際法規の遵守（第98条）、憲法尊重擁護の義務（第99条）を規定する。

31 憲法が最高法規性を有するのは、人類の多年にわたる人権獲得の歴史と努力を踏まえ、憲法が担う**人権保障**の役割を明確化するためである。そして、その人権の中核である自由を守るには、国家による権力の乱用を防止する必要があり、その役割を憲法が担っているからこそ最高法規なのである。

✏ 法の支配とは、国家権力に対して法の優越を認め、国民の権利と自由を擁護することを目的とする考え方。憲法の最高法規性、権力によって侵されない個人の人権、法の適性手続き、人権保障の役割を担う裁判所の尊重などにこの原理が表れている。

◎憲法の基本原理

32 憲法は、**基本的人権の尊重**、**国民主権**、**平和主義**を３大原理としている。

33 **憲法前文**は、主として平和主義と国際協調主義を宣するが、これは国民主権や基本的人権の尊重とも不可分に結びついている。前文の裁判規範性は消極的に解されるが、本文解釈の指針となる。

34 **国民主権**とは、国家の最終的な意思決定権力を国民が有するという意味である。わが国は**議院内閣制**をとり、主権者たる国民によって選挙された国会が国権の最高機関とされ、唯一の立法機関とされている。

✏ **権力分立**とは、国家権力を分割して異なる機関にそれぞれ担当させ、権力の濫用を防止し、国民の権利と自由を保障する考え方。憲法では、**立法権**を**国会**、**行政権**を**内閣**、**司法権**を**裁判所**がそれぞれ行使すると定める。

35 日本は**間接民主制**をとるが、憲法改正の承認、1つの地方公共団体に適用される特別法への同意などには、例外的に国民が直接国政に参加する（**直接民主制**）。

36 国民主権の現れとして、公務員は国民が選定し罷免《ひめん》する。しかし、すべての公務員の任免権をもつものではなく、国会議員の選挙、地方公共団体の長および地方議会の議員の選挙、最高裁判所裁判官の国民審査などが憲法の規定するものである。なお、**選挙権**は、日本国民で年齢満18歳以上の者に与えられる。

✏ 2015（平成27）年6月の改正で、2016（平成28）年6月19日より「年齢満18歳以上」に引き下げられた。

◎基本的人権と公共の福祉

37 人権には普遍性があり、人間であるがゆえに当然に有するものである。人権の享有主体としては、**自然人**がまず考えられるが、憲法上は日本国民が対象であり、制限的ながらも**法人**や**外国人**にもその主体となることが保障されている。

38 憲法上の人権保障規定は、国民の権利と自由を公権力との関係で本来的には擁護するものである。しかし、今日では人権規定の私人間効力（個人対個人の関係）も限定的に認められている（**間接適用説**）。

39 憲法は、基本的人権は侵すことのできない永久の権利としている（第11条、第97条）。そして、**公共の福祉**に反しない限り認められるとしている（第12条、第13条、第22条、第29条）。**表現の自由**に対する公安条例による規制は争いがあるところであるが、思想および良心の自由といった内心の自由については、公共の福祉による制限はありえない。

◎幸福追求権

40 **幸福追求権**とは、憲法第13条に規定する「生命、自由及び幸福追求に対する国民の権利」を包括する権利であり、憲法が保障する第15条以下の個別の条文から人権保障が漏れる場合、新しい人権を創設する根拠となるとされている。

41 判例や学説は、新しい人権の法的根拠を包括的基本権としての**憲法第13条（幸福追求権）**に求めている。つまり、一般法である幸福追求権は、特別法である憲法第15条以下に規定される個別の人権規定の適用がない場合に限り、幸福追求権を適用できることになる。

42 **新しい人権**としては、**プライバシーの権利**、**環境権**、**自己決定権**、**肖像権**、**報道の自由**などがあり、幸福追求権を根拠として主張される。

プライバシーの権利に関しては、「私事をみだりに公開されない権利」「みだりに容貌・姿態を撮影されない自由」「イラスト画を公表されない人格的利益」などがある。

43 **自己決定権**とは、自分の生き方や生活など一定の個人的な事柄について、公権力から干渉されることなく自らが決定することのできる権利のことである。

①自己の生命身体に関する事柄（治療拒否、輸血拒否、安楽死、尊厳死など）
②家族のあり方に関する事柄（出産、堕胎、婚姻、離婚など）
③性に関する事柄（性別変更など）
④ライフスタイルに関する事柄（髪型、服装など）などがある。

◎平等性

44 憲法第14条は、**法の下の平等**を規定し、人種、信条、性別、社会的身分または門地により、政治的、経済的または社会的関係において差別されないことを規定し、華族その他の貴族の制度は認めず、栄誉、勲章その他の栄典の授与はいかなる特権も伴わないとしている。

45 差別の禁止に関する裁判例から、①嫡出子と非嫡出子の相続分に関して**同じ割合**の相続分とする法改正、②女性の待婚期間は、懐胎の合理的根拠をもとに6か月から100日にする法改正、③婚姻年齢を男女とも18歳とし、父母の同意も不要とする法改正、が行われている。

◎自由権

46 憲法は、**信教の自由**に関し、政教分離の原則をとるが、津市地鎮《じちん》祭最高裁判決（1977（昭和52）年）では政教分離の原則をゆるやかに解し、地鎮祭は世俗的なもので宗教的活動にあたらないものとした。

47 **表現の自由**に関し、最高裁判所は、博多駅テレビフィルム提出命令事件（1969（昭和44）年）において、憲法第21条（表現の自由）を根拠に、報道の自由とともに報道のための取材の自由も十分尊重に値すると判示した。

48 表現の自由に関し、最高裁判所は、証言拒絶（NHK記者）事件許可抗告審（2006（平成18）年）において、「**取材源の秘匿《ひとく》**は、取材の自由を確保するために必要なものとして、重要な社会的価値を有するというべきである」と判示した。

出34-143（就労）

49 憲法第22条は、**何人も公共の福祉に反しない限り**、**居住**、**移転**および**職業選択の自由**を有すると規定している。

出33-77

50 **財産権**については、相当な補償のもとで公益上の制限が認められる。ただし、立法府の判断が合理的裁量の範囲を超えていれば、憲法に違反し無効となる。

51 憲法第40条は、抑留または拘禁された後、**無罪**の裁判を受けたときは、法律の定めるところにより、国にその補償を求めることができるとしている。

◎社会権

52 **生存権**は、1919年、ドイツの**ワイマール憲法**で初めて規定された。それによると、「経済生活の秩序は、各人をして人間に値すべき生存を得しめることを目的として正義の原則に適合することを要する」とある。

53 生存権は、自由権と異なり、国家による積極的な保障を必要とする。自由権はできるだけ国家からの介入を避けることにあるが、生存権などの社会権は、社会的弱者層に位置する人々の生存の権利を守るため、**国家の積極的な介入**を要求するものである。

54 1967（昭和42）年の**朝日訴訟**最高裁判決では、**生活保護の基準**が争われた。健康で文化的な最低限度の生活の認定判断は、厚生大臣の合目的的裁量に委ねられ、認定判断が誤っている場合でも当・不当の問題が生ずるにすぎないが、その濫用《らんよう》・逸脱《いつだつ》の場合には違法な行為として司法審査の対象となる、として司法審査の余地を認めている。

55 1982（昭和57）年の**堀木訴訟**最高裁判決では、**障害福祉年金と児童扶養手当の併給禁止**が争われた。憲法第25条は国権作用への期待的性質のものであり、「健康で文化的な最低限度の生活」の意味も極めて抽象的・相対的な概念と判示し立法の裁量に委ねられているとした。また、同内容の立法化は、国の財政事情を無視することができないことや多くの政策判断を必要とするものであるとも主張した。

56 憲法第25条に基づいて生活上の給付を直接国に請求できるかについては、プログラム規定説、抽象的権利説、具体的権利説などの学説がある。

学説は、国民の権利を具体化するための義務を国家に課したにすぎないとする**プログラム規定説**が多数であったが、現在は、第25条の自由権的側面は裁判規範となり、朝日訴訟や堀木訴訟の最高裁判決により、裁量権の濫用などがあった場合には違憲の判決ができるとされている。

57 憲法第25条の生存権の保障を国が具現するための1つとして、**生活**

保護法が規定されている。

58 生存権は平等に保障されるべきものである。**外国人**に対し、日本の国籍をもつ者と比較して社会福祉や社会保障制度面で、社会的に不当な差別をしてはならない。 出35-77

✏ 現行生活保護法は外国人への適用を原則として除外している。外国人については、一般国民に対する取り扱いに準じるとされ、不服申立てをする権利は認めていない。

59 憲法上の国民の義務としては、**教育**を受けさせる義務（第26条第2項）、**勤労**の義務（第27条第1項）、納税の義務（第30条）が明記されている。

60 **教育を受ける権利**は、憲法第26条に規定され、教育の機会均等と社会権としての教育を受ける権利、さらに子どもの自由かつ独立の人格としての成長を妨げるような国家的介入を排除するという意味で自由権的側面を有するとされる。なお、義務教育は無償である。 出36-77

61 憲法は、勤労者の**団結権**、**団体交渉権**および**団体行動権**のいわゆる**労働三権**を保障しており（第28条）、労働組合の結成、経営者との交渉、ストライキを行うことができる。 出35-77 出36-77

✏ 公務員は全体の奉仕者としての地位にあることに基づき、勤労権の一部について制限されている。

> **受験対策アドバイス**
> ◆民法は、「民法総則」にあたる部分が細かく問われています。契約、不法行為、親族など専門的な内容も加えられ、相続や遺言は、「遺産管理」としてまとめられました。実際の現場でも必要な知識であり、事例などとともにまとめておきましょう。

◆民法

◎権利の主体・客体

62 権利の主体になれる能力を**権利能力**という。権利能力はすべての人に出生と同時に認められる。民法第34条は法人の能力を規定し、法人は定款等で定められた目的の範囲内において、権利・義務を有すると定めている。

63 **意思能力**は、社会福祉の分野では、日常生活自立支援事業、成年後見などに関連して判断能力とも称される。例えば、認知症で理性的・合理的な判断能力（意思能力）を欠く場合には、その法的な意思決定は無効となる。2017（平成29）年の改正で「法律行為の当事者が意思表示をした時に意思能力を有しなかったときは、その法律行為は、無効とする」となった。 出32-78

64 民法の成年年齢を20歳から**18歳**に引き下げること等を内容とする「民法の一部を改正する法律」が2018（平成30）年6月に公布された。

✏ 一人で有効な契約をすることができる年齢、親権に服することがなくなる年齢が20歳から18歳に引き下げられた。

65 法律行為を有効に行うことができる能力を**行為能力**という。完全な行為ができる能力のことである。

66 **不法行為**に基づく損害賠償責任を負担し得る能力を責任能力という。判例において12歳前後の判断能力を責任能力の分かれ目とする。

67 自然人の権利能力は、出生に始まる。胎児《たいじ》は、損害賠償請求、相続、遺贈《いぞう》に関しては、**すでに生まれたもの**とみなされるが、死産の場合は自然人として扱われない。

68 自然人の権利能力は、死亡によって終了するが、死についての民法上の明確な定義はない。行方不明になった者は失踪《しっそう》宣告によって死亡したものとみなされ、普通失踪の場合は**7年**、特別失踪の場合は**1年**で家庭裁判所へ申し立て、失踪宣告を受けることができる。

69 自然人以外のもので権利・義務の主体となれるものを**法人**という。法人は、営利法人と公益法人とに大別される。なお、社会福祉法人は、社会福祉法に基づき認められる特別の法人であり、特別な規制を受けると同時に、税法上の特権を有している。

◎法律行為・代理

70 未成年者が自ら法律行為をするには、その法定代理人の**同意**があれば行うことができる。法定代理人の同意を得ないで行った行為は取り消すことができる。

出32-78

71 **契約**の要素に**錯誤**がある場合、その契約は無効となる。ただし、表意者に重過失があるときは、表意者自ら無効の主張はできない。

✏ 2020（令和2）年4月からは、意思表示は、「①意思表示に対応する意思を欠く錯誤」「②表意者が法律行為の基礎とした事情についてのその認識が真実に反する錯誤」に基づくものであって、その錯誤が法律行為の目的および取引上の社会通念に照らして重要なものであるときは、取り消すことができる。②による意思表示の取消しは、その事情が法律行為の基礎とされていることが表示されていたときに限り、することができる、として要件の見直しと効果を「無効」から「取消し」に変更されることとなった。

出32-78

72 契約の相手方の**詐欺《さぎ》**または**強迫《きょうはく》**によって契約をした者は、**契約を取り消す**ことができる。

73 **代理**とは、本人に代わって取引行為や**財産管理行為**を行い、その行為の効果が本人に直接帰属する行為形式のことである。代理には、法律により一定の者が代理権を有する**法定代理**と、本人が他人に代理権を授与する**任意**

代理とがある。

74 民法上の代理権の**消滅事由**として、本人の死亡、代理人の死亡、代理人の破産、代理人が後見開始の審判を受けること、および委任の終了の5つをあげることができる。

75 **無権代理行為**ではあるが、相手方が無権代理人を真正の代理人と信じ得る正当な事由がある場合、取引の相手方の保護を図るため、本人についての代理行為として効力が生じるとしている。この場合を**表見代理**という。

✏ 無権代理とは、代理権をもたない者が代理人として法律行為をすることをいう。

◎物権

76 **物権法定主義**とは、民法などの法律で定められた権利だけが物を支配する権利だとするもので、民法の認める物権には**所有権**のほか、物の利用を目的とする用益物権として地上権・永小作《えいこさく》権・地役《ちえき》権・入会《いりあい》権、担保物権として留置権・先取特権・質権・抵当権があり、所有そのものを保護する権利として占有権がある。

77 不動産の買主が、不動産の所有権取得を売主以外の第三者に対して対抗するためには、**所有権移転登記**が必要である。これを不動産物権の対抗要件という。

78 不動産の物権変動に関しては、民法第176条の定めにより、判例・通説は契約時に移転すると解している。これを物権変動における**意思主義**という。

◎契約

79 当事者がほかの当事者に対して何らかの義務の履行《りこう》を請求することができる権利を**債権**という。義務を負う側からみた場合、**債務**という。それぞれの当事者を債権者・債務者という。

✏ **債権**が当初定められたとおり実現されなかったときにその効力が問題となり、これを債務が履行されなかったという意味で、債務不履行という。

80 債権者は、債務不履行による損害について、債務者に対して**損害賠償** 出33-80
を求めることができる（民法第415条）。損害賠償の範囲は、原則として債務不履行によって通常生じるであろう範囲の損害とされている（民法第416条第1項）。ただし、特別の事情によって生じた範囲の損害についても、債務者がその特別の事情を予見すべきであった場合は、その特別の損害についても損害賠償の範囲に含まれる（民法第416条第2項）。

✏ 民法の改正により、2020（令和2）年4月からは、「予見していたり、予見の可能性がある」場合から「予見すべきであった」場合と改正された。

81 契約は、原則として当事者間の申込と承諾という2つの意思表示の合致により成立する（**諾成**《だくせい》**主義**）。したがって、契約書は、契約そのものの要件ではない。

82 契約では、その契約で負った義務を果たす期限が定められているが、当事者の一方が期限を守らなかった場合、相手方はその契約を履行遅滞《ちたい》を理由として**解除**できる。また、債務の全部の履行が不能である場合などには、催告なしで契約を解除できる（民法第541条、第542条）。

83 契約で負った義務を一応履行した場合でも、契約の目的を達成できない場合、相手方は、**契約の解除**と**損害賠償請求**をすることができる。民法に明文の規定はないものの、法律上の根拠に基づく解除に分類される。

84 民法のあげる**典型契約**（有名契約）には、**贈与**（片務契約、無償契約、諾成契約）、**売買**（双務契約、有償契約、諾成契約）、**交換**（双務契約、有償契約、諾成契約）、**消費貸借**（要物契約、書面によることを要件として合意のみで消費貸借（諾成的消費貸借）も認められる）、**使用貸借**（要物契約、片務契約、無償契約）、**賃貸借**（双務契約、有償契約、諾成契約）、**雇用**（双務契約、有償契約、諾成契約）、**請負**《うけおい》（双務契約、有償契約）、**委任**（無償原則（無償＝片務契約、有償＝双務契約）、諾成契約）、**寄託**《きたく》（諾成契約）、組合、終身定期金、和解がある。

✏ **片務**契約とは、当事者の一方が対価的債務を負担しない契約

✏ **双務**契約とは、契約当事者の双方が互いに対価的な債務を負担する契約

✏ **無償**契約とは、当事者の一方が対価的給付をしない契約

✏ **有償**契約とは、当事者の双方が対価的意味をもつ給付をする契約

✏ 要物契約とは、当事者の合意のほか、物の引渡しなどの給付を必要とする契約

85 医療・看護・介護・福祉などは、サービスの内容が事実行為であり、そのようなサービスに関する契約は民法第656条にいう**準委任契約**と呼ばれる。また、日常生活自立支援事業における日常的金銭管理は、委任契約となる。その他、典型契約（有名契約）に入らない**非典型契約**（無名契約）も多くあり、日常生活自立支援事業に基づく福祉サービス利用援助契約は無名契約である。

出33-80 **86** 債務者が債務の本旨に従った履行をなさないときは、債権者は、損害賠償の請求もしくは契約の解除をすることができる。

✏ **契約の解除**とは、当事者の一方が有効に締結した契約を解消することをいう。また、解除しただけでは当事者の一方にとって不十分な場合には、損害

賠償請求をすることもできる。

87 **売買**とは、当事者の一方（売主）が財産権（必ずしも物とは限らない）を移転することを約し、相手方（買主）がこれに代金を支払うことを約することによって成立する契約をいう。他人の物でも契約の目的とすることができ、代金は金銭に限られる。

88 売買の目的物の引渡し後に、目的物の種類、品質、数量に関して契約の内容に適合しない場合には、買主は売主に対して、①追完請求（目的物の修補、代替物の引渡しなど）、②**損害賠償請求**、③**契約の解除**、④**代金減額請求**ができる（民法第562条～第564条）。

民法の改正により、従来の「瑕疵《かし》担保責任」から、「**契約不適合責任**」（目的物が契約の内容に適合しない場合に、売主の担保責任を認める）に改められた。なお、買主は、契約に適合しないことを知ってから1年以内にその旨を売主に通知する必要がある（民法第566条）。

89 引渡し前に売買の目的物が果実（元物から生じる収益）を生じた場合、その果実は売主に属する。手付や契約書の交付は売買の成立要件ではない。

90 **消費貸借**とは、物を貸し借りする契約であり、借りた物そのものではなく、借りた物と同種・同等の物を返還する契約をいう（民法第587条）。

91 **賃貸借**とは、当事者の一方（貸主）が、他方（借主）に対して、物を使用することなどを認め、その対価として借主が賃料を支払う契約をいう（民法第601条）。介護保険による福祉用具の貸与も賃貸借契約にあたる。家や土地などの不動産の賃貸借は、借地借家法が適用され、民法よりも借主の保護が手厚い。 出33-78

2020（令和2）年4月からは、賃金支払義務だけではなく、契約終了時の返還義務も賃貸借契約の成立要件として加えられた。

92 **雇用**とは、当事者の一方（使用者）が、他方（労働者）に対し、労働に対する報酬を与える契約をいう（民法第623条）。社員の採用などがこれにあたるが、使用者のほうが圧倒的に強い立場となるので、日本国憲法第27条および第28条、労働契約法、労働基準法等で、労働者の権利保護が図られている。

93 **委任**とは、当事者の一方（委任者）が、他方（受任者）に法律行為をすること（事務処理をすること）を委託し、受任者がそれを承諾することによって成立する契約である（民法第643条）。

委任は無償を原則としているが、委任契約において、報酬の特約があるときは、委任者は報酬支払の義務を負う。

◎不法行為

出33-80

94 民法第709条にいう不法行為責任に基づく損害賠償責任は、**故意または過失**によって損害が発生したことを成立要件とし、自己責任の原則と過失責任の原則を示している。

95 不法行為による損害賠償請求権は、損害および加害者を知ったときから**3年間**行使しない場合には時効により消滅し、不法行為発生時から**20年**を経過した場合には、一切行使できない（民法第724条）。

96 2007（平成19）年の最高裁判決（暁学園事件）によれば、都道府県から措置委託を受けた児童養護施設での事故について、都道府県の国家賠償責任が成立する場合には、**社会福祉法人の契約責任、スタッフの不法行為責任は成立しない**としている。

出33-80

97 **使用者、代理監督者**は、その被用者が事業遂行にあたって、第三者に損害を与えた場合、それを賠償する義務を負う。例えば、施設職員が施設名が明記された施設の自動車を使って通勤中に交通事故を起こした場合には、施設の使用者責任が生じる。施設から職員に対して求償することもできる。加害者が公務員の場合は、国家賠償法が適用される。

◎親族

98 民法は、**親族を6親等内の血族と配偶者**および**3親等内の姻族**とする（民法第725条）。

99 民法は法律婚主義をとるが、社会保障関係の法律では「配偶者」に**内縁の配偶者**を含めている。

100 婚姻中に夫婦の一方が死亡した場合、死亡した配偶者の血族と生存配偶者との姻族関係は、当然には消滅しない。生存配偶者の**終了の意思表示**が必要である。また、死亡した配偶者の血族の側からの終了は認められない。

101 離婚には、協議離婚、調停離婚、審判離婚、判決離婚がある。

102 婚姻によって氏を改めた夫または妻は、離婚によって婚姻前の氏に復する。ただし、離婚の日から3か月以内に届け出れば、離婚の際に称していた氏を称することができる（**婚氏続称**）。

103 離婚訴訟は、地方裁判所の管轄、婚姻費用（生活費）の分担や離婚後の面接交渉等は家庭裁判所の管轄というように、以前は管轄の裁判所が異なっていたが、2004（平成16）年の人事訴訟法の施行により、離婚に関する調停・審判・裁判を**家庭裁判所**がすべて行っている。

104 父母が離婚する場合、双方が共同して親権を行使することはできないので、父母の**いずれか**を親権者として定める。協議離婚では協議で親権者を定め、裁判上の離婚の場合、**裁判所**が父母のいずれかを親権者として定める。 出34-81

✏ 2022（令和4）年4月からは、親権は子どもが18歳になるまでとなり、満18歳以上では親権者を定める必要はない。

◎親権や扶養の概要

105 **嫡出子**とは、父母の婚姻から出生した子（婚内子）のことである。親権は父母が共同して行う。離婚に際しては、父母の協議でいずれか一方を親権者とする。面会交流などで父母の協議が調わないときなどは家庭裁判所が定める。なお、2012（平成24）年4月施行の民法改正で親権を行う者は、子の監護・教育を「子の利益のために」行うことが明確化された。 出34-81

106 2022（令和4）年の「民法等の一部を改正する法律」によって、離婚等の日から300日以内に生まれた子を前夫の子と推定する嫡出推定制度が見直された。離婚等の日から300日以内に生まれた子であっても、その間に母が再婚をした場合は、**後の夫の子と推定**することとなった。また、女性の再婚禁止期間が廃止されたほか、これまで夫のみに認められていた嫡出否認権が、子および母にも認められることとなった。

107 **非嫡出子**とは、婚姻関係にない男女間で出生した子（婚外子）をいう。非嫡出子は、「母」の氏を称し「母」の親権に服するが、認知があると、子は家庭裁判所の許可を得て父の氏を称することができ、また父母の協議により父を親権者とすることもできる。 出34-81

108 父は戸籍上の届出または遺言によって子の**認知**ができる。父が認知をしない場合は子の側から認知の訴えを父に起こすことができ、父の死亡後も父の死亡が客観的に明らかになったときから3年以内であれば検察官を相手に死後認知の訴えを提起することが認められている。

109 **養子**には、普通養子と特別養子がある。20歳に達した者は養子をすることができる。

✏ **普通養子**の場合は、実親との親子関係を解消せずに養親の嫡出子の身分を取得する。したがって、その養子は実親と養親双方の相続権を得る。

✏ **特別養子**の場合は、実親との親子関係を解消するため、実親の相続権を喪失する。養親には離縁請求権はない。

110 特別養子縁組制度が図表3のとおり改正された。 出36-141（児童）

06 権利擁護を支える法制度

図表3 特別養子縁組制度の改正ポイント

養子の年齢	・「原則15歳未満」に対象を拡大（改正前は「原則6歳未満」） ・15～17歳も条件次第で認める
家庭裁判所	・審判を2段階に分ける ①実親による縁組への同意、本当に子どもを育てられないのかを確認 ②養父母の適格性を判断
実親の同意	・実親が縁組に同意し2週間たつと、撤回不可能に
児童相談所	・児童相談所の所長も縁組の申し立てが可能に ・養父母が申し立てた場合は、児童相談所の所長が裁判手続きに参加できる

111 民法は、扶養義務者、扶養の順位および扶養の程度または方法等について定めている。民法は**親族的扶養**（私的扶養）を第一義に考え、生活保護法もこの考えに準じる。親族的扶養の態様には、親の未成熟の子に対する扶養と夫婦間の扶養（生活保持義務）およびその他の親族間の扶養（生活扶助義務）とがある。

112 扶養義務の学説のなかには、民法第730条を根拠に介護義務を認めるものもあるが、多数説は、介護が必要になった場合には**介護保険で対応**し、その費用を自己負担できない場合には扶養義務者に経済的な援助を求めるべきであるとする。

113 家族の**扶養義務の範囲**について、民法第877条では**直系血族**（成年の子・孫と父母・祖父母など）および兄弟姉妹は、互いに扶養する義務があるほか、家庭裁判所は特別の事情があるときには3親等内の親族間（おじ・おば、おい・めい、嫁・婿、舅・姑など）でも扶養の義務を負わせることができると示されている。

114 扶養をする義務のある者が数人ある場合において、扶養をすべき者の順序について、当事者間に協議が調わないとき、または協議をすることができないときは、**家庭裁判所**がこれを定める。

115 扶養の程度または方法について、当事者間で協議が調わないとき、または協議をすることができないときは、扶養権利者の需要、扶養義務者の資力その他一切の事情を考慮して、**家庭裁判所**がこれを定める。

116 扶養をすべき者もしくは扶養を受けるべき者の順序、または扶養の程度もしくは方法について協議または審判があった後、事情に変更を生じたときは、**家庭裁判所**は、その協議または審判の変更または取消しをすることができる。

117 扶養を受ける権利は、処分することができない。

118 2022（令和4）年の「民法等の一部を改正する法律」によって**懲戒権**に関する規定の見直しが行われ、懲戒権に関する規定が削除された。また、親権者が子の監護教育をするにあたって、以下の規範が定められた。

- 子の人格を尊重しなければならない。
- 子の年齢および発達の程度に配慮しなければならない。
- 体罰その他の子の心身の健全な発達に有害な影響を及ぼす言動をしてはならない。

◎遺産管理

119 **相続人**と相続分の関係は、**図表4**のように整理される。 出36-78

図表4 相続人と相続分

相続人		相続分
第1順位	子（代襲相続人＝孫・曽孫を含む）	1/2
	配偶者	1/2
第2順位	直系尊属（父母・祖父母等）	1/3
	配偶者	2/3
第3順位	兄弟姉妹（代襲相続人＝おい・めいを含む）	1/4
	配偶者	3/4
配偶者のみ		1

注：配偶者は上記の者があるとき、その者と同順位で常に相続人となる。

120 相続の承認には、**単純承認**と、被相続人の消極財産（相続債務）につき相続財産の限度で責任を負う**限定承認**があり、相続をしない場合は**相続放棄**がなされる。

121 2013（平成25）年9月の最高裁判所の判例で、嫡出子と非嫡出子の **法定相続分**に差があるのは、法の下の平等に反するとしたため、非嫡出子の法定相続分を嫡出子の2分の1とする規定を削除する改正がされた。それにより、嫡出子と非嫡出子の法定相続分は原則同等となった。 出35-77 出36-78

122 相続財産に含まれるものは、**所有権**、**損害賠償請求権**、**借地権**、借家権等の諸権利や金銭債務などの各種義務がある。 出33-78

✏ 身元保証人の地位や生命保険金、死亡退職金や死亡弔慰金は含まれない。

✏ 生活保護受給権も一身専属権であり、相続の対象にはならない。

123 **特別受益**は、生前贈与などを受けた相続人が、相続分から減額される制度である。

124 相続人の不存在の場合、相続財産は法人となり（**相続財産法人**）、家庭裁判所は利害関係人または検察官の請求により相続財産の清算人を選任し、かつ遅滞なくその旨を公告しなければならない。

125 2021（令和3）年「相続等により取得した土地所有権の国庫への帰属に関する法律」が成立し、社会経済情勢の変化に伴い所有者不明土地が増加していることに鑑み、相続または遺贈により土地の所有権または共有持分を取得した者等がその土地の所有権を**国庫に帰属**させることができる制度ができた。これによって所有者不明土地の発生の抑制を図ることとなった。

126 特別縁故者から相続人捜索の公告の期間満了後3か月以内に請求があった場合に、家庭裁判所が相当と認めるときは、請求した**特別縁故者**に対して、清算後残存すべき相続財産の全部または一部を与えることができる（民法第958条の2）。相続財産の一部の分与しか認めなかった場合、残余財産は国庫に帰属する（同法第959条）。

出33-79

127 **遺言**は、**満15歳**に達した者が行える（民法第961条）。成年被後見人であっても、事理を弁識する能力を一時回復したと医師が証明できるときであれば、そのときに医師2人以上の立ち会いのもとに遺言をすることができる。

✎ 遺言事項は、法律の定めた一定のものに限られるが、相続人の廃除およびその取消も含まれる。

128 遺言の普通方式には、**自筆証書遺言**、**公正証書遺言**、**秘密証書遺言**がある。

出36-79

129 **自筆証書遺言**は、全文、日付および氏名を自分で書き、これに押印して作成する（民法第968条）。押印は、拇印でも有効であるが、日付として○年○月吉日と記載された証書は、日付の記載を欠くものとして無効である。遺言書の保管者または発見者は、相続の開始を知った後、遅滞なくこれを家庭裁判所に提出して、その**検認**を請求しなければならない（公正証書による遺言は検認不要）。

✎ 2018（平成30）年の改正で自筆証書遺言の財産目録はパソコンで作成できるようになった。

出33-79
出36-79

130 **公正証書遺言**は、証人**2人**以上の立ち会いのうえ、遺言者が公証人に遺言の趣旨を**口授**し、**公証人**は口述を筆記し、遺言者および証人に読み聞かせまたは閲覧させ、遺言者および証人が筆記の正確なことを承認した後、各自これに署名し、印を押して作成する。口がきけない障害者、耳の聞こえない障害者は、手話などによって作成が可能であるが、目の見えない障害者については、点字による作成が認められていない。また、手が不自由な障害者は、公証人がその事情を公正証書遺言に付記し署名に代えることができる（民法第969条第4号ただし書）。

131 **遺留分**とは、兄弟姉妹を除く相続人に残しておかなければならない遺産の一定割合をいう（民法第1042条）。遺留分を超えて遺言処分が行われたときは、遺言による処分そのものは**無効とならない**が、遺留分権利者はその遺留分に達するまで侵害額請求権として**取り戻す**ことができる。 出33-79 出36-79

132 2018（平成30）年の民法改正で、遺留分制度が見直され、遺留分減殺請求権の行使によって当然に物権的効果が生ずるとされていた現行法から、遺留分権の行使によって遺留分侵害額に相当する金銭債権が生ずるものとしつつ、受遺者等の請求により、金銭債務の全部または一部の支払につき裁判所が**期限を許与**することができるようになった。

133 2018（平成30）年の民法改正で、**配偶者居住権**が新設された（民法第1028条）。被相続人の死亡後も被相続人が所有していた住宅に配偶者が一定期間もしくは亡くなるまで住み続けることができる権利である。自宅の権利を「所有権」と「居住権」に分け、仮に所有権が別の相続人のものになっても配偶者が住み続けることができるようになった。

134 配偶者居住権は、遺産分割確定までの間の「配偶者短期居住権」と、**終身の間存続**する「配偶者居住権」がある。居住権は所有権より評価額が低くなり、そのぶん配偶者の預貯金の取り分も実質的に増えると見込まれる。

135 2018（平成30）年の民法改正で、婚姻期間が20年以上の場合、配偶者が生前贈与や遺言で譲り受けた住居（建物・土地）は、原則として**遺産分割の対象から外れる**こととなった。また、相続された預貯金債権について、生活費や葬儀費用の支払、相続債務の弁済などの資金需要に対応できるよう、遺産分割前にも払戻しが受けられるようになった。

136 2018（平成30）年の民法改正で、一定の範囲の親族が無償で被相続人の療養看護や介護などをした場合（**特別寄与者**）、相続人に対して金銭を請求できることとなった。

137 2018（平成30）年の民法改正で、自筆証書遺言の方式が緩和され、**自筆でない財産目録を添付**して自筆証書遺言を作成できるようになった。また、遺言執行者の権利義務や特定財産承継遺言が行われた場合における遺言執行者の権限が明確化された。また、法務局における自筆証書遺言の保管制度が創設された。

138 2018（平成30）年の民法改正で、相続の効力等に関して、相続させる旨の遺言等により承継された財産については、登記等の**対抗要件**なくして第三者に対抗することができるとされていた現行法から、法定相続分を超える権利の承継については、対抗要件を備えなければ第三者に対抗することができないようになった。

受験対策アドバイス
◆行政法では、「行政上の実務履行確保」や「行政不服申立て」の項目は難しいと感じるかもしれませんが、社会福祉士として行政との対応も必要であり、基礎的な構造を理解しておきましょう。

行政法◆

◎行政組織

139 行政の事務を行う権利と義務を有し、自己の名と責任で行政を行う団体を**行政主体**（国・地方公共団体・独立行政法人、特殊法人など）という。行政主体の法律上の意思決定を行い、外部に表示する権限を有する機関を**行政庁**という。行政庁の意思決定を補助する機関のことを**補助機関**といい、次官、局長、課長をはじめその他の行政庁の一般職員がこれに該当する。

◎行政行為

出34-77

140 **行政行為**とは、行政庁が行政目的を実現するために、法律によって認められた権限に基づいて、一方的判断により、特定の国民の権利義務その他の法律的地位を具体的に決定するという法的効果を伴う行為（法的行為）である。公定力、執行力、不可争力、不可変更力など特別な法的効力が与えられている。法的効果を伴わない事実行為などは、行政行為ではない。

- **公定力**とは、行政行為に瑕疵《かし》がある場合、明らかに重大な違法がある場合は別として、行政行為の適法性判断の優先権は行政機関にあり、違法な行為であるという疑いがあるときでも取消しの不服申立て・訴訟で取り消されない限り有効であるとすることをいう。
- **執行力**とは、私人が税金を滞納した場合、税務署長は、裁判所に訴訟を提起しなくても自力で強制執行（滞納処分）するような場合を指す。
- **不可争力**とは、不服申立期間・出訴期間を経過した後はその効力を争えなくなる効力をいう。
- **不可変更力**とは、行政行為をした行政庁がそれを職権で取り消すことができない効力をいう。

出34-77

141 **無効の行政行為**とは、行政行為の瑕疵が致命的で、取り消すまでもなく、はじめから無効として扱うべき行政行為で、無効等確認訴訟の対象となる。公定力などは与えられず、出訴期間の制限もない。

142 **争訟取消し**とは、行政手続きに基づいて取消しを申し立てた場合に処分庁などがその行政行為を取り消す場合をいう。

143 **職権取消し**とは、私人からの法的請求によらず違法な行政行為をした処分庁・上級庁が、その違法を認めて自発的に取り消す場合をいう。

144 行政の**自由裁量行為**は、裁判所の審査が全く及ばないと説明されていた。しかし、現在では裁判所が自由裁量行為の当否を審査することもあり得ると考えられている。そのため、裁量権の逸脱や濫用があった場合には、その行為は違法となり、裁判所の審査に服することになる（**行政事件訴訟法第30条**）。

145 **行政行為の取消し**の効果は、**遡《そ》及《きゅう》**するのが原則である。ただし、受益的行政行為の取消しについては、相手方の信頼を保護する必要上、将来に向かってのみ効力を生ずると解する見解もある。これに対し、行政行為の撤回の効果は、将来に向かってのみその効力を生じる。撤回の効果を遡及させること、あるいは、過去の時点に遡って撤回することは、法令に規定がない限りできないものと一般に解されている。

146 行政上の義務の履行を確保する手段として、行政強制と行政罰とが認められている。行政強制は、将来の行政上の義務の履行を強制するのに対して、行政罰は過去の行政上の義務違反に対する制裁である。

- **行政強制**は、大別して、行政上の強制執行と即時強制に分けられ、行政上の強制執行はさらに、代執行、執行罰、直接強制、強制徴収に細別される。
- **行政罰**には、行政刑罰（刑法上の刑名のある処罰）と秩序罰（過料）の2種がある。

◎行政事件手続

147 **行政不服審査法**と、**行政事件訴訟法**、**国家賠償法**をまとめて、**行政救済三法**という。

148 **行政不服審査法**は、行政庁の違法または不当な処分その他行政庁の公権力の行使に当たる行為に対する不服申立てについて、従来の列記主義を改めて、他の法律に不服申立てができないという規定のない限り、すべての行政処分に対して取消しの不服申立てが当然にできる一般概括主義を採用している。 (出)32-79

- 2014（平成26）年6月の改正で、不服申立ての手続きを「審査請求」に一元化し、「異議申立て」手続きは廃止された。不服申立てが大量にされる処分等については「**再調査の請求**」（選択制）が導入された。
- 異議申立て手続きは、処分庁から説明を受ける機会が与えられていないという不都合のため廃止され、手続き保障のレベル向上のため改正された。
- 再調査の請求は、処分庁が簡易な手続きで事実関係の再調査によって処分の見直しを行う手続きをいう。

149 行政不服審査法は、処分に不服のある国民が、当該処分が不服申立ての対象となるか、また、どの行政庁にいつまでに不服を申立てなければならないかわからない場合が多いので、これらの事項を国民に教示する義務を処分庁に課している（通常、**処分通知書の用紙に刷りこまれている**）。

150 行政庁の処分その他公権力の行使にあたる行為（**処分**）**に関する不服申立て**は、法律や条例に特別の定めがある場合を除くほか、行政不服審査法の定めるところによる。

151 行政庁の処分に不服がある者は、行政不服審査法第4条（審査請求をすべき行政庁）および第5条第2項（第5条第1項によって再調査の請求をしたときは、決定を経た後でなければ再審査請求できない）の定めるところにより**審査請求**できる。

152 法令に基づき行政庁に対して処分についての申請をした者は、当該申請から相当の期間が経過したにもかかわらず、行政庁の**不作為**（法令に基づく申請に対し何らの処分もしないこと）がある場合には、不作為について審査請求できる。

出32-79 153 **審査請求**は、法律（条例に基づく処分については、条例）に特別の定めがある場合を除くほか、原則として、処分庁等に上級行政庁がない場合には当該**処分庁**等に、処分庁等に上級行政庁がある場合には当該処分庁等の**最上級行政庁**に対して行う。

出32-79 154 行政庁の処分につき処分庁以外の行政庁に対して審査請求をすることができる場合において、法律に再調査の請求をすることができる旨の定めがあるときは、当該処分に不服がある者は、当該処分について審査請求をした場合を除き、処分庁に対して**再調査の請求**をすることができる。

155 行政庁の処分につき法律に**再審査請求**をすることができる旨の定めがある場合には、当該処分についての審査請求の裁決に不服がある者は、当該法律の定める行政庁に対して再審査請求をすることができる。

出32-79 156 審査庁の審理において、職員のうち処分に関与しない者（審理員）が、審査請求人（国民）および処分庁の主張を公正に審理することとなる。また、裁決について有識者からなる第三者機関が点検することとなり、**審査請求人の権利が拡充**された。

157 養護老人ホームや、やむを得ない事由により介護保険法に規定する介護老人福祉施設に入所することが著しく困難である場合の特別養護老人ホームへの「入所措置」の決定は、「職権に基づく**行政処分**」の一種であり、行政不服審査法に基づく「不服申立て」をすることができる。市町村長は、養護老人ホーム等に入所中の高齢者に対する入所措置を解除しようとする不利益処分を行うときは、その者に対して当該措置の解除理由を説明し、その意見を聴かなければならない。

158 社会福祉に関する一部の法律には、その法律に基づく処分の取消しの訴えは、審査請求に対する裁決を経た後でなければ提起することができないと規定されており、これを**不服申立前置主義**という。介護保険法上の介護給付、障害者総合支援法上の介護給付費等にかかる処分取消訴訟などが該当する。

159 2014（平成26）年6月の改正で不服申立前置主義の見直しがなされ、68の法律で廃止・縮小が行われた。**不服申立て前置を存置する場合**は以下のとおり。

① 不服申立ての手続きに一審代替性（高裁に提訴）があり、国民の手続き負担の軽減が図られている場合（電波法、特許法等）
② 大量の不服申立てがあり、直ちに出訴されると裁判所の負担が大きくなると考えられる場合（国税通則法、国民年金法、労働者災害補償保険法等）
③ 第三者的機関が高度に専門技術的な判断を行う等により、裁判所の負担が低減されると考えられる場合等（公害健康被害補償法、国家公務員法等）

160 行政不服審査法による不服申立ては、ほかの法律に口頭ですることができる旨の定めがある場合を除き**書面**を提出して行わなければならない。

161 行政不服審査法による不服申立ての期間は、原則として処分があったことを知った日の翌日から起算して**3か月以内**である（以前は「60日以内」であったが、法改正により、2016（平成28）年4月より「3か月以内」に延長された）。 出 32-79

162 行政不服審査法による審査請求が提起されても、処分行政庁の行った処分の効力、処分の執行または手続きの続行が妨げられることはない。ただし、執行停止がなされる場合もある。審査請求に対して審査庁がした裁決が係争処分の取消しである場合、**処分庁**は、これに**拘束される**。

163 行政不服審査法による審査請求の審理は、書面の審理となるが、申立人側から申立てがあったときは審査庁は申立人に口頭で意見を述べる機会を与えなければならないとして、**口頭意見陳述請求権**を保障する。

164 **行政事件訴訟**における客観訴訟とは、国民の個人的権利利益の保護を主たる目的とする主観訴訟（直接的な利害関係者以外には訴訟を提起する資格がない訴訟）に対比して、客観的な法秩序の適正維持や公益保護を目的とする訴訟をいう。

165 行政事件訴訟には、**抗告訴訟**（公権力を行使する行政庁に対する不服の訴訟）、**当事者訴訟**（対等な関係における行政主体と私人の争い）、**民衆訴訟**（直接的な利害関係者以外の第三者が提起できる訴訟）、**機関訴訟**（国または地方公共団体の機関相互の存否またはその行使に関する紛争についての訴訟）の4種がある。抗告訴訟と当事者訴訟が主観訴訟であり、民衆訴訟と機関訴訟が客観訴訟である（図表5参照）。

図表5 行政事件訴訟の体系

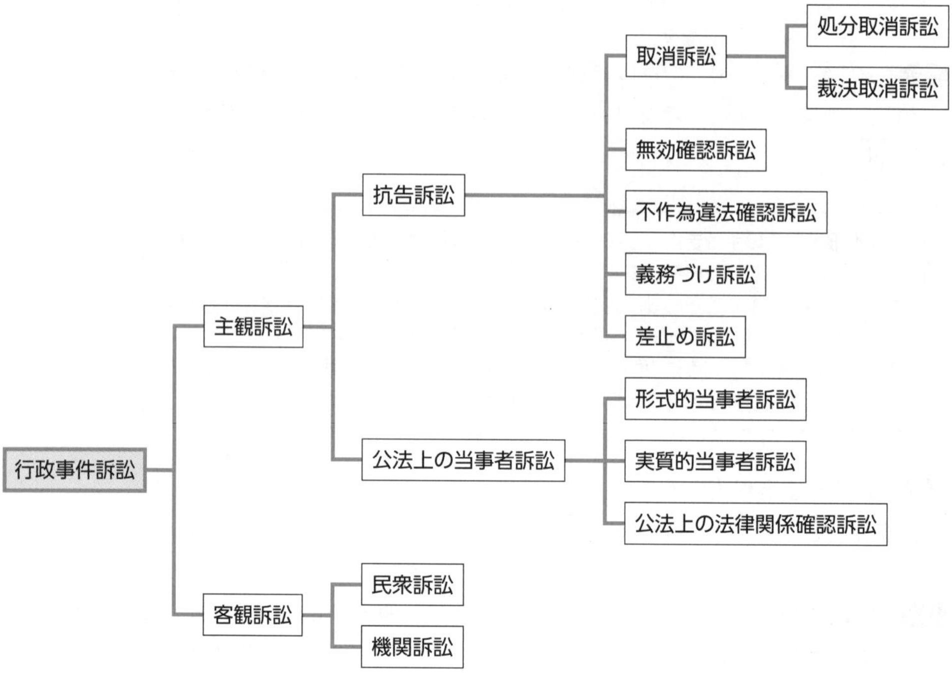

166 **抗告訴訟**は、行政庁の公権力の行使に関する不服の訴訟であり、処分の取消しの訴え、裁決の取消しの訴え、無効等確認の訴え、不作為の違法確認の訴え（行政庁が処分または裁決をしない場合に違法の確認を求める訴訟）、義務づけの訴え（許可の申請などに対して行政庁が処分すべきであるのにしない場合などに処分を実行するよう求める訴訟）、差止めの訴え（行政から建物を取り壊すように命令を受けた場合などに対抗して行う訴訟）の6種が法定されている。

出 32-79

167 **取消訴訟**は、瑕疵《かし》のある違法な行政行為（処分または裁決）の取消しを求める訴訟類型で、例えば、介護保険制度で要介護認定の結果に対して争う場合などがこれにあたる。処分または裁決があったことを**知った日から6か月**を経過したときは、提起することができないが、正当な理由があればこの限りではない。

168 取消訴訟は、処分または裁決の日から**1年**を経過したときは、提起することができないが、正当な理由があればこの限りではない。

169 裁判所は、訴訟関係を明らかにするために、必要があると認めるときは、行政庁に対して、処分または裁決の理由を明らかにする**資料の提出**を求めること等ができることとし、処分についての審査請求に対する裁決を経た後に取消訴訟の提起があったときには、行政庁に対して、当該審査請求にかかわる**事件の記録の提出**を求めること等ができる。

170 処分、処分の執行または手続の続行により生じる重大な損害を避けるために緊急の必要があるときは、裁判所は、申立てにより、決定をもって、処分の効力、処分の執行または手続の続行の全部または一部の**停止**をすることができる。

171 **行政手続法**は、処分、行政指導および届出に関する手続きに関し、共通する事項を定めることによって、行政運営における公正の確保と透明性の向上を図り、もって国民の権利利益の保護に資することを目的とする。

✏ 行政手続法は、行政処分の事後のチェック、救済手続を定める行政不服審査法や行政事件訴訟法と異なり、行政処分が行われる前に、国民の権利・利益の救済を図る事前救済に関する手続法である。

172 行政手続法は、処分手続として「**申請に対する処分**」手続と「**不利益処分**」手続との2つの手続きを認めている。

✏ 行政手続法は、行政庁の「不利益処分」手続について「聴聞」と「弁明の機会の付与」を規定している。

173 行政手続法は、行政指導を行う者が、行政指導の相手方から、その趣旨、内容などについて**書面の交付**を求められた場合には、これを交付しなければならないとしている。

174 2014（平成26）年に行政手続法が改正され、行政指導に携わる者は、行政指導をする際に、許認可等をする権限または許認可等に基づく処分をする権限を行使し得る旨を示すときは、その相手方に対して、当該権限を行使し得る**根拠条項や要件等を示さなければならない**こととなった。

✏ 国民の権利利益保護の充実のため「行政指導の中止等の求め」などの仕組みが設けられた。

175 2014（平成26）年の法改正で、**行政指導**（法律根拠の場合に限る）の相手方は、その行政指導が法律の要件に適合しないと思う場合に、行政指導をした行政機関に対し申出書を提出して、行政指導の中止等を求めることができることとなった。

✏ 行政機関は、上記の申出があったときは、必要な調査を行い、必要に応じてその**行政指導の中止等の措置**をとらなければならないこととなった。

176 2014（平成26）年の法改正で、何人も、法令違反事実の是正のための処分や行政指導（法律根拠の場合に限る）がされていないと思う場合に、権限のある行政庁（処分）や行政機関（行政指導）に対し申出書を提出して、**処分または行政指導をするよう求める**ことができることとなった。

✏ 行政庁や行政機関は、上記の申出があったときは、必要な調査を行い、必要に応じて処分または行政指導をしなければならないこととなった。

◎国家の責任

出 34-77

177 国や地方公共団体が、違法な行政作用により国民に損害を与えた場合、国または地方公共団体に損害賠償責任がある。**国家賠償法**の規定のほか、民法や他の法律に別段の規定があるときはそれによって対応する。

178 国家賠償法による損害賠償請求は、行政事件訴訟ではなく**民事訴訟**として行われる。被告は、国、地方公共団体であって行政庁ではない。

179 国家賠償法第1条は、国または地方公共団体の公権力の行使に当たる公務員が、その職務を行うについて故意または過失によって違法に他人に損害を加えたときは、国または地方公共団体がこれを賠償する責に任ずると規定し、**過失責任主義**をとる。

180 国家賠償法第1条は、民法第715条の使用者責任と異なり、国・地方公共団体が必ず責任を負うと規定している。公務員個人はその責任を負わないが、公務員に故意または重大な過失があった場合は、国または地方公共団体はその公務員に対して**求償権**を行使できる。

181 国家賠償法第1条にいう**公権力の行使**は、強制措置に限らず広く公的行政活動の全体を指し、公立学校の教師が水泳授業で行う教育活動もこれにあたる。

182 国家賠償法第2条第1項は、公の営造物の設置または管理に瑕疵《かし》があったために他人に損害を生じたときは、国または地方公共団体は、これを賠償する責に任ずると規定している。設置管理に過失がなくても国または地方公共団体は損害賠償の責任を負う**無過失責任**である。

183 **損失補償**とは、「適法な」公権力の行使により特定人に生じた財産上の損失につき、全体的な公平負担の見地から補償することをいう。

3 権利擁護の意義と支える仕組み

福祉サービスの適切な利用等

※下記の項目については、他科目の内容を参照ください。

項　目	科目名
福祉サービスの適切な利用 「運営適正化委員会」	「地域福祉」
福祉サービスの適切な利用 「国民健康保険団体連合会」	「高齢者」
苦情解決の仕組み	「組織と経営」
虐待防止法の概要	「高齢者」「児童」「障害者」
差別禁止法の概要	「障害者」

◎国民健康保険団体連合会

184 **国民健康保険団体連合会**（以下、**国保連**）は、国民健康保険法第83条に基づき、都道府県・市町村および特別区・国民健康保険組合が共同して目的を達成するために、必要な事業を行うことを目的に設立された法人である。**国保連**は、都道府県に1団体ずつ設立されている（図表6参照）。 出 33-132

図表6 国民健康保険団体連合会の役割

- 市町村（保険者）から委託を受けて、介護給付費等（居宅介護サービス費・施設介護サービス費等）の請求に関する審査および支払
- 第一号事業支給費の請求、介護予防・日常生活支援総合事業の実施に関する費用の審査および支払
- 指定居宅サービス等の質の向上に関する調査、指定居宅サービス事業者、介護保険施設等について、利用者、家族の苦情に基づき事実関係の調査を行い、当該の事業者、施設に対して必要な指導・助言を行う（苦情処理業務）
- その他介護保険事業の円滑な運営に資する事業

185 指定サービス事業者および基準該当サービス事業者（以下、事業者）が、利用者に提供したサービスの**介護給付費の請求**は、国保連にされる。事業者は、原則としてサービス利用料の1割（一定以上の所得を有する第1号被保険者は2割または3割）を利用者に請求し、残りを国保連に請求する。

✏ 所得基準は、2割負担が合計所得金額160万円以上（単身で年金収入のみの場合280万円以上）、3割負担が220万円以上（344万円以上）が相当する（厚

生労働省資料)。

186 国保連の役割は、市町村(保険者)から委託された介護給付費の**審査**・**支払**など、介護保険財政に直結する費用面での重要な役割を担っている(図表7参照)。

図表7 介護給付費の請求・支払

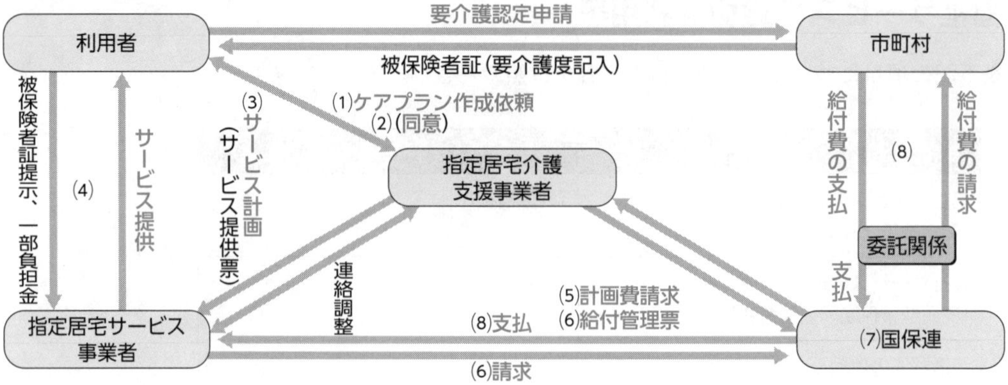

資料 :神奈川県国民健康保険団体連合会「介護保険とは?」(http://www.kanagawa-kokuho.or.jp/kaigo/index.html)

出32-132 **187** 介護給付費等審査委員会は、**国保連**におかれる。この委員会では、介護給付費請求書の審査の必要があるときは都道府県知事の承認を得て、事業者に対して報告、出頭、説明等を求めることができる。

苦情解決の仕組み

188 福祉サービスに関する苦情処理・解決は、次のような順序、仕組みで行われる。サービス利用者が事業者に対して苦情申立てを行うと、事業者はそれを受け付け、その内容を確認して話し合いをもつ。当事者同士の苦情解決が困難な場合は**第三者委員**(公正・中立な立場で判断できる人材)に委嘱《いしょく》したり、弁護士と顧問契約したりして、それらに対応をゆだねる。しかし、この事業者段階で解決が困難な場合は、都道府県社会福祉協議会に設置された**運営適正化委員会**の下で**事情調査**、**解決の斡旋《あっせん》**が行われる。

✎ 苦情の収集のためには、意見箱、アンケート調査、苦情受付担当者の配置などの情報チャンネルが必要である。

189 社会福祉事業の経営者は、利用者等からの苦情の解決に**努めなければならない**(社会福祉法第82条)。また、適正な運営の確保と苦情対応のための運営適正化委員会の設置、運営適正化委員会の業務、運営適正化委員会から都道府県知事への通知について、それぞれ社会福祉法に定められている(同法第83条～第86条)。

虐待防止法の概要

◎高齢者虐待防止法

190 2005（平成17）年11月に、高齢者虐待の防止、高齢者の養護者に対する支援等に関する法律（高齢者虐待防止法）が制定された。この法律は、高齢者に対する虐待が深刻な状況にあり、高齢者の**尊厳の保持**にとって高齢者に対する虐待を防止することが極めて重要であることから制定された。

191 高齢者虐待防止法は、高齢者虐待の防止等に関する国等の責務、虐待を受けた高齢者に対する保護のための措置、養護者の負担の軽減を図ること等の養護者に対する養護者による高齢者虐待の防止に資する支援（「**養護者に対する支援**」という）のための措置等を定めている。

192 高齢者虐待防止法における「高齢者虐待」とは、**65**歳以上の者に対し、**家庭で現に養護する者**、**施設等の職員**による虐待行為をいう。高齢者虐待は、図表8のように定義される。 出36-135（高齢）

図表8 高齢者虐待の類型

	養護者による高齢者虐待		養介護施設従事者等による高齢者虐待	
身体的虐待	養護者が	その養護する高齢者の身体に外傷が生じ、又は生じるおそれのある暴行を加えること	養介護施設又は養介護事業の業務に従事する者が	当該施設を入所・利用する、又は当該事業のサービスを受ける高齢者の身体に外傷が生じ、又は生じるおそれのある暴行を加えること
ネグレクト		その養護する高齢者を衰弱させるような著しい減食又は長時間の放置、養護者以外の同居人による身体的虐待、心理的虐待又は性的虐待の放置等養護を著しく怠ること		当該施設を入所・利用する、又は当該事業のサービスを受ける高齢者を衰弱させるような著しい減食又は長時間の放置その他の当該高齢者を養護すべき職務上の義務を著しく怠ること
心理的虐待		その養護する高齢者に対する著しい暴言又は著しく拒絶的な対応その他当該高齢者に著しい心理的外傷を与える言動を行うこと		当該施設を入所・利用する、又は当該事業のサービスを受ける高齢者に対する著しい暴言又は著しく拒絶的な対応その他当該高齢者に著しい心理的外傷を与える言動を行うこと
性的虐待		その養護する高齢者にわいせつな行為をすること又は当該高齢者をしてわいせつな行為をさせること		当該施設を入所・利用する、又は当該事業のサービスを受ける高齢者にわいせつな行為をすること又は当該高齢者をしてわいせつな行為をさせること
経済的虐待	養護者又は高齢者の親族が	当該高齢者の財産を不当に処分することその他当該高齢者から不当に財産上の利益を得ること		当該施設を入所・利用する、又は当該事業のサービスを受ける高齢者の財産を不当に処分することその他当該高齢者から不当に財産上の利益を得ること

193 2011（平成23）年6月の障害者虐待の防止、障害者の養護者に対する支援等に関する法律（障害者虐待防止法）の成立に伴い、高齢者虐待防止法も改正された。2012（平成24）年10月1日より、**65歳未満**の**養介護施設**入所・利用または**養介護事業**のサービス提供を受ける**障害者**については、**高齢者とみなし**、養介護施設従事者等による高齢者虐待に関する規定が適用されることになった。

◎児童虐待防止法

194 2000（平成12）年5月に成立した**児童虐待の防止等に関する法律**（児童虐待防止法）は、2004（平成16）年4月に一部改正され、特に児童の安全確保などに警察の協力が必要な場合、児童相談所長に**警察署長への援助要請を義務づけ**たほか、虐待を受けたと思われる児童を発見した者は、速やかに**通告する義務**を課すなどの措置が講じられた。

195 2007（平成19）年6月にも児童虐待防止法の改正が行われ、特に第1条の目的に「**児童の権利利益の擁護に資すること**」が明記された。

196 児童虐待防止法は、児童の人権を著しく侵害し、その心身の成長および人格の形成に重大な影響を与える児童に対する虐待の禁止、児童虐待の**予防および早期発見**その他の児童虐待の防止に関する国および地方公共団体の責務、児童虐待を受けた児童の保護および自立の支援のための措置等を定め、児童虐待の防止等に関する施策を促進し、児童の権利利益の擁護に資することを目的とする。

出35-138

197 児童虐待防止法第2条（**児童虐待の定義**）は、保護者（親権を行う者、未成年後見人その他の者で、児童を現に監護するものをいう）がその監護する児童（18歳に満たない者をいう）について行う図表9に掲げる行為を「**児童虐待**」としている。

198 児童虐待防止法第3条（**児童に対する虐待の禁止**）は、何人も、児童に対し、虐待をしてはならないと規定している。

意思決定支援ガイドライン

出34-93（相理）

199 **意思決定支援ガイドライン**は、「私たちのことを、私たちを抜きにして決めないで」という標語をもとに、「障害者の権利に関する条約」が採択されたことに始まる。日本では同条約の批准後、各種のガイドラインが公表されている（図表10参照）。

図表9 児童虐待となる行為

①児童の体に外傷が生じ、または生じるおそれのある暴行を加えること。(**身体的虐待**)
②児童にわいせつな行為をすることまたは児童をしてわいせつな行為をさせること。(**性的虐待**)
③児童の心身の正常な発達を妨げるような著しい減食または長時間の放置、保護者以外の同居人による①②または④に掲げる行為と同様の行為の放置その他の保護者としての監護を著しく怠ること。(**ネグレクト**)
④児童に対する著しい暴言または著しく拒絶的な対応、児童が同居する家庭における配偶者に対する暴力(配偶者(事実婚を含む)の身体に対する不法な攻撃であって生命または身体に危害を及ぼすもの、およびこれに準ずる心身に有害な影響を及ぼす言動をいう)その他の児童に著しい心理的外傷を与える言動を行うこと。(**心理的虐待**)

受験対策アドバイス

中心となるのは「意思決定支援ガイドライン」ですが、各種の「虐待防止法」や「障害者差別禁止法」は、まとめて理解しておきましょう。障害者福祉の科目と併せて学びましょう。

図表10 各種ガイドライン

- 2017年「障害福祉サービス等の提供に係る意思決定支援ガイドライン」
- 2018年「人生の最終段階における医療・ケアの決定プロセスに関するガイドライン」
- 2018年「認知症の人の日常生活・社会生活における意思決定支援ガイドライン」
- 2019年「身寄りがない人の入院及び医療に係る意思決定が困難な人への支援に関するガイドライン」
- 2020年「意思決定支援を踏まえた後見事務のガイドライン」

200 **意思決定**とは、ある目標を達成するために、複数の選択肢から1つを決定する認知的活動と定義される。憲法第13条の**基本的人権**として保障される。

✏ 類似の用語に「**自己決定**」があるが、国際的には、「自己決定」が「民族自決」などと混同されるおそれもあるので、意思決定を用いることが多い。

201 **支援付き意思決定**は、本人に必要な情報を提供したり、本人の意思や考えを引き出すなど、本人にかかわる支援者によって支援を受けながらも本人自身が意思決定をすることを指す。これに対して**代理代行決定**は、意思決定ができない本人に代わって第三者が意思決定をすることを指す。

✏ 意思決定では、支援付き意思決定と代理代行決定の違いを意識することが求められている。

✏ 代理は、本人に代わり法律行為を行う制度で、民法に基づく。代行は、法律行為だけでなくそれ以外の行為も対象とするが、明確な法的根拠はない。代理代行決定は、自己決定権の侵害や、権限の濫用《らんよう》となる場合もあるので注意を要する。

出35-94
出36-83

202 「障害福祉サービス等の提供に係る意思決定支援ガイドライン」では、意思決定支援とは、自ら意思を決定することに困難を抱える障害者に対し、①可能な限り本人が自ら**意思決定**できるよう支援し、②本人の意思確認や意思および選好を推定し、③支援を尽くしても本人の意思および選好の推定が困難な場合には、最後の手段として本人の最善の利益を検討するために事業者の職員が行う支援の行為および仕組み、をあげている。

図表11 支援付き意思決定の領域における原則

①意思決定能力の存在推定
②本人による意思決定のための実行可能なあらゆる支援
③不合理にみえる意思決定の尊重
④意思推定
⑤本人にとっての最善の利益に基づく代行決定
⑥最終手段かつ必要最小限度の介入
⑦第１原則への回帰

4 権利擁護活動で直面しうる法的諸問題

インフォームド・コンセント

受験対策アドバイス
この項目は、社会福祉士として現場に出た場合に突きあたる難しい問題であり、国家試験でも事例問題として出題される可能性があります。

◎法的概念としてのインフォームド・コンセント

203 1981年の「患者の権利宣言」(世界医師会:リスボン宣言)では、「意識のない患者」の権利について、「患者が意識不明かその他の理由で意思を表明できない場合は、法律上の権限を有する代理人から、可能な限りインフォームド・コンセントを得なければならない」と規定している。これは意思決定支援における法的な代理権に関するものである。

204 「患者の権利宣言」では、「法的無能力者」の権利に関して、「患者が未成年者あるいは法的無能力者の場合、法域によっては、法律上の権限を有する代理人の同意が必要とされる。それでもなお、患者の能力が許す限り、患者は意思決定に関与しなければならない」と規定している。これは法的無能力者である場合代理人の同意を必要とするが、代理人に全てを委ねるのではなく、できる限りの患者の関与を規定するものである。

205 患者の身体への直接的な侵襲を伴う医療行為は、刑法で規定する傷害罪の構成要件に該当するが、刑法第35条に規定する正当業務行為、被害者の承諾、社会的正当行為などの正当行為に該当し、違法性が阻却されると解されている。

206 10歳未満の児童、重度の精神病、認知症の人々は、インフォームド・コンセントの対象外とされ、幼児であれば保護者、成人であれば親族や成年後見人などが代理する。

◎インフォームド・コンセントに関する判例

207 最高裁の2000(平成12)年2月29日の「エホバの証人輸血拒否事件」とは、宗教上の理由で輸血を拒否していたエホバの証人の信者に、輸血をする可能性があることを告げないまま手術を行い、輸血以外には救命手段がないとして、手術を行った医師、病院に対して損害賠償を求めたもので、輸血拒否や意思決定権について争われた。

最高裁は、「患者が、輸血を受けることは自己の宗教上の信念に反するとして、輸血を伴う医療行為を拒否するとの明確な意思を有している場合、このような意思決定をする権利は、人格権の一内容として尊重されなければならない」とし、「医師らは、説明を怠ったことにより」、患者が「輸血を伴う可能性のあった本件手術を受けるか否かについて意思決定をする権利を奪った」として、人格権の侵害と慰謝料金55万円の支払いを命じた原判決を維持した。

208 最高裁の1995（平成7）年5月30日の「**新生児黄疸事件**」では、新生児の退院時における産婦人科医の注意義務違反について争われた。

医師は未熟児である新生児を、母親との血液型不適合による黄疸が認められる状態にありながら「何か変わったことがあったらすぐに、自分か、近所の小児科の診察を受けるように」と伝えたのみで、新生児の黄疸の危険性についての説明をしなかった。その後新生児は、核黄疸を発症、脳性麻痺の後遺症が生じ、寝たきり状態になってしまった。
地裁・高裁では医師の責任はないとしたが、最高裁では医師の責任を認めた。最高裁は、核黄疸は罹患すると死に至る危険が大さく、救命されても脳性麻痺等の後遺症を残すとし、これらに関する予防、治療方法は、臨床医学における医療水準となっていたとした。また、退院時には、黄疸症状を含む全身状態、黄疸の増強、哺乳力の減退などの症状が現れたときは医師の診察を受けるよう指導すべき注意義務を負っていたにもかかわらず、一般的な注意をしたのみで退院させた医師の措置は不適切であり、過失がなかったとした原審の判断を差し戻し、その後損害賠償が認められた。

秘密・プライバシー・個人情報

◎個人情報

209 **個人情報**は、いったん誤った取り扱いをされると、個人に取り返しのつかない被害を及ぼすおそれがある。したがって個人情報の保護に関する法律（個人情報保護法、2003（平成15）年）等により、個人情報の適正な取り扱い手続きと個人の権利利益の保護を定めている。

210 民法は、主として動産・不動産といった有体物に権利の客体としての財産的価値を認めているが、近年、顧客リストというような「個人情報」に対しても財産的価値が認められ、これら**知的財産権**（知的所有権）保護に関する法制度の重要性が増大している。

211 **個人情報保護法**は、高度情報通信社会の進展に伴う個人情報の利用拡大を考慮して、その適正な取り扱い、公的機関の責務、取り扱い事業者の遵守義務を定め、個人情報の有用性に配慮しつつ、個人の権利利益保護を目的とする。

✏ 2020（令和2）年の法改正で、データ内の氏名等を削除した「仮名加工情報」に関する規定が設けられるなどの改正が行われている。

◎情報共有

212 行政機関の保有する情報の公開に関する法律（**情報公開法**）は、国民主権の理念にのっとり、行政文書の開示を請求する権利について定めること等により、行政機関の保有する情報のいっそうの公開を図り、もって政府の有するその諸活動を国民に説明する責務が全うされるようにするとともに、国民の的確な理解と批判のもとにある公正で民主的な行政の推進に資することを目的としている。

213 情報公開法において、**行政文書**とは行政機関の職員が職務上作成し、または取得した文書、図画および電磁的記録であって、当該行政機関の職員が組織的に用いるものとして、当該行政機関が保有しているものをいう。

214 行政文書の**開示請求**にあたっては、情報公開法の定めるところにより、何人も当該文書を保管する行政機関の長に対して、その請求を行うことができるとされている。

権利擁護活動◆と社会の安全

◎通報、警告義務

215 1969年にアメリカで起きた「**タラソフ事件**」は、心理療法治療を受けていた患者が「ある女性を銃で撃つ」と告白したので、セラピストの医師が通報、患者は一時身柄を拘束されたが、釈放された。しかし、その2か月後、患者は女性（タラソフ）を殺害。タラソフの両親は、医師・大学などに対して、患者の危険性に対する警告を怠った、州強制入院法の手続きをせず、患者の拘束を怠った、として損害賠償の請求裁判を起こした。

✏ カリフォルニア州の最高裁は、医師や治療者は、患者の状態が他害を及ぼすことが予測されるときは、**守秘義務**が免除され、意図された被害者などに**警告義務**があるとした。守秘よりも緊急の対応が優先される場合があり、医療機関などに危険防止の責務があることを認めた判決である。

216 ソーシャルワークの現場では、**精神保健福祉法**における**通報義務**、麻薬及び向精神薬取締法における通報義務、道路交通法における届出などで、通報等の義務と守秘義務との間で**ジレンマ**が生じる。ソーシャルワーカーには守秘義務、警告義務、権利擁護義務もあり、判断に迷うことも多いが、生命の侵害の危険性などが明らかな場合は、家族や支援者、警察や関係機関に通報する必要がある。

受験対策アドバイス

◆タラソフ事件などによって裁判所は、専門家は、「潜在的に危険なクライエントからほかの人々を守り保護しなければならない責任がある」ことを示しています。「権利擁護活動と社会の安全」の中項目は対人援助職の倫理に関するテキストなどにも目を通しておきましょう。

5 権利擁護に関わる組織、団体、専門職

権利擁護に関わる組織、団体の役割

◎家庭裁判所

出 35-82

受験対策アドバイス

新しいカリキュラムでは、さまざまな組織、団体、専門職の項目が各科目に掲げられています。それぞれの科目に必要な内容を中心にまとめておきましょう。

217 **家庭裁判所**は、裁判所法に定められている下級裁判所である。①夫婦、親子その他家庭、親族身分に関する問題、紛争を取り扱う家事審判、②離婚の訴えや子の認知の訴えなどを取り扱う人事訴訟、③犯罪を犯した、または犯すおそれのある少年に対して行う、性格の矯正および環境の調整に関する保護処分について専門的に取り扱う。

218 法定後見（後見、保佐、補助）の開始の審判は、家庭裁判所に対する**請求（申立て）**によって行われる。家庭裁判所は、一定の請求権者からの請求がなければ、自ら職権で法定後見の開始の審判をすることができない。

219 家庭裁判所は、基本的には、本人の資力（支払能力）を基準に成年後見人等の**報酬**を決めるので、成年後見制度を利用し、第三者の専門職を成年後見人等に選んだとしても、それによって本人の財産がなくなってしまうことを心配する必要はないといえる。申立人や本人に資力がないため申立費用や成年後見人等の報酬の支払が困難な場合に利用することができる助成制度として、成年後見制度利用支援事業、民事法律扶助制度、公益信託成年後見助成基金等がある。

220 成年後見人等の選任の**審判**は、家庭裁判所が、申立人の意向に拘束されることなく**職権**で、適任者を選任する。実務上は、信頼できる親族（申立人自身を含む）や第三者（司法書士、社会福祉士、弁護士等の専門職）に成年後見人等の候補者になってもらう。

221 家庭裁判所は、成年後見人等に不正な行為、著しい不行跡などの事実がある場合、職権で成年後見人等を**解任**できる。

◎法務局

222 **法務局**の任務は法務省設置法に定められている。①国籍・戸籍・登記・供託・公証・司法書士・土地家屋調査士（民事局所管）、②人権擁護・法律扶助（人権擁護局所管）、③訟務（大臣官房訟務部門所管）に関する事務をつかさどる。

✏ 法務局に自筆証書遺言を保管することができる。

223 後見開始の審判が確定し、効力を生じたときは、裁判所書記官は、遅滞なく登記所（東京法務局で後見登記事務を扱っている）に後見登記等に関する法律に定める登記を嘱託しなければならない。

224 法定後見および任意後見の登記事項証明書（あること証明）や法定後見および任意後見を受けていないことの証明書（ないこと証明）は、本人（成年被後見人）、成年後見人（あること証明の場合）、本人の配偶者または四親等内の親族、それらのものから委任を受けた代理人から登記官への請求に基づき交付を受けることができる。 出34-78

◎市町村

225 身寄りがないなどの理由で申立てをする人がいない認知症高齢者、知的障害者、精神障害者など、本人の福祉を図るため特に必要があると認めるときには、**市町村長**が法定後見の開始の審判の申立てをする。 出32-80 出34-83

226 「特に必要があると認めるとき」とあるが、保護必要事案における市町村長の成年後見申立ては、自治体の義務と解されている。

◎弁護士、司法書士

227 弁護士は、弁護士法に基づく国家資格である。その職務として、当事者その他関係人の依頼または官公署の委嘱によって、訴訟事件、非訟事件および審査請求、再調査の請求、再審査請求等、行政庁に対する不服申立て事件に関する行為その他一般の法律事務を行う。

228 弁護士の使命は、基本的人権の擁護と紛争解決にある。社会福祉の分野でも介護保険制度が措置から契約へと転換されることによって、弁護士が契約書の作成などに関与したり、成年後見制度によって認知症の人の相続や紛争に関与することが多くなった。

229 司法書士は、司法書士法に基づく国家資格である。その職務として、不動産、会社等の登記手続きの代理と裁判所提出書類の作成がある。

230 司法書士は、その附帯業務として、当事者その他の関係人の依頼や官公署の委嘱により、後見人、保佐人、補助人などの地位につき、他人の法律行為について代理、同意もしくは取消しを行う業務などを行うことができる。

231 日本司法書士会連合会は、公益社団法人成年後見センター・リーガルサポートを全国の都道府県に設置している。リーガルサポートの会員である司法書士は、研修を受け、成年後見人等に選任され、本人を保護・支援する活動を行っている。

6 成年後見制度

受験対策アドバイス

新しいカリキュラムでは、科目名に「成年後見制度」は表われませんが、出題としては中心的な項目であり、実務にも必要な内容のためしっかり学んでおきましょう。

成年後見の概要

232 2000（平成12）年4月1日に施行された成年後見制度は、**ノーマライゼーション**の理念に基づき制定された民法の一部を改正する法律（従前の禁治産・準禁治産的考え方と用語の廃止、後見・保佐制度の改正）、**任意後見契約に関する法律（任意後見法）**および**後見登記等に関する法律**により構築された。

233 **成年後見制度**とは、精神上の障害（認知症・知的障害・精神障害等）により判断能力の不十分な成年者の生活、療養看護および財産の管理に関する事務を、本人とともに成年後見人等が行うことによって、その本人を保護するための制度である。

234 後見制度の種別は、**図表12**のとおりである。

図表12 後見制度の種別

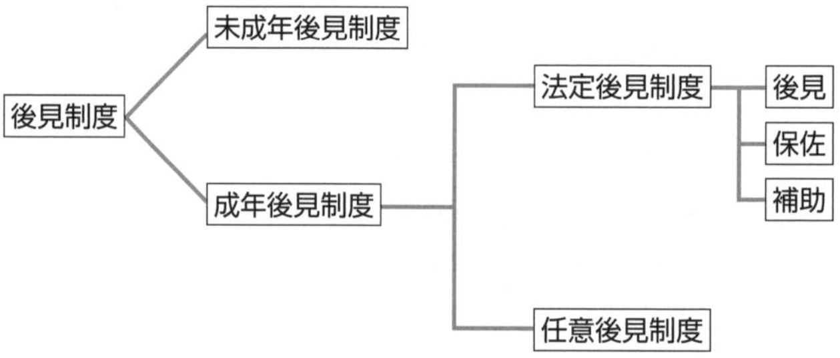

235 成年後見制度は法定後見制度と任意後見制度から成り立っている。いずれの制度を利用するかは本人の選択による。

- **法定後見制度**は、従前の禁治産・準禁治産の制度を根本的に改めるもので、法律の定めによる後見制度をいう。
- **任意後見制度**は、契約による後見の制度である。

出 34-78

236 改正前の民法では、禁治産・準禁治産の宣告を受けるとその事実が戸籍に記載されたため、制度の利用が嫌忌された。新しい成年後見制度では、法定後見人等が選任された際の戸籍への記載は廃止され、これに代わる公示制度として**後見登記**の制度が創設された。

237 知的障害者や精神障害者の地域生活を支援するために、**社会福祉士**など親族以外の第三者の成年後見人等の選任が注目されるようになり、新しい支援が広がりつつある。

238 未成年後見人および成年後見人ともに、正当な事由があるときは、家庭裁判所の許可を得て、その任務を辞任することができる。

239 成年後見人等の仕事は、財産管理と身上監護にかかわる法律行為を代理したり、同意したり取り消したりすることである。

✏ 食事や入浴等の世話、手術の方法の決定は、身上配慮義務にあたらず、成年後見人等の本来の仕事ではないとされる。

240 法定後見制度は、すでに判断能力が不十分な状態になっている認知症 出35-80
高齢者・知的障害者・精神障害者等が対象であるが、対象者の判断能力の程度に応じて、後見、保佐または補助のうちのいずれかを選択して制度を利用する（図表13参照）。

図表13 後見・保佐・補助制度の概要

		後見開始の審判	保佐開始の審判	補助開始の審判
要件	〈対象者〉（判断能力）	精神上の障害により判断能力を欠く常況にある者	精神上の障害により判断能力が著しく不十分な者	精神上の障害（認知症・知的障害・精神障害等）により判断能力が不十分な者
開始の手続きにおける本人の同意		不要	不要	必要
同意権・取消権	付与の対象	日常生活に関する行為以外の行為	申立ての範囲内で家庭裁判所が定める「特定の法律行為」（民法第13条第1項所定の行為）	民法第13条第1項所定の行為の一部
同意権・取消権	付与の手続き	後見開始の審判	保佐開始の審判	補助開始の審判＋同意権付与の審判＋本人の同意
同意権・取消権	取消権者	本人・成年後見人	本人・保佐人	本人・補助人
代理権	付与の対象	財産に関するすべての法律行為	申立ての範囲内で家庭裁判所が定める「特定の法律行為」	同左
代理権	付与の手続き	後見開始の審判	保佐開始の審判＋代理権付与の審判＋本人の同意	補助開始の審判＋代理権付与の審判＋本人の同意
代理権	本人の同意	不要	必要	必要

241 法定後見制度では、①家族等一定の請求権者から家庭裁判所への「後見開始の審判」の申立て、②家庭裁判所による実質的要件の具備に関する審査を経たうえで、家庭裁判所が判断能力の低下・喪失した者を成年被後見人、被保佐人または被補助人と「審判」しない限り、**成年後見人**、**保佐人**、**補助人**は選任されない。

出35-80 **242** 法定後見の開始の審判の**請求権者**は、図表14のとおりである。

図表14 法定後見の開始の審判の請求権者

民法上	①**本人**（審判を受ける人）（正常な判断能力を回復しているときに限る） ②**配偶者** ③**4親等内**の親族（子、孫、親、祖父母、兄弟姉妹、甥、姪、おじ、おば、いとこ等） ④**未成年後見人**（本人が未成年者である場合） ⑤**未成年後見監督人**（本人が未成年者である場合） ⑥**成年後見人**（成年後見類型からほかの類型に移行する場合） ⑦**成年後見監督人**（成年後見類型からほかの類型に移行する場合） ⑧**保佐人**（保佐類型からほかの類型に移行する場合） ⑨**保佐監督人**（保佐類型からほかの類型に移行する場合） ⑩**補助人**（補助類型からほかの類型に移行する場合） ⑪**補助監督人**（補助類型からほかの類型に移行する場合） ⑫**検察官**
任意後見契約に関する法律上	**任意後見受任者、任意後見人、任意後見監督人、家庭裁判所**
整備法上	**市町村長**

243 法定後見が開始された後に成年後見人等が後見事務を行うために必要となった**費用**は、成年被後見人の財産から支出することができる（民法第861条第2項）。

244 第三者の専門職を成年後見人等に選んだ場合には、成年後見人等に**報酬を支払う**必要がある。その場合の成年後見人等の報酬も、成年被後見人の資力や実際に成年後見人等によって行われた後見事務の内容を見て、家庭裁判所が決定し成年被後見人の財産から支出する（民法第862条）。

245 成年後見等の開始の審判は、成年後見人等に選任される者に告知される。告知後**2週間**は即時抗告期間（審判に対する不服申立期間）となる。2週間の経過によって審判は確定し、効力を生じることになる。

246 **任意後見制度**とは、本人が契約締結に必要な判断能力を有している間に、加齢等に伴う判断能力の低下・喪失に備え、事前に自己の身辺介護や財産管理を行う任意後見人を自ら選んでおく制度をいう。

◎成年被後見人の行為能力

247 成年後見の対象者（**成年被後見人**）は、精神上の障害により事理を弁識する能力（判断能力）を欠く常況にある者とされている。 出32-80 出33-60（障害）

- 「**精神上の障害**」は、「身体上の障害を除くすべての精神的障害を含む広義の概念」であるとされており、認知症、意識障害、知的障害、統合失調症など、重篤な判断能力の低下を伴う障害を指すとされている。
- 「**判断能力を欠く**」とは、自分の行為の結果について合理的な判断をする能力がないことをいう。また、「判断能力を欠く常況にある」とは、一時的に判断能力を回復することはあっても、通常は判断能力を欠く状態にある、ということを意味しており、必ずしも終始判断能力を欠く状態にあることが成年後見利用の要件となるわけではない。

248 成年被後見人がした契約等の法律行為は、原則として取り消すことができる（民法第9条）。例えば、成年被後見人が自己の所有する不動産を売却したとき、その時点で意思能力を有していた場合でも、成年後見人は契約を取り消すことができる。

249 2019（令和元）年6月「成年被後見人等の権利の制限に係る措置の適正化等を図るための関係法律の整備に関する法律」により、成年被後見人および被保佐人を資格・職種・業務等から一律に排除する規定等（**欠格条項**）を設けている各制度について、心身の故障等の状況を個別的、実質的に審査し、各制度ごとに必要な能力の有無を判断する規定（個別審査規定）が整備された。

後見の概要

250 家庭裁判所は、職権で、**成年後見人**を選任する（民法第843条第1項）。成年後見人が欠けたときは、家庭裁判所は、成年被後見人もしくはその親族その他の利害関係人の請求によって、または職権で、成年後見人を選任する（法第843条第2項）。 出34-79 出36-81

- 家庭裁判所は、必要に応じて、**複数**の成年後見人を選任することができる。最初から複数の成年後見人を選任したり、後で複数の成年後見人を選任することも可能である（民法第843条第3項）。
- 家庭裁判所は、必要があると認めるときは、成年被後見人、その親族もしくは成年後見人の請求によって、または職権で、**成年後見監督人**を選任する（民法第849条）。成年後見監督人は、成年後見人の支援および監督の任にあたる。また、後見人が不正を行っていると認めた場合などには、家庭裁判所に対して解任請求することができる。
- 家庭裁判所は、成年後見監督人の選任の有無にかかわりなく、成年後見人の事務を監督する（民法第863条）。
- 家庭裁判所は、**法人**を成年後見人（保佐人・補助人も可）に選任することもできる。その場合、法人の事業の種類および内容ならびにその法人およびその代表者と成年被後見人との利害関係の有無をも考慮しなければならない（民法第843条第4項かっこ書）。

出34-79 **251** ①未成年者、②家庭裁判所で免ぜられた法定代理人、保佐人または補助人（親権または管理権の喪失の宣告を受けた親権者、解任の審判を受けた後見人・保佐人・補助人・遺言執行者など）、③破産者、④成年被後見人に対して訴訟をし、またはした者ならびにその配偶者および直系血族、⑤行方の知れない者は、成年後見人となることができない（欠格事由）。

252 成年後見人は、成年被後見人の財産を管理し、かつ、成年被後見人の財産に関する法律行為について成年被後見人を代表（代理）する権限を有している（民法第859条第1項）。

出33-81
出35-78
出36-80 **253** 成年後見人の**代理権**・**取消権**の対象となる行為は、①狭義の財産管理を目的とする法律行為（預貯金の管理・払戻し、不動産その他の重要な財産の処分、遺産分割、相続の承認・放棄、賃貸借契約の締結・解除など）、②生活または療養看護（身上監護）を目的とする法律行為（介護契約・施設入所契約・医療契約の締結など）、③これらの法律行為に関連する登記の申請や要介護認定の申請などの公法上の行為、④これらの後見事務に関して生ずる紛争についての訴訟行為（財産に関する訴訟行為）である（図表13参照）。

254 成年後見人が、成年被後見人の事実行為（労務の提供など）を目的とする債務を生ずべき契約をする場合には、成年被後見人の**同意**を得る必要がある（民法第824条、第859条第2項）。

255 成年後見人が複数ある場合は、家庭裁判所は、職権で、数人の成年後見人が、共同してまたは事務を分掌して権限を行使すべきことを定めることができる（民法第859条の2第1項）。

256 成年後見人が、成年被後見人の**居住用不動産を処分**（売却、賃貸、賃貸借の解除または抵当権の設定等）する場合、家庭裁判所の許可を得る必要がある（民法第859条の3）。居住用とは、現に居住の用に供し、または供する予定があることをいう。

出35-79
出36-81 **257** 成年被後見人と成年後見人との**利益相反行為**（成年被後見人・成年後見人間の売買契約・遺産分割協議等）では、成年後見人は、成年被後見人を代理することができず、家庭裁判所が選任した**特別代理人**（成年後見監督人がいれば、成年後見監督人）が成年被後見人を代理する（民法第826条、第860条）。

出33-81 **258** 成年後見人が、成年被後見人を代理して営業を行ったり、**民法第13**

条第１項に列挙された重要な**財産行為**（元本の領収を除く）をする場合、成年後見監督人が選任されているときは、成年後見監督人の同意を得る必要がある（法第864条）。成年後見監督人が選任されていない場合、成年後見人は特別代理人の選任を家庭裁判所に請求しなければならない。 出35-79

259 **身分行為**（婚姻・離婚・認知・養子縁組・離縁・遺言等）は、原則として代理権の対象とならない（民法第738条・第764条・第780条・第799条・第812条・第962条）。

260 財産の管理は、財産の保存を目的とする行為（現状を維持する行為）、財産の性質を変えない範囲での利用・改良を目的とする行為、財産を処分する行為を含み、一切の法律行為および事実行為を含む。

261 **身上監護事務**とは、①介護・生活維持に関する事務、②住居の賃貸借等の住居の確保に関する事務（居住用不動産の処分については、家庭裁判所の許可が必要）、③施設の入退所、処遇の監視・異議申立等に関する事務、④医療に関する事務、⑤教育・リハビリテーションに関する事務等の法律行為である。

262 成年後見は、成年被後見人等の死亡によって終了する。成年後見人の権限は消滅し、成年後見人の事務は、管理計算（民法第870条）、相続人への財産の引継を行って完了する。成年被後見人の死亡により残った財産は相続人に帰属するので、「成年後見人であった者」の財産管理権は相続人に引き継がれる。

263 2016（平成28）年4月の法改正によって、成年被後見人の死亡後も成年後見人が一定範囲の事務（**死後事務**）を行えることとなった。行うことができる死後事務は、①個々の相続財産の保存に必要な行為（債権の時効の中断など）、②弁済期が到来した債務の弁済（成年被後見人の医療費、入院費、公共料金の支払いなど）、③死体の火葬または埋葬に関する契約の締結その他相続財産全体の保存に必要な行為（①②を除く）（死体の火葬に関する契約の締結、電気・ガスなどの契約の解約、預貯金の払戻しなど）である。③を行うには、家庭裁判所の許可が必要となる。なお、被後見人の葬儀を執り行うことはできないとされている。

✎ ただし、成年後見のみを対象とし、保佐、補助、任意後見、未成年後見には適用されない。

264 2013（平成25）年5月の公職選挙法等の改正により、成年被後見人は選挙権および被選挙権を有することとなった。また、代理投票における補助者は投票事務に従事する者に限定され、病院等での不在者投票は外部立会人を立ちあわせることなども盛り込まれた。

265 成年後見人は、後見の本旨に従い、善良な管理者の注意をもって、後見事務を処理する義務（善管注意義務）を負う（民法第869条、第644条）。

✏ **善管注意義務**とは、成年後見人の職業・地位・知識等に応じ、一般的に要求される平均人の注意義務を指す。これに違反し、成年被後見人に損害を与えると損害賠償責任を負う（民法第415条）。

266 成年後見人は、成年被後見人の行った法律行為に同意を与えることによって成年被後見人の法律行為を確定的に有効なものとするといった**同意権は有していない**。

267 成年後見人等には成年被後見人の生活、療養看護、財産の管理に関する事務を行うにあたっては、成年被後見人の意思を尊重し、かつ、その心身の状態および生活の状況に配慮する**身上配慮義務**がある（民法第858条、第876条の5第1項、第876条の10第1項）が、成年後見人の介護義務を意味するものではない。

268 成年被後見人のために医療契約を締結することは、成年後見人の事務に含まれるが、医療・治療を受けること（手術・注射等の医的侵襲行為を受けること）自体は､成年被後見人自身の同意（承諾）が必要である。したがって、成年後見人には、成年被後見人を代理して医療・治療を受けることに同意をする権限（**医療行為の同意に関する代理権**）は**ない**とされている。

保佐の概要

269 **保佐**の対象となる被保佐人は、精神上の障害により事理を弁識する能力（判断能力）が著しく不十分な者である（成年後見の対象者を除く）（民法第11条）。

270 被保佐人は、制限行為能力者であるので（民法第20条）、被保佐人が一定の重要な財産行為（同法第13条第1項所定の行為）を行うには、保佐人の**同意**を得なければならない。また、身分行為は代理権の対象とならない。

出32-80
出33-79
出33-81

271 保佐人の同意権・取消権の対象となる行為は、①元本の領収・利用、②借財または保証、③不動産その他重要な財産に関する権利の得喪を目的とする行為、④訴訟行為、⑤贈与、和解または仲裁合意、⑥相続の承認もしくは放棄または遺産の分割、⑦贈与の申込みの拒絶、遺贈《いぞう》の放棄、負担付贈与の申込みの承諾、または負担付遺贈の承認、⑧新築、改築、増築または大修繕、⑨長期にわたる賃貸借（短期賃貸借は対象とならない）である。

272 家庭裁判所は、被保佐人本人、その親族、保佐人等の請求によって、被保佐人のために特定の法律行為について保佐人に代理権を付与する旨の審判をすることができる（民法第876条の4第1項）。この代理権付与の審判をするには、本人の同意が必要である。また、代理権の範囲は、当事者の申立てによる選択に委ねられており、個別の取引行為の指定や抽象的な法律行為の種類の指定、身上監護に関する法律行為も含まれる。

273 保佐人またはその代表する者と被保佐人との利益が相反する行為については、保佐人は臨時保佐人（補助の場合は臨時補助人）の選任を家庭裁判所に請求しなければならない。ただし、保佐監督人がある場合は除く（民法第876条の2第3項）。

274 保佐人や補助人が**複数**いる場合には、家庭裁判所は、職権で、複数の保佐人や補助人が共同してまたは事務を分掌して権限を行使すべきことを定めることができる（民法第876条の5第2項、第876条の10、第859条の2）。

275 保佐人や補助人が本人の居住用不動産を処分する場合、家庭裁判所の許可を得る必要がある（民法第876条の5第2項、第876条の10、第859条の3）。

276 保佐人や補助人は、被保佐人や被補助人がした法律行為に同意を与えたり、法律行為を取り消すことなどで同意権・取消権を行使する。付与された代理権の範囲で被保佐人の財産に関する法律行為を代理して保佐の事務（被保佐人の生活、療養看護および財産の管理に関する事務）を行う。

277 保佐人や補助人は、保佐や補助の事務を行うにあたっては、善管注意義務を負う。また、被保佐人の意思を尊重し、かつ、その心身の状態および生活の状況に配慮する身上配慮義務がある（民法第876条の5第1項、同条第2項、第876条の10第1項、第644条）。

278 家庭裁判所は、必要があると認めるときは、被保佐人、その親族もしくは保佐人の請求により、または職権で**保佐監督人**を選任することができる（民法第876条の3第1項）。

補助の概要

279 補助の対象となる被補助人は、精神上の障害により事理を弁識する能力（判断能力）が不十分な者である（成年後見・保佐の対象者を除く）（民法第15条）。 出35-80

280 家庭裁判所は、本人または家族等の請求権者からの請求に基づき、補助開始の審判とともに補助人に対する代理権または同意権の付与の審判をしなければならない。請求権者は、補助開始の審判の申立てをするときは、併せて補助人に対する**代理権または同意権の付与**の審判の申立てをする必要がある（民法第15条第3項）。

出35-80 **281** 補助開始の審判がされただけでは、被補助人の行為能力は何ら制限されない。被補助人は、補助人に対する同意権の付与の審判を受けたときに、はじめて制限行為能力者となる。審判で定められた特定の法律行為（民法第13条第1項所定の行為の一部）をする場合、補助人の同意を得なければならないこととなる。

出33-81
出35-80 **282** 家庭裁判所は、被補助人本人、その親族、補助人等の請求によって、被補助人のために特定の法律行為について補助人に代理権を付与する旨の審判をすることができる（民法第876条の9第1項）。

283 補助人の同意を得なければならない法律行為を、被補助人が補助人の同意を得ず単独でした場合は、被補助人または補助人は、取り消すことができる（民法第17条第4項、第120条第1項）。

任意後見の概要

284 **任意後見人**の事務は、生活、療養看護または財産管理に関する法律行為である。

285 任意後見人の資格に、特に法律上の制限はない。ただし、任意後見受任者に不正な行為など不適任な事由があれば、審判の段階で申立てが却下される。また、誰を後見人に選任するかは、本人の自由な選択により、個人に限らず、公益法人等でもよい。

286 任意後見契約は、本人の健康状態や生活環境に応じて、「将来型」「移行型」「即効型」の3つの利用形態が考えられる。

- 「将来型」の任意後見契約は、十分な判断能力を有する本人が、契約締結の時点では受任者に後見事務の委託をせず、将来自己の判断能力が低下した時点ではじめて任意後見人による支援を受けようとする場合の契約形態である。任意後見法の法文に則した典型的な契約形態といえる。
- 「移行型」の任意後見契約は、通常の任意代理の委任契約を任意後見契約と同時に締結する形態である。最初は委任契約に基づく財産管理等を行う。そして、本人の判断能力低下後は任意後見契約に移行して後見事務を行うことを想定している。
- 「即効型」の任意後見契約は、任意後見契約の締結直後に契約の効力を発生させるものである。任意後見契約の例外的な利用形態といえる。

出33-82
出34-80 **287** 任意後見契約は、適法かつ有効な契約の成立を担保するため**公正証書**によって締結する（任意後見法第3条）。本人と受任者の双方が**公証役場**で公正証書を作成してもらう。場合によっては、当事者の依頼で公証人が本人の自宅・入所施設または受任者の事務所等で公正証書を作成する。

288 任意後見契約が登記されている場合、家庭裁判所は、本人の利益のため特に必要があると認めるときに限り、後見開始の審判等をすることができる。なお、後見開始の審判等の請求は任意後見受任者、任意後見人、**任意後見監督人**もすることができる。 出34-78

289 任意後見契約の効力を発生させるためには、任意後見監督人の選任を家庭裁判所に申立てることが必要となる。この場合における本人の判断能力とは、法定後見制度でいえば、少なくとも補助の要件に該当する程度以上に判断能力が不十分な状況であるとされている。 出34-80

290 任意後見監督人選任の申立ては、本人、配偶者、4親等内の親族が行うことができる。任意後見受任者も申立てることができる。本人以外の者が申立てを行う場合には、本人の同意が必要となる。 出33-82

✏ 任意後見契約を結んでおくことによって、任意後見受任者も申立人となり得るので、身寄りがない場合でも円滑に後見サービスを受けることが可能になる。

291 家庭裁判所は、精神上の障害により本人の判断能力が不十分な状況にあると認めるときは、契約の受任者（任意後見受任者）に不適任な事由がある場合を除き、任意後見監督人を選任し、任意後見契約の効力を発生させることとなる。

292 任意後見監督人の資格は、特に法律上の制限はない。家庭裁判所は、自然人（個人）のほか法人（営利法人も可）を任意後見監督人に選任することもできる（**任意後見法第7条第4項**）。任意後見受任者本人やその配偶者・直系血族・兄弟姉妹といった近い親族は、任意後見監督人になれない。 出34-80

293 任意後見人の事務は、任意後見契約に定められた内容によって決まる。契約締結等の法律行為に限られ、介護等の事実行為は含まれない（法律行為に当然付随する事実行為は含む）。

294 任意後見人は、その事務を行うにあたっては、本人の意思を尊重し、かつ、その心身の状態および生活の状況に配慮すべきものとされている（**任意後見法第6条**）。法定の義務であるため、これを契約で加重することはできても、減免することはできない。 出34-80

295 任意後見人の権限は**代理権**のみで、**取消権はない**。代理権の内容は、代理権目録をつけて示すのが一般的である。 出33-81

出35-79

296 任意後見監督人の職務は、①任意後見人の事務を監督すること、②任意後見人の事務に関し、家庭裁判所に定期的に報告をすること、③急迫の事情がある場合に、任意後見人の代理権の範囲内において、必要な処分をすること、④任意後見人またはその代表する者と本人との利益が相反する行為について本人を代表することである（**任意後見法第7条第1項**）。

出33-82

297 任意後見契約は「委任契約」であるため、任意後見契約の解除により終了する。ただし、任意後見監督人の選任前においては、本人または任意後見受任者は、公証人の認証を受けた書面によって、いつでも任意後見契約を解除することができる。また、任意後見監督人の選任後においては、本人または任意後見人は、正当な事由がある場合に限り、家庭裁判所の許可を得て、任意後見契約を解除することができる（**任意後見法第9条**）。

298 任意後見人に不正な行為、著しい不行跡その他その任務に適しない事由があるときは、家庭裁判所は任意後見監督人、本人、その親族または検察官の請求により、任意後見人を解任することができる（**任意後見法第8条**）。

出33-82

299 任意後見監督人が選任された後に、法定後見の開始の審判がされたときは、任意後見人と成年後見人等の権限の重複・抵触を防止するため、任意後見契約は当然に終了する（**任意後見法第10条第3項**）。

300 任意後見契約は委任契約であるため、委任契約の一般原則に従い、本人または任意後見人（任意後見受任者）の死亡または破産により終了する（**民法第653条**）。

成年後見制度の最近の動向

出33-83

301 2018（平成30）年1月から2022（令和4）年12月まで過去5年間の成年後見関係事件申立総数は、18万9271件に達している（最高裁判所事務総局家庭局「成年後見関係事件の概況」の各年度発表より）。2022（令和4）年1月から12月までの1年間に関する全国の家庭裁判所の成年後見関係事件（後見開始、保佐開始、補助開始および任意後見監督人選任事件）の申立件数は3万9719件となっており、前年より**増加**している。

✏ **成年後見**が最も多い。申立ての動機は、**預貯金等の管理・解約**が最も多く、次いで身上保護となっている。

出33-83
出34-83

302 2022（令和4）年1月から12月までの「**成年後見関係事件の概況**」によれば、申立人と本人との関係は、**市区町村長**が最も多く、次いで**本人**、**本人の子**の順である。本人の男女別では**女性**が多く、男女とも80歳以上が最も多い。

✏ 開始原因としては、**認知症**が最も多く、次いで知的障害、統合失調症の順になっている。

- 審理期間は1か月以内が最も多い。市区町村長申立ては増加傾向にある。
- 終局事件のうち鑑定を実施したものは、全体の約4.9％であった。

303 成年後見人等の候補者としては、全国の各弁護士会に登録されている弁護士と、成年後見センター・リーガルサポートに登録されている司法書士、社会福祉士、そのほかに税理士、行政書士等が挙げられるが、これらを合わせても必要な数には足りていないといわれている。

304 成年後見人の供給源として、市民後見人が挙げられる。研修等により後見活動に必要な法律、福祉の知識や実務対応能力を備え、社会貢献として意欲的に本人の利益のために誠実に諸活動を行う市民をいう。

305 成年後見人等と本人の関係をみると、2022（令和4）年では、司法書士が最も多く（29.7％）、次いで弁護士（21.9％）、社会福祉士（14.8％）、子（10.2％）、その他法人（5.7％）、社会福祉協議会（3.6％）、その他の親族（3.3％）の順となっている。全体では、親族19.1％に対し、親族以外の第三者80.9％と8割を超えている。 出33-83 出36-82

成年後見制度利用支援事業

306 2016（平成28）年に「成年後見制度の利用の促進に関する法律」（成年後見制度利用促進法）が制定された。この法律は、成年後見制度が十分に利用されていないため、基本理念、国の責務等を明らかにし、基本方針、基本計画体制等を定めたものである。 出32-81 出35-47（行財）

- 政府は、成年後見制度の利用の促進に関する施策の総合的かつ計画的な推進を図るため、成年後見制度の利用の促進に関する基本的な計画（成年後見制度利用促進基本計画）を定めなければならないとする（**成年後見制度利用促進法第12条**）。
- 市町村は、成年後見制度利用促進基本計画を勘案して、成年後見制度の利用の促進に関する施策についての基本的な計画を定めるように努めるものとする。
- 政府は、成年後見制度の利用の促進に関する施策の総合的かつ計画的な推進を図るため、成年後見制度利用促進会議を設けることとされている（**成年後見制度利用促進法第13条**）。

307 成年後見等実施機関とは、自ら成年後見人等となり、または成年後見人等もしくはその候補者の育成および支援等に関する活動を行う団体をいう（**成年後見制度利用促進法第2条第3項**）。 出32-81

- 成年後見関連事業者とは、介護、医療または金融にかかる事業その他の成年後見制度の利用に関連する事業を行うものをいう（**成年後見制度利用促進法第2**

条第4項）。

308 成年後見に伴う鑑定費用、登記手数料、後見人等の報酬については、障害者総合支援法第77条に基づく市町村地域生活支援事業の成年後見制度利用支援事業により国庫補助を行う制度がある（図表15参照）。

図表15 成年後見制度利用支援事業の概要

区分	認知症高齢者	知的障害者・精神障害者
事業内容	・市町村申立て等にかかる低所得の高齢者にかかる成年後見制度の申立てに要する経費や成年後見人等の報酬の助成等 ・介護保険事業の運営の安定化および被保険者の地域における自立した日常生活の支援のために必要な事業である限り、地域の実情に応じ、創意工夫を生かした多様な事業形態が可能	・障害福祉サービスの利用の観点から成年後見制度を利用することが有用と認められる知的障害者または精神障害者に対し、成年後見制度の利用を支援することにより、これらの障害者の権利擁護を図る ・成年後見制度の申立経費（登記手数料、鑑定費用等）や後見人等の報酬の全部または一部の補助 ・障害福祉サービスを利用しまたは利用しようとする知的障害者または精神障害者で後見人等の報酬等必要となる経費の一部について、補助を受けなければ成年後見制度の利用が困難であると認められる者を対象
補助等	○地域支援事業全体の総経費 ・介護給付費全体の3％以内 ○財源構成（包括的支援事業） ・保険料 23% ・国 38.5% ・都道府県 19.25% ・市町村 19.25%	○地域生活支援事業全体の国の予算額 ・531億円（2023（令和5）年度） ○負担割合 ・国 1／2 ・都道府県 1／4 ・市町村 1／4

309 2006（平成18）年度には、改正介護保険法および旧・障害者自立支援法（現・障害者総合支援法）の施行等に伴い、成年後見制度利用支援事業は、高齢者については「**地域支援事業**」、障害者については「**地域生活支援事業**」として実施されることとなった。

日常生活自立支援事業

◎日常生活自立支援事業の概要

出 33-60（障害）
出 34-82

310 **日常生活自立支援事業**は、認知症や知的障害、精神障害等により日常生活を営むのに支障があり、かつ、この事業の契約内容について判断し得る能力をもつ者に対して、無料または低額な料金で、福祉サービスの利用に関する相談、助言、必要な手続、費用の支払に関する便宜の供与、その他の福祉サービスの適切な利用のための一連の援助を一体的に行うものである。

311 福祉サービス利用援助事業は、2000（平成12）年の社会福祉法の成立において第二種社会福祉事業として位置づけられた。市町村社会福祉協議会、社会福祉法人などが事業を行うことができるが、全国的に実施するために同法第81条で都道府県社会福祉協議会の事業として規定され、日常生活自立支援事業として行われている。 出32-22（現社）

312 日常生活自立支援事業の実施主体は、**都道府県社会福祉協議会**および**指定都市社会福祉協議会**であるが、都道府県社会福祉協議会等は、その事業の一部を市町村社会福祉協議会、地区社会福祉協議会や社会福祉法人、NPO法人等に委託できる。 出32-82 出34-82 出35-30（現社）

- **契約締結審査会**では、利用者の能力の判断等を行い、契約の適正化を図るとともに、利用者の援助を行う。
- 日常生活自立支援事業における福祉サービス利用援助事業の対象者については、①認知症と診断された高齢者、あるいは療育手帳や精神障害者保健福祉手帳を保持していない者も対象になり得ること、②社会福祉施設入所者および入院患者も援助対象となり得ること、③契約内容を判断できなくとも、成年後見人等と実施主体との間で契約を結ぶことで援助対象となり得ることといった点にも留意する必要がある。
- 同事業の援助内容は、①福祉サービスの利用援助（苦情解決制度を利用する手続きなど）、②日常的金銭管理、③住宅改造、居住家屋の賃借、日常生活上の消費契約および住民票の届出等の行政手続きに関する援助その他福祉サービスの適切な利用のために必要な一連の援助である。
- 同事業の援助の方法は、「原則として情報提供、助言、契約手続、利用手続等の同行又は代行によること」および「法律行為にかかわる事務に関し、本事業の目的を達成するために、本人から代理権を授与された上で代理による援助を行う場合には、契約締結審査会に諮り、その意見を踏まえて慎重に対応すること」と規定されている。

313 基幹的社会福祉協議会（日常生活自立支援事業を受託実施する）には**専門員**がおかれ、初期相談から支援計画の策定、利用契約の締結を担当する。**生活支援員**は、支援計画に基づいて具体的な支援を行う。 出32-82

314 日常生活自立支援事業では、サービスの提供を受けると利用料が発生する。金額は実施主体によって異なるが、援助活動1回あたり、1000～1200円となっている（生活保護受給者は無料）。また、認知症などによって判断能力が低下し、契約締結能力が失われてしまうケースも多くなっているため、途中の解約、成年後見制度への移行も必要となる。

実力チェック！一問一答

※解答の横の番号は、本科目で該当する重要項目や図表の番号です。

No.	問題	解答	番号
1	財産権は、条例によって制限することができない。	1 ×	50
2	非嫡出子を父が認知すれば、認知により直ちに父がその子の親権者となる。	2 ×	107
3	法定相続人の遺留分を侵害する内容の遺言は、その全部について無効となる。	3 ×	131
4	重大かつ明白な瑕疵のある行政行為であっても、取り消されるまでは、その行政行為の効果は否定されない。	4 ×	141
5	行政処分に対する不服申立てにおいて、審査請求をすることのできる期間は、原則として、処分があったことを知った日の翌日から起算して10日以内である。	5 ×	161
6	国家賠償法による損害賠償は、公務員個人が責任を負うことはない。	6 ○	180
7	成年後見人に不正な行為、著しい不行跡などの事実がある場合、家庭裁判所は、職権で成年後見人を解任できる。	7 ○	221
8	自己が成年被後見人として登記されていない者は、登記官への請求に基づき、登記されていないことの証明書の交付を受けることができる。	8 ○	224
9	成年後見制度において、何らかの理由により本人や家族が審判を申立てることができない場合、都道府県知事が代わって審判を申立てることができる。	9 ×	225
10	保佐開始後、被保佐人が保佐人の同意を得ずに高額の借金をした場合、被保佐人および保佐人いずれからも取り消すことができる。	10 ○	271
11	成年後見制度において、補助人には本人の代理権が付与され得る。	11 ○	280
12	任意後見監督人選任の申立ては、本人、配偶者、4親等内の親族が行うことができる。	12 ○	290
13	「成年後見関係事件の概況（2022（令和4）年1月～12月）」によると、「成年後見関係事件」のうち「認容で終局した事件」において、開始原因として最も多いのは、統合失調症であった。	13 ×	302
14	福祉サービスについての苦情解決制度の利用援助を行うことは、日常生活自立支援事業の対象となる。	14 ○	312

07

地域福祉と包括的支援体制

※【　】内は問題番号
※　は新カリにおける新規項目
※　は旧カリ「福祉行財政と福祉計画」の内容

⑦ 地域福祉と包括的支援体制

大項目	中項目	小項目（例示）	出題実績		
			第36回	第35回	第34回
1 地域福祉の基本的な考え方	1）地域福祉の概念と理論	・地域福祉の概念，地域福祉の構造と機能 ・福祉コミュニティ論，在宅福祉サービス論，ボランティア・市民活動論 ・共生社会		【32】 【36】	【38】
	2）地域福祉の歴史	・セツルメント，COS（慈善組織協会），社会事業，社会福祉協議会，民生委員・児童委員，共同募金，在宅福祉，施設の社会化，地方分権，社会福祉基礎構造改革，地域自立生活，地域包括ケア，地域共生社会	【32】		【32】
	3）地域福祉の動向	・コミュニティソーシャルワーク，コミュニティサービス，地域再生，ケアリングコミュニティ			
	4）地域福祉の推進主体	・地方自治体 ・NPO，市民活動組織，中間支援組織 ・町内会，自治会等地縁組織 ・民生委員・児童委員，主任児童委員，保護司 ・当事者団体 ・社会福祉協議会 ・共同募金 ・企業	【36】	【38】	【33】 【35】 【36】
	5）地域福祉の主体と形成	・当事者，代弁者 ・ボランティア ・市民活動，住民自治，住民主体 ・参加と協働，エンパワメント，アドボカシー ・福祉教育			
2 福祉行財政システム	1）国の役割	・法定受託事務と自治事務	【44】	【42】	【37】 【42】 【44】
	2）都道府県の役割	・福祉行政の広域的調整，事業者の指導監督		【43】	
	3）市町村の役割	・サービスの運営主体 ・条例 ・社会福祉審議会	【43】		【43】
	4）国と地方の関係	・地方分権，地方自治，地域主権，地方創生			
	5）福祉行政の組織及び専門職の役割	・福祉事務所，児童相談所，身体障害者更生相談所，知的障害者更生相談所，精神保健福祉センター，女性相談支援センター，地域包括支援センター等 ・福祉事務所の現業員・査察指導員 ・児童福祉司，身体障害者福祉司，知的障害者福祉司，精神保健福祉相談員 等	【46】	【45】	【40】 【46】
	6）福祉における財源	・国の財源，地方の財源，保険料財源 ・民間の財源	【38】 【45】	【44】	【45】
3 福祉計画の意義と種類，策定と運用	1）福祉計画の意義・目的と展開	・福祉行財政と福祉計画の関係 ・福祉計画の歴史 ・福祉計画の種類（地域福祉計画，老人福祉計画，介護保険事業計画，障害福祉計画，子ども・子育て支援事業計画，民間の福祉計画 等）	【42】 【47】	【47】 【48】	【47】 【48】
	2）市町村地域福祉計画・都道府県地域福祉支援計画の内容	・地域福祉と計画行政の関係 ・市町村地域福祉計画及び都道府県地域福祉支援計画の定義，機能 ・地域福祉活動計画との関係	【34】	【37】 【46】	
	3）福祉計画の策定過程と方法	・課題把握・分析 ・協議と合意形成	【39】 【48】		
	4）福祉計画の実施と評価	・モニタリング ・サービス評価 ・プログラム評価			【41】

大項目	中項目	小項目（例示）	出題実績		
			第36回	第35回	第34回
4 地域社会の変化と多様化・複雑化した地域生活課題	1）地域社会の概念と理論	・地域社会の概念 ・地域社会の理論			
	2）地域社会の変化	・世帯数，世帯構成 ・過疎化，都市化，地域間格差 ・外国人住民の増加			
	3）多様化・複雑化した地域生活課題の現状とニーズ	・ひきこもり，ニート，ヤングケアラー，8050問題，ダブルケア，依存症，多文化共生，自殺，災害 等	【33】		
	4）地域福祉と社会的孤立	・社会的孤立，社会的排除 ・セルフネグレクト			
5 地域共生社会の実現に向けた包括的支援体制	1）包括的支援体制	・包括的支援体制の考え方 ・包括的支援体制の展開	【40】		
	2）地域包括ケアシステム	・地域包括ケアシステムの考え方 ・地域包括ケアシステムの展開 ・精神障害にも対応した地域包括ケアシステムの展開 ・子育て世代包括支援センター			
	3）生活困窮者自立支援の考え方	・生活困窮者自立支援制度と理念 ・自立相談支援機関による支援過程と方法，実際 ・伴走型の支援と対象者横断的な包括的相談支援 ・個人及び世帯の支援 ・居住支援，就労支援，家計支援，子どもの学習・生活支援	【37】	【35】	【34】
	4）地域共生社会の実現に向けた各種施策	・多機関協働による包括的支援体制 ・住民に身近な圏域における相談支援体制 ・重層的支援体制整備事業	【35】		
6 地域共生社会の実現に向けた多機関協働	1）多機関協働を促進する仕組み	・総合相談 ・各種相談機関の連携 ・協議体 ・地域ケア会議 ・地域包括支援センター運営協議会 ・要保護児童対策地域協議会 ・協議会（障害者自立支援協議会）	【41】		
	2）多職種連携	・保健・医療・福祉に関わる多職種連携 ・生活支援全般に関わるネットワーク ・多職種連携等における個人情報保護		【40】	
	3）福祉以外の分野との機関協働の実際	・社会的企業 ・農福連携 ・観光，商工労働等との連携 ・地方創生			
7 災害時における総合的かつ包括的な支援体制	1）非常時や災害時における法制度	・災害対策基本法，災害救助法 ・各自治体等の避難計画		【39】	
	2）非常時や災害時における総合的かつ包括的な支援	・災害時要援護者支援 ・BCP（事業継続計画） ・福祉避難所運営 ・災害ボランティア			
8 地域福祉と包括的支援体制の課題と展望	1）地域福祉ガバナンス	・ガバナンスの考え方 ・多様化・複雑化した課題と多機関協働の必要性 ・社会福祉法における包括的な支援体制づくり ・住民の参加と協働，住民自治 ・プラットフォームの形成と運営		【33】 【41】	
	2）地域共生社会の構築	・地域共生社会 ・地域力の強化，包括的支援体制		【34】	

1 地域福祉の基本的な考え方

地域福祉の概念と理論

1 **ノーマライゼーション**（普遍化・通常化と訳される）は、バンク-ミケルセン（Bank-Mikkelsen, N. E.）が提唱した、障害者を含む社会的弱者が可能な限り一般の人たちと同様な権利をもち、人生・生活を送ることを目指す考え方で、国際障害者年を契機として普及した理念である。

出 33-34（地域）

受験対策アドバイス

地域福祉にかかる基礎的な理解度が問われる項目です。イギリスと日本における地域福祉の歴史、民生委員・児童委員の仕組みと役割、共同募金会や地域福祉の推進主体の動きなど、基礎的な知識を確認しておきましょう。

2 「これからの地域福祉のあり方に関する研究会報告書」（2008（平成20）年）は、①現行の仕組みでは対応しきれていない生活課題に対応する役割、②住民と行政の協働による「新たな支え合い」（共助）を確立する役割、③地域社会再生の軸としての役割という3点を、新たな地域福祉の役割として位置づけた。

3 岡村重夫は、一般的コミュニティづくりの組織化活動を一般的地域組織化活動と名づけ、**福祉コミュニティ**づくりのための組織化活動である福祉組織化活動と区別している。

- 岡村は、地域福祉領域における「地域」認識として、福祉サービス利用者をはじめとする住民の種々の問題が発生する場・主体としての地域と、住民の問題を解決する場・主体としての地域という2つの視点を示している。
- 岡村は、「社会的不利条件をもつ少数者の特殊条件に関心をもち、これらのひとびとを中心として同一性の感情をもって結ばれる下位集団が福祉コミュニティである」と定義した。

4 福祉コミュニティとは、福祉活動によるつながりを通して形成されるコミュニティのことである。地域コミュニティの下位コミュニティに位置づけられるが、地域生活課題が拡大し、その解決に地域住民が主体的に取り組んでいる場合には、地域コミュニティ全体が福祉コミュニティとなる。

5 右田紀久恵は、地方自治体における福祉政策の充実や住民自治を基底に据えた**自治型地域福祉**を重視した。

6 三浦文夫は、社会福祉におけるニーズを**貨幣的ニード**と**非貨幣的ニード**の2つに分け、非貨幣的ニードに対応する地域福祉を基盤としたサービス供給システムの理論化を行った。

7 永田幹夫は、地域福祉の構成要素として、①在宅福祉サービス（対人福祉サービス）、②環境改善サービス（生活・居住条件の改善）、③組織活動（コミュニティワークの方法技術）を示した。

8 牧里毎治による地域福祉の2つのアプローチ論には、構造的アプローチ（構造的概念）と機能的アプローチ（機能的概念）がある。

9 大橋謙策は、福祉サービス利用者の地域自立生活支援を中心軸に据え、福祉教育などによる地域福祉の主体形成論や住民参加論、地域福祉計画論など、新しい社会福祉サービスシステムとしての地域福祉論を展開し、あわせて**コミュニティソーシャルワーク**理論の導入を試みた。

✎ コミュニティソーシャルワークとは、個別的な対象者やその家族を支援する個別支援と、地域組織化などによる地域支援を組み合わせた実践方法である。

10 1982年の**バークレイ報告**（イギリス）において、コミュニティソーシャルワークが取り上げられた。この報告では、制度によるサービスを活用した専門的な個別支援と近隣住民によるインフォーマルなサービスを統合的に提供するアプローチの必要性を提言している。

11 岡本栄一は、これまでの主要な地域福祉の理論の分析を通じて、それら理論の相違を志向性の相違ととらえ、4つの志向軸として類型的整理を試みた。4つの志向軸とは、①福祉コミュニティ・地域主体志向（岡村重夫、阿部志郎）、②在宅福祉志向（永田幹夫、三浦文夫）、③政策制度（自治）志向（右田紀久恵、真田是、井岡勉）、④住民の主体形成参加志向（大橋謙策）である。

地域福祉の歴史

◎セツルメント、社会事業

12 地域福祉政策は、19世紀後半からはじまるイギリスやアメリカにおける慈善組織協会（COS）、セツルメント運動や各種報告に基づく福祉改革などによって大きく発展してきた（図表1参照）。

13 イギリスでは、1869年にロンドンで**慈善組織協会（COS）**が創設され、 ㊡33-34（相基）
友愛訪問が開始された。また、1884年にはバーネット夫妻（Barnett, S. & Barnett, H.）が世界初のセツルメントである**トインビー・ホール**を創設した。

14 アメリカでは、1886年にスタントン・コイト（Coit, S.）が、ニュー ㊡33-34（相基）
ヨークにアメリカ初のセツルメントであるネイバーフッド・ギルドを設立、1889年にはアダムス（Addams, J.）がシカゴに、世界最大規模のセツルメ

図表1 **イギリス・アメリカにおける地域福祉政策の主な展開**

年	名　称	概　要
1869 1877	慈善組織協会（COS）（英） 慈善組織協会（COS）（米）	慈善的救済の組織化と貧民の発生の抑制を目的とした救貧組織として、イギリスではロンドンに、アメリカではニューヨーク州バッファローに設立された。この源流となる運動は、1800年代初頭に行われたチャルマーズによる**隣友運動**である。
1884 1886 1889	トインビーホール（英） ネイバーフッド・ギルド（米） ハル・ハウス（米）	**セツルメント運動**（貧困問題の解決のために、大学生や教員、社会事業家等が集まって行われた地域の改良活動）の拠点として、イギリスでは**バーネット夫妻**によってロンドン東地区に**トインビー・ホール**、アメリカでは**S. コイト**によって**ニューヨーク**に**ネイバーフッド・ギルド**、**J. アダムス**によって**シカゴ**に**ハル・ハウス**が設立された。
1939	レイン報告（米）	全米社会事業会議において採択された。**コミュニティ・オーガニゼーション**の基本的な体系をまとめ、その目標を「**資源とニーズを調整すること**」とした。
1968	シーボーム報告（英）	コミュニティを基盤として、福祉ニーズに対応できるソーシャルワーク体制を整えるために、地方自治体における**ソーシャルワークの関連部局を統合すべきである**と提言した。
1969	エイブス報告（英）	ボランティアに専門家がなすべきことを押しつけてはならず、**ボランティアの役割**は専門家にはできない新しいサービスの可能性に挑戦する開発的役割があるとした。
1970	地方自治体社会サービス法（英）	**シーボーム報告**の提言を受けて制定された。ソーシャルワークに関連した部局を統合した「地方自治体社会サービス部」が成立し、地方自治体を中心とした**コミュニティケアを推進する体制**が確立した。
1978	ウルフェンデン報告（英）	社会サービスのシステムを、**インフォーマル**部門、**公的**部門、**民間営利**部門、**民間非営利**部門の4つに分け、公的サービスの主要な役割を認めながらも、多様な供給主体の独自の役割を承認する**福祉多元主義**を打ち出した。
1982	バークレイ報告（英）	コミュニティを基盤としたケースワークや家族・近隣といったインフォーマルな社会資源を含めたネットワークの活用・開発・組織化を行う**コミュニティソーシャルワーク**が提唱された。
1988	グリフィス報告（英）	自治体の役割には、**マネジメント**が必要であること、高齢者の施設入所財源を国から地方自治体へ移譲すること、市場原理を導入して企業・ボランタリー組織のサービスを促進すること等が提唱された。
1990	国民保健サービス及びコミュニティケア法（英）	権限や財源の地方自治体への一元化や計画策定の義務化、ケアマネジメントや苦情処理手続きの導入等が規定された。この法を基盤として、**コミュニティケア改革**が行われた。

ントである**ハル・ハウス**を創設した。

出33-34（相基）

15 日本におけるセツルメント運動は、1891（明治24）年に、アダムス（Adams, A. P.）が設立した**岡山博愛会**が最初で、1987（明治30）年には、片山潜が東京に**キングスレー・ホール**を開設した。

出34-32（地域）

16 連合国軍最高司令官総司令部（GHQ）の六項目提案（1949（昭和

24）年）で、自発的社会福祉活動の全国的協議会の設置が指示されたことが契機となり、**社会福祉協議会**が結成された。

17 全国社会福祉協議会および都道府県社会福祉協議会は、1951（昭和 出32-32（地域）
26）年の社会福祉事業法（現・社会福祉法）の成立時に、市町村社会福祉 出34-32（地域）
協議会は、1983（昭和58）年の社会福祉事業法の一部改正時に規定された。出36-32（地域）
また、1990（平成2）年の福祉関係八法改正での社会福祉事業法改正で、指定都市における区を区域とする社会福祉協議会が法制化された。

✏ 社会福祉法では、「**地域福祉の推進**を図ることを目的とする団体」と規定されている（**第109条第1項**）。

18 1962（昭和37）年の「**社会福祉協議会基本要項**」において、社会福 出34-32（地域）
祉協議会の基本的機能は、コミュニティ・オーガニゼーションの方法を地域社会に適用することであるとし、「一定の地域社会において、住民が主体となり、社会福祉、保健衛生、その他生活の改善向上に関連のある公私関係者の参加、協力を得て、地域の実情に応じ、住民の福祉を増進することを目的とする民間の自主的な組織」と規定された。

19 1950年代に、アメリカのコミュニティ・オーガニゼーション理論が移入され、社会福祉協議会の実践理論の根拠となった。1970年代中後期以降は、コミュニティケアの先進国であるイギリスの用語であるコミュニティワークの表現が定着した。

20 **コミュニティケア**とは、施設収容型ケアに対置する処遇を指すものと 出35-32（地域）
して生まれた概念や実践のことである。現在では、施設もコミュニティケアのなかに包含されるものととらえ、地域を生活の拠点として、その地域の住民参加のもとにケアを提供する福祉活動を意味する。

21 **コミュニティワーク**とは、当事者、地域住民が地域生活課題の解決を目的として、地域での活動組織の組織化や専門職等の関係者の地域への参画を促進するために専門職や地域リーダーが使用する地域援助の方法である。

22 専門職による地域援助の方法であるコミュニティワークに対して、**コミュニティ・オーガナイジング**とは、市民自らが課題の組織化・社会化の主体であることを強調する市民の運動の方法である。

23 「『社協・生活支援活動強化方針』～地域共生社会の実現に向けた事業・活動の展開～」（2018（平成30）年全国社会福祉協議会地域福祉推進会議）における行動宣言に、アウトリーチの徹底があげられている。

24 **アウトリーチ**とは、住民が生活する地域に出向くことと広義にとらえ 出33-35（地域）

られている。アウトリーチの方法には、専門職の積極的な個別訪問、集会の場に赴いてニーズを発見する方法、住民同士が気軽に顔を合わせコミュニケーションできる住民懇談会やサロンの活用などがある。

出32-37（地域）
出36-30（現社）

25 都道府県社会福祉協議会は、都道府県の区域内において、市町村社会福祉協議会の過半数および社会福祉事業または更生保護事業を経営する者の過半数が参加するものと位置づけられている。

✏ 福祉サービスの利用に際して苦情があるとき、利用者は都道府県社会福祉協議会に設置された運営適正化委員会に申し立てることができる。

✏ **運営適正化委員会**は、福祉サービス利用援助事業の適正な運営を確保するとともに、事業の透明性、公共性を担保し、かつ事業運営全般を監視する役割と、福祉サービスに関する利用者等からの苦情解決についての相談、助言、調査、解決のための斡旋《あっせん》を行う委員会である。

出32-37（地域）

26 市町村社会福祉協議会は、1または同一都道府県内の2以上の市町村の区域内において、社会福祉を目的とする事業を経営する者および社会福祉に関する活動を行う者が参加するもの、かつ、その区域内における社会福祉事業または更生保護事業を経営する者の過半数が参加するものと位置づけられている。

出32-37（地域）

27 市町村社会福祉協議会の業務は、①社会福祉を目的とする事業の企画および実施、②社会福祉に関する活動への住民の参加のための援助、③社会福祉を目的とする事業に関する調査、普及、宣伝、連絡、調整および助成、④その他、社会福祉を目的とする事業の健全な発達を図るために必要な事業がある。

出32-37（地域）
出36-36（地域）

28 関係行政庁の職員は、市町村社会福祉協議会の役員になることができるが、役員総数の5分の1を超えてはならないとされている。

29 **福祉活動専門員**は、厚生労働省の定めた設置要綱によると「市区町村社会福祉協議会に置くもの」とされており、民間社会福祉活動の推進について調査・企画・連絡調整を行うとともに、広報、指導その他の実践活動の推進に従事する。社会福祉士または社会福祉主事任用資格を有することが任用条件となっている。

✏「厚生労働省の定めた設置要綱」とは、「社会福祉協議会活動の強化について」（平成11年4月8日社援発第984号）のことである。

出33-37（地域）
出36-33（地域）

30 **日常生活自立支援事業**では、認知症高齢者、知的障害者、精神障害者等のうち判断能力が不十分な者が地域において自立した生活が送れるよう、利用者との契約に基づき、福祉サービスの利用援助等を行う。実施主体は、都道府県・指定都市社会福祉協議会である（窓口業務等は市町村の社会福祉協議会等で実施）。

31 日常生活自立支援事業における専門員は、原則として社会福祉士、精神保健福祉士であって、一定の研修を受けた者である。初期相談から支援計画の策定、契約締結に関する業務、援助開始後の利用者の状況把握等を行う。 Ⓜ33-40（地域）

32 **地域福祉活動計画**は、社会福祉協議会が呼びかけて、住民、地域において社会福祉に関する活動を行う者、社会福祉を目的とする事業（福祉サービス）を経営する者が、相互協力して策定するもので、地域福祉の推進を目的とした民間の活動・行動計画である。

◎民生委員・児童委員

33 **民生委員制度**は、岡山県知事笠井信一によって1917（大正6）年に制度化された岡山県の**済世《さいせい》顧問制度**および翌1918（大正7）年に大阪府で制度化された**方面委員制度**が前身である。方面委員制度は全国各地に波及し、1936（昭和11）年には方面委員令により法制度化された。 Ⓜ32-32（地域） Ⓜ33-33（地域）

✏ それらのモデルとなったのは、1852年に始まったドイツの**エルバーフェルト制度**といわれる。

34 方面委員は、1929（昭和4）年に制定されたものの、財政上の理由からその施行時期は未定という状態が続いていた救護法の実施促進運動において中心的な役割を果たし、救護法は1932（昭和7）年に施行されることとなった。 Ⓜ33-33（地域）

35 1946（昭和21）年、旧・生活保護法下の民生委員令により方面委員は民生委員と改称され、市町村長の補助機関として公的扶助の実施体制の一端を担った。1948（昭和23）年には民生委員法が制定され、民生委員は1950（昭和25）年に制定された生活保護法上の協力機関と位置づけられた。 Ⓜ33-33（地域）

✏ 1947（昭和22）年に制定された児童福祉法により、民生委員は児童委員を兼務することとなった（第16条第2項）。 Ⓜ34-36（地域）

36 1993（平成5）年からは、児童福祉問題を専門に担当する**主任児童委員制度**が設けられ、2001（平成13）年の児童福祉法の改正により法定化された。 Ⓜ32-38（地域）

✏ 主任児童委員は、児童委員の職務とともに、児童の福祉に関する機関と児童委員との連絡調整、児童委員の活動に対する援助および協力を行うことと規定されている（第17条第2項）。

37 2000（平成12）年の民生委員法の改正により、**民生委員**は「社会奉仕の精神をもって、常に住民の立場に立って相談に応じ、及び必要な援助を行い、もって社会福祉の増進に努めるものとする」とされ（第1条）、民生委員の職務の内容が図表２のとおり規定された（第14条）。

図表2 民生委員の職務の内容

① 住民の生活状態を**必要に応じ**適切に把握する
② 援助を必要とする者がその有する能力に応じ自立した日常生活を営むことができるように生活に関する**相談**に応じ、**助言**その他の援助を行う
③ 援助を必要とする者が福祉サービスを適切に利用するために必要な**情報の提供**その他の援助を行う
④ 社会福祉を目的とする事業を経営する者または社会福祉に関する活動を行う者と密接に**連携し**、その事業または活動を**支援する**
⑤ 社会福祉法に定める福祉に関する事務所（福祉事務所）その他の関係行政機関の業務に**協力する**
⑥ 必要に応じて住民の**福祉の増進**を図るための活動を行う

出34-36（地域）

38 民生委員は、無報酬のボランティアである（活動費は支給される）。職務は民生委員法に定められた公務とされ、身分は非常勤特別職の地方公務員である。民生委員・児童委員の職務に関する指揮監督は、都道府県知事、指定都市市長、中核市市長が実施する（第17条第1項）。職務に関する指導は、市町村長も行うことができる（同条第2項）。

出32-38（地域）

39 民生委員には、活動上知り得た情報について守秘義務が課せられている。個人の人格を尊重し、その身上に関する秘密を守り、差別的または優先的な取り扱いをすることなく、実情に即して合理的に職務を遂行しなければならないとされている（第15条）。

出34-36（地域）
出34-42（行財）

40 民生委員・児童委員の候補者は、市町村に設置された民生委員推薦会で選考されて都道府県知事に推薦される。都道府県知事は、都道府県に設置された地方社会福祉審議会の意見を踏まえ、厚生労働大臣に推薦した後、厚生労働大臣から委嘱される（第5条）。任期は**3**年間である（第10条）。

出34-36（地域）

41 民生委員の定数は、厚生労働大臣の定める基準を参酌《さんしゃく》して、都道府県知事が市町村長の意見を聞いて、市町村の区域ごとに都道府県の条例で定める（第4条第1項）。指定都市および東京都区部は220～440世帯ごと、中核市および人口10万人以上の市は170～360世帯ごと、人口10万人未満の市は120～280世帯ごと、町村は70～200世帯ごとに１人が配置される。

出32-38（地域）
出34-36（地域）
出36-36（地域）

42 民生委員は、一定の地域ごとに**民生委員協議会**を組織しなければならず（第20条）、その代表を会長と呼び、互選により１名選出される（第25条第1項）。民生委員協議会は、民生委員の職務に関して必要と認める意見を関係各庁に具申する権限を有している（第24条第2項）。

43 民生委員の総数は、全国の市町村で2022（令和4）年度末現在22万7426人であり、2001（平成13）年度以降は22万～23万人台で推移して

いる。2021（令和3）年度における民生委員・児童委員の相談・支援件数の内訳は、高齢者に関することが58.0％と過半数を占め、子どもに関すること19.7％、障害者に関すること4.2％、その他18.0％であった（2022（令和4）年度「福祉行政報告例」）。

◎共同募金

44 **共同募金**は、1947（昭和22）年に民間の社会福祉施設などに対する財政補填のために行われていた民間の募金活動を制度化し、民間社会福祉の推進を目的に創設された。地域福祉の推進にかかわる**第一種社会福祉事業**である（**社会福祉法第113条第1項**）。

出32-32（地域）
出34-32（地域）
出36-38（地域）

45 共同募金事業を行うことを目的として設立される社会福祉法人を共同募金会といい、共同募金会以外の者は共同募金事業を行ってはならない（**第113条第2項**）。

出34-35（地域）
出35-38（地域）

✏ 共同募金会は、都道府県社会福祉協議会の意見を聴き、配分委員会の承認を得て、目標額、受配者の範囲、配分方法などを定め、公告しなければならない（**第119条**）。

46 共同募金とは、都道府県の区域を単位として、毎年1回、厚生労働大臣の定める期間内に限ってあまねく行う寄附金の募集であって、その区域内において社会福祉事業、更生保護事業その他の社会福祉を目的とする事業を経営する者（国および地方公共団体を除く）に配分することを目的とするものである（**第112条**）。

出34-35（地域）
出35-38（地域）
出35-43（行財）

47 共同募金は、戸別、職域、法人、街頭、興行などで募集される。方法別で最も大きな割合を占めているのは戸別募金である（**図表3参照**）。共同募金実績額の推移をみると、年間の募金総額（一般募金＋歳末たすけあい募金とNHK歳末募金の合計）は、1995（平成7）年から2020（令和2）年までの20年以上の間減少していたが、2021（令和3）年には微増している。

出35-38（地域）

48 集められた寄附金は、**配分委員会**を通じて、福祉施設配分、地域福祉活動配分、団体・グループ配分に分けて配分される。事業種別配分でみると、その他（住民全般を対象とする活動）が最も多い（**図表4参照**）。

出33-39（地域）

◎在宅福祉、社会福祉基礎構造改革等

49 1970年代から在宅福祉サービスの実験的導入や理論化が進められ、1979（昭和54）年には、全国社会福祉協議会が「在宅福祉サービスの戦略：在宅福祉サービスのあり方に関する研究報告」を公表し、理論的枠組みや具体的内容の整理を図った。

50 住民参加型在宅福祉サービスは、有償・有料を基本とした住民相互の

出32-33（地域）

図表3 全国の募金実績額（2022（令和4）年度）

		2022（令和4）年度	
		金額（円）	構成率（%）
総　額		16,802,759,711	100
一般募金＋地域歳末たすけあい募金	戸別募金	11,641,489,741	69.3
	街頭募金	197,732,395	1.2
	法人募金	2,049,730,143	12.2
	職域募金	702,951,192	4.2
	学校募金	242,433,469	1.4
	イベント募金	78,697,995	0.5
	個人寄附	338,884,826	2.0
	その他	1,021,095,901	6.1
NHK歳末募金		529,744,049	3.2

注：上記は、47都道府県の募金実績額を合計した額である。

図表4 共同募金分野別配分額構成比内訳（2022（令和4）年度）

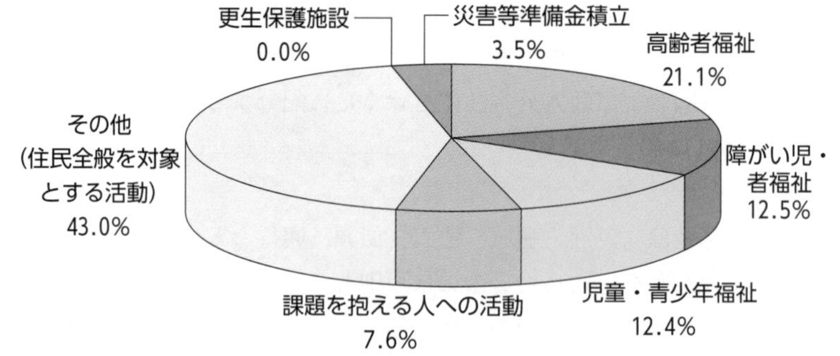

助け合いを目的に団体を結成して行われる非営利活動であり、サービスの提供会員と利用会員という会員制をとっている。運営形態は、①住民互助型、②行政関与型、③社協運営型、④生協型、⑤施設運営型等に分類されている。

51 消費生活協同組合（COOP、生協）とは、市民が主体となって生活に密着したさまざまな分野における事業を行うために結成された組合組織である。生活用品などの商品を共同で仕入れて購買する活動や医療・介護サービス、住宅関係の事業など、多岐にわたる事業を展開している。

52 農業協同組合（JA、農協）とは、農業者が主体となって農業の振興や生活の擁護などに関するさまざまな事業を行うために結成された組合組織である。近年では、地域社会づくりなどの活動も積極的に行われている。

53 1998（平成10）年の「**社会福祉基礎構造改革について**（中間まとめ）」では、社会福祉基礎構造改革の基本的方向として、①サービス利用者と提供者の対等な関係の確立、②地域での総合的な支援、③多様な主体の参入促進、④質と効率性の向上、⑤透明性の確保、⑥公平かつ公正な負担、⑦福祉の文化の創造をあげた。

54 社会福祉基礎構造改革により、多くのサービスが、行政処分によるサービス内容の決定という措置制度から、利用者が事業者との対等な関係に基づいてサービスを選択する利用制度に移行した（図表5参照）。

図表5 主要な福祉サービスの利用方式

生活保護制度	**要保護者の申請**に基づく保護の実施。急迫した状況における職権による保護 ※利用者負担なし
措置制度	行政庁の措置によるサービス利用 ①措置期間は**行政処分**により決定→②社会福祉施設等は入所者にサービス提供→③措置委託費を施設に支弁→④利用者の**負担能力**に応じた費用徴収（**応能負担**） ※本人や扶養義務者の所得税額（または市町村民税額）により決定
母子生活支援施設・助産施設・保育所入所制度（行政との契約方式）	市町村と利用者間の公法上の利用関係による ①市町村による情報提供→②利用者は市町村に希望施設を申込み→③市町村は入所・保育要件の確認と入所応諾→④利用→⑤サービス提供→⑥市町村から施設に実施費用、保育費用を支弁→⑦利用者の**負担能力**に応じた費用徴収（**応能負担**） ※保育料は保護者の所得税額（または市町村民税額）と児童の年齢により決定
介護保険制度	介護保険の被保険者が要介護認定を受けてサービス利用 ①被保険者が保険者（市町村）に申請→②市町村による要介護認定、保険給付の上限額決定→③ケアプランの作成依頼とサービス利用の申込み→④利用者と事業者の契約→⑤サービス提供→⑥利用者の自己負担分の支払い→⑦事業者が介護報酬を保険者に請求→⑧保険者は事業者に介護報酬の支払い ※自己負担はサービス利用額の**1**割または**2**割（2018（平成30）年8月より、または**3**割）と**食費・居住費**（**応益負担**）
自立支援給付制度	障害者の日常生活及び社会生活を総合的に支援するための法律（障害者総合支援法）に基づくサービス利用 ①利用申請→②市町村による障害支援区分認定と支給決定→③利用者と事業者の契約→④サービス提供→⑤利用者負担分の支払い→⑥事業者が介護給付費等を市町村に請求→⑦市町村は事業者に介護給付費等の支払い ※自己負担は、原則**応能負担**（家計の負担能力その他の事情をしん酌して政令で定める額（負担上限月額）と、サービスに要する費用の**1**割相当額のうちの低いほうを負担）＋**食費・居住費**
事業費補助制度	自由契約・私的契約によるもの。利用者と事業者が契約を交わして利用するものと、契約を交わさず利用するものとがある ①利用者が事業者に直接交渉して契約→②サービス提供→③サービス料金の支払い→④事業者は市町村に事業経営に必要な費用の一部を請求→⑤市町村が費用を補助

地域福祉の動向

55 **コミュニティサービス**は、社会奉仕活動や地域貢献活動を意味する概念であり、アメリカではNational and Community Service Trust Act of 1993によって「アメリカ社会全体が直面している社会福祉、教育、環境、治安等の緊急の課題に対して、すべての年齢の国民が協力して取り組むこと」と定義された。コミュニティサービスを教育プログラムに取り入れたのが**サービスラーニング**（service learning）である。

56 地域再生法によれば、**地域再生**とは、「近年における急速な少子高齢化の進展、産業構造の変化等の社会経済情勢の変化に対応して、地方公共団体が行う自主的かつ自立的な取組による地域経済の活性化、地域における雇用機会の創出その他の地域の活力の再生」のことである。

57 **ケアリングコミュニティ**とは、福祉サービスなどの支援を必要とする人々を排除せず、地域社会を構成する一人として尊重し、地域社会の中で支えていく機能を有しているコミュニティのことである。

出34-38（地域）
出35-110（相理）

58 **ソーシャルサポートネットワーク**は、「社会的支援」もしくは「社会的ネットワーク」と呼ばれ、フォーマルおよびインフォーマルなネットワークを統合して援助活動を展開していく技術である。仲間同士のサポート集団は、相互援助ネットワークと呼ばれるネットワークの方法の1つである。

59 社会資源とは、「利用者のニーズを充足させるために動員されるあらゆる物的・人的資源を総称したもの」とされ、地域住民の福祉ニーズを充足させるための各種の制度、施設やサービス、人材（サービスを利用する住民を含む）、組織・機関、活動、資金、情報、拠点などが含まれる。

60 小地域ネットワーク活動とは、自治会・町内会等の小地域を基盤として、地域住民による要援護者への支え合い活動のことである。

出34-38（地域）

61 **ソーシャルキャピタル**は、社会関係資本と訳される。物的資本や人的資本などと並ぶ新しい概念であり、社会・地域における人々の信頼関係や結びつきを表す。

◎地域福祉の推進主体

出36-36（地域）

62 特定非営利活動法人（NPO法人）とは、特定非営利活動を行うことを主たる目的とし、特定非営利活動促進法（NPO法）の定める要件に基づき設立された法人をいう（図表6参照）。

63 認定特定非営利活動法人（**認定NPO法人**）とは、特定非営利活動法

人のうち、より客観的な基準において高い公益性をもっていると判定され、所轄庁に要件を満たしていることを認定された法人をいう。2011（平成23）年の税制改正法において、認定NPO法人への寄附に伴う税制優遇措置が拡大した（図表7参照）。

図表6 特定非営利活動法人（NPO法人）の設立要件

出 32-35（地域）
出 35-33（地域）
出 35-120（経営）

項目	要件
役員	①役員のうち、報酬を受ける者の数が役員総数の3分の1以下であること。 ②理事3人以上、監事1人以上を置くこと（管理規定として）。
総会	総会で議決権をもつ会員が10人以上いること。
その他の事業	特定非営利活動以外の事業も行うことができるが、収益が生じた場合には、①これを特定非営利活動のために使用しなければならない、②会計は特別の会計として経理しなければならない。
情報公開	毎年情報公開を義務づけられている。

図表7 認定NPO法人の寄附に伴う税制優遇措置

優遇措置の対象	寄附者	優遇措置の概要
寄附者	個人	＜寄附金税制＞所得税上の寄附金控除の対象となる。
	法人	＜損金算入限度額の拡大＞一般寄附金の損金算入限度額に加え、別枠の損金算入限度額が認められる。
	相続財産を寄附する場合	＜寄附額分の非課税＞相続税の課税対象から除かれる。
認定NPO法人	＜みなし寄附金制度＞収益事業に属する資産のうちから、その収益事業以外の事業のために支出した場合、この支出を寄附金とみなし、一定の範囲内で損金算入できる。	

64 2023（令和5）年度の「特定非営利活動法人に関する実態調査報告書」（内閣府）によると、主な活動分野（単数回答）で最も多いのは「保健、医療又は福祉の増進を図る活動」であり、認定を受けていない特定非営利活動法人（認証法人）では40.4％、認定・特例認定を受けている特定非営利活動法人では全体の32.6％を占めている。

65 2023（令和5）年度の「特定非営利活動法人に関する実態調査報告書」（内閣府）によると、特定非営利活動事業の経常収益について、認証法人では事業収益が81.4％と大部分を占めている。一方で認定・特例認定法人では「事業収益」が24.2％、「寄附金」48.2％、「補助金・助成金」24.6％である。

出 32-39（地域）

✏ 経常収益とは、通常本来の活動を継続して行なっている場合に、特定非営利活動事業全体を通して発生が見込まれる収益のことである。

66 2023（令和5）年度の「特定非営利活動法人に関する実態調査報告書」（内閣府）によると、法人が行っている主たる活動において、最も活動時間を割いている活動における主な収入源となっているものとしては、認定・特例認定法人では「個人や民間（企業）からの寄附金」が25.3％と最多であるのに対し、認証法人では6.1％にとどまる。

67 **中間支援組織**とは、行政と地域の間に立ち、地域におけるさまざまな団体の活動や団体間の連携を支援する組織である。協働を推進する上で、市民と市民、市民と行政、行政と企業、企業と市民などの間に立って、中立的な立場で、資源の橋渡しや、団体間のネットワーク推進などを行う。

68 自治会や町内会は、町または字《あざ》の区域その他市町村内の一定の区域の住所を有する者の地縁に基づいて形成された団体であり、住民が当該地区の生活を管理・運営するための組織である。

✏ 1991（平成3）年の地方自治法改正により、町内会・自治会といった地縁による団体は、**認可地縁団体**として法人格をもてることとなった（第260条の2第1項）。

69 2021（令和3）年の「地域の自主性及び自立性を高めるための改革の推進を図るための関係法律の整備に関する法律」（第11次地方分権一括法）による地方自治法の改正により、自治会・町内会は地域的な共同活動を円滑に行うために、不動産の保有または保有の予定にかかわらず、法人格を取得することが可能になった（第260条の2）。

出 34-38（地域）

70 当事者組織・団体は、当事者のメンバーで構成される組織で、代表的なものに**セルフヘルプグループ**があり、メンバーの自発性と主体性、メンバー間の対等性と連帯性を重視する。

✏ アルコール依存症の自助グループとして、断酒会やAA（アルコホーリクス・アノニマス）、薬物依存症者の自助グループとして、NA（ナルコティクス・アノニマス）、ギャンブル依存症の自助グループに、GA（ギャンブラーズ・アノニマス）などがある。

71 企業の**社会的責任**（Corporate Social Responsibility：**CSR**）とは、企業活動において、社会的公正や環境などへの配慮を組み込み、従業員、投資家、地域社会などの利害関係者に対して責任ある行動をとるとともに、説明責任を果たしていくことを求める考え方のことである。

72 厚生労働省の「社会保障審議会福祉部会報告書～社会福祉法人制度改

革について～」（2015（平成27）年）では、社会福祉法人の今日的意義は、ほかの事業主体ではできないさまざまな福祉ニーズを充足することにより、地域社会に貢献していくことにあるとした。

73 2016（平成28）年の社会福祉法の改正により、社会福祉法人の公益性・非営利性を踏まえ、法人の本旨から導かれる本来の役割を明確化するため、「**地域における公益的な取組**」の実施に関する責務規定が創設された（**第24条第2項**）。 出33-38（地域） 出34-32（地域）

74 地域における公益的な取組とは、**図表8**の3つの要件をすべて満たす取組みであり、地域の福祉ニーズ等を踏まえた、法人の自主性、創意工夫による多様な地域貢献活動のことである。 出33-38（地域） 出35-40（地域）

図表8 「地域における公益的な取組」の3つの要件

①　社会福祉事業または公益事業を行うに当たって提供される「福祉サービス」であること
②　「日常生活または社会生活上の支援を必要とする者」に対する福祉サービスであること
③　無料または低額な料金で提供されること

75 2020（令和2）年の社会福祉法の改正により、社会福祉事業に取り組む社会福祉法人やNPO法人等を社員として、相互の連携・協働を推進するために、**社会福祉連携推進法人**が創設された（2022（令和4）年4月1日施行）。社会福祉連携推進法人は、社会福祉連携推進業務として**図表9**の業務を行う。

図表9 社会福祉連携推進業務

①　地域共生社会の実現に資する業務の実施に向けた種別を超えた連携支援
②　災害対応に係る連携体制の整備
③　社会福祉事業の経営に関する支援
④　社員である社会福祉法人への資金の貸付
⑤　福祉人材不足への対応（福祉人材の確保や人材育成）
⑥　整備、物資の共同購入

76 2017（平成29）年9月に改訂された「**新オレンジプラン**」で、認知症地域支援推進員配置後においても、先進的な取組事例を全国に紹介すること等を通じて、地域の実情に応じた効果的な活動を推進することとされた。**認知症地域支援推進員**は、市町村ごとに、地域包括支援センター、市町村、認知症疾患医療センター等に配置され、認知症疾患医療センターを含む医療機関や介護サービスおよび地域の支援機関の間の連携を図るための支援や、認知症の人やその家族を支援する相談業務等を行う。

77 認知症地域支援推進員は、認知症の医療や介護における専門的知識および経験を有する有資格者あるいは、認知症の介護や医療における専門的知識および経験を有する者として市町村が認めた者（認知症介護指導者養成研修修了者等）である。

✏ 有資格者とは、社会福祉士や精神保健福祉士をはじめ、医師、歯科医師等の専門職をいう。

78 **介護サービス相談員**とは、利用者から介護サービスに関する要望や苦情などを聞き、サービス提供者や行政等にはたらきかけを行うなど問題解決に向けた支援を行うボランティアである。

✏ 介護サービス相談員派遣等事業に基づいて実施される都道府県、市町村、委託された事業者等による養成研修を修了し、市町村の登録を受けて活動を行う。

出 33-40（地域）

79 **認知症サポーター**とは、厚生労働省の要請を受けて行われる自治体や企業等による養成講座を修了し、認知症に関する正しい知識や理解を身につけたうえで認知症患者や家族の支援を行う者である。

✏ 2023（令和5）年9月30日現在、認知症サポーター数は約1482万2600人（キャラバン・メイト数約17万8800人を含む）を超えている。

出 35-33（地域）

80 市民後見推進事業とは、認知症の人の福祉を増進する観点から、市町村（特別区を含む）において**市民後見人**を確保できる体制を整備・強化し、地域における市民後見人の活動を推進する事業である。

✏ 市民後見人として活動することを希望する地域住民は、市民後見人候補者になるための養成研修を修了することが定められている。登録した後見人候補者名簿から、家庭裁判所が選任する。

出 34-37（地域）

81 成年後見制度の利用の促進に関する法律（**成年後見制度利用促進法**）に基づき、国民または地域住民には成年後見制度の利用の促進に関する施策に協力する役割が期待される。

出 33-40（地域）

82 地域自殺対策強化事業におけるゲートキーパー養成研修の対象には、民間企業等の管理職、かかりつけ医、民生委員・児童委員、地域住民などが含まれる。

地域福祉の主体と形成

出 34-33（地域）
出 35-36（地域）

83 2000（平成12）年の**社会福祉法**の制定において、**地域福祉の推進**が第4条に設けられた。2020（令和2）年の社会福祉法の改正により、第4条（地域福祉の推進）に第1項が新たに理念として加わり、地域福祉の推進は、地域住民が相互に人格と個性を尊重し合いながら、参加し、共生する地域社会の実現を目指して行われなければならないこととなった。

84 社会福祉法第4条（地域福祉の推進）は、2020（令和2）年の法改正で第1項が第2項となり、地域住民、社会福祉を目的とする事業を経営する者および社会福祉に関する活動を行う者（**地域住民等**）は、相互に協力し、福祉サービスを必要とする地域住民が地域社会を構成する一員として日常生活を営み、社会、経済、文化その他あらゆる分野の活動に参加する機会が確保されるように、地域福祉の推進に努めなければならない、としている。

出33-36（地域）
出34-33（地域）
出35-36（地域）

85 社会福祉法第4条第3項に、地域住民等は**地域生活課題**を把握し、支援関係機関との連携等により、その解決を図るように留意する、としている。

出33-36（地域）
出34-33（地域）

86 ボランティア活動とは、自発的な意志に基づき他人や社会に貢献する行為であり、その活動原則には、自主性・主体性、社会性・連帯性、無償性・無給性・非営利性、創造性・開拓性・先駆性がある。

✏ 1969年の**エイブス報告**（イギリス）では、ボランティアには、専門家にはできない新しいサービス開発の可能性に挑戦する開発的役割があるとした。

87 ボランティアセンターとは、ボランティア情報の収集・発信、ボランティアコーディネート業務、ボランティアに関する教育・研修業務を行い、ボランティアの活性化を図る組織である。社会福祉協議会やNPOのほか、自治体、職場、学校などに設置されている。

88 **アドボカシー**の種類には、**セルフ**・アドボカシー（生活課題に直面している当事者が自ら主体的に実施する）、**シチズン**・アドボカシー（当事者を含む市民が主体となって実施する）、**パブリック**・アドボカシー（公的機関や組織、団体が実施する）、**リーガル**・アドボカシー（弁護士などが協働して実施する）がある。

89 社会福祉法第78条では、「社会福祉事業の経営者は、自らその提供する福祉サービスの質の評価を行うことその他の措置を講ずることにより、常に福祉サービスを受ける者の立場に立って良質かつ適切な福祉サービスを提供するよう努めなければならない」とされている。

90 「福祉サービス第三者評価事業に関する指針」によると、評価機関の要件には、法人格を有すること、都道府県推進組織が行う評価調査者養成研修を修了している等の要件を満たす評価調査者が設置されていることなどがある。**福祉サービス第三者評価事業**を行う評価機関は、都道府県推進組織における第三者評価機関認証委員会から認証を受ける必要がある。

出33-41（地域）

91 福祉サービス第三者評価事業は、社会福祉事業の事業者が任意で受ける仕組みであり、評価結果の公表は義務づけられていない。ただし、社会的養護関係施設においては、実施および評価結果の公表が義務づけられている。

✏ 社会的養護関係施設とは、児童養護施設、乳児院、児童心理治療施設、児童自立支援施設、母子生活支援施設をいう。

92 大橋謙策は、福祉教育を「福祉教育とは、憲法13条、25条等で規定された基本的人権を前提にして成り立つ平和と民主主義社会をつくりあげるために、歴史的にも、社会的にも疎外されてきた社会福祉問題を素材として学習することであり、それらとの切り結びをとおして社会福祉制度・活動への関心と理解をすすめ自らの人間形成をはかりつつ、社会福祉サービスを利用している人々を社会から、地域から疎外することなく、共に手をたずさえて豊かにいきていく力、地域福祉問題を解決する実践力を身につけることを目的に行われる意図的な活動」と定義した。

2 福祉行財政システム

国の役割

93 国および地方公共団体は、社会福祉を目的とする事業を経営する者と協力して、福祉サービスを提供する体制の確保に関する施策、福祉サービスの適切な利用の推進に関する施策などの措置を講じなければならない（**社会福祉法第６条第１項**）。

94 国および地方公共団体は、地域生活課題の解決に資する支援が包括的に提供される体制の整備等に努めるとともに、その推進にあたっては、保健医療、労働、教育、住まい及び地域再生に関する施策などとの連携に配慮するよう努めなければならない（**社会福祉法第６条第２項**）。

出33-36（地域）
出34-35（地域）

95 国および都道府県は、市町村による重層的支援体制整備事業等の整備が適正かつ円滑に行われるよう、必要な助言、情報の提供その他の援助を行わなければならない（**社会福祉法第６条第３項**）。

96 1999（平成11）年に制定された地方分権の推進を図るための関係法律の整備等に関する法律（地方分権一括法）により、地方公共団体の長を国の出先機関とみなして代行させる機関委任事務が廃止され、地方公共団体の事務が**法定受託事務**と**自治事務**に再編された（**図表10参照**）。

出32-42（行財）
出34-44（行財）
出36-44（行財）

受験対策アドバイス
国・都道府県・市町村それぞれの役割と、それぞれに設置される組織、そして、そこに配置される専門職について整理しておくことが大切です。福祉財政においては、「地方財政白書」を軸に確認しておきましょう。

図表10 法定受託事務と自治事務

法定受託事務	自治事務
・社会福祉法人の認可 ・生活保護法による保護 ・福祉関係手当の支給 ・福祉施設の認可　　など	・児童福祉法による措置 ・身体障害者福祉法による措置 ・知的障害者福祉法による措置 ・老人福祉法による措置 ・母子及び父子並びに寡婦福祉法による措置 ・福祉施設・福祉サービス利用者からの費用徴収 ・自治体独自事業　　など

資料：厚生労働省資料をもとに作成

✏ 法定受託事務は、法令に定められた事務のうち、本来国が果たすべき事務を地方公共団体が受託する第１号法定受託事務と、本来都道府県が果たすべき事務を市町村が受託する第２号法定受託事務とがある。

✏ 自治事務は、地方公共団体の処理する事務のうち、法定受託事務を除いたものをいい、法令に定めがあるかないかを問わない。原則として、国の関与は是正の要求までとなる。

出35-42（行財）

97 厚生労働省には、社会保障制度の横断的な基本事項や社会保障の各制度のあり方について厚生労働大臣の諮問に応じて調査審議し、関係省庁に意見具申を行うことを目的とする**社会保障審議会**が設置されている。

出35-46（行財）

98 厚生労働大臣は、社会福祉事業等従事者の福利厚生の増進を図ることを目的として設立された社会福祉法人を、全国を通じて1個に限り、福利厚生センターとして指定することができる。

出35-42（行財）

99 内閣府には、防災基本計画の作成や、防災に関する重要事項の審議等を行う中央防災会議が設置されている。

出35-42（行財）

100 内閣官房には、社会的な孤独・孤立の問題について総合的な対策を推進する孤独・孤立対策担当室が設置され、孤独・孤立対策推進会議が開催されている。

都道府県の役割

出32-42（行財）

101 **地方公共団体**は、法人であり、普通地方公共団体と特別地方公共団体に大別できる（図表11参照）。

図表11 地方公共団体（地方自治法第1条の3）

普通地方公共団体	広域的地方公共団体：都道府県 基礎的地方公共団体：市（政令指定都市および中核市含む）町村
特別地方公共団体	特別区（都の区）・地方公共団体の組合（一部事務組合・広域連合）・財産区・合併特例区

出32-42（行財）

102 普通地方公共団体と特別区は、一部事務組合および広域連合を設立することができる。

- 一部事務組合：普通地方公共団体および特別区が、その事務の一部（消防や水道、施設運営など）を共同して処理するために、協議により規約を定めて設立される。
- 広域連合：普通地方公共団体および特別区が、広域にわたり処理することが適当であると認める事務（介護保険事務など）に関し、広域計画を作成し、その事務の一部を広域にわたり総合的かつ計画的に処理するために、協議により規約を定めて設立される。
- 一部事務組合と広域連合の設立には、都道府県が加入するものは総務大臣、その他のものは都道府県知事の許可が必要である。

103 地方自治体は、住民に最も身近な行政単位である市町村（基礎自治体）と都道府県などの広域自治体に分けられる。地方自治法の規定により、都道府県は、地域住民の基礎的自治体である市町村を包括する広域的地方公共団体とされ、市町村間の連絡調整や広域的事務を行うこととされている。

104 政令指定都市を含む都道府県の主な福祉行政の業務には、社会福祉法人や社会福祉施設の認可や指導・監督、更生相談所、児童相談所などの設置、補助金の配分などがあり、専門性、広域性、効率性に配慮すべきものを主として担当している。

105 都道府県には、社会福祉関係法に基づき福祉事務所、児童相談所、身体障害者更生相談所、知的障害者更生相談所、女性相談支援センター、精神保健福祉センターの設置が義務づけられている（図表12参照）。 出36-46（行財）

図表12 各種相談所一覧

児童相談所	
根拠法	児童福祉法
設置目的	児童福祉の保障を目的とする相談・判定機関
設置者	都道府県・政令指定都市・児童相談所設置市（児童相談所を設置する市（特別区を含む）として政令で定める市）に設置義務
主な業務	① 市町村が行う児童および妊産婦の福祉に関する業務の実施に関しての市町村相互間の連絡調整・情報提供 ② 障害者総合支援法に基づく介護給付費等の支給要否決定にあたって意見を述べること ③ 児童やその家庭について必要な調査と医学的・教育学的・心理学的・社会学的判定　など （巡回業務を行うことができる）
身体障害者更生相談所	
根拠法	身体障害者福祉法
設置目的	身体障害者の更生援護の利便を図ることを目的とする相談・判定機関
設置者	都道府県に設置義務（政令指定都市は任意設置）
主な業務	① 市町村が実施する更生援護に関しての市町村相互間の連絡調整・情報提供 ② 専門的知識や技術を必要とする相談・指導 ③ 身体障害者の医学的・心理学的・職能的判定 ④ 補装具の処方と適合判定　など　（巡回業務を行うことができる）
知的障害者更生相談所	
根拠法	知的障害者福祉法
設置目的	知的障害者の更生援護の利便を図ることを目的とする相談・判定機関
設置者	都道府県に設置義務（政令指定都市は任意設置）
主な業務	① 市町村が実施する更生援護に関しての市町村相互間の連絡調整・情報提供 ② 専門的知識や技術を必要とする相談・指導

	③　18歳以上の知的障害者の医学的・心理学的・職能的判定　　など （巡回業務を行うことができる）
女性相談支援センター	
根拠法	困難な問題を抱える女性への支援に関する法律
設置目的	困難な問題を抱える女性への支援を目的とする相談・一時保護機関
設置者	都道府県に設置義務（政令指定都市は任意設置）
主な業務	①　困難な問題を抱える女性に関する各般の問題についての相談 ②　困難な問題を抱える女性の緊急時における安全の確保および一時保護 ③　困難な問題を抱える女性の心身の健康の回復を図るための、医学的または心理学的な援助 ④　困難な問題を抱える女性の自立生活の促進のための、就労支援、住宅確保、保育制度の利用等についての情報提供その他の援助　　など
精神保健福祉センター	
根拠法	精神保健及び精神障害者福祉に関する法律
設置目的	精神保健の向上と精神障害者の福祉の増進を図ることを目的とする総合的技術機関
設置者	都道府県・政令指定都市に設置義務
主な業務	①　精神保健福祉に関する知識の普及と調査研究 ②　相談・指導のうち複雑困難なものの実施 ③　精神医療審査会の事務 ④　自立支援医療費（精神通院医療）の支給認定申請および精神障害者保健福祉手帳の申請に関する決定に関する事務のうち、専門的知識・技術を必要とするもの ⑤　障害者の日常生活及び社会生活を総合的に支援するための法律（障害者総合支援法）に基づく介護給付費等の支給決定にあたって意見を述べること ⑥　市町村に対しての技術的事項についての協力　　など

出32-42（行財）
出33-44（行財）
出35-45（行財）

106　都道府県に設置される各種相談機関は、市町村の福祉行政を専門的、技術的見地から支援し、利用者のニーズの判定や専門的相談・助言を行うだけでなく、児童相談所における要保護児童の措置や女性相談支援センターにおける困難な問題を抱える女性の一時保護など、現業機関としての機能も有している。

107　福祉行政では、社会福祉法人の設立認可および指導監督などがあり、その主たる事務所の所在地の都道府県知事が担う。ただし、主たる事務所が市の区域内にあり、その市の区域内でのみ事業を行う社会福祉法人の場合は市長、主たる事務所が指定都市の区域内にある社会福祉法人であって、その行う事業が1の都道府県の区域内において2以上の市町村の区域にわたるものおよび社会福祉法第109条第2項の地区社会福祉協議会である社会福祉法人の場合は指定都市の長が行う。

✏ 民間組織に対する所轄庁の関与として、社会福祉施設への補助金の交付、介護保険における民間事業者の指定事務も、主に都道府県知事が担う（介護保険の地域密着型サービス事業者の指定は市町村長の業務）。

108 都道府県は、福祉施設等の設備および運営に関する基準を条例で定める。内容により、厚生労働省令で定める「基準に従い定める」事項、「基準を標準として定める」事項、「基準を参酌する」事項がある（図表13参照）。

109 都道府県知事は、介護支援専門員実務研修受講試験の実施に関する事務のうち試験問題作成事務を登録試験問題作成機関に、介護支援専門員実務研修および更新研修の実施に関する事務を指定研修実施機関に行わせることができる。 出34-43（行財）

110 地域保健法に基づき、都道府県、政令指定都市、中核市その他の政令で定める市（保健所政令市）および特別区に保健所が設置される。都道府県の設置する保健所は、所管区域内の市町村の地域保健対策実施に関する広域的調整、技術的助言、研修等を行う。 出36-46（行財）

111 都道府県､政令指定都市および中核市には､社会福祉に関する事項（児童福祉および精神障害者福祉に関する事項を除く）を調査審議するため、社会福祉法に基づく**地方社会福祉審議会**の設置が義務づけられている。 出36-46（行財）

112 都道府県には、児童福祉法に基づく都道府県**児童福祉審議会**の設置が義務づけられている。市町村は､市町村児童福祉審議会を置くことができる。

113 都道府県は、精神保健及び精神障害者福祉に関する法律（精神保健福祉法）に基づく地方精神保健審議会を置くことができる。また、都道府県に精神医療審査会を置く。

市町村の役割

114 政令で指定する人口50万人以上の市を**指定都市**といい、都道府県が処理することとされているもののうち、政令で定める事務を処理することができる。 出32-42（行財） 出35-45（行財）

115 政令で指定する人口20万人以上の市を**中核市**といい、指定都市が処理することのできる事務のうち､政令で定める事務を処理することができる。 出32-42（行財） 出35-45（行財）

116 専門性、広域性、効率性に配慮すべきものを除く福祉行政は、住民の福祉需要を最もよく把握している市町村が実施するという市町村主義がとられている。

地方分権や少子高齢化等の社会情勢の変化に対応し、市町村が地域における行政を自主的かつ総合的に実施する役割を担うことを目的として、市町村の合併の特例に関する法律（2004（平成16）年制定）による「平成の大合併」が行われた。

図表13 都道府県が条例で定める基準

<table>
<tr><th colspan="2"></th><th>厚生労働省令で定める基準に従い定める事項</th><th>厚生労働省令で定める基準を標準として定める事項</th></tr>
<tr><td colspan="2">生活保護法による保護施設</td><td>・職員およびその員数
・居室の床面積
・運営に関する事項で、利用者の適切な処遇・安全の確保、秘密の保持に密接に関連するものとして省令で定めるもの</td><td>利用定員</td></tr>
<tr><td colspan="2">老人福祉法による養護老人ホームおよび特別養護老人ホーム</td><td>・職員およびその員数
・居室の床面積
・運営に関する事項で、入所する老人の適切な処遇・安全の確保、秘密の保持に密接に関連するものとして省令で定めるもの</td><td>入所定員</td></tr>
<tr><td rowspan="3">介護保険法</td><td>指定介護老人福祉施設</td><td>・従業者およびその員数
・居室の床面積
・運営に関する事項で、入所する要介護者のサービスの適切な利用、適切な処遇・安全の確保、秘密の保持に密接に関連するものとして省令で定めるもの</td><td>——</td></tr>
<tr><td>介護老人保健施設</td><td>・介護支援専門員および介護その他の業務に従事する従業者とその員数
・運営に関する事項で、入所する要介護者のサービスの適切な利用、適切な処遇・安全の確保、秘密の保持に密接に関連するものとして省令で定めるもの</td><td>——</td></tr>
<tr><td>指定居宅サービス事業</td><td>・従業者に係る基準およびその員数
・居室、療養室および病室の床面積
・運営に関する事項で、利用する要介護者のサービスの適切な利用、適切な処遇・安全の確保、秘密の保持等に密接に関連するものとして省令で定めるもの</td><td>利用定員</td></tr>
<tr><th colspan="2"></th><th>主務省令で定める基準に従い定める事項</th><th>主務省令で定める基準を標準として定める事項</th></tr>
<tr><td colspan="2">障害者の日常生活及び社会生活を総合的に支援するための法律（障害者総合支援法）による指定障害福祉サービス事業</td><td>・従業者およびその員数
・居室・病室の床面積
・運営に関する事項で、障害者または障害児の保護者のサービスの適切な利用の確保、障害者等の適切な処遇・安全の確保、秘密の保持等に密接に関連するものとして省令で定めるもの</td><td>利用定員</td></tr>
<tr><th colspan="2"></th><th>内閣府令で定める基準に従い定める事項</th><th>——</th></tr>
<tr><td colspan="2">児童福祉法による児童福祉施設</td><td>・従業者およびその員数
・居室・病室の床面積その他施設の設備に関する事項で児童の健全な発達に密接に関連するものとして省令で定めるもの
・運営に関する事項で、児童の適切な処遇の確保および秘密の保持、妊産婦の安全の確保、児童の健全な発達に密接に関連するものとして省令で定めるもの</td><td>——</td></tr>
</table>

注：この表に掲げられている事項のほか、厚生労働省令等の基準を参酌するものとされている事項が、それぞれ別に省令で定められている

117 社会福祉法第106条の3第1項で市町村の責務を具体化して、地域住民等および支援関係機関による、地域福祉の推進のための相互の協力が円滑に行われ、地域生活課題の解決に資する支援が包括的に提供される体制を整備するよう努めるものとする、としている。 出35-36（地域）

118 **介護予防・日常生活支援総合事業**では、地域住民に身近な存在である市町村が中心となって、ボランティア、NPO、民間企業、社会福祉法人、協同組合等の多様な事業主体による重層的な生活支援・介護予防サービスの提供体制の構築を行う必要があるとしている。

119 市町村は、身体障害者福祉の更生援護として、①身体障害者の発見と福祉に関する相談・指導、②身体障害者の福祉に関する情報の提供、③身体障害者の環境・実情の調査と更生援護の必要性の判断、の業務を行う。②と③のうち居宅生活者に対する更生援護は、障害者の日常生活及び社会生活を総合的に支援するための法律（障害者総合支援法）に定める相談支援事業者に委託することができる。

120 市町村は、知的障害者福祉の更生援護として、①知的障害者の実情の把握、②知的障害者の福祉に関する情報の提供、③知的障害者の福祉に関する相談と調査・指導やこれらに付随する業務を行う。知的障害者福祉の更生援護のうち、医学的・心理学的・職能的判定が必要な場合には、市町村長は知的障害者更生相談所の判定を求めなければならない。

121 市町村は、障害者の日常生活及び社会生活を総合的に支援するための法律（障害者総合支援法）に基づく自立支援給付、地域生活支援事業の実施主体として責務を有する。

122 市町村は、障害者の日常生活及び社会生活を総合的に支援するための法律（障害者総合支援法）に基づき市町村審査会を置く。市町村審査会の委員は、障害者等の保健または福祉に関する学識経験を有する者のうちから、市町村長が任命する。 出34-42（行財）

123 精神保健福祉における市町村の業務は、①精神障害者やその家族に対する相談・指導、②障害福祉サービス事業の利用についての相談・助言、あっせん・調整を行い、必要に応じて事業者等への利用の要請を行うこと、などである。

124 市町村は、介護保険の保険者となるとともに、各法の規定に基づき老人福祉施設や障害者支援施設等への入所等の措置を行う。障害児入所施設に入所させる権限は都道府県にある。 出33-42（行財） 出34-42（行財） 出35-43（行財）

125 2004（平成16）年の児童福祉法改正により、市町村が児童福祉の実施にあたっての第一義的機関と位置づけられた。児童福祉における市町村の業務は、児童や妊産婦の福祉に関する、①実情の把握、②情報の提供、③調査･指導やこれらに付随する業務、④家庭等に対する支援である。③のうち、専門的知識・技術を必要とするものについては、市町村長は児童相談所の技術的援助・助言を求めなければならない。

出34-43（行財）

126 市町村は、子どものための現金給付、子どものための教育・保育給付および子育てのための施設等利用給付からなる子ども・子育て支援給付を支給する。

国と地方の関係

127 **地方分権改革**とは、「住民の身近な行政は、できる限り地方公共団体が担い、その自主性を発揮するとともに、地域住民が地方行政に参画し、共同していくことを目指す改革」（内閣府）である。

128 国と地方公共団体の関係については、地方分権の推進を図るための関係法律の整備等に関する法律（**地方分権一括法**）（1999（平成11）年制定）に規定されており、国が上級、地方公共団体が下級という中央集権的な行財政モデルを転換し、国と地方を対等な関係に置くこととした。

129 2002（平成14）年から、地方分権と連動して地方の財政主権を確立するための三位一体改革が推進された。**三位一体**とは、①国庫補助金の整理、②税財源の移譲、③地方交付税交付金の見直し、を指す。

130 地方分権の推進を図るための関係法律の整備等に関する法律（地方分権一括法）（1999（平成11）年制定）の成立に至る一連の取り組みを第一次分権改革と称する。また、地域の自主性及び自立性を高めるための改革の推進を図るための関係法律の整備に関する法律（第1次地方分権一括法）（2011（平成23）年制定）の成立に至る一連の取り組みと第13次にわたる改革を第二次分権改革と称する（図表14参照）。

131 2014（平成26）年に施行されたまち・ひと・しごと創生法に基づき、内閣総理大臣を本部長とする「**まち・ひと・しごと創生本部**」を設置し、中長期的な展望を示す「まち・ひと・しごと創生長期ビジョン」と、これを実現するための5か年の目標や施策の基本的方向等をまとめた「**まち・ひと・しごと創生総合戦略**」が策定された。

図表14 第二次分権改革

主な第二次分権改革	主な内容
2011（平成23）年 第1次地方分権一括法	児童福祉施設、特別養護老人ホーム、障害者支援施設等の設備および運営に関する基準が、厚生労働省令から都道府県の条例により定められることとなった。
2016（平成28）年 第6次地方分権一括法	ハローワークの地方移管を進め、地方公共団体が地方版ハローワークを創設可能になった。
2017（平成29）年 第7次地方分権一括法	認定こども園の認定等の事務・権限が都道府県から指定都市へ、指定障害児通所支援事業者および指定障害福祉サービス事業者等の業務管理体制の整備に関する事務・権限が都道府県から中核市へ移譲された。
2018（平成30）年 第8次地方分権一括法	幼保連携型認定こども園以外の認定こども園（幼稚園型、保育所型および地方裁量型）の認定等の事務・権限が都道府県から中核市に移譲された。
2019（令和元）年 第9次地方分権一括法	介護サービス事業者の業務管理体制の整備について、届出・立入検査等の事務・権限が都道府県から中核市に移譲された。
2020（令和2）年 第10次地方分権一括法	教育扶助（学校給食費等）を地方公共団体の長等に対して支払うことや、子育て短期支援事業において、市町村が児童を里親等に直接委託して実施することが可能となった。
2021（令和3）年 第11次地方分権一括法	不動産等の保有予定の有無にかかわらず地縁による団体の認可を可能とした。また、小規模多機能型居宅介護の利用定員に関する基準を「従うべき基準」から「標準」に見直した。
2022（令和4）年 第12次地方分権一括法	難病の患者等に交付する医療受給者証について、指定医療機関ごとの名称等の記載の必要を改め、包括的な記載を可能とした。
2023（令和5）年 第13次地方分権一括法	指定都市等における認定こども園の認定又は認可に係る都道府県への事前協議が事前通知に見直され、認定・認可に係る手続の効率化が図られたことで事務負担が軽減された。

132 都道府県は、まち・ひと・しごと創生総合戦略を勘案して、当該都道府県の区域の実情に応じた「**都道府県まち・ひと・しごと創生総合戦略**」を定めるよう努めなければならない。市町村は、まち・ひと・しごと創生総合戦略および都道府県まち・ひと・しごと創生総合戦略を勘案して、当該市町村の区域の実情に応じた「**市町村まち・ひと・しごと創生総合戦略**」を定めるよう努めなければならない。

福祉行政の組織及び専門職の役割

出34-46（行財）
出35-45（行財）
出36-30（現社）

133 **福祉事務所**は、社会福祉法第14条の「福祉に関する事務所」を指し、都道府県と市（特別区を含む）には設置義務があり、町村は任意設置である（図表15参照）。

図表15 福祉事務所の設置者および事務の内容

設置者	事　務
都道府県	・福祉六法のうち、生活保護法、児童福祉法、母子及び父子並びに寡婦福祉法に定める援護、育成または更生の措置に関する事務
市町村	・福祉六法に定める援護、育成または更生の措置に関する事務

出34-46（行財）
出35-96（相基）

134 福祉事務所には、所長以下、指導監督を行う所員（**査察指導員**）、現業を行う所員（**現業員**）、事務所員をおかなければならず、査察指導員および現業員は社会福祉主事でなければならない。現業員の数は、社会福祉法に定める数を標準として条例で定めるものとされる。

- 現業員は、所長の指揮監督を受けて、援護、育成または更生の措置を要する者等の家庭訪問、面接、調査、保護その他の措置の必要の有無およびその種類の判断、生活指導等を行う。
- 査察指導員は、現業員の現業事務の指導監督（スーパービジョン）を行う。

出35-61（障害）

135 市町村の設置する福祉事務所は、**身体障害者福祉司**および**知的障害者福祉司**をおくことができる。

- 身体障害者福祉司（知的障害者福祉司）は、福祉事務所の所員に対する技術的指導、身体障害者福祉（知的障害者福祉）に関する市町村業務のうち専門的知識および技術を必要とする業務を行う。

出35-61（障害）

136 **身体障害者更生相談所**は、身体障害者福祉法第11条に規定され、都道府県に設置義務があり、政令指定都市は任意設置である。

出33-45（行財）
出34-46（行財）

137 身体障害者福祉司は、身体障害者更生相談所に必置とされ、市町村の援護の実施に関する市町村相互間の連絡調整、情報提供や、身体障害者に関する相談・指導のうち専門的知識および技術を必要とする業務を行う。

- 身体障害者福祉司の任用要件は、社会福祉主事の資格を有し身体障害者の更生援護等の事業に2年以上従事した経験を有するもの、医師、社会福祉士、などである。

出34-60（障害）
出35-45（行財）

138 **知的障害者更生相談所**は、知的障害者福祉法第12条に規定され、都道府県に設置義務があり、政令指定都市は任意設置である。

139 知的障害者福祉司は、知的障害者更生相談所に必置とされ、市町村の更生援護の実施に関する市町村相互間の連絡調整、情報提供や、知的障害者に関する相談・指導のうち専門的知識および技術を必要とする業務を行う。 出33-45（行財）

✏ 知的障害者福祉司の任用要件は、社会福祉主事の資格を有し知的障害者の福祉に関する事業に２年以上従事した経験を有するもの、医師、社会福祉士、などである。

図表16 各相談所に設置される主な専門職

相談機関	福祉事務所	児童相談所	身体障害者更生相談所	知的障害者更生相談所	精神保健福祉センター	女性相談支援センター
職種	・所長 ・査察指導員 ・現業員 ・老人福祉指導主事 ・家庭児童福祉主事 ・母子・父子自立支援員	・所長 ・児童福祉司 ・児童心理司 ・医師 ・保健指導員 ・保育士	・所長 ・身体障害者福祉司 ・心理判定員 ・医師	・所長 ・知的障害者福祉司 ・心理判定員 ・医師	・所長 ・医師 ・精神保健福祉相談員 ・看護師（保健師）	・所長 ・相談をつかさどる職員 ・医学的または心理学的な援助その他の必要な援助をつかさどる職員

140 **児童相談所**は、都道府県と政令指定都市に設置義務があり、中核市および特別区は任意設置である。 出35-45（行財）

141 **児童福祉司**は、都道府県の設置する児童相談所に必置とされ、児童の保護その他児童の福祉に関する事項についての相談、指導やそれに付随する業務を行う。児童福祉司の数は、各児童相談所の管轄区域内の人口、児童虐待の相談件数、要保護児童の里親への委託状況などを総合的に勘案して政令で定める基準を標準として、都道府県が定める。 出33-45（行財） 出34-46（行財）

✏ 児童福祉司の任用要件は、医師、社会福祉士、精神保健福祉士、公認心理師、社会福祉主事として２年以上相談援助業務（児童その他の者の相談に応じ、助言・指導等の援助を行う業務）に従事した者で内閣総理大臣が定める講習会の課程を修了したもの、などである。

142 都道府県知事等は、母子及び父子並びに寡婦福祉法第８条第１項により、**母子・父子自立支援員**を委嘱する。同支援員は、福祉事務所において寡婦等の相談に応じ、自立に必要な情報提供および指導、職業能力の向上および求職活動に関する支援を行う。 出33-45（行財） 出35-96（相基）

143 **児童家庭支援センター**は、施設入所までは要しない、あるいは施設退所後すぐなど要保護性があり継続的な指導措置が必要な児童や家庭に助言や指導等を行い、児童相談所等との連絡調整を総合的に行う、児童福祉法に基づく施設である。設置・運営主体は地方公共団体、社会福祉法人等である。 出35-137（児童）

出33-44（行財）
出33-45（行財）
出35-45（行財）

144 **精神保健福祉センター**は、精神保健及び精神障害者福祉に関する法律第6条に規定され、都道府県と政令指定都市に設置義務がある。都道府県および市町村は、精神保健福祉センターおよび保健所その他これらに準ずる施設に精神保健福祉相談員を置くことができる。

✎ 精神保健福祉相談員は、精神保健および精神障害者の福祉に関する相談に応じ、並びに精神障害者およびその家族等その他の関係者を訪問して必要な指導を行う。

✎ 精神保健福祉相談員の任用要件は、精神保健福祉士その他政令で定める資格を有する者である。

145 女性相談支援センターは、困難な問題を抱える女性への支援に関する法律第9条に規定され、都道府県に設置義務があり、指定都市は任意設置である。女性相談支援センターは、配偶者からの暴力の防止及び被害者の保護等に関する法律第3条に規定する配偶者暴力相談支援センターの機能も果たす。

146 都道府県および女性相談支援センターを設置する指定都市は、女性相談支援員を置くものとする。女性相談支援員は、困難な問題を抱える女性について、その発見に努め、その立場に立って相談に応じ、および専門的技術に基づいて必要な援助を行う職務に従事する。

出33-44（行財）
出34-131（高齢）
出35-45（行財）

147 **地域包括支援センター**は、第1号介護予防支援事業および包括的支援事業等を行う機関である。介護保険法に基づいて市町村が設置し、老人介護支援センターの設置者、一部事務組合または広域連合を組織する市町村、医療法人、社会福祉法人、NPO法人等のほか、市町村が適当と認める者に包括的支援事業を委託できる。

出32-37（地域）
出33-40（地域）
出35-40（地域）
出36-41（地域）

148 **生活支援コーディネーター（地域支え合い推進員）**は、包括的支援事業のなかの生活支援体制整備事業において、生活支援等サービスの基盤整備を目的として各市町村に配置される。生活支援コーディネーター（地域支え合い推進員）は、サービス提供主体の間の連携を推進するなどのネットワークの構築、新たなサービスを創出するなどの資源開発、ニーズと取組みのマッチングの3つの役割が期待されている。

福祉における財源

◎国および地方の財源

149 2012（平成24）年からの「**社会保障・税一体改革**」は、消費税率の引上げによる増収分を財源に、全世代対応型の社会保障制度の構築を目指している。そのため、消費税（国分）の使途を高齢者3領域（基礎年金、老人医療、介護）から社会保障4経費（子ども・子育て、医療、介護、年金）に拡大し、基礎年金国庫負担2分の1の恒久化の財源等を確保するとしている。

150 **地方交付税**は、地方公共団体間の財政力不均衡の是正を主な目的として、国から地方公共団体に交付される、使途を特定しない交付金である。財源には、国税である所得税、法人税、酒税、消費税の一定割合および地方法人税の全額があてられている。

151 **消費税**は、**間接税**であり、価格の一部として転嫁されて消費者が負担した税を、事業者が申告・納付する義務を負う。課税売上高が1000万円以下の事業者は免税事業者となる。

✏ 2023（令和5）年10月からは、売手が買手に対して正確な適用税率や消費税額等を伝えるインボイス制度（適格請求書等保存方式）が開始された。

152 消費税率は、国税7.8％、地方消費税2.2％の合計10％である。地方消費税は、国に国税分の消費税と併せて納付された後、都道府県に払い込まれる都道府県税である。2019（令和元）年10月1日からの消費税率引き上げに伴い、飲食料品と新聞を対象に軽減税率制度が導入された。軽減税率は、国税6.24％、地方消費税1.76％の合計8％である。

153 国庫支出金には、国庫負担金、国庫補助金、国庫委託金の3区分がある。 出 33-43（行財）

✏ 国庫負担金とは、児童手当や生活保護費、介護給付費など、国が地方公共団体と共同で行う事務に対して、国が義務的に負担するものである。

✏ 国庫補助金とは、地方公共団体が行う事務に対する財政的援助のことである。

✏ 国庫委託金とは、本来、国が行う事務を地方公共団体に委託する際にかかる経費を交付するものである。

154 国の一般会計歳出予算の歳出項目のなかで、国債費と地方交付税交付金等を除く部分が政策的経費である。年金、社会福祉などの社会保障や教育等へ支出されており、国民生活と密接な関係をもった一般会計予算の実体的な部分であることから一般歳出とも呼ばれている。

155 国の一般会計歳出予算のなかで最も多い歳出項目は、**社会保障関係費**であり、2024（令和6）年度は37兆7193億円（一般歳出67兆7764億円のうちの55.7％）である。社会保障関係費の内訳は、**年金給付費**が13兆4020億円（35.5％）、**医療給付費**が12兆2366億円（32.4％）、**介護給付費**が3兆7188億円（9.9％）を占め、ほかに少子化対策費（3兆3823億円（9.0％））、生活扶助等社会福祉費（4兆4912億円（11.9％））、保健衛生対策費、雇用労災対策費等で構成されている。

156　2022（令和4）年度の国と地方を通じた財政支出（最終支出）208兆4364億円を国と地方に分けてみると、国が91兆8656億円（44.1％）、地方が116兆5708億円（55.9％）である（「地方財政白書」(2024（令和6）年版））（図表17参照）。

図表17 国・地方を通じた財政支出の状況

区　分		2022（令和4）年度
国と地方の歳出純計額		208兆4364億円
（内訳）	国の歳出	91兆8656億円（44.1%）
	地方の歳出	116兆5708億円（55.9%）

157　2022（令和4）年度における、国内総生産（支出側、名目）566兆4897億円に占める公的支出の割合は、151兆3060億円（26.7％）であり、そのうち地方政府が66兆1309億円（11.7％）、中央政府が26兆2457億円（4.6％）を占め、地方が国の約2.5倍となっている（「地方財政白書」(2024（令和6）年版））（図表18参照）。

図表18 国内総生産と地方財政

区　分			2022（令和4）年度
国内総生産			566兆4897億円
（内訳）	民間部門		438兆1562億円
	公的部門		151兆3060億円
	（内訳）	中央政府	26兆2457億円（4.6%）
		地方政府	66兆1309億円（11.7%）
		その他	58兆9294億円
	財貨・サービスの純輸出		▲22兆9725億円

158　2022（令和4）年度の租税収入総額120兆3899億円に占める国税と地方税の割合は、国税76兆3377億円（63.4％）、地方税44兆522億円（36.6％）である（「地方財政白書」(2024（令和6）年版））。

159　措置費は、福祉施設への入所措置に係る費用であり、社会福祉施設の経常的な運営費である。人件費、管理費などの事務費と利用者の飲食物費などの事業費から構成され、国、都道府県、市町村が制度ごとに定められた分担割合で、施設に直接支払う（図表19参照）。

図表19 社会福祉施設の措置費（運営費・給付費）負担割合

施設種別	措置権者（※1）	入所先施設の区分	措置費支弁者（※1）	費用負担			
				国	都道府県 指定都市 中核市 児童相談所設置市	市	町村
保護施設	知事・指定都市市長・中核市市長	都道府県立施設 市町村立施設 私設施設	都道府県・指定都市・中核市	3/4	1/4	—	—
	市長（※2）		市	3/4	—	1/4	—
老人福祉施設	市町村長	都道府県立施設 市町村立施設 私設施設	市町村	—	—	10/10 （※4）	
婦人保護施設	知事	都道府県立施設 市町村立施設 私設施設	都道府県	5/10	5/10	—	—
児童福祉施設（※3）	知事・指定都市市長・児童相談所設置市市長	都道府県立施設 市町村立施設 私設施設	都道府県・指定都市・児童相談所設置市	1/2	1/2	—	—
母子生活支援施設 助産施設	市長（※2）	都道府県立施設	都道府県	1/2	1/2	—	—
		市町村立施設 私設施設	市	1/2	1/4	1/4	—
	知事・指定都市市長・中核市市長 児童相談所設置市市長	都道府県立施設 市町村立施設 私設施設	都道府県・指定都市・中核市 児童相談所設置市	1/2	1/2	—	—
保育所 幼保連携型認定こども園 小規模保育事業（所）（※6）	市町村長	私設施設	市町村	1/2	1/4 （※7）	1/4	
身体障害者社会参加支援施設（※5）	知事・指定都市市長・中核市市長	都道府県立施設 市町村立施設 私設施設	都道府県・指定都市・中核市	5/10	5/10	—	—
	市町村長		市町村	5/10	—	5/10	

※1：母子生活支援施設、助産施設及び保育所は、児童福祉法が一部改正されたことに伴い、従来の措置（行政処分）がそれぞれ母子保護の実施、助産の実施及び保育の実施（公法上の利用契約関係）に改められた。

※2：福祉事務所を設置している町村の長を含む。福祉事務所を設置している町村の長の場合、措置費支弁者及び費用負担は町村となり、負担割合は市の場合と同じ。

※3：小規模住居型児童養育事業所、児童自立生活援助事業所を含み、保育所、母子生活支援施設、助産施設を除いた児童福祉施設。

※4：老人福祉施設については、2005（平成17）年度より養護老人ホーム等保護費負担金が廃止・税源移譲されたことに伴い、措置費の費用負担は全て市町村（指定都市、中核市含む。）において行っている。

※5：改正前の身体障害者福祉法に基づく「身体障害者更生援護施設」は、障害者自立支援法（現・障害者の日常生活及び社会生活を総合的に支援するための法律（障害者総合支援法））の施行に伴い、2006（平成18）年10月より「身体障害者社会参加支援施設」となった。

※6：子ども子育て関連三法により、2015（平成27）年4月1日より、幼保連携型認定こども園及び小規模保育事業も対象とされた。また、私立保育所を除く施設・事業に対しては利用者への施設型給付及び地域型保育給付（個人給付）を法定代理受領する形に改められた。

※7：指定都市・中核市は除く。

資料：厚生労働省編『厚生労働白書令和4年版』資料編，201頁を一部改変

160 措置制度においては、サービスにかかる費用について措置費の全額または一部を利用者から徴収するが、一定の所得基準を下回る場合を除いて、利用者本人または扶養義務者の負担能力に応じた支払い（応能負担）の仕組みをとっている。

161 市町村や都道府県の会計には、一般会計と特別会計があり、地方公営事業会計である国民健康保険事業、後期高齢者医療事業、介護保険事業は特別会計である。2022（令和4）年度の歳出金額は、国民健康保険事業は都道府県11兆2502億円、市町村12兆5964億円、後期高齢者医療事業は、17兆616億円、介護保険事業は、11兆6164億円であった（「地方財政白書」(2024（令和6）年版））。

✏ 介護保険制度における財源構成は、保険料と公費（租税）がそれぞれ50％ずつである（図表20参照）。

図表20 介護保険の財源構成と規模

(2023（令和5）年度予算　介護給付費：12.8兆円)
総費用ベース：13.8兆円

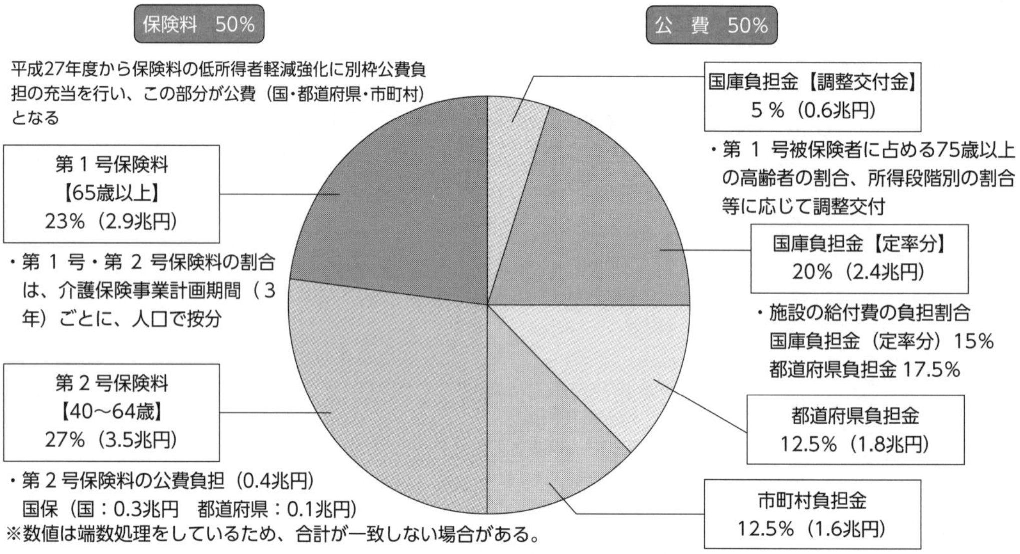

資料：厚生労働省老健局「介護分野の最近の動向について」2023

◎地方財政の歳入

出33-46（行財）
出36-45（行財）

162 2022（令和4）年度の地方財政の歳入純計決算額121兆9452億円に占める地方税による歳入は44兆522億円（36.1％）、地方交付税は18兆6310億円（15.3％）、国庫支出金は26兆7115億円（21.9％）であり、地方債は8兆7812億円（7.2％）を占めている（「地方財政白書」(2024（令和6）年版））（図表21参照）。

図表21 地方財政の歳入純計決算額

区　分	2022（令和4）年度
地方税	44兆522億円（36.1%）
地方交付税	18兆6310億円（15.3%）
国庫支出金	26兆7115億円（21.9%）
地方債	8兆7812億円（7.2%）
その他	23兆7693億円（19.5%）
歳入合計	121兆9452億円（100.0%）

◎地方財政の目的別歳出

163 2022（令和4）年度の地方財政の**目的別歳出**割合は、歳出純計決算額117兆3557億円のうち、**民生費**が最も多く30兆2720億円（25.8％）、次いで教育費が17兆7681億円(15.1％)、土木費が12兆4444億円(10.6％)の順となっている。2006(平成18)年度までは教育費が最多であったが、年々民生費の割合が増加し、逆転している（「地方財政白書」(2024（令和6）年版））(図表22参照)。

出32-44（行財）
出34-45（行財）

図表22 地方財政の目的別歳出純計決算額

区　分	2022（令和4）年度
総務費	11兆8847億円（10.1%）
民生費	30兆2720億円（25.8%）
衛生費	12兆2250億円（10.4%）
商工費	10兆3163億円（8.8%）
土木費	12兆4444億円（10.6%）
教育費	17兆7681億円（15.1%）
公債費	12兆3964億円（10.6%）
その他	10兆488億円（8.6%）
歳出合計	117兆3557億円（100.0%）

164 2022（令和4）年度の**目的別歳出**の団体種類別の構成比は、都道府県においては教育費が16.3％で最も多く、次いで民生費が15.0％、商工費が12.5％と続き、市町村では民生費が37.2％で最も多く、次いで総務費が12.7％、教育費が11.8％となっている（「地方財政白書」(2024（令和6）年版））。

出32-44（行財）
出33-46（行財）
出36-45（行財）

◎地方財政の性質別歳出

165 2022（令和4）年度の地方財政の**性質別歳出**割合は、人件費が最も多く23兆839億円（19.7％）、次いで扶助費が17兆3686億円（14.8％）、補助費等が16兆3242億円（13.9％）、普通建設事業費が14兆5802億円（12.4％）、公債費が12兆3749億円（10.5％）の順となっている（「地方財政白書」(2024（令和6）年版））。

166 2022（令和4）年度の地方財政の**性質別歳出**の団体種類別の構成比は、都道府県においては補助費等が33.1％で最も多く、人件費が20.1％、普通建設事業費が12.6％と続き、市町村においては扶助費が24.2％で最も多く、人件費が16.0％、普通建設事業費が11.1％となっている（「地方財政白書」(2024（令和6）年版））。

167 都道府県では、市町村立義務教育諸学校教職員の人件費の負担等により、人件費の構成比が高く、市町村では児童手当の支給、生活保護に関する事務（町村については、福祉事務所を設置している町村に限る）等の社会福祉関係事務等により、扶助費の構成比が高い。

◎民生費

168 **民生費**とは、社会福祉の充実を図るため、地方公共団体が行う、児童、高齢者、障害者等のための福祉施設の整備および運営、生活保護の実施等の諸施策に要する経費をいう。

出35-44（行財） **169** 2022（令和4）年度の民生費の**純計額**は30兆2720億円であり、うち、**都道府県**の合計額は9兆2840億円、**市町村**の合計額は24兆7012億円であり、市町村は都道府県の約2.7倍の財政規模である（「地方財政白書」(2024（令和6）年版））。

出32-44（行財） **170** 2022（令和4）年度の民生費の**目的別内訳**では、児童福祉費が10兆
出34-45（行財） 2059億円（33.7％）で最も多く、社会福祉費が8兆9780億円（29.7％）、
出35-44（行財） 老人福祉費が7兆1762億円（23.7％）、生活保護費が3兆8787億円（12.8％）
と続いている（「地方財政白書」(2024（令和6）年版））（図表23参照）。

出32-44（行財） **171** 2022（令和4）年度の民生費の**性質別内訳**では、扶助費が16兆210
出34-45（行財） 億円（52.9％）で最も多く、繰出金が5兆4330億円（17.9％）、補助費等
出35-44（行財） が4兆5065億円（14.9％）、人件費が2兆1813億円（7.2％）と続いてい
出36-45（行財） る（「地方財政白書」(2024（令和6）年版））（図表24参照）。

172 2022（令和4）年度の都道府県・市町村を通じた民生費純計額（30兆2720億円）の**財源構成**は、一般財源等が19兆642億円（63.0％）、国庫支出金が10兆1083億円（33.4％）、その他が1兆995億円（3.6％）となっ

図表23 民生費の目的別内訳

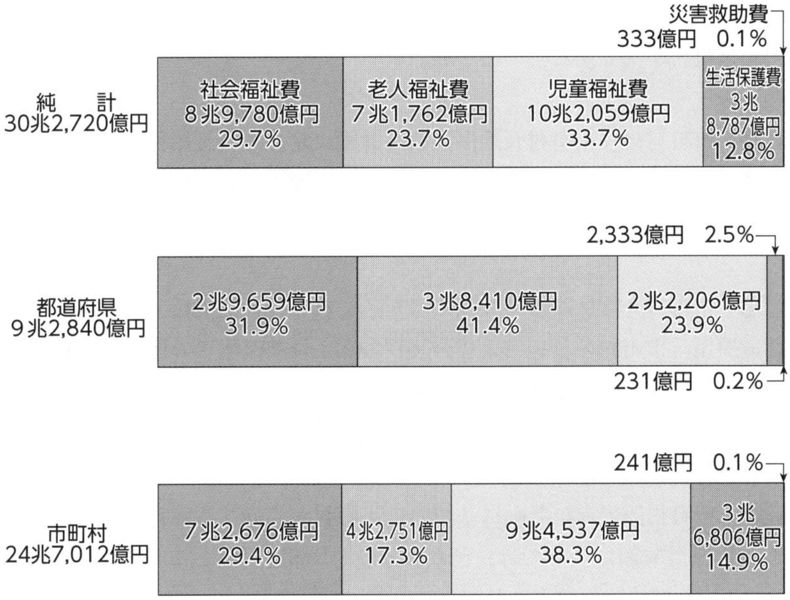

資料：総務省ホームページ「地方財政白書」(2024（令和6）年版)

図表24 民生費の性質別内訳

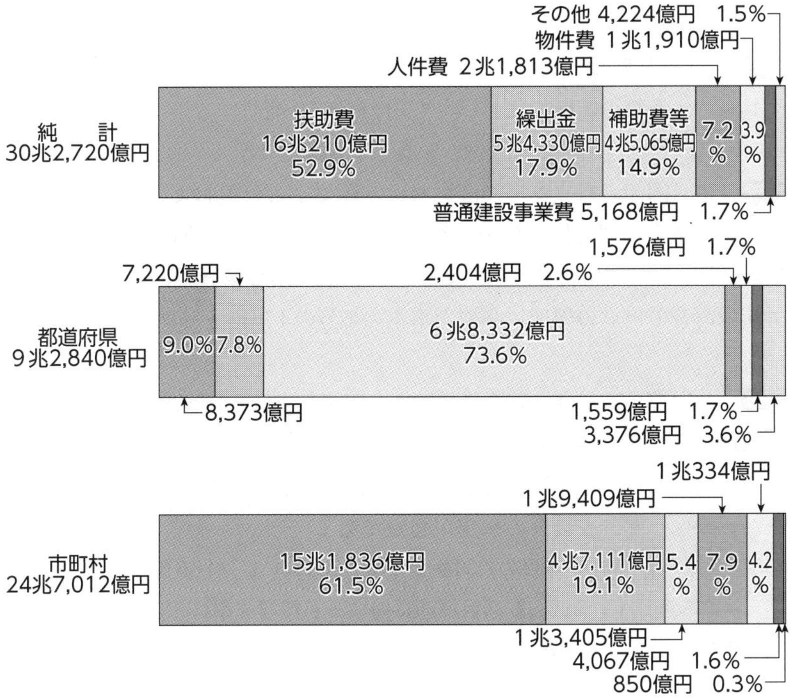

資料：総務省ホームページ「地方財政白書」(2024（令和6）年版)

ている（「地方財政白書」(2024（令和6）年版))。

173 市町村老人福祉計画に定める老人福祉事業の実施に係る費用については、事業の対象者が介護保険法による保険給付を受けられる場合は、その費用を市町村が支弁する必要はない。

174 市町村は、市町村介護保険事業計画に定める介護給付等対象サービスの見込み量等に基づいて算定した保険給付に要する費用の予想額等に照らして、第1号被保険者の介護保険料率を算定する。

175 市町村介護保険事業計画に盛り込まれる包括的支援事業の財源は、国・都道府県・市町村の負担および介護保険第1号被保険者の保険料から支出される。介護保険第2号被保険者の保険料からの拠出はないが、介護支援事業には、第2号被保険者保険料も充てられる。

176 市町村障害福祉計画に基づいて市町村が支弁する障害福祉サービス費等の負担対象額については、国が2分の1、都道府県と市町村がそれぞれ4分の1を負担するものとされている。

出35-43（行財）

177 市町村子ども・子育て支援事業計画に盛り込まれる地域子ども・子育て支援事業に要する費用は、市町村が支弁する。

178 市町村健康増進計画に基づく健康増進事業に係る費用は、国が市町村に対して、予算の範囲内において費用の一部を補助する。

179 生活困窮者自立支援制度における国による負担および補助は、自立相談支援事業と住居確保給付金の4分の3を負担し、就労準備支援事業と一時生活支援事業の3分の2以内および家計相談支援事業と学習支援事業その他生活困窮者の自立の促進に必要な事業の2分の1以内を補助する。

出35-43（行財）

180 共同募金は、共同募金会のみが行える、地域福祉の推進を図るため社会福祉を目的とする事業を経営する者に配分することを目的に行われる寄附金の募集である。都道府県を区域の単位とし、配分も区域内で行う。配分にあたっては、配分委員会の承認が必要である。

✎ 2022（令和4）年度の共同募金実績（3月末）は、165億862万352円で、対前年度比1.7％減、総額目標額に対する目標達成率は89.1％（前年度同時期90.0％）であった。

出32-39（地域）

181 厚生労働省の「地域力強化検討会最終とりまとめ」(2017(平成29)年)では、地域の課題を地域で解決していく財源として、クラウドファンディングやSIB（Social Impact Bond）等を取り入れていくことも有効であるとされている。

3 福祉計画の意義と種類、策定と運用

福祉計画の意義・目的と展開

受験対策アドバイス
福祉計画の策定主体、計画の目的と内容、他計画との関係について、計画ごとに混同しないよう整理しておきましょう。また、計画策定時の住民等の意見の反映や公表の方法、評価の方法についての理解も必要です。

182 **福祉計画**の類型は、①福祉サービスの提供に関する計画（老人福祉計画・介護保険事業計画など）、②地域社会において福祉サービスが利用者や地域住民に対して的確に機能するように基盤を整備する計画(地域福祉計画)の2つに大別される。

183 福祉計画は、国が包括的な計画や基本指針を策定し、地方公共団体がそれに対応する計画を策定し、提供すべきサービス内容や量の目標を定め、それに必要な財源や体制を計画的に整備する。

184 市町村福祉計画は、政策的な浸透において地域間における制度変更の漏れや、制度基準による福祉サービスの確保における地域間格差が生じないように、計画によって補完する目的をもっている。都道府県は、市町村福祉計画の策定・実施の推進を支援するための都道府県福祉計画を策定するが、その計画には都道府県内の地域間格差を是正する目的もある。主な福祉計画等の目的・計画期間は**図表25**、策定状況は**図表26**のとおりである。

出 34-42（行財）
出 35-47（行財）
出 35-73（保医）
出 35-134（高齢）
出 36-42（行財）

185 **市町村地域福祉計画**には、地域福祉の推進に関する事項を、**都道府県地域福祉支援計画**には、広域的な見地から市町村の地域福祉の支援に関する事項を、それぞれ掲げることとされる（**図表27参照**）。

出 34-47（行財）
出 35-46（行財）
出 36-34（地域）

186 **老人福祉計画**は、1990（平成2）年の老人福祉法改正により、老人福祉事業全般の基盤整備を目的として、市町村に市町村老人福祉計画、都道府県に都道府県老人福祉計画の策定が**義務**づけられている（**図表28参照**）。

出 35-48（行財）
出 36-42（行財）

187 介護保険法に基づき、市町村には市町村**介護保険事業計画**、都道府県には都道府県**介護保険事業支援計画**の策定が**義務**づけられている。厚生労働大臣の定める基本指針に即して定められ、3年を1期として策定しなければならない（**図表29参照**）。

出 32-46（行財）
出 32-48（行財）
出 34-47（行財）
出 35-48（行財）

188 共生社会の実現を推進するための認知症基本法に基づき、政府は、**認知症施策推進基本計画**を策定しなければならない。都道府県（市町村）は、基本計画を基本とする都道府県（市町村）**認知症施策推進計画**を策定するよう努めなければならない。

図表25 主な福祉計画等の目的・計画期間

根拠法	計画名	計画の目的	計画期間
社会福祉法	**市町村地域福祉計画**	地域福祉の推進に関する事項を一体的に定める計画	概ね5年とし3年で見直すことが適当 ※策定ガイドラインによる考え方
	都道府県地域福祉支援計画	市町村地域福祉計画の達成に資するために、各市町村を通ずる広域的な見地から、市町村の地域福祉の支援に関する事項を一体的に定める計画	
老人福祉法	**市町村老人福祉計画**	老人居宅生活支援事業および老人福祉施設による事業（老人福祉事業）の供給体制の確保に関する計画	規定なし ※介護保険事業（支援）計画と一体
	都道府県老人福祉計画	市町村老人福祉計画の達成に資するために、各市町村を通ずる広域的な見地から、老人福祉事業の供給体制の確保に関して定める計画	
介護保険法	**基本指針**	医療介護総合確保促進法に規定する総合確保方針に即して、介護保険事業に係る保険給付の円滑な実施を確保するために厚生労働大臣が定める基本的な指針	――
	市町村介護保険事業計画	基本指針に即して、市町村が行う介護保険事業に係る保険給付の円滑な実施に関して定める計画	3年を1期
	都道府県介護保険事業支援計画	基本指針に即して、介護保険事業に係る保険給付の円滑な実施の支援に関して定める計画	
共生社会の実現を推進するための認知症基本法	**認知症施策推進基本計画**	認知症施策の総合的かつ計画的な推進を図るための計画	少なくとも5年ごとに検討
	市町村認知症施策推進計画	基本計画・都道府県計画を基本とするとともに、市町村の実情に即して策定する計画	
	都道府県認知症施策推進計画	基本計画を基本とするとともに、都道府県の実情に即して策定する計画	
障害者基本法	**障害者基本計画**	障害者の自立および社会参加の支援等のための施策の総合的かつ計画的な推進を図るために国が策定する障害者のための施策に関する基本的な計画	2023（令和5）年度～2027（令和9）年度〈第5次〉
	市町村障害者計画	障害者基本計画・都道府県障害者計画を基本とするとともに、市町村における障害者の状況等を踏まえて策定する、障害者のための施策に関する基本的な計画	規定なし
	都道府県障害者計画	障害者基本計画を基本とするとともに、都道府県における障害者の状況等を踏まえて策定する、障害者のための施策に関する基本的な計画	
障害者の日常生活及び社会生活を	**基本指針**	障害福祉サービス等の提供体制を整備し、自立支援給付および地域生活支援事業の円滑な実施を確保するために主務大臣（厚生労働大臣等）が定める基本的な指針	――

総合的に支援するための法律（障害者総合支援法）	**市町村障害福祉計画**	基本指針に即して定める、障害福祉サービスの提供体制の確保その他障害者総合支援法に基づく業務の円滑な実施に関する計画	3年を1期 ※基本指針による定め
	都道府県障害福祉計画	基本指針に即して、市町村障害福祉計画の達成に資するために、各市町村を通ずる広域的な見地から定める、障害福祉サービスの提供体制の確保その他障害者総合支援法に基づく業務の円滑な実施に関する計画	
児童福祉法	**基本指針**	障害児通所支援等の提供体制を整備し、障害児通所支援等の円滑な実施を確保するために内閣総理大臣が定める基本的な指針	――
	市町村障害児福祉計画	基本指針に即して定める、障害児通所支援等の提供体制の確保その他障害児通所支援等の円滑な実施に関する計画	3年を1期 ※基本指針による定め
	都道府県障害児福祉計画	基本指針に即して、市町村障害児福祉計画の達成に資するために、各市町村を通ずる広域的な見地から定める、障害児通所支援等の提供体制の確保その他障害児通所支援等の円滑な実施に関する計画	
次世代育成支援対策推進法	**行動計画策定指針**	次世代育成支援対策の総合的かつ効果的な推進を図るため、法に定める基本理念にのっとり、主務大臣（厚生労働大臣等）が定める、市町村行動計画等の策定に関する指針	――
	市町村行動計画 〈任意〉	行動計画策定指針に即して策定する、市町村における次世代育成支援対策の実施に関する計画	5年を1期
	都道府県行動計画 〈任意〉	行動計画策定指針に即して策定する、都道府県における次世代育成支援対策の実施に関する計画	
	一般事業主行動計画	国および地方公共団体以外の常時雇用する労働者が100人を超える事業主（一般事業主）が、行動計画策定指針に即して策定する、次世代育成支援対策の実施に関する計画	計画に定める
	特定事業主行動計画	国および地方公共団体の機関等（特定事業主）が、行動計画策定指針に即して策定する、次世代育成支援対策の実施に関する計画	
子ども・子育て支援法	**基本指針**	教育・保育および地域子ども・子育て支援事業の提供体制を整備し、子ども・子育て支援給付等の円滑な実施の確保その他子ども・子育て支援のための施策を総合的に推進するために内閣総理大臣が定める基本的な指針	――
	市町村子ども・子育て支援事業計画	基本指針に即して策定する、教育・保育および地域子ども・子育て支援事業の提供体制の確保、その他業務の円滑な実施に関する計画	5年を1期
	都道府県子ども・子育て支援事業支援計画	基本指針に即して策定する、教育・保育および地域子ども・子育て支援事業の提供体制の確保、その他業務の円滑な実施に関する計画	
こども基本法	**こども大綱**	こども施策を総合的に推進するために政府が策定する大綱	
	市町村こども計画	こども大綱および都道府県こども計画を勘案して市町村が策定する、市町村におけるこども施策についての計画	
	都道府県こども計画	こども大綱を勘案して都道府県が策定する、都道府県におけるこども施策についての計画	

健康増進法	**基本方針**	国民の健康の増進の総合的な推進を図るために厚生労働大臣が定める基本的な方針	――
	市町村健康増進計画	基本方針および都道府県健康増進計画を勘案して策定する、市町村の住民の健康の増進の推進に関する施策についての基本的な計画	規定なし
	都道府県健康増進計画	基本方針を勘案して策定する、都道府県の住民の健康の増進の推進に関する施策についての基本的な計画	
高齢者の医療の確保に関する法律	**医療費適正化基本方針**	国民の高齢期における適切な医療の確保を図る観点から、医療費適正化を総合的かつ計画的に推進するため、医療に要する費用の適正化に関する施策についての厚生労働大臣が定める基本的な方針	――
	都道府県医療費適正化計画	医療費適正化基本方針に即して都道府県が策定する、都道府県における医療費適正化を推進するための計画	6年ごとに6年を1期
医療法	**基本方針**	医療介護総合確保促進法に規定する総合確保方針に即して、良質かつ適切な医療を効率的に提供する体制の確保を図るために厚生労働大臣が定める基本的な方針	――
	医療計画	都道府県が基本方針に即して、地域の実情に応じて策定する当該都道府県における医療提供体制の確保を図るための計画	6年ごとに6年を1期
地域における医療及び介護の総合的な確保の促進に関する法律（医療介護総合確保促進法）	**総合確保方針**	地域において効率的かつ質の高い医療提供体制を構築するとともに地域包括ケアシステムを構築することを通じ、地域における医療および介護を総合的に確保するために厚生労働大臣が定める基本的な方針	――
	市町村計画	市町村が総合確保方針に即して、かつ、地域の実情に応じて策定する当該市町村における医療および介護の総合的な確保のための事業の実施に関する計画	計画に定める
	都道府県計画	都道府県が総合確保方針に即して、かつ、地域の実情に応じて策定する当該都道府県における医療および介護の総合的な確保のための事業の実施に関する計画	

図表26 福祉計画の策定状況

根拠法	計画名	策定率	策定率調査時点
社会福祉法	**市町村地域福祉計画**	82.9％（市区部94.5％）	2021（令和3）年4月1日現在
	都道府県地域福祉支援計画	100％（47都道府県）	
障害者基本法	**市町村障害者計画**	94.7％	2014（平成26）年3月31日現在
	都道府県障害者計画	100％	
次世代育成支援対策推進法	**市町村行動計画**	91.8％（公表済み93.1％）	2021（令和3）年4月1日現在
	都道府県行動計画	100％（公表済み100％）	

図表27 各地域福祉計画に掲げる事項

計　画	内　容
市町村地域福祉計画	①　地域における高齢者の福祉、障害者の福祉、児童の福祉その他の福祉に関し、共通して取り組むべき事項 ②　地域における福祉サービスの**適切な利用**の推進に関する事項 ③　地域における社会福祉を目的とする事業の**健全な発達**に関する事項 ④　地域福祉に関する活動への**住民の参加**の促進に関する事項 ⑤　地域生活課題の解決に資する支援が包括的に提供される体制の整備に関する事項
都道府県地域福祉支援計画	①　地域における高齢者の福祉、障害者の福祉、児童の福祉その他の福祉に関し、共通して取り組むべき事項 ②　市町村の地域福祉の推進を支援するための**基本的方針**に関する事項 ③　社会福祉を目的とする事業に**従事する者の確保**または**資質の向上**に関する事項 ④　福祉サービスの適切な利用の推進および社会福祉を目的とする事業の健全な発達のための**基盤整備**に関する事項 ⑤　市町村による地域生活課題の解決に資する支援が包括的に提供される体制の整備の実施の支援に関する事項

図表28 各老人福祉計画の主な内容

計　画	内　容
市町村老人福祉計画	①　市町村の区域において確保すべき老人福祉事業の**量の目標** ②　老人福祉事業の**量の確保**のための方策 ＊市町村内の要援護高齢者の数、障害の状況、養護の実態その他の事情を勘案して作成するよう努める。
都道府県老人福祉計画	①　都道府県が定める区域ごとの養護老人ホーム・特別養護老人ホームの必要入所定員総数、その他老人福祉事業の**量の目標** ②　老人福祉施設の整備・老人福祉施設相互間の連携のための措置 ③　老人福祉事業に従事する者の確保、資質の向上のための措置

図表29 各介護保険事業計画の主な内容

計　画	内　容
市町村介護保険事業計画	①　市町村が定める区域（日常生活圏域）ごとの地域密着型サービスの必要利用定員総数その他の介護給付等対象サービスの**種類ごとの量の見込み** ②　各年度における地域支援事業の**量の見込み** ③　要介護状態の軽減や費用の適正化に関し取り組むべき事項 ④　③の目標 (以下は定めるよう努めることとされているもの) ⑤　地域密着型サービスの必要利用定員総数その他の介護給付等対象サービスの種類ごとの**見込み量**の確保のための方策 ⑥　各年度における地域支援事業に要する費用の額および地域支援事業の**見込み量**の確保のための方策 ⑦　介護給付等対象サービスの**種類ごとの量**、保険給付に要する**費用の額**、地域支援事業の**量**、地域支援事業に要する**費用の額**および保険料の水準に関する中長期的な推計 ⑧　介護支援専門員等の確保、資質向上およびその業務の効率化と質の向上に資する事業に関する事項 ⑨　指定居宅サービス事業等を行う者相互間の連携の確保に関する事業その他の介護給付等対象サービスの円滑な提供を図るための事業に関する事項 ⑩　指定介護予防サービス事業等を行う者相互間の連携の確保に関する事業その他の介護給付等

	対象サービスの円滑な提供および地域支援事業の円滑な実施を図るための事業に関する事項 ⑪　**認知症**である被保険者の地域における自立した日常生活の支援に関する事項、関連施策との有機的な連携に関する事項その他の認知症に関する施策の総合的な推進に関する事項 ⑫　日常生活圏域ごとの有料老人ホームおよび高齢者住まい法に規定する登録住宅の入居定員総数 ⑬　地域支援事業と高齢者保健事業および国民健康保険保健事業の一体的な実施に関する事項、居宅要介護被保険者および居宅要支援被保険者にかかる医療その他の医療との連携に関する事項、高齢者の居住にかかる施策との連携に関する事項　など ＊被保険者の心身の状況、おかれている環境その他の事情を正確に把握したうえで、これらの事情を勘案して作成するよう努める。
都道府県介護保険事業支援計画	①　都道府県が定める区域（老人福祉圏域）ごとの介護専用型特定施設入居者生活介護、地域密着型特定施設入居者生活介護、地域密着型介護老人福祉施設入所者生活介護の必要利用定員総数、介護保険施設の種類ごとの必要入所定員**総数**その他の介護給付等対象サービスの**量の見込み** ②　市町村の要介護状態の軽減や費用の適正化に関する取り組みへの支援に関し取り組むべき事項 ③　②の目標 (以下は定めるよう努めることとされているもの) ④　介護保険施設等における生活環境の改善を図るための事業に関する事項 ⑤　介護サービス情報の公表に関する事項 ⑥　介護支援専門員等の確保、資質向上およびその業務の効率化と質の向上に資する事業に関する事項 ⑦　介護保険施設相互間の連携の確保に関する事業その他の介護給付等対象サービスの円滑な提供を図るための事業に関する事項 ⑧　介護予防・日常生活支援総合事業および地域支援事業に関する市町村相互間の連絡調整を行う事業に関する事項 ⑨　老人福祉圏域ごとの有料老人ホームおよび登録住宅の入居定員総数

出36-42（行財）

189　**障害者計画**は、障害者基本法に基づく行政計画であり、市町村には市町村障害者計画、都道府県には都道府県障害者計画の策定が義務づけられている。それぞれ当該市町村、都道府県における障害者の状況等を踏まえ、障害者のための基本的な施策を計画するものである（**図表25参照**）。

190　市町村および都道府県が、障害福祉計画を策定するにあたり即することになる国が定める基本指針は、2026（令和8）年度末までに達成すべき地域生活移行の数値目標を明示したことが特徴である。

出34-47（行財）
出35-48（行財）

191　**障害福祉計画**は、障害者の日常生活及び社会生活を総合的に支援するための法律（障害者総合支援法）に基づく行政計画であり、市町村には市町村障害福祉計画、都道府県には都道府県障害福祉計画の策定が義務づけられている。各計画の主な内容は**図表30**のとおりである。

出34-47（行財）

192　児童福祉法の改正（2016（平成28）年）により、内閣総理大臣が定める基本指針に即して、市町村には市町村**障害児福祉計画**、都道府県には都道府県障害児福祉計画を策定することが義務づけられた。各計画の主な内容は**図表31**のとおりである。

図表30 各障害福祉計画の主な内容

計　画	内　容
市町村障害福祉計画	①　障害福祉サービス、相談支援および地域生活支援事業の**提供体制**の確保に係る目標に関する事項 ②　各年度における指定障害福祉サービス、指定地域相談支援または指定計画相談支援の**種類ごとの必要な量の見込み** ③　地域生活支援事業の種類ごとの実施に関する事項 (以下は定めるよう努めることとされているもの) ④　指定障害福祉サービス、指定地域相談支援または指定計画相談支援の**種類ごとの必要な見込み量**の確保のための方策 ⑤　指定障害福祉サービス、指定地域相談支援または指定計画相談支援および地域生活支援事業の提供体制の確保に係る関係機関との連携に関する事項
都道府県障害福祉計画	①　障害福祉サービス、相談支援および地域生活支援事業の**提供体制**の確保に係る目標に関する事項 ②　都道府県が定める区域ごとの各年度の指定障害福祉サービス、指定地域相談支援または指定計画相談支援の**種類ごとの必要な量の見込み** ③　各年度の指定障害者支援施設の必要入所定員**総数** ④　地域生活支援事業の種類ごとの実施に関する事項 (以下は定めるよう努めることとされているもの) ⑤　指定障害福祉サービス、指定地域相談支援の**種類ごとの必要な見込み量**の確保のための方策 ⑥　指定障害福祉サービス、指定地域相談支援または指定計画相談支援の従事者の確保、資質向上のために講ずる措置に関する事項 ⑦　指定障害者支援施設のサービスの質の向上のために講ずる措置に関する事項 ⑧　指定障害福祉サービスまたは指定地域相談支援および地域生活支援事業の提供体制の確保に係る関係機関との連携に関する事項

図表31 各障害児福祉計画の主な内容

計　画	内　容
市町村障害児福祉計画	①　障害児通所支援および障害児相談支援の**提供体制**の確保に係る目標に関する事項 ②　各年度における指定通所支援または指定障害児相談支援の**種類ごとの必要な見込量** (以下は定めるよう努めることとされているもの) ③　指定通所支援または指定障害児相談支援の**種類ごとの必要な見込量**の確保のための方策 ④　指定通所支援または指定障害児相談支援の提供体制の確保に係る医療機関、教育機関その他の関係機関との連携に関する事項
都道府県障害児福祉計画	①　障害児通所支援等の**提供体制**の確保に係る目標に関する事項 ②　都道府県が定める区域ごとの各年度の指定通所支援または指定障害児相談支援の**種類ごとの必要な見込量** ③　各年度の指定障害児入所施設等の必要入所定員**総数** (以下は定めるよう努めることとされているもの) ④　区域ごとの指定通所支援の**種類ごとの必要な見込量**の確保のための方策 ⑤　区域ごとの指定通所支援または指定障害児相談支援の質の向上のために講ずる措置に関する事項 ⑥　指定障害児入所施設等の障害児入所支援の質の向上のために講ずる措置に関する事項 ⑦　指定通所支援の提供体制の確保に係る医療機関、教育機関その他の関係機関との連携に関する事項

193 子ども・子育て支援法の施行により、内閣総理大臣は、教育・保育および地域子ども支援事業の提供体制を整備し、子ども・子育て支援給付ならびに地域子ども・子育て支援事業および仕事・子育て両立支援事業の円滑な実施の確保その他の子ども・子育て支援のための施策を総合的に推進するための基本指針を定めなければならないこととなった。

出34-47（行財）
出34-48（行財）
出35-48（行財）
出36-42（行財）

194 子ども・子育て支援法の施行により、市町村には市町村**子ども・子育て支援事業計画**、都道府県には都道府県子ども・子育て支援事業支援計画を策定することが義務づけられた。内容は**図表32**のとおりである。

✎ これにより児童福祉法に基づく市町村保育計画、都道府県保育計画の策定に関する規定が廃止された。

195 障害者の雇用の促進等に関する法律の改正により、厚生労働大臣は、国および地方公共団体が障害者である職員の職業生活における活躍の推進に関する取組みを総合的かつ効果的に実施することができるよう、障害者雇用

図表32 各子ども・子育て支援事業計画の主な内容

計　画	内　　容
市町村子ども・子育て支援事業計画	①　教育・保育提供区域ごとの各年度の特定教育・保育施設、特定地域型保育事業所の必要利用定員総数その他教育・保育の**量の見込み**、実施しようとする教育・保育の提供体制の確保の内容と実施時期 ②　教育・保育提供区域ごとの各年度の地域子ども・子育て支援事業の**量の見込み**、実施しようとする事業の提供体制の確保の内容と実施時期 ③　子どものための教育・保育給付に係る教育・保育の一体的提供および教育・保育の推進に関する体制の確保の内容 ④　子育てのための施設等利用給付の円滑な実施の確保の内容 その他、産後休業・育児休業後の特定教育・保育施設等の円滑な利用の確保に関する事項、都道府県施策との連携に関する事項、雇用環境の整備に関する施策との連携については、定めるよう努めることとされている。
都道府県子ども・子育て支援事業支援計画	①　市町村が定める教育・保育提供区域を勘案して定める区域ごとの各年度の特定教育・保育施設の必要利用定員総数その他教育・保育の**量の見込み**、実施しようとする教育・保育の提供体制の確保の内容と実施時期 ②　子どものための教育・保育給付に係る教育・保育の一体的提供および教育・保育の推進に関する体制の確保の内容 ③　子育てのための施設等利用給付の円滑な実施の確保を図るために必要な市町村との連携に関する事項 ④　特定教育・保育および特定地域型保育を行う者、地域子ども・子育て支援事業に従事する者の確保・資質向上のために構ずる措置に関する事項 ⑤　保護を要する子どもの養育環境の整備、障害児に対する保護ならびに日常生活上の指導および知識技能の付与その他の子どもに関する専門的知識・技術を要する支援に関する施策の実施に関する事項 ⑥　⑤の施策の円滑な実施を図るために必要な市町村との連携に関する事項 その他、特定教育・保育施設の利用定員の設定に関する協議に係る調整その他広域的な見地から行う調整に関する事項、教育・保育情報の公表に関する事項、労働者の職業生活と家庭生活との両立が図られるようにするために必要な雇用環境整備に関する施策との連携に関する事項については、定めるよう努めることとされている。

対策基本方針に基づき、障害者活躍推進計画作成指針を定めなければならない。また、国および地方公共団体の任命権者には、障害者活躍推進計画の策定が義務づけられた。

196 **次世代育成支援行動計画**は、次代の社会を担う子どもが健やかに生まれ、育成される社会の形成を目指す次世代育成支援対策推進法に基づいて策定される計画である。市町村行動計画、都道府県行動計画については、子ども・子育て支援法の施行により、その策定が義務から任意に変更された。

197 市町村**行動計画**および都道府県行動計画の内容は、①地域における子育て支援、②母性・乳児・幼児等の健康の確保や増進、③子どもの心身の健やかな成長に資する教育環境の整備、④良質な住宅および居住環境等の確保、⑤職業生活と家庭生活との両立の推進、⑥その他の次世代育成支援対策の実施、である。

198 従業員100人を超える一般事業主には、職業生活と家庭生活との両立を支援するための雇用環境の整備等について、一般事業主行動計画の策定と従業員への周知が義務づけられており、従業員100人以下の一般事業主は努力義務とされている。 出35-31（現社）

199 国および地方公共団体の機関等（特定事業主）は、特定事業主行動計画を策定し、公表しなければならない。一般事業主行動計画および特定事業主行動計画では、①計画期間、②次世代育成支援対策の実施による達成目標、③実施しようとする次世代育成支援対策の内容と実施時期を定めることとされている。

200 こども基本法の施行（2023（令和5）年4月1日）により、政府は**こども大綱**を定めなければならないこととなり、都道府県は都道府県こども計画を、市町村は市町村こども計画を定めるよう努めることとなった。 出36-47（行財）

201 困難な問題を抱える女性への支援に関する法律に基づき、**厚生労働大臣**は、困難な問題を抱える女性への支援のための施策に関する基本的な方針を定め、都道府県は、基本方針に即して、都道府県基本計画を定めなければならない。市町村は、基本方針に即し、かつ、都道府県基本計画を勘案して、市町村基本計画を定めるよう努めなければならない。

市町村地域福祉計画・都道府県地域福祉支援計画の内容

202 社会福祉法に規定する地域福祉計画は、市町村が策定する市町村地域福祉計画と都道府県が策定する都道府県地域福祉支援計画の総称である。地域福祉の推進に関する事項を一体的に定める計画であるとともに、2018（平成30）年4月からは福祉分野の「上位計画」として位置づけられ、市町村福祉計画および都道府県地域福祉支援計画の策定が努力義務となった。

203 厚生労働省子ども家庭局長・社会・援護局長・老健局長連名通知「地域共生社会の実現に向けた地域福祉の推進について」（2017（平成29）年12月12日子発1212第1号・社援発1212第2号・老発1212第1号）では、地域福祉計画の達成状況を住民等に明確に示すためにも、達成度の判断が容易に行えるよう可能な限り数値目標を示すことが望ましく、数値目標になじまない定性的な目標設定の場合でも具体的であることを旨とすべきとした。

出32-118（相理）

204 市町村地域福祉計画、都道府県地域福祉支援計画は、地域住民や学識経験者、市町村職員（都道府県職員）からなる計画策定委員会が策定する。計画期間は、他の計画との調整が必要であるため、おおむね5年とし3年で見直しを行うことが適当とされる。

出33-48（行財）

205 市町村地域福祉計画において、「地域における高齢者の福祉、障害者の福祉、児童の福祉その他の福祉に関し、共通して取り組むべき事項」として、計画に位置づけられている主な事項は図表33のとおりである（「市町村地域福祉計画策定状況等の調査結果概要（2022（令和4）年4月1日時点）」）。

図表33「地域における高齢者の福祉、障害者の福祉、児童の福祉その他の福祉に関し、共通して取り組むべき事項」として計画に位置づけられている事項（上位5項目）

策定済み1,476市町村の回答

共通して取り組むべき事項	策定済みと回答した市町村（割合）
① 生活困窮者のような各分野横断的に関係する者に対応できる体制	1,231（83.4％）
② 地域住民等が集う拠点の整備や既存施設等の活用	1,131（76.6％）
③ 市民後見人等の育成や活動支援、判断能力に不安がある者への金銭管理、身元保証人等、地域づくりの観点も踏まえた権利擁護の在り方	1,123（76.1％）
④ 高齢、障害、子ども・子育て等の各福祉分野のうち、特に重点的に取り組む分野に関する事項	1,016（68.8％）
⑤ 制度の狭間の課題への対応の在り方	986（66.8％）

出典：市町村地域福祉計画策定状況等の調査結果概要（2022（令和4）年4月1日時点）

出35-37（地域）

206 市町村地域福祉計画では、市町村は策定した計画について、定期的に調査、分析および評価を行うよう努めるとされている。

207 都道府県は、社会福祉法第108条において、市町村地域福祉計画の達成に資するために各市町村を通ずる広域的な見地から、市町村の地域福祉の支援に関する事項を一体的に定める計画として都道府県地域福祉支援計画を策定するよう努めるものとされ、公聴会の開催等住民などの意見を反映させるために必要な措置を講ずるよう努めるとともに、その内容を公表するよう努めるものとされている。

208 生活困窮者自立支援法の施行により、市町村地域福祉計画、都道府県地域福祉支援計画には、地域福祉推進の理念や基本目標を含む適切な部分に生活困窮者自立支援方策を位置づけ、既存の地域福祉施策との連携に関する事項の明記が求められている。また、生活困窮者の把握に関する事項、生活困窮者の自立支援に関する事項の明記も求められている。

厚生労働省社会・援護局長通知「市町村地域福祉計画及び都道府県地域福祉支援計画の策定について」(平成26年3月27日社援発0327第13号)による。

福祉計画の策定過程と方法

209 法律に基づく福祉計画については、「**一体のもの**」「**調和が保たれたもの**」など、それぞれの計画と他の法律等に規定する他の計画との連携について定められている場合がある（図表34参照）。

出32-48（行財）
出35-47（行財）
出35-134（高齢）

図表34 福祉計画と他の計画との関係

根拠法	計画名	他の計画との関係
社会福祉法	**市町村地域福祉計画**	規定なし
	都道府県地域福祉支援計画	
老人福祉法	**市町村老人福祉計画**	・市町村介護保険事業計画と**一体のもの**として作成されなければならない。 ・社会福祉法の規定による市町村地域福祉計画その他の法律の規定による計画であって老人の福祉に関する事項を定めるものと**調和が保たれたもの**でなければならない。
	都道府県老人福祉計画	・都道府県介護保険事業支援計画と**一体のもの**として作成されなければならない。 ・社会福祉法の規定による都道府県地域福祉支援計画その他の法律の規定による計画であって老人の福祉に関する事項を定めるものと**調和が保たれたもの**でなければならない。
介護保険法	**市町村介護保険事業計画**	・市町村老人福祉計画と**一体のもの**として作成されなければならない。 ・地域における医療及び介護の総合的な確保の促進に関する法律に規定する市町村計画との**整合性の確保が図られたもの**でなければならない。 ・社会福祉法の規定による市町村地域福祉計画、高齢者の居住の安定確保に関する法律の規定による市町村高齢者居住安定確保計画その他の法律の規定による計画であって要介護者等の保健、医療、福祉または居住に関する事項を定めるものと**調和が保たれたもの**でなければならない。

	都道府県介護保険事業支援計画	・都道府県老人福祉計画と**一体のもの**として作成されなければならない。 ・地域における医療及び介護の総合的な確保の促進に関する法律に規定する都道府県計画、医療法の規定による医療計画との**整合性の確保が図られたもの**でなければならない。 ・社会福祉法の規定による都道府県地域福祉支援計画、高齢者の居住の安定確保に関する法律の規定による都道府県高齢者居住安定確保計画その他の法律の規定による計画であって要介護者等の保健、医療、福祉または居住に関する事項を定めるものと**調和が保たれたもの**でなければならない。
共生社会の実現を推進するための認知症基本法	**市町村認知症施策推進計画**	・市町村地域福祉計画、市町村老人福祉計画、市町村介護保険事業計画その他の法令の規定による計画であって認知症施策に関連する事項を定めるものと調和が保たれたものでなければならない。
	都道府県認知症施策推進計画	・医療計画、都道府県地域福祉支援計画、都道府県老人福祉計画、都道府県介護保険事業支援計画その他の法令の規定による計画であって認知症施策に関連する事項を定めるものと調和が保たれたものでなければならない。
障害者基本法	**市町村障害者計画**	規定なし
	都道府県障害者計画	
障害者の日常生活及び社会生活を総合的に支援するための法律（障害者総合支援法）	**市町村障害福祉計画**	・市町村障害児福祉計画と**一体のもの**として作成することができる。 ・障害者基本法の規定による市町村障害者計画、社会福祉法の規定による市町村地域福祉計画その他の法律の規定による計画であって障害者等の福祉に関する事項を定めるものと**調和が保たれたもの**でなければならない。
	都道府県障害福祉計画	・都道府県障害児福祉計画と**一体のもの**として作成することができる。 ・障害者基本法の規定による都道府県障害者計画、社会福祉法の規定による都道府県地域福祉支援計画その他の法律の規定による計画であって障害者等の福祉に関する事項を定めるものと**調和が保たれたもの**でなければならない。 ・医療法の規定による医療計画と相まって、精神科病院に入院している精神障害者の退院の促進に資するものでなければならない。
児童福祉法	**市町村障害児福祉計画**	・市町村障害福祉計画と一体のものとして作成することができる。 ・障害者基本法の規定による市町村障害者計画、社会福祉法の規定による市町村地域福祉計画その他の法律の規定による計画であって障害児の福祉に関する事項を定めるものと**調和が保たれたもの**でなければならない。
	都道府県障害児福祉計画	・都道府県障害福祉計画と一体のものとして作成することができる。 ・障害者基本法の規定による都道府県障害者計画、社会福祉法の規定による都道府県地域福祉支援計画その他の法律の規定による計画であって障害児の福祉に関する事項を定めるものと**調和が保たれたもの**でなければならない。
次世代育成支援対策推進法	**市町村行動計画**	規定なし
	都道府県行動計画	
子ども・子育て支援法	**市町村子ども・子育て支援事業計画**	・市町村地域福祉計画、市町村教育振興基本計画その他の法律の規定による計画であって子どもの福祉または教育に関するものと**調和が保たれたもの**でなければならない。

	都道府県子ども・子育て支援事業支援計画	・都道府県地域福祉支援計画、都道府県教育振興基本計画その他の法律の規定による計画であって子どもの福祉または教育に関するものと**調和が保たれたもの**でなければならない。
こども基本法	**市町村こども計画**	・市町村子ども・若者計画、市町村における子どもの貧困対策についての計画その他法令の規定により市町村が作成する計画であってこども施策に関する事項を定めるものと**一体のもの**として作成することができる。
	都道府県こども計画	・都道府県子ども・若者計画、都道府県における子どもの貧困対策についての計画その他法令の規定により都道府県が作成する計画であってこども施策に関する事項を定めるものと**一体のもの**として作成することができる。
健康増進法	**市町村健康増進計画**	規定なし
	都道府県健康増進計画	
高齢者の医療の確保に関する法律	**都道府県医療費適正化計画**	・医療計画、都道府県介護保険事業支援計画、都道府県健康増進計画と**調和が保たれたもの**でなければならない。

210 社会福祉における住民参加には、①サービス利用過程への参加、②サービス提供過程への参加、③意思決定過程への参加の3つの次元がある。福祉計画における住民参加は、計画策定委員会等の委員としての参加と、ワークショップや住民懇談会などの技法による参加がある（図表35参照）。

出 32-118（相理）

図表35 住民参加の技法

ワークショップ	その場の目的に向かって、進行役が参加者と対話しながら、参加者同士が平等・対等な立場で行う共同作業。
住民懇談会	住民が地域の問題や課題について語り合う会合。提案型や参加型がある。
住民集会	地域住民が集まって行う集会。フォーラム、シンポジウム、パネルディスカッションなどの形態がある。
パブリックコメント	計画のある時点で利害関係者に素案を提示し、それに対する意見を集約するもの。
アンケート調査	利用者や地域住民などがアンケートを通じて計画の過程に参加することになる。ヒアリング調査も同様。

211 法律に基づく福祉計画については、策定・変更にあたって「意見を聴かなければならない」「公表するよう努める」などの手続きが定められている場合がある（図表36参照）。

出 33-47（行財）
出 34-48（行財）

図表36 **福祉計画の策定・変更時に必要な住民等の意見の反映、公表等**

計画名	住民等の意見の反映等に関する事項	提出や公表に関する事項
市町村地域福祉計画	あらかじめ、地域住民、社会福祉事業経営者その他社会福祉活動を行う者の意見を反映させる**よう努める**。	その内容を**公表するよう努める**。
都道府県地域福祉支援計画	あらかじめ、公聴会の開催等住民その他の者の意見を反映させる**よう努める**。	その内容を**公表するよう努める**。
市町村老人福祉計画	あらかじめ、都道府県の意見を**聴かなければならない**。	遅滞なく、都道府県知事に**提出しなければならない**。
都道府県老人福祉計画	——	遅滞なく、厚生労働大臣に**提出しなければならない**。
市町村介護保険事業計画	あらかじめ、被保険者の意見を反映させるために必要な措置を**講じるものとする**。 あらかじめ、都道府県の意見を**聴かなければならない**。	遅滞なく、都道府県知事に**提出しなければならない**。
都道府県介護保険事業支援計画	——	遅滞なく、厚生労働大臣に**提出しなければならない**
市町村認知症施策推進計画	認知症の人及び家族等の意見を聴くよう努めなければならない。	遅滞なく、これをインターネットの利用その他適切な方法により公表するよう努めなければならない。
都道府県認知症施策推進計画		
市町村障害者計画	合議制の機関を設置している場合はその意見を、その他の場合は障害者その他の関係者の意見を**聴かなければならない**。	市町村議会に**報告する**とともに、**公表しなければならない**。
都道府県障害者計画	合議制の機関の意見を**聴かなければならない**。	都道府県議会に**報告する**とともに、**公表しなければならない**。
市町村障害福祉計画	あらかじめ、住民の意見を反映させるために必要な措置を**講じるよう努める**。 **協議会**を設置したときは、あらかじめ、協議会の意見を**聴くよう努める**。 合議制の機関を設置したときは、あらかじめ、その機関の意見を**聴かなければならない**。 あらかじめ、都道府県の意見を**聴かなければならない**。	遅滞なく、都道府県知事に**提出しなければならない**。
都道府県障害福祉計画	協議会を設置したときは、あらかじめ協議会の意見を**聴くよう努める**。 あらかじめ、合議制の機関の意見を**聴かなければならない**。	遅滞なく、主務大臣（厚生労働大臣等）に**提出しなければならない**。
市町村障害児福祉計画	あらかじめ、住民の意見を反映させるために必要な措置を**講じるよう努める**。 協議会を設置したときは、あらかじめ、協議会の意見を**聴くよう努める**。 合議制の機関を設置したときは、あらかじめ、その機関の意見を**聴かなければならない**。	遅滞なく、都道府県知事に**提出しなければならない**。

	あらかじめ、都道府県の意見を**聴かなければならない**。	
都道府県障害児福祉計画	協議会を設置したときは、あらかじめ、協議会の意見を**聴くよう努める**。 あらかじめ、合議制の機関の意見を**聴かなければならない**。	遅滞なく、内閣総理大臣に**提出しなければならない**。
市町村子ども・子育て支援事業計画	あらかじめ、審議会その他の合議制の機関を設置したときはその意見を、その他の場合は子どもの保護者その他子ども・子育て支援にかかる当事者の意見を**聴かなければならない**。 あらかじめ、インターネットの利用等の方法により広く住民の意見を求めること等住民の意見を反映させるために必要な措置を**講じるよう努める**。 あらかじめ、都道府県に**協議しなければならない**。	遅滞なく、都道府県知事に**提出しなければならない**。
都道府県子ども・子育て支援事業支援計画	あらかじめ、審議会その他の合議制の機関を設置したときはその意見を、その他の場合は子どもの保護者その他子ども・子育て支援に係る当事者の意見を**聴かなければならない**。	遅滞なく、内閣総理大臣に**提出しなければならない**。
市町村こども計画	――	遅滞なく、これを**公表しなければならない**。
都道府県こども計画	――	遅滞なく、これを**公表しなければならない**。
市町村子ども・若者計画	――	遅滞なく、これを**公表しなければならない**。
都道府県子ども・若者計画	――	遅滞なく、これを**公表しなければならない**。
市町村における子どもの貧困対策についての計画	――	遅滞なく、これを**公表しなければならない**。
都道府県における子どもの貧困対策についての計画	――	遅滞なく、これを**公表しなければならない**。
都道府県における困難な問題を抱える女性への支援のための施策の実施に関する基本的な計画	――	遅滞なく、これを**公表しなければならない**。
市町村における困難な問題を抱える女性への支援のための施策の実施に関する基本的な計画	――	遅滞なく、これを**公表しなければならない**。

福祉計画の実施と評価

212 1969（昭和44）年の地方自治法改正により、地方自治体の総合計画（基本構想）に、ローリング方式の**PDSサイクル**（Plan-Do-See）が採用された。近年では、計画のプロセスモデルに**PDCAサイクル**（Plan-Do-Check-Action）が取り入れられている。

213 ニーズ推計とは、ニーズを一定の基準で分類し、その類型ごとに出現率の推計等を行い、それに対応するサービスの種類や必要量を算出する手法である。

214 福祉計画の評価では、①計画（プランニング）と、②計画の実質的な内容（プログラム）を区別して検討する。

出32-41（地域）
出33-41（地域）
出34-41（地域）

215 プログラム評価には、ニーズ評価（プログラムによる社会的介入が必要か）、セオリー評価（プログラムが論理的な構造をもっているか）、プロセス評価（プログラムが意図されたとおりに実施されているか）、アウトカム評価あるいはインパクト評価（プログラムが効果・成果に貢献しているか）、効率性評価（プログラムが効率的に実施されているか）の5種類の評価がある（図表37参照）。

図表37 プログラム評価の構成要素

投入資源	サービス実施のために投入された物的・人的資源およびサービス活動量
過程	サービスの実施過程と利用者に対して用いられる方法・技術としてのソーシャルワーク実践
産出	サービスの利用者数などサービスの量や産出された物による評価
効果	サービスの目標として設定されたニーズの充足度、サービス実施の結果として利用者やその家族、地域社会にもたらした便益
効率	投入資源と効果の関連から、具体的な目標として設定された効果に対する資源投入が最も効率的であるものの選択

216 施策評価では、行政活動に投入された資源を表すインプット指標、事業の実施過程を表すプロセス指標、行政活動の結果を表すアウトプット指標、行政活動の結果として人々が受ける効果（成果）を表すアウトカム指標が用いられる。

217 業績指標の数値を達成目標の基準値と比較して評価する技法を**ベンチマーク法**（ベンチマーキング）と呼ぶ。しかし、福祉計画の評価は、量的な評価方法だけではとらえきれない特性があり、質的な評価方法と組み合わせた総合的な評価が重要である。

218　パブリックコメントとは意見公募手続のことで、行政機関が政令、省令などを制定するに当たって、事前に案を示し、その案について広く国民から意見や情報を募集するものをいう。2005（平成17）年の行政手続法の改正により新設された。 出 33-41（地域）

219　市町村（都道府県）は、定期的に、策定した市町村地域福祉計画（都道府県地域福祉支援計画）の調査、分析、評価に努め、必要に応じ計画を変更するものとする。地域福祉計画の評価は、定量的な変化等だけでなく、地域住民等の意識や行動の変化といった、直接的な成果として得られてきたものやその広がり（影響）にも着目し、そこを伸ばしていくという視点も重要である。

220　市町村地域福祉計画を策定済みの1476市町村（特別区を含む）のうち、計画を定期的に点検しているのは970市町村（65.7％）で、うち600市町村（61.9％）が計画の評価実施体制を構築（評価委員会等を設置）している（2022（令和4）年4月1日時点）。

221　市町村（都道府県）は、市町村介護保険事業計画（都道府県介護保険事業支援計画）に定められた施策の実施状況および目標の達成状況に関する調査および分析を行い、実績に関する評価を行うものとされている。 出 32-46（行財） 出 33-47（行財）

222　市町村（都道府県）は、適時に、市町村（都道府県）認知症施策推進計画に基づいて実施する施策の実施状況の評価を行い、その結果をインターネットの利用その他適切な方法により公表するよう努めなければならないとされている。

223　障害者基本法に基づく障害者基本計画の実施状況については、障害者政策委員会（障害者基本法第32条第1項に基づき、内閣府に設置）が監視をし、必要があるときは、内閣総理大臣等に勧告を行う。 出 35-42（行財）

224　市町村障害者計画の評価については、障害者基本法には定められていないが、「市町村障害者計画策定指針」（1995（平成7）年5月障害者対策推進本部）では、市町村は、市町村障害者計画について定期的な調査、分析および評価を行い、必要な計画の変更等の措置を講ずるものとされている。 出 32-46（行財）

225　市町村（都道府県）は、市町村障害福祉計画（都道府県障害福祉計画）に定められた項目に関して定期的に調査、分析、評価を行い、必要があると認めるときは、計画を変更することその他の必要な措置を講ずるものとされている。

226　市町村および都道府県は、各年度において、市町村子ども・子育て支 出 32-46（行財）

援事業計画および都道府県子ども・子育て支援事業支援計画に基づく施策の実施状況等について点検、評価し、この結果を公表するとともに、これに基づいて対策を実施する。

227 市町村は、次世代育成支援対策推進法の規定による市町村行動計画に基づく措置の実施状況に関する定期的な評価を行い、必要があると認めるときは、計画を変更することその他の必要な措置を講ずるよう努めるものとされている。都道府県行動計画に対しては、都道府県に同様の義務がある。

228 医療法に規定する**医療計画**は、6年ごと（居宅等医療等事項については3年ごと）に目標の達成状況等を、都道府県が調査、分析および評価を行うものとされている。

229 高齢者の医療の確保に関する法律に規定する都道府県医療費適正化計画は、計画期間終了の翌年度に目標の達成状況等を、都道府県が調査、分析および評価を行うものとされている。

230 高齢者の医療の確保に関する法律では、保険者と後期高齢者広域連合が都道府県ごとに共同で保険者協議会を組織するよう努めるものとし、医療費などに関する情報の調査および分析の業務を行うこと等が規定されている。

4 地域社会の変化と多様化・複雑化した地域生活課題

地域社会の概念と理論

231 人口規模が大きく住民の異質性が高いという、都市の社会環境からもたらされる人々の生活様式を**アーバニズム**という。ワース(Wirth, L.)のアーバニズム論は、都市では第一次的関係である親族関係や近隣関係が弱体化し、コミュニティが形成されにくいという**コミュニティ解体論**であった。

出33-16（社会）

受験対策アドバイス
科目「社会学と社会システム」の学習内容と重複する事柄が多い項目です。「社会学と社会システム」の学習成果を基礎とした上で取り組むなど、両科目の関係性を意識した学習計画を立てましょう。

232 アクセルロッド（Axelrod, R.）らは、都市において第一次的関係の存続を実証し、成員間が間接的な繋がりである集団の第二次的関係が第一次的関係にとってかわることを否定する**反アーバニズム論**を主張した。

233 マッキーヴァー（MacIver, R.）は、コミュニティを「社会的存在の共同生活の焦点」とし、アソシエーションは「ある共同の関心または諸関心の追求のために明確に設立された社会生活の組織体」とした。

234 ウェルマン（Wellman, B.）は、第一次的関係の空間的制約から解放された「近接性なきコミュニティ」のかたちをとる**コミュニティ解放論**を唱えた。

出33-16（社会）

235 奥田道大は、住民の行動体系における主体化－客体化と、意識体系における普遍化－特殊化の２つの軸を組み合わせ、住民類型・住民意識・住民組織・地域リーダーがそれぞれ異なる４つのコミュニティモデルを提唱した(図表38参照)。

236 奥田道大によると、①**地域共同体モデル**はムラ社会的なコミュニティ、②**伝統的アノミーモデル**は都市化しつつある郊外における旧住民と新住民の軋轢があるコミュニティ、③**個我モデル**は権利意識の高い住民によるコミュニティ、④**コミュニティモデル**は住民が自らをまちづくりの主体と位置づけたコミュニティであり、①から④に向かって段階的に発展していくとした。

237 国民生活審議会調査部会コミュニティ問題小委員会の「**コミュニティ――生活の場における人間性の回復**」(1969（昭和44）年）では、コミュニティを「生活の場において、市民としての自主性と責任を自覚した個人および家庭を構成主体として、地域性と各種の共通目標をもった、開放的でしかも構成員相互に信頼感のある集団」と定義した。

図表38 コミュニティの4類型の特徴

	地域共同体モデル	伝統的アノミーモデル	個我モデル	コミュニティモデル
住民類型	伝統型住民層	無関心型住民層	権利要求型住民層	自治型住民層
住民意識	地元共同意識	放任一静観的意識	“市民”型権利意識	住民主体者意識
住民組織	「旧部落・町内会」型組織	行政系列型（行政伝達型）組織	対行政圧力団体型（要求伝達型）組織	住民自治型組織
地域リーダー	名望有力者型リーダー	役職有力者型リーダー	組織活動家型リーダー	有限責任型リーダー

出典：奥田道大『現代社会学叢書 都市コミュニティの理論』東京大学出版会、1983年、32頁

238 国民生活審議会総合企画部会の「**コミュニティ再興と市民活動の展開**」（2005（平成17）年）では、コミュニティを「地域の様々なニーズや課題に対応するため、自主性と責任を自覚した人々が、問題意識を共有するもの同士で自発的に結びつき、ニーズや課題に能動的に対応する人と人とのつながりの総体」と定義した。

239 国民生活審議会総合企画部会の「コミュニティ再興と市民活動の展開」（2005（平成17）年）では、同じ生活圏域に居住する住民の間でつくられる町内会などの**エリア型コミュニティ**と、地理的な境界にとらわれない特定のテーマのもとに有志が集まって形成される市民活動団体などの**テーマ型コミュニティ**を比較検討した。

地域社会の変化

240 世帯とは、住居と生計を共同する人々からなる集団であり非親族を含む。一方、家族とは、居住親族集団として、同居して同一世帯を形成する。ただし、家族には、就学等で一時的な他出者も含まれる。

出 34-18（社会）

241 2020（令和2）年の**国勢調査**によると、世帯数は5583万世帯で2015（平成27）年から238万1000世帯の増加（4.5％増）となっている。世帯の種類別では、一般世帯数は5570万5000世帯となり、一般世帯人員は1億2316万3000人で、一般世帯の1世帯当たり人員は2.21人となっている（図表39参照）。

出 34-18（社会）

✏ 国勢調査における「一般世帯」とは、「施設等の世帯」以外の世帯をいう。「施設等の世帯」とは、学校の寮・寄宿舎の学生・生徒、病院・療養所などの入院者、社会施設の入所者などからなる世帯をいう。

242 2000（平成12）年以降、一般世帯数は一貫して増加している一方で、一般世帯の1世帯当たり人員は一貫して減少している。

図表39 一般世帯数及び一般世帯の1世帯当たり人員の推移（2000年～2020年）

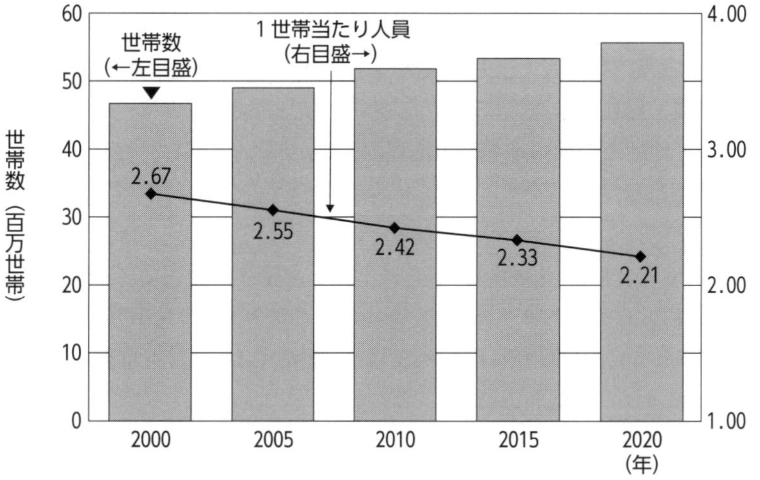

資料：2020（令和２）年の国勢調査「図Ⅰ－４－１　一般世帯数及び一般世帯の１世帯当たり人員の推移（2000年～2020年）」

243 世帯構造別にみた世帯数の構成割合の年次推移をみると、一貫して三世代世帯の割合が減少し、単独世帯と夫婦のみ世帯の割合が増加している（**図表40参照**）。　　出 34-18（社会）

図表40 世帯構造別にみた世帯数の構成割合の年次推移

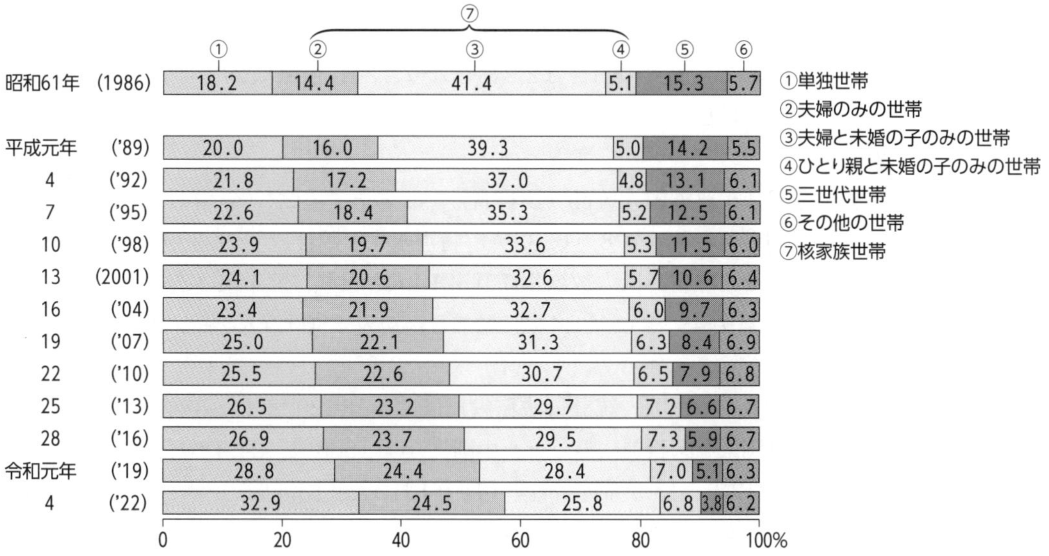

資料：厚生労働省政策統括官（統計・情報政策担当）「グラフでみる世帯の状況――国民生活基礎調査（平成28年）の結果から」2018. を一部改変

244 過疎地域自立促進特別措置法における過疎地域とは、人口の著しい減少に伴って地域社会における活力が低下し、生産機能および生活環境の整備等が他の地域に比較して低位にある地域のことである。全国1718市町村（東京23区除く）のうち、総務省が過疎地域に指定する自治体は2022（令和4）

年度に885市町村となり初めて半数を超えた（51.5％）。

245 農林統計で定義される農業地域類型のうち、都市的地域と平地農業地域を除く、**中間農業地域**と**山間農業地域**を合わせた地域を**中山間地域**という。食料・農業・農村基本法第35条で定義する**中山間地域等**とは、「山間地及びその周辺の地域その他の地勢等の地理的条件が悪く、農業の生産条件が不利な地域」である。

246 2020（令和2）年の国勢調査によると、総人口に占める65歳以上人口の割合は28.6％であるが、これを都道府県別にみると、秋田県（37.5％）、高知県（35.5％）、山口県（34.6％）で高く、沖縄県（22.6％）、東京都（22.7％）、愛知県（25.3％）で低い。

247 2020（令和2）年の国勢調査で年齢3区分別人口の割合を市町村別にみると、15歳未満人口の割合が最も高いのは鹿児島県三島村（23.5％）、最も低いのは福島県大熊町（0.1％）、65歳以上人口の割合が最も高いのは群馬県南牧村（65.2％）、最も低いのは福島県大熊町（10.3％）と地域差が大きい。

248 2020（令和2）年の国勢調査によると、東京都など8都県で人口が増加する一方、39道府県では減少した。また、東京都など5都県は人口増加が加速し、岩手県など33道府県では人口減少が加速した。一方で、総人口に占める外国人の割合は2.2％となり、2015（平成27）年調査時の1.5％から上昇した。

249 在留外国人統計（法務省）によると、2022（令和4）年末時点で中長期在留者数は278万6233人、特別永住者数は28万8980人で、これらを合わせた在留外国人数は307万5213人となり、前年末（276万635人）に比べ31万4578人（11.4％）増加し、初めて300万人を超えた。

250 在留外国人統計（法務省）によると、2022（令和4）年末時点の在留外国人を国籍別にみると、中国（76万1563人、24.8％）、ベトナム（48万9312人、15.9％）、韓国（41万1312人、13.4％）の順に多く、近年、ベトナムの割合が急増している。

251 在留外国人統計（法務省）によると、2022（令和4）年末時点の在留資格別では、永住者（86万3936人、28.1％）、技能実習（32万4940人、10.6％）、技術・人文知識・国際業務（31万1961人、10.1％）の地位をもって在留する者の順に多い。

多様化・複雑化した地域生活課題の現状とニーズ

252　**ひきこもり**とは、さまざまな要因の結果として社会的参加（就学、就労、家庭外での交遊など）を回避し、原則的には**6か月以上**にわたって概ね家庭にとどまり続けている状態を指す現象概念（他者と交わらない形での外出をしていてもよい）である。

✏ 2022（令和4）年度「こども・若者の意識と生活に関する調査」（内閣府）によれば、15歳から64歳でひきこもり状態にある人は約146万人と推計された。

253　**ひきこもり地域支援センター**事業では、地域の多様な関係機関で構成される連絡協議会を設置する等、ネットワークづくりに努めるとされている。ひきこもり地域支援センターでは、社会福祉士、精神保健福祉士、臨床心理士等の資格を有するひきこもり支援コーディネーターが、ひきこもりの状態にある人やその家族への相談支援、地域における関係機関とのネットワークの構築、ひきこもり支援にかかわる情報の提供等、地域におけるひきこもり支援の拠点としての役割を担っている。　出35-40（地域）

254　2022（令和4）年度からは、都道府県および指定都市に加えて、市町村がひきこもり地域支援センターの設置主体となり、ひきこもり支援の核となる相談支援・居場所づくり・ネットワークづくりを一体的に実施するひきこもり支援ステーション事業が開始された。ひきこもり支援ステーション事業では、相談支援、居場所づくり、連絡協議会・ネットワークづくりを必須事業としており、各市町村の実情に応じた個別の任意事業を実施する。　出35-40（地域）

255　**ニート**（Not in Education, Employment or Training：NEET）は、イギリスの労働政策において支援の対象として用い始められた概念で、就学、就業、職業訓練のいずれもしていない人を指す。日本におけるニートの定義は、労働力調査（総務省）における「①15歳～39歳の、②非労働力人口（就業者、完全失業者以外の者）のうち、家事も通学もしていない者」（若年無業者）である。　出34-27（現社）

256　「労働力調査（基本集計）2022年（令和4年）平均結果」によれば、若年無業者数は2022年平均で57万人で、若年無業者の人口に対する割合は2.3％であった。

257　**ヤングケアラー**とは、「家族にケアを要する人がいる場合に、大人が担うようなケア責任を引き受け、家事や家族の世話、介護、感情面のサポートなどを行っている、18歳未満の子どものこと」（日本ケアラー連盟による定義）である。　出36-33（地域）

出 34-27（現社）

258　**8050問題**とは、80歳代の要介護高齢者の親が50歳代のひきこもりの子どもの生活を支え社会的に孤立した状態を表し、その世帯は**8050世帯**と呼ばれる。

出 34-27（現社）

259　**ダブルケア**とは、育児期にある者が親の介護も同時に担う世帯の状態およびそのケア関係のことである。少子高齢化、晩婚・晩産化、核家族化などが背景にある。

260　アルコール依存症とは、アルコールを繰り返し多量に摂取した結果、アルコールに対し依存を形成し、生体の精神的および身体的機能が持続的あるいは慢性的に障害されている状態のことをいう。

2020（令和2）年の患者調査によると、同年10月時点でのアルコール依存症の推計患者数は、1万900人（うち、入院7500人、外来3400人）で、1996（平成8）年の2万1700人から約半減した。

出 34-6（人体）

261　2021（令和3）年に施行されたギャンブル等依存症対策基本法に基づき、政府は「**ギャンブル等依存症対策推進基本計画**」を策定する。都道府県は、ギャンブル等依存症対策推進基本計画を基本とするとともに、当該都道府県の実情に即した「**都道府県ギャンブル等依存症対策推進計画**」を策定するよう努めなければならない。

出 32-27（現社）

262　多文化共生社会とは、国民および在留外国人の一人ひとりが、社会の対等な構成員として、国籍及び社会的文化的背景を認め合い、相互に人格と個性を尊重しつつ支え合いながら共生する社会のことである。在日外国人のなかで、1980年代以降に渡日し長期滞在する外国人はニューカマー、それ以前から居住していた在日韓国・朝鮮人とその子孫はオールドカマーと呼ばれる。

263　出入国在留管理庁によると、2022（令和4）年の難民認定申請者数は3772人（前年比56.3％増）、審査請求数は4461人（前年比10.3％増）であった。出入国在留管理庁によると、2022（令和4）年の難民認定手続の結果、日本での在留を認めた外国人は1962人（内訳：難民と認定した外国人が202人、難民とは認定しなかったものの人道的な配慮を理由に在留を認めた外国人が1760人）であった。

出 32-46（行財）
出 35-47（行財）

264　2006（平成18）年に施行された**自殺対策基本法**に基づき、政府は「**自殺総合対策大綱**」を定める。都道府県は、自殺総合対策大綱および地域の実情を勘案して「都道府県自殺対策計画」を、市町村は、自殺総合対策大綱および都道府県自殺対策計画ならびに地域の実情を勘案して「市町村自殺対策計画」を定める。

265 「令和4年中における自殺の状況」（厚生労働省自殺対策推進室）によると、自殺者総数は2万1881人（前年比4.2％増）で、年齢階級別では、50歳代（18.7％）、40歳代（16.7％）、70歳代（13.7％）の順に多い。

地域福祉と社会的孤立

266 ピーター・タウンゼント（Peter Townsend）は、仲間づきあいの欠如あるいは喪失による好ましからざる感情を抱く主観的な**孤独**（loneliness）と、客観的に家族やコミュニティとほとんど接触がない**社会的孤立**（social isolation）とに区分し定義した。

267 社会的孤立には6つの事象（①家族からの孤立、②近隣社会からの孤立、③集団、組織からの孤立、④情報からの孤立、⑤制度・サービスからの孤立、⑥社会的役割からの孤立）がある。厚生労働省は、「『社会的な援護を要する人々に対する社会福祉のあり方に関する検討会』報告書」（2000（平成12）年）によって、社会的孤立や社会的排除を問題視し、ソーシャル・インクルージョン（社会的包摂）の必要性を提起した。

268 2024（令和6）年4月1日に施行された**孤独・孤立対策推進法**により、**内閣総理大臣**を本部長とする**孤独・孤立対策推進本部**が内閣府に設置された。孤独・孤立対策推進本部は、孤独・孤立対策に関する施策の推進を図るための重点計画（**孤独・孤立対策重点計画**）を作成しなければならない。 出35-42（行財）

269 地方公共団体は、孤独・孤立対策を推進するために必要な連携および協働を図るため、単独でまたは共同して、当事者等に対する支援の関係機関等により構成される**孤独・孤立対策地域協議会**を置くよう努めることとなった。 出35-42（行財）

270 社会的排除（ソーシャル・エクスクルージョン：social exclusion）とは、物質的・金銭的欠如のみならず、居住、教育、保健、社会サービス、就労などの多次元の領域において個人が排除され、社会的交流や社会参加さえも阻まれ、徐々に社会の周縁に追いやられていくことを指す。 出35-116（相理）

271 ピーター・タウンゼント（Peter Townsend）は、貧困から発生する問題として、社会的交流や社会参加の欠如、住居・教育などへのアクセスの困難などの社会的排除を指摘した。

272 社会的排除の概念は、フランスで提唱され、欧州委員会（EC）は加盟国に「**貧困と社会的排除に抗するナショナル・アクション・プラン**」を設定することを義務づけている。

✏ 社会的包摂（ソーシャル・インクルージョン：social inclusion）は、社会的排除の対になる考え方で、社会から疎外されがちな人々を排除せず、社会の構成員として包み込み共生社会を目指す理念である。

273 **セルフネグレクト**とは、健康、生命および社会生活の維持に必要な、個人衛生、住環境の衛生若しくは整備または健康行動を放任・放置している状態のことである。

5 地域共生社会の実現に向けた包括的支援体制

包括的支援体制

274 市町村には、重層的支援体制整備事業をはじめとする措置を通じて、地域生活課題の解決のための支援が包括的に提供される体制を整備するよう努めることが求められている（社会福祉法第106条の3第1項）。

出 35-33（地域）
出 35-34（地域）
出 35-36（地域）
出 36-35（地域）
出 34-35（地域）
出 35-46（行財）

275 包括的支援体制とは、「地域住民等や地域生活課題の解決に資する支援を行う関係機関が地域福祉の推進のための相互の協力が円滑に行われ、地域生活課題の解決に資する支援が包括的に提供される体制」（「社会福祉法に基づく市町村における包括的な支援体制の整備に関する指針」（平成29年厚生労働省告示第355号））のことである。

受験対策アドバイス
重層的支援体制整備事業を中心として、政策として進めている包括的支援体制の整備・推進の動向を掴んでおきましょう。

地域包括ケアシステム

276 地域包括ケアシステムとは、おおむね30分以内に必要なサービスが提供される日常生活圏域で、地域の特性や個々人のニーズに応じて、医療・介護・予防・住まい・生活支援が一体的に提供される地域での体制である。

277 第7期障害福祉計画および第3期障害児福祉計画にかかる「障害福祉サービス等及び障害児通所支援等の円滑な実施を確保するための基本的な指針」において、精神障害にも対応した地域包括ケアシステムの構築が謳われ、精神病床における早期退院率などの数値目標が掲げられた。

278 子育て世代包括支援センター（母子保健法上の名称：母子健康包括支援センター）は、市町村に設置の努力義務がある施設であり、妊娠期から子育て期の世帯を対象として、母性ならびに乳児および幼児の健康の保持および増進に関する包括的な支援を行う（母子保健法第22条）。

出 35-75（保医）

生活困窮者自立支援の考え方

279 生活困窮者とは、就労の状況、心身の状況、地域社会との関係性その他の事情により、現に経済的に困窮し、最低限度の生活を維持することができなくなるおそれのある者である（生活困窮者自立支援法第3条第1項）。

出 36-33（地域）

280 生活困窮者に対する自立の支援は、生活困窮者の尊厳の保持を図りつつ、生活困窮者の就労の状況、心身の状況、地域社会からの孤立の状況その他の状況に応じて、包括的かつ早期に行われなければならない（**生活困窮者自立支援法第２条第１項**）。

281 生活困窮者に対する自立の支援は、地域における福祉、就労、教育、住宅その他の生活困窮者に対する支援に関する業務を行う関係機関及び民間団体との緊密な連携その他必要な支援体制の整備に配慮して行われなければならない（**生活困窮者自立支援法第２条第２項**）。

282 生活困窮者自立支援制度における主な事業は、図表41のとおりである。これらの事業の運営実施主体は、福祉事務所設置自治体となる。

図表41 生活困窮者自立支援制度における主な事業

① 生活困窮者自立相談支援事業 ② 生活困窮者住居確保給付金	必須事業
③ 生活困窮者就労準備支援事業 ④ 生活困窮者家計改善支援事業 ⑤ 生活困窮者一時生活支援事業 ⑥ 子どもの学習・生活支援事業	任意事業
⑦ 認定生活困窮者就労訓練事業（いわゆる中間的就労）	
⑧ その他の生活困窮者の自立の促進を図るために必要な事業	

283 **自立相談支援機関**は、生活困窮者自立支援制度の中核を担う機関であり、生活困窮者等からの相談に応じ必要な情報の提供や助言、関係機関との連絡調整等を行い、認定就労訓練事業の利用のあっせん、プランの作成等の支援を包括的に行う自立相談支援事業を実施する。主任相談支援員、相談支援員、就労支援員が配置されるが、小規模自治体等において兼務は可能であり、法令上の基準はない。

284 「地域共生社会に向けた包括的支援と多様な参加・協働の推進に関する検討会（地域共生社会推進検討会）最終とりまとめ」では、「具体的な課題解決を目指すアプローチ」と「つながり続けることを目指すアプローチ」とを支援の両輪として組み合わせていくことが必要としている。

285 生活困窮者自立支援においては、伴走型の支援が求められる。伴走型の支援とは、支援者と本人が継続的につながりかかわり合いながら、本人と周囲との関係を広げていくことを目指す支援であり、「つながり続けることを目指すアプローチ」に位置づけられる。

地域共生社会の実現に向けた各種施策

286 2020（令和2）年の社会福祉法の改正で、第6条に第3項が追加され、地域生活課題の解決に資する包括的支援体制の整備に関する国および地方公共団体の責務に関する規定ならびに市町村が行う**重層的支援体制整備事業**に関する国および都道府県の責務に関して規定された。

287 2020（令和2）年の改正で社会福祉法に第106条の4が追加され、**重層的支援体制整備事業**が創設された。それによると、市町村は、社会福祉法に基づく事業およびその他の法律に基づく事業を一体のものとして実施することにより、地域生活課題を抱える地域住民およびその世帯に対する支援体制ならびに地域住民等による地域福祉の推進のために必要な環境を一体的かつ重層的に整備する事業として、**重層的支援体制整備事業**を行うことができることとされた。

出34-35（地域）
出35-33（地域）
出36-35（地域）

288 重層的支援体制整備事業は、①**断らない相談支援**（本人・世帯の属性にかかわらず受け止める相談支援）、②**参加支援**（本人・世帯の状態に合わせ、地域資源を活かしながら、就労支援、居住支援などを提供することで社会とのつながりを回復する支援）、③**地域づくりに向けた支援**（地域社会からの孤立を防ぐとともに、地域における多世代の交流や多様な活躍の機会と役割を生み出す支援）の**3**本柱で構成される。

出35-33（地域）
出35-36（地域）

6 地域共生の実現に向けた多機関協働

多機関協働を促進する仕組み

出34-40（地域）

受験対策アドバイス
多機関協働を促進する仕組みとして、法定化されている合議体の種類と目的、構成員を確認しておきましょう。

289 **協議体**は、介護保険法第115条の45第2項第5号に基づく生活支援体制整備事業により、市町村が設置主体となって、地域の住民や各種団体、企業の関係者など、さまざまな人々が連携しながら多様な日常生活上の支援体制の充実、強化および高齢者の社会参加の推進を一体的に図っていくことを目標に創設された。

290 地域包括支援センターは、高齢者の地域生活を包括的に支援する中核的機関である。包括的支援事業として、①第1号介護予防支援業務、②総合相談支援業務、③権利擁護業務、④包括的・継続的ケアマネジメント支援業務を行うが、包括的支援事業のなかには、地域包括支援センター以外にも委託できるものもある。総合相談支援業務は、配置された社会福祉士、保健師、主任介護支援専門員が連携して行うこととされている。

出34-40（地域）

291 **地域ケア会議**は、介護支援専門員、保健医療および福祉に関する専門的知識を有する者、民生委員その他の関係者、関係機関および関係団体により構成される会議で、地域包括支援センターまたは市町村が主催する。

出34-40（地域）

292 地域ケア会議は、ケアマネジメントの支援、地域包括支援ネットワークの構築、地域課題の把握などを目的としている。支援困難事例について検討する地域ケア個別会議と地域レベルの課題を検討する地域ケア推進会議とがある。

293 **地域包括支援センター運営協議会**は、地域包括支援センターの運営を地域の関係者全体で協議し、適切、公正かつ中立的な運営を確保しているか評価する場として、市町村ごとに設置されている。

294 地域包括支援センター運営協議会の構成員については、市町村の裁量に委ねられているが、介護サービスおよび介護予防サービスに関する事業者・職能団体、それらサービスの利用者・介護保険の被保険者、地域の社会的資源や権利擁護、相談事業等を担う関係者、地域ケアに関する学識経験者から選定する。

出32-140（児童）

295 2004（平成16）年の児童福祉法改正で設置された要保護児童対策地

域協議会は、要保護児童の早期発見や適切な保護を図るために関係機関がその子どもに関する情報や考え方を共有し、関係機関による円滑な連携・協力を確保するために設置された。

296 **障害者自立支援協議会**は、関係機関等が相互の連絡を図ることにより、地域における障害者等への支援体制に関する課題について情報を共有し、関係機関等の連携の緊密化を図るとともに、地域の実情に応じた体制の整備について協議を行う。障害者の日常生活及び社会生活を総合的に支援するための法律に基づき、地方公共団体は、単独で又は共同して、協議会を置くように努めなければならない。

福祉以外の分野との機関協働の実際

297 **社会的企業**とは、福祉、環境、教育などの社会的課題の解決を目指し、その解決手段としてビジネスの手法を用いたソーシャルビジネスに取り組む企業のことをいう。ソーシャル・エンタープライズ（social enterprise）ともいう。 出35-32（地域）

298 **農福連携**とは、障害者等が農業分野で活躍することを通じ、自信や生きがいをもって社会参画を実現していく取り組みである。「農福連携等推進ビジョン」（2019（令和元）年）では、「農福連携を、農業分野における障害者の活躍促進の取組にとどまらず、ユニバーサルな取組として、農業だけでなく様々な産業に分野を広げるとともに、高齢者、生活困窮者、ひきこもりの状態にある者等の就労・社会参画支援、犯罪・非行をした者の立ち直り支援等にも対象を広げ、捉え直すことも重要である」としている。

299 **コミュニティビジネス**とは、地域生活課題の解決を「ビジネス」の手法で取り組むものであり、地域の人材やノウハウ、施設、資金を活用することにより、地域における新たな創業や雇用の創出、働きがい、生きがいを生み出し、地域コミュニティの活性化が期待される。

300 **地方創生**とは、少子高齢化の進展に対応し人口減少を抑制するとともに、東京圏への人口の過度の集中を是正し、それぞれの地域で住みよい環境を確保して、将来にわたって活力ある日本社会を維持していくことを目指すものである。 出32-23（現社）

7 災害時における総合的かつ包括的な支援体制

非常時や災害時における法制度

受験対策アドバイス

災害対策基本法は、大災害が発生するたびに見直しがなされています。法制度の変遷を含めた基礎的な理解が求められます。また、事例問題にも対応できるよう、災害時の取り組みの実際を理解しておきましょう。

301 災害救助法は、1946（昭和21）年の南海地震を契機に罹災救助基金法に代わるものとして成立し、**災害対策基本法**は、1959（昭和34）年に発生した伊勢湾台風を契機に成立した。

302 2013（平成25）年の災害対策基本法の改正では、高齢者、障害者、乳幼児等の防災施策において特に配慮を要する人々のことを**要配慮者**、要配慮者のなかでも特に避難行動に支援を要する人々のことを**避難行動要支援者**と定義している。

出 32-112（相理）
出 34-37（地域）
出 35-39（地域）

303 2013（平成25）年の災害対策基本法の改正では、**避難行動要支援者名簿**を活用した実効性のある避難支援がなされるよう、①避難行動要支援者名簿の作成を市町村に義務づけるとともに、その作成に際し必要な個人情報を利用できること、②避難行動要支援者本人からの同意を得て、平常時から消防機関や民生委員等の避難支援等関係者に情報提供すること、③災害が発生または発生のおそれが生じた場合には、本人の同意の有無にかかわらず、名簿情報を避難支援等関係者その他の者に提供できること、④名簿情報の提供を受けた者に守秘義務を課すとともに、市町村においては名簿情報の漏えいの防止のため必要な措置を講ずること、などが定められた。

出 34-37（地域）
出 35-39（地域）

304 災害対策基本法は、市町村長は、避難行動要支援者ごとに、避難支援等を実施するための**個別避難計画**を作成するよう努めなければならないと規定している。避難支援等関係者は、災害時に自分の安全を確保したうえで、可能な範囲で支援を行う。避難行動要支援者の避難への支援を行う法的義務や優先して支援する役割は規定されていない。

出 33-37（地域）
出 35-39（地域）

305 災害対策基本法では、市町村長は、災害が発生した場合における適切な避難所の確保を図るため、公共施設その他の施設を指定避難所として指定しなければならないとされており、指定避難所のうち、主として高齢者、障害者、乳幼児その他の特に配慮を要する者（**要配慮者**）を滞在させることが想定されるものを**指定福祉避難所**と規定している。

✎ 指定福祉避難所は、指定一般避難所の要件を満たす基準のほかに、①要配慮者の円滑な利用を確保するための措置が講じられていること、②災害が発生した場合において要配慮者が相談し、助言その他の支援を受けることのできる体制が整備されていること、③主として要配慮者を滞在させるために必要な居室が可能な限り確保されること、の3つの基準に適合するものであることとされている（災害対策基本法施行規則第1条の7の2第2項）。

306 災害対策基本法では、ボランティアによる防災活動が災害時において果たす役割が重要であることから、国および地方公共団体は、その自主性を尊重しつつ、ボランティアとの連携に努めなければならないとされている（第5条の3）。 出35-39（地域）

307 災害救助法の基本原則として、平等の原則、必要即応の原則、現物給付の原則、現在地救済の原則、職権救助の原則、がある。 出32-35（地域）

308 共同募金会は、災害救助法が適用される災害が発生した場合、災害ボランティアの支援等を行えるように準備金の積み立てを行っている。災害が発生した際には、都道府県内の活動を支援することができるほか、他の都道府県の共同募金会の支援として拠出することもできる（社会福祉法第118条）。 出32-35（地域） 出35-38（地域）

非常時や災害時における総合的かつ包括的な支援

309 事業継続計画（Business Continuity Plan：BCP）とは、災害時に特定された重要業務が中断しないこと、また万一事業活動が中断した場合に目標復旧時間内に重要な機能を再開させ、業務中断に伴う顧客取引の競合他社への流出、マーケットシェアの低下、企業評価の低下などから企業を守るための経営戦略のことである。 出34-124（経営）

✏ 単なる計画書の意味ではなく、マネジメント全般を含むニュアンスでマネジメントを強調する場合は、BCM（Business Continuity Management）ともいう。

310 2013（平成25）年に「避難所における良好な生活環境の確保に向けた取組指針」（内閣府）が示され、2016（平成28）年の改定により「避難所運営ガイドライン」「福祉避難所の確保・運営ガイドライン」「避難所におけるトイレの確保・管理ガイドライン」が作成された。 出35-39（地域）

311 災害ボランティアセンターは、ボランティア希望者の受付の円滑化や情報発信、被災地の支援ニーズとの調整等、被災地におけるボランティア活動と情報発信の拠点である。法律で定められている機関ではなく、被災地域の自治体ごとに社会福祉協議会が中心になって、ボランティア団体と連携して設置・運営されることが一般化している。 出32-35（地域） 出35-36（地域）

8 地域福祉と包括的支援体制の課題と展望

地域福祉ガバナンス

出34-38（地域）

受験対策アドバイス

他の項目と重複する内容が中心です。包括的支援体制、地域共生社会をキーワードに、関連する事柄の理解度を確認しておきましょう。

312 **ローカルガバナンス**とは、地方自治体と地域コミュニティの住民、NPO、NGOや民間企業などとの協働による統治（地方共治）のことである。

313 社会福祉法第106条の3第1項では、「**住民に身近な圏域**」において、地域住民等が主体的に地域生活課題を把握し解決を試みることができる環境の整備、「住民に身近な圏域」において、地域生活課題に関する相談を包括的に受け止める体制の整備、多機関の協働による包括的な相談支援体制の構築の3つの事業の実施等を通じ、包括的な支援体制を整備することを市町村の新たな努力義務としている。

314 「住民に身近な圏域」については、地域の実情に応じて異なると考えられ、地域で協議し、決めていく過程が必要である。圏域の設定にあたっては、高齢者、障害者、子ども・子育て等の各福祉分野で定める圏域や福祉以外の分野で定める圏域との関係の整理や整合化とともに、福祉サービスや専門的な支援の提供などの機能に応じて、地域を重層的にとらえていく視点が必要である。

315 圏域の設定にあたっては、「地域における住民主体の課題解決力強化・相談支援体制の在り方に関する検討会中間とりまとめ」(2016 (平成28) 年) で示された3つの地域づくりの方向性を具体化する観点から検討することも必要である。住民主体の原則とは、地域福祉を推進していく主体は、その地域に暮らす住民であるという原則である。

出34-38（地域）

316 **プラットフォーム**とは、地域における多様な参加の機会と居場所を発見し、生み出すため、①地域を知り、地域の役に立ちたいと考えている住民、②多様な参加の機会や居場所を生み出す資源を有する地域関係者、③相互調整や情報提供、公的サービスへのつなぎを行う行政などがそのつど集い、相談、協議し、学び合う場のことをいう。

地域共生社会の構築

出35-22（現社）
出35-34（地域）

317 **地域共生社会**とは、地域住民や地域の多様な主体が参画し、人と人、人と資源が世代や分野を超えつながることで、住民一人ひとりの暮らしと生きがい、地域をともに創っていく社会のことである。地域共生社会の実現に向けた地域福祉の推進においては、市町村域全体での取組みとともに、住民に身近な圏域での取組みを促進する視点が重要である。

社会福祉法第4条第2項によれば、福祉サービスの利用者も地域福祉を推進する主体に含まれる。支援する側と支援を受ける側に分かれるのではなく、福祉サービスを必要とする地域住民も含め地域のあらゆる住民が役割をもち、支え合いながら、自分らしく活躍できる地域共生社会の実現を目指していく必要がある。

318 厚生労働省の「地域力強化検討会最終とりまとめ」では、地域共生社会の実現に向けて**図表42**の5つの視点を重視しながら、取組みを進めていく必要があるとしている。

出 33-34（地域）
出 35-34（地域）

図表42 地域共生社会の実現に向けた5つの視点

① それぞれの地域で共生の文化を創出する挑戦
② すべての地域の構成員の参加・協働
③ 重層的なセーフティネットの構築
④ **包括的な支援体制**の整備
⑤ 福祉以外の分野との協働を通じた、「支え手」「受け手」が固定されない、参加の場、働く場の創造

319 厚生労働省の「地域力強化検討会最終とりまとめ」は、地域共生社会の実現に向けて、多機関の協働の中核を担う機能が必要であると提言した。

出 35-34（地域）

320 厚生労働省の「地域共生社会推進検討会最終とりまとめ」(2019（令和元）年）は、既存の地域資源と狭間のニーズをもつ者との間を取り持つ、新たな参加支援の機能が重要であると提言した。

出 35-34（地域）

実力チェック！一問一答

※解答の横の番号は、本科目で該当する重要項目や図表の番号です。

1 シーボーム報告（1968年）は､社会サービスにおけるボランティアの役割は、専門家にできない新しい社会サービスを開発することにあることを強調した。

1 ×　12　図表1

2 方面委員制度は、岡山県知事である笠井信一によって、地域ごとに委員を設置する制度として1918年（大正7年）に創設された。

2 ×　33

3 民生委員の任期は5年である。

3 ×　40

4 共同募金を行う事業は第一種社会福祉事業である。

4 ○　44

5 指定都市（政令指定都市）は、児童相談所を設置しなければならない。

5 ○　105　図表12

6 市町村は、障害者総合支援法に基づき、地域生活支援事業の実施主体としての責務を有する。

6 ○　121

7 2024（令和6）年度の国の一般会計歳出予算の社会保障関係費の中で、生活扶助等社会福祉費は年金給付費よりも多い。

7 ×　155

8「地方財政白書」（2024（令和6）年版）における2022（令和4）年度の地方財政の状況（普通会計）をみると、都道府県および市町村の歳入純計決算額では、地方交付税の占める割合が最も大きい。

8 ×　162

9「地方財政白書」（2024（令和6）年版）における2022（令和4）年度の地方財政の目的別歳出純計決算額のうち、教育費が最も多い。

9 ×　163　図表21

10 市町村障害福祉計画では、各年度における指定障害福祉サービス、指定地域相談支援または指定計画相談支援の種類ごとの必要な量の見込みを定める。

10 ○　191　図表30

11 社会福祉法の規定では、市町村は、市町村地域福祉計画を市町村社会福祉協議会が策定する地域福祉活動計画と一体的に策定しなければならない。

11 ×　209　図表34

12 市町村老人福祉計画と市町村介護保険事業計画は、一体のものとして作成されなければならない。

12 ○　209　図表34

13 社会福祉法では、重層的支援体制整備事業は、参加支援、地域づくりに向けた支援の2つの柱で構成されていると規定されている。

13 ×　288

14 災害対策基本法に基づき、都道府県知事が指定福祉避難所を指定する。

14 ×　305

08

障害者福祉

※【　】内は問題番号
※　は新カリにおける新規項目

⑧ 障害者福祉

大項目	中項目	小項目（例示）	出題実績		
			第36回	第35回	第34回
1 障害概念と特性	1）国際生活機能分類（ICF）	・ICIDHからICFへ ・ICFの構造			
	2）障害者の定義と特性	・身体障害（肢体不自由，視覚障害，聴覚障害，内部障害，難病 等） ・知的障害 ・精神障害 ・発達障害	【56】		
2 障害者の生活実態とこれを取り巻く社会環境	1）障害者の生活実態	・地域移行 ・居住 ・就学，就労 ・高齢化 ・介護需要 ・障害者の芸術，スポーツ			【56】
	2）障害者を取り巻く社会環境	・バリアフリー ・コンフリクト ・障害者虐待 ・親亡き後問題，きょうだいへの支援			
3 障害者福祉の歴史	1）障害者福祉の理念	・リハビリテーション ・ノーマライゼーション ・完全参加と平等 ・社会的包摂（ソーシャルインクルージョン）			
	2）障害観の変遷	・偏見と差別 ・障害者の権利条約の批准の経緯 ・障害者基本法の変遷			
	3）障害者処遇の変遷	・明治以前の障害者の処遇 ・明治以降の障害者の処遇 ・戦後の障害者の処遇			
	4）障害者の権利に関する条約（障害者権利条約）と障害者基本法	・障害者権利条約の概要 ・障害者基本法の概要			【61】
	5）障害者福祉制度の発展過程		【57】	【56】	
4 障害者に対する法制度	1）障害者の日常生活及び社会生活を総合的に支援するための法律（障害者総合支援法）	・障害者総合支援法の概要 ・障害福祉サービス及び相談支援 ・障害支援区分及び支給決定 ・自立支援医療 ・補装具 ・地域生活支援事業 ・障害福祉計画	【59】 【61】	【57】 【58】	【57】 【58】 【144】
	2）身体障害者福祉法	・身体障害者福祉法の概要 ・身体障害者手帳，身体障害者福祉法に基づく措置		【61】	
	3）知的障害者福祉法	・知的障害者福祉法の概要 ・療育手帳，知的障害者福祉法に基づく措置			【60】
	4）精神保健及び精神障害者福祉に関する法律（精神保健福祉法）	・精神保健福祉法の概要 ・精神障害者保健福祉手帳 ・精神保健福祉法における入院形態 ・精神科病院における処遇		【62】	
	5）児童福祉法	・児童福祉法における障害児支援の概要 ・発達支援，家族支援，地域支援			
	6）発達障害者支援法	・発達障害者支援法の概要 ・発達障害者支援センターの役割			
	7）障害者虐待の防止，障害者の養護者に対する支援等に関する法律（障害者虐待防止法）	・障害者虐待防止法の概要 ・障害者虐待の未然防止 ・通報義務，早期発見			

大項目	中項目	小項目（例示）	出題実績		
			第36回	第35回	第34回
	8）障害を理由とする差別の解消の推進に関する法律（障害者差別解消法）	・障害者差別解消法の概要 ・障害を理由とする差別を解消するための措置（合理的な配慮）			
	9）高齢者，障害者等の移動等の円滑化の促進に関する法律（バリアフリー法）	・バリアフリー法の概要 ・施設設置管理者等の責務			
	10）障害者の雇用の促進等に関する法律（障害者雇用促進法）	・障害者雇用促進法の概要 ・事業主の責務，法定雇用率	【144】	【145】	【62】
	11）国等による障害者就労施設等からの物品等の調達の推進等に関する法律（障害者優先調達推進法）	・障害者優先調達推進法の概要 ・障害者就労施設			【62】
5 障害者と家族等の支援における関係機関と専門職の役割	1）障害者と家族等の支援における関係機関の役割	・国，都道府県，市町村 ・障害者に対する法制度に基づく施設，事業所 ・特別支援学校 ・ハローワーク，地域障害者職業センター，障害者就業・生活支援センター			
	2）関連する専門職等の役割	・医師，保健師，看護師，理学療法士，作業療法士 等 ・相談支援専門員，サービス管理責任者，居宅介護従事者 等 ・ピアサポーター ・養護教諭，スクールソーシャルワーカー ・障害者職業カウンセラー，職場適応援助者（ジョブコーチ）等 ・家族，住民，ボランティア 等	【58】 【60】 【62】	【59】	【59】
6 障害者と家族等に対する支援の実際	1）社会福祉士及び精神保健福祉士の役割				
	2）障害者と家族等に対する支援の実際（多職種連携を含む）	・地域生活支援 ・地域移行支援 ・就労支援 ・虐待防止，差別解消に向けた支援	【143】	【60】	

1 障害概念と特性

国際生活機能分類（ICF）

受験対策アドバイス
◆国際生活機能分類（ICF）は、「医学概論」などの科目とも重複するので、併せてまとめておきましょう。

1 2001（平成13）年、新しい障害分類（**国際生活機能分類（ICF）**）が世界保健機関（WHO）で承認された。単に心身の障害による生活機能の障害を分類するのではなく、**活動**や**社会参加**に注目し、**環境**を含む背景因子と人間個人との相互関係が重視されている（ICFの詳細については、科目「01 医学概論」の**52**から**63**を参照のこと）。

障害者の定義

受験対策アドバイス
◆「障害者の定義と特性」は、新カリキュラムの中項目となりました。それぞれの法律の定義や通知などにも目を通しましょう。

2 1975（昭和50）年の**障害者の権利宣言**は、「障害者」という言葉を、「先天的か否かにかかわらず、身体的又は精神的能力の不全のために、通常の個人生活又は社会生活に必要なことを確保することが、自分自身では完全に又は部分的にできない人のことを意味する」と定義している。

出 34-61

3 2011（平成23）年8月の**障害者基本法**改正によって、第2条の定義が見直され、第1号で「身体障害」「知的障害」「精神障害」のうち、「精神障害」については「発達障害」を含むこととされたほか、さらに「その他の心身の機能の障害」が加えられた。また、社会モデルを踏まえて、障害者を「障害及び社会的障壁により継続的に日常生活又は社会生活に相当な制限を受ける状態にあるもの」と定義した。

出 36-56

4 **障害者総合支援法**でいう障害者とは、身体障害者、知的障害者のうち18歳以上である者、精神障害者（発達障害者を含み、知的障害者を除く）のうち18歳以上である者に加え、2013（平成25）年4月から、治療方法が確立していない疾病その他の特殊の疾病であって政令で定めるもの（いわゆる「**難病等**」）による障害の程度が主務大臣（厚生労働大臣等）が定める程度である者であって18歳以上であるものが追加された。

出 35-61

5 **身体障害者福祉法**では、身体障害者の定義について、「「身体障害者」とは、別表に掲げる身体上の障害がある18歳以上の者であって、都道府県知事から身体障害者手帳の交付を受けたものをいう」と規定している（第4条）。

6 **肢体不自由**とは、両手足と体幹の一部または全部が損なわれ、日常生活・社会生活に制限がある状態をさす。先天性の障害とは、脳性麻痺、進行性筋萎縮症、先天性四肢欠損症等生まれながらにして障害を負っている状態をいう。後天性の障害とは、交通事故等によって身体に損傷を受けた場合などをいう。

7 **視覚障害**とは、視力や視野に障害があり、生活に支障をきたしている状態をさす。視力障害とは、ものを見る力で眼鏡などを用いても一定以上のものが見えない状態で、身体障害者手帳での級別6級では視力のよい方が0.6以下、悪い方が0.02以下のものをさす。視野障害とは、目で見る範囲が狭くなり人や物にぶつかるなど移動に支障が出たりする状態で、身体障害者手帳では視野に関しては正常の2分1以下のものをさす。

8 **聴覚障害**とは、聴力に障害があり、聞こえなかったり聞こえが悪くなったりする状態をさす。

9 **内部障害**とは、心臓、呼吸器などの内部機能の障害をさす。身体障害者手帳では、心臓機能障害、腎臓機能障害、呼吸器機能障害、膀胱・直腸機能障害、小腸機能障害、ヒト免疫不全ウイルスによる免疫機能障害、肝臓機能障害をあげている。

10 **知的障害者福祉法**は、知的障害者の定義を設けていないが、2005（平成17）年の知的障害児（者）基礎調査では、「知的機能の障害が発達期（おおむね18歳まで）にあらわれ、日常生活に支障が生じているため、何らかの特別の援助を必要とする状態にあるもの」と解釈されている。 出36-56

11 1999（平成11）年6月の**精神保健福祉法**改正により、精神障害者の定義について「「精神障害者」とは、統合失調症、精神作用物質による急性中毒又はその依存症、知的障害、精神病質その他の精神疾患を有する者をいう」と規定している（第5条）。 出33-61

12 **発達障害者支援法**では「この法律において「発達障害」とは、自閉症、アスペルガー症候群その他の広汎性発達障害、学習障害、注意欠陥多動性障害その他これに類する脳機能の障害であってその症状が通常低年齢において発現するものとして政令で定めるものをいう」と定義している（第2条第1項）。 出32-60 出36-56

✏ 2016（平成28）年の改正により、発達障害者支援法第2条第2項が見直され、「この法律において「発達障害者」とは、発達障害がある者であって発達障害及び社会的障壁により日常生活又は社会生活に制限を受けるものをいい、「発達障害児」とは、発達障害者のうち18歳未満のものをいう」と定義している。

13 難病の患者に対する医療等に関する法律（**難病法**）では、難病を、「発病の機構が明らかでなく、かつ、治療方法が確立していない稀少な疾病であって、当該疾病にかかることにより長期にわたり療養を必要とすることとなるものをいう」と定義している（第1条）。

出36-56

14 児童福祉法における障害児の定義では、身体に障害のある児童、知的障害のある児童、精神に障害のある児童（発達障害を含む）、治療法が確立していない疾病等（難病等）のある児童と規定されている（第4条）。

✏ 障害児支援については431頁を参照。

2 障害者の生活実態とこれを取り巻く社会環境

障害者の生活実態◆

15 在宅と施設入所を合わせた障害者数をみると、身体障害児・者は436万人、知的障害児・者は109万4000人、精神障害者は614万8000人と推計される（2023（令和5）年版『障害者白書』）。慢性疾患患者を含めれば、障害者数はさらに多くなる。

出 34-56

受験対策アドバイス

◆「障害者の生活実態」では、生活のしづらさなどに関する調査がよく問われます。細かな内容も問われますが、試験対策としては、基本的な数値をまず押さえましょう。

16 2020（令和2）年の**患者調査**によれば、精神障害者のうち入院している者は約28万8000人と推計される。また、在宅で生活している者は、約586万1000人と推計されている。

17 2016（平成28）年の「生活のしづらさなどに関する調査」によれば、**精神障害者保健福祉手帳**所持者のうち、最も多い年齢階級は「40～49歳」が17万9000人（21.3％）である。次いで「50～59歳」が14万1000人（16.8％）、「30～39歳」が11万8000人（14.0％）の順となっている。なお、「70歳以上」全体では、15万5000人（18.4％）となっている。

18 2016（平成28）年の「生活のしづらさなどに関する調査」によれば、**療育手帳**を所持する在宅の知的障害者（児）は、96万2000人で、男58万7000人（61.0％）、女36万8000人（38.3％）、うち重度は37万3000人（38.8％）、他は58万9000人（61.2％）となっている。2011（平成23）年調査より**増加**している。

19 2016（平成28）年の「生活のしづらさなどに関する調査」によれば、在宅の**身体障害者手帳**所持者数は428万7000人と、2011（平成23）年の調査と比較すると42万3000人（10.9％）の増加となっている。65歳以上の者は**72.6％で3分の2超**である。

出 34-56

✏ 2016（平成28）年の「生活のしづらさなどに関する調査」によれば、**身体障害者手帳**所持者の年齢階級別の構成比は「**80～89歳**」が最も多く104万4000人（24.4％）となっている。次いで「75～79歳」が69万人（16.1％）、「70～74歳」が57万7000人（13.5％）、「65～69歳」が57万6000人（13.4％）の順となっている。

20 2016（平成28）年の「生活のしづらさなどに関する調査」によれば、**18歳未満の在宅身体障害児**は全国で6万8000人で、2011（平成23）年調査の推計数と比較すると5000人減少している。

出 32-56
出 34-56

21 2016（平成28）年の「生活のしづらさなどに関する調査」によれば、在宅の身体障害者手帳所持者数を障害の種類別に見ると、**肢体不自由者**は193万1000人で全身体障害者の45.0％、**内部障害者**は124万1000人（28.9％）、**聴覚・言語障害者**は34万1000人（8.0％）、**視覚障害者**は31万2000人（7.3％）となっている。身体障害児（0～17歳）についても、**肢体不自由**が最も多い。

✎ 2016（平成28）年の「生活のしづらさなどに関する調査」によれば、身体障害の種類ごとに占める1・2級の障害者の割合は、65歳未満の**肢体不自由者**では51.7％、**内部障害者**では65.8％、**視覚障害者**では66.3％、**聴覚・言語障害者**では45.1％、65歳以上の視覚障害者では75.5％、内部障害者では66.3％、肢体不自由者では36.5％、聴覚・言語障害者では26.2％となっている。

22 2016（平成28）年の「生活のしづらさなどに関する調査」によれば、1・2級の在宅の**重度身体障害者**は、65歳未満では、57万4000人で全体の13.4％、65歳以上では143万人で全体の33.4％を占めている。

出 33-56

23 2016（平成28）年の「生活のしづらさなどに関する調査」によれば、身体障害者に**身体障害が生じた原因**は、65歳未満では、**病気**を原因とする者が52.5％、事故・けがを原因とする者が12.5％、65歳以上では、**病気**を原因とする者が59.5％、**加齢**を原因とする者が22.9％、**事故・けが**を原因とする者が13.2％となっている。

受験対策アドバイス

◆「障害者を取り巻く社会環境」では、親亡き後問題、きょうだいへの支援といった現場でぶつかる問題への対処などを日頃から考えておきましょう。

障害者を取り巻く社会環境◆

24 **機会の均等化**とは、1982（昭和57）年の国連の障害者に関する世界行動計画によれば、「物理的環境、住宅と交通、社会サービスと保健サービス、教育や労働の機会、スポーツやレクリエーションの施設を含めた文化・社会生活という社会の全体的な機構を、すべての人が利用できるようにしていくプロセスである」とされている。

✎ バリアフリー新法については441頁以降を参照。

25 **パラリンピック**は、イギリスの病院での脊髄損傷者が参加する競技会の開催がきっかけとなり、1960年のローマオリンピックの開催時からパラリンピックと呼ばれた。**デフリンピック**（聴覚障害者）や**スペシャルオリンピックス**（知的障害者）と別の歴史をたどっている。

26 **コンフリクト**は、「葛藤」とも訳され、意見や利害の対立による争いを意味する。社会福祉では、障害者施設の建設に地域住民の反対運動が起きることなどがその例としてあげられる。

✏ コンフリクトマネジメントとは、例えば障害者施設の建設反対で対立する双方が互いに理解し合って対立を解消するための方法を探るものである。地域の実情の理解、行政との連携などによって対立を解消し、共生のための方策を目指すことが求められる。

27 障害者は、親との同居率が高く、母親が介護者となるケースが多い。そのためには障害児者の地域生活を支える母親や家族への支援、母親や家族に依存しなくても成り立つ地域生活への支援、実現が重要となる。

28 **「老障介護」**と呼ばれる親の高齢化などに伴う障害者への介護の困難さ、「親亡き後」に障害のある息子や娘がどうなるかへの不安が問題となっている。障害者が母親や家族が元気なうちにこうした問題に対処するための方策が必要となる。

29 障害児者の兄弟は、親亡き後に障害のある兄弟姉妹にとってのキーパーソンとなる可能性が高い。「全国障害者とともに歩む兄弟姉妹の会」は、地域で活動し有効な資源となっているが、一方で彼らが抱えるさまざまな問題に対しての支援も求められている。

✏ 兄弟姉妹がヤングケアラーの役割を担っている場合には支援が必要とされる。

3 障害者福祉の歴史

障害福祉の理念

30 第一次世界大戦を契機に、リハビリテーションという用語が英米で用いられるようになった。日本では、第二次世界大戦後、1949（昭和24）年制定の身体障害者福祉法において、リハビリテーションを更生と訳して法のなかに盛り込んだ。

出34-23（現社） 31 1959年のデンマークの「1959年法」において、ノーマライゼーションの思想が導入された。これはバンク-ミケルセン（Bank-Mikkelsen, N. E.）の人間主義をもとにしたものといわれる。

32 1971（昭和46）年の知的障害者の権利宣言は、知的障害者は、「実際上可能な限りにおいて、他の人間と同等の権利を有する」と規定し、自らが自らの権利を守ることができない社会成員にこそ、社会正義と平等が貫かれるべきだとしている。

33 1982（昭和57）年の国連の障害者に関する世界行動計画は、障害者を権利・義務の主体として考えることが対応の原点だとしている。

出33-58 34 自立生活運動（IL運動）は、アメリカのカリフォルニア大学バークレー校に在学する重度障害をもつ学生によるキャンパス内での運動として始まった。これは障害者の権利回復を目指したもので、精神的な自立を放棄せず、日常生活で介助を受けていても、自分の判断で自分の生活を管理し、自分の人生の目的に向かって主体的に生きていこうとする考え方で、自立生活センターの活動に発展し、それまでの障害者観を根本から変えるものとなった。

35 自己決定する力を抑圧された人々の、主体性を回復するプロセスをエンパワメントという。その力（パワー）を自覚して行動した結果が自立生活という姿になって結実すると考えられている。また、自己判断が十分でない知的障害者であっても、本人の意向は十分尊重されなければならないとして、意思決定の支援が基本的人権として保障されるようになった。

出32-57
出33-57
出34-61

36 1981（昭和56）年の国際障害者年のテーマは、「完全参加と平等」である。

✏ 国際障害者年に先立って1979（昭和54）年に「国際障害者年行動計画」

が決議された。そこでは、障害者は「その社会の他の異なったニーズを持つ特別の集団と考えられるべきではなく、その通常の人間的なニーズを満たすのに特別の困難を持つ普通の市民と考えられるべきなのである」とされた。

出 35-56

37 社会的包摂（ソーシャルインクルージョン）の考え方は、外国人の排除、路上や孤独での死など貧困問題から始まった。

✏ 例えばヨーロッパへの移民は、社会参加ができず、社会問題のひずみを受けていた。その人々の状況は、ソーシャルエクスクルージョン（社会的排除）であり、それを解決する理念としてソーシャルインクルージョン（社会的包摂）が登場した。社会から誰も排除されず、誰もが社会に参加する機会をもつとして、社会から誰一人取り残さず共に生きていくという考え方である。

障害者観の変遷

◎偏見と差別

38 仏教のお経『法華経』では、経などを軽んじた者が蒙る「罪報」として、「無眼」「白らい」などが記載されている。ハンセン病は、大乗誹謗、前世の罪業の現報とする「罪報観」「因果応報観」があり、それが中世社会のもっとも穢《けが》れた人たちという障害者観になっていったと考えられ、その後の日本の社会の障害者などへの差別や偏見につながっていった。

39 「べらぼう」は、江戸っ子の心意気を示す言葉として用いられているが、もとは見せ物で障害のある人につけられた差別的な言葉が始まりである。

✏ このように無意識的に差別的言動が用いられることもある。見せ物となった障害のある人を見物していた当時の人々を現代の視点で批判することはできず、当時の貧しい人々の生活の視点も忘れてはならない。

受験対策アドバイス

◆中項目に「障害観の変遷」「障害者処遇の変遷」が加えられました。障害者福祉の歴史をきちんと押えておくことが、現代社会での様々な問題への解決につながります。

受験対策アドバイス

◆「偏見と差別」の問題などは、社会福祉士としても重要な解決課題です。歴史は暗記ではなく、障害者福祉の根本を考える素材として学びましょう。

障害者処遇の変遷

◎明治以前の障害者

40 日本の古代から近代初期の救済対象者の法制度は、中国の唐『永徽《えいき》令《れい》』を模範に、700年代の「大宝律令」「養老律令」制定に始まる。法は残存していないが、注釈書『令義解』『令集解』などに伝存。『令義解』の巻二、戸令《こりょう》の鰥寡條《かんかじょう》には、「凡鰥寡《かんか》孤独。貧窮老疾不能自存者《ひんぐろうしつじそんするにあたわざるもの》」とあり、「疾」は障害を意味した。これらの者が生活に困窮する場合、三親等以上の親族に扶養義務を課し、賑給《しんごう》（国家が困窮者に金品を恵み与えること）の対象とした。古代・中世・近世・近代の初期まで、国政上の社会福祉の重要な言葉として機能した。

✏ 758年から「鰥」「独」は60歳以上、「寡」は50歳以上、「老」は66歳以上、「高年」は80歳以上、「孤」は16歳以下で分けるようになった。

41 「律令」の障害者に関する条項では、障害を**残疾**・**廃疾**・**篤疾**の3段階に分類した。例えば「目盲条」では、片方の目が見えない者、両方の耳が聞こえない者などと分類しこれを残疾とした。これらの人々には、障害の程度に応じて税の減免などがなされた。

42 古代の施設形態の救済としては、593年（推古天皇元年）に四天王寺に悲田院・敬田院・施薬院・療病院の**四箇院**が建立されている。孤児や病者、障害者などを入所させた施設である。この時代の入所対象は雑多であったが、なかには貧窮女性を救済する崇親院と呼ばれる施設もあった。

43 **北山十八間戸**《きたやまじゅうはちけんこ》は、鎌倉時代に観良房良恵《かんりょうぼうりょうえ》によって奈良に建立されたハンセン病の人々のための施設で、明治初年まで存続している。

44 キリスト教の伝来とともに、ポルトガル人宣教師**ルイス・アルメイダ**は、1556（弘治2）年に豊後府内に育児所、1557（弘治3）年には、ハンセン病などの人々を対象として西洋式の病院を建てている。

45 江戸時代で、障害者の実態がわかるのは、視覚障害者であった。**当**《とう》**道**《どう》、**盲僧**《もうそう》、**瞽女**《ごぜ》などの社会集団を形成し、それを幕府や藩が保護することが行われた。

46 当道は、中世に盲人の芸能者が、自らの芸能を**当道**と称したことに始まるが、鎌倉時代頃から、平家物語を琵琶《びわ》を弾きながら語る盲人の琵琶法師をさすようになる。その後有力な寺社のもとで座として自立的な支配秩序を形成する。江戸時代になり、座が幕府から承認され、当道式目を制定、惣検《そうけん》校《ぎょう》を頂点とする自治的な支配が確立した。

◎明治以降の障害者の処遇

47 1874（明治7）年、明治政府によって「**恤救規則**《じゅっきゅうきそく》」が制定された。障害者に関しては、「独身ニテ廃疾ニ罹」った者で産業を営むことのできない者には、年に米1石8斗を給与するなどと定められている。救済の基本は「人民相互ノ情誼《じょうぎ》」であり、親族や地縁・血縁などによる相互扶助を前提としていた。

48 1878（明治11）年、日本で最初の盲学校「**京都盲唖院**《もうあいん》」が開設され、1880（明治13）年東京に「楽善会訓盲院《らくぜんかいくんもういん》」、1902（明治35）年に「日本盲人協会」が設立されている。

49 **石井亮一**は、濃尾大震災の孤児のなかに知的な障害児がいたことから、アメリカに渡り障害児教育を学び、1896（明治29）年、東京の滝乃川に日本で最初の知的障害児施設「**滝乃川学園**」を設立した。

50　精神障害に関しては、相馬事件をきっかけに世間の注目をあびた。旧福島中村藩主が精神障害を理由に私宅監置されていたのを旧藩士が不当であるとして救出運動を展開したことが社会的に注目された。

これをきっかけに1900（明治33）年に精神病者監護法が制定され、初めて精神病者の保護を規定。私宅での監禁を合法化するとともに民間入所施設の取締りを目的とした。

51　1919（大正8）年精神病院法が成立した。精神病者で公安上の保護を要する者、療養の途《みち》（手だて）のない者を知事が入院させることができるものとし、国および道府県立病院の設置を目的としたものであったが、結果的には民間病院の設置を促進した。

当時の精神病者は、悲惨な状況に置かれ、「精神医学の父」と呼ばれた呉秀三は、「実ニ此病ヲ受ケタルノ不幸ノ外ニ、此邦ニ生マレタルノ不幸ヲ重ヌルモノト云フベシ」と表現している。

52　高木憲次は、東京帝大の外科教授としてスラム街などで肢体不自由者の診察などを行い、1925（大正14）年、肢節不完全児福利協会を設立。1932（昭和7）年、肢体不自由児のための「光明学校」、1942（昭和17）年には「整肢療護園」を開設。戦後は身体障害者福祉法の制定、日本肢体不自由児協会の設立に力を尽くし、「肢体不自由児の父」と呼ばれた。

「療育」を最初に提唱したのが、高木憲次である。療とは医療、育は養育を意味し、早期発見、早期治療なども目的とし、児童福祉法にも規定されている。

53　1929（昭和4）年に成立した救護法は、財政難を理由に実施されないままようやく1932（昭和7）年に実施された。被救護者対象のなかの障害者関連では、「不具廃疾」「傷痍」「精神」「身体ノ障碍」などにより「労務」を行うのに故障ある者と規定した。労働能力のある困窮者は排除する制限主義的なものであった。

◎戦後の障害者の処遇

54　戦後の主な障害者施策については、図表1のとおりである。

障害者の権利条約・障害者基本法

◎障害者の権利条約の経緯・概要

55　2006（平成18）年12月に、第61回国連総会本会議で障害者の権利に関する条約（障害者権利条約）が採択された。この条約は、障害者の権利および尊厳を促進・保護するための、包括的・総合的な国際条約である。

56　障害者の権利に関する条約については、2007（平成19）年3月から　出33-57

図表1 障害者施策等の主な歴史の流れ

	海外における主な障害者施策	日本における主な障害者施策
1948	世界人権宣言	
1949		・身体障害者福祉法制定
1950		・精神衛生法（現・精神保健福祉法）制定
1959	国連の児童権利宣言	
1960		・精神薄弱者福祉法（現・知的障害者福祉法）制定 ・身体障害者雇用促進法（現・障害者雇用促進法）制定
1970		・心身障害者対策基本法（現・障害者基本法）制定
1971	知的障害者の権利に関する宣言	
1975	障害者の権利に関する宣言	
1979	国際障害者年行動計画	
1981	国際障害者年	
1982	障害者に関する世界行動計画	・「障害者対策に関する長期計画」策定
1983	国連・障害者の十年（～ 1992年）	
1987		・障害者の雇用の促進等に関する法律に改称 ・精神保健法（現・精神保健福祉法）に改称
1993	・アジア・太平洋障害者の十年（～ 2002年） ・障害者の機会均等化に関する標準規則採択	・障害者基本法に改称
1994		・高齢者、身体障害者等が円滑に利用できる特定建築物の建築の促進に関する法律（ハートビル法）制定
1995		・「障害者プラン」策定（1996年度～ 2002年度） ・精神保健及び精神障害者福祉に関する法律（精神保健福祉法）に改称
2000		・高齢者、身体障害者等の公共交通機関を利用した移動の円滑化の促進に関する法律（交通バリアフリー法）制定
2002	・2002年5月の国連アジア太平洋経済社会委員会総会において、アジア・太平洋障害者の十年の、10年の延長が決定された。	・障害者基本計画策定（2003年度～ 2012年度） ・「重点施策実施5か年計画（新障害者プラン）」策定（2003年度～ 2007年度）
2003		・心神喪失等の状態で重大な他害行為を行った者の医療及び観察等に関する法律（医療観察法）制定 ・支援費制度導入
2004		・障害者基本法改正 ・特定障害者に対する特別障害給付金の支給に関する法律（特別障害給付金制度）制定（2005年施行） ・発達障害者支援法制定（2005年施行）
2005		・障害者自立支援法（現・障害者総合支援法）制定（2006年施行）
2006	「障害者の権利に関する条約」採択	・高齢者、障害者等の移動等の円滑化の促進に関する法律（バリアフリー新法）制定（ハートビル法と交通バリアフリー法は廃止） ・学校教育法改正（特別支援教育の創設）
2007		・「障害者の権利に関する条約」に署名 ・新たな「重点施策実施5か年計画」策定（2008年度～ 2012年度）
2008	「障害者の権利に関する条約」発効	
2011		・障害者虐待の防止、障害者の養護者に対する支援等に関する法律（障害者虐待防止法）制定（2012年施行） ・障害者基本法改正
2012		・「地域社会における共生の実現に向けて新たな障害保健福祉施策を講ずるための関係法律の整備に関する法律」制定（障害者自立支援法が障害者の日常生活及び社会生活を総合的に支援するための法律（障害者総合支援法）に改称、児童福祉法の改正等（2013年施行））
2013		・障害を理由とする差別の解消の推進に関する法律（障害者差別解消法）制定 ・障害者基本計画（第3次）策定（2013年度～ 2017年度）
2014		・「障害者の権利に関する条約」を批准 ・難病の患者に対する医療等に関する法律制定
2016		・「障害者の日常生活及び社会生活を総合的に支援するための法律及び児童福祉法の一部を改正する法律」成立 ・「発達障害者支援法の一部を改正する法律」成立
2018		・第4次障害者基本計画策定（2018年度～ 2022年度）
2021		・「障害を理由とする差別の解消の推進に関する法律の一部を改正する法律」成立 ・医療的ケア児及びその家族に対する支援に関する法律制定
2022		・障害者による情報の取得及び利用並びに意思疎通に係る施策の推進に関する法律制定
2023		・第5次障害者基本計画策定（2023年度～ 2027年度）

署名と批准が始まり、2008（平成20）年4月3日に条件となる20か国が批准したため、5月3日に発効となった。日本政府は、2007（平成19）年9月28日、本条約に**署名**した。 🄫35-56

✏ 2009（平成21）年12月、内閣に「障がい者制度改革推進本部」が設けられ、2011（平成23）年8月の障害者基本法の改正、障害者差別解消法の制定など国内法整備を進め、2013（平成25）年12月国会の承認によって2014（平成26）年1月20日に同条約の**批准**書を寄託し、2月19日から効力を生ずることとなった。

57 **障害者の権利に関する条約**では、「この条約は、全ての障害者によるあらゆる人権及び基本的自由の完全かつ平等な享有を促進し、保護し、及び確保すること並びに障害者の固有の尊厳の尊重を促進すること」を目的としている（第1条）。

✏ さらに「障害者には、長期的な身体的、精神的、知的又は感覚的な機能障害であって、様々な障壁との相互作用により他の者との平等を基礎として社会に完全かつ効果的に参加することを妨げ得るものを有する者を含む」と定めている。

58 障害者の権利に関する条約の第2条で定められている定義と、第3条の一般原則は、図表2のとおりである。

◎障害者基本法の変遷・概要

59 1970（昭和45）年に制定された**心身障害者対策基本法**は、1993（平成5）年に法名称が**障害者基本法**に改められた。 🄫36-57

60 2004（平成16）年の障害者基本法改正により、障害者の日は障害者週間に改められており、12月3日から12月9日までの1週間が**障害者週間**となっている。

61 2004（平成16）年の障害者基本法改正により、**都道府県障害者計画**と**市町村障害者計画**は策定が**義務化**されている。 🄫32-61

✏「内閣総理大臣は、関係行政機関の長に協議するとともに、障害者政策委員会の意見を聴いて、障害者基本計画の案を作成し、閣議の決定を求めなければならない」（第11条第4項）こととなっている。

✏ 医療、介護等に関し、国および地方公共団体は、「障害者が生活機能を回復し、取得し、又は維持するために必要な医療の給付及びリハビリテーションの提供を行うよう必要な施策を講じなければならない」（第14条第1項）こととなっている。また、福祉用具、身体障害者補助犬の給付または貸与等の施策を講じなければならない（同条第6項）。

62 2023（令和5）年3月、2023（令和5）年度から2027（令和9）年

図表2 障害者の権利に関する条約の定義と一般原則

定義	①意思疎通	言語、文字の表示、点字、触覚を使った意思疎通、拡大文字、利用しやすいマルチメディア並びに筆記、音声、平易な言葉、朗読その他の補助的及び代替的な意思疎通の形態、手段及び様式（利用しやすい情報通信機器を含む。）をいう。
定義	②言語	音声言語及び手話その他の形態の非音声言語をいう。
定義	③障害に基づく差別	障害に基づくあらゆる区別、排除又は制限であって、政治的、経済的、社会的、文化的、市民的その他のあらゆる分野において、他の者との平等を基礎として全ての人権及び基本的自由を認識し、享有し、又は行使することを害し、又は妨げる目的又は効果を有するものをいう。障害に基づく差別には、あらゆる形態の差別（合理的配慮の否定を含む。）を含む。
定義	④合理的配慮	障害者が他の者との平等を基礎として全ての人権及び基本的自由を享有し、又は行使することを確保するための必要かつ適当な変更及び調整であって、特定の場合において必要とされるものであり、かつ、均衡を失した又は過度の負担を課さないものをいう。
定義	⑤ユニバーサルデザイン	調整又は特別な設計を必要とすることなく、最大限可能な範囲で全ての人が使用することのできる製品、環境、計画及びサービスの設計をいう。ユニバーサルデザインは、特定の障害者の集団のための補装具が必要な場合には、これを排除するものではない。
一般原則	①固有の尊厳、個人の自律（自ら選択する自由を含む。）及び個人の自立の尊重	
一般原則	②無差別	
一般原則	③社会への完全かつ効果的な参加及び包容	
一般原則	④差異の尊重並びに人間の多様性の一部及び人類の一員としての障害者の受入れ	
一般原則	⑤機会の均等	
一般原則	⑥施設及びサービス等の利用の容易さ	
一般原則	⑦男女の平等	
一般原則	⑧障害のある児童の発達しつつある能力の尊重及び障害のある児童がその同一性を保持する権利の尊重	

度を計画期間とする**障害者基本計画（第５次）**が閣議決定された。2020年東京オリンピック・パラリンピックのレガシー継承、新型コロナウイルス感染症とその対応、持続可能で多様性と包摂性のある社会の実現（**SDGs**の視点）など社会情勢の変化に対応しつつ、さらに、**障害者情報アクセシビリティ・コミュニケーション施策推進法**の規定の趣旨を踏まえ、政府が取り組むべき障害者施策の基本的方向が定められている。

✎ 障害者基本法に基づき、政府が講ずる障害者の自立及び社会参加の支援等のための施策の基本的な計画とされる。

63 2011（平成23）年8月、障害者基本法の一部を改正する法律が公布され、「全ての国民が、障害の有無にかかわらず、等しく基本的人権を享有するかけがえのない個人として尊重されるものであるとの理念にのっとり、全ての国民が、障害の有無によって分け隔てられることなく、相互に人格と個性を尊重し合いながら共生する社会を実現する」**（第1条（目的））**ための3つの基本原則が加えられた。 出32-61 出36-57

✏ **3つの基本原則**とは、①地域社会における共生等**（第3条）**、②差別の禁止**（第4条）**、③国際的協調**（第5条）**を指す。

64 2011（平成23）年8月の障害者基本法改正によって「**社会的障壁**」が定義され、「障害がある者にとって日常生活又は社会生活を営む上で障壁となるような社会における事物、制度、慣行、観念その他一切のものをいう」と規定した**（第2条第2号）**。 出32-61

図表3 障害者基本法の主な改正内容

条　数	内　容
第3条 （地域社会における共生等）	すべての障害者について、これまでの①社会を構成する一員として社会、経済、文化その他あらゆる分野の活動に参加する機会が確保されることに加え、②可能な限り、どこで誰と生活するかについての選択の機会が確保され、地域社会において他の人々と共生することを妨げられないこと、③可能な限り、言語（手話を含む）その他の**意思疎通**のための手段についての選択の機会が確保されるとともに、**情報の取得**または利用のための手段についての選択の機会の拡大が図られること等により、法の目的に規定する「社会」の実現が図られなければならないこととなった。
第4条 （差別の禁止）	社会的障壁の除去の実施について、それを怠ることによって障害者を差別することその他の権利利益を侵害することとならないよう、その実施について「**必要かつ合理的な配慮**」がされなければならないこととなった。
第6条 （国及び地方公共団体の責務）	国及び地方公共団体は、第1条に規定する社会の実現を図るため、3つの基本原則にのっとり、障害者の自立及び社会参加の支援等のための施策を総合的かつ計画的に実施する責務を有することとなった。
第7条 （国民の理解）	国及び地方公共団体は、基本原則に関する国民の理解を深めるよう必要な施策を講じなければならないこととなった。これは、国民に対し社会連帯のもとに障害のある人々への差別や偏見などをなくし、障害者の福祉増進に協力することを求めるものである。
第8条 （国民の責務）	国民は、基本原則にのっとり、第1条に規定する社会の実現に寄与するよう努めなければならないこととなった。

65 2011（平成23）年の障害者基本法改正により、これまで内閣府に置かれていた中央障害者施策推進協議会が廃止され、**障害者政策委員会**が障害者基本計画の実施状況を監視し、必要があると認めるときは、内閣総理大臣または関係各大臣に勧告すること等の事務をつかさどることとなった。 出32-61

✏ 同改正により、教育に関し、国および地方公共団体は、障害者である児童および生徒が、可能な限り障害者でない児童および生徒とともに教育を受けられるよう配慮しなければならないこととされた（**第16条**）。

66 2011（平成23）年の障害者基本法改正により、障害者の自立および社会参加の支援等のための基本的施策として、「防災及び防犯」「消費者としての障害者の保護」「選挙等における配慮」「司法手続における配慮等」「国際協力」について規定する条文を追加する等の改正が行われた。

4 障害者に対する法制度

障害者の日常生活及び社会生活を総合的に支援するための法律（障害者総合支援法）

◎障害者総合支援法の概要

67 2005（平成17）年11月に、**障害者自立支援法**が制定された。2003（平成15）年4月には、**措置制度**から**支援費制度**へと移行したが、精神障害者は支援費制度の対象ではなかった。また、地域によってサービス提供体制の格差があるなか、新規のサービス利用が増大し、その財政負担の問題が大きくなってきたことも障害者自立支援法成立の背景である。 出35-56 出36-57

68 障害者自立支援法が制定されるまでは、施設サービスも**脱施設化**が叫ばれているなかで、これまでの33種類に分かれた障害種別ごとの複雑な体系の再編が問題となっていた。また、養護学校の卒業者の約6割が福祉施設に入所するといった状況にある一方で、身近な地域にサービス基盤があっても、障害種別の違いにより、利用者のニーズに応えられるものとはなっていなかった。

69 障害者自立支援法は、①障害者施策を**3障害一元化**、②利用者本位のサービス体系に再編、③就労支援の抜本的強化、④支給決定の透明化、明確化、⑤安定的な財源の確保といった視点から制定された。 出35-56

70 2012（平成24）年6月の改正で障害者自立支援法は障害者の日常生活及び社会生活を総合的に支援するための法律（**障害者総合支援法**）に改められた。同法は、障害者基本法の基本的な理念にのっとり、障害者および障害児が基本的人権を享有する個人としての尊厳にふさわしい日常生活または社会生活を営むことができるよう、必要な障害福祉サービスにかかる給付、地域生活支援事業その他の支援を総合的に行うものとしている（**第1条**）。

✏ 障害者総合支援法は、障害者および障害児の福祉の増進を図るとともに、障害の有無にかかわらず国民が相互に人格と個性を尊重し、安心して暮らすことのできる地域社会の実現に寄与することを目的とし、障害者が地域社会で暮らせる自立と共生の社会の実現を目指すものである（**第1条**）。

71 2016（平成28）年6月の法改正による見直しの概要は**図表5**のとおりである。

受験対策アドバイス

旧カリキュラムでは、「障害者に対する法制度」は、それぞれ大項目として掲げられていましたが、新カリキュラムでは1つにまとめられました。それぞれの法制度を比較し、全体像を理解しておきましょう。また、「障害者優先調達推進法」なども加わりました。実務で必要な知識でもあるので、まとめておくとよいでしょう。

図表4 障害者総合支援法のサービスの全体図

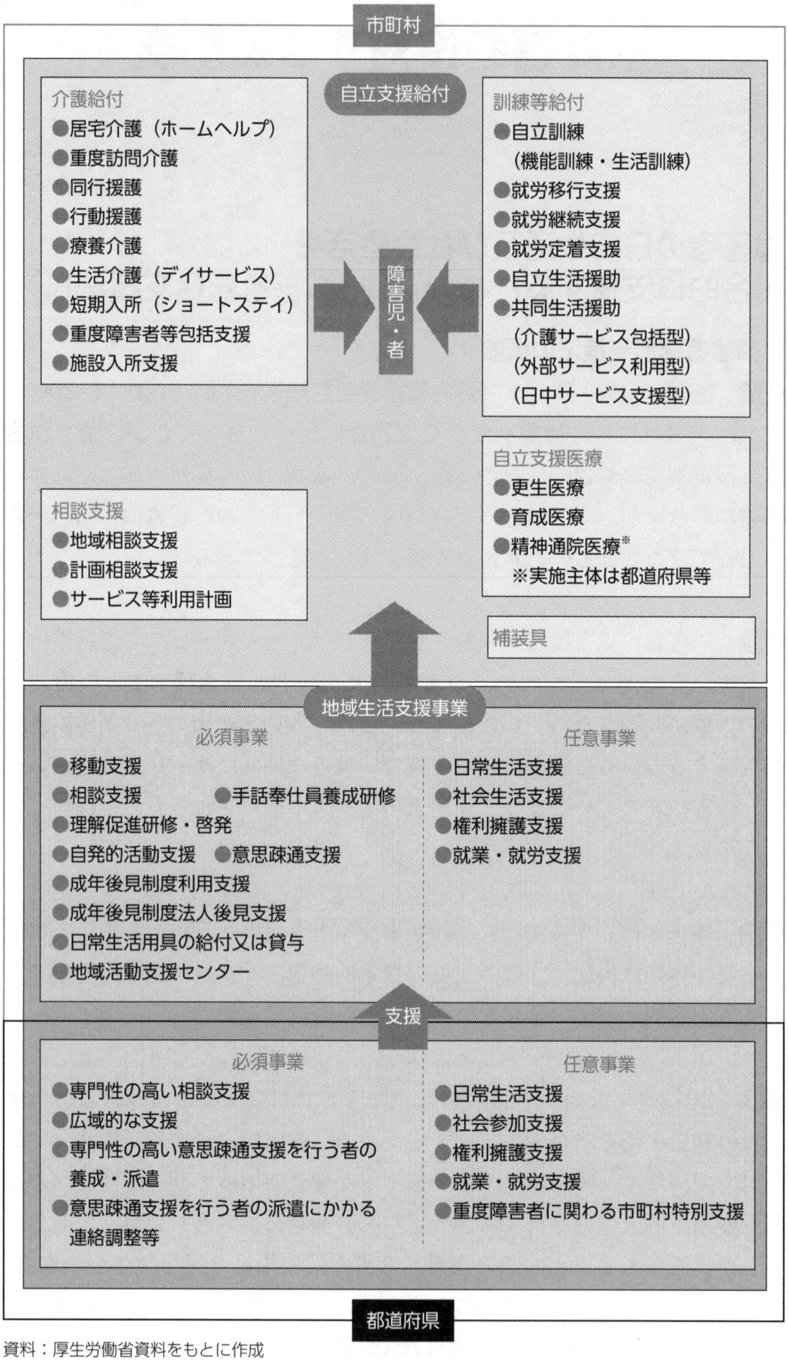

資料：厚生労働省資料をもとに作成

72 2022（令和4）年、障害者の日常生活及び社会生活を総合的に支援するための法律の一部改正が行われた。障害者が自らの希望する地域生活を実現するための支援として、①共同生活援助の支援内容の追加、②地域生活支援拠点等の整備等、③基幹相談支援センターの設置の市町村への努力義務化等、④協議会の機能の強化等の改正、地域での就労実現のための**就労選択支援の創設**などが盛り込まれた。

図表5 2016（平成28）年の障害者総合支援法の改正の概要

＜障害者の望む地域生活の支援として＞
① 障害者支援施設やグループホーム等を利用していた障害者で一人暮らしを希望する者に対して、定期的に居宅を訪問、相談要請に対する随時対応（訪問、電話、メール等）等を行うサービスとして**自立生活援助**を創設
② 就労移行支援等の利用を経て一般就労へ移行した障害者に対し、就労に伴い生じている生活面の課題に対応できるよう、事業所等との連絡調整等を行うサービスとして**就労定着支援**を創設
③ 重度訪問介護を利用している者に対する医療機関の入院時の訪問拡大
④ 65歳以上の障害者の所得の状況や障害の程度等の事情を勘案し、当該介護保険サービスの利用者負担を障害福祉制度により軽減（償還）できる仕組みを設け、円滑な利用の促進を図るため、**高額障害福祉サービス等給付費**の支給対象を拡大
＜サービスの質の確保・向上に向けた環境整備として＞
① 成長に伴い短期間で補装具（例：歩行器、座位保持椅子）を取り替える必要のある障害児の場合等に**貸与**の活用も可能とするため、**補装具費**の支給範囲を拡大
② 都道府県がサービス事業所の事業内容等の情報を公表する制度を設けるとともに、自治体の事務の効率化を図るため、所要の規定の整備といった**情報公表制度**を創設

◎障害福祉サービス（自立支援給付）および相談支援

73 障害者総合支援法では、従来の居宅サービス、施設サービスといった区分が改められ、同法第5条に定義されている**障害福祉サービス**という概念が導入された。また、夜間は施設に入所している場合でも、日中には居宅で暮らす障害者と同様の福祉サービスが提供されることになった。 出 36-58

✏ 障害福祉サービスとは、居宅介護、重度訪問介護、同行援護、行動援護、療養介護、生活介護、短期入所、重度障害者等包括支援、施設入所支援、自立訓練、就労移行支援、就労継続支援、就労定着支援、自立生活援助および共同生活援助をいう。また、2025（令和7）年10月より、新たな障害福祉サービスとして就労選択支援が追加される。

74 障害福祉サービスに要した費用に対し、自立支援給付として介護給付費と訓練等給付費が**市町村**から支給される。 出 34-58

75 障害者総合支援法第6条は、自立支援給付について規定している（**図表6参照**）。

図表6 自立支援給付の種類

・介護給付費、特例介護給付費　・訓練等給付費、特例訓練等給付費
・特定障害者特別給付費、特例特定障害者特別給付費
・地域相談支援給付費、特例地域相談支援給付費
・計画相談支援給付費、特例計画相談支援給付費
・自立支援医療費　・療養介護医療費、基準該当療養介護医療費
・補装具費　・高額障害福祉サービス等給付費　以上、15種類

出33-43（行財）
出34-58

76 自立支援給付は、市町村によって給付されるが、都道府県および国の負担および補助については、**図表7**のように規定された。

図表7 都道府県および国の負担および補助

都道府県の負担および補助	① 都道府県は、障害福祉サービス費等負担対象額、自立支援医療費等および補装具費の100分の25を負担する。 ② 都道府県は、予算の範囲内において、市町村の地域生活支援事業に要する費用の100分の25以内を補助することができる。
国の負担および補助	① 国は、障害福祉サービス費等負担対象額、自立支援医療費等および補装具費の100分の50を負担する。 ② 国は、予算の範囲内において、地域生活支援事業に要する費用等の100分の50以内を補助することができる。

77 自立支援給付または障害児通所給付費等の支給に関してサービスを利用する者やサービスを行う者等に対し市町村等が行う質問について、都道府県知事が指定する**指定事務受託法人**に委託できる。

出32-58
出33-59
出35-57

78 **介護給付費**の支給対象となる障害福祉サービスは、**図表8**に掲げる9つのサービスである。これらの給付は利用者への個別給付となる。

なお、申請から支給決定の効力が生じた日の前日までの間に、緊急その他やむを得ない理由により指定障害福祉サービス等を受けたときや、基準該当障害福祉サービスを受けたときなどには、特例介護給付費が支給される。

図表8 介護給付費の支給対象となる障害福祉サービス

支給対象サービス	サービスの内容
①居宅介護（ホームヘルプサービス）	障害児・者に対して、**入浴、排せつ**または**食事の介護**や**家事援助**など、居宅での生活全般にわたる援助サービスや通院等を行う際の介助
②重度訪問介護	重度の肢体不自由者、重度の知的・精神障害により**行動上著しい困難を有する障害者**を対象とした、居宅または医療機関への入院時における介護および外出時の移動支援を行う総合的なサービス
③同行援護	視覚障害により、移動に著しい困難を有する障害児・者に対して、**外出時**において、障害者等に**同行**し、移動に必要な情報を提供するとともに、移動の援護等を行う。
④行動援護	知的・精神障害により行動上著しい困難のある障害児・者を対象とした、行動の際に生じうる**危険回避のための援護**や、**外出時の移動**の支援
⑤療養介護	主として日中に病院などの施設で行われる機能訓練、療養上の管理、看護、医学的管理下での介護や日常生活上の援助など（18歳未満は児童福祉法に基づく障害児入所支援の対象）。療養介護のうち、**医療**に係るものを療養介護医療という。

⑥生活介護	常時介護を要する障害者を対象とした、主として**日中**に障害者支援施設などで行われる、入浴、排せつ、食事の介護や、創作的活動または生産活動の機会の提供など（18歳未満は児童福祉法に基づく障害児入所支援の対象）
⑦短期入所（ショートステイ）	障害児・者の介護者が病気の場合などにおける、障害者支援施設などへの**短期入所**による入浴、排せつ、食事の介護など
⑧重度障害者等包括支援	常時介護を要する**重度障害児・者**を対象とした、居宅介護をはじめとする障害福祉サービスの**包括的支援**
⑨施設入所支援	施設入所者を対象とした、主として**夜間**に行われる、入浴、排せつ、食事の介護など（18歳未満は児童福祉法に基づく障害児入所支援の対象）

79 介護給付費の支給対象となる障害福祉サービスの利用対象者と**障害支援区分**は、**図表9**のとおりである。 出32-58 出35-58

図表9 利用対象者と障害支援区分

サービス	利用対象者と障害支援区分
①居宅介護	区分**1以上**の障害者またはこれに相当する心身の状態にある障害児。ただし、身体介護を伴う通院等介助は障害支援区分が区分２以上の者。
②重度訪問介護	(イ) 重度の**肢体不自由者**であって、常時介護を必要とする障害者は、障害支援区分が区分**4**以上で、二肢以上に麻痺等があり、障害支援区分の認定調査項目のうち「歩行」「移乗」「排尿」「排便」のいずれも「支援が不要」以外に認定されていること。 (ロ) 重度の**知的障害者・精神障害者**は、障害支援区分が区分**4**以上で、障害支援区分の認定調査項目のうち行動関連項目等（12項目）の合計点数が10点以上の者（いわゆる行動障害を有する者）。
③同行援護	同行援護アセスメント票による調査項目中、「視力障害」「視野障害」および「夜盲」のいずれかが**1点以上**、かつ、「移動障害」の点数が１点以上の視覚障害児・者。障害支援区分の認定は必要としない。
④行動援護	自閉症、てんかん等を有する重度の知的障害児・者や統合失調症等を有する重度の精神障害者であって、**危険回避ができないため**に援護を必要とする者や、自傷、異食、徘徊《はいかい》等の行動障害に対し援護を必要とする者。障害支援区分が区分３以上で、障害支援区分の認定調査項目のうち行動関連項目等（12項目）の合計点数が10点以上（障害児にあっては、これに相当する支援の度合）の者。
⑤療養介護	医療および常時介護を必要とする障害者のうち、**長期の入院**による**医療的ケア**を要する者で、筋萎縮性側索硬化症（ALS）患者など気管切開を伴う人工呼吸器による呼吸管理を行っている障害支援区分が区分６の者、あるいは筋ジストロフィー患者・重症心身障害者で障害支援区分が区分５以上の者。
⑥生活介護	**常時介護等の支援**が必要な障害者で、障害支援区分が区分３（施設入所者は区分４）以上の者、**50**歳以上の障害者の場合、障害支援区分が区分**2**（施設入所者は区分**3**）以上の者。通常、施設入所支援とともにこのサービスを受ける障害者は、身体機能の状態から、在宅生活を送るこ

	とが困難であり、施設に入所して介護を受けながら安心した生活をしたいと考えている者や、病院は退院したが、介護者の支援が必要なため地域生活へ直接移行することには不安がある者、訓練施設を利用していたが障害の状態が悪化し介護が必要な状態になった者等。
⑦短期入所	**福祉型**短期入所は障害支援区分が区分１以上である障害者および障害児支援区分が区分１以上である障害児。**医療型**短期入所は、遷延性意識障害児・者、ALS等の運動ニューロン疾患を有する者および重症心身障害児・者等。
⑧重度障害者等包括支援	常時介護を必要とする障害児・者。障害支援区分が区分６（障害児にあっては、これに相当する支援の度合）に該当し、**意思疎通に著しい困難**を有する者で、❶重度訪問介護の対象者の支援の度合に相当する者であって、四肢すべてに麻痺等があり、寝たきり状態にある障害者のうち、人工呼吸器による呼吸管理を行っている身体障害者か、あるいは最重度知的障害者、❷障害支援区分の認定調査項目のうち行動関連項目等（12項目）の合計点数が10点以上である者。
⑨施設入所支援	生活介護の利用者のうち、障害支援区分が区分４以上（年齢が50歳以上の場合は区分３以上）の者または自立訓練や就労移行支援等（以下この項において「訓練等」）を受けている者であって、**入所させながら訓練等を実施**することが必要かつ効果的であると認められる者または地域における障害福祉サービスの提供体制の状況その他やむを得ない事情により、通所によって訓練等を受けることが困難な者。

出32-58
出33-59
出34-59
出35-57
出36-60
出36-61

80 **訓練等給付費**の支給対象となる障害福祉サービスは、**図表10**に掲げる6つのサービスである。訓練等給付費の支給は、**18歳以上の障害者**を基本的に対象とする。

✏ 2018（平成30）年４月から、訓練等給付に就労定着支援と自立生活援助が加わった。

✏ なお、申請から支給決定の効力が生じた日の前日までの間に、緊急その他やむを得ない理由により指定障害福祉サービス等を受けたときや、基準該当障害福祉サービスを受けたときなどには、特例訓練等給付費が支給される。

出33-59

81 訓練等給付費について**暫定支給**が行われる場合がある。これは、訓練等給付（就労継続支援Ｂ型、就労定着支援、自立生活援助および共同生活援助を除く）を利用しようとする障害者に対し、できる限り障害者本人の希望を尊重し、暫定的に支給決定を行い、実際にサービスを利用したのちに正式の支給決定を行う方法である。

82 2010（平成22）年４月から、応能負担への第一歩として、低所得（市町村民税非課税世帯）の障害者等につき、障害福祉サービスおよび補装具費にかかる利用者負担は**無料**となった。

図表10 訓練等給付費の支給対象となる障害福祉サービス

支給対象サービス	サービスの内容
①自立訓練	自立した日常生活や社会生活を営むことを目的とした、身体機能や生活能力の向上のための有期の訓練など
②就労移行支援	職場実習など、就労に必要な知識・能力の向上のための有期の訓練など
③就労継続支援	通常の事業所に雇用されることが困難な障害者を対象とした、就労機会の提供および就労に必要な知識・能力の向上のための訓練など
④就労定着支援	就労移行支援等を利用し一般就労に移行した人を対象に就業に伴う生活面の課題に対応できるよう、事業所・家族との連絡調整等の支援
⑤自立生活援助	施設入所支援や共同生活援助を利用していた者等を対象とした、定期的な巡回訪問や随時の対応による、円滑な地域生活に向けた相談・助言等
⑥共同生活援助（グループホーム）	主として夜間に行われる、共同生活を営む住居における相談、入浴、排せつまたは食事の介護その他の日常生活上の援助

83 障害福祉サービスに係る利用者負担については、サービスの利用に要した費用の原則1割とされていたが（応益負担）、2010（平成22）年12月の法改正で、見直しが行われ、支給決定障害者等が指定障害福祉サービス等を利用した場合の負担について、当該支給決定障害者等の家計の負担能力に応じた額（**応能負担**）を原則とすることとなった。

「家計の負担能力その他の事情をしん酌して政令で定める額」（第29条第3項第2号）が、**負担上限月額**として決められており、利用者は、負担上限月額を上回るときは、負担上限月額を負担する。ただし、負担上限月額よりもサービスに要する費用の1割相当額のほうが低い場合は、サービスに要する費用の1割の額を利用者負担とする。

84 施設に入所している場合の食費や光熱水費、日用品費、通所施設を利用している場合の食費や創作的活動等に要する費用など（特定費用）は、**自己負担**となる。

ただし、低所得者については、負担能力に応じた自己負担の軽減措置が講じられる。

85 施設入所支援、共同生活援助、その他の障害福祉サービスの支給決定を受けた障害者のうち低所得者に対して、食費・居住費（特定入所等費用）の補足給付として**特定障害者特別給付費**が支給される。

なお、申請から支給決定の効力が生じた日の前日までの間に、緊急その他やむを得ない理由により障害福祉サービス等を受けたときなどには、特例特定障害者特別給付費が支給される。

86 2016（平成28）年6月の法改正で、高額障害福祉サービス等給付費の支給対象が拡大された。65歳に至るまで相当の長期間にわたり障害福祉サービスを利用してきた低所得の高齢障害者が引き続き障害福祉サービスに相当する介護保険サービスを利用する場合、障害者の所得の状況や障害の程度等の事情を勘案し、当該介護保険サービスの利用者負担を障害福祉制度により**軽減**（償還）できることとなった。

出33-59

87 2017（平成29）年の障害者総合支援法の改正により、共生型サービスが創設された。

✏ **共生型サービス**とは、①障害者が65歳以上になっても、使い慣れた事業所においてサービスを利用しやすくするという観点や、②福祉に携わる人材に限りがあるなかで、地域の実情に合わせて人材をうまく活用しながら適切にサービス提供を行うという観点から創設された、介護保険と障害福祉両方の制度に相互に共通するサービスのことである（図表11参照）。

図表11 共生型サービス

	介護保険サービス		障害福祉サービス等
ホームヘルプサービス	訪問介護	↔	居宅介護 重度訪問介護
デイサービス	通所介護 地域密着型通所介護	↔	生活介護（※1） 自立訓練（機能訓練・生活訓練）
	療養通所介護	↔	生活介護（※2）
ショートステイ	短期入所生活介護 （予防を含む）	↔	短期入所
「通い・訪問・泊まり」といったサービスの組み合わせを一体的に提供するサービス	（看護）小規模多機能型居宅介護 （予防を含む） ・通い	→	生活介護（※1） 自立訓練（機能訓練・生活訓練）（通い）
	・泊まり	→	短期入所（泊まり）
	・訪問	→	居宅介護 重度訪問介護（訪問）

※1 主として重症心身障害者を通わせる事業所を除く。
※2 主として重症心身障害者を通わせる事業所に限る。
資料：厚生労働省資料

◎障害者支援施設

88 障害者総合支援法に規定する**障害者支援施設**とは、障害者につき、施設入所支援を行うとともに、施設入所支援以外の施設障害福祉サービス（生活介護、自立訓練、就労移行支援および就労継続支援B型）を行う施設（のぞみの園等を除く）をいう。

◎相談支援

89 2010（平成22）年12月の法改正で、相談支援の定義の見直しが行われ、**基本相談支援**、**地域相談支援**および**計画相談支援**の3つに分けられた。

90 2012（平成24）年4月から、**地域相談支援給付費**が自立支援給付として給付されている。地域相談支援は、地域移行支援と地域定着支援を指す。障害者の地域移行や地域定着をさらに強化するためのものである。 出34-57 出35-60

- 地域移行支援は、障害者支援施設等に入所している障害者または精神科病院に入院している精神障害者等に対して、住居の確保や地域における生活に移行するための活動に関する相談等を行うものである。
- 2012（平成24）年の法改正により、これまで障害者支援施設等に入所している障害者または精神科病院に入院している精神障害者であった地域移行支援の対象が、①救護施設または更生施設に入所している障害者、②刑事施設または少年院に収容されている障害者、③更生保護施設に収容されている障害者等に拡大された。
- 地域定着支援は、居宅において単身等で生活する障害者に対して、障害者と常時、連絡をとる体制を確保し、障害の特性に起因する緊急の事態等が生じた場合に相談等を行うものである。

91 2012（平成24）年4月から、計画相談支援給付費が自立支援給付として給付されている。これまで、**サービス等利用計画**の作成対象者が限定されていたものを、計画作成対象者を大幅に拡大し、相談支援を強化していく。計画相談支援は、サービス利用支援および継続サービス利用支援を指す。 出34-57 出35-57 出36-58

- **サービス利用支援**は、介護給付費等の支給決定の申請やサービスの種類や支給量の変更の申請などをするときに、障害者の心身の状況、その置かれている環境等の事情を勘案し、利用する障害福祉サービス等の種類や内容、量などを定めたサービス等利用計画案を作成する。そして、支給決定等の後に、障害福祉サービス事業者等との連絡調整等の便宜を供与するとともに、支給決定等に係る障害福祉サービス等の種類や内容、量などを記載したサービス等利用計画を作成することである。
- **継続サービス利用支援**は、介護給付費等の支給決定を受けた障害者等に、介護給付費等の支給決定等の有効期間内に継続して障害福祉サービス等を適切に利用できるように、サービス等利用計画が適切であるかどうかにつき、見直しを行うものである。その結果に基づき、サービス等利用計画の変更や関係者との連絡調整等を行う。

92 **一般相談支援事業**とは、基本相談支援および地域相談支援のいずれも行う事業をいい、**特定相談支援事業**とは、基本相談支援および計画相談支援のいずれも行う事業をいう。

93 2010（平成22）年12月の法改正で、市町村による**基幹相談支援センター**の設置が規定された。 出34-57

- 基幹相談支援センターは、地域における相談支援の中核的な役割を担う機関として、相談支援に関する業務を総合的に行うことを目的とする施設である。

94 2010（平成22）年12月の法改正で、自立支援協議会の法律上の根拠が設けられ、また、2012（平成24）年の法改正では2013（平成25）年4月からは、「自立支援協議会」の名称は、地方公共団体の判断により変更できるよう**協議会**と名称変更された。

✎ 協議会の構成員には関係機関、関係団体および障害者等の福祉、医療、教育または雇用に関連する職務に従事する者その他の関係者、障害者等およびその家族が含まれる旨が明記された。地方公共団体が設置する。

出35-57 **95** 2010（平成22）年12月の法改正で、市町村は、支給要否決定を行うに当たって必要と認められる場合には、支給決定の申請に係る障害者または障害児の保護者に対し、**サービス等利用計画案の提出**を求めることとなった。また、当該サービス等利用計画案の提出があった場合には、当該計画案を勘案して支給要否決定を行う。

◎障害支援区分及び支給決定

出33-59
出35-57
出36-61
96 2014（平成26）年4月より、「障害程度区分」の名称は、「**障害支援区分**」に改められた。「障害の程度」ではなく、「必要な支援の度合」に着目し、必要とされる支援の度合を示す区分に改められた。

✎ 障害支援区分とは、障害者等の障害の多様な特性その他の心身の状態に応じて必要とされる標準的な支援の度合を総合的に示す区分をいい、区分**1**から区分**6**まで**6段階**ある。

✎ 障害支援区分では、知的障害、精神障害や発達障害の特性をより反映するため、認定調査項目に、①健康・栄養管理、②危険の認識、③読み書き、④感覚過敏・感覚鈍麻、⑤集団への不適応、⑥多飲水・過飲水の6項目が追加された。

97 障害支援区分では、既存の**認定調査項目**における評価内容（評価範囲）の見直しがなされた。

✎ 例えば、食事に関しては、食事開始前の食べやすくする支援も評価し、視力・聴力に関しては、全盲・全ろうも評価（選択肢の追加）、行動上の障害に関しては、行動上の障害が生じないように行っている支援や配慮、投薬等の頻度も含めて評価することとなった。

出36-61 **98** 障害支援区分では、「できたりできなかったりする場合」は、「できない状況（支援が必要な状況）」に基づき判断する。この判断は、運動機能の低下に限らず、「知的・精神・発達障害による行動上の障害（意欲低下や多動等）」や「内部障害や難病等の筋力低下や易疲労感」等によって「できない場合」、「慣れていない状況や初めての場所」では「できない場合」を含めて判断し、これは**一次判定（コンピュータ判定）**で評価することとなった。また、できたりできなかったりする場合の頻度等は「特記事項」に記載し、**二次判定（市町村審査会）**で評価する。

✎ 障害支援区分では、コンピュータ判定式が導入され、二次判定の引き上げ要因を組み込んだ「**全国一律の**新たな判定式（コンピュータ判定式）」となった。これにより最も確率の高い区分（二次判定結果）を障害支援区分の一次判定結果とすることで、二次判定で引き上げる割合の地域差を解消することとなった。

99 障害支援区分では、認定調査項目の選択肢が統一され、身体介助関係では、**見守りや声かけ等**の支援によって行為・行動ができる場合も評価、日常生活関係では、ふだん過ごしている環境ではなく「**自宅・単身**」の生活を想定して評価、行動障害関係では、行動上の障害が生じないための支援や配慮、**投薬の頻度**も含めて評価することとなった。

100 介護給付費等の支給決定までの流れは、**図表12**のようになる。

◎自立支援医療

101 2005（平成17）年10月の障害者自立支援法の成立に伴い、**自立支援医療制度**が設けられた。これにより、これまでの**育成医療**（児童福祉法）、**更生医療**（身体障害者福祉法）、精神保健及び精神障害者福祉に関する法律に基づく**精神通院医療**の規定は新たに障害者自立支援法におかれた。 出 36-59

✎ 障害者総合支援法に規定する自立支援医療とは、障害者等につき、その心身の障害の状態の軽減を図り、自立した日常生活または社会生活を営むために必要な医療であって政令で定めるもの（＝育成医療、更生医療、精神通院医療）をいう。

102 自立支援医療の給付の申請は、**市町村**に行う。

103 自立支援医療費は、**市町村**（精神通院医療に相当する部分は**都道府県**）から支給される。 出 36-59

104 本人および他の世帯員の市町村民税所得割の合算額が23万5000円以上の場合は、認定は受けられず医療保険による給付となり、3割の自己負担となる（ただし、重度かつ継続的に相当額の負担がある場合は、2024（令和6）年3月31日までの間は自立支援医療費が支給される）。 出 36-59

105 自立支援医療◆（更生医療）の対象となる者は、身体障害者福祉法第4条に規定する身体上の障害を有すると認められる者であって、確実なる治療効果が期待しうるものと規定されている。 出 36-59

受験対策アドバイス
◆都道府県知事が指定する指定自立支援医療機関で受ける。

✎ 更生医療の対象となる疾患を障害の種類によって示すと、①肢体不自由によるもの、②視覚障害によるもの、③聴覚、平衡機能障害によるもの、④音

図表12 介護給付費等の支給決定までの流れ

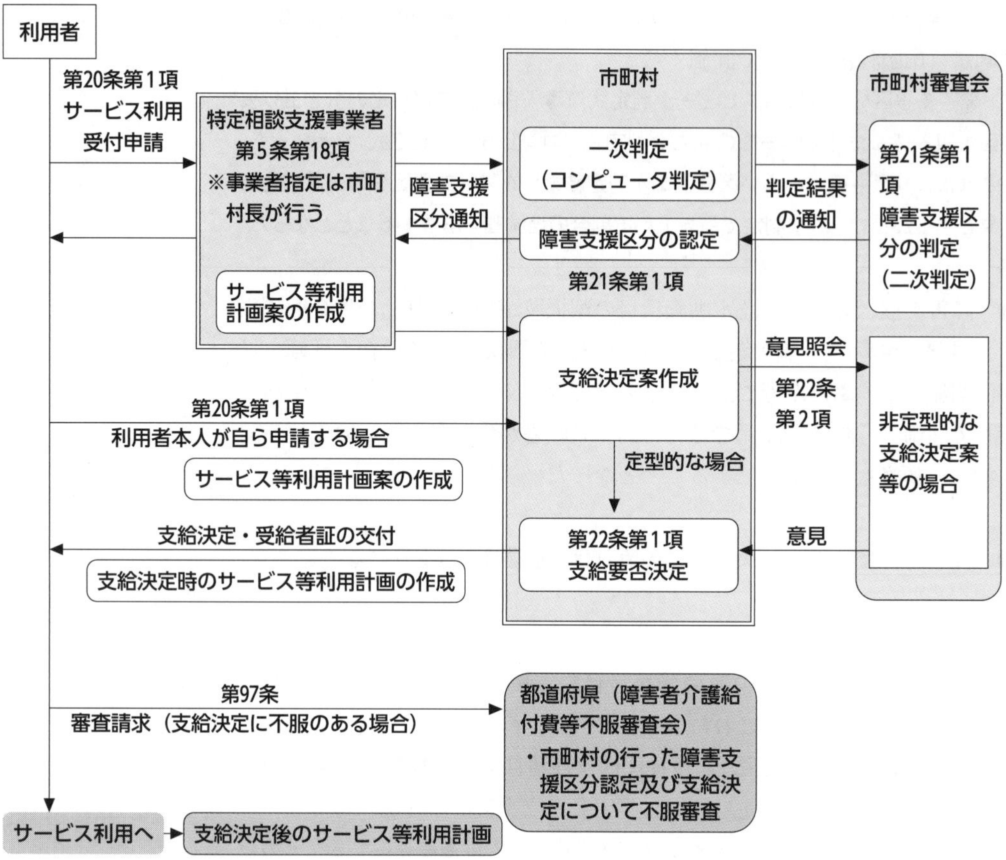

【支給決定プロセス】

○市町村は、必要と認められる場合として省令で定める場合には、指定を受けた特定相談支援事業者が作成するサービス等利用計画案の提出を求め、これを勘案して支給決定を行う。

＊上記の計画案に代えて、省令で定める計画案（セルフケアプラン等）を提出することもできる。

＊障害者または障害児の保護者の居住地が明らかでないとき、介護給付費の支給決定は、現在地の市町村が行う。

○支給決定時のサービス等利用計画の作成および支給決定後のサービス等利用計画の見直し（モニタリング）について、計画相談支援給付費を支給する。

○障害児についても、児童福祉法に基づき、市町村が指定する指定障害児相談支援事業者が、通所サービスの利用に係る障害児支援利用計画（障害者のサービス等利用計画に相当）を作成する。

＊障害児の居宅介護等の居宅サービスについては、障害者総合支援法に基づき、「指定特定相談支援事業者」がサービス等利用計画を作成。（障害児に係る計画は、同一事業者が一体的（通所・居宅）に作成することを想定）

＊障害児の入所サービスについては、児童相談所が専門的な判断を行うため、障害児支援利用計画の作成対象外。

声機能、言語機能、そしゃく機能障害によるもの、⑤心臓、腎臓、小腸、肝臓機能障害によるもの（日常生活が著しい制限を受ける程度であると認められるもの）、⑥ヒト免疫不全ウイルスによる免疫の機能の障害によるもの（日常生活が著しい制限を受ける程度であると認められるもの）である。

出 36-59

106 自立支援医療の患者の医療機関窓口での自己負担は、所得等に応じて1月当たりの自己負担額が設定されている。この額に満たない場合は、原則として医療費の 1 割負担となる。

107 **療養介護医療費**は、医療を必要とするとともに、常時介護を必要とすると認められた障害者が、主として昼間、病院や施設等で行われる機能訓練、療養上の管理、看護、医学的管理のもとでの介護や日常生活上の世話を受ける場合に、医療に限ってそれに要した費用として支給される。

✏ 基準該当療養介護医療費は、基準該当施設から療養介護医療を受けた場合に支給される。

◎補装具

108 障害者総合支援法に規定する**補装具**とは、障害者または障害児の身体機能を補完し、または代替し、かつ、長期間にわたり継続して使用されるものをいう。

✏ 補装具の種目としては、義肢、装具、座位保持装置、視覚障害者安全つえ、義眼、眼鏡、補聴器、人工内耳（人工内耳用音声信号処理装置の修理に限る）、車椅子、電動車椅子、座位保持椅子、起立保持具、歩行器、頭部保持具、排便補助具、歩行補助つえ、重度障害者用意思伝達装置がある。

109 補装具費の支給申請は、**市町村**に行う。

110 市町村民税課税世帯は、**負担上限額**が3万7200円で、市町村民税非課税世帯は**利用者負担はない**。また、2012（平成24）年4月から、高額障害福祉サービス等給付費の支給の対象に、補装具にかかる利用者負担が加えられ、障害福祉サービスおよび介護保険の介護給付等対象サービスの利用者負担額と補装具の利用者負担額を合算して一定の額を超える場合、**高額障害福祉サービス等給付費**の支給の対象となる。

111 一定所得以上の世帯に属する者は補装具費の支給の対象としないこととされ、本人または世帯員（本人が18歳以上の場合は、その配偶者に限る）のうち市町村民税所得割の最多納税者の納税額が46万円以上の場合がその基準とされている。

◎地域生活支援事業

112 障害者等が自立した日常生活または社会生活を営むことができるように支援する事業として、2006（平成18）年10月より**地域生活支援事業**が法定化された。

113 市町村が行う地域生活支援事業としては、理解促進研修・啓発事業、自発的活動支援事業、相談支援事業、成年後見制度利用支援事業、成年後見制度法人後見支援事業、意思疎通支援事業、日常生活用具給付等事業、手話奉仕員養成研修事業、移動支援事業および地域活動支援センター機能強化事業を必須事業とする。

✏ **日常生活用具給付等事業**は、市町村地域生活支援事業の1つとして、身体障害者（児）、知的障害者（児）、精神障害者、難病患者等に対し、自立生活支援用具等の日常生活用具を給付または貸与する事業である（図表13参照）。

図表13 日常生活用具給付等事業により給付等される用具

①介護・訓練支援用具	特殊寝台、特殊マットなど
②自立生活支援用具	入浴補助用具、聴覚障害者用屋内信号装置等
③在宅療養等支援用具	電気式たん吸引器、盲人用体温計等
④情報・意思疎通支援用具	点字器、人工喉頭等
⑤排泄管理支援用具	ストーマ装具等
⑥居宅生活動作補助用具	居宅生活動作等を円滑にする用具であって設置に小規模な住宅改修を伴うもの

114 成年後見に伴う鑑定料、登記料、成年後見人への報酬等については、障害者総合支援法第77条第1項第4号に基づく市町村地域生活支援事業の**成年後見制度利用支援事業**により、国庫補助が行われる。

✏ 成年後見制度利用支援事業については、市町村長による申立てがあった者に限定されていたが、2008（平成20）年4月の対象者の拡大を経て、2012（平成24）年4月から知的障害者・精神障害者で補助を受けなければ制度利用が困難であると認められる者が対象とされている。

出33-60

115 **移動支援事業**とは、障害者等が円滑に外出することができるよう、障害者等の移動を支援する事業をいい、市町村による地域生活支援事業として行われるサービスである。

116 **地域活動支援センター**とは、障害者等を通わせ、創作的活動または生産活動の機会の提供、社会との交流の促進その他の主務省令で定める便宜を供与する施設をいい、市町村による地域生活支援事業として行われるサービスである。

117 福祉ホームとは、現に住居を求めている障害者につき、低額な料金で、居室その他の設備を利用させるとともに、日常生活に必要な便宜を供与する施設をいい、市町村による地域生活支援事業として行われるサービスである。

出32-59

118 地域生活支援事業のうち**都道府県**が行う事業として、特に専門性の高い相談支援事業（発達障害者支援センター運営事業、高次脳機能障害及びその関連障害に対する支援普及事業）、意思疎通支援を行う者のうち、特に専門性の高い者を養成し、または派遣する事業、意思疎通支援を行う者の派遣にかかる市町村相互間の連絡調整その他の広域的な対応が必要な事業、サービス管理責任者研修事業等が定められている。

◎障害福祉計画

119 主務大臣（厚生労働大臣等）の定める基本指針に即して、市町村および都道府県は、障害福祉サービスや地域生活支援事業などの提供体制の確保に関する計画（**障害福祉計画**）を定めることとなった。 出34-58

- ✎ 障害福祉計画は、3年を1期とし、2024（令和6）年度から2026（令和8）年度までが第7期となる。市町村障害福祉計画および都道府県障害福祉計画は、障害者基本法における市町村障害者計画や都道府県障害者計画と**調和**が保たれるよう計画される。
- ✎ 都道府県障害福祉計画は、医療法に基づく**医療計画**と相まって、精神障害者の退院の促進を図るものでなければならないとされている（第89条第7項）。

120 2023（令和5）年5月、「障害福祉サービス等及び障害児通所支援等の円滑な実施を確保するための基本的な指針」が告示された。この基本指針に即し、2024（令和6）年度から2026（令和8）年度までの3年間を対象とする**第7期障害福祉計画**、**第3期障害児福祉計画**が市町村、都道府県によって作成されることとなった。成果目標として、計画期間が終了する2026（令和8）年度末までの目標値が**図表14**のように規定されている。

◎苦情解決、審査請求

121 指定障害福祉サービス事業者等は、利用者またはその家族からの苦情に迅速かつ適切に対応するために、**苦情**を受け付けるための**窓口**を設置しなければならない。また、苦情を受け付けた場合には、当該苦情の内容等を**記録**しなければならない（図表15参照）。

122 「市町村の介護給付費等又は地域相談支援給付費等に係る処分に不服がある障害者又は障害児の保護者は、都道府県知事に対して**審査請求**をすることができる」と規定している（第97条）。

123 **審査請求**の対象となる処分は「介護給付費等または地域相談支援給付費等に係る処分」であり、具体的には障害支援区分に関する処分、支給決定・支払決定に係る処分、利用者負担に係る処分が対象となる。

124 都道府県知事は、市町村が行う介護給付費等に係るさまざまな行政処分に関する審査請求の審理を公正かつ適正に行うために、障害者等の保健または福祉に関する学識経験者で構成する**障害者介護給付費等不服審査会**を置くことができるとされている（第98条）。

125 **障害者介護給付費等不服審査会**は、法律上は、設置は任意となっている（第98条第1項）。同審査会には必要な数の合議体を設置し、合議体を構成する委員の定数は5人を標準として都道府県が条例で定めることとなる。

図表14 **第7期障害福祉計画および第3期障害児福祉計画の成果目標（計画期間が終了する2026（令和8）年度末の目標）**

①施設入所者の地域生活への移行

・地域移行者数：2022（令和4）年度末施設入所者数の6％以上

・施設入所者数：2022（令和4）年度末の5％以上削減

②精神障害にも対応した地域包括ケアシステムの構築

・精神障害者の精神病床から退院後1年以内の地域における平均生活日数：325.3日以上

・精神病床における1年以上入院患者数

・精神病床における早期退院率：3か月後68.9%以上、6か月後84.5%以上、1年後91.0%以上

③地域生活支援の充実

・各市町村において地域生活支援拠点等を整備するとともに、コーディネーターの配置などによる効果的な支援体制及び緊急時の連絡体制の構築を進め、また、年1回以上、支援の実績等を踏まえ運用状況の検証・検討を行うこと

・強度行動障害を有する者に関し、各市町村又は圏域において支援ニーズを把握し、支援体制の整備を進めること【新規】

④福祉施設から一般就労への移行等

・一般就労への移行者数：2021（令和3）年度実績の1.28倍以上

・就労移行支援事業利用終了者に占める一般就労へ移行した者の割合が5割以上の事業所：就労移行支援事業所の5割以上【新規】

・各都道府県は地域の就労支援ネットワークの強化、関係機関の連携した支援体制を構築するため、協議会を活用して推進【新規】

④福祉施設から一般就労への移行等（続き）

・就労定着支援事業の利用者数：2021（令和3）年度末実績の1.41倍以上

・就労定着支援事業利用終了後一定期間の就労定着率が7割以上となる就労定着支援事業所の割合：2割5分以上

⑤障害児支援の提供体制の整備等

・児童発達支援センターの設置：各市町村又は各圏域に1か所以上

・全市町村において、障害児の地域社会への参加・包容の（インクルージョン）推進体制の構築

・各都道府県は難聴児支援を総合的に推進するための計画を策定するとともに、各都道府県及び必要に応じて政令市は、難聴児支援の中核的機能を果たす体制を構築

・重症心身障害児を支援する児童発達支援事業所等：各市町村又は圏域に1か所以上

・各都道府県は医療的ケア児支援センターを設置【新規】

・各都道府県及び各政令市において、障害児入所施設からの移行調整に係る協議の場を設置【新規】

⑥相談支援体制の充実・強化等

・各市町村において、基幹相談支援センターを設置等

・協議会における個別事例の検討を通じた地域サービス基盤の開発・改善等【新規】

⑦障害福祉サービス等の質を向上させるための取組に係る体制の構築

・各都道府県及び各市町村において、サービスの質向上のための体制を構築

126 市町村が行った処分の取消の**訴訟**は、当該処分の審査請求に対する裁決を経た後でなければ提起できない。

身体障害者福祉法

◎身体障害者福祉法の概要

出33-58
出35-26（現社）
出36-57

127 1949（昭和24）年に**身体障害者福祉法**が制定された。当初、法の対象となる障害者からは、精神障害や内部障害を除外し、視聴覚障害・言語障害・運動障害に限定された。また、身体障害者更生援護施設の設置が国に義務づけられた。

出35-61

128 1990（平成2）年の改正で、身体障害者福祉法第1条（法の目的）に

図表15 福祉サービスに関する苦情解決の仕組みの概要図

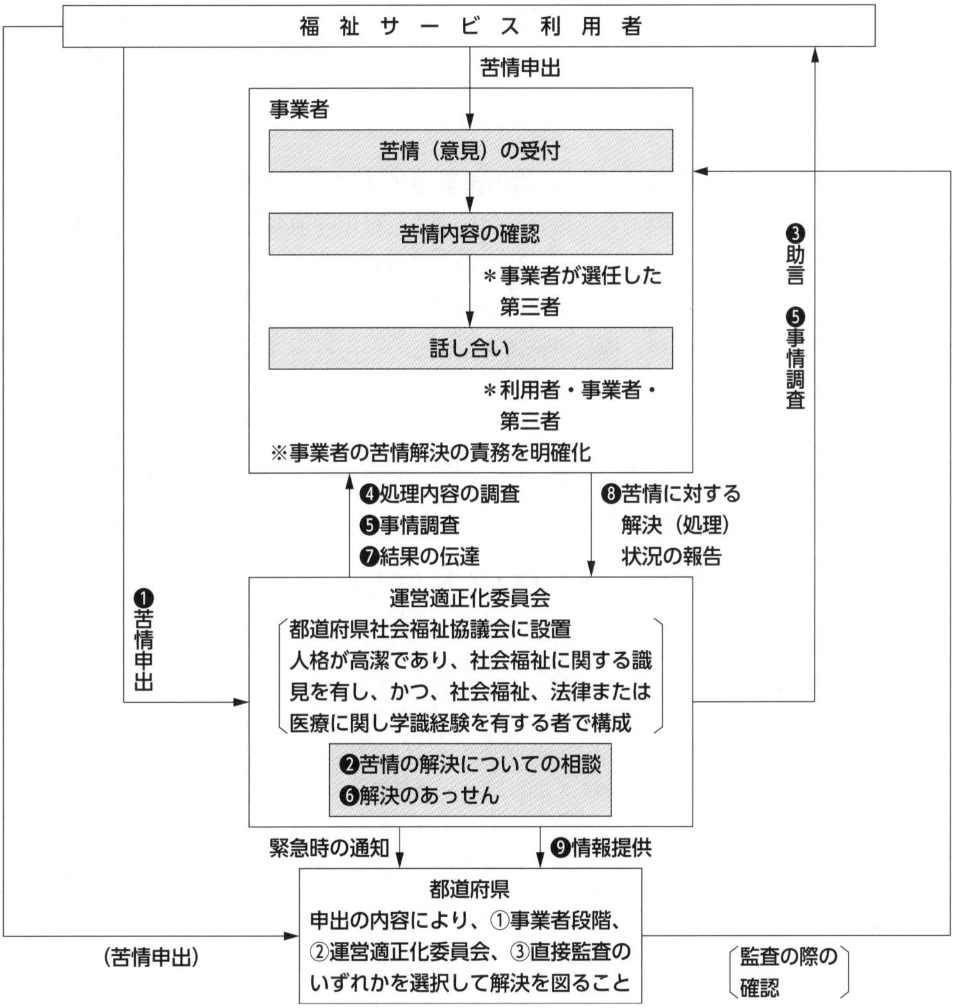

資料：厚生労働省資料

「身体障害者の自立と社会経済活動への参加を促進する」という**理念**が明記された。

129 国および地方公共団体の**責務**として、「身体障害者の自立と社会経済活動への参加を促進するための援助と必要な保護を総合的に実施するように努めなければならない」と規定している（第3条）。

130 2005（平成17）年の障害者自立支援法（現・障害者の日常生活及び社会生活を総合的に支援するための法律（障害者総合支援法））の成立に伴い、身体障害者福祉法第5条が改正され、**身体障害者社会参加支援施設**として、身体障害者福祉センター（第31条）、補装具製作施設（第32条）、盲導犬訓練施設（第33条）、視聴覚障害者情報提供施設（第34条）の4種類が規定され、それぞれ無料または低額な料金で関係事業を行うこととされている。

131 身体障害者福祉法は、18歳未満の身体障害児に対するサービス規定は設けていないが、**身体障害者手帳**は一貫した相談等のため同法に基づいて児童にも交付され、具体的な福祉サービスは障害者総合支援法や児童福祉法などのもとで行われる。

◎身体障害者手帳、身体障害者福祉法に基づく措置

132 身体障害者手帳は、居住地または現在地の都道府県知事（指定都市市長・中核市市長を含む）に、指定された医師の診断書を添えて**申請**する。申請は、市または福祉事務所を設置する町村内に居住地を有する者にあっては福祉事務所長、福祉事務所を設置しない町村内に居住地を有する者にあっては町村長を経由して行う。

出 35-61

133 身体障害者手帳には、障害の程度により**1級から6級**の等級が記載されている（**図表16参照**）。

図表16 身体障害者手帳の障害の程度による等級

視覚障害	1級～6級
聴覚障害	2級、3級、4級、6級
平衡機能障害	3級、5級
音声機能・言語機能またはそしゃく機能の障害	3級、4級
肢体不自由	1級～7級（ただし、体幹は1級、2級、3級、5級）
心臓・じん臓・呼吸器・ぼうこうまたは直腸・小腸の各機能障害	1級、3級、4級
ヒト免疫不全ウイルスによる免疫機能障害	1級～4級
肝臓機能障害	1級～4級

注1：肢体不自由においては、7級に該当する障害が2つ以上重複する場合に6級と記載される。
　2：障害の状態が永続的と認められれば再認定を受ける必要はない。

134 同一の等級について2つの重複する障害がある場合は1級上の級となり、肢体不自由（体幹を除く）においては、7級に該当する障害が2つ以上重複する場合は6級となる。

135 身体障害者福祉法に定める援護は、身体障害者の居住地の市町村（特別区を含む）が行うものとする。ただし、身体障害者が居住地を有しないか、明らかでないときは、その身体障害者の**現在地の市町村**が行うものとする（**第9条第1項**）。

✎ 介護給付費等の支給を受けて障害者支援施設等に入所している身体障害者（特定施設入所等身体障害者）については、その者が障害者支援施設等への入

所の前に有した居住地の市町村が、身体障害者福祉法に定める援護を行うものとされている（第9条第2項）。

136 **身体障害者更生相談所**は、身体障害者の更生援護の利便のため、および市町村の援護の適切な実施の支援のため都道府県に設けなければならない（指定都市は任意設置）（第11条第1項）。 出35-61 出36-46（行財）

✏ 身体障害者更生相談所には、身体障害者福祉司、医師、理学療法士、作業療法士、義肢装具士、言語聴覚士、心理判定員、職能判定員、ケースワーカー、保健師または看護師等が配置される。

137 **身体障害者福祉司**は、都道府県の身体障害者更生相談所に置かれる（法第11条の2第1項）。 出33-96（相基） 出35-61

✏ 都道府県の身体障害者福祉司は、所長の命を受けて、①市町村の援護の実施に関し、市町村相互間の連絡調整、市町村に対する情報の提供その他必要な援助およびこれらに付随する業務のうち、専門的な知識および技術を必要とするもの、②身体障害者に関する相談および指導のうち、専門的な知識および技術を必要とするものを行う。

138 市町村の設置する福祉事務所には、身体障害者福祉司は**任意**で置かれる（第11条の2第2項）。 出35-61

✏ 市町村の身体障害者福祉司は、所長の命を受けて、身体障害者の福祉に関し、①福祉事務所の所員に対する技術的指導、②身体障害者の相談に応じ、更生援護の必要の有無およびその種類を判断し、社会的更生の方途を指導することおよびこれに付随する業務のうち、専門的な知識および技術を必要とするものを行う。

139 障害者総合支援法に基づく障害福祉サービスを必要とする身体障害者が、やむを得ない事由により介護給付費等（療養介護および施設入所支援に係るものを除く）の支給を受けることが著しく困難であると認めるときは、市町村は、障害福祉サービスの利用の**措置**を採ることができる（第18条第1項）。

140 障害者総合支援法に基づく障害者支援施設等への入所を必要とする身体障害者が、やむを得ない事由により介護給付費等（療養介護および施設入所支援に係るものに限る）の支給を受けることが著しく困難であると認めるときは、市町村は、障害者支援施設等への入所等の**措置**を採らなければならない（第18条第2項）。

141 **身体障害者福祉センター**は、無料または低額な料金で身体障害者の各種相談に応じ、機能訓練、教養の向上、社会との交流促進、レクリエーション等のための便宜を総合的に供与する施設である（第31条）。

142 身体障害者福祉センターには、A型、B型、障害者更生センターの3つがある。

- A型は、更生相談、機能訓練、スポーツおよびレクリエーションの指導、ボランティアの養成、身体障害者社会参加支援施設の職員に対する研修その他身体障害者の福祉の増進を図る事業を総合的に行う。
- B型は、創作的活動または生産活動の機会の提供、社会との交流の促進、ボランティアの養成その他身体障害者が自立した日常生活および社会生活を営むために必要な事業を行う。
- 障害者更生センターは、身体障害者またはその家族に対し、宿泊、レクリエーションその他休養のための便宜を供与する。

◎その他

143 身体障害者補助犬法において、身体障害者補助犬とは**盲導犬**、**介助犬**、**聴導犬**とされ、国または独立行政法人などの施設や公共交通事業者、不特定多数の者が利用する施設の管理者等は、身体障害者がその施設等を利用する場合、身体障害者補助犬の**同伴を拒否してはならない**こととされている。

144 2007（平成19）年に身体障害者補助犬法が改正され、障害者雇用事業主（従業員50人以上）は、その事業所に勤務する身体障害者が**補助犬を使用**することを原則拒めないこととなった。

145 **盲導犬訓練施設**は、無料または低額な料金で盲導犬の訓練を行うとともに、視覚障害のある身体障害者に対し、盲導犬の利用に必要な訓練を行う施設である。

知的障害者福祉法

◎知的障害者福祉法の概要

出32-57 **146** 1960（昭和35）年に制定された精神薄弱者福祉法（現・知的障害者
出35-56 福祉法）は、第1条（目的）で「その更生を援助するとともに必要な保護を行なう」ことを規定し、入所施設を法的に位置づけた。

147 **知的障害者福祉法**第1条は、2000（平成12）年6月の改正で、知的障害者の**自立**と社会経済活動への**参加**の促進を法律の目的として明示した。

- 同じ改正で新たに第1条の2が追加され、第1項で「すべての知的障害者は、その有する能力を活用することにより、進んで社会経済活動に参加するよう努めなければならない」と規定し、第2項で「すべての知的障害者は、社会を構成する一員として、社会、経済、文化その他あらゆる分野の活動に参加する機会を与えられるものとする」と規定された。

◎療育手帳、知的障害者福祉法に基づく措置

148 1973（昭和48）年の厚生事務次官通知「療育手帳制度について（療育手帳制度要綱）」によって、**療育手帳制度**が始められた。 出34-60

✎ 本人またはその保護者が福祉事務所に**申請**し、児童相談所または知的障害者更生相談所の**判定**に基づいて都道府県知事および指定都市の長、児童相談所を設置する中核市の長が**交付**することとされ、障害の程度の区分については、Aを重度、Bをその他としているが、中度など他の区分を定めることもさしつかえないとされている。

✎ 療育手帳の認定は、**原則2年**の有期認定である。

149 18歳以上の知的障害者が、やむを得ない事由により介護給付費等（療養介護および施設入所支援に係るものに限る）の支給を受けることが著しく困難であると認めるときは、市町村は、障害者支援施設等への入所等の**措置**を採らなければならない（**第16条第1項第2号**）。

150 **知的障害者更生相談所**は、都道府県に必ず置かれ、障害者の日常生活及び社会生活を総合的に支援するための法律（障害者総合支援法）に規定する介護給付費等の支給要否決定を行うに当たって市町村に意見を述べたり、18歳以上の知的障害者の医学的、心理学的、職能的判定などを行う特別地方機関である（**第12条**）。 出34-60

✎ **知的障害者福祉司**の設置が義務づけられている（**第13条第1項**）。

151 都道府県の知的障害者福祉司は、知的障害者更生相談所長の命を受け、①市町村相互間の連絡調整、市町村に対する情報の提供その他必要な援助等の業務のうち、専門的な知識および技術を必要とするもの、②相談および指導のうち、専門的な知識および技術を必要とするものを行う。

152 市町村の設置する福祉事務所には、**知的障害者福祉司**を置くことができる（**第13条第2項**）。

✎ 市町村の知的障害者福祉司は、福祉事務所長の命を受けて、①福祉事務所の所員に対し、技術的指導を行う、②福祉事務所が行う業務のうち、専門的技術を必要とするものを行う。

精神保健及び精神障害者福祉に関する法律（精神保健福祉法）

◎精神保健福祉法の概要

153 1950（昭和25）年に**精神衛生法**（現・精神保健及び精神障害者福祉に関する法律（精神保健福祉法））が成立したが、精神障害者は主として医療保護の対象とされた。精神病者監護法と精神病院法を廃止して制定されたもので、私宅監置禁止などが規定された。 出33-58 出34-60

出34-60
出36-57

154 1987（昭和62）年に精神衛生法が改正され、1988（昭和63）年7月から精神保健法として施行された。そこでは、**宇都宮病院事件**をきっかけに入院制度に人権上の配慮を加えることなどが規定された。

✏ 宇都宮病院事件は、1983（昭和58）年、精神科病院の看護職員が、患者2名を殴打して死亡に至らせた事件。病院の閉鎖性、人権侵害として国際的にも問題となった。

出34-60
出36-57

155 精神保健法は、1995（平成7）年の改正で法の名称が精神保健及び精神障害者福祉に関する法律（**精神保健福祉法**）と改められ、これまでの保健医療対策に加え、福祉施策が盛り込まれた。

出32-57

156 1995（平成7）年の法改正で、精神障害者の**自立**と社会経済活動への**参加**の促進が法の目的に加えられた。また、1999（平成11）年の改正では、精神障害者の**人権**に配慮した適正な医療の確保、市町村を中心とした在宅の精神障害者に対する福祉事業の推進など、医療から福祉にわたる全面的な改正が行われた。

◎精神障害者保健福祉手帳

157 1995（平成7）年の法改正により、**精神障害者保健福祉手帳**の制度が設けられた。精神障害者（知的障害者を除く）は、市町村を窓口として都道府県知事（指定都市にあっては市長）に手帳の交付を申請することができる。

出33-61

158 精神障害者保健福祉手帳は、障害の程度に応じ1級から3級までの等級が定められている（**精神保健福祉法施行令第6条**）。

✏ 障害の程度は、1級は日常生活の用を弁ずることを不能ならしめる程度のもの、2級は日常生活が著しい制限を受けるか、または日常生活に著しい制限を加えることを必要とする程度のもの、3級は日常生活もしくは社会生活が制限を受けるか、または日常生活もしくは社会生活に制限を加えることを必要とする程度のものとなっている。

159 精神障害者保健福祉手帳の交付を受けた者は、**2年ごと**に、その精神障害の状態について都道府県知事（指定都市においては市長）の認定を受けなければならない。

◎精神保健福祉法における入院形態

160 精神保健福祉法は、①精神障害者の特性として、病識の欠如により入院を拒否することがあり得ること、②自傷他害のおそれがある場合の行政措置による強制入院の発動、など一般的な入院形態と異なる入院制度を規定している。

161 **任意入院**は、患者本人の同意に基づく原則的な入院形態で（**第20条**）、開放病棟もしくは開放処遇が原則である。入院時に書面告知を行い、本人が署名することで入院が決まる。

162 **措置入院**は、都道府県知事（指定都市の長）が、本人を入院させなければ自傷他害のおそれのある者に対して、精神保健指定医２名以上の診察結果の一致があった場合に入院措置を採る（**第29条**）。

163 **緊急措置入院**は、都道府県知事（指定都市の長）が、措置入院に該当する者で、急速を要し、措置入院に係る手続を採ることができない場合において、直ちに入院させなければ自傷他害のおそれが著しい者に対して、精神保健指定医１名の診察で、72時間に限り入院措置を採ることができる（**第29条の2**）。

164 **医療保護入院**は、精神保健指定医１名の診察の結果、医療および保護のために入院の必要があり、任意入院が行われる状態にないと判定され、家族等のうちいずれかの者の同意が得られたときは、精神病院の管理者が入院措置を採る（**第33条**）。

- 家族等は、配偶者、親権者、扶養義務者、後見人または保佐人をいう。同意権のない親族や友人は不可。
- 2022（令和4）年の改正で、家族等が同意または不同意の意思表示を行わない場合に、市町村長の同意により医療保護入院を行うことができる（2024（令和6）年4月1日施行）。

165 2013（平成25）年６月の医療保護入院の見直しに関しては、①入院 出33-61
における保護者の同意要件を外し、家族等のうちのいずれかのものの同意で 出34-60
よいこと（家族等がない場合または家族等が意思表示できない場合は市町村 出35-62
長の同意があればよい）、②退院後生活環境相談員（精神保健福祉士等）の設置、③入院者や家族の相談に応じる地域援助事業者（一般相談支援事業者、特定相談支援事業者等）の紹介、④医療保護入院者退院支援委員会の開催などが行われた。

166 **応急入院**は、医療および保護の依頼があった者について、急速を要し、家族等の同意を得ることができない場合において、直ちに入院させなければその者の医療および保護を図る上で著しく支障があると認められ、任意入院が行われる状態にない者に対して精神保健指定医１名の診察で、入院の措置を採る。応急入院指定病院に限られ、72時間以内に限られる（**第33条の7**）。

167 都道府県知事（指定都市市長）は、精神保健指定医の診察の結果、緊急に入院を必要とするにもかかわらず、任意入院ができない状態にあると判定された精神障害者を医療保護入院および応急入院させるため、応急入院指定病院に**移送**することができる（**第34条**）。

168 精神医療に要する費用の負担に関して、措置入院に要する費用は**公費負担**であるが、1995（平成7）年の法改正によって、その精神障害者が医療保険各法、高齢者の医療の確保に関する法律または介護保険法の規定により医療に関する給付を受けることができる者であるときは、都道府県は、その限度において負担を要しないこととなった。

出32-57
出33-61
出36-57

169 2013（平成25）年6月に精神保健福祉法が改正され、①精神障害者の医療の提供を確保するための指針の策定、②家族の高齢化等のため**保護者制度**の廃止、③医療保護入院の見直し、④精神医療審査会（都道府県に設置）の見直しなどが行われた。精神障害者の地域生活への移行を促進するためである。

170 **精神科の通院医療に要する費用**については、障害者自立支援法（現・障害者の日常生活及び社会生活を総合的に支援するための法律（障害者総合支援法））の成立に伴い、自立支援医療費の支給対象となり、精神保健福祉法の規定は削除された。自立支援医療のうち、精神通院医療として、必要な医療の給付が行われる。

171 2010（平成22）年12月の精神保健福祉法の改正で、都道府県は、夜間または休日において精神障害の救急医療を必要とする精神障害者等からの相談に応ずる等、地域の実情に応じた体制の整備を図るよう努めることとなり、都道府県知事は、体制の整備にあたって、医療施設の管理者、精神保健指定医等に対し、必要な協力を求めることができるものとなった。

出35-62

172 2018（平成30）年3月に厚生労働省社会・援護局障害保健福祉部長通知によって「地方公共団体による精神障害者の退院後支援に関するガイドライン」（退院後支援ガイドライン）と「措置入院の運用に関するガイドライン」（措置入院運用ガイドライン）が示された。

- **退院後支援ガイドライン**は、精神障害者の退院後の支援について具体的な手順を整理し、退院後にどこの地域で生活することになっても医療福祉、介護、就労支援などの包括的な支援を継続的かつ確実に受けられるようになった。
- **措置入院運用ガイドライン**は、措置入院の運用が適切に行われるため、警察官通報からの措置入院に関する標準的な手続が整理されることとなった。

出33-61

173 **精神保健指定医**は、精神医療における本人の意思によらない入院の判定などを行う。3年以上の精神科診療経験があるなどの要件がある。

◎精神科病院における処遇

174 2006（平成18）年の改正により精神病院は、**精神科病院**と改称された。

- 精神科病院は、入院患者に対して、医療・保護を目的とした必要な行動制限を行うことができる。隔離や身体拘束は、精神保健指定医の判断を必要とする。保護室への隔離は、本人や周囲の者に危険がある場合に限られ、制裁や懲罰などのために行うことは許されない（12時間を超える隔離は指定医の診察が必要）。
- 入院中の通信や面会は、原則として自由である。電話は閉鎖病棟にも公衆電話を設置し、人権擁護担当部局の連絡先を掲示する。

175 2005（平成17）年の精神科病院に対する指導管理体制の見直しにより、精神科病院の管理者が改善命令などに従わなかったときは、**都道府県知事**がその旨を公表できることとなった。

児童福祉法（障害児支援関係）

◎児童福祉法における障害児支援の概要

176 障害者総合支援法第４条第２項でいう**障害児**とは、「児童福祉法第４条第２項に規定する障害児をいう」とされる。児童福祉法第４条第２項には、「障害児とは、身体に障害のある児童、知的障害のある児童、精神に障害のある児童（発達障害者支援法第２条第２項に規定する発達障害児を含む。）又は治療方法が確立していない疾病その他の特殊の疾病であって障害者の日常生活及び社会生活を総合的に支援するための法律第４条第１項の政令で定めるものによる障害の程度が同項の主務大臣が定める程度である児童をいう」と規定されている。

177 2005（平成17）年11月の障害者自立支援法の制定に伴い、障害福祉サービスを利用した障害児に対しては、市町村（特別区を含む）から、自立支援給付として**介護給付費が支給**されることとなった。障害児を対象とする介護給付費対象サービスについては**図表17**のとおりである。

- 自立支援給付のうち、訓練等給付費については、基本的に障害児を対象としていない。

178 介護給付費の支給を受けようとする障害児の保護者が、市町村に申請して支給決定を受け、その有効期間内に、都道府県知事の指定する指定障害福祉サービス事業者から障害福祉サービスを受けたときに介護給付費が市町村から支給される。利用者負担は、2010（平成22）年12月の法改正により、負担能力に応じたもの（**応能負担**）を原則とし、障害児の保護者が負担する。 出33-59 出35-57

179 障害児施設への入所に関しては、2005（平成17）年の児童福祉法の改正により、保護者と事業者との契約による「契約制度」が導入されているが、その判断にばらつきが生じていることから、2009（平成21）年11月に措置か契約かの判断に関する技術的助言の通知が示されている。

図表17 障害児を対象とする介護給付費対象サービス

支給対象	対象内容
①居宅介護	入浴、排せつ、食事の介護等生活全般
②同行援護	視覚障害により移動に著しい困難を有する者に同行して行う移動の援護、排せつおよび食事の介護等
③行動援護	常時介護を要する者で行動時の危険回避、外出時の移動の介護
④短期入所（ショートステイ）	介護者の病気等の場合における施設への短期入所による入浴、排せつ、食事の介護等
⑤重度障害者等包括支援	常時介護を要し、介護度の著しく高い重度障害者の居宅介護をはじめ福祉サービスの包括的支援

180 自立支援医療費（育成医療）は、障害児の世帯の所得状況が一定以上の場合は支給認定は受けられず、**医療保険**による給付となり、3割の自己負担となる（重度かつ継続的に相当額の負担がある場合は、2024（令和6）年3月31日までの間は自立支援医療費が支給される）。

181 自立支援医療費（育成医療）は、支給認定を受けた障害児がその有効期間内に、指定自立支援医療機関から自立支援医療を受けたときに**市町村**から支給される。

182 **自立支援医療費**（育成医療）の対象は、①肢体不自由によるもの、②視覚障害、③聴覚・平衡機能障害、④音声・言語、そしゃく機能障害、⑤心臓、腎臓、呼吸器、膀胱、直腸、小腸および肝臓機能障害、⑥先天性の内臓機能障害（⑤に掲げるものを除く）、⑦ヒト免疫不全ウイルスによる免疫機能の障害である。

183 2010（平成22）年12月の児童福祉法の改正で、これまでの通所支援、児童デイサービスについて、障害種別による区分をなくし、**障害児通所支援**として、**児童発達支援**、**医療型児童発達支援**に一元化されるとともに、新たに学齢期における支援の充実を図るための**放課後等デイサービス**、保育所等を訪問し専門的な支援を行うための**保育所等訪問支援**が創設された。

- 2016（平成28）年の法改正により、**居宅訪問型児童発達支援**が追加された（図表18参照）。
- 2024（令和6）年4月より、肢体不自由のある児童を対象とした医療型児童発達支援については、すべての障害児を対象とする児童発達支援に一元化されることとなった。

図表18 障害児通所支援の種類（市町村）

出 35-59

種類	行われる支援
児童発達支援 （法第6条の2の2第2項）	障害児につき、児童発達支援センター等の施設に通わせ、日常生活における基本的な動作および知識技能の習得ならびに集団生活への適応のための支援その他の便宜を供与し、またはこれに併せて肢体不自由のある児童に対して治療を行う。
放課後等デイサービス （法第6条の2の2第4項）	就学している障害児につき、授業の終了後または休業日に児童発達支援センター等の施設に通わせ、生活能力の向上のために必要な訓練、社会との交流の促進その他の便宜を供与する。
居宅訪問型児童発達支援 （法第6条の2の2第5項）	重度の障害の状態その他これに準ずるものにある障害児であって、児童発達支援または放課後等デイサービスを受けるために外出することが著しく困難なものにつき、当該障害児の居宅を訪問し、日常生活における基本的な動作の指導、知識技能の付与、生活能力の向上のために必要な訓練その他の便宜を供与する。
保育所等訪問支援 （法第6条の2の2第6項）	保育所その他の児童が集団生活を営む施設等に通う障害児につき、その施設を訪問し、その施設における障害児以外の児童との集団生活への適応のための専門的な支援その他の便宜を供与する。

08 障害者福祉

184　2010（平成22）年12月の児童福祉法の改正で、知的障害児施設や、盲ろうあ児施設などの入所サービスが、**障害児入所支援**（福祉型・医療型）として再編された。都道府県の管轄である。

185　2014（平成26）年5月の児童福祉法改正で、**小児慢性特定疾病**の医療費助成に要する費用の2分の1を国が負担することとなり、対象となる病気は722疾病に拡大された。医療費の自己負担割合も従来の3割から2割に引き下げられた。

2021（令和3）年11月1日より、788疾病に拡大された。

◎発達支援・家族支援・地域支援

186　2010（平成22）年12月の児童福祉法改正で、障害児が受けるサービスの利用計画を作成するため、障害児支援利用援助および継続障害児支援利用援助からなる**障害児相談支援事業**が創設された。

187　2016（平成28）年の児童福祉法改正によって、障害児支援のニーズの多様化へのきめ細やかな対応として、①重度の障害等により外出が著しく困難な障害児に対し、居宅を訪問して、日常生活における基本的動作指導、知識技能の付与等、発達支援を提供するサービスである**居宅訪問型児童発達支援**の新設、②保育所等の障害児に発達支援を提供する保育所等訪問支援について、乳児院・児童養護施設の障害児への対象の拡大、③**医療的ケア**を要する障害児が適切な支援を受けられるよう、自治体において保健・医療・福祉等の連携促進に努める、④障害児のサービスに係る提供体制の計画的な構築を推進するため、自治体において障害児福祉計画を策定するといった支援が拡充された。

✎ **障害児福祉計画**の策定、障害児の医療的ケアの支援の促進などの見直しが行われた。

188 **障害児支援利用援助**は、児童福祉法第6条の2の2第8項に規定され、障害児の心身の状況、そのおかれている環境、障害児またはその保護者の障害児通所支援の利用に関する意向その他の事情を勘案し、利用する障害児通所支援の種類および内容等を定めた障害児支援利用計画案を作成する。

✎ 通所給付決定等が行われた後は、指定障害児通所支援事業者等その他の者との連絡調整その他の便宜を供与するとともに、当該給付決定等に係る障害児通所支援の種類および内容、これを担当する者等を記載した**障害児支援利用計画**を作成する。

189 **継続障害児支援利用援助**は、児童福祉法第6条の2の2第9項に規定され、通所給付決定に係る障害児の保護者（通所給付決定保護者）が、通所給付決定の有効期間内において、継続して障害児通所支援を適切に利用することができるよう、当該通所給付決定に係る障害児支援利用計画が適切であるかどうかにつき、厚生労働省令で定める期間ごとに、当該通所給付決定保護者の障害児通所支援の利用状況を検証する。

190 継続障害児支援利用援助は、検証の結果および当該通所給付決定に係る障害児の心身の状況、そのおかれている環境、当該障害児またはその保護者の障害児通所支援の利用に関する意向その他の事情を勘案し、障害児支援利用計画の見直しを行う。

✎ 見直しの結果に基づき、①障害児支援利用計画を変更するとともに、関係者との連絡調整その他の便宜の供与を行うこと、②新たな通所給付決定または通所給付決定の変更の決定が必要であると認められる場合において、当該給付決定等に係る障害児の保護者に対し、給付決定等に係る申請の推奨を行うこと、のいずれかの便宜の供与を行う。

発達障害者支援法

◎発達障害者支援法の概要

191 2004（平成16）年12月、**発達障害者支援法**が成立した。2016（平成28）年の改正により、法の目的として「この法律は、発達障害者の心理機能の適正な発達及び円滑な社会生活の促進のために発達障害の症状の発現後できるだけ早期に発達支援を行うとともに、**切れ目なく**発達障害者の支援を行うことが特に重要であることに鑑み、障害者基本法の基本的な理念にのっとり、発達障害者が基本的人権を享有する個人としての尊厳にふさわしい日常生活又は社会生活を営むことができるよう、発達障害を**早期に発見**し、発達支援を行うことに関する国及び地方公共団体の責務を明らかにするとともに、学校教育における発達障害者への支援、発達障害者の就労の支援、**発達障害者支援センター**の指定等について定めることにより、発達障害者の自立及び社会参加のためのその生活全般にわたる支援を図り、もって全ての国民が、障害の有無によって分け隔てられることなく、相互に人格と個性を尊重し合いながら共生する社会の実現に資することを目的とする」と規定された（**第1条**）。

192 2016（平成28）年6月の発達障害者支援法の改正で、第2条第3項が追加され、「この法律において「**社会的障壁**」とは、発達障害がある者にとって日常生活又は社会生活を営む上で障壁となるような社会における事物、制度、慣行、観念その他一切のものをいう」と規定している。

193 「この法律において「**発達支援**」とは、発達障害者に対し、その心理機能の適正な発達を支援し、及び円滑な社会生活を促進するため行う個々の発達障害者の特性に対応した医療的、福祉的及び教育的援助をいう」と規定している（**第2条第4項**）。 出 32-60

194 2016（平成28）年6月の発達障害者支援法の改正で、第2条の2が追加され、「**基本理念**」として3つが掲げられた（**図表19参照**）。

図表19 発達障害者支援法の基本理念

① 発達障害者の支援は、全ての発達障害者が社会参加の機会が確保されること及びどこで誰と生活するかについての選択の機会が確保され、地域社会において他の人々と共生することを妨げられないことを旨として、行われなければならない。（**第1項**）
② 発達障害者の支援は、社会的障壁の除去に資することを旨として、行われなければならない。（**第2項**）
③ 発達障害者の支援は、個々の発達障害者の性別、年齢、障害の状態及び生活の実態に応じて、かつ、医療、保健、福祉、教育、労働等に関する業務を行う関係機関及び民間団体相互の緊密な連携の下に、その意思決定の支援に配慮しつつ、切れ目なく行われなければならない。（**第3項**）

195 国および地方公共団体の責務については、法第3条に規定されている（**図表20参照**）。

図表20 国および地方公共団体の責務

① 国及び地方公共団体は、発達障害者の心理機能の適正な発達及び円滑な社会生活の促進のために発達障害の症状の発現後できるだけ早期に発達支援を行うことが特に重要であることに鑑み、前条の基本理念にのっとり、発達障害の早期発見のため必要な措置を講じるものとする。（**第1項**）
② 国及び地方公共団体は、基本理念にのっとり、発達障害児に対し、発達障害の症状の発現後できるだけ早期に、その者の状況に応じて適切に、就学前の発達支

援、学校における発達支援その他の発達支援が行われるとともに、発達障害者に対する就労、地域における生活等に関する支援及び発達障害者の家族その他の関係者に対する支援が行われるよう、必要な措置を講じるものとする。**(第2項)**

196 2016（平成28）年の改正で、第3条に第3項が追加され、国および地方公共団体の責務として、相談に総合的に応じられるよう、関係機関との有機的な連携のもとに**相談体制**を整備することが明記された。

197 発達障害者支援法では、児童の発達障害の早期発見および発達障害者の支援のための施策について規定し、児童の発達障害の早期発見等、早期の**発達支援**、保育、教育、放課後児童健全育成事業の利用、情報の共有の促進、就労の支援、地域での生活支援、権利擁護、司法手続における配慮、発達障害者の**家族への支援**について定めている。

◎発達障害者支援センターの役割

198 2016（平成28）年の法改正で、発達障害者の支援のための施策に、情報の共有の促進や司法手続における配慮が新設された。

✏ その他、①発達障害の疑いのある場合の支援、②発達障害児でない児童との教育、③就労の支援、④地域での生活支援、⑤権利利益の擁護、⑥家族等への支援が追加された。

出36-46（行財）

199 **発達障害者支援センター**の実施主体は、都道府県、または指定都市（ただし、事業の全部または一部を、社会福祉法人等に委託することができる）で、利用対象は、発達障害を有する障害児（者）およびその家族となっている。

✏ 2016（平成28）年の改正で、発達障害者支援センターは、地域の実情を踏まえ、センター等の業務を行うにあたっては、発達障害者およびその家族が可能な限り身近な場所で必要な支援が受けられるよう配慮することとなった。

出32-60

200 発達障害者支援センターの**具体的な業務**としては、①発達障害の早期発見等に資するよう、発達障害者およびその家族に対し、専門的にその相談に応じ、または助言を行うとともに、発達支援および就労支援を行うこと、②医療、保健、福祉、教育等に関する業務を行う関係機関等への情報提供、研修および連絡調整を行うことなどがあげられている。

201 都道府県は、専門的に発達障害の診断および発達支援を行う**病院等を確保**しなければならないと規定している**(第19条)**。

出32-60

202 2016（平成28）年の改正で、発達障害者の支援体制の課題共有・連携緊密化・体制整備協議のため都道府県・指定都市に**発達障害者支援地域協議会**が設置されることとなった。

203 発達障害者支援開発事業は、国に発達障害者施策検討会、地方公共団体に企画・推進委員会および発達障害者支援マネージャーを設置し、発達障害者支援について先駆的な支援の取組みをモデル的に実践し、発達障害者への有効な支援手法を確立することを目的とした事業である。

障害者虐待の防止、障害者の養護者に対する支援等に関する法律（障害者虐待防止法）

◎障害者虐待防止法の概要

204 2011（平成23）年6月、障害者虐待の防止、障害者の養護者に対する支援等に関する法律（障害者虐待防止法）が成立した。同法は、障害者に対する虐待は障害者の尊厳を害し、障害者の自立および社会参加にとって障害者に対する虐待を防止することが重要であることから、障害者に対する虐待の禁止、国等の責務、障害者虐待を受けた障害者に対する保護および自立の支援のための措置、養護者に対する支援のための措置等を定め、障害者虐待の防止、養護者に対する支援等の施策を促進し、障害者の権利利益の擁護に資することを目的としたものである。

205 障害者虐待防止法の障害者虐待とは、①養護者による障害者虐待、②障害者福祉施設従事者等による障害者虐待、③使用者による障害者虐待をいう。 出 33-62

206 2021（令和3）年度都道府県・市区町村における障害者虐待の調査結果は、図表21のようになっている。

◎障害者虐待の未然防止、通報義務、早期発見

207 養護者による障害者虐待の場合、養護者による障害者虐待を受けたと思われる障害者を発見した者は、速やかに、市町村に通報する義務がある。また、障害者虐待を受けた障害者自身が市町村に届け出ることもできる。 出 33-62

208 障害者福祉施設従事者等による障害者虐待の場合、障害者虐待を受けたと思われる障害者を発見した者は、速やかに、市町村に通報する義務がある。また､虐待を受けた障害者自身が市町村に届け出ることもできる。通報・届出を受けた市町村は、都道府県に報告する義務がある。

209 使用者による障害者虐待の場合、使用者による虐待を受けたと思われる障害者を発見した者は、速やかに、市町村または都道府県に通報する義務がある。また、虐待を受けた障害者自身が市町村または都道府県に届け出ることができる。通報・届出を受けた市町村は都道府県に通知し、また通報・届出・通知を受けた都道府県は、都道府県労働局に報告する義務がある。

図表21 調査結果（主な内訳）

	虐待行為の類型 （複数回答）	被虐待者の状況	虐待者の状況
養護者による虐待	身体的虐待：67.8％ 心理的虐待：31.0％ 経済的虐待：15.8％ 放棄・放置：12.4％ 性 的 虐 待：3.7％	〈性別〉 女性：66.5％ 男性：33.5％ 〈年齢〉 50～59歳：22.5％ 40～49歳：22.0％ 30～39歳：17.0％ 20～29歳：20.4％ 〈障害種類別〉 知的障害：45.7％ 精神障害：41.7％ 身体障害：18.3％ 発達障害：4.1％ 難 病 等：3.0％	〈年齢〉 60歳以上：38.1％ 50～59歳：25.0％ 40～49歳：17.7％ 〈続柄〉 父：25.1％ 母：23.1％ 夫：16.8％ 兄弟：10.9％ 姉妹：4.4％
障害者福祉施設従事者等による虐待	身体的虐待：56.8％ 心理的虐待：42.2％ 性 的 虐 待：15.3％ 放棄・放置：5.4％ 経済的虐待：5.0％	〈性別〉 男性：66.4％ 女性：33.6％ 〈年齢〉 19歳以下：18.9％ 20～29歳：17.6％ 30～39歳：17.3％ 40～49歳：16.5％ 50～59歳：16.2％ 〈障害種別〉 知的障害：72.9％ 精神障害：15.3％ 身体障害：16.5％ 発達障害：6.1％ 難 病 等：1.4％	〈年齢〉 60歳以上：20.5％ 50～59歳：16.2％ 40～49歳：17.0％ 30～39歳：12.3％ 29歳以下：9.7％ 〈職種〉 生活支援員：37.2％ 世話人：10.5％ 管理者：9.3％ その他従事者：8.5％ 〈施設・事業所の種別〉 共同生活援助：23.2％ 障害者支援施設：20.9％ 放課後等デイサービス：13.6％ 生活介護：12.4％ 就労継続支援B型：11.9％

210 市町村は、障害者福祉の事務を所掌する部局か市町村が設置する施設において、**市町村障害者虐待防止センター**の機能を果たすことが求められる。市町村は、市町村障害者虐待対応協力者のうち適当と認められるものに、同センターの業務の全部または一部を委託することができる。

✎ 市町村障害者虐待防止センターは、養護者・障害者福祉施設従事者等・使用者による障害者虐待に係る通報の受理、養護者・障害者福祉施設従事者等・使用者による虐待に係る障害者からの届出の受理、障害者および養護者に対する相談、指導および助言、障害者虐待の防止および養護者に対する支援に関する広報その他の啓発活動、専門的に従事する職員の確保等を行う。

211 都道府県は、障害者福祉の事務を所掌する部局か都道府県が設置する施設において、**都道府県障害者権利擁護センター**の機能を果たすことが求められる。

都道府県障害者権利擁護センターは、使用者による虐待に係る通報の受理、使用者による虐待に係る障害者からの届出の受理、市町村相互間の連絡調整、市町村への情報の提供・助言等、障害者や養護者に対する支援に関する相談や相談機関の紹介、障害者や養護者に対する支援に関する情報の提供・助言、関係機関との連絡調整、虐待の防止および養護者に対する支援に関する情報収集・分析・提供、虐待の防止および養護者に対する支援に関する広報・啓発活動、その他必要な支援等を行う。

212 **学校**、**保育所**、**医療機関**は、障害および障害者に関する理解を深める研修の実施および普及啓発、相談に係る体制整備、虐待に対処するための措置等、虐待の防止に必要な措置等が求められている。なお、これらに関しては、通報義務は課されていない。

障害を理由とする差別の解消の推進に関する法律（障害者差別解消法）

◎障害者差別解消法の概要

213 2013（平成25）年6月、「障害を理由とする差別の解消の推進に関する法律」（**障害者差別解消法**）が成立した。障害を理由とする差別の解消を推進することにより、すべての国民が障害の有無によって分け隔てられることなく、相互に人格と個性を尊重し合いながら共生する社会の実現を目指すことを目的とし、差別の解消の推進に関する基本的事項、行政機関や事業主における障害を理由とする差別解消措置などを定めている（図表22参照）。 出32-57 出33-57

障害者差別解消法は、障害者基本法第4条の基本原則を具体化する法律で、障害者の定義も同様となっている。

214 国および地方公共団体の責務を定め、国および地方公共団体は、この法律の趣旨にのっとり、障害を理由とする差別の解消の推進に関して必要な施策を策定し、これを実施しなければならないとする（法第3条）。

◎障害を理由とする差別を解消するための措置（合理的な配慮）

215 2021（令和3）年の法改正により、障害を理由とする差別の解消の推進に関する**基本指針**に定める事項が追加された。国および地方公共団体に

図表22 障害者差別解消法の主な内容

第4条 (国民の責務)	**国民の責務**を定め、国民は、障害の有無によって分け隔てられることなく、相互に人格と個性を尊重し合いながら**共生する社会**を実現するうえで障害を理由とする差別の解消が重要であることに鑑み、障害を理由とする差別の解消の推進に寄与するよう努めなければならないとする。
第5条 (社会的障壁の除去の実施についての必要かつ合理的な配慮に関する環境の整備)	行政機関等および事業者は、**社会的障壁の除去**の実施についての必要かつ合理的な配慮を的確に行うため、自ら設置する施設の構造の改善および設備の整備、関係職員に対する研修その他の必要な環境の整備に努めなければならないとする。
第6条 (基本方針)	政府は、障害を理由とする差別の解消の推進に関する施策を総合的かつ一体的に実施するため、障害を理由とする差別の解消の推進に関する**基本方針**を定めなければならないとする。
第14条 (相談及び紛争の防止等のための体制の整備)	相談および紛争の防止等のための**体制の整備**を定め、国および地方公共団体は、障害者およびその家族その他の関係者からの障害を理由とする差別に関する相談に的確に応ずるとともに、障害を理由とする差別に関する紛争の防止または解決を図ることができるよう人材の育成および確保のための措置その他の必要な体制の整備を図るものとする。
第17条 (障害者差別解消支援地域協議会)	**障害者差別解消支援地域協議会**について定め、国および地方公共団体の機関であって、医療、介護、教育その他の障害者の自立と社会参加に関連する分野の事務に従事するものは、当該地方公共団体の区域において関係機関が行う障害を理由とする差別に関する相談および当該相談にかかる事例を踏まえた障害を理由とする差別を解消するための取組を効果的かつ円滑に行うため、関係機関により構成される障害者差別解消支援地域協議会を組織することができるとする。

よる障害を理由とする差別を解消するための支援措置の実施に関する基本的な事項を、基本方針に定める事項として追加されることとなった（2024（令和6）年4月1日施行）。

出33-57

216 障害者差別解消法では、国の行政機関や地方公共団体などに不当な差別的取り扱いを禁止し、社会的障壁の除去について必要かつ合理的な配慮を求めている。また、**民間事業者**にも、不当な差別的取り扱いを禁止し、社会的障壁の除去については必要かつ合理的な配慮をするように努めることを求めているとしていたが、2021（令和3）年の法改正で、事業者による社会的障壁の除去の実施に係る必要かつ合理的な配慮の提供が**義務化**されることとなった。

✐ 事業者による社会的障壁の除去の実施に係る必要かつ合理的な配慮について、改正前の配慮努力義務を**配慮義務**へと改めることとなった（2024（令和6）年4月1日施行）（図表23参照）。

図表23 障害を理由とする差別の禁止

	国の行政機関および地方公共団体など	民間事業者
不当な差別的取り扱い	禁止	禁止
社会的障壁の除去についての必要かつ合理的な配慮	義務	義務*

＊2021（令和3）年の法改正で、努力義務が義務へと改められた（2024（令和6）年4月1日施行）。

高齢者、障害者等の移動等の円滑化の促進に関する法律（バリアフリー新法）

◎バリアフリー新法の概要

217　1994（平成6）年に制定された高齢者、身体障害者等が円滑に利用できる特定建築物の建築の促進に関する法律（ハートビル法）と、2000（平成12）年に成立した高齢者、身体障害者等の公共交通機関を利用した移動の円滑化の促進に関する法律（交通バリアフリー法）は、2006（平成18）年、高齢者、障害者等の移動等の円滑化の促進に関する法律（**バリアフリー新法**）に統廃合された。

218　バリアフリー新法は、高齢者、障害者等の自立した日常生活および社会生活を確保することの重要性に鑑み、公共交通機関の旅客施設および車両等、道路、路外駐車場、公園施設ならびに建築物の構造および設備を改善するための措置、一定の地区における旅客施設、建築物等およびこれらの間の経路を構成する道路、駅前広場、通路その他の施設の一体的な整備を推進するための措置、移動等円滑化に関する国民の理解の増進および協力の確保を図るための措置その他の措置を講ずることにより、高齢者、障害者等の移動上および施設の利用上の利便性および安全性の向上の促進を図り、もって公共の福祉の増進に資することを目的とするものである。

219　2018（平成30）年の法改正で、第1条の2に**基本理念**が新たに加わり、「この法律に基づく措置は、高齢者、障害者等にとって日常生活又は社会生活を営む上で障壁となるような社会における事物、制度、慣行、観念その他一切のものの除去に資すること及び全ての国民が年齢、障害の有無その他の事情によって分け隔てられることなく共生する社会の実現に資することを旨として、行われなければならない」こととなった。

220　2020（令和2）年の法改正では、①公共交通事業者など**施設設置管理者**におけるソフト対策の強化、②優先席、車椅子使用者用駐車施設等の適正な利用の推進、③市町村等による「心のバリアフリー」の推進、④公立の小中学校およびバス等の旅客のための道路施設などをバリアフリー基準適合義務の対象として拡大とする、などが行われた。

221 アクセシビリティとは、ITの分野でサービスや製品の使いやすさを表す用語として用いられた。障害者の権利条約では、障害者が他の人と同じように、物理的環境、輸送機関、情報通信、その他の施設・サービスを利用できることと規定されている。

222 2022（令和4）年に「障害者による情報の取得及び利用並びに意思疎通に係る施策の推進に関する法律」（障害者情報アクセシビリティ・コミュニケーション施策推進法）が成立した。すべての障害者が、あらゆる分野の活動に参加するためには、情報の十分な取得利用・円滑な意思疎通が極めて重要であるとしている。高齢者や障害者など誰でも必要とする情報にたどりつけ、提供されている施設・サービスを利用できる共生社会の実現が目指されている。

障害者の雇用の促進等に関する法律（障害者雇用促進法）

◎障害者雇用促進法の概要等

223 障害者雇用率制度とは、イギリス、フランス、ドイツなどの割当雇用制度にならって、事業主に雇用されている労働者のうち、障害者が一定の割合を占めるよう障害者の雇用の促進等に関する法律（障害者雇用促進法）において、義務づけられた制度である。

出32-60
出35-60

224 2002（平成14）年5月の改正により、障害者就業・生活支援センターにおける支援事業が創設された。身近な地域での雇用、福祉、教育などの関係機関が連携して、障害者に対して日常生活上の相談と併せて就業面での相談等を一体的に行うとされている。

出36-60

225 2002（平成14）年5月の改正により、身体障害者、知的障害者、精神障害者、発達障害者などが職場に適応することを容易にするために援助を行う者として、「職場適応援助者（ジョブコーチ）」が創設され、独立行政法人高齢・障害・求職者雇用支援機構や厚生労働大臣が指定する民間機関が養成研修を実施している。

✏ 2005（平成17）年の障害者雇用促進法の改正により、職場適応援助者による援助を行うことに対する助成金が創設された。

出34-62

226 2019（令和元）年6月、「障害者の雇用の促進等に関する法律の一部を改正する法律」が成立した。これは障害者の雇用をいっそう促進するためである。障害者の活躍の場に関する措置として、国および地方公共団体の責務が改正され、自ら率先して障害者を雇用するよう努めなければならないこととなった。その他の改正内容は図表24のとおり。

図表24 2019（令和元）年の法改正の主な内容

- 厚生労働大臣は、障害者雇用対策基本方針に基づき、障害者活躍推進計画作成指針を定めることになった。また、国および地方公共団体の任命権者は、障害者活躍推進計画作成指針に即して、**障害者活躍推進計画**を作成しなければならない。
- 国および地方公共団体の任命権者は、障害者である職員を免職する場合には、公共職業安定所長に届け出なければならない。
- 国および地方公共団体の任命権者は、障害者雇用推進者および障害者職業生活相談員を選任しなければならない。
- 国および地方公共団体における障害者の雇用状況についての的確な把握等のために対象障害者の確認に関する書類を保存しなければならない。

◎事業主の責務、法定雇用率

227 **障害者雇用率制度**は、事業主に対し、一定の人数の障害者の雇用を義務づけるものである。そのために障害者雇用率を設定しており、これは、全従業員のうち障害者である従業員の割合を定めたものである。 出 36-144（就労）

障害者雇用率は省令により図表25の計算式に基づいて算定されており、少なくとも5年ごとに見直されることになっている。

図表25 法定雇用率と実雇用率、法定雇用障害者数

$$\text{法定雇用率} = \frac{\text{身体障害者、知的障害者および精神障害者である常用労働者の数} + \text{失業している身体障害者、知的障害者および精神障害者の数}}{\text{常用労働者数} + \text{失業者数} - \text{除外率相当労働者数}}$$

※短時間労働者は、1人を0.5人としてカウント。
※重度身体障害者、重度知的障害者は1人を2人とカウント。ただし、短時間の重度身体障害者、重度知的障害者は1人としてカウント。

$$\text{実雇用率} = \frac{\text{障害者である労働者の数} + \text{障害者である短時間労働者の数} \times 0.5}{\text{労働者の数} + \text{短時間労働者の数} \times 0.5}$$

法定雇用障害者数＝（労働者の数＋短時間労働者の数×0.5）×2.3％（一般事業主の場合）

資料：厚生労働省資料を一部改変

228 2008（平成20）年の法改正により、2010（平成22）年7月から、障害者雇用率制度における実雇用障害者数や実雇用率のカウントの際に、身体障害者または知的障害者である**短時間労働者**（週20時間以上30時間未満）を、0.5人分としてカウントすることとなった。 出 35-145（就労）

229 2008（平成20）年の法改正により、中小企業が事業協同組合等を活用して、共同で障害者を雇用する仕組みが創設された。事業協同組合などが、共同事業として障害者を雇用した場合、当該組合等と組合員企業とをまとめて雇用率を算定することとなった。

出34-62
出35-145（就労）

230 2013（平成25）年6月に、雇用の分野における障害者に対する差別の禁止および障害者が職場で働くにあたっての支障を改善するための措置を定めるとともに、障害者の雇用に関する状況にかんがみ、身体障害者や知的障害者と同様に**精神障害者**を法定雇用率の算定基礎に加える等の措置を講じることを目的とした改正が行われた。

精神障害者であることの把握・確認は、精神障害者保健福祉手帳で行う。

231 2018（平成30）年1月19日の「障害者の雇用の促進等に関する法律施行規則の一部を改正する省令」により、精神障害者である短時間労働者であって、新規雇入れから3年以内の者または、精神障害者保健福祉手帳取得から3年以内の者に係る雇用率のカウントにおいて、2023（令和5）年3月31日までに雇い入れられた者等については、1人をもって1人とみなすこととする改正がなされた。

出34-62
出35-145（就労）

232 2023（令和5）年3月1日の「障害者の雇用の促進等に関する法律施行令及び身体障害者補助犬法施行令の一部を改正する政令」により、2024（令和6）年4月1日より、障害者の法定雇用率が段階的に引き上げられることとなった（図表26参照）。

図表26 障害者の法定雇用率

事業主区分	法定雇用率		
	2024（令和6）年3月31日まで	2024（令和6）年4月1日以降	2026（令和8）年7月1日以降
民間企業	2.3％	2.5％	2.7％
国、地方公共団体等	2.6％	2.8％	3.0％
都道府県等の教育委員会	2.5％	2.7％	2.9％

注：2024（令和6）年3月31日までは、障害者を雇用しなければならない民間企業の事業主の範囲が従業員43.5人以上であったのが、同年4月1日以降は対象となる事業主の範囲は従業員40人以上となり、2026（令和8）年7月1日以降は従業員37.5人とさらに広がることとなった。

出35-145（就労）
出36-144（就労）

233 障害者の法定雇用率未達成の事業主は、法律上雇用しなければならない障害者数とすでに雇用している障害者数の差の人数に基づいて**障害者雇用納付金**が徴収される。

雇用率達成企業には、**障害者雇用調整金**または**報奨金**が支給される。

234 障害者雇用率制度における**特例子会社制度**は、親会社が障害者の雇用に特別の配慮をした子会社（特例子会社）を設立し、一定の要件を満たす場合には、その子会社に雇用されている労働者を親会社に合算して実雇用率を算定できることとしている。

235 2019（令和元）年の法改正により、厚生労働大臣は、特に短い労働時間以外での就労が困難な状態にある障害者を雇用する事業主に対して、雇用の継続の促進を図るための**特例給付金**を支給することとなった。また、厚生労働大臣は、労働者が常時300人以下の事業主からの申請に基づき、障害者の雇用の促進および雇用の安定に関する取組みに関し、取組みの実施状況が優良なものであることなどの**認定**を行うことができることとなった。

✏ 2022（令和4）年の改正により、2024（令和6）年3月をもって、特例給付金は廃止されることとなった。

国等による障害者就労施設等からの物品等の調達の推進等に関する法律（障害者優先調達推進法）

◎障害者優先調達推進法の概要・障害者就労支援施設

236 2012（平成24）年「国等による障害者就労施設等からの物品等の調達の推進等に関する法律」（**障害者優先調達推進法**）が成立した。障害者の経済面の自立を図るためには経済的な基盤を確立することが必要であり、仕事の確保や雇用の支援、経営基盤の強化のための法律である。 出34-62

✏ 国・独立行政法人等は、**障害者就労施設**、**在宅就業障害者**、**在宅就業支援団体**等から物品等を優先的に調達するよう努める責務、地方公共団体等には、受注機会の増大を図るための措置を講ずるよう努める責務があることとなった。

✏ 国や地方公共団体等は、①障害者就労施設等からの物品等の調達の推進について基本方針の策定、②それに従って国や独立行政法人等は、物品等の調達方針の策定、③その調達方針に則した調達実施、④当該年度の終了後、調達実績を公表するとともに厚生労働大臣に通知することとなった。

237 障害者優先調達推進法の対象となる**障害者就労施設等**とは、①障害者総合支援法に基づく障害福祉サービス事業所施設等（就労移行支援事業所、小規模作業所等）、②障害者を多数雇用している企業（特例子会社、重度障害者多数雇用事業所）、③在宅就業障害者等をいう。

238 障害者優先調達推進法による具体的な発注例としては、①**サービス**（クリーニング、清掃、印刷、データ入力、包装・組み立て、発送）、②**物品**（弁当、制服等注文製造、部品）等があげられる。

239 障害者優先調達推進法による発注する際の窓口として、①**共同受注窓口**（受注内容を対応可能な複数の障害福祉サービス事業所に斡旋・仲介する業務）、②**在宅就業支援団体**（会員の在宅就業障害者と発注者とを仲介する業務）があげられる。

5 障害者と家族等の支援における関係機関と専門職の役割

障害者と家族等の支援における関係機関の役割

◎国の役割

出34-58 出34-59 **240** 主務大臣（**厚生労働大臣**等）は、**障害福祉計画**の策定のために、障害福祉サービス、相談支援および地域生活支援事業の提供体制を整備し、自立支援給付および地域生活支援事業の円滑な実施を確保するための**基本指針**を定め、公表することとなっている。また、その基本指針に則して、都道府県、市町村は障害福祉計画を作成する。

✏ 基本指針は、児童福祉法に規定する**障害児福祉計画**を策定するための基本指針と一体のものとして作成することができる。

✏ 基本指針では、障害者等の**自己決定の尊重**と**意思決定の支援**が、基本理念として掲げられている。

241 基本指針において定められる主な事項は、①障害福祉サービス等および障害児通所支援等の提供体制の確保に関する**基本的事項**、②障害福祉サービス等および障害児通所支援等の提供体制の確保に係る**目標に関する事項**、③**計画の作成に関する事項**、④その他自立支援給付および地域生活支援事業ならびに障害児通所支援等の円滑な実施を確保するために必要な事項である。また、**国**は、障害福祉計画に定められた事業を市町村または都道府県が、円滑に実施できるように、必要な助言などの援助に努めるものとされている。

242 「障害福祉サービス等及び障害児通所支援等の円滑な実施を確保するための基本的な指針」として、2024（令和6）年度から2026（令和8）年度までを計画期間とする**第7期障害福祉計画**および**第3期障害児福祉計画**の基本指針が告示されている（図表14参照）。

出34-58 **243** 国は、市町村が支弁する**自立支援給付**に要する費用のうち、**2分の1**を負担する。

244 国は、都道府県が支弁する**自立支援医療費**（精神通院医療に係るものに限る）の支給に要する費用のうち、**2分の1**を負担する。

245 国は、市町村および都道府県がそれぞれ支弁する**地域生活支援事業**の費用について、**2分の1以内**を予算の範囲内で補助することができる。

◎都道府県の役割

246 障害者総合支援法における**都道府県**の主な役割は**図表27**のとおりである。 出34-43（行財） 出34-58

図表27 都道府県の主な役割

① 精神通院医療についての支給認定等
② 都道府県障害福祉計画の策定
③ 審査請求の審査および障害者介護給付費等不服審査会の設置
④ 障害福祉サービス事業者等の指定・指定の取消し
⑤ 市町村への支援
⑥ 都道府県地域生活支援事業の実施

247 都道府県知事は、障害福祉サービス事業者、障害者支援施設および一般相談支援事業者からの申請により、各事業や施設の**指定**を行う。これらの指定は、**6年ごとに更新**を受けなければ効力を失う。また、都道府県知事は、医療機関からの申請により指定自立支援医療機関の指定も行う。 出32-59

248 国および都道府県以外の者が、障害福祉サービス事業、一般相談支援事業および特定相談支援事業、移動支援事業、地域活動支援センターまたは福祉ホームを経営する事業を行う場合は、あらかじめ、都道府県知事に届け出る必要がある。

249 都道府県知事は、指定障害福祉サービス事業者、指定障害者支援施設等の設置者、指定相談支援事業者等に対し、報告もしくは帳簿書類などの提出や提示を命じ、出頭を求め、または関係者に対して質問し、事業所に立ち入り、その設備や帳簿書類などを検査することができる。

250 都道府県は、市町村が支弁する**自立支援給付**に要する費用のうち、**4分の1**を負担する。

251 都道府県は、市町村が行う**地域生活支援事業**の費用について、**4分の1以内**を予算の範囲内で補助することができる。

252 都道府県は、主務大臣（厚生労働大臣等）の定めた基本指針に即して、市町村障害福祉計画の達成に資するため、各市町村を通ずる広域的な見地から、障害福祉サービス、相談支援および地域生活支援事業の提供体制の確保に関する**都道府県障害福祉計画**を定める。

✏ 都道府県知事は、市町村に対し、**市町村障害福祉計画**の作成上の技術的事項について必要な助言をすることができる。

253 2011（平成23）年5月、「地域の自主性及び自立性を高めるための改革の推進を図るための関係法律の整備に関する法律」が公布されたことに伴い、障害者自立支援法の改正も行われた。従来、障害福祉サービス事業や地域活動支援センター、福祉ホーム等の設備、運営に関する基準は、**国が定める基準**（厚生労働省令）にて決められていたが、今後は厚生労働省令で定める基準に従い、または基準を標準として、もしくは基準を参酌して**都道府県の条例**で定めることとなった。

◎市町村の役割

出32-59 **254** 障害者の日常生活及び社会生活を総合的に支援するための法律（障害者総合支援法）における市町村の主な役割は**図表28**のとおりである。

図表28 市町村の主な役割

① 介護給付費、訓練等給付費、地域相談支援給付費、自立支援医療費および補装具費等の支給決定等
② 支給決定等に伴う障害支援区分の認定
③ 市町村地域生活支援事業の実施
④ 市町村障害福祉計画の策定
⑤ 支給決定障害者等および指定事業者に対する調査
⑥ 指定特定相談支援事業者の指定等

255 **政令指定都市**は、一般の市町村とほぼ同様の扱いとなっており、費用負担についても特別な扱いはされていない。ただし、政令指定都市は、自立支援医療のうち精神通院医療について、都道府県と同様に支給認定等や指定自立支援医療機関の指定等の業務を行う。

256 **市町村**は、介護給付費、訓練等給付費、地域相談支援給付費、自立支援医療費および補装具費等についての支給決定等を行う。支給は、障害者等の居住地の市町村が決定し、障害者等が居住地を有していないか明らかでないときは、現在地の市町村が行う。精神通院医療に関する自立支援医療は、市町村を経由して都道府県に申請し**都道府県**が支給認定する。

257 市町村は、自立支援給付に要する費用（自立支援医療費のうち、精神通院医療に係るものを除く）を**支弁**する。

出32-59 出34-58 出35-57 **258** 障害者等から介護給付費等の支給の**申請**があったときは、市町村は障害者等の心身の状況や環境について調査し、支給要否決定を行う。

✏ 介護給付費の申請があった場合は、障害支援区分の認定をしてから支給要否決定する。

出32-59 **259** 障害支援区分の認定は、**市町村審査会**の審査および判定に基づいて行う。支給決定を行うにあたって、必要があるときは市町村審査会、身体障害者更生相談所、知的障害者更生相談所、精神保健福祉センター、児童相談所の意見を聴くことができる。

260 市町村は、更生医療に関する支給認定および補装具費のうち、義肢・装具など一定の種目に関するものの支給認定を行うにあたっては、**身体障害者更生相談所**の判定を求めることができるとされている。

261 **市町村障害福祉計画**は、策定が義務づけられ、児童福祉法に規定する**障害児福祉計画**と**一体**のものとして作成することができる。 出32-59

262 市町村は、自立支援給付に関して、障害者等に対し、報告もしくは文書などの提出や提示を命じ、または**質問**することができる。また、2016（平成28）年の法改正で、指定事務受託法人に質問を委託できるようになった。

263 市町村は、指定障害福祉サービス事業者等が、各事業の設備および運営に関する基準等に従って適正な運営をしていないときは、その旨を**都道府県知事に通知**しなければならない。また、指定自立支援医療機関が良質かつ適切な自立支援医療を行っていないときについても、その旨を所在地の都道府県知事に通知しなければならない。

08

障害者福祉

264 2010（平成22）年12月の法改正で、市町村から国民健康保険団体連合会（国保連）に委託できる業務についての見直しが行われ、介護給付費、訓練等給付費、特定障害者特別給付費、地域相談支援給付費および計画相談支援給付費の支払い業務を行うこととなった。

✏ 2016（平成28）年の改正で、2018（平成30）年4月より、市町村は支払いだけでなく**審査**についても**国保連に委託**できることとなった。

◎障害者に対する法制度に基づく施設、事業所

265 **指定障害福祉サービス事業者**および**指定障害者支援施設**は、利用者の意思および人格を尊重して、常に当該利用者の立場に立ったサービスの提供に努めることとされている。

266 指定障害福祉サービス事業者等は、正当な理由がなく障害福祉サービスの提供を**拒んではならない**。

267 事業者は、指定申請を行う段階でサービスの類型や主に対象とする障害種別を**特定**することが認められている。

268 指定障害福祉サービス事業者等は、サービスの提供にあたっては、**身体的拘束**その他の利用者の行動を制限する行為を行ってはならない。

269 **指定自立訓練（機能訓練および生活訓練）事業者**は、利用者が地域において安心した日常生活または社会生活を営むことができるよう、退所後も、一定期間、定期的な連絡、相談等を行わなければならない。

270 **指定就労移行支援事業者**は、利用者の職場への定着を促進するため、障害者就業・生活支援センターなどの関係機関と連携して、利用者が就職した日から6か月以上、職業生活における相談等の支援を継続しなければならない。

271 **指定就労継続支援A型、B型事業者**については、利用者が就職した日から6か月以上、職業生活における相談等の支援の継続に努めなければならない。

272 2017（平成29）年6月2日の「地域包括ケアシステムの強化のための介護保険法等の一部を改正する法律」で、高齢者と障害児者が同一の事業所でサービスを受けやすくするための**共生型サービス**が創設された。

- 介護保険事業所が共生型サービスを実施する場合、障害児通所支援事業所、障害福祉サービス事業所の指定を受けやすくする特例が設けられた。
- 介護保険法に定める通所介護サービスは、障害者総合支援法に定める生活介護サービスにも適用されることとなった。

273 指定障害福祉サービス事業者および指定障害者支援施設は、障害者等が自立した日常生活または社会生活を営むことができるよう、市町村、ハローワーク、教育機関など関係機関との緊密な**連携**を図り、障害者等の意向、適性、障害の特性その他の事情に応じ、効果的にサービス提供を行うように努めなければならないとされている。

274 指定障害福祉サービス事業者および指定障害者支援施設は、提供拒否の禁止、運営規程の定め、個別支援計画の策定、苦情解決、身体拘束の禁止、秘密保持、利用終了に際しての支援などに留意し、関係機関と**連携**を図ることが求められる。

◎特別支援学校

275 1900（明治33）年の小学校令で、身体障害など一部の障害者は就学免除、病弱などの者は就学猶予とされ義務教育から除外され、1947（昭和22）年の学校教育法でも病弱などによる就学義務の猶予、免除が規定された。長くその制度が続いたが、1979（昭和54）年になって**養護学校**（現・特別支援学校）の設置義務及び就学義務の部分施行により義務教育化が完了した。

276 2006（平成18）年6月、学校教育法等の一部を改正する法律が制定された。これによって、**特別支援教育**のシステムが制度化された。

- 特別支援教育は、一人ひとりの教育的ニーズに応じた適切な教育の実施や、学校と福祉、医療、労働等の関係機関との連携がこれまで以上に求められている状況にかんがみ、児童生徒等の個々のニーズに柔軟に対応し、適切な指導および支援を行うものである。

277 2006（平成18）年の学校教育法の改正において、これまでの盲・ろう・養護学校制度が見直され、障害種別を越えた**特別支援学校**が創設された。これにより、教員免許制度も総合化され、特別支援学校教諭免許状となった。また、特別支援学校は、地域の特別支援教育のセンター的機能を担うものと位置づけられた。

✏ 特別支援学校は、視覚障害者、聴覚障害者、知的障害者、肢体不自由者または病弱者（身体虚弱者を含む）に対して、幼稚園、小学校、中学校または高等学校に準ずる教育を施すとともに、障害による学習上または生活上の困難を克服し、自立を図るために必要な知識技能を授けることを目的とする（学校教育法第72条）。

278 特別支援教育と福祉の協働に向けて、**個別の教育支援計画**（暮らしのトータルプラン）、**特別支援教育コーディネーター**（幼小中高の校内委員会の立上げと運営、外部の支援者との調整、特別支援学校での在校生に対するコーディネーションなど）、特別支援連携協議会が導入された。

✏ 2016（平成28）年4月から小中学校の9年間を共通の教育課程で学ぶ、新しい学校の種類「義務教育学校」の制度が始まった。中学校に入るといじめや不登校が増える「中1ギャップ」の軽減が狙い。

◎ハローワーク、地域障害者職業センター、障害者就業・生活支援センター

279 **ハローワーク**（**公共職業安定所**）は、労働行政機関であり、雇用の安定を図るための中枢的機能を果たしている。ハローワークにおける支援は、障害者や福祉関係機関に対する支援と、企業への支援・指導の2つに分かれている。

✏ 2023（令和5）年4月1日現在、ハローワークは全国で544か所設置されている。

280 福祉施設や特別支援学校を利用する障害者の雇用への移行を促進するため、地域障害者就労支援事業により、**ハローワークが中心**となって、地域の関係支援機関と連携し、障害者一人ひとりに応じたきめ細やかな個別支援を行うための障害者就労支援チームを結成し、就職の準備段階から職場定着までの一貫した支援を行っている。 出 35-60

281 独立行政法人**高齢・障害・求職者雇用支援機構**は、障害のある人に対して就職前と就職後の支援を行っており、**障害者職業総合センター**、**広域障害者職業センター**、**地域障害者職業センター**を運営している。

282 **障害者職業能力開発校**は、職業能力開発促進法に基づいて設置されたもので、障害の種別・程度などに対応して職業訓練を実施する施設である（国立13校、府県立6校）。国または府県が設置し、訓練科目は機械加工や経理

事務、CAD、DTPなど多岐にわたる。

受験対策アドバイス

地域生活、地域移行、就労といった支援のための知識や技術、関連する専門職との連携などが実際の仕事で求められます。細かな手続きなども過去には問われていますが、「支援」に必要な知識として学んでおきましょう。

283 **高齢・障害者雇用支援センター**は、障害者や高齢者の雇用を円滑に進めるための啓発事業、雇用納付金制度に基づく業務（雇用調整金・報奨金および各種助成金の説明、納付金の徴収、受付、支給）、雇用管理指導に関する研修、相談、援助を行っている。

関連する専門職等の役割

◎相談支援専門員、サービス管理責任者、居宅介護従事者等

出34-57

284 **指定特定相談支援事業者**は、指定特定相談支援事業所ごとに必ず1人以上の**相談支援専門員**を置かなければならず、原則としてサービス提供時間帯を通じて当該サービス以外の職務に従事させてはならない。ただし、指定計画相談支援の業務に支障がない場合は、当該指定特定相談支援事業所の他の職務や他の事業所、施設等の職務に従事することができる。

出35-59
出36-58
出36-62

285 **相談支援専門員**は、障害者が自立した地域生活を営むために、そのニーズを把握し、**サービス等利用計画**を作成し、総合的かつ効果的にサービスを提供できるように調整を図る。

> 相談支援専門員には、障害特性や障害者の生活実態に関する専門的な知識と経験が必要であり、①障害者の保健、医療、福祉の分野における相談支援の業務および介護の直接支援業務、②障害者の就労、教育の分野における相談支援の業務に携わっていた者で一定の期間の実務経験があり、都道府県知事が行う相談支援従事者初任者研修を受講したものを指す。

286 **指定地域移行支援事業者**は、指定地域移行支援事業所ごとに専らその職務に従事する指定地域移行支援従事者を置かなければならない。ただし、指定地域移行支援の業務に支障がない場合は、当該指定地域移行支援事業所の他の職務に従事させ、または他の事業所、施設等の職務に従事させることができるものとする。なお、指定地域移行支援従事者のうち1人以上は、相談支援専門員（指定地域相談支援の提供に当たる者として厚生労働大臣が定めるものをいう）でなければならない。

287 **サービス管理責任者**は、「障害者の日常生活及び社会生活を総合的に支援するための法律に基づく指定障害福祉サービスの事業等の人員、設備及び運営に関する基準」によれば、療養介護、生活介護、共同生活援助、自立訓練（機能訓練、生活訓練）、就労移行支援、就労継続支援（A型、B型）、就労定着支援、自立生活援助のそれぞれの人員に関する基準のなかで利用者数に応じて配置されることとされている。

> サービス管理責任者の要件は、「指定障害福祉サービスの提供に係るサービス管理を行う者として厚生労働大臣が定めるもの等」に規定されている。各

サービスごとにそれぞれの実務経験の範囲が明記されており、これらの実務経験を満たすとともに、都道府県が行う一定の研修を修了することが必要である。

288 指定障害福祉サービス事業者等のサービス管理責任者は、利用者の意向、適性および障害の特性などを踏まえた**個別支援計画**を作成する。そして、これに基づいて利用者に対してサービスを提供し、その効果について継続的な評価を実施し、適切かつ効果的にサービスを提供しなければならない。

289 **サービス提供責任者**は、「障害者の日常生活及び社会生活を総合的に支援するための法律に基づく指定障害福祉サービスの事業等の人員、設備及び運営に関する基準」において規定され、都道府県知事から指定を受けた居宅介護事業所、重度訪問介護事業所、同行援護事業所、行動援護事業所、重度障害者等包括支援事業所に配置され、事業所に1人以上置かなければならない。

290 居宅介護事業所のサービス提供責任者は、①利用者または障害児の保護者の日常生活全般の状況および希望等を踏まえて、具体的なサービスの内容等を記載した**居宅介護計画**を作成しなければならない、②居宅介護計画を作成した際は、利用者およびその同居の家族にその内容を説明するとともに、当該居宅介護計画を交付しなければならない、③居宅介護計画作成後においても、当該居宅介護計画の実施状況の把握を行い、必要に応じて当該居宅介護計画の変更を行う、④指定居宅介護事業所に対する指定居宅介護の利用の申込みに係る調整、従業者に対する技術指導等のサービスの内容の管理等を行うと規定されている。

291 **生活支援員**とは、食事、入浴および排泄などの介護、日常生活上の相談支援などを行う者をいう。療養介護、生活介護、共同生活援助、自立訓練（機能訓練、生活訓練）、就労移行支援、就労継続支援（A型、B型）のそれぞれに配置されている。

6 障害者と家族等に対する支援の実際

受験対策アドバイス

新しいカリキュラムでは、各科目の中で、社会福祉士や精神保健福祉士の役割が出題基準に掲げられています。まず全体の役割とは何かを理解しましょう。次に、それぞれの分野での特有の支援のあり方を理解しておきましょう。

受験対策アドバイス

受験対策としては、過去問の事例問題を解くことで、社会福祉士としてどんな知識が求められるかがわかります。

社会福祉士及び精神保健福祉士の役割

292 1987（昭和62）年に、**社会福祉士及び介護福祉士法**が成立した。この法律は、社会福祉士および介護福祉士の資格を定めて、その業務の適正を図り、もって社会福祉の増進に寄与することを目的とする（第1条）。

293 **社会福祉士**とは、厚生労働大臣の登録を受け、社会福祉士の名称を用いて、専門的知識および技術をもって、身体上若しくは精神上の障害があることまたは環境上の理由により日常生活を営むのに支障がある者の福祉に関する相談に応じ、助言、指導、福祉サービスを提供する者または医師その他の保健医療サービスを提供する者その他の関係者との連絡及び調整その他の援助を行うことを業とする者をいう（第2条第1項）。

294 1997（平成9）年に、**精神保健福祉士法**が成立した。この法律は、精神保健福祉士（PSW）の資格を定めて、その業務の適正を図り、精神保健の向上および精神障害者の福祉の増進に寄与することを目的とする（第1条）。

295 **精神保健福祉士**とは、厚生労働大臣の登録を受け、精神保健福祉士の名称を用いて、精神障害者の保健および福祉に関する専門的知識および技術をもって、精神科病院その他の医療施設において精神障害の医療を受け、または精神障害者の社会復帰の促進を図ることを目的とする施設を利用している者の地域相談支援（障害者総合支援法に規定する地域相談支援）の利用に関する相談その他の社会復帰に関する相談に応じ、助言、指導、日常生活への適応のために必要な訓練その他の援助を行うことを業とする者をいう（第2条）。

障害者と家族等に対する支援の実際（多職種連携を含む）

296 2013（平成25）年4月から自立支援協議会は、地域の実情に応じて変更できるよう**協議会**と名称変更された。協議会は、地域における相談支援の中立・公平性を担保し、地域の障害福祉に関するシステムづくりに関し、中核的な役割を果たす。また、障害福祉計画の達成に向けて、福祉、保健、医療の各関係者、雇用する企業等の地域の関係者、学識経験者や関係機関が協働するための組織をいう。

297 福祉と雇用の連携としては、**地域障害者就労支援事業**があげられる。公共職業安定所（ハローワーク）が中心となり、地域の関係支援機関と連携して、障害者一人ひとりに応じたきめ細やかな個別支援を行うための障害者就労支援チームがつくられる。

298 福祉と教育の連携としては、都道府県地域生活支援促進事業として行われている**発達障害者支援体制整備事業**があげられる。これは、発達障害者の乳幼児期から成人期までの各ライフステージに対応する一貫した支援を行うため、発達障害者支援センターを中核として、家族支援体制、地域支援体制サポートが構築されている。

299 **多職種連携**は、質の高いサービスの提供を目的とするものであり、障害者の日常生活及び社会生活を総合的に支援するための法律（障害者総合支援法）第42条第1項および第51条の22第1項において、指定障害福祉サービス事業者、指定障害者支援施設等の設置者および指定相談支援事業者の責務として掲げられている。

08
障害者福祉

実力チェック！一問一答

※解答の横の番号は、本科目で該当する重要項目や図表の番号です。

番号	問題	解答	重要項目・図表
1	「障害者総合支援法」における「障害者」は、20歳以上の者とされている。	1 ×	4
2	2016（平成28）年の「生活のしづらさなどに関する調査」によれば、在宅の身体障害者手帳所持者数を障害の種類別に見ると、肢体不自由者が最も多い。	2 ○	19
3	1980年代に日本で広がった自立生活運動（IL運動）は、デンマークにおける知的障害者の親の会を中心とした運動が起源である。	3 ×	34
4	障害者の権利に関する条約では、「合理的配慮」という考え方が重要視された。	4 ○	58 図表2
5	障害者基本法で、都道府県は、都道府県障害者計画を策定しなければならないと規定されている。	5 ○	61
6	国、都道府県および市町村は、自立支援給付に係る費用をそれぞれ3分の1ずつ負担する。	6 ×	76 図表7
7	行動援護とは、外出時の移動中の介護を除き、重度障害者の居宅において、入浴、排せつ、食事等の介護等を行うサービスである。	7 ×	78 図表8
8	視覚障害者に対する同行援護は、障害支援区分2以上の者が対象である。	8 ×	79 図表9
9	就労継続支援とは、通常の事業所の雇用が困難な障害者に、就労の機会を提供し、必要な訓練などを行うサービスである。	9 ○	80 図表10
10	就労定着支援とは、就労を希望し、通常の事業所の雇用が可能な障害者に、就労のために必要な訓練などを行うサービスである。	10 ×	80 図表10
11	共生型サービスは、障害児が健常児とともに学校教育を受けるための支援を行うものである。	11 ×	87 図表11
12	自立支援医療の給付の申請は、市町村に行う。	12 ○	102
13	市町村の設置する福祉事務所には、知的障害者福祉司を置くことが義務づけられている。	13 ×	152
14	障害者虐待防止法における障害者虐待には、障害者福祉施設従事者等によるものは除外される。	14 ×	205
15	障害者差別解消法では、障害を理由とした不当な差別的取扱いの禁止について、民間事業者に配慮義務が課されている。	15 ○	216 図表23
16	事業主は、身体障害者および知的障害者を雇用する法的義務を負うが、精神障害者については雇用するよう努めればよい。	16 ×	230
17	市町村は、指定障害福祉サービス事業者の指定を行う。	17 ×	246 図表27

09

刑事司法と福祉

⑨ 刑事司法と福祉

※【　】内は問題番号
※　は新カリにおける新規項目

大項目	中項目	小項目（例示）	出題実績		
			第 36 回	第 35 回	第 34 回
1 刑事司法における近年の動向とこれを取り巻く社会環境	1）刑事司法における近年の動向	・犯罪の動向（認知件数と発生率，再犯率 等）			
	2）刑事司法を取り巻く社会環境	・高齢者，障害者等の社会復帰支援 ・再犯の防止等の推進に関する法律（再犯防止推進法） ・就労支援（刑務所出所者等総合的就労支援対策） ・薬物依存者の再犯防止，回復支援 ・修復的司法 ・農福連携 等		【149】	
	3）社会福祉士及び精神保健福祉士の役割	・検察庁や矯正施設，保護観察所，地域生活定着支援センター，精神保健福祉センター等における役割			
2 刑事司法	1）刑法	・刑法の基本原理 ・犯罪の成立要件と責任能力 ・刑罰			
	2）刑事事件の手続き，処遇	・刑事手続き ・刑事施設内での処遇	【150】		
3 少年司法	1）少年法	・少年法の基本原理 ・児童福祉法との関係			
	2）少年事件の手続き，処遇	・非行少年に対する手続き ・少年鑑別所，少年院での処遇 ・児童福祉法による措置			
4 更生保護制度	1）制度の概要	・意義，歴史，更生保護法制 ・更生保護施設			【147】
	2）生活環境の調整	・目的，機能，手続き，関係機関との連携 ・特別調整		【148】	【148】
	3）仮釈放等	・仮釈放と仮退院，意義，許可基準，手続き	【147】		【149】
	4）保護観察	・目的，方法，対象，内容，運用状況		【147】	
	5）更生緊急保護	・目的，対象，期間，内容，手続き			
	6）団体・専門職等の役割と連携	・福祉事務所，児童相談所 ・保護観察官 ・保護司 ・更生保護施設 ・民間協力者（更生保護女性会，BBS 会，協力雇用主 等） ・法テラス（日本司法支援センター） ・ハローワーク	【148】		
5 医療観察制度	1）制度の概要	・目的 ・制度導入の背景 ・対象者		【150】	
	2）審判・処遇の流れと内容	・審判の手続き ・処遇の流れ ・入院処遇の概要 ・通院処遇の概要 ・精神保健観察			
	3）関係機関・専門職等の役割と連携	・裁判所，裁判官 ・精神保健審判員，精神保健参与員 ・指定医療機関（指定入院医療機関，指定通院医療機関） ・社会復帰調整官 ・保護観察所 ・都道府県，市町村 ・障害福祉サービス事業所	【149】		【150】
6 犯罪被害者支援	1）犯罪被害者の法的地位	・犯罪被害者の地位の変遷			
	2）犯罪被害者支援に関する法	・犯罪被害者等基本法 ・ＤＶ防止法 ・ストーカー規制法			
	3）犯罪被害者支援に関する制度	・被害者等通知制度，意見等聴取制度，心情等伝達制度，相談・支援			

大項目	中項目	小項目（例示）	出題実績		
			第 36 回	第 35 回	第 34 回
	4）団体・専門職等の役割と連携	・被害者支援員制度 ・被害者ホットライン ・犯罪被害相談窓口 ・被害者支援センター			

1 刑事司法における近年の動向とこれを取り巻く社会環境

受験対策アドバイス

新カリキュラムでは「刑事司法と福祉」という科目名称となり、犯罪の動向や刑事司法を取り巻く社会環境などの項目が掲げられました。これらの背景には、社会福祉の対象とされる高齢者や障害者による犯罪の増加や出所後の社会復帰支援に社会福祉士や精神保健福祉士が取り組むことが多くなったことがあげられます。

刑事司法の近年の動向

◎犯罪の動向（認知件数・発生率、再犯率等）

1 2022（令和4）年版の『犯罪白書』によれば、児童虐待に係る事件、配偶者からの暴力事案等、サイバー犯罪、特殊詐欺等は、検挙件数が**増加**傾向または高止まり状態にある。また、大麻取締法違反は、若年層を中心に検挙人員が**増加**し続けている。

- 刑法犯の**認知件数**は、2022（令和4）年は60万1331件となり、前年より増加した。なお、2021（令和3）年までは、2002（平成14）年の285万3739件をピークに19年連続で減少していた。
- 刑法犯で検挙された人のうち再犯者の割合を示す「**再犯率**」は、近年上昇傾向にあったが、2022（令和4）年は、47.9％で、前年より0.7％低下した。
- 2022（令和4）年の少年による刑法犯検挙人員は、1万9526人で、罪名は**窃盗**が7503人と最も多い。2004（平成16）年以降徐々に減少している。

刑事司法を取り巻く社会環境

◎高齢者、障害者等の社会復帰支援

2 2000年以降の犯罪に対する厳罰化の流れのなかで、高齢受刑者の割合は増加傾向となった。また、認知症など支援が必要な受刑者も増加し、刑務所の**介護施設化**を招いたともいわれる。

- 新受刑者の約2割が、認知症などが原因で作業能力や知的能力を測定する知能指数検査で能力検査値70未満となっている。これらの人々は、懲役刑を執行されているのであり、認知症によって犯罪を繰り返している人に対して、背景や事情を考慮することなく、刑罰を科している実情がある。

3 知的障害の可能性のある受刑者のうち、療育手帳所持者は一部であり、福祉の支援を受けることなく軽微な犯罪を繰り返していることが見出されるようになった。そのため、刑事手続きが終わる段階での**出口支援**が行われるようになった。

◎再犯防止推進法

出34-147

4 2016（平成28）年12月、**再犯の防止等の推進に関する法律**（再犯防止推進法）が制定された。国民の理解と協力を得つつ、犯罪をした者等の円滑な社会復帰を促進すること等による再犯の防止等が犯罪対策において重

要であるため、基本理念を定め、国および地方公共団体の責務を明らかにし、施策を定め総合的かつ計画的に推進して国民が犯罪による被害を受けることを防止し、安全で安心して暮らせる社会の実現に寄与することを目的としたものである。

5 再犯防止推進法は、国および地方公共団体は、再犯の防止等に関する施策が円滑に実施されるよう、相互に連携を図らなければならないこと（**第5条**）、政府は、再犯の防止等に関する施策の推進に関する計画（再犯防止推進計画）を定めなければならないこと（**第7条第1項**）、都道府県および市町村は、再犯の防止等に関する施策の推進に関する計画（**地方再犯防止推進計画**）を定めるよう努めなければならないこと（**第8条第1項**）を規定している。 出35-47（行財）

6 更生保護における課題として、**社会復帰**（**改善更生**）機能の充実と**再犯防止**機能の強化があげられる。そのためには、①プログラム処遇や福祉との連携などを充実させ、対象者の速やかな改善更生を図ること、②保護観察対象者の遵守事項違反が認められた場合に、不良措置を的確にとることにより、再犯を未然に防ぐことが必要である。

◎就労支援

7 2006（平成18）年度から、**法務省**と**厚生労働省**が連携して、保護観察対象者や更生緊急保護対象者の再犯防止と円滑な社会復帰のための**刑務所出所者等総合的就労支援対策**を行っている。 出35-149

✎ 就労支援対策を充実させるため全国8か所の矯正管区に受刑者等の広域的な就労支援を行う**矯正就労支援情報センター**（コレワーク）が設置され、雇用情報提供サービス、採用手続支援サービス、就労支援相談窓口サービス、刑務所出所者等の雇用経験が豊富な事業主をアドバイザーとした個別相談会などが実施されている。

8 **公共職業安定所**（ハローワーク）は、窓口での職業相談・職業紹介、求人情報の提供、職業に関する情報提供のほか、保護観察対象者や更生緊急保護の対象者に対する①予約制のマンツーマンによる求人開拓から就職までの一貫した支援、②トライアル雇用や職場体験の紹介、③セミナーや事業所見学会の紹介など、特別な就職支援を行っている。

◎薬物依存者等の再犯防止

9 違法薬物の使用による受刑者は、薬物依存があり、**治療的アプローチ**が必要とされる。**保護観察所**では、違法薬物の使用犯罪で保護観察に付されることとなった人に対して、**薬物再乱用防止プログラム**を実施している。

10 薬物依存者への再発防止策として、保護観察所のプログラムから医療機関や**精神保健福祉センター**で実施されている**回復プログラム**へ移行する取り組み、ダルク等の薬物依存症回復支援施設入所への連携も実施されている。

◎修復的司法

11 **修復的司法**（Restorative Justice）は、**応報的司法**（Retributive Justice）への批判として提示された。

✏ 応報的司法では、法曹など専門家の限られた人のみが刑事司法に関与し、専門用語を用いた紛争解決がなされる。修復的司法は、これでは本質的な問題解決に至ることができないとし、犯罪を社会における**関係性の侵害**と捉え、犯罪に関係する全ての当事者の対話を通じて、被害の回復と関係の修復を図るとするものである。

✏ 修復的司法は、犯罪行為に対するものの見方、考え方の一つであり、犯罪行為への対応だけでなく、いじめの問題、ハラスメント、虐待・DVへの対応などさまざまな分野で実践が行われている。また、**ソーシャルインクルージョン**、**治療的司法**、**コミュニティ・ジャスティス**といった考え方とも結びついて実践が行われている。

◎農福連携

12 農福連携とは、農業と福祉の連携であり、障害者が農業分野で活動することを通じ、社会参画を実現していく取り組みをいう。2019（令和元）年の「**農福連携等推進ビジョン**」では、取り組む主体を2024（令和6）年までに新たに3000増やす目標を掲げている。

✏ 障害者の就労、自信や生きがいにつながるだけでなく、農業従事者の高齢化や担い手不足といった農業・農村の課題の解決につながるものと注目されている。

社会福祉士及び精神保健福祉士の役割

◎検察庁

13 **検察官**は、刑の執行指揮を行う。そのため、執行機関である保護観察所や地方更生保護委員会は、検察官の事務を統括する検察庁と連携する。これは、刑事事件の管理について、受理、再犯、取消し、終結などの情報を検察庁に集積させ、検察官は事件の状態を把握し包括的に刑の執行を監督するという意味であり、保護観察処遇などの指揮を意味するものではない。

✏ 保護観察所や地方更生保護委員会は、ケースの状態に変化があったときには**書面**で通知する。

✏ **地方更生保護委員会**は、社会的に重大な影響を与えた事件などについて、刑事施設または少年院からの仮釈放を許すか否かに関する審理にあたり必要があると認めるときは、検察官から参考意見を求める。

14 保護観察所の長は、保護観察付執行猶予者が遵守事項を遵守せず、その情状が重く、刑の執行猶予の言渡しを取り消すべきものと認めるときは、地方裁判所、家庭裁判所、簡易裁判所に対応する検察庁の検察官に対し、書面で**刑の執行猶予の取消しの申出**をする（更生保護法第79条）。

15 検察官は、保護観察所の長からの申出を受け、その者の遵守事項違反の情状が重いと判断した場合には、その者の現在地または最後の住所地を管轄する地方裁判所、家庭裁判所または簡易裁判所に刑の執行猶予の取消請求をすることとなる（刑事訴訟法第349条）。

◎矯正施設

16 **矯正施設**とは、**刑務所**、**少年刑務所**、**拘置所**、**少年院**、**少年鑑別所**をさす。また、**刑事施設**とは、刑務所、少年刑務所および拘置所をいう。

なお、困難な問題を抱える女性への支援に関する法律の施行により売春防止法が改正され、補導処分が廃止されたことで2024（令和6）年4月1日から婦人補導院は廃止となった。

17 刑務所や少年刑務所では、受刑者の改善更生と社会適応能力の育成を図るために、刑務作業を中心に教育活動や改善更生のための処遇プログラム、職業訓練などが行われている。近年これらの施設に「福祉の対象者がいた」ことが明らかとなり、**社会福祉士**や**精神保健福祉士**の資格をもつ福祉専門官の配置が進められ、**福祉的支援**が行われている。

18 2022（令和4）年の刑事収容施設及び被収容者等の処遇に関する法律（**刑事収容施設法**）の改正により、社会復帰支援の充実が図られることとなった。

刑事施設の長は、受刑者の円滑な社会復帰を図るため、釈放後に自立した生活を営むうえでの困難を有する受刑者に対しては、その意向を尊重しつつ、適切な住居その他の宿泊場所を得ることおよび当該宿泊場所に帰住することを助けること等の支援を行うこととなった。

19 **更生保護施設**の職員は、職業経験の乏しさなどから自力での就労が困難な者に対して、公共職業安定所に同行したり、協力雇用主の協力を得て刑務所出所者等総合的就労支援対策などを活用したりして、きめ細かな指導、援助を行う。 出 35-149

◎地域生活定着支援センター等

20　2009（平成21）年から地域生活定着支援事業（現・地域生活定着促進事業）が始まった。これは、高齢であり、または障害を有するため、福祉的な支援を必要とする矯正施設（刑務所、少年刑務所、拘置所、少年院）退所予定者が矯正施設入所中から退所後直ちに障害者手帳の発給や、社会福祉施設への入所などの福祉サービス等を利用するための準備を、司法と福祉が連携して、矯正施設退所者の社会復帰を支援し、再犯防止対策に資することを目的とする事業である。

21　地域生活定着促進事業の実施主体は、**都道府県**であるが、事業に必要な設備を備え、適切な運営が確保できると認められる社会福祉法人やNPO法人等の民間団体に、事業の全部または一部を委託することができる。

22　**地域生活定着支援センター**は、各都道府県の保護観察所と連携して、①退所後に必要な福祉サービスなどのニーズの把握、帰住予定地のセンターとの連絡などの事前調整を行う、矯正施設所在地において果たす役割と、②退所予定者の福祉サービスなどの利用の受入調整を行う、帰住予定地において果たす役割の二つを併せもつ。

23　地域生活定着支援センターは、保護観察所、矯正施設所在地を配慮し、原則として**各都道府県**に**1か所**設置される。

✏ 職員は6人の配置を基本とし、**社会福祉士**、**精神保健福祉士**などの資格を有する者またはこれらと同等に業務を行うことが可能であると認められる職員を1人以上配置する。

24　地域生活定着支援センターの業務は、**図表1**のとおりである。

25　2011（平成23）年度から開始された緊急的住居確保・自立支援対策により、**自立準備ホーム**の制度が始まった。住居の確保が困難な者にNPO法人や社会福祉法人等が管理する施設の空きベッド等を活用するものである。あらかじめ保護観察所に登録しておき、保護が必要なケースについて、保護観察所から事業者に対して宿泊場所、食事の提供とともに、毎日の生活指導等を委託する。

26　2015（平成27）年の**生活困窮者自立支援制度**の開始により、生活に困窮する更生保護対象者に対し、福祉事務所設置自治体が実施主体となり、保護観察所と連携して自立相談支援事業などの事業が行われている。

図表1 地域生活定着支援センターの業務

①保護観察所からの依頼を受けて、保護観察所と共に矯正施設内で対象者と面接し、退所後に必要となる福祉サービス等の聞き取りを行う。

②帰住予定地が対象者の矯正施設と同一の都道府県内である場合は、必要となる福祉サービス等（※）の申請の事前準備を支援するとともに、地域における福祉のネットワークと連携し、グループホームや社会福祉施設など退所後の受入先を探す。なお、ほかの都道府県のセンターから当該都道府県内に帰住予定の対象者がいる旨の連絡が入った場合も同様とする。

> （※）主な福祉サービス等
> 〔高齢者〕
> 老齢年金等、生活福祉資金、介護保険制度、医療保険制度　等
> 〔障害者〕
> 障害年金等、生活福祉資金、障害者手帳、障害保健福祉制度、医療保険制度　等

③帰住予定地がほかの都道府県である場合は、当該地の都道府県のセンターに連絡し、対応を依頼する。

④保護観察所からの依頼に基づき、対象者が退所した後に円滑に福祉サービス等を受けられるようにするための調整に関する計画（福祉サービス等調整計画）を作成し、保護観察所に提出する。

⑤センター、保護観察所、受入先となる関係機関等による連絡協議会等において、情報交換、対象者の退所後の生活についての検討を行うなど、恒常的な連携が確保できるよう努める。

⑥センターは、地域生活定着促進事業について、地域住民の理解が得られるよう普及啓発に努める。

2 刑事司法

受験対策アドバイス

新カリキュラムでは、「刑法」や「刑事訴訟法」に関する内容が取り入れられました。まず刑法の基本原理を理解し、次に犯罪の成立要件、責任能力についての知識を身につけましょう。法律用語は独特で、その意味する内容を理解するには大変な面もありますが、まずは慣れるようにしましょう。

刑法

◎刑法の基本原理

27 刑法の基本原理として**罪刑法定主義**があげられる。これは「法律がなければ犯罪はない。法律がなければ刑罰はない」というドイツの哲学者フォイエルバッハ（Feuerbach, L. A.）の言葉に由来する。一定の行為を犯罪とし、これに刑罰を科するためには、あらかじめ成文法の規定が存在しなければならないというものである。

28 罪刑法定主義から導かれる理論的根拠および派生的原則として、①罪刑の法定、②罪刑の均衡、③類推解釈の禁止、④遡及処罰の禁止があげられる。

29 刑法典には、罪刑法定主義の定めはないが、**日本国憲法第31条**では「何人も､法律の定める手続によらなければ､その生命若しくは自由を奪われ、又はその他の刑罰を科せられない」と規定されている。罪刑の法定を意味するものとして、犯罪および刑罰は、あらかじめ、成文法によって定められていることが必要であるという憲法の原則である。

30 **罪刑の均衡**は、犯罪とその行為に対して科される刑罰等について、刑と釣り合いのとれない不相当な刑罰を科することは許されず、社会倫理的に見て、これに相応すると認められる法定刑が規定されなければならないとするものである。

31 **類推解釈の禁止**は、罪刑を法律で定めるべきものである以上、法律の規定の本来の趣旨を超えて、罪刑を拡張して解釈することは許されないとするものである。

32 **遡及処罰の禁止**は、刑罰法規は、その施行後の犯罪に対して適用され、施行以前に遡って適用されることはないとするものである（日本国憲法第39条）。遡及適用を認めると「気に入らないから罰する」というような恣意的な処罰を認めることになり、法的安定性や個人の自由を不当に侵害するおそれがある。

◎犯罪の成立要件と責任能力

33 犯罪とは、広く社会共同生活における秩序を侵害する人の行為を意味する。これらの**侵害行為**がすべて刑法の対象となるのではなく、犯罪と刑罰の法である刑法上、科刑の前提とされるものだけが犯罪とされる。

✏ 刑法における犯罪は、刑罰法規の禁止規範、命令規範に違反して、法律上可罰的とされる行為のみに限られる。

34 刑法の対象としての可罰的侵害行為は、犯罪成立要件と呼ばれ、**構成要件**の該当性、**違法性**、**責任**の三つの要素に分けられる。

✏「犯罪とは、構成要件に該当する違法かつ有責の行為である」と定義される。

35 犯罪は、刑法の各本条その他各個の刑罰法規に規定された行為に該当しなければならない。これを**構成要件**といい、たとえば、刑法第199条の「人を殺した者」が構成要件にあたる。

36 犯罪は、**違法性**を備えた行為でなければならない。違法性とは、法的に許されないことを意味する。構成要件に該当する行為は、違法性があるとされる。しかし、構成要件に該当するが違法性を具備しないことがあり、国家や社会的倫理規範によって行為が許されたものとみられ、その違法性がなくなる理由を**違法（性）阻却事由**という。

✏ 違法性が**阻却**される事由として、**正当防衛**、**緊急避難**、正当業務行為、法令行為、被害者の同意などがあげられる。

✏ **正当防衛**とは、急に不正な暴行などの侵害（急迫不正の侵害）を受けた場合に、自己または他人の権利を防衛するために、やむを得ずした行為。

✏ **緊急避難**とは、自己または他人の生命、身体、自由または財産に対する現在の危険を避けるため、やむを得ずした行為。ただし、緊急避難が認められるのは、やむを得ずした行為によって生じた害が避けようとした害の程度を超えない場合に限る。

37 犯罪は、行為者に人格的非難を加えることのできる責任が認められなければならない。**構成要件に該当**し、**違法**な行為であっても、行為者に責任が認められなければ処罰されない。

38 責任とは、犯罪事実について行為者を非難することができる**有責行為能力**のことである。責任能力は、刑法の規範を理解し、それに応じて行動の制御ができる意思決定ができる能力である。

✏ 責任能力とは、やってはいけない違法行為だと認識した際、行動を制御できる能力である。

39 責任能力のある者の行為に責任が認められ、最終的に犯罪として成立するためには、行為者に**故意**または**過失**がなければならない。

✏ 故意が成立するためには、行為者が犯罪事実や違法性に関する事実を表象・認容したことのほかに、その行為の違法性を認識したことを要する。それに加えて行為者に適法行為の期待可能性が存在することが必要である。なお、未必の故意とは、結果の発生自体は不確実であるが、発生するかもしれないことを認識し、かつ発生してもかまわないと思いながら行為を行った場合をいい、故意が認められる。

✏ 過失は、構成要件に該当する違法行為に対して、行為者を道義的に非難するもので、故意犯の成立しない場合に考えられるものである。過失は、社会生活上必要な注意を払えば、構成要件に該当する結果が発生することが予見でき、その予見に基づいて結果を回避する行為ができたにもかかわらず、注意を怠ったことなどによって結果が発生した場合を指す。注意義務に違反する場合や不注意をいう。

40 刑法は、**心神喪失者**および**14歳に満たない者**を**責任無能力者**と規定し、責任無能力者の行為は処罰されないとしている。

41 刑法第41条では「14歳に満たない者の行為は、罰しない」として、14歳未満を**刑事未成年者**としている。これらの者が刑罰法令に触れる行為をした場合「**触法少年**」として**児童福祉法**の措置が優先される。

42 刑法第39条では、心神喪失者の行為はこれを罰せず、心神耗弱者の行為はその刑を減軽すると規定される。前者を**責任無能力者**、後者を**限定責任能力者**と呼ぶ。

✏ 過去の判例によれば、心神喪失とは、精神の障害により、事物の理非善悪を弁識する能力のない状態、またはこの弁識に従って行動する能力がない状態を指す。心神耗弱とは、精神の障害により、弁識能力または制御能力が著しく減退した状態を指す。

✏ 心神喪失者や心神耗弱者が重大な他害行為を行った場合は、**医療観察法**に定められた審判によって、入院等の決定を経て医療および処遇が行われる。

43 責任能力の判定の際には**精神科医**による**精神鑑定**が行われるが、最終的な判断は裁判官・裁判員に委ねられる。

✏ 裁判所は鑑定結果を踏まえ、動機が理解できるか、違法性の認識はあったか、犯行に一貫性はあるかなどを総合的に判断する。

◎刑罰

44 **刑罰**とは、犯罪に対する法律効果として、国家が犯人に科す、一定の法益の剥奪である。イタリアの法学者ベッカーリア（Beccaria, C.）は、①犯罪に対する刑罰を社会の構成員が法律によってのみ定める、②定められた法律は社会の構成員全員を拘束する、③刑罰は犯罪によって生じた社会の損害であって、残虐なものであってはならない、として宗教から法を解放することを叫び、罪刑の均衡、罪刑法定主義、死刑廃止、拷問の禁止など客観主義の立場を明確にした。

45 刑罰は、犯罪に対する非難として加えられるものであるが、その本質を巡っては、様々な考え方がある。**応報刑論**は、犯罪は悪であり、害悪をもって報いることが刑罰であるとする考え方で、**目的刑論**は、刑罰はそれ自体として特に意味があるものではなく、犯罪の抑止や犯罪者の改善・更生を目的とし、犯罪の予防を重視する考え方である。

✏ 相対主義は、将来の犯罪の予防ということ以外には犯罪に特別の意義を認めない立場をいい、現在では、それぞれを総合的にとらえる**相対的応報刑論**が支配的になっている。

46 一般予防と特別予防は、相対主義のなかにおける理論的対立とされる。

✏ **一般予防**は、刑罰を科することにより、社会一般の人に対して威嚇・警告し、それによって将来犯罪の行われることを予防しようとする考え方。

✏ **特別予防**は、刑罰を科することにより、その犯人自身が将来再び罪を犯すことを予防しようとする考え方。

47 1880（明治13）年の旧刑法、1907（明治40）年の刑法、翌1908（明治41）年の監獄法制定によって近代的な刑罰制度が導入され、自由刑を執行するための制度が整えられた。監獄を懲役監、禁錮監、拘留場、拘置監の四種類と定め、警察官署に付属する留置場も代用監獄と認められていた。

✏ 日本の近代以前の刑罰法規は、奈良～平安時代の律令（律は刑罰についての規定、令は政治・経済など一般行政に関する規定）、鎌倉時代の御成敗式目、江戸時代の公事方御定書（判例による刑法の集成）などがあった。

48 受刑者が剥奪される法益は何かという観点から刑罰を分類すると**図表2**のとおりである。歴史的には**生命刑**や**身体刑**が刑罰の中心であったが、現代では**自由刑**と**財産刑**がこれらに代わっている。

図表2 刑罰の種類

生命刑	死刑（生命を絶つ刑罰）
身体刑	鞭打ちなど、身体を傷つける刑罰
自由刑	懲役、禁錮、拘留など自由を剥奪する刑罰
名誉刑	公権の剥奪など一定の能力を奪う刑罰
財産刑	罰金、科料、没収など一定額の財産を剥奪する刑罰

49 これまで刑法は、生命刑として死刑、自由刑として懲役・禁錮・拘留、財産刑として罰金・科料・没収の七種類の刑罰が存在した。2022（令和4）年、「刑法等の一部を改正する法律」により、これまでの懲役（作業に就くのが

義務）および禁錮（労働を強制されない）を廃止し、これに代わるものとして**拘禁刑**が創設されることとなった（2025（令和7）年6月1日施行）。

拘禁刑に処せられた者には、改善更生を図るため、必要な作業を行わせ、または必要な指導を行うことができる。

◎刑の執行猶予

50 刑の**執行猶予**とは、刑を言い渡す際に、情状により必ずしも刑の現実的な執行を必要としない場合に、一定期間その執行を猶予し、猶予期間を無事に経過した場合、刑の言い渡しが効力を失う制度である。刑の全部の執行を猶予するものと一部の執行を猶予するもの（刑の終了前の一定期間の執行を猶予）に分けられる。**短期自由刑**の弊害や前科のもたらす弊害を回避するものである。

短期自由刑には、受刑者の改善を目指しても短期間のため効果が上がらず、社会復帰を困難にするなどの弊害が指摘されている。

なお、拘留、科料に対する刑の執行猶予は認められていない。

51 現在の裁判の判決言い渡しより以前に禁錮以上の刑に処せられたことがない者か、以前に禁錮以上の刑に処せられたことがあっても、その執行を終わった日またはその執行の免除を得た日から**5年以内**に禁錮以上の刑に処せられたことがない者が、3年以下の懲役もしくは禁錮、または50万円以下の罰金の言い渡しを受けたときは、情状により裁判の確定した日から1年以上5年以下の期間、その刑の**全部の執行を猶予**することができる。

52 2022（令和4）年の刑法改正により、以前に拘禁刑に処せられたことがあってもその刑の全部の執行を猶予された者が、**2年以下**の拘禁刑の言い渡しを受け、情状に特に酌量すべきものがあるときは、その**刑の全部の執行を猶予**することができる（2025（令和7）年6月1日施行）。

これまで1年以下とされていたものが2年以下と条件が緩和された。

53 これまでは、執行猶予期間中の再犯があっても、その新たな犯罪についての判決時までに猶予期間が経過している場合には、前の刑は言い渡しの効力を失い、執行猶予を取り消すことができなかった。2022（令和4）年の刑法改正で、当該罪についての有罪判決の確定が猶予の期間の経過後となったときにおいても、**猶予された当初の刑を執行する**ことができることとなった（2025（令和7）年6月1日施行）。

この改正は、「前刑を執行させるための公判の引きのばし」を解消するために行われた。

出36-150 **54** 2013（平成25）年6月、刑法等の改正で、刑の**一部執行猶予制度**が導入された。これは、施設内処遇と社会内処遇を連携させることにより、再犯防止・改善更生を図るうえで有用といえる場合があるため、初入者または薬物事犯累犯者で要件を満たす者について、1年以上5年以下の期間、その刑の一部について執行を猶予するものである。

✎ 一部執行猶予の期間中は、保護観察に付すことができ、刑務所ではなく社会のなかで再犯防止を図る。

✎ 刑の一部の執行猶予期間は、刑期とともに判決時に言い渡される。

55 2016（平成28）年6月から、刑の一部執行猶予制度により、**薬物事** 出33-150
犯累犯者に対する**保護観察**が充実強化され、①規制薬物等に対する依存がある 出36-150
保護観察対象者に対して、医療・援助を行う機関等との緊密な連携を確保し医療や保健福祉機関の薬物再乱用防止プログラム（専門的援助）を受けるように指示することが可能となり、②薬物事犯累犯者は必ず保護観察に付され、特別遵守事項により専門的処遇プログラムが実施されることとなった。

56 薬物事犯者は、精神症状を抱えている場合が少なくないが、保護観察 出33-150
官や保護司が受診を勧める場合、本人の意思に反しない限り**受診の指示**ができる。

刑事事件の手続き、処遇

◎捜査

57 **捜査**とは、犯罪の嫌疑がある場合、後に行われるであろう公訴の提起・追行のために被疑者の身柄を保全（逮捕）し、証拠（物または人）を収集・保全する行為をいう。捜査の主体は、第一次的には司法警察職員、補充的に検察官・検察事務官である。

58 **被疑者**とは、犯罪を行った疑いがあるとして捜査の対象となっている者をいい、**被告人**とは、検察官によって裁判所に対する公訴の提起を受けた者をいう。

59 捜査機関は、捜査の目的を達成するために必要な取り調べをすることができる。捜査のための強制処分は、刑事訴訟法が特に規定を設けている場合に限り認められる。**強制処分**は、逮捕、勾留、召喚、押収、捜索などがあり、強制処分による捜査は強制捜査と呼ばれる。裁判官によるコントロールが規定されている場合が多い。

✎ 強制処分に対して、**任意捜査**は、捜査機関が独自の判断で実行することができるもので、聞き込み、尾行、張り込みなどがこれにあたる。

✎ 勾留は、被疑者・被告人を裁判のときまで一定の場所に留めて置くこと。拘留は、刑事罰の1つで、1日以上30日未満の期間、刑事施設に収監することをさす。

60 **強制処分法定主義**は、捜査についてはその目的を達成するために必要な取調をすることができる。ただし、強制処分は法律の根拠がなければ行うことができないとする刑事手続き上の原則である。

✏ この規定から法の定めのない強制処分を行った場合は違法であるとされる。

61 強制処分が実施される場合、裁判所か裁判官による**令状**が発行される。逮捕状、勾留状、捜索差押許可状、鑑定許可状などがある。捜査機関の権限乱用を抑制し、私人の人権を保護することを目的とする。これを令状主義という。

62 **逮捕**とは、被疑者の身体の自由を拘束し、引き続き短時間拘束の状態を続けることをいう。逮捕は権限を有する司法官憲の発する令状によらなければならないが、例外として**現行犯**の場合は、令状によらない逮捕が許される。

63 憲法は、現行犯のみを令状主義の例外としているが、法律では**緊急逮捕**という制度が設けられている。犯罪が重大であり、犯罪の嫌疑が十分で、逮捕に急速を要し逮捕状を求めることができない場合、先に逮捕し、後から逮捕状を求めることができる。

64 逮捕後は、被疑者を一定時間**留置**することができる。被疑者は、理由を告げられる権利、弁護人を依頼する権利を保障されている。逮捕された被疑者は弁護人と**接見交通**を行うことができるが、それ以外の者とは接見交通できない。

65 警察官は、留置の必要がある場合、被疑者を逮捕してから**48時間以内**に書類および証拠物とともに被疑者を検察官に送致する手続きをしなければならない。検察官は、留置の必要があるときは、被疑者を受け取った時から24時間以内で、かつ被疑者が身体の拘束を受けた時から72時間以内に裁判官に勾留の請求をしなければならない。

66 勾留期間は、勾留を請求した日から**原則10日間**である。やむを得ない事情があるときは**1回だけ延長**できるが、その期間は10日を超えることはできない。被疑者が起訴される前に身体を拘束できる上限の期間は**23日間**である。

67 物に対する強制処分としては**図表3**のとおりである。

図表3 強制処分

捜索	人や物を発見する目的で行われる活動
差押え	捜査機関が証拠などを強制的に占有取得する処分
検証	捜査機関などが現場の状況や人・物について観察して証拠調べをする捜査活動
鑑定	専門家による特別な知識によって科学的統計学的な分析にもとづいて行う評価・判断など

68 **刑事訴訟法**にもとづく逮捕・勾留は、被疑者を取り調べるために行う処分ではない。取調目的のために逮捕・勾留することは許されない。刑事訴訟法上の逮捕・勾留は、被疑者・被告人の逃亡を防止し、裁判への出席の確保、証拠の隠滅を防止するなどのために行われる。

69 被疑者・被告人には、捜査機関・検察官に対抗して防御活動を行う**防御権**が保障される。憲法は、被疑者・被告人に弁護人を依頼する権利を付与している。また、弁護人とは立会人なくして接見する**接見交通権**が認められている。

◎公訴

70 捜査の結果、犯罪の嫌疑の有無が明らかになったときは、捜査機関は、**公訴**の提起をするかどうか判断しなければならない。捜査終結の処分をする権限は、**検察官**のみが有する。

71 検察官は、犯罪の嫌疑があるときには必ず公訴を提起しなければならないわけではない。犯人の性格、年齢および境遇、犯罪の軽重および情状ならびに犯罪後の情況により訴追を必要としないときは、公訴をしないことができる。これを**起訴猶予処分**といい、起訴猶予処分を認める考え方を**起訴便宜主義**という。

72 **検察庁**は、知的障害のある被疑者や高齢の被疑者等で福祉サービス等を必要とする者について、刑事施設に入所前の段階で、関係機関が連携し、社会福祉士による面談などを行い、不起訴などの身柄釈放時等に福祉機関等に橋渡しをする取り組み（**入口支援**）を行っている。

73 公訴の提起とは、検察官が犯罪行為を行った疑いのある被疑者を**刑事裁判**にかける申立てをすることで、**起訴**といわれる。公訴の提起は、検察官が起訴状を**裁判所**に提出する方法で行う。

74 公訴が提起されると事件が裁判所で実際に審理される状態となる。その後、刑事裁判が行われ、これを**公判**という。裁判所の法廷において、裁判官・裁判員、検察官、被告人および弁護人が一堂に会して行われる。

✏ なお、裁判は一部の例外を除いて公開法廷で行われる。

75 公判が始まると、最初に**冒頭手続**が行われ、被告人を確認する人定質問、被告人への**黙秘権**の告知などが行われる。これは、検察官や弁護人がこれから証拠を使って証明しようとする事実を述べるもので、それが終了すると証拠調べ手続に進む。

76 **証拠調べ手続**の方法は、証拠の種類（証人・証拠書類・証拠物）によって異なる。証人に対しては、**証人尋問**が行われる。証人を請求した側の当事者が**主尋問**を行い、次に、反対当事者が**反対尋問**を行い、最後に裁判所が**補充尋問**を行う。

77　反対尋問には、憲法の証人審問権、事実の認定の正確性や誤判を防ぐ目的もある。証人の供述は、一方的な断罪、見間違い、記憶違い、うそ、言い間違いなど様々な誤りを含んでいることもある。その**供述の証明力を争う**ために、証人の観察、記憶の正確性、供述の真摯性、供述の正確性を厳しく問うことが反対尋問で求められている。

78　証拠調べ手続が終わると、犯罪被害者の遺族からの申し出に基づいて**被害者等心情意見陳述**が行われることがある。被害者の保護のための制度である。

79　証拠調べ手続などが終了すると、検察官によって事実および法律の適用について意見を陳述する**論告**が行われる。また、刑事訴訟法において検察官に義務づけられてはいないが、求刑も行われる。被告人や弁護人が意見を陳述する最終弁論（最終陳述）も行われ、これが終わると審理が終結し、裁判官によって判決が下される。

◎刑事手続の基本権・基本原理

80　**無罪推定法理**とは、被疑者・被告人は、その罪責が適法な手続きを経て立証され、有罪の判決が下されるまでは「罪のない」人として扱われなければならないという原則をいう。犯罪事実が立証されない限り、被告人は「無罪」であり、被告人を有罪とするための立証責任は検察官にあり、被告人側は自らの無罪を立証する責任はない。

81　検察官により犯罪事実の存在が積極的に証明されない限り、その事実はないものとして取り扱われ、無罪が言い渡される。「**疑わしきは被告人の利益に**」とは、検察官の主張・立証に疑いが残る場合には被告人は処罰してはならないという意味であり、被告人が疑わしいだけでは処罰しないという意味ではない。

無実の人を誤って処罰する冤罪をなくすためである。

82　検察官は、被告人が有罪であることに対する合理的な疑いを超える証明、つまり被告人が有罪であることに一点の疑問も残らない証明をする必要がある。「被告人が犯人であるとすれば矛盾なく説明できる」という立証では不十分で、「犯人は被告人でしかありえない」という立証が必要である。無実の人を誤って処罰する冤罪をなくすためである。

83　被疑者･被告人には、憲法で**黙秘権**が保障されている。アメリカでは、法執行機関が身柄を拘束した被疑者を取り調べる前に、①黙秘権があること、②供述は不利な証拠として採用される可能性があること、③弁護士の立ち会いを求める権利があること、④経済的な余裕がなければ公選弁護人を付けてもらう権利があること、の4つを告知する。これをミランダ警告といい、この警告がなされていない場合、被疑者の供述は公判で証拠として採用されないというルールがある。

✏ 日本では、取調と刑事裁判で罪状認否の際に黙秘権の告知が行われるが、これに相当する制度などはない。

84 戦前の刑事裁判は、裁判所が主導権を握り、起訴と同時に捜査記録が裁判所に引き継がれ、裁判官は捜査記録を読み込んだうえで裁判を行った。裁判所が主導権を握って真相を解明するもので**職権主義**と呼ばれた。しかし、この方法は捜査が過酷になって関係者の人権侵害が行われたり、公判が捜査の結果に追従したり、裁判官が積極的に行動したりして、誤判が生じる危険があった。

85 現行の刑事訴訟法は、被疑者・被告人のために適正手続きを保障して人権侵害を防ぎ、公判と捜査の連続性を切断し、訴追と立証の過程を検察官と被告人・弁護人の活動に委ねて誤判の危険をなくす**当事者主義**を採用している。

86 当事者主義には、当事者対等主義と当事者追行主義の二つの意味がある。

✏ **当事者対等主義**は、検察側と弁護側は、当然に対等であるとする原則である。訴追者である検察官に特別な地位を認めると、検察の権限や証拠収集能力と弁護側には格差があり、公判における真実発見は両当事者の攻防によって可能になるとするものである。

✏ **当事者追行主義**は、当事者の各種の主張、立証、意見陳述を刑事訴訟法の中心に据えた原則である。裁判所の職権活動を、原則として当事者から請求された証拠のみを取り調べるなど補充的なものにして、裁判所は中立的な判断をする役割を担う。

87 取調べの可視化とは、逮捕・拘留中の被疑者取調べの全過程を録音・録画する制度である。**裁判員裁判**対象事件および検察官独自捜査事件については被疑者の取調べの全過程の録画を義務づけている。捜査は自白調書に依存することが多く、自白の誘導や強制が行われる可能性があるため、虚偽の自白がなされる危険性をなくすためなどに行われる。

◎刑事施設内での処遇

88 犯罪者の処遇については、「**矯正**」と呼ばれる**施設内処遇**と、「**更生保護**」と呼ばれる**社会内処遇**に大別される。この場合の施設とは、矯正施設を 出 34-147

意味し、成人の刑事施設（刑務所）、少年刑務所、拘置所内での処遇がこれに該当する。

89 **刑務所**と**少年刑務所**は、主として受刑者を収容し、処遇を行う施設であり、**拘置所**は、主として刑事裁判が確定していない未決拘禁者を収容する施設を指す。

90 2006（平成18）年5月、受刑者の人権を尊重しつつ、状況に応じた適切な処遇を行うことを目的とした刑事収容施設及び被収容者等の処遇に関する法律（**刑事収容施設法**）が施行された。1908（明治41）年施行の**監獄法**を全面改正したものであり、被収容者の権利義務関係と職員の権限の明確化、刑事施設視察委員会の外部視察の導入、社会福祉の専門家として、精神および身体に障害・疾患のある受刑者を多く収容する医療刑務所への**精神保健福祉士**の配置、大刑務所や検察庁への**社会福祉士**の配置がなされるようになった。

✏ 名古屋刑務所事件（2002（平成14）年）とは、刑務官が受刑者に対し、革手錠で締め上げる、消火用ホースで放水するなどの暴行を加え、3名を死傷させた事件である。日本型行刑と呼ばれる処遇のあり方が批判され、監獄法の改正の契機となった。

91 日本の施設内処遇は、**担当制**が敷かれ、刑務官と受刑者は工場における作業管理だけでなく日常的にも関わりをもち、行動が管理されるシステムをとっている。この運用方法は日本型行刑と呼ばれ、人権侵害をもたらす可能性を指摘されていた。しかし、外国人や障害者等の受刑者の増加により、専門性の高い処遇の導入が必要となり、社会福祉士・精神保健福祉士が処遇にかかわる新たな処遇体制の構築が迫られている。

92 施設内処遇における受刑者の法的地位も変化し、**自由刑純化論**という考え方が主張された。これにより受刑者は刑罰として移動の自由を制限されるが、それ以外の面では市民としての権利義務の主体ととらえられるようになってきた。

◎処遇の現状と課題

93 刑事収容施設法は、第30条において、処遇の原則として「その者の資質及び環境に応じ、その自覚に訴え、改善更生の意欲の喚起及び社会生活に適応する能力の育成を図ることを旨として行う」と規定し、処遇の個別化（**個別処遇の原則**）と主体性の尊重、社会復帰を図ることとしている。

94 刑事収容施設法は、受刑者の監獄法での作業のみを義務としていたのを改め、矯正処遇に作業、改善指導、強化指導を加えこれを義務づけている。これらを正当な理由なく拒んだ場合、遵守事項違反として懲罰の対象となりうるとしている。これにより作業以外の指導を行うことができ、施設内処遇の実効性が高まったともいわれる。

◎刑務作業の流れ

95 受刑者が入所すると、最初に刑執行開始時調査（**処遇調査**）が行われ、その結果により**処遇指標**が指定され、さらに処遇指標に対応する処遇区分が指定される。また、処遇調査の結果を踏まえ、処遇要領が策定される。

✎ 処遇指標は、矯正処遇の種類・内容（作業・改善指導・教科指導）と受刑者の属性（拘留受刑者・少年・女性・外国人など）、および犯罪傾向の進度（犯罪傾向が進んでいない者・犯罪傾向が進んでいる者）から構成される。

96 刑執行開始時調査（処遇調査）は、医学、心理学、教育学などの専門的知識・技術を用い、面接・診察、受刑者用に開発された受刑者用一般リスクアセスメントツールを用いて行われる。心身の状況、生育歴、犯罪性の特性、家庭・生活環境、将来の生活設計など受刑者の処遇に必要な基礎資料を収集する。

97 矯正処遇とは、受刑者、在院者の改善更生のための処遇に関する国家的活動をいう。

図表4 矯正処遇としての作業

①規則正しい勤労生活を維持させ規律ある生活態度を習得させる
②共同作業を通じて社会共同生活への順応性を養い育てる
③勤労意欲を養成する
④職業的技能や知識を習得する
⑤作業目標の達成を通じて忍耐力や精神力を養い育てる

98 2022（令和4）年の刑事収容施設及び被収容者等の処遇に関する法律の改正により、処遇要領は、できる限り速やかに、矯正処遇の目標ならびに作業・指導ごとの内容および方法をできる限り具体的に記載して定めることとなった（2025（令和7）年6月1日施行）。

99 刑事施設の長は、矯正処遇の目標や内容・方法、実施上の留意事項等が記載された処遇要項に基づき、原則として6か月に1回、受刑者の目標の達成状況について評価を行う。

100 2022（令和4）年の法改正によって、「**拘禁刑**」に処せられた者には、改善更生を図るため必要な作業を行わせ、または必要な指導を行うことができることとなった（2025（令和7）年6月1日施行）。これにより受刑者は、必ずしも刑務作業を義務づけられることなく、改善更生のために何が必要かという観点から、受刑者の特性に合わせた処遇を行うこととなった。

✏ この改正部分は、未施行であり、施行前に懲役刑・禁錮刑の判決が確定した者には従前の刑が執行され、禁錮刑の場合、刑事施設において受刑者が行う刑務作業は、義務づけられていない。

101 作業には、一般作業と呼ばれる生産作業（物品生産や労務提供作業）や自営作業（刑事施設の維持に関する炊事・洗濯等の作業）と職業訓練（免許や資格の取得）、社会貢献作業（ボランティア的な労務提供）がある。

✏ 作業に対しては、作業報奨金が支払われる。出所時に支給されるが、低額であり、金額が5万円を超える者は4割に満たない。

102 近年は、高齢者や知的・精神・身体などの障害があり、他の受刑者と同じような作業ができない受刑者が増加しているため、その作業内容は施設ごとに一様ではないが、単純な作業など軽作業を中心にした養護的な配慮を要する**養護工場**が設けられている。

103 刑事収容施設法は、改善指導として、受刑者に犯罪の責任を自覚させ、健康な心身を培わせ、社会生活に適応するのに必要な知識や生活態度を習得させることを規定している。全ての受刑者を対象とした**一般改善指導**、特定の事情を有する受刑者を対象とした**特別改善指導**がある。

104 **一般改善指導**は、講話・面接・相談助言などを通じて、被害者や遺族の感情を理解すること、規則正しい生活習慣や健全な考え方を身につけ、心身の健康の増進を図ること、社会復帰への必要なスキルを習得することなどを目的とする。

✏ 一般改善指導のなかで、女子施設地域連携事業もあり、窃盗防止指導、家族関係講座、自己理解促進指導、自立支援指導、高齢者指導の5種類のプログラムが実施され、女性特有の問題に関する事業が行われている。

✏ 2017（平成29）年度からは、**社会復帰支援指導プログラム**も行われ、各種福祉制度に関する基礎的知識の習得をはじめ出所後に福祉相談窓口を気軽に利用できるよう理解促進が図られている。

105 **特別改善指導**は、特定の事情により、改善更生や円滑な社会復帰に支障があると認められる受刑者に、その事情の改善に資するよう特別に配慮して行われる指導である。薬物依存離脱指導、暴力団離脱指導、性犯罪再犯防止指導、被害者の視点を採り入れた教育、交通安全指導、就労支援指導の6種類が実施されている。

106 受刑者のなかには学校教育が十分に受けられていない者もいるため、教科指導が行われ、**中学校の卒業証書授与**、**高等学校卒業程度認定試験**の受験指導を行う取り組みなども実施されている。

107 再犯者の多くは、職がない、金がないなど無職者の割合が高く、刑事施設出所後の安定した生活のためには**就労支援**が重要となる。

108 犯罪や非行を行った者が地域で生活していく際には、社会の偏見や差別といったなかでの困難さがつきまとう。このため、公共職業安定所、福祉事務所、企業、市民団体などと連携して支援を実施していくことが重要となる。

◎処遇モデル

109 刑事施設内での受刑者の処遇をどのような目的や手段で行うかという**処遇モデル論**には様々な考えがある。

110 **医療モデル**は、犯罪行為者を病人に見立てて、犯罪行為を病気の症状、犯罪行為者への処遇を病者への治療行為とする考え方である。なかには脳外科手術も行われ人権侵害であるとされたり、同じ犯罪行為でも再犯可能性（治療の必要性）の高い者は長期間拘束されるなど、かえって自由を奪い不公平だとされた。1970年代、再犯対策としては有効でないと治療効果に厳しい批判がなされ、衰退した。

111 **公正モデル**は、リベラル派と保守派の二つの考え方がある。リベラル派は、更生理念が受刑者の人権侵害の不正義をもたらしているとして、受刑者の人権という観点を強調する。これに対して保守派は、更生や社会復帰を名目にした処遇が犯罪者を甘やかしていると主張し、厳格で正義にかなう処罰が必要であるとして、応報や抑止の側面を強調した。1970年代のアメリカでは保守派が支持を集めていたが、その結果、刑務所人口の増大、過剰収容と再犯が大きな問題となり失敗に終わった。

112 **RNRモデル（リスク・ニード・応答性モデル）**は、リスク管理の視点を取り入れた考え方である。犯罪者を再犯リスクの保持者としてとらえ、処遇はリスクの高い犯罪者に集中させる（**リスク原則**）、処遇は犯罪誘発要因に限定する（**ニーズ原則**）、処遇は認知行動療法を中心にその者の応答性を高めるようになされる（**応答性モデル**）の三つの原則からなる。本人の動機付けや協力を引き出すことが難しいなどの批判がある。

113 **GLモデル（グッド・ライブズ・モデル）**は、人間は生まれながらにして何らかの「よさ」を追求するが、犯罪はそれを不適切な手段で得ようとした結果であるとする考え方である。本人のリスク管理よりも、**エンパワメント**による「よさ」の獲得が処遇の目的である。社会福祉の対人援助の目的とも共通性を有するモデルであると評価される。

114 刑事施設には、精神保健福祉士が2004（平成16）年度、社会福祉士が2007（平成19）年度から配置され、当初は非常勤職員であったが、2014（平成26）年度からは**福祉専門官**が常勤職員として配置されている。施設内処遇の福祉的支援、特に特別調整が主な業務とされている。

3 少年司法

少年法

◎少年法の基本原理

115 少年法は、非行を犯した少年（20歳に満たない者）に対して、できるだけ処罰ではなく、**教育的手段**により**更生**を図ることを目的としている。

2000（平成12）年の少年法の改正において、刑事処分可能年齢の16歳から14歳への引き下げ、被害者等の陳述機会の保障などの法改正が行われた。

受験対策アドバイス

新カリキュラムでは、「少年司法」として独立した項目となりました。内容的には旧カリキュラムと変わりはなく、少年に対する司法のあり方の基本原理を理解しておくことが求められます。

116 2021（令和3）年の少年法の改正によって、18・19歳の者は、**特定少年**として引き続き少年法の適用対象とし、すべての事件が**家庭裁判所**に送られ、家庭裁判所が処分を決定することとなった。

特定少年は、**逆送**（検察官送致）されて起訴された場合の**刑事裁判**では、原則として20歳以上の者と同様に取り扱われることとなった。

特定少年が逆送されて起訴された場合は、略式手続の場合を除き、実名・写真等の報道（推知報道）の禁止が解除されることとなった。

特定少年の**保護処分**は、少年院送致、2年間の保護観察（遵守事項に違反した場合、少年院に収容することが可能）、6か月の保護観察となり、家庭裁判所は犯した罪の責任を超えない範囲内でいずれかを選択することとなった。

117 2021（令和3）年の少年法の改正によって、特定少年については、従来の16歳以上の少年のとき犯した故意の犯罪行為により被害者を死亡させた罪の事件に加えて、18歳以上の少年（**特定少年**）のとき犯した死刑、無期又は短期（法定刑の下限）1年以上の懲役・禁錮（2025（令和7）年6月1日より拘禁刑）に当たる罪の事件が原則逆送対象事件に追加されることとなった。現住建造物等放火罪、強制性交等罪、強盗罪、組織的詐欺罪などがこれにあたる。

たとえば、有期の懲役が科される場合、17歳以下の少年は最長15年以下の範囲で刑の長期と短期を定める不定期刑が言い渡されるが、特定少年は、20歳以上と同様、最長30年以下の範囲で定期刑が言い渡されることとなった。

少年事件の手続き、処遇

◎非行少年に対する手続き

118 **非行**とは、法律や社会倫理規範などからの逸脱行動をいう。犯罪や犯罪までには至らない行為、非社会的行動などを含めて把握するのが最近の傾向である。

図表5 非行少年に対する手続の流れ

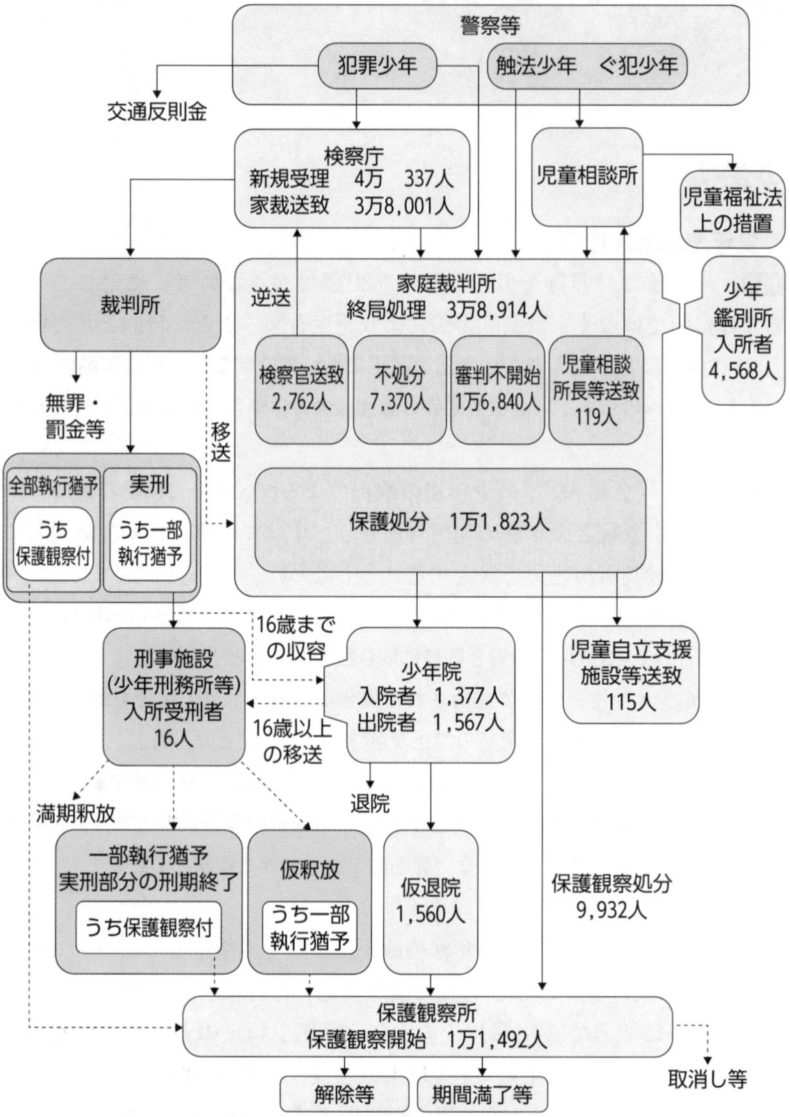

注1：検察統計年報、司法統計年報、矯正統計年報および保護統計年報による。
2：「検察庁」の人員は、事件単位の延べ人員である。例えば、1人が2回送致された場合には、2人として計上している。
3：「児童相談所長等送致」は、知事・児童相談所長送致である。
4：「児童自立支援施設等送致」は、児童自立支援施設・児童養護施設送致である。
5：「出院者」の人員は、出院事由が退院又は仮退院の者に限る。
6：「保護観察開始」の人員は、保護観察処分少年及び少年院仮退院者に限る。
7：本図表及び数値は少年法等の一部を改正する法律（令和3年法律第47号）施行前の手続による。
資料：法務省法務総合研究所編『令和4年版 犯罪白書～新型コロナウイルス感染症と刑事政策／犯罪者・非行少年の生活意識と価値観～』2022年

出33-148 **119** 少年法における審判に付すべき少年とは、14歳（**刑事責任年齢**）以上20歳未満の罪を犯した少年（**犯罪少年**）、14歳未満で刑罰法令に触れる行為をした少年（**触法少年**）、18歳未満で一定の事由があって、将来罪を犯す虞《おそれ》のある少年（**虞犯《ぐはん》少年**）の3種類である。

120 犯罪少年には、少年法に基づく刑事司法手続きが適用される。通常は、警察に補導され、検察庁を経て、多くの少年自身は在宅のまま家庭裁判所に書類のみが送られる。実刑と判決されると、16歳になるまでは**少年院**、その後は**少年刑務所**で受刑する。

✏ 14歳以上16歳未満の少年は、検察官への逆送により、刑事裁判での処罰を受けることもある。

✏ 16歳以上で重大事件を起こしたときは、検察官へ逆送され、刑事処分となる。

121 **虞犯《ぐはん》少年の一定の事由**とは、①保護者の正当な監督に服しない性癖のあること、②正当な理由がなく家庭に寄りつかないこと、③犯罪性のある人もしくは不道徳な人と交際し、またはいかがわしい場所に出入りすること、④自己または他人の徳性を害する行為をする性癖のあること、のいずれかの事由にあてはまり、その性格または環境に照らして、将来、罪を犯し、または刑罰法令に触れる行為を行う虞《おそれ》がある少年を指す。

122 少年の刑事事件において、罪を犯すとき18歳未満の者に対しては、死刑をもって処断すべきときは、**無期刑**を科すことになる（第51条第1項）。18歳以上であれば、死刑が言い渡されることもある。

◎少年院・少年鑑別所での処遇

123 2014（平成26）年6月に**少年院法**（新少年院法）が制定された。これは、旧少年院法が1949（昭和24）年の施行後、約65年間抜本的改正がなされていなかったこと、2006（平成18）年の刑事収容施設法の成立に伴い成人矯正において人権尊重と適切な処遇・施設運営の透明性の確保等が実現したことにより、少年院の矯正教育、少年の権利義務、職員の権限等に関する規定にも明確化の必要性などが求められたことによるものである。

✏ 在院者・在所者の権利義務関係などを明確化した。

124 新少年院法は、①再非行防止に向けた処遇の充実、②適切な処遇の実施、③社会に開かれた施設運営の推進を中心に据え、矯正教育の基本的制度の法定化、社会復帰支援の実施、少年の権利義務・職員の権限の明確化、保健衛生・医療の充実、不服申立制度の整備、施設運営の透明性の確保が盛り込まれた。

125 **少年院法**の目的は、少年院の適正な管理運営を図るとともに、在院者の人権を尊重しつつ、その特性に応じた適切な矯正教育その他の在院者の健全な育成に資する処遇を行うことにより、在院者の改善更生および円滑な社会復帰を図ることである。

126 **少年院**は、保護処分の執行を受ける者、少年院において懲役または禁 出 33-148

錮の刑（2025（令和7）年6月1日より拘禁刑）の執行を受ける者等を収容し、これらの者に対し矯正教育その他の必要な処遇を行う施設である。

127 少年院の種類は、**第1種**、**第2種**、**第3種**、**第4種**、**第5種**があり、在院者の法的地位、心身の障害の程度、犯罪的傾向、年齢に応じて在院者を収容する（図表6参照）。

図表6 少年院の種類

第1種	保護処分の執行を受ける者であって、心身に著しい障害がないおおむね12歳以上23歳未満のもの（第2種に該当する者を除く）
第2種	保護処分の執行を受ける者であって、心身に著しい障害がない犯罪的傾向が進んだおおむね16歳以上23歳未満のもの
第3種	保護処分の執行を受ける者であって、心身に著しい障害があるおおむね12歳以上26歳未満のもの
第4種	少年院において刑の執行を受ける者
第5種	2年間の保護観察の保護処分の執行を受けた特定少年のうち、重大な遵守事項違反があったもの

128 2014（平成26）年6月、**少年鑑別所法**が制定された。これは、少年鑑別所に関して、旧少年院法に数か条の規定があるのみであったため、役割（鑑別・観護処遇・地域社会への知見の還元）を明確にするために独立した法律として制定されたものである。

129 少年鑑別所法の目的は、少年鑑別所の適正な管理運営を図るとともに、鑑別対象者の鑑別を適切に行うほか、在所者の人権を尊重しつつ、その者の状況に応じた適切な**観護処遇**を行い、ならびに非行および犯罪の防止に関する援助を適切に行うことである。

130 **少年鑑別所**は、鑑別対象者の鑑別を行い、少年法の観護の措置がとられて少年鑑別所に収容される者等を収容し、これらの者に対し必要な観護処遇を行い、ならびに非行および犯罪の防止に関する援助を行う施設である。

出33-148

131 少年鑑別所の長は、家庭裁判所、地方更生保護委員会、保護観察所の長、児童自立支援施設の長、児童養護施設の長、少年院の長または刑事施設の長からの求めに応じ、保護処分または少年法の措置にかかる事件の調査または審判を受ける者、保護処分の執行を受ける者、懲役または禁錮の刑（2025（令和7）年6月1日より拘禁刑）の執行を受ける**20歳未満の者の鑑別を行う**。

◎児童福祉法による措置

132 児童福祉法は、罪を犯した満14歳以上の児童については、家庭裁判所に**通告**しなければならないとしている。

133 2020（令和2）年度の児童相談所における**非行相談**1万228件のうち、家庭裁判所送致は162件である。

134 少年法は、非行のある少年自身の行為を問うものであるのに対し、児童福祉法は、保護者の責任を重視した考え方である。

135 14歳未満で刑罰法令に触れる行為を行った少年（**触法少年**）は、児童福祉法上の措置が優先される。警察に補導され、児童相談所などへの通告や、児童自立支援施設などへの入所措置がなされることもある。 出33-148

触法少年、14歳未満の虞《ぐ》犯《はん》少年は、非行内容が重大で、かつ少年が事件を否認しているときなどは、都道府県知事または児童相談所長から家庭裁判所へ事件が送致され、審判が開かれる。

136 **虞《ぐ》犯《はん》少年**は、14歳未満では、児童福祉法上の措置が優先される。14歳以上18歳未満では家庭裁判所へ送致されることもある。

137 警察官は、客観的な事情から合理的に判断して、触法少年であると疑うに足りる相当の理由のある者を発見した場合に、必要があるときは、事件について調査でき、触法少年に対する警察官の質問や証拠の押収と捜索などの**調査権**がある。

警察官は、調査の結果、触法少年が一定の重大犯罪にかかる刑罰法令に触れる行為を行ったと思料するときは、調査にかかる書類とともに事件を**児童相談所長**に送致しなければならない。

138 都道府県知事または児童相談所長は、送致を受けた事件については、原則として、**家庭裁判所送致**の措置をとらなければならない（第6条の6、第6条の7）。

139 家庭裁判所は、決定の時に14歳に満たない少年にかかる事件については、特に必要と認める場合に限り、**少年院送致の保護処分**をすることができる（第24条第1項）。 出33-148

家庭裁判所は、保護観察の保護処分を受けた少年が、警告を受けたにもかかわらず、なお遵守すべき事項を遵守せず、その程度が重いとして保護観察所の長からの申請があった場合、またその保護処分によっては本人の改善および更生を図ることができないと認めるときは、決定をもって、児童自立支援施設等送致または少年院送致の保護処分をしなければならない（第26条の4）。

家庭裁判所は、一定の重大犯罪にかかる犯罪少年または触法少年の事件の審判について、観護措置がとられている場合において、事案の内容、保護者の有無その他の事情を考慮し、必要があると認めるときは、弁護士である付添人を付することができる（第22条の3）。

4 更生保護制度

受験対策アドバイス

「生活環境の調整」「仮釈放等」「保護観察」「更生緊急保護」が出題の中心となるので、過去問も解いて理解を深めましょう。

制度の概要

◎意義

140 **更生保護**は、犯罪をした者および非行のある少年に対し、**社会内**において適切な処遇を行うことにより、再び犯罪をすることを防ぎ、または非行をなくし、自立と改善更生を助け、社会を保護し、個人および公共の福祉を増進することを目的とする。

出34-147

141 更生保護の主たる内容は、①**仮釈放**、②**保護観察**、③身体の拘束を解かれた者に対する**更生緊急保護**、④**恩赦**、⑤**犯罪予防活動**である。

142 更生保護は、**国**（法務省）が所管する刑事施策の一つであるが、地域社会とも深いかかわりを有する。したがって、**保護司**はもちろんのこと、地方公共団体、民間協力雇用主、民間ボランティアとの連携・ネットワークの構築などが重要視されている。

143 更生保護制度の当面の課題として、保護観察の充実強化、仮釈放の抜本的見直し、担い手のあり方の再構築、地域社会の理解拡大などが挙げられている。

◎歴史・更生保護法制

144 1939（昭和14）年に、司法保護事業法（1950（昭和25）年の更生緊急保護法の施行に伴い廃止）が制定され、司法保護団体が法制化された。これにより、各地の保護団体で採用されていた保護司の前身といえる司法保護委員が、司法大臣により選任される全国的な制度となった。

145 1949（昭和24）年に犯罪者予防更生法、1950（昭和25）年に**更生緊急保護法**（1995（平成7）年に更生保護事業法に改編）、**保護司法**、1954（昭和29）年に**執行猶予者保護観察法**が制定された。また、1952（昭和27）年には、更生保護行政に関する保護観察所などの各機関が設置された。

146 2005（平成17）年に、心神喪失等の状態で重大な他害行為を行った者の医療及び観察等に関する法律（**医療観察法**）が施行された。これは、心神喪失または心神耗弱《しんしんこうじゃく》の状態で重大な他害行為を行った者の社会復帰を促進することを目的とする法律である。

147 2007（平成19）年に、更生保護法が成立した。これは、犯罪者予防更生法と執行猶予者保護観察法が整理・統合されたものである。 出34-147

148 2014（平成26）年6月、少年の特性に応じた処遇と再犯防止策、少年非行対策の推進のために少年院法が抜本的に改められ新しい法律として制定され、さらに少年鑑別所法も独立した法律として制定された。

✏ 再犯率上昇のなかで再犯防止のために制定された。

◎更生保護施設

149 更生保護施設とは、被保護者の改善更生に必要な保護を行う施設のうち、被保護者を宿泊させることを目的とする建物およびそのための設備を有するものをいう（更生保護事業法第2条）。宿所や食事の提供だけでなく社会復帰自立を支援し、酒害・薬害教育やSST（社会生活技能訓練）などの処遇も行う。

150 2023（令和5）年8月1日現在、更生保護法人によって設置された更生保護施設は103施設ある。すべて民間団体である更生保護法人、社会福祉法人、NPO法人、一般社団法人によって運営されている。

151 更生保護施設は、主として保護観察所の長の委託を受け、保護観察に付されている者や更生緊急保護の対象となる者を保護している（委託を受けない保護、家庭裁判所からの補導委託（少年法第25条）も行う）。

152 保護観察所の長が更生保護施設に保護を委託できる期間は、保護観察対象者の場合は保護観察に付されている期間内、更生緊急保護対象者の場合は原則として刑事上の手続きや保護処分による身体の拘束を解かれた後6か月を超えない範囲（特に必要があると認められたときは、さらに6か月以内の延長が可能）である。

153 更生保護施設における被保護者の処遇の基準として、①被保護者の人権に十分に配慮すること、②被保護者に対する処遇の計画を立て、常に被保護者の心身の状態、生活環境の推移等を把握し、その者の状況に応じた適切な保護を実施すること、③被保護者に対し、自助の責任の自覚を促し、社会生活に適応するために必要な能力を会得させるとともに、特に保護観察に付されている者に対しては、遵守すべき事項を守るよう適切な補導を行うことなどが規定されている（更生保護事業法第49条の2）。

154 更生保護施設の職員は、実務の執行を統括する施設長、被保護者の生活指導を行いその相談に応ずる補導主任、補導員（保護司を兼ねることができる）、調理員などから構成されている。

生活環境の調整

◎目的・機能・手続き・関係機関との調整

155 **生活環境**とは、対象となる者に対する住居、職場、学校、家族、地域などの状況を指し、直接または間接にその者に影響を及ぼすものをいう。こうした生活環境が整備されていないことが再犯や非行に至る要因となることから、更生保護の実現には環境整備が重要となる。

156 更生保護法における生活環境の調整に関する規定として、保護観察における**補導援護**では「生活環境を改善し、及び調整すること」(第58条第5号)、刑事施設または少年院に収容中の者に対する生活環境の調整(第82条)、保護観察付執行猶予者の裁判確定前の生活環境の調整(第83条)、更生緊急保護では「生活環境の改善又は調整を図ること」(第85条第1項)がある。

出32-150 出34-148 出35-148

157 **保護観察所の長**は、刑の執行のため刑事施設に収容されている者または刑もしくは保護処分の執行のため少年院に収容されている者について、その**社会復帰**を円滑にするために必要があると認めるときは、その者の家族やその他の関係人を訪問して社会復帰への協力を求めることや、その他の方法によって、釈放後の住居、就業先、その他の生活環境の調整を行うものと規定されている(更生保護法第82条)。

158 2013(平成25)年6月の改正により、更生保護法第82条において、収容中の者に対する生活環境の調整について、**地方更生保護委員会**は、保護観察所の長に対する指導・助言、生活環境の調整が複数の保護観察所において並行して行われる場合の連絡調整を行うとともに、必要がある場合は、収容中の者との面接等の方法により調査を行うことができると定められた。

159 生活環境の調整を行うことは、刑事施設からの仮釈放、少年院からの仮退院後の保護観察、刑期満了による満期釈放等となった場合の社会復帰の基礎につながる。

160 生活環境の調整の状況については、保護観察所の長から地方更生保護委員会、刑事施設の長、少年院の長に通知され、仮釈放または仮退院などの審理、刑事施設における処遇、少年院における矯正教育の参考資料とされる。

161 生活環境の調整は、刑事施設、少年院の長からその者の帰住予定地を管轄する保護観察所の長に対して身上関係事項が通知されることによって開始される。

162 地方更生保護委員会は、**仮釈放**を許すか否かに関する審理において必要があると認めるときは、保護観察所の長に対し、事項を定めて審理対象者について生活環境の調整を行うことを求めることができる（**更生保護法第37条第2項**）。

163 更生保護法第37条第2項の生活環境の調整を行うことを求める規定は、少年院からの仮退院の場合にも適用される（**第42条**）。 出34-148

164 収容中の者に対する生活環境の調整は、保護観察と同様に**保護観察官**または**保護司**が行う（**更生保護法第61条第1項、第82条第1項、第84条**）。保護観察官は調整の計画を作成する。 出32-150 出34-148

165 犯罪をした者及び非行のある少年に対する社会内における処遇に関する規則第112条第1項は、保護観察所の長は、生活環境調整対象者が釈放された後に、健全な生活態度を保持し、自立した生活を営むことについて、必要となるものが確保でき、かつ、これを妨げるもののない生活環境が備わるよう、住居の確保、引受人等の確保、就業先または通学先の確保などの事項に関して必要な調整を行うものと規定している。 出34-148

166 犯罪をした者及び非行のある少年に対する社会内における処遇に関する規則第112条第2項は、保護観察所の長は、生活環境調整対象者との面接または通信その他の方法により、釈放後の生活の計画等を把握し、必要な助言などを行うとともに、引受人等または家族その他の関係人と必要な協議をし、官公署、学校、病院、公共の衛生福祉に関する機関などに、必要な援助および協力を求めることによって、継続的に生活環境の調整を行うものと規定している。

167 更生保護法第83条は、「保護観察所の長は、刑法第25条の2第1項の規定により保護観察に付する旨の言渡しを受け、その裁判が確定するまでの者について、保護観察を円滑に開始するため必要があると認めるときは、その者の同意を得て、前条第1項に規定する方法により、その者の住居、就業先その他の生活環境の調整を行うことができる」と規定している。

◎特別調整

168 保護観察所は、2009（平成21）年4月から厚生労働省との連携により特別調整を実施している。矯正施設に収容されている者であっておおむね65歳以上の高齢、知的もしくは精神障害があることによって釈放後の住居がない者などに介護、医療、年金などを受けることができるように配慮する制度をいう。矯正施設所在地、保護観察所において生活環境調整担当官を指名する。

仮釈放等

◎仮釈放と仮退院　意義・許可基準・手続き

169 仮釈放等の制度には、図表7のような機能がある。

図表7 仮釈放等の制度の機能

①刑事施設・少年院での良好な行状に対する褒賞として仮釈放等を行う施設内の秩序維持機能
②刑事施設・少年院に収容されている者の状況の変化に応じて仮釈放等を行い不必要または不適当となった拘禁を排除する調整機能
③拘禁状態から完全に拘束のない状態に釈放するのではなく、仮釈放によって保護観察を受けさせ、一定の規制のなかで社会生活に慣れさせる再犯防止機能
④刑事施設・少年院に収容されている者を仮釈放し、保護観察を受けさせて改善更生を促進する機能

出35-147
出36-147

170 仮釈放等とは、**刑事施設**、**少年院**に収容され、懲役刑または禁錮刑に処せられている受刑者で、更生が期待できる者につき、刑期満了前に一定の条件つきで釈放し、円滑な社会復帰を図ろうとする処分で、**地方更生保護委員会**が決定する（刑法第28条、更生保護法第16条第1号）。

出34-149
出36-147

171 仮釈放の要件は、「**改悛《かいしゅん》の状があるとき**」である（刑法第28条）。犯罪をした者及び非行のある少年に対する社会内における処遇に関する規則第28条では、「悔悟《かいご》の情及び改善更生の意欲があり、再び犯罪をするおそれがなく、かつ、保護観察に付することが改善更生のために相当であると認めるとき」とされている。有期刑についてはその刑期の**3分の1**を、無期刑については**10年**を経過したことが仮釈放の条件となる。

出34-149

172 仮釈放に**身元引受人**の存在は条件とされていない。家族以外の者が身元引受人となることもできる。

出34-149

173 仮釈放の手続きは、矯正施設の長から収容中の者の身上関係事項の通知を受け、保護観察所の長が生活環境の調整を行う。その間に法定期間が経過し、地方更生保護委員会にその通告がなされるか、あるいは地方更生保護委員会が申出によらない審理を行うか、矯正施設の長からの申出に基づく場合に審理を開始し、仮釈放等を許す旨の決定を行うという流れをとる。

174 **仮出場**とは、拘留の刑の執行のため刑事施設に収容されている者または刑事施設に附置された労役場に留置されている者について、拘留または留置の期間の満了前に釈放することをいう（刑法第30条）。なお、仮出場を許された者は、保護観察には付されない（取り消されることはない）。

✏ 刑法第30条第1項は、拘留に処せられた者は、情状により、いつでも行政官庁の処分によって仮出場を許すことができるとしている。また、同条第2

項は、罰金または科料を完納することができないために留置された者についても同様であると規定している。

175　**少年院**からの**仮退院**とは、保護処分の執行のため少年院に収容されている者について、仮に退院させることが改善更生のために相当であると認めるときなどに、収容期間の満了前に釈放することをいう（**更生保護法第41条**）。

176　**地方更生保護委員会**は、仮釈放等の許否を判断する機関である。地方更生保護委員会は、法務省の地方支分部局として全国8か所に置かれ、3人以上政令で定める人数（現在は15人）以内の委員をもって組織される。

177　仮釈放の判断は、地方更生保護委員会の3人の委員の合議体で権限を行う場合やその他法令に特別の定めがある場合を除き、委員の全員をもって構成する会議の議決で決定する。許可基準に該当すれば、仮釈放を許す旨の決定が行われる。地方更生保護委員会には事務局が置かれ、保護観察官が配置されている。

178　刑事施設または少年院の長は、被収容者について、法定期間が経過し、かつ、法務省令で定める基準に該当すると認めるときは、地方更生保護委員会に対し、仮釈放を許すべき旨の申出をしなければならない（**更生保護法第34条第1項**）。　出 34-149

◎恩赦

179　**恩赦**とは、行政権の作用によって、刑事の確定裁判の内容を変更させ、その効力を変更もしくは消滅させる、または国家刑罰権を消滅させる行為をいう。

180　恩赦の機能として、**図表8**の4つがあげられる。

図表8　恩赦の機能

①法の画一性に基づく具体的不妥当の矯正
②事情の変更による裁判の事後変更
③ほかの方法をもってしては救い得ない誤判の救済
④有罪の言渡しを受けた者の事後の行状に基づく、いわゆる刑事政策的な裁判の変更もしくは資格の回復

181　恩赦とは、**大赦**、**特赦**、**減刑**、**刑の執行の免除および復権**の総称である。政令によって一律に行われる政令恩赦と、特定の者に対して個別に審査して行われる個別恩赦がある（**図表9参照**）。

図表9 **大赦、特赦、減刑、刑の執行の免除、復権**

	政令恩赦	個別恩赦 （常時恩赦、特別基準恩赦）
大赦	○	
特赦		○
減刑	○	○
刑の執行の免除		○
復権	○	○

182 **中央更生保護審査会**とは、法務省に置かれ、法務大臣に対して個別恩赦の実施について申出等の権限を有する機関である。

保護観察

◎目的・方法・対象・内容・運用状況

出32-147

183 **保護観察**とは、犯罪者や非行少年本人に、本来自助の責任があることを認め、就職または定住等に関する補導援護をするとともに、善行の保持などを指導監督しながら改善更生を図ることで、再犯を防ぎ、非行をなくす制度で、社会内処遇と呼ばれる。法務省の地方支分部局として全国の地方裁判所の管轄区域ごとに置かれ、本人の住所地を管轄する**保護観察所**がつかさどる（図表10参照）。

184 **指導監督**は、保護観察の権力的・監督的な性格を有する（図表11参照）。

図表10 保護観察所が保護観察を開始するまでの流れ（概要）

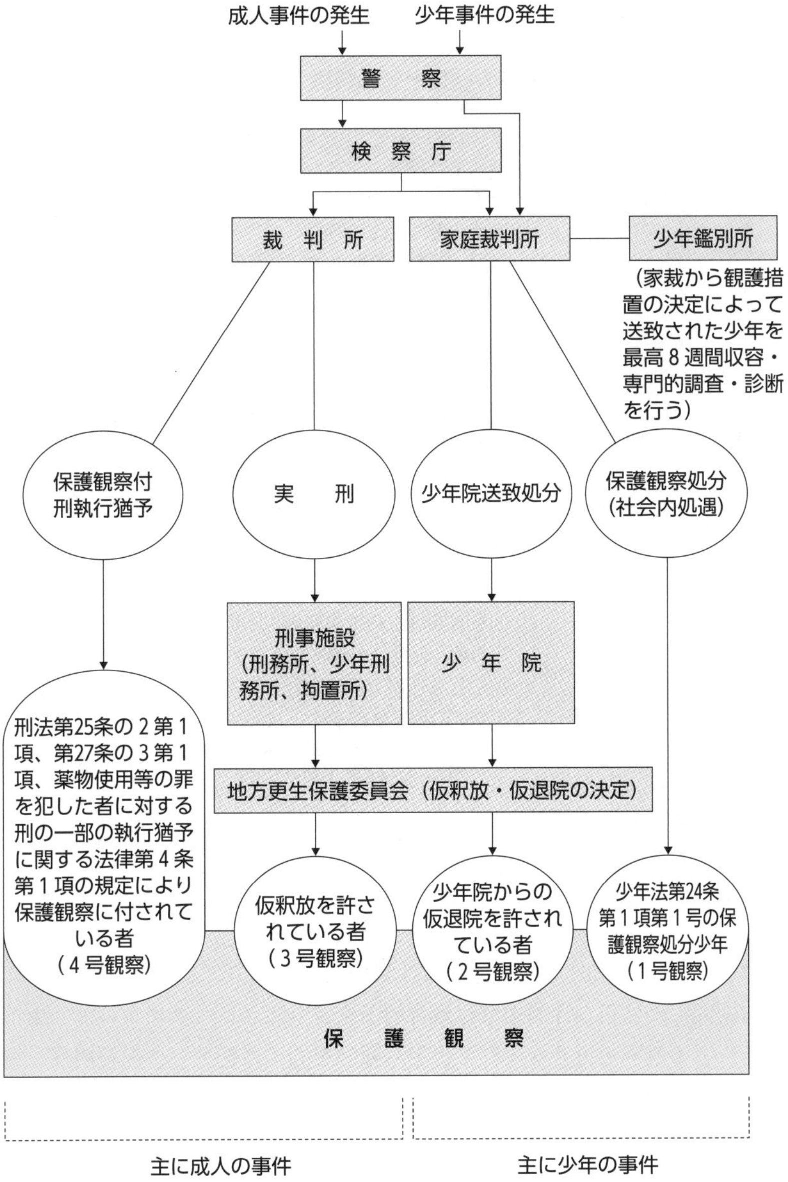

※2024（令和６）年４月１日から、婦人補導院は廃止され、また売春防止法第17条も削除された。
資料：法務省ホームページ（https://www.moj.go.jp/）中の図「保護観察の流れ」を参考にして作成

図表11 指導監督の方法

①面接その他の適当な方法により保護観察対象者と接触を保ち、その行状を把握する
②保護観察対象者が遵守事項を遵守し、ならびに生活行動指針に即して生活し、および行動するよう、必要な指示その他の措置をとる
③特定の犯罪的傾向を改善するための専門的処遇を実施する

185 **保護観察対象者**は、図表12のように区分される（**更生保護法第48条**）。

✏ 2024（令和6）年4月1日より、婦人補導院は廃止された。

図表12 保護観察対象者の種類とその特徴

①保護観察処分少年	少年法第24条第1項第1号の保護処分に付されている少年（1号観察）。当該少年が**20**歳になるまで。その期間が**2**年に満たない場合は**2**年とされ、**20**歳を超える場合もある。確実に改善更生することができると認められるときは保護観察所の長によって解除される。
②少年院仮退院者	少年院からの仮退院を許されている者（2号観察）。収容期間満了まで。**26**歳を超えない範囲で収容期間が定められていると成人に達していても収容期間に達するまで保護観察に付される。確実に改善更生すると認められるときは、保護観察所の長の申出を経て地方更生保護委員会の決定によって退院を許される。少年院に戻して処遇を行うことが必要とされるときは、保護観察所の長の申出を経て地方更生保護委員会が少年院送致をした家庭裁判所に対して、戻して収容する旨の決定の申請をする。
③仮釈放者	仮釈放を許されている者（3号観察）。刑期が満了するまでの間。無期刑の仮釈放者は恩赦によらない限り終身保護観察となるが、少年のとき無期刑となった者は釈放後10年で刑の執行は終了する。
④保護観察付執行猶予者	刑法第25条の2第1項、第27条の3第1項、薬物使用等の罪を犯した者に対する刑の一部の執行猶予に関する法律第4条第1項の規定により保護観察に付されている者（4号観察）。刑の執行猶予期間満了までの間。

186 2022（令和4）年の更生保護法の改正により、保護観察に付されている期間中に、再び保護観察付執行猶予を言い渡された者について、少年鑑別所による鑑別を行うなどして再犯の要因を的確に把握し、保護観察を実施することとなった（2025（令和7）年6月1日施行）。

出32-147
出35-147

187 保護観察対象者は、**一般遵守事項**（**図表13参照**）と**特別遵守事項**（**図表14参照**）を遵守しなければならない（**更生保護法第50条、第51条**）。違反した場合は、家庭裁判所への申請により施設送致、刑事施設への収容などの不良措置がとられ、成績良好な場合には、解除や退院、仮解除、不定期刑の終了などの良好措置がとられる。

図表13 一般遵守事項（更生保護法第50条）

①	再び犯罪をすることがないよう、または非行をなくすよう健全な生活態度を保持すること
②	次に掲げる事項を守り、保護観察官および保護司による指導監督を誠実に受けること イ　保護観察官または保護司の呼出しまたは訪問を受けたときは、これに応じ、面接を受けること ロ　保護観察官または保護司から、労働または通学の状況、収入または支出の状況、家庭環境、交友関係その他の生活の実態を示す事実であって指導監督を行うため把握すべきものを明らかにするよう求められたときは、これに応じ、その事実を申告し、またはこれに関する資料を提示すること
③	保護観察に付されたときは、速やかに、住居を定め、その地を管轄する保護観察所の長にその届出をすること（仮釈放等または保護観察付一部猶予にあたり居住すべき住居を特定された場合および特別遵守事項として宿泊すべき特定の場所を定められた場合は除く）
④	③の届出にかかる住居（仮釈放等または保護観察付一部猶予にあたり居住すべき住居を特定された場合には当該住居、転居許可を受けた場合には当該許可にかかる住居）に居住すること（特別遵守事項として宿泊すべき特定の場所を定められた場合は除く）
⑤	転居または7日以上の旅行をするときは、あらかじめ、保護観察所の長の許可を受けること

図表14 特別遵守事項（更生保護法第51条・第51条の2）

①	犯罪性のある者との交際、いかがわしい場所への出入り、遊興による浪費、過度の飲酒その他の犯罪または非行に結びつくおそれのある特定の行動をしてはならないこと
②	労働に従事すること、通学することその他の再び犯罪をすることがなくまたは非行のない健全な生活態度を保持するために必要と認められる特定の行動を実行し、または継続すること
③	7日未満の旅行、離職、身分関係の異動その他の指導監督を行うため事前に把握しておくことが特に重要と認められる生活上または身分上の特定の事項について、緊急の場合を除き、あらかじめ、保護観察官または保護司に申告すること
④	医学、心理学、教育学、社会学その他の専門的知識に基づく特定の犯罪的傾向を改善するための体系化された手順による処遇として法務大臣が定めるものを受けること。薬物事犯累犯者は特別遵守事項として専門的処遇プログラムを実施
⑤	法務大臣が指定する施設、保護観察対象者を監護すべき者の居宅その他の改善更生のために適当と認められる特定の場所であって、宿泊の用に供されるものに一定の期間宿泊して指導監督を受けること
⑥	善良な社会の一員としての意識の涵養および規範意識の向上に資する地域社会の利益の増進に寄与する社会的活動を一定の時間行うこと
⑦	その他指導監督を行うため特に必要な事項

出32-147

188　特別遵守事項は、保護観察所の長または地方更生保護委員会が定める。必要であれば、新たに設定したり、変更したりできるほか、必要でなくなれば取り消す。対象者の改善更生のために特に必要と認められるために設定される。

189　2013（平成25）年6月の更生保護法の改正により、特別遵守事項において、善良な社会の一員としての意識をもたせるため、公共の場所での清掃や社会福祉施設での介護補助活動などの社会貢献活動を義務づけることができる制度が導入された。

190　更生保護の内容を拡充させる観点から、2013（平成25）年6月、更生保護法の改正により、社会奉仕を義務づける制度や改善更生以外の方法によって再犯防止を図る制度が導入された。

191　補導援護とは、保護観察の援助的・福祉的な性格を有し、自立した生活を営むことができるよう、個々の問題について、ソーシャルワーク的な観点から取り組むものをいう。

192　更生保護法第58条における補導援護の方法は、図表15のとおりである。

図表15 補導援護の方法

①適切な住居その他の宿泊場所を得ることおよび当該宿泊場所に帰住することを助ける
②医療および療養を受けることを助ける
③職業を補導し、および就職を助ける
④教養訓練の手段を得ることを助ける
⑤生活環境を改善し、および調整する
⑥社会生活に適応させるために必要な生活指導を行う
⑦保護観察対象者が健全な社会生活を営むために必要な助言その他の措置をとる

193　応急の救護とは、保護観察対象者が、適切な医療、食事、住居その他の健全な社会生活を営むために必要な手段を得ることができないため、その改善更生が妨げられるおそれがある場合には、当該保護観察対象者が公共の衛生福祉に関する機関その他の機関からその目的の範囲内で必要な応急の救護を得られるよう、保護観察所の長がこれを援護することである（更生保護法第62条）。

出33-150

194　特定の犯罪傾向が認められる者については、法務大臣の定める専門的処遇があり、一定の要件を満たす保護観察対象者については、処遇プログラムを受けることが義務づけられている（図表16参照）。

図表16 処遇プログラムの内容

性犯罪者処遇プログラム	認知行動療法の視点から性犯罪者の再犯を防ぐプログラム
薬物再乱用防止プログラム	覚せい剤所持から依存性の薬物の使用所持に拡大し、再乱用を防止するため教育課程と簡易薬物検出検査とを組み合わせて断薬の意思を強化しながら実施するプログラム
暴力防止プログラム	認知行動療法に基づき、怒りのコントロール方法を身につけ、再犯防止計画を立て、暴力行為に基づく思考法や行動をしないようはたらきかける
飲酒運転防止プログラム	導入および5回の教育課題で構成され、飲酒が心身や運転に与える影響について考えさせ、酒害教育を行うことで、飲酒運転につながる「ひきがね」を特定し、再発防止計画を作成する

更生緊急保護

◎目的・対象・期間・内容・手続き

195 **更生緊急保護**とは、刑務所からの満期釈放者、保護観察に付されない執行猶予者、起訴猶予者、少年院退院者などが、親族からの援助を受けることができず、もしくは公共の衛生福祉に関する機関やその他の機関から医療、宿泊、職業その他の保護を受けることができない場合、またはこれらの援助もしくは保護のみによっては改善更生することができないと認められる場合に行われる保護をいう（**更生保護法第85条**）。 出 32-148

196 更生緊急保護の対象者と内容は、**図表17**のとおりである。

197 更生緊急保護は、その対象となる者が刑事上の手続きまたは保護処分による身体の拘束を解かれた後**6か月**を超えない範囲内において、その意思に反しない場合に限り行う。ただし、その者の改善更生を保護するために特に必要があると認められるときは、金品の給与または貸与および宿泊場所の供与は6か月を、その他についてはさらに1年6か月を超えない範囲内において、これを行うことができる。 出 32-148

198 更生緊急保護は、その対象となる者の改善更生のために必要な限度で、**国**の責任において行う。

199 更生緊急保護は、対象者から**申出**があった場合に、**保護観察所の長**が必要と認めたときに限り行われ、保護観察所長が自ら行うか、または更生保護事業を営む者やその他の適当な者に委託して行う。 出 32-148

200 更生緊急保護を行うにあたっては、その対象となる者が公共の衛生福

図表17 更生緊急保護の対象者と内容

更生緊急保護の対象者	①懲役、禁錮または拘留の刑の執行を終わった者 ②懲役、禁錮または拘留の刑の執行の免除を得た者 ③懲役または禁錮につき刑の全部の執行猶予の言渡しを受け、その裁判が確定するまでの者 ④③に掲げる者のほか、懲役または禁錮につき刑の全部の執行猶予の言渡しを受け、保護観察に付されなかった者 ⑤懲役または禁錮につき刑の一部の執行猶予の言渡しを受け、その猶予期間中保護観察に付されなかった者であって、その刑のうち執行が猶予されなかった部分の期間の執行を終わったもの ⑥訴追を必要としないため公訴を提起しない処分を受けた者 ⑦罰金または科料の言渡しを受けた者 ⑧労役場から出場し、または仮出場を許された者 ⑨少年院から退院し、または仮退院を許された者（保護観察に付されている者を除く）
更生緊急保護の内容	①金品を給与し、または貸与すること ②宿泊場所を供与すること ③宿泊場所への帰住を助けること ④医療または療養を助けること ⑤就職を助けること ⑥教養訓練を助けること ⑦職業を補導すること ⑧社会生活に適応させるために必要な生活指導を行うこと ⑨生活環境の改善または調整を図ること

祉に関する機関その他の機関から必要な保護を受けることができるようあっせんするとともに、更生緊急保護の効率化に努めて、その期間の短縮と費用の節減を図らなければならない。

201 近年、知的障害者や65歳以上の高齢者の刑務所出所後の帰住先が問題となっている。2013（平成25）年10月から一部の保護観察所で釈放後の住居確保などを事前調整する取り組みが試行されていたが、2018（平成30）年度からは、保護観察所に、高齢または障害のある更生緊急保護対象者等に対する支援等に特化した業務を行う特別支援ユニットが設置され、「保護観察所が行う入口支援」が開始された。

団体・専門職等の役割と連携

◎保護観察官

出33-147

202 **保護観察官**は、更生保護に関する専門的知識に基づき、法務省法務事務官として保護観察、調査、生活環境の調整その他犯罪をした者および非行のある少年の更生保護ならびに犯罪の予防に関する事務、保護司に対するスーパービジョン等を行う。保護観察所（全国に50か所）と、地方更生保護委員会（全国に8か所）の更生保護に関する所掌事務を行う事務局に配置され、援助者と権力執行者という「ダブルロール」が課された存在である。

✏ 保護観察所には被害者担当官および被害者担当保護司が配置され、犯罪被害者等施策が実施されている。被害者担当官および被害者担当保護司は、保護観察事件および生活環境調整事件は担当しない。

203 保護観察官は、**保護区**と呼ばれる一定地域に居住する保護観察対象者の保護観察を実施する者として指名され、直接担当する場合は自らが、保護区に配属されている保護司が指名された場合は協働態勢をとっている。

✏ 保護観察を担当する保護観察官を主任官という。また、主任官と協働して保護観察を行う保護司を担当保護司という。

◎保護司

204 **保護司**は、社会奉仕の精神をもって、犯罪を犯した者および非行のある少年の改善更生を助け、犯罪予防のための世論啓発などを行うことを使命としている。**法務大臣**から委嘱を受ける民間の**ボランティア**で無報酬で従事するので国家公務員法は全面的に適用されない。その職務を行うにあたって知り得た関係者の身上に関する秘密を尊重し、その名誉保持に努めるなどの服務規定がある。 出33-147 出36-148

✏ 保護司の身分は非常勤・一般職の国家公務員で、活動中に災害を被った際には**国家公務員災害補償法**が適用される。

205 保護司の任期は**2年**で、再任を妨げない。

206 保護司に**給与は支給されず**、職務を行うために要する費用が実費弁償費として支払われる。 出32-149 出36-148

207 保護司の職務は、保護観察官で十分でないところを補うことである。**地方更生保護委員会**または**保護観察所の長の指揮監督**を受け、保護司法の定めるところに従い、それぞれ地方更生保護委員会または保護観察所の所掌事務に従事する（**更生保護法第32条**）。 出32-149 出33-147

208 保護司の職務は、①犯罪者および非行少年の改善更生を助け、または犯罪予防のための啓発および宣伝活動、②犯罪者および非行少年の改善更生を助け、または犯罪予防のための民間団体の活動への協力、③犯罪の予防に寄与する地方公共団体の施策への協力、④その他犯罪者および非行少年の改善更生を助け、または犯罪予防に資する活動で法務省令で定めるもの、と定められている。また、定期的に保護観察対象者の**来訪を受けたり**、住居を往訪したりして必要な指導・助言を行う。 出32-149 出36-148

209 保護司は、法務大臣が都道府県の区域を分けて定める**保護区に配置**され、全国を通じて5万2500人を超えないものとされている。保護区ごとの 出32-149 出36-36（地域）

定数は、人口、経済、犯罪状況などを考慮して法務大臣が定める。2023（令和5）年1月1日現在、その平均年齢は65.5歳、女性保護司の割合は26.8％となっている。

210 保護司は、①人格および行動について、社会的信望を有する、②職務の遂行に必要な熱意および時間的余裕を有する、③生活が安定している、④健康で活動力を有する、のすべての条件がそろっている者のうちから保護観察所の長が**推薦**し、法務大臣が委嘱する。

◎民間協力者

211 日本の民間協力者ボランティアグループには、犯罪や非行のない明るい地域社会の実現を目指す**更生保護女性会**、兄や姉のような存在として接することで少年を支援する**BBS会**、保護観察対象者などを雇用し更生に協力する協力雇用主などがある。

212 酒害・薬害教育は、アルコールや薬物依存の問題を抱える者に対して行う、アルコールや薬物等に依存しない生活を築かせるための教育である。各施設ごとに、地元の福祉・医療関係者、保健師、弁護士等の協力を得た健康講座、生活相談、金銭問題に関する講座、パソコン講座などの多様な取組みが実施されている。対象者自身に意欲があることが前提になるが、保護観察中に薬物依存症からの回復のための自助グループ施設であるダルク（DARC）に入所する人も少なくない。

213 **更生保護サポートセンター**は、2008（平成20）年度から整備された。企画調整保護司が配置され、保護司の処遇活動の支援、関係機関・団体との連携、犯罪・非行の予防活動、更生保護関係の情報提供などを行うほか、**保護司会**の事務運営にあたる。

5 医療観察制度

医療観察制度の概要

◎制度の概要　目的・制度導入の背景・対象者

214 2003（平成15）年7月に、一般的な刑事責任を問うことが全くできない「心神喪失」者や、限定的に責任を問うことのできる「心神耗弱《しんしんこうじゃく》」者の社会復帰促進を目的として、心神喪失等の状態で重大な他害行為を行った者の医療及び観察等に関する法律（**医療観察法**）が成立した（**図表18参照**）。

受験対策アドバイス

「社会復帰調整官」に関する出題が多くみられます。「精神保健福祉士」の国家試験問題と重なり合う部分もあるので、過去問を確認しておくとよいでしょう。

図表18 医療観察制度の概要

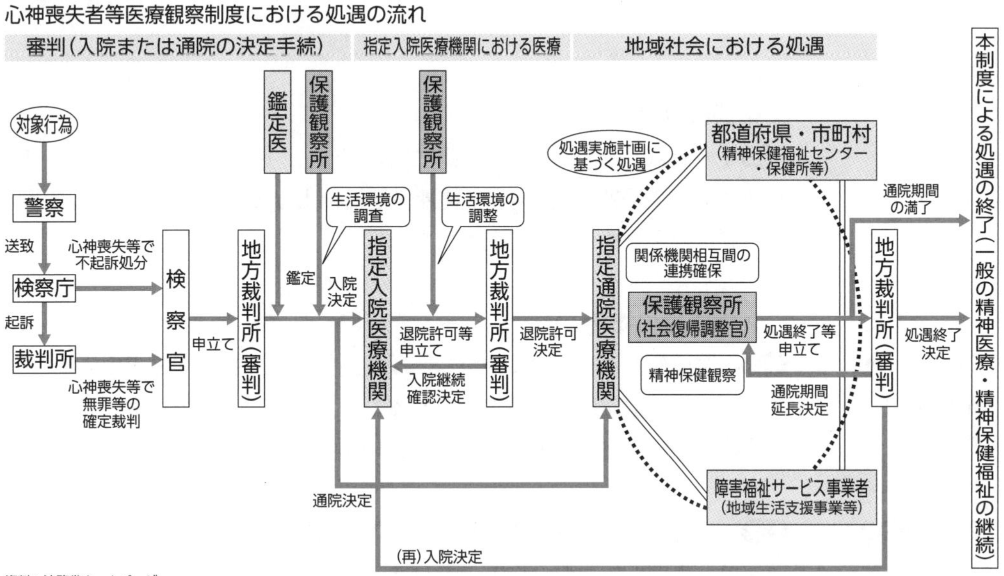

資料：法務省ホームページ

215 **医療観察法**は、**心神喪失**または**心神耗弱**等の状態で、殺人、放火、強盗、強制わいせつ、強制性交等および傷害などの重大な他害行為（他人に害を及ぼす行為）を行った者に対し、その適切な処遇を決定するための手続きなどを定めることによって、継続的かつ適切な医療ならびにその確保のために必要な観察および指導を行うことにより、その病状の改善およびこれに伴う同様の行為の再発の防止を図り、その社会復帰を促進することを目的としている（**第1条第1項**）。

出 32-62（障害）
出 33-149
出 35-150

216 **医療観察制度**による処遇に携わる者は、心神喪失等の状態で重大な他害行為を行った者が円滑に社会復帰することができるように努めなければならない（**医療観察法第1条第2項**）。

出 33-149

審判・処遇の流れと内容

◎審判の手続き

㊖32-62（障害）

217 医療観察法では、対象となる者の入院や通院は**地方裁判所**で行われる審判で決定する。心神喪失等の状態で重大な他害行為を行い、不起訴や無罪になった者については、**検察官**から地方裁判所に適切な処遇の決定を求める申立てによって手続きが開始される。

218 申立てを受けた地方裁判所では、**裁判官**1名と**精神保健審判員**（精神保健判定医）1名からなる合議体を構成し、両者がそれぞれの専門性を活かして審判を行う。

219 審判の過程では、合議体の精神保健審判員とは別の精神科医による鑑定（鑑定入院期間は原則2か月、最長3か月）が行われる。その際、必ず対象者の付添人として**弁護士を選任**し、本人、弁護士からの意見陳述などを行う。

◎処遇の流れ

220 地方裁判所では**鑑定**の結果を基礎とし、生活環境を考慮したうえで、必要に応じて**精神保健参与員**（精神保健福祉士などの専門家）の意見を聴き、この制度の必要性について判断する。

◎入院処遇の概要

㊖33-149
㊖35-150

221 医療観察法における医療は、**厚生労働大臣**が指定する指定入院医療機関または指定通院医療機関で行われる。これらを指定医療機関という。指定医療機関が提供する医療については、いずれも全額、国費で賄われる。

㊖32-62（障害）

222 入院の決定を受けた対象者は、厚生労働大臣が指定した**指定入院医療機関**で、専門的で手厚い医療を受けることになる。審判により入院によらない医療を受けさせる旨の決定を受けた対象者は、**指定通院医療機関**で医療を受けることになる。

✏ 指定入院医療機関は、国、都道府県もしくは都道府県および都道府県以外の地方公共団体が設立した特定地方独立行政法人が開設する病院に限られている。

223 指定入院医療機関の管理者は、対象者の入院を継続させ、医療を行うことが必要であると認める場合は、裁判所に対し、原則として**6か月**が経過する日までに入院継続の確認の申立てをしなければならない。

✏ 入院中であっても、指定入院医療機関の管理者が必要と認めたときは、敷地外への外出および1週間までの外泊、他の医療施設への入院をさせることができる。

224 指定入院医療機関の管理者による入院継続の確認、あるいは指定医療 出34-150
機関の管理者、対象者、保護者、付添人から退院許可などの申立てがあった場合、**裁判所**はその**要否を決定**する。

✏ 指定入院医療機関は、対象者に、医療または保護に欠くことのできない限度において、必要な行動制限を行うことができる。

◎精神保健観察

225 医療観察制度において、保護観察所は、検察官の申立てによる裁判所での審判段階における生活環境の**調査**、指定入院医療機関入院段階における生活環境の**調整**、指定通院医療機関通院段階における**精神保健観察**の実施などの役割を担っている。処遇の始まりから終わりまで一貫して関与し、地域社会における処遇のコーディネーター役として、処遇に携わる関係機関相互の緊密な連携の確保に努めている（図表18参照）。

226 精神保健観察の対象者の「守るべき事項」として、一定の住居への居 出33-149
住、転居または2週間以上の長期旅行をするときは**事前に届け出る**こと、保 出34-150
護観察所からの出頭や面接の求めに応じることが定められている（医療観察法第107条）。

✏ 指定医療機関から対象者が無断退去した場合、48時間以内では警察官の援助を求めながら自由に連れ戻すことができるが、48時間経過後は、裁判官が発する連戻状がなければ連戻しに着手できない。

✏ また、行方不明の場合、指定入院医療機関の管理者は、所轄の警察署長にその所在調査を求めることが義務づけられている。

227 精神保健観察のもとでの通院治療を行う期間は、**3年間**とされている。 出32-62（障害）
ただし、保護観察所等からの申立てにより、期間内で終了したり、2年を超 出33-149
えない範囲で延長したりすることができるが、ともに裁判所の決定が必要と 出34-150
なる。 出35-150

228 対象者、保護者、または付添人は、地方裁判所に対し、**医療終了の申立て**ができる。

229 保護観察所の長は、医療観察法による医療を受けさせる必要が認めら 出34-150
れなくなったときは、直ちに医療の終了を地方裁判所に申し立てなければならない。この場合、保護観察所の長は、指定通院医療機関の**管理者の意見**を付さなければならない。

230 保護観察所の長は、指定医療機関の管理者と協議のうえ、対象行為を行った際の精神障害を改善する。これに伴って、同様の行為を行うことなく、社会復帰を促進するために入院させて、この法律による医療を受けさせる必要があると認めるに至った場合は、地方裁判所に対し、法律に基づく**再入院**

の申立てをしなければならない。

関係機関・専門職等の役割と連携

◎裁判所・裁判官との連携

231 家庭裁判所とは、非行のある少年の処分を行政機関が取り扱っていた戦前とは異なり、戦後の日本で少年事件や家事事件を専門的に取り扱う裁判所として、1949（昭和24）年に設置されたものである。

出33-142（児童）

232 家庭裁判所調査官は、心理学、社会学、教育学、法律学などを専攻した者から採用され、家庭裁判所調査官補として家庭裁判所職員総合研修所において研修を受ける。その後、常勤の裁判所職員である**家庭裁判所調査官**として、事実の調査や人間関係の調整など、家庭裁判所の科学的機能を担う専門的な仕事を行う。

233 家庭裁判所は、事件に関する調査および観察のために、警察官、保護観察官、保護司、児童福祉司、児童委員に対して、必要な援助をさせることができる（少年法第16条）。

◎社会復帰調整官・精神保健審判員・精神保健参与員

出32-62（障害）
出34-150
出35-150
出36-149

234 保護観察所の**社会復帰調整官**（精神保健福祉士のほか、専門的知識を有する者）は、必要な医療を受けているかどうかや、本人の生活状況を見守り、必要な指導や措置（精神保健観察）を行う。保護観察所の長は、指定通院医療機関や都道府県知事等との協議のうえ、処遇に関する実施計画を策定する（図表19参照）。

図表19 社会復帰調整官の業務

①**生活環境調査**	入院または通院による医療の決定等に際し、地方裁判所の求めに応じ、対象者の住居や家族の状況、利用可能な精神保健福祉サービスの現況など、その生活を取り巻く**環境**について**調査**する。
②**生活環境調整**	入院決定を受けた対象者の社会復帰の促進を図るため、入院当初から**継続的**にかかわり、対象者やその家族等の相談に応じ、関係機関と連携しながら、退院後の生活環境の調整を行う。
③**精神保健観察**	通院決定を受けた対象者に対し、その期間中、継続的な医療を確保することを目的に、本人との面接や関係機関からの報告などを通じて、対象者の**通院状況**や**生活状況**を見守り、必要な指導や助言を行う。
④関係機関相互間の**連携**の確保	

235 **精神保健審判員**は、医療観察法による処遇の要否などの審判で裁判官

との合議体を形成する構成員である。精神障害者の医療に関する学識経験に基づき審判への提言を行う。厚生労働大臣が作成した精神保健判定医（一定の要件を満たし精神保健判定医等養成研修を終了した精神保健審判員になる資格を有する医師）名簿の中から、裁判所が事件ごとに任命する。

236 **精神保健参与員**は、医療観察法による審判に際して、精神保健福祉の見地から対象者の処遇について提言を行う者。精神保健福祉業務の実務経験5年以上であり、厚生労働省の開催する養成研修会を修了して登録した者から任命される。大多数は、精神保健福祉士の資格を有する。対象者の入院の見極めに果たす役割が大きいとされる。

6 犯罪被害者支援

受験対策アドバイス

旧カリキュラムでは「近年の動向と課題」の中に含まれていましたが、新カリキュラムでは、「犯罪被害者の法的地位」「犯罪被害者等基本法」などが項目に盛り込まれました。社会福祉士、精神保健福祉士として実務に携わる場合、必須の知識です。

犯罪被害者の法的地位

◎犯罪被害者の法的地位の変遷

237 三菱重工ビル爆破事件（1974（昭和49）年）をきっかけに、犯罪被害者補償制度の確立を求める声が高まり、1980（昭和55）年、犯罪被害者等給付金の支給等による犯罪被害者等の支援に関する法律（**犯給法**）が成立した。

238 2000（平成12）年に、犯罪被害者等の権利利益の保護を図るための刑事手続に付随する措置に関する法律（犯罪被害者等保護法）が制定され、2008（平成20）年には、犯罪被害者等給付金の支給等による犯罪被害者等の支援に関する法律（犯給法）の改正が行われた。犯罪被害者が犯罪と福祉の谷間に放置されることがないよう、その保護が図られることとなった。特に犯罪被害者等保護法では、被害者等が公判手続を傍聴できるよう裁判所が配慮しなければならないこと、また、一定の要件の下で被害者等に公判記録の閲覧、謄写を認めることなどが規定されている。さらに、**刑事和解**という制度も設けられている。

239 2005（平成17）年12月に、**犯罪被害者等基本計画**が閣議決定され、犯罪被害者等の意見などが集約され、国が取り組むべき具体的な施策等が示された。

240 2021（令和3）年3月に、**第4次犯罪被害者等基本計画**が閣議決定された。計画期間は2021（令和3）年4月1日から2026（令和8）年3月31日までの5か年である。

犯罪被害者等基本法

◎犯罪被害者等基本法

241 2004（平成16）年12月に、**犯罪被害者等基本法**が成立した。この法律は、犯罪被害者等のための施策に関し、基本理念を定め、国、地方公共団体および国民の責務を明らかにするとともに、犯罪被害者等のための施策の基本となる事項を定めることなどにより、犯罪被害者等のための施策を総合的かつ計画的に推進し、犯罪被害者等の権利利益の保護を図ることを目的とするものである（**第1条**）。

242 犯罪被害者等基本法の基本理念は図表20のとおりである（第3条）。

図表20 犯罪被害者等基本法の基本理念

①すべて犯罪被害者等は、個人の尊厳が重んぜられ、その尊厳にふさわしい処遇を保障される権利を有する。
②犯罪被害者等のための施策は、被害の状況および原因、犯罪被害者等がおかれている状況その他の事情に応じて適切に講ぜられるものとする。
③犯罪被害者等のための施策は、犯罪被害者等が、被害を受けたときから再び平穏な生活を営むことができるようになるまでの間、必要な支援等を途切れることなく受けることができるよう、講ぜられるものとする。

犯罪被害者支援に関する制度

◎意見等聴取制度・心情等伝達制度・被害者等通知制度・相談支援

243 更生保護における犯罪被害者等施策は、①仮釈放等審理における**意見等聴取制度**、②保護観察対象者に対する**心情等伝達制度**、③更生保護における**被害者等通知制度**（加害者の処遇状況等に関する通知）、④犯罪被害者等に対する相談・支援の4つからなる。

✏ **意見聴取等制度**は、地方更生保護委員会が行う加害者の仮釈放、少年院からの仮退院を許すかどうかの審理において、被害者や遺族等が、仮釈放や仮退院に関する意見や被害について心情を述べることができる制度。これにより仮釈放・仮退院を許すか否かの判断にあたって被害者等の意見が考慮される。

✏ **心情等伝達制度**は、罪を犯した者に対する社会内における処遇に係る規定が整備された。これにより、保護観察所の長は、指導監督を行うにあたり、被害者等から被害に関する心情等を聴取したときは、その心情等を踏まえ、加害者に対し伝えることとなった。

✏ **被害者等通知制度**により、検察庁では、被害者や親族等に対し、できる限り事件の処分結果、刑事裁判の結果、受刑者の刑務所における処遇状況、刑務所からの出所時期などを提供することとなった。

244 相談支援制度は、被害者や遺族等のための制度や手続きなどについて保護観察所の被害者専任の担当者が相談に応じる制度である。

団体・専門職等の役割と連携

◎被害者支援員制度

245 **警察**は、被害者支援の中心的役割を果たす。殺人事件、性犯罪事件などが発生した場合、警察職員のなかから指定被害者支援要員を指名し、犯罪被害者や家族に対して、初期支援や訪問、情報提供などを行う。

246 **検察庁**は、犯罪被害者等からのさまざまな相談に応じるため、**被害者**

ホットラインの設置や被害者支援員制度を設けている。被害者支援員は、犯罪被害者等からの相談、裁判所への案内、事件記録の閲覧、証拠品の返還など各種手助けをするほか、精神面、生活面、経済面からの支援を行う関係機関や団体等を紹介するなどの支援活動を行う。

✏ 被害者ホットラインは、検察庁に設けられた、被害者の相談や事件への問い合わせに応じる電話相談制度である。

247 事件や事故などの犯罪被害者に対する相談支援を行うため、民間支援団体による被害者相談センターが設けられている。都道府県の公安委員会から「犯罪被害者等早期援助団体」の指定を受けたり、公益社団法人全国被害者支援ネットワークに加盟したりしている。犯罪被害を早期に軽減し、平穏な生活を営むように支援することを目的とし、広報啓発活動、相談援助、裁判所などへの付き添い、自助グループ支援などを行っている。

248 日本司法支援センター（法テラス）では、犯罪被害者支援のために、経験のある弁護士の紹介などを行っている。全国の保護観察所では、法テラスとの連携の強化に努め、その相談内容に応じ、犯罪被害者等に法テラスの紹介を行っている。

249 犯罪被害者等への施策を実施するため、全国の保護観察所において、被害者担当官および被害者担当保護司が配置されている。被害者担当官および被害者担当保護司は、犯罪被害者等の心情に配慮して、その任にあたる間は被害者支援のみを行い、加害者の保護観察、生活環境の調整等は担当しない。

◎犯罪予防

250 犯罪予防活動は、犯罪発生の原因を除去し、または犯罪の抑止力となる条件を強化・促進することによって、犯罪の発生を未然に防止する活動をいう。犯罪の原因となる社会環境にはたらきかける活動、社会のなかの犯罪抑止力となる条件を強化・促進する活動などがある。

251 貧困に起因する犯罪を防止するためには経済施策が必要であり、倫理観の低下に起因する犯罪を防止するためには教育施策が必要であるが、これらを犯罪予防活動とは呼ばない。

252 更生保護法では、法律の目的として「犯罪予防の活動の促進等を行い」と規定し（第1条）、保護観察所の所掌事務として「犯罪の予防を図るため、世論を啓発し、社会環境の改善に努め、及び地域住民の活動を促進すること」と規定し（第29条第2号）、法のなかに犯罪予防活動を位置づけている。

253 犯罪の予防のため、世論の啓発に努めることが保護司の使命とされている（保護司法第1条）。また、保護司の職務は、保護司会の計画に定める犯罪予防活動等であって、保護観察所の長の承認を得たものに従事することを規定している（第8条の2）。

254 保護観察所による犯罪予防活動は、①広報活動などによる世論の啓発、②犯罪を誘発する有害環境などの社会環境の改善、③更生保護女性会、BBS会などとの連携・協力、地域住民の活動の促進などによって行われる。

255 「社会を明るくする運動」は、1949（昭和24）年の犯罪者予防更生法（更生保護法の施行により廃止）施行時に、その法律の思想に共鳴した東京・銀座の商店街の有志により、7月13日から1週間にわたって「銀座フェアー」として実施されたのが最初である。1951（昭和26）年からは「社会を明るくする運動」となった。

256 「社会を明るくする運動」は、国の各省庁、地方公共団体、経済・産業団体、教育機関、報道機関、ボランティア団体等、関係機関・団体の参加により、推進委員会を結成して実施される。

257 2023（令和5）年の「第73回“社会を明るくする運動”」では、次の目標などを掲げている（図表21参照）。

図表21「第73回“社会を明るくする運動”」の目標など

この運動が目指すこと	・犯罪や非行を防止し、安全で安心して暮らすことのできる明るい地域社会を築くこと ・犯罪や非行をした人が再び犯罪や非行をしないように、その立ち直りを支えること
この運動において力を入れて取り組むこと	犯罪や非行をした人を、再び地域社会に受け入れ、望まない孤独や社会的孤立などの生きづらさという課題に我が事としてかかわるコミュニティの実現に向け、次のことに力を入れて取り組む。 ・犯罪や非行をした人の立ち直りを支え、再犯を防止することの大切さや、更生保護の活動について、デジタルツールも活用するなどして、広く周知し、理解を深めてもらうための取組 ・犯罪や非行の防止や、犯罪や非行をした人の立ち直りにはさまざまな協力の方法があることを示し、多くの人に協力者として気軽に参加してもらうための取組 ・保護司、更生保護女性会会員、BBS会員、協力雇用主等の更生保護ボランティアの活動を支援し、なり手を増やすための取組 ・民間協力者と地方公共団体と国との連携を強化しつつ、犯罪や非行をした人が、仕事、住居、教育、保健医療・福祉サービスなどに関し必要な支援を受けやすくするためのネットワークをつくる取組 ・犯罪や非行が起こらないよう、若い人たちの健やかな成長を期する取組

実力チェック！一問一答

※解答の横の番号は、本科目で該当する重要項目や図表の番号です。

1	少年法は、家庭裁判所の審判に付すべき少年として、犯罪少年、触法少年、虞《ぐ》犯《はん》少年の3種類を規定している。	1 ○	119
2	家庭裁判所は、18歳未満の少年については、都道府県知事または児童相談所長から送致を受けたときに限り、これを審判に付することができる。	2 ×	135
3	更生保護の対象者は、保護観察に付されている者に限らない。	3 ○	140 141
4	更生保護行政をつかさどる国の機関は、厚生労働省である。	4 ×	142
5	更生保護施設の運営は、社会福祉法人に限定されない。	5 ○	150
6	更生保護施設は、更生緊急保護の対象者に限って収容保護を行う。	6 ×	151
7	少年院に収容中の者に対する生活環境の調整は、少年院の法務技官によって行われる。	7 ×	157
8	保護観察処分少年の保護観察期間は、保護処分決定の日から、原則として20歳に達するまでの期間である。	8 ○	185 図表12
9	保護観察の対象者は、自らの改善更生に必要な特別遵守事項を自分で定める。	9 ×	188
10	更生緊急保護は、刑事施設の長または検察官がその必要があると認めたときに限って行われる。	10 ×	199
11	保護観察官は、都道府県庁および保護観察所に配置される。	11 ×	202
12	更生保護においては、保護観察官が対象者への指導監督、保護司が補導援護を行う役割分担を行っている。	12 ×	202 207
13	保護司の職務は、保護観察対象者への指導・助言に限定されない。	13 ○	208
14	保護司の活動拠点として、更生保護サポートセンターが設置されている。	14 ○	213
15	医療観察法では、対象となる者の入院や通院は地方裁判所で行われる審判で決定する。	15 ○	217
16	医療観察制度による通院決定がなされた場合、指定通院医療機関による医療を受けることができる期間の上限は10年である。	16 ×	227
17	地域社会における精神保健観察は、保護観察官と保護司が協働して実施すると規定されている。	17 ×	234 図表19

10

ソーシャルワークの基盤と専門職

※【　】内は問題番号
※　は新カリにおける新規項目

⑩ ソーシャルワークの基盤と専門職（共通）

大項目	中項目	小項目（例示）	出題実績		
			第36回	第35回	第34回
1 社会福祉士及び精神保健福祉士の法的な位置づけ	1）社会福祉士及び介護福祉士法	・定義，義務 ・法制度成立の背景 ・法制度見直しの背景	【91】	【91】	【91】*
	2）精神保健福祉士法	・定義，義務 ・法制度成立の背景 ・法制度見直しの背景			【91】*
	3）社会福祉士及び精神保健福祉士の専門性				
2 ソーシャルワークの概念	1）ソーシャルワークの定義	・ソーシャルワーク専門職のグローバル定義	【93】	【92】	
3 ソーシャルワークの基盤となる考え方	1）ソーシャルワークの原理	・社会正義 ・人権尊重 ・集団的責任 ・多様性の尊重			
	2）ソーシャルワークの理念	・当事者主権 ・尊厳の保持 ・権利擁護 ・自立支援 ・社会的包摂（ソーシャルインクルージョン） ・ノーマライゼーション	【94】	【94】	【93】
	3）ソーシャルワークの援助関係の意義	・クライエント主体 ・パートナーシップ			
4 ソーシャルワークの形成過程	1）ソーシャルワークの形成過程	・セツルメント運動 ・COS（慈善組織協会） ・医学モデルから生活モデルへ ・ソーシャルワークの統合化	【95】	【93】 【95】	【92】
5 ソーシャルワークの倫理	1）専門職倫理の概念		【112】		
	2）専門職の倫理綱領	・ソーシャルワーカーの倫理綱領 ・社会福祉士の倫理綱領 ・精神保健福祉士の倫理綱領			
	3）倫理的ジレンマ		【96】		

＊は複数の項目に該当する問題

1 社会福祉士及び精神保健福祉士の法的な位置づけ

社会福祉士及び介護福祉士法

◎定義、義務

1 社会福祉士及び介護福祉士法において、社会福祉士とは、「第28条の登録を受け、社会福祉士の**名称**を用いて、専門的知識及び技術をもって、**身体上若しくは精神上の障害があること又は環境上の理由により日常生活を営むのに支障がある者の福祉に関する相談**に応じ、**助言**、**指導**、福祉サービスを提供する者又は医師その他の保健医療サービスを提供する者その他の関係者との**連絡及び調整**その他の**援助**を行うことを業とする者」と定義されている。

受験対策アドバイス
◆社会福祉士の義務と責務が法律上、どのように明記されているか理解しておく必要があります。

2 2007（平成19）年の法改正によって、社会福祉士の**定義規定の見直し**が行われ、「福祉サービスを提供する者又は医師その他の保健医療サービスを提供する者その他の関係者（福祉サービス関係者等）との**連絡及び調整**」という文言が追加された。 出33-91

✎ 利用者がサービスを選択できる契約制度を導入したことに伴い、サービスの利用支援、成年後見、権利擁護などの新しい相談援助の業務が拡大し、総合的かつ包括的に支える社会福祉士の役割が期待されてきたことによる。

3 社会福祉士試験に合格した者は、社会福祉士となる資格を有する。社会福祉士となる資格を有する者が社会福祉士となるには、社会福祉士登録簿に、氏名、生年月日その他厚生労働省令で定める事項の**登録**を受けなければならない（社会福祉士及び介護福祉士法第28条）。 出35-91

4 2007（平成19）年の改正により、「**誠実義務**」と「**資質向上の責務**」の規定が新たに加わった（法第44条の2、第47条の2）。「連携」の規定についても「地域に即した創意と工夫を行いつつ、福祉サービス関係者等との連携」という内容に見直された（法第47条第1項）。 出32-91 出33-91 出34-91

5 社会福祉士でない者は、社会福祉士という名称を使用してはならない。これは**名称独占**であって**業務独占**ではない（「名称の使用制限」法第48条）。なお、社会福祉士でない者で社会福祉士の名称を使用した者は30万円以下の罰金に処せられる。 出33-91 出35-91 出36-91

6 法第4章において、社会福祉士の義務として「**誠実義務**」「**信用失墜** 出32-91

出34-91 行為の禁止」「秘密保持義務」「連携」「資質向上の責務」「名称の制限」等が
出36-91 規定されている。

出32-91 **7** 社会福祉士は、「その担当する者が個人の尊厳を保持し、自立した日
出36-91 常生活を営むことができるよう、常にその者の立場に立って、誠実にその業務を行わなければならない」と定められている（「誠実義務」法第44条の2）。

出32-91 **8** 社会福祉士は、「社会福祉士の信用を傷つけるような行為をしてはならない」と定められている（「信用失墜行為の禁止」法第45条）。

出32-91 **9** 社会福祉士は、「正当な理由がなく、その業務に関して知り得た人の
出33-91 秘密を漏らしてはならない。社会福祉士でなくなった後も同様とする」と定
出36-91 められている（「秘密保持義務」法第46条）。秘密保持義務に違反した場合は、1年以下の懲役または30万円以下の罰金に処せられる。

出32-91 **10** 社会福祉士は、「その業務を行うに当たっては、その担当する者に、
出33-91 福祉サービスおよびこれに関連する保健医療サービスその他のサービスが総合的かつ適切に提供されるよう、地域に即した創意と工夫を行いつつ、福祉サービス関係者等との「連携」を保たなければならない」と定められている（法第47条第1項）。

11 社会福祉士は、「社会福祉及び介護を取り巻く環境の変化による業務の内容の変化に適応するため、相談援助又は介護等に関する知識及び技能の向上に努めなければならない」と定められている（「資質向上の責務」法第47条の2）。

◎法制度成立の背景

12 社会福祉士および介護福祉士は、単独の身分法で定められた日本で最初の社会福祉関係の国家資格である。

13 1971（昭和46）年に中央社会福祉審議会職員問題専門分科会起草委員会より、「社会福祉の全分野にまたがる専門職制度」として、「社会福祉専門職員の充実強化方策としての『社会福祉士法』制定試案」が提示された。この試案では、「社会福祉法」を根拠として社会福祉士単独での国家資格化を提案するものであったが、実現には至らなかった。

14 1987（昭和62）年3月、中央社会福祉審議会などの福祉関係三審議会合同企画分科会から「福祉関係者の資格制度について（意見具申）」が出され、①高齢化と福祉ニードへの専門的な対応、②国際化と福祉専門家の養成、③シルバーサービスの動向と資格制度の必要性の3点が指摘された。そしてそれらを踏まえた対応として「社会福祉士」「介護福祉士」の2つの国家資格の制度化案が示された。

15 1987（昭和62）年に社会福祉士及び介護福祉士法が成立し、社会福祉士の資格が定められた。

◎法制度見直しの背景

16 2007（平成19）年11月に、社会福祉士及び介護福祉士法等の一部を改正する法律が成立した。近年の介護・福祉ニーズの多様化・高度化に対応し、人材の確保・資質の向上を図ることが求められていること、などが背景にある。これらに対応するために、①社会福祉士の資質の確保、②活用の場の充実、③総合的かつ包括的な相談援助の担い手として、地域の福祉ニーズを的確に把握し、必要なサービスが不足している場合にはそれらを創出し、地域社会で活躍することが期待されている。

17 2007（平成19）年の社会福祉士及び介護福祉士法の改正により、同年カリキュラム改正が行われ、2009（平成21）年から新たなカリキュラムでの養成教育が始まった。

18 近年、社会福祉ニーズは、広範化、深刻化、多様化している。認知症高齢者への支援、障害のある人たちの地域移行や就労支援、外国人への地域生活支援、受刑者の刑務所出所後の生活支援、いわゆるニートやワーキングプアの人たちへの支援、子どもや高齢者、障害者への虐待問題などに対応するために、社会福祉士には高度の専門性が必要となる。

19 2018（平成30）年に社会保障審議会福祉部会福祉人材確保専門委員会報告書「ソーシャルワーク専門職である社会福祉士に求められる役割等について」を踏まえ、社会福祉士養成の教育内容の見直しが始まり、2021（令和3）年度から新カリキュラムが導入された。

精神保健福祉士法

◎定義、義務

20 精神保健福祉士法において、精神保健福祉士とは、「第28条の登録を受け、精神保健福祉士の名称を用いて、精神障害者の保健及び福祉に関する専門的知識及び技術をもって、精神科病院その他の医療施設において精神障害の医療を受け、若しくは精神障害者の社会復帰の促進を図ることを目的とする施設を利用している者の地域相談支援の利用に関する相談その他の社会復帰に関する相談又は精神障害者及び精神保健に関する課題を抱える者の精神保健に関する相談に応じ、助言、指導、日常生活への適応のために必要な訓練その他の援助を行うことを業とする者」と定義されている。

21 2022（令和4）年12月に精神保健福祉士法が改正され、「精神保健福祉士」の定義が改正された。定義のなかに、新たに「精神障害者及び精神保

健に関する課題を抱える者の精神保健に関する相談」が盛り込まれた。施行は2024（令和6）年4月1日である。

出33-91

出34-91

受験対策アドバイス

◆精神保健福祉士は、主治の医師の指導を受けなければならない点が社会福祉士と異なる点を理解しておく必要があります。

22 法第4章において、精神保健福祉士の義務として、「**誠実義務**」「**信用失墜行為の禁止**」「**秘密保持義務**」「**連携等**」「**資質向上の責務**」「**名称の使用制限**」等が規定されている。これらは社会福祉士及び介護福祉士法第4章と共通する項目だが、精神保健福祉士法第41条の「連携等」の規定では「精神障害者に**主治の医師があるときは、その指導を受けなければならない**」とあり異なる部分もある◆。また、社会福祉士及び介護福祉士法では、介護福祉士と「保健師助産師看護師法との関係」などの項目による連携や協働も求められている。

◎法制度成立の背景

23 1988（昭和63）年に施行された精神保健法は、1993（平成5）年に見直しが行われ、精神科医療において「**病院から地域へ**」という流れが促進されるなかで精神科ソーシャルワーカー（Psychiatric Social Worker：PSW）の国家資格制度の創設に関する付帯決議が衆参両院でなされ、国の公衆衛生審議会でも国家資格化が提案された。それらを受け厚生省でPSWの資格化が検討され、日本精神医学ソーシャル・ワーカー協会はこの動きに賛同し、単独での国家資格化の方針を示した。

24 1997（平成9）年に**精神保健福祉士法**が成立し、翌年施行され、精神保健福祉士の資格が定められた。

◎法制度見直しの背景

25 1997（平成9）年の精神保健福祉士法成立後、10余年が経過し、精神障害者を取り巻く状況は大きく変化した。また司法や産業等の近接領域におけるメンタルヘルス問題への関与が求められたことも背景にあり、2010（平成22）年に**法の改正**が行われた。

✏ この改正では、「定義」の改正、「誠実義務」と「資質向上の責務」の追加、「連携」等の改正が盛り込まれた。

26 2022（令和4）年に「障害者の日常生活及び社会生活を総合的に支援するための法律等の一部を改正する法律」が成立・公布された。これにより、精神保健福祉士法の「定義」が改正された。

社会福祉士及び精神保健福祉士の専門性

27 社会福祉士や精神保健福祉士は、日本における**ソーシャルワーカーの国家資格**として創設され、社会福祉学を基礎に社会福祉実践を行う。**業務独占**ではないため、これらの実践を行っているものを、一般的に「ソーシャルワーカー」と称している。

28 ソーシャルワーカーは、先入観をもたずに困難を抱える人を理解し、本人が現状をどのように感じ、何を求めているかを把握する。

29 ソーシャルワーカーは、各種の社会保障・社会福祉制度やサービスを提供する機関に関する専門知識をもち、必要に応じて支援を必要とする人とそれらを適切に結びつける。

30 ソーシャルワーカーは、職場内外の関係者と**連携**して支援を行う。連携の際には、ソーシャルワーカーが知り得た利用者に関する情報を他者に伝える際に「**本人の同意**」を得ることが基本である。

31 ソーシャルワーカーは、支援を必要とする本人だけでなく家族や関係者など、周囲の**環境**に対しても働きかけを行う。これは、本人が抱える問題の原因が、周囲の環境や社会など本人以外にもあることや、環境が変わることによって問題が軽減したり解消できることもあるためである。

32 ソーシャルワーカーは、本人が潜在的にもっている力を強めて自らそれを活用して生きることを支える、という方法で人を支援する。

33 ソーシャルワーカーは、**倫理綱領**に示された倫理基準、責務等に基づいて、現実の場面やクライエントの状況に応じた判断と対応ができるようになることが必要である。

34 ソーシャルワーカーは、常に実践について省察することが必要であり、**スーパービジョン**と**コンサルテーション**を活用することも重要である。

35 ソーシャルワーカーは、地域住民や地域組織、ボランティア、地域の各種事業所、社会福祉協議会、行政などとの**連携**を図ることが必要であり、地域社会で**ネットワーク**を形成し、利用者への支援を進め、支えていくことが大切である。

36 ソーシャルワーカーは、制度や政策がクライエントにとって不利益となっている場合には、その是正を求めて**アドボカシー**や**ソーシャルアクション**を行う。

37 **コンピテンシー**とは、複雑な状況のもとで、もっている素質や要素をふさわしいときに適切に動かし、統制することができる能力のことを指し、ソーシャルワーカーに求められる能力である。マルシオ（Maluccio, A.）の知見である。

出 34-122（経営）

38 バーカー（Barker, R. L.）によれば、**ニーズ**とは、「身体的、心理的、経済的、文化的、社会的なもので、生存のため、ウェルビーイングのため、あるいは、自己実現のために求められるもの」と定義されている。

39 2011（平成23）年に認定社会福祉士認証・認定機構が設立された。**認定社会福祉士**、**認定上級社会福祉士**の２種類で、社会福祉士としての一定の**実務経験**に加え、関係団体が参画する組織での**研修**を受講すること等の要件を満たすことによって認定される。

40 **独立型社会福祉士**は、社会福祉士事務所を個人開業するといった新しい実践形態である。地域住民へのさまざまな生活支援活動から、成年後見人としての活動、行政などからの委託による仕事、また、社会福祉法人や企業などとの契約によるものなど多種多様な活動を行っている。

2 ソーシャルワークの概念

ソーシャルワークの定義

◎ソーシャルワーク専門職のグローバル定義

41 2000年の国際ソーシャルワーカー連盟（IFSW）が採択した「**ソーシャルワークの定義**」は、2005（平成17）年の日本のソーシャルワーカーの倫理綱領の前文にも掲げられていたが、2014年に国際ソーシャルワーカー連盟（IFSW）と国際ソーシャルワーク学校連盟（IASSW）によって「**ソーシャルワーク専門職のグローバル定義**」が採択され、2020（令和2）年の社会福祉士の倫理綱領の前文では、日本もそれを拠り所とするとしている。

受験対策アドバイス

◆ソーシャルワーク専門職のグローバル定義は、特定非営利活動法人日本ソーシャルワーカー協会のホームページ等で解説が示されています。解説も読み、内容を深く理解しておくことが求められます。

42 2000年の国際ソーシャルワーカー連盟の**ソーシャルワークの定義**は、「ソーシャルワーク専門職は、**人間の福利（ウェルビーイング）**の増進を目指して、社会の変革を進め、人間関係における問題解決を図り、人びとのエンパワーメントと解放を促していく。ソーシャルワークは、人間の行動と社会システムに関する理論を利用して、人びとがその環境と相互に影響し合う接点に介入する。人権と社会正義の原理は、ソーシャルワークの拠り所とする基盤である」としている。

出 33-92

43 2000年に定められたソーシャルワークの定義は、改定が進められた。2014年に採択されたソーシャルワーク専門職のグローバル定義によると、「ソーシャルワークは、社会変革と社会開発、社会的結束、および人々の**エンパワメント**と解放を促進する、実践に基づいた専門職であり学問である。**社会正義**、**人権**、**集団的責任**、**および多様性尊重**の諸原理は、ソーシャルワークの中核をなす。ソーシャルワークの理論、社会科学、人文学、および**地域・民族固有の知**を基盤として、ソーシャルワークは、生活課題に取り組み**ウェルビーイング**を高めるよう、人々やさまざまな構造に働きかける。この定義は、各国および世界の各地で展開してもよい」としている。

出 32-92
出 33-92
出 35-92
出 36-93

44 ソーシャルワーク専門職のグローバル定義では、ソーシャルワーク専門職の中核となる任務には、**社会変革・社会開発・社会的結束の促進**、および**人々のエンパワメントと解放**があるとしている。

✎ ソーシャルワーク専門職は、社会変革を任務とするとともに社会的安定の維持にも等しく関与する。

出 35-92

45 ソーシャルワーク専門職のグローバル定義では、ソーシャルワークは、

出 35-92

相互に結びついた歴史的・社会経済的・文化的・空間的・政治的・個人的要素が人々のウェルビーイングと発展にとって**チャンス**にも**障壁**にもなることを認識している、実践に基づいた専門職であり学問であるとしている。

46 ソーシャルワーク専門職のグローバル定義では、**構造的障壁**は、不平等・差別・搾取・抑圧の永続につながり、人種・階級・言語・宗教・ジェンダー・障害・文化・性的指向などに基づく抑圧や、特権の構造的原因の探求を通して批判的意識を養うこと、そして構造的・個人的障壁の問題に取り組む行動戦略を立てることは、人々のエンパワメントと解放を目指す実践の中核をなすとしている。

47 ソーシャルワーク専門職のグローバル定義では、専門職は、不利な立場にある人々と連帯しつつ、貧困を軽減し、脆弱で抑圧された人々を解放し、**社会的包摂**と**社会的結束**を促進すべく努力することとしている。

48 ソーシャルワーク専門職のグローバル定義では、**社会正義**、**人権**、**集団的責任**、**多様性尊重**が中核となる諸原理に掲げられている。

出32-92 **49** ソーシャルワーク専門職のグローバル定義の知の注釈で、ソーシャルワークは複数の学問分野をまたぎ、その境界を超えていくとある。

3 ソーシャルワークの基盤となる考え方

ソーシャルワークの原理

◎社会正義

50 社会正義とは、社会に正義があること、社会生活を送るうえで必要な正しい道理があることを指す。「社会正義が実現されている社会」とは、人々の間に不公平がなく一人ひとりの人が社会から公平で理にかなった扱われ方をしていることを指す。

◎人権尊重

51 人権とは、人が人として**生まれながらにもっている権利**を意味する。この権利は誰もが当然にもち（**固有性**）、原則として公権力から奪われたり制限されたりすることなく（**不可侵性**）、人種や性別、身分や能力などに関係なくすべての人が当然に共有できる（**普遍性**）。

52 公益社団法人日本社会福祉士会の倫理綱領では、「社会福祉士は、すべての人々を、出自、人種、民族、国籍、性別、性自認、性的指向、年齢、身体的精神的状況、宗教的文化的背景、社会的地位、経済状況などの違いにかかわらず、かけがえのない存在として尊重する」と述べ、**人権尊重**を謳《うた》っている。

◎集団的責任

53 集団的責任とは、**共同体の責務**のことで、2つの側面がある。1つは、日常的に個人の権利が守られるために人々が自然を含む社会資源などの環境に対して責任をもつこと、もう1つは共同体のなかで人々がお互いに関係を形成し、助け合って生きる責任があるということである。

◎多様性の尊重

54 多様性尊重とは、さまざまな「人としてのあり方」をそのまま受け入れ認め合うことである。とりわけ、少数者や差別を受けている集団および個人（例えば、人種・階級・言語・宗教・ジェンダー・障害・文化・性的指向）への視点を必要とする意味で強調されることが多い。

ソーシャルワークの理念

◎当事者主権

55　当事者主権とは、本人が主体となって自分のことを判断し決定する権利があるという考え方である。当事者主権を成り立たせるためには、その人の人格が尊重される必要がある。

56　ソーシャルワークの理念に当事者主権が含まれるのは、時代や状況のなかで社会的弱者と呼ばれる人たちが、しばしば自分のことを自分で判断したり決めたりする権利を奪われてしまうからである。そうなる理由の1つには、本人にはよくわからないだろうからと、周囲の人や専門家が代わりに決めてあげるという**パターナリズム（父権主義）**が働くことがあげられる。

◎尊厳の保持

57　尊厳の保持とは、人間の尊厳を保ち続けることをいう。そのときの活動の根底にある価値や目指す方向の理念として**権利擁護**が存在する。

◎権利擁護

58　ソーシャルワーカーは、困難を抱えている人々の権利の保障を具現化する活動を行う立場の専門家である。そして、情報提供、利用者の理解への支援や判断の支援、意思表示への支援などを行う。

受験対策アドバイス
◆アドボカシーには、対象や担い手、取り組み方によって複数の方法があるため、名称と対象や内容を整理しておく必要があります。

59　**権利擁護（アドボカシー）**◆とは、人が生まれながらに有する人権の尊重を具現化する行動であり、伝統的な生活習慣のなかで差別と偏見、不自由な生活を強いられてきた人々の権利を擁護するために、援助者が代弁し、意識を変革していくことをいう。権利擁護において重視すべきは当事者の意思の尊重である。

出32-94

60　アドボカシーは、**ケースアドボカシー**（一人の要援護者への代弁活動や権利擁護活動）と**クラスアドボカシー**（同じ課題を抱えた特定集団に対する代弁や社会福祉制度の開発などを目指す取り組み）に分けられる。

✎ ケースアドボカシーをパーソナルアドボカシー、クラスアドボカシーをコーズアドボカシーやシステムアドボカシーと呼ぶこともある。

出32-94

61　**セルフアドボカシー**とは、クライエントが自らの権利を主張していく活動を指す。**シチズンアドボカシー**とは、当事者を含む市民が権利擁護のために行う活動を指す。**リーガルアドボカシー**とは、弁護士などが法的な手段を用いてクライエントの権利を守る活動を指す。

62　ベイトマン（Bateman, N.）は、**権利擁護**を行うために必要な技術として、①面接、②主張、③交渉、④自己管理、⑤法的リサーチ、⑥訴訟《そしょう》を挙げている。

63 ジョンソン（Johnson, L.）らは、「影響作用」（influence）という概 出32-94
念で、個人と個人を取り巻く環境、双方のシステムの変化の促進とその波及 出32-97
的展開、そしてその際のソーシャルワーカーの役割を指摘し、波及的展開の先には、**コーズアドボカシー**、**ソーシャルアクション**を位置づけている。そして、個人へのアプローチとそれらとが深く関係していることを指摘している。また、**ジェネラリストソーシャルワーク**の特性と媒介機能は親和性が高いと指摘している。

◎自立支援

64 自立とは、「人の助けを得ることができ、それを自分にとってふさわしい形で上手に活用できる状態」のことを表す。また、「**自分のことは自分で決めていく**」という考え方である。サービス提供者は、利用者の主体性を重んじつつ、その自立支援の側にまわる。

65 自立には、道具的自立である**身体**的自立、**心理**的自立、**社会関係**的自立、**経済**的自立と、目的的自立である**人格**的自立がある。

66 自己決定の原則の背景には、人は自ら権利に目覚め、生まれながらに 出34-93
自分の意思と力で決定していく能力があるという信念が存在する。 出35-94

✏ 障害者の意思決定支援では、必要な情報の説明は、本人が理解できるように工夫して行い、自己決定の尊重に基づくことが基本原則である。

67 ソーシャルワーカーは、判断能力に支障があるクライエントに対して 出34-93
自己決定を行う権利があることを再認識し、それを可能にする支援を行うことが求められる。

68 **依存的自立**と**自助的自立**は区別する必要がある。**依存的自立**は、他者や制度に**依存**しながらも、可能な限り自己決定により生活をすることと把握される。これに対し、**自助的自立**は、自己決定に基づいて社会生活を営み、その責任を負うことと把握される。

✏ 自立と依存が対立した概念ではなく、依存することによって、自立が可能になると考える必要がある。

◎社会的包摂（ソーシャルインクルージョン）

69 **ソーシャルインクルージョン**の考え方は、アルコール依存《いぞん》などの社会的ストレスの問題、路上での死、孤独死、自殺などの社会的孤立、外国人の排除といった問題から始まった。

70 ヨーロッパへの移民は社会参加ができず、社会問題のひずみを受けていた。その人々の状況は**社会的排除**（ソーシャルエクスクルージョン）であり、それを解決しようとする理念として**社会的包摂《ほうせつ》**（ソーシャルインクルージョン）が登場した。

出 35-116（相理）

71 欧州連合（EU）は、**社会的排除**を、「貧困、生涯教育の機会や基本的能力の欠如、差別のために社会参加ができず、社会の隅に追いやられていく個人の過程で、社会や地域コミュニティの活動だけでなく、雇用、収入、教育機会が得られなくなっていくことを指す。社会的排除の状態では、日常生活に影響を与える意思決定に関与する機会が少なく、無力感ゆえに参加できない状態」と定義している。

72 2000（平成12）年の厚生省（現・厚生労働省）による「社会的な援護を要する人々に対する社会福祉のあり方に関する検討会」の報告素案は、**ソーシャルインクルージョン**という概念を導入し、社会で暮らすすべての人々を孤立や孤独、排除や摩擦から援護し、社会の一員として包み、支え合うという理念を掲げた。

「ソーシャルワーク専門職のグローバル定義」には、「不利な立場にある人々と連帯しつつ、この専門職は、貧困を軽減し、脆弱《ぜいじゃく》で抑圧された人々を解放し、社会的包摂と社会的結束を促進すべく努力する」とある。

73 2000年に、国際ソーシャルワーカー連盟（IFSW）は、ソーシャルワークについて定義し、そこでも**ソーシャルインクルージョン**の概念が導入された。**ソーシャルワーカーの倫理綱領**や**日本社会福祉士会の倫理綱領**(2005(平成17）年）でも唱えられている。

74 国際ソーシャルワーカー連盟のソーシャルワークの定義において、ソーシャルインクルージョンとは、「人権と社会正義は、ソーシャルワークの活動に対し、これを動機づけ、正当化する根拠を与える。ソーシャルワーク専門職は、不利益を被っている人々と連帯して、貧困を軽減することに努め、また、傷つきやすく抑圧されている人々を解放して**社会的包含（ソーシャルインクルージョン）**を促進するよう努力する」としている。

◎ノーマライゼーション

75 ノーマライゼーションは、**知的障害者**の生活をできる限り通常の生活状態に近づけることから始まった。その後、高齢者や障害者など社会的に不利な立場にある人々を、当然に包含するのが通常の社会であり、誰もが暮らしたい場所でありのままに生活するという考え方となった。

出 34-23（現社）

76 ノーマライゼーションの思想は、1959年に**デンマーク**の「1959年法」で導入された。この内閣行政令のなかで「ノーマルな生活状態にできるだけ近づいた生活をつくり出すこと」と表現されている。これは、**バンク-ミケ**

ルセン（Bank-Mikkelsen, N.）の人間主義を基にしたといわれている。

77 バンク-ミケルセンの考え方は、知的障害児のような自己防衛力の弱い無防備な人々の生きる権利と、彼らが当たり前の人間として生き、扱われる基本的権利の確立を目指したものである。

78 スウェーデンの**ニィリエ（ニルジェ）（Nirje, B.）**の「ノーマライゼーション原則の人間的施設管理への応用」という論文は、アメリカの大型収容施設型福祉を批判したものである。

79 ニィリエは、**ノーマライゼーションの原理**とは、「生活環境や彼らの地域生活が可能な限り通常のものと近いか、あるいは、まったく同じようになるように、生活様式や日常生活の状態を、すべての知的障害やほかの障害をもっている人々に適した形で、正しく適用することを意味している」と定義している。

80 ニィリエは、ノーマライゼーションの原理に基づいて、知的障害者がノーマルな生活をするために、①1日のノーマルなリズム、②1週間のノーマルなリズム、③1年間のノーマルなリズム、④ライフサイクルでのノーマルな経験、⑤ノーマルな要求の尊重、⑥異性との生活、⑦ノーマルな経済的基準、⑧ノーマルな環境基準の**8つの原理**を挙げている。

81 ドイツ人の**ヴォルフェンスベルガー（Wolfensberger, W.）**は『ノーマリゼーション─福祉サービスの本質』を著し、ノーマライゼーションの理論と実践を集大成した。そして、文化的なノーマライゼーションや社会的な役割の面でのノーマライゼーションを強調し、北米にノーマライゼーションの原理を普及させた。

ソーシャルワークの援助関係の意義

◎クライエント主体

82 社会福祉サービスは、行政が行政処分によりサービス内容を決定する**措置制度**から、クライエントが事業者と対等な関係に基づきサービスを選択し契約する**利用制度**の時代となっている。これは、社会福祉における**クライエント本位**（利用者の立場に立ち、クライエントの意思を最大限尊重すること）や利用者主体の理念の具体化でもある。

83 援助過程において、法令（民法・刑法等）に違反する内容を含んだ利用者の自己決定や暴力行為は、**制限の原則**によって制限を受ける。

84 **「認知症の人の日常生活・社会生活における意思決定支援ガイドライ** 出34-93

ン」(2018（平成30年）（厚生労働省））では、認知症の人に対する意思決定支援とは、本人の意思決定をプロセスとして支援するもので、通常、そのプロセスは、本人が意思を形成することの支援と、本人が意思を表明することの支援を中心とし、本人が意思を実現するための支援を含んでいる。

85 **「障害福祉サービス等の提供に係る意思決定支援ガイドライン」**(2017（平成29年）（厚生労働省））では、意思決定支援を、自己決定に困難を抱える知的障害者や精神障害者（発達障害者を含む）が、日常生活や社会生活に関して自らの意思が反映された生活を送ることが可能となるように、本人の意思の確認や意思および選好の推定、最後の手段としての本人の最善の利益の検討のために事業者の職員が行う支援の行為および仕組み、と定義している。

◎パートナーシップ

86 ソーシャルワーカーとクライエントの援助関係は、**対等の立場**で協働する姿勢が重要である。クライエントや家族とソーシャルワーカーやサービス提供者が、ともに課題に取り組もうとする関係をパートナーシップという。

4 ソーシャルワークの形成過程

ソーシャルワークの形成過程

◎海外の社会福祉・ソーシャルワーク前史

87 イギリスでは、1601年に**エリザベス救貧法**が完成した。貧民を労働能力の有無を基準に、①有能貧民、②無能力貧民、③児童の3種類に分け、就労を強制したり、教区徒弟として送り出した。

88 スミス（Smith, A.）は、1776年に『**国富論**』を著し、古典経済学の基礎を確立した。重商主義政策の矛盾の打開と自由放任主義を経済学的に展開し、「**見えざる手**」による私利と公益の一致を説いた。 出35-24（現社）

89 イギリスの新救貧法の思想的根拠は、マルサス（Malthus, T.）の『**人口の原理**』（1798年）におかれ、有効な貧困対策は、人口抑制策以外にはないとするものであった。 出35-24（現社）

90 イギリスは1834年に**新救貧法**を成立させた。内容は、①救済水準を**全国均一**とする、②有能貧民の居宅保護を廃止して、救済を**ワークハウス**（労役《ろうえき》場）収容に限定する、③**劣等処遇の原則**によると決めた。 出33-25（現社）

91 **劣等処遇の原則**とは、救済を受ける貧民の生活水準は、最下層の独立・自立している労働者の労働、生活よりも低いものとしなければならないとした原則をいう。 出33-25（現社）

92 ドイツでは、1852年エルバーフェルト市の条例に基づいて市内を546区域に細分化し、1区に1人のボランティア委員（名誉職である救済委員）を配置し、家庭訪問や調査、相談を通して貧民を減少させることを目指した。この取り組みは、日本の済世顧問制度や方面委員制度に影響を与えた。 出35-93

◎社会調査

93 ブース（Booth, C.）は、『**ロンドン民衆の生活と労働**』全17巻を著した。これは、1886年から行った3回にわたる調査結果の報告であり、そのなかで、市民の30.7％が**貧困線以下**の生活を送っており、貧困の原因は個人的習慣ではなく、雇用や環境の問題であると指摘した。

94 **ル・プレー**（Le Play, F.）は、社会事業の基礎データを得るために調査を行い、『**ヨーロッパの労働者**』を著した。

出 34-26（現社）

95 1899年に**ラウントリー**（Rowntree, B. S.）は、ヨーク市において貧困調査を行い、1901年に『**貧困―都市生活の研究**』を著した。さらに、1941年には第2回の結果を『貧困と進歩』に、第3回の結果を1951年の『貧困と福祉国家』に著している。

96 ラウントリーは、第1回のヨーク市調査において、所得の総収入が肉体的能率を維持するための最低限を示す水準を**第一次貧困線**、または**絶対的貧困線**とした。

97 ラウントリーは、**第二次貧困線**として、収入が飲酒や賭《と》博《ばく》などのような平常とは異なったものに消費されない限り、第一次貧困線以上の生活を送ることのできる水準を設定している。

◎COS（慈善組織協会）

出 35-95

98 1869年、慈善団体の連絡、調整、協力の組織化と、救済の適正化を目的とした**慈善組織協会（COS）**がロンドンで設立された。**ロック**（Loch, C.）の指導のもと、要保護者の個別訪問調査や、ケース記録を集積して救済の重複や不正受給の防止を行ったほか、**ボーザンキット**（Bosanquet, C.）がヒル（Hill, O.）の協力を得ながら個別訪問を行う訪問員のためのハンドブックを作成した。

受験対策アドバイス

◆COSの活動のいくつかは、現在のソーシャルワークの源流となっています。活動内容を整理しながら、今とどのように結びついているのか考えてみましょう。

99 慈善組織化運動（COS運動）は、1870年のイギリスで、無差別施与による慈善的救済の**乱立の弊害**を防止するために結成されたCOSによる運動である。特に個別の訪問指導活動は、**友愛訪問**として有名である。また、友愛訪問活動の科学化を追求し、個別処遇の方法は**ケースワーク**に、慈善組織化の方法は**コミュニティオーガニゼーション**に発展した。◆

100 **チャルマーズ**（Chalmers, T.）による**隣友運動**は、自助を図るための指導を重視し、“**施与者であるよりも友人であれ**”と主張し、**友愛訪問**の重要性を説いた。

101 慈善組織化運動は、ケースワークの確立、コミュニティワークにおいては、連絡・調整を目的とする**地域組織化**の重要さを指摘している。

102 COSは多くの公的、民間組織、または個人の慈善事業の組織化を進めたので、**ソーシャルアドミニストレーション（社会福祉運営）**の方法、技術を発展させることに役立った。

◎セツルメント運動

103 都市を中心に発達したソーシャル・セツルメント運動は、その指導理念を**デニスン**（Denison, E.）によって開拓された。知識や財産をもつ者がスラム地域に**住み込み**、社会的に弱い立場にある人たち、生活に困窮している人たちやその家族と生活をともにしながら、人間的な接触を通じて、地域の社会福祉の向上を図ろうとするものである。セツルメントは、**3つのR**、すなわち「住み込み（residence）」「調査（research）」「改良（reform）」を中心として活動を展開した。 出35-93

104 1884年、イギリスのロンドンで**バーネット**（Barnett）**夫妻**を中心に開始された**トインビー・ホール**が、最初のセツルメントとなった。 出33-94

✏ トインビー・ホールは、①クラブや講座などさまざまな形態での労働者、児童の教育、②セツラー（セツルメント運動に参加した大学関係者ら）の地域社会資源への参加と地域住民の組織化による公衆衛生、教育、救済などの社会資源の動員、③社会調査とそれに基づく社会改良の世論喚起といった事業を行った。

105 アメリカのセツルメント運動は、1886年に**コイト**（Coit, S.）によってニューヨークに設立された**ネイバーフッド・ギルド**に始まり、1889年にはシカゴの**ハル・ハウス**が**アダムス**（Addams, J.）によって設立された。ハル・ハウスの活動は、グループワークやレクリエーション療法、コミュニティワークへと発展していった。 出33-94

◎ソーシャルワークの基礎確立期

106 ケースワークの基礎確立期は1920年代頃までを指す。イギリスの**慈善組織化運動**による**友愛訪問**に始まり、**フレックスナー**（Flexner, A.）によって「**ソーシャルワーカーはいまだ専門職でない**」と批判され、リッチモンド（Richmond, M.）によってケースワーク理論が体系化されるまでの時期をいう。 出34-94

✏ 1915年、ボルチモアで開催された全米慈善矯正事業会議において批判された。

107 リッチモンドは、1897年の全米慈善矯正会議において「応用博愛事業学校の必要性」と題する発表を行い、知識の系統的な伝達が必要であると主張した。ケースワークの体系と基本的枠組みを示した。

108 リッチモンドは、ケースワークを「**社会改良**」と関連づけて捉え、位置づけていく考えをとった。

109 リッチモンドは、「ケースワークに関して最も明らかにすべきものは、すべてに共通しているものである」として、ケースワークの「基礎的な類似

図表1 ソーシャルワークの歴史

基礎確立期（〜1920年代）

- 慈善組織化運動（友愛訪問）
  - ↓ 1898年 博愛事業に関する講習会
- リッチモンド
  - 1897年 「応用博愛事業学校の必要性」発表
  - 1899年 『貧しい人々への友愛訪問』
  - 1917年 『社会診断』
  - 1922年 『ソーシャル・ケース・ワークとは何か』
- フレックスナー 「ソーシャルワーカーはいまだ専門職でない」

発展期（1930年代〜1950年代）

- 診断派（フロイト）
  - 精神分析を基礎
  - 個々の精神内界に原因
  - ホリス＝心理社会的アプローチ（『ケースワーク―心理社会療法』）
- （1930年代〜1940年代）
- 機能派（ランク）
  - 意志心理学（パーソナリティ論）
  - 自我の自己展開
- 治療的グループワークの台頭（1940年代〜1950年代）

統合期（〜1960年代）

- 「リッチモンドに帰れ」
- 自我の力（自我心理学）
- 問題解決アプローチ
- 折衷主義 ― パールマン、アプテカー
  - ↑ 医学モデルから生活モデルへの転換

批判期（〜1970年代）

- 「貧困の再発見」「愛されぬ専門職」
- 新たなモデルの登場 ― 危機介入モデル、課題中心モデル、生活モデルの理論化

再編期（1980年代）

- 「ケースワーク機能の強化」「仲介者としての機能」
- ポストモダンのアプローチ
  - ナラティブアプローチ
  - 解決志向アプローチ
  - ジェネラリストアプローチ
  - エンパワメントアプローチ
  - フェミニストアプローチ
  - ストレングスモデル

点」を明確にし、「**共通基盤**」を確立していく方針をとった。

出33-98（相理）
出35-95

110 アメリカ慈善組織協会（COS）に所属したリッチモンドは、1917年に『**社会診断**』を、1922年には『**ソーシャル・ケース・ワークとは何か**』

を著し、ケースワークを、人とその社会的環境との間に個別的な効果を意識して行う調整によって、その人のパーソナリティを発達させる諸過程からなると定義した。リッチモンドは**ケースワークの母**と呼ばれる。

111 リッチモンドは、**社会診断**を「ある特定の利用者の社会的状況とパーソナリティをできる限り明確に理解していくための試み」と定義した。 出35-95

112 リッチモンドは、**サリバン**（Sullivan, A.）から環境の力を利用して人格の発達を図る方法を学び、社会的要因や社会環境を重視すること、環境の力を利用することをケースワークに取り入れた。そして、社会的証拠としての資料収集と比較・推論を経て、客観的分析としての社会的診断を導き出した。

113 ボストンの医師であるキャボット（Cabot, R. C.）は、1905年に社会事業の経験のある看護師ペルトン（Pelton, G.）を採用し、結核患者にとって適切な治療が受けられるよう生活環境を調整する仕事を任せた。ペルトンの辞職後、その仕事がキャノン（Cannon, I.）に引き継がれ、**医療ソーシャルワーク**の先駆者となった。

114 1913年に、ニューヨーク州ロチェスターで公的財源による**スクールソーシャルワーク**が創設され、拡大した。

115 1923年、ペンシルバニア州ミルフォードでアメリカ家族福祉協会、アメリカ病院ソーシャルワーカー協会、アメリカ児童福祉連盟などが集まり、「すべてのソーシャルワーカーは1つの専門職の一部分をなすという考え方をもち続けられるような、十分な共通認識がさまざまな専門性の間に存在するのか」との命題のもとで、ソーシャルワークを論じた**ミルフォード会議**が開催された。この会議はその後1928年まで引き続いて毎年開催され、ケースワークの専門化に貢献し、その成果は1929年に報告書として出版された。

116 1929年のミルフォード会議の報告書において、ソーシャルワークにおける「**ジェネリック**」と「**スペシフィック**」の捉え方について提起され、特にジェネリックの重要性が示された。 出35-93

117 **ジェネリックソーシャルケースワーク**とは、家庭、児童、障害者などの各分野に**共通**の概念、知識、方法、社会資源など、基本となる原理、過程、技術を示す基本的ケースワークをいう。 出35-93

118 **スペシフィックソーシャルケースワーク**とは、家庭、児童、障害者などのそれぞれの分野で行われるケースワークで、各分野に**固有**の特殊な知識や方法が求められる。実際に行われるケースワークは、すべてこのケースワークであるといえる。

◎ソーシャルワークの発展期

119 ソーシャルワークの**発展期**は、1950年代半ばまでを指す。1920年代から精神医学や心理学を背景に、環境から人間の内面に焦点が移行した。また、ソーシャルグループワークやコミュニティオーガニゼーションにも専門化のきざしが現れた。

120 **フロイト**（Freud, S.）の精神分析の流れをくむ**診断派**は、クライエントの抱える問題やその原因が、社会環境よりも個々の精神内界にあると捉え、**治療的意味**をもたせた。フロイトは、ソーシャルワーク過程を「インテーク→スタディ→社会的診断→社会的処遇」と捉えた。

121 診断派は、援助者とクライエントとの現実的関係に加えて、非現実的な関係（**感情転移**と**逆（感情）転移**）をも重視している。

出32-101（相理）

受験対策アドバイス

◆さまざまなソーシャルワークのアプローチが登場します。アプローチの提唱者と一つひとつの特徴を整理しましょう。

122 1930年代になると、**ランク**（Rank, O.）の流れをくむ**機能派**は、人間のパーソナリティにおける自我の創造的統合力を認め、クライエントを中心に、援助者の属する機関の機能を自由に利用者に活用させ、自我の自己展開を助けることを課題とし、診断派と機能派の論争が始まった。タフト（Taft, J.）やロビンソン（Robinson, V.）らは機能主義学派の中心人物で、**機能的アプローチ**を提唱した。

123 **診断派**は、ソーシャルワークを「援助者がクライエントに働きかける過程」として捉え、**機能派**は「クライエントが援助者に働きかける過程」と捉えた。

◎グループワーク

124 イギリスでは、1844年に**キリスト教青年会**（**YMCA**）、1855年に**キリスト教女子青年会**（**YWCA**）、1907年にベーデン-パウエル（Baden-Powell, R.）によって**ボーイスカウト**が設立された。これらの青少年サービス団体は、後のグループワークに大きな影響を与えた。

出32-32（地域）

125 YMCAやボーイスカウト、セツルメント活動や隣保館活動は、**グループワークの源流**である。貧困者の多い地域にみられる青少年の問題行動には、生育環境や教育の影響によるところが大きいという考え方から、地域の改善と各種グループの活動を結びつける援助の形態が発展した。

126 1935年に**ニューステッター**（Newstetter, W.）が**グループワークの最初の定義**を明らかにし、「グループワークとは自発的なグループ参加を通して、個人の成長と社会的適応を図る教育的過程である」とした。

127 1940年代には、情緒障害児など問題を抱えた子どもに対する**治療的グループワーク**が発展した。

128 ニューステッターは、1947年の全米社会事業会議で**ソーシャルインターグループ**のプロセスを紹介した。

グループワークにおいてメンバー間に相互交流があるように、インターグループワークは、グループ間での相互交流があるグループである。ソーシャルインターグループは、そのグループ間の相互交流を用いたソーシャルワークのことである。

129 アメリカのトレッカー(Trecker, H.)は、青少年健全育成がまだグループワークの主要な分野であった1950年代に活躍し、その著作は翻訳されて日本のYMCAなどの働きに影響を与えた。

130 グループワークは、第二次世界大戦直後の全米社会事業会議における**コイル**（Coyle, G.）の報告により理論的根拠が与えられ、ソーシャルワークの分野として確立された。コイルは「**グループワークの母**」と呼ばれている。

131 グループワークの研究者である**シュワルツ**（Schwartz, W.）は、ソーシャルワーカーの役割としてメンバーとグループの媒介者・情報提供者とする「**媒介モデル**」と、個人と社会の相互作用に焦点を当てる「**相互作用モデル**」を提唱した。シュワルツの理論では、個人と社会の双方を援助することに視点が置かれ、1960年代以降、グループワークの理論、実践、教育に大きな影響を与えている。 出32-93 出36-97

◎コミュニティオーガニゼーション

132 **コミュニティオーガニゼーション**は、COSによる慈善団体や個人の組織化、社会資源の管理や分配といった機能から発展した。またセツルメントにおける社会改良運動や地域開発などもコミュニティオーガニゼーションの源流となった。さらに戦時中には募金団体が組織化され、コミュニティオーガニゼーションにつながっている。

133 1939年の全米社会事業会議では、レイン（Lane, R. P.）がアメリカ6都市でコミュニティオーガニゼーションの過程と目標を評価し、報告した(**レイン報告**)。

134 **ロス**（Ross, M.）は、コミュニティオーガニゼーションを「共同社会みずから、その必要性と目標を発見し、それらに順位をつけて分類する。そしてそれを達成する確信と意志を開発し、必要な資源を内部外部に求めて、実際行動を起こす。このようにして共同社会が団結協力して、実行する態度を養い育てる過程が、共同社会組織化事業（コミュニティオーガニゼーション）である。」と定義した。

135 **ロスマン**（Rothman, J.）は、コミュニティオーガニゼーションには、**地域開発**、**社会計画**、**ソーシャルアクション**の3つのモデルがあると整理した。

地域開発モデルは、目標の決定や活動においてコミュニティの住民が多く参加することで成り立つ伝統的なコミュニティオーガニゼーション。社会計画モデルは、社会問題の解決のための専門技術的な過程を重視し、合理的・慎重に計画され、統制された変革。ソーシャルアクションモデルは、搾取された人々のために資源の増大や待遇の改善を目指して、より大いなるコミュニティに要求を行っていく活動。

◎ソーシャルワークの統合期

出34-92

136 ソーシャルワークの**統合期**は、1960年代までを指す。1954年、マイルズ（Miles, A.）は、それまで人間の心理的な側面に傾倒したケースワークに対して、社会科学とのつながりから「**リッチモンドに帰れ**」（原点回帰）を主張した。また、1950年代には、**診断派と機能派の統合**の試みがなされた。

137 統合期の特色は、家族診断および家族中心にソーシャルワークの概念が広まり、さらに性格障害者に対する新しいアプローチが必要と考えられたことである。

出36-95

138 **アプテカー**（Aptekar, H.）は、機能派の立場に立ちつつ機能派と診断派を統合した。

出34-92

139 **パールマン**（Perlman, H.）は、診断派の立場に立ちつつ機能派の理論を取り入れ、ソーシャルワークの仕事は、本質的に**問題解決の過程**であるとし、「ソーシャル・ケースワークは、人びとが社会的に機能する間に起こる問題をより効果的に解決することを助けるために福祉機関によって用いられる過程である」とソーシャルケースワークを定義した。

140 **ワーカビリティ**は、**パールマン**によって提唱され、クライエントがサービス・援助を自分にとって有効なものとし得る可能性のことである。これには問題解決に向かって、知的、情緒的、身体的の3つの能力が要求される。基本的なワーカビリティが欠けている人はクライエントとなり得ないとし、ケースワーク関係が成立しないとしている。

141 クライエントは、援助者の働きかけに応えられる能力（**ワーカビリティ**）が問題とされてきたが、そのような場合にも援助が可能となってきている。

142 ワーカビリティの評価には、臨床診断、原因論的診断、力動的診断の3つの診断を必要とする。これによって「**4つのP**」の形態が明確化できる。

✎ 4つのP：人（Person）、問題（Problem）、場所（Place）、過程（Process）

143 **ホリス**（Hollis, F.）は、診断主義派の流れを汲みつつも、1964年に『ケースワーク―心理社会療法』を著し、**心理社会的アプローチ**を提唱した。利用者の個人的な側面だけにとどまらず、社会的側面への援助を取り入れるために「**状況のなかの人**」という視座からケースワークを捉えた。 出 33-98（相理） 出 34-92

144 ハミルトン（Hamilton, G.）は、「資源は『**処遇**』であり、ソーシャルワークの介入は人々が資源を建設的に活用するようにすることである」とし、さらに社会資源を**具体的サービス**と要援護者を取り巻く**環境要因**とに二分した。 出 34-92

✎ 具体的サービス（公的扶助、住宅提供、年金、医療・保健、各種社会保障サービス）。環境要因（家族や人的資源、社会教育計画、レクリエーション計画）。

145 1960年代に入ると、ソーシャルワークは**弁護的機能**をもつとして、自分の要求や権利を自分の手で守ることのできないクライエントに代わって、彼らの権利や要求、立場を擁護しようとする動きが起こった。

146 **ソーシャルワークの批判期**と呼ばれる1970年代までは、「**貧困の再発見**」が強調され、貧困問題を忘れた援助者を「愛されぬ専門職」と名づけ厳しく批判した。パールマンは、「**ケースワークは死んだ**」と自己批判している。 出 34-92

◎医学モデルから生活モデルへ

147 ソーシャルワークにおける**人と環境との関係**は、人が環境に影響を与えたり（**医学モデル**）、環境が人に影響を与える（**社会モデル**）といった原因・結果に基づく相互関係として捉えるのではなく、人と環境との相互関係、それを基盤として展開される人の日常生活の現実に視点をおいて捉える生活モデルの考え方が重視されるようになってきている。

148 人と環境、そしてその相互作用の3つの側面に働きかけるソーシャルワークの独自性が明らかになってくると、**システム論**や**生態学**（**エコロジー**）に基づくソーシャルワークのあり方が考えられ始めた。これは、**医学モデル**による援助から社会環境とそこに存在する人との相互作用から問題が発生すると考えるような全体性を捉える**生活モデル**への転換の時代でもあった。

✎ 医学モデルでは、診断によってクライエントの問題を引き起こす原因を突き止め、その原因に働きかける。

✎ 生活モデルでは、問題が発生している単独の原因を突き止めるのは容易ではなく、問題はさまざまな要因によって引き起こされていると考える。

149 **バートレット（Bartlett, H.）**は、1959年に『ソーシャルワーク教育と実践におけるジェネリック―スペシフィック概念』を著し、ジェネリックとスペシフィックの概念の発展過程に貢献した。1970年に『社会福祉実践の共通基盤』を著し、画期的な業績と評価された。

出32-93

150 バートレットは、すべての社会福祉に共通する構成要素は、**価値・知識・介入（調整活動）**の3つであり、この均衡が保たれることによってソーシャルワークはその機能を発揮できるとして、ケースワークを総合的に把握した。

出33-98（相理）

151 バートレットは、社会生活機能の概念を、環境からの要求と個人が試みる対処との交換および均衡に焦点化して捉えた。

出32-93
出33-98（相理）

152 **ジャーメイン**（Germain, C.）は、**生態学的アプローチ**に立脚し、人間と交互作用する環境を物理的環境（自然界と人工世界）と社会的環境（ソーシャル・ネットワークと官僚機構）に区分した。そして、**生活問題**は「他者、事物、場所、組織、理論、情報、価値を含む**生態系（エコシステム）の要素間の相互作用の所産**」であると述べている。

153 **エコロジカル・アプローチ**は、生態学を起源として形成された。人とその人の環境との交互作用に焦点を当て、両者の調和を目指すもので、人と環境の適応バランスを引き上げることによる問題の解決をねらいとしている。

出32-93

154 ベーム（Boehm, W.）は、ソーシャルワークを、個人とその人を取り巻く環境との間の相互作用を構成する社会関係に焦点を当てた活動によって、個人または集団内の個人の社会生活機能の強化を図るものと定義している。

155 **ソーシャルワークの再編期**と呼ばれる1980年代は、ソーシャルワークの機能の強化と補充、隣接科学の成果を取り入れた新しいケースワーク、グループワーク、コミュニティワークなど、専門分化された方法・技術と技能とが統合化されるなどの動きがみられた。

156 1970年代、**ポストモダン**の影響を受けたソーシャルワークでは、専門職が主体となるのではなく、クライエント自身のもつ力で状況を変えられるように心理的、社会的な支援をする考え方に変化した。そして、1980年代に**エンパワメントアプローチ**、**ナラティヴアプローチ**などの理論が誕生した。

ポストモダンとは、進歩主義や主体性を重んじる近代主義、人間解放などの啓蒙の理念に支えられた近代主義を批判し、そこから脱却しようとする思想運動。

157 ソーシャルワークは、社会資源との間の**媒介者**となって、クライエントのニーズや権利要求を積極的に発見し、機関やサービスにつないでいく**仲介者**としての機能が重視され始めている。

◎ソーシャルワークの統合化

158 今日の日本のソーシャルワークの基礎理論となるのは、**ジェネラリストソーシャルワーク**である。ジェネラリストソーシャルワークは、ケースワーク、グループワーク、コミュニティオーガニゼーションとして発展してきたソーシャルワークが一体化して成立したものである。

159 **コンビネーションアプローチ**とは、ケースワーク、グループワーク、コミュニティオーガニゼーションを単純に合体させた統合形態で、ソーシャルワーカーがクライエントへの援助内容に応じて、適切な方法を組み合わせて活用する方法で、各方法論をそれぞれ専門分業化された独自の体系としつつ、ソーシャルワーカーが複数の方法を状況に応じて活用するものである。

160 1955年にアメリカのソーシャルワークにかかわる7つの団体が全米ソーシャルワーカー協会（NASW）を結成した。実践スタイルや実践分野が統合された専門職団体の誕生につながった。これにより、ソーシャルワークの統合化のきっかけとなった。

161 **マルチメソッドアプローチ**とは、ケースワーク、グループワーク、コミュニティオーガニゼーションの各方法論に共通する原理や技術を抽出《ちゅうしゅつ》して、**共通基盤を確立**する方法である。各方法の共通項の抽出によって共通基盤を明確化し、統合化への理論を構築するものである。

162 **ジェネラリストアプローチ**とは、専門職としてのソーシャルワークの共通基盤を確立し、全体を特質づける枠組みを再構築する方法である。共通基盤を理論的に成熟させ、そこからケースワーク、グループワーク、コミュニティオーガニゼーションの各方法を捉え直そうとするものである。

✏ ジェネラリストアプローチは、ソーシャルワークの統合化の直接的な到達点とされる。

163 1990年代は、エコロジカル・ソーシャルワークの流れを受け、**ジェネラリストソーシャルワーク**としての体系化が進んだ。ケースワーク、グループワーク、コミュニティオーガニゼーションは、ソーシャルワークとして融合して捉えられ、ソーシャルワークの価値を基盤におきつつ、個人と環境との関係性、人間の理解、「問題」の把握、「問題解決」の方法などが単なるアプローチの域を超えて体系化された。

出32-93

164 ゴールドシュタイン（Goldstein, H.）は、ソーシャルワーク実践のアプローチとして一般システム論に基づいて、戦略、ターゲット、段階の3つの次元で捉える「ユニタリーアプローチ」を提唱した。

図表2 **社会福祉に関する人物と業績**

人物名	業績など	
リッチモンド (Richmond, M.)	・1861～1928 ・ケースワークの母（アメリカ） ・慈善組織協会運動の指導者 ・友愛訪問をケースワークとして理論化・体系化 ・『社会診断』『ソーシャル・ケース・ワークとは何か』	
ロビンソン (Robinson, V.)	・1883～1977 ・アメリカの社会福祉研究者 ・機能的アプローチ ・スーパービジョンの体系化 ・『ケースワーク心理学の変遷』	出34-92
ハミルトン (Hamilton, G.)	・1892～1967 ・アメリカの社会福祉研究者 ・診断主義ケースワークの理論的体系化 ・心理社会的アプローチ ・『ケースワークの理論と実際』 ・『児童ケースワークと心理療法』	
パールマン (Perlman, H.)	・1905～2004 ・アメリカの社会福祉研究者 ・問題解決アプローチの体系化 ・４つのＰ・６つのＰ ・『ソーシャル・ケースワーク―問題解決の過程』	出32-101（相理）
バートレット (Bartlett, H.)	・1897～1987 ・アメリカの社会福祉研究者 ・社会福祉に共通する構成要素＝価値・知識・介入 ・新しい援助技術の始まり ・システム論を取り入れた『社会福祉実践の共通基盤』『ソーシャルワーク教育と実践におけるジェネリック―スペシフィック概念』がある	
ホリス (Hollis, F.)	・1907～1987 ・アメリカの社会福祉研究者 ・診断主義の継承 ・心理社会的アプローチ ・状況のなかの人 ・『ケースワーク―心理社会療法』	出32-101（相理）
ジャーメイン (Germain, C.)	・1916～1995 ・アメリカの社会福祉研究者 ・生活モデル ・生態学（エコロジー）の立場を基礎理論 ・人と環境との交互作用過程	
バイステック (Biestek, F.)	・1912～1994 ・アメリカの社会福祉研究者 ・ケースワークの7つの原則 ・カトリック神学に基づくケースワーク哲学	出34-116（相理）

	人物名	業績など
	ソロモン (Solomon, B.)	・1934～ ・エンパワメント理論（アメリカ） ・黒人のクライエント・システムのエンパワメント促進を具体化する方法や手段を試みる
	ハートマン (Hartman, A.)	・1926～ ・家族思考ソーシャルワーク ・エゴグラムとエコマップ ・家族アセスメント
出32-101（相理）	ロス (Ross, M.)	・1910～2000 ・カナダの社会福祉研究者 ・組織化説（プロセス・ゴール説） ・『コミュニティ・オーガニゼーション―理論と原則』
	ロスマン (Rothman, J.)	・1927～ ・地域活動を、①地域開発モデル、②社会計画モデル、③ソーシャルアクションモデルの３つに分類 ・マクロ・ソーシャルワークの視点から「政策実践モデル」と「運営管理モデル」を加えた
出33-113（相理）	コノプカ (Konopka, G.)	・1910～2003 ・アメリカのグループワーク研究者 ・治療教育的グループワークの開拓者 ・非行少年・情緒障害児・入所施設入所者へのグループワーク実践 ・14項目のグループワークの基本原理 ・『ソーシャル・グループワーク』『入所施設におけるソーシャル・グループ・ワーク』
出33-113（相理）	トレッカー (Trecker, H.)	・1911～1986 ・アメリカのグループワーク研究者 ・グループワークの理論化に貢献 ・青少年健全育成・YMCA活動 ・『ソーシャル・グループワーク―原理と実際』
出33-113（相理）	シュワルツ (Schwartz, W.)	・1916～1982 ・アメリカのグループワーク研究者 ・グループワークをソーシャルワークの理論に包み込む ・波長合わせ―契約―媒介 ・媒介モデル・相互作用モデル ・個人と社会の双方援助
出33-113（相理）	コイル (Coyle, G.)	・1892～1962 ・グループワークの母 ・アメリカのグループワーク研究者 ・グループワーク実践をソーシャルワークの一方法として確立 ・1946年の全米社会事業会議（NCSW）報告
出33-113（相理）	ヴィンター (Vinter, R.)	・1921～2006 ・ミシガン大学（アメリカ） ・行動療法的グループワーク（治療的グループワーク・行動グループワーク） ・社会的に機能する力に問題のある人々への治療的働きかけ

図表3 日本の社会福祉に関する人物と業績

人物名	業績など
石井十次	1887（明治20）年に岡山市で**岡山孤児院**を創設した。
石井亮一	1891（明治24）年に孤女学院（現・滝乃川学園）を創設した。
留岡幸助	1899（明治32）年に感化院として、東京巣鴨に**家庭学校**を創設し、その後1914（大正3）年に北海道家庭学校を設立した。
片山潜	1897（明治30）年に、日本人最初の隣保館である**キングスレー館**を東京都神田三崎町に設立した。
山室軍平	イギリス**救世軍**の来日を機に入信し、1895（明治28）年に日本で救世軍を組織した。釈放者の保護、廃娼運動、無料宿泊所などの活動を展開した。
笠井信一	岡山県知事。ドイツのエルバーフェルト市の救貧委員制度を参考に、1917（大正6）年に岡山県の**済世顧問制度**を創設した。
林市蔵	大阪府知事。ドイツのエルバーフェルト市を参考に政治顧問の小河滋次郎とともに1918（大正7）年に大阪府の**方面委員制度**を創設した。
浅賀ふさ	1929（昭和4）年に、聖路加国際病院に社会事業部が開設され、キャノン（Cannon, I.）から専門的なトレーニングを受けた浅賀が採用された。
糸賀一雄	1946（昭和21）年に戦災孤児と知的障害児を支援する施設「**近江学園**」、1963（昭和38）年に重症心身障害児施設「びわこ学園」を創設した。 1965（昭和40）年に『**この子らを世の光に**』を著した。
谷川貞夫	1949（昭和24）年に『ケース・ウォーク要論』を著した。
三好豊太郎	1924（大正13）年に「『ケースウォーク』としての人事相談事業」を著し、ケースワークを社会事業の技術として位置づけた。
竹内愛二	1938（昭和13）年に『**ケース・ウォークの理論と實（実）際**』を著し、アメリカの援助技術について論じた。 1951（昭和26）年に『グループ・ウォークの技術』を著した。
永井三郎	1949（昭和24）年に『グループ・ワーク—小團（団）指導入門』を著し、アメリカのグループワークを論じた。
仲村優一	論文「公的扶助とケースワーク」を著した。公的扶助の制度のもとにおいてケースワークの民主的な運営が可能と述べた。

出33-94
出35-25（現社）
出35-25（現社）
出35-25（現社）
出33-94
出35-25（現社）
出33-33（地域）
出33-33（地域）

5 ソーシャルワークの倫理

専門職倫理の概念

165 ソーシャルワークにおける専門職倫理とは、ソーシャルワーカーをソーシャルワークの価値に基づいた具体的な実践に導くために示した指針のことである。

166 ソーシャルワーカーが行うべき倫理基準として明文化されたものを倫理綱領という。ソーシャルワーカーの倫理綱領には、すべてのソーシャルワーカーが志すべき原理が示され、それらに基づく倫理基準が定められている。

167 ソーシャルワーカーの倫理に反する行為として、自分の立場を利用して自己の利益のために、クライエントからの報酬以外の金銭や物品を受領すること、保険報酬の詐欺行為、クライエントとの性的関係を結ぶことなどが挙げられる。苦情対応システムなどを活用しながら、ソーシャルワーカー間で予防および対応に努める。

168 ソーシャルワーカーの自己覚知とは、クライエント中心の援助関係を構成し、専心できる状況づくりをするために、人を理解する前に自己を理解し、私情・偏見をなくし、感情的反応を示さないようにすることなどをいう。これは、他者を理解しようとするとき、自己の価値基準などが働いて、他者をありのまま理解することが妨げられることがあるためである。

169 意識化の原則とは、専門的援助の過程において、援助の言動は常に意識化されていなければならないとする原則をいう。

170 クライエントが罪を犯した場合、ソーシャルワーカーは、行為そのものには客観的に評価・判断を加えるが、クライエント自身を審判することなく受け入れ、理解する態度をとることになる。

専門職の倫理綱領

◎ソーシャルワーカーの倫理綱領

171 価値は、何かをするのに、それがどれだけ役に立つかという程度を示すものであり、倫理は、行動の規範としての道徳観や善悪の基準を示すものである。価値を行動規範に具体化したものが倫理であり、ソーシャルワーカーのあり方や行動の規範を掲げたものを**倫理綱領**という。

172 ソーシャルワーカーは、①現実の社会が有している社会的価値、②ソーシャルワーカー個人の有している個人的価値、③専門職として有している価値、④機関が有している価値のなかで活動するが、なかでも**専門職としての価値がほかの価値よりも優先**される。

173 ソーシャルワーカーの倫理基準を示すことは、社会的認知と社会的信用の確保であり、専門職として認知される条件ともいえる。

174 倫理綱領には、ソーシャルワーカーの教育的役割や、人権尊重や社会正義などの価値から外れた実践を行わないよう管理する機能（**モラルハザードを予防する機能**）がある。苦情対応、懲戒システムはそのために存在する。

175 倫理綱領は、ソーシャルワーカーの活動を保障するなど外部規制の防備ともなる。

176 倫理綱領は、ソーシャルワーカーの倫理的ジレンマに対しての判断指針ともなる。

177 2014年に国際ソーシャルワーカー連盟国際会議において「ソーシャルワーク専門職のグローバル定義」が採択されたことを受けて、2018（平成30）年から日本ソーシャルワーカー連盟倫理綱領委員会にて改定作業が続けられ、2020（令和2）年に現在の倫理綱領が完成し、各団体が採択している。

✏ 日本社会福祉士会、日本精神保健福祉士協会、日本医療社会福祉協会、日本ソーシャルワーカー協会の4団体である。

◎社会福祉士の倫理綱領

178 日本社会福祉士会は、1995（平成7）年に採択した倫理綱領（**日本社会福祉士会の倫理綱領**）を2005（平成17）年に改定した。その後の2014年、国際ソーシャルワーカー連盟が「**ソーシャルワーク専門職のグローバル定義**」を採択したことに伴い改定が行われ、2020（令和2）年に完成した日本ソーシャルワーカー連盟による「ソーシャルワーカーの倫理綱領」を「**社会福祉士の倫理綱領**」（図表4参照）として採択した。

179 社会福祉士の倫理綱領では、「原理」のなかの「**人間の尊厳**」として、「社会福祉士は、すべての人々を、出自、人種、民族、国籍、性別、性自認、性的指向、年齢、身体的精神的状況、宗教的文化的背景、社会的地位、経済状況などの違いにかかわらず、かけがえのない存在として尊重する」こととされている。旧倫理綱領と比較すると、民族、国籍、性自認、性的指向が加

図表4 社会福祉士の倫理綱領（色文字は著者による）

社会福祉士の倫理綱領

2020年6月30日採択

前文

われわれ社会福祉士は、すべての人が人間としての尊厳を有し、価値ある存在であり、平等であることを深く認識する。われわれは平和を擁護し、社会正義、人権、集団的責任、多様性尊重および全人的存在の原理に則り、人々がつながりを実感できる社会への変革と社会的包摂の実現をめざす専門職であり、多様な人々や組織と協働することを言明する。

われわれは、社会システムおよび自然的・地理的環境と人々の生活が相互に関連していることに着目する。社会変動が環境破壊および人間疎外をもたらしている状況にあって、この専門職が社会にとって不可欠であることを自覚するとともに、社会福祉士の職責についての一般社会及び市民の理解を深め、その啓発に努める。

われわれは、われわれの加盟する国際ソーシャルワーカー連盟と国際ソーシャルワーク教育学校連盟が採択した、次の「ソーシャルワーク専門職のグローバル定義」（2014年7月）を、ソーシャルワーク実践の基盤となるものとして認識し、その実践の拠り所とする。

> **ソーシャルワーク専門職のグローバル定義**
>
> ソーシャルワークは、社会変革と社会開発、社会的結束、および人々のエンパワメントと解放を促進する、実践に基づいた専門職であり学問である。社会正義、人権、集団的責任、および多様性尊重の諸原理は、ソーシャルワークの中核をなす。ソーシャルワークの理論、社会科学、人文学、および地域・民族固有の知を基盤として、ソーシャルワークは、生活課題に取り組みウェルビーイングを高めるよう、人々やさまざまな構造に働きかける。
>
> この定義は、各国および世界の各地域で展開してもよい。
>
> （IFSW；2014.7.）※注1

われわれは、ソーシャルワークの知識、技術の専門性と倫理性の維持、向上が専門職の責務であることを認識し、本綱領を制定してこれを遵守することを誓約する。

原理

Ⅰ（人間の尊厳）　社会福祉士は、すべての人々を、出自、人種、民族、国籍、性別、性自認、性的指向、年齢、身体的精神的状況、宗教的文化的背景、社会的地位、経済状況などの違いにかかわらず、かけがえのない存在として尊重する。

Ⅱ（人権）　社会福祉士は、すべての人々を生まれながらにして侵すことのできない権利を有する存在であることを認識し、いかなる理由によってもその権利の抑圧・侵害・略奪を容認しない。

Ⅲ（社会正義）　社会福祉士は、差別、貧困、抑圧、排除、無関心、暴力、環境破壊などの無い、自由、平等、共生に基づく社会正義の実現をめざす。

Ⅳ（集団的責任）　社会福祉士は、集団の有する力と責任を認識し、人と環境の双方に働きかけて、互恵的な社会の実現に貢献する。

Ⅴ（多様性の尊重）　社会福祉士は、個人、家族、集団、地域社会に存在する多様性を認識し、それらを尊重する社会の実現をめざす。

Ⅵ（全人的存在）　社会福祉士は、すべての人々を生物的、心理的、社会的、文化的、スピリチュアルな側面からなる全人的な存在として認識する。

倫理基準

Ⅰ　クライエントに対する倫理責任

1．（クライエントとの関係）社会福祉士は、クライエントとの専門的援助関係を最も大切にし、それを自己の利益のために利用しない。

2．（クライエントの利益の最優先）社会福祉士は、業務の遂行に際して、クライエントの利益を最優先に考える。
3．（受容）社会福祉士は、自らの先入観や偏見を排し、クライエントをあるがままに受容する。
4．（**説明責任**）社会福祉士は、クライエントに必要な情報を適切な方法・わかりやすい表現を用いて提供する。
5．（クライエントの**自己決定の尊重**）社会福祉士は、クライエントの自己決定を尊重し、クライエントがその権利を十分に理解し、活用できるようにする。また、社会福祉士は、クライエントの自己決定が本人の生命や健康を大きく損ねる場合や、他者の権利を脅かすような場合は、人と環境の相互作用の視点からクライエントとそこに関係する人々相互の**ウェルビーイングの調和**を図ることに努める。
6．（**参加の促進**）社会福祉士は、クライエントが自らの人生に影響を及ぼす決定や行動のすべての局面において、完全な関与と参加を促進する。
7．（クライエントの意思決定への対応）社会福祉士は、意思決定が困難なクライエントに対して、常に最善の方法を用いて利益と権利を擁護する。
8．（プライバシーの尊重と秘密の保持）社会福祉士は、クライエントのプライバシーを尊重し秘密を保持する。
9．（記録の開示）社会福祉士は、クライエントから記録の開示の要求があった場合、非開示とすべき正当な事由がない限り、クライエントに記録を開示する。
10．（**差別や虐待の禁止**）社会福祉士は、クライエントに対していかなる差別・虐待もしない。
11．（権利擁護）社会福祉士は、クライエントの権利を擁護し、その権利の行使を促進する。
12．（**情報処理技術の適切な使用**）社会福祉士は、情報処理技術の利用がクライエントの権利を侵害する危険性があることを認識し、その適切な使用に努める。

Ⅱ　組織・職場に対する倫理責任

1．（最良の実践を行う責務）社会福祉士は、自らが属する組織・職場の基本的な使命や理念を認識し、最良の業務を遂行する。
2．（**同僚などへの敬意**）社会福祉士は、組織・職場内のどのような立場にあっても、同僚および他の専門職などに敬意を払う。
3．（**倫理綱領の理解の促進**）社会福祉士は、組織・職場において本倫理綱領が認識されるよう働きかける。
4．（**倫理的実践の推進**）社会福祉士は、組織・職場の方針、規則、業務命令がソーシャルワークの倫理的実践を妨げる場合は、適切・妥当な方法・手段によって提言し、改善を図る。
5．（**組織内アドボカシーの促進**）社会福祉士は、組織・職場におけるあらゆる虐待または差別的・抑圧的な行為の予防および防止の促進を図る。
6．（**組織改革**）社会福祉士は、人々のニーズや社会状況の変化に応じて組織・職場の機能を評価し必要な改革を図る。

Ⅲ　社会に対する倫理責任

1．（**ソーシャル・インクルージョン**）社会福祉士は、あらゆる差別、貧困、抑圧、排除、無関心、暴力、環境破壊などに立ち向かい、包摂的な社会をめざす。
2．（社会への働きかけ）社会福祉士は、人権と社会正義の増進において変革と開発が必要であるとみなすとき、人々の主体性を活かしながら、社会に働きかける。
3．（**グローバル社会への働きかけ**）社会福祉士は、人権と社会正義に関する課題を解決するため、全世界のソーシャルワーカーと連帯し、グローバル社会に働きかける。

Ⅳ　専門職としての倫理責任

1．（**専門性の向上**）社会福祉士は、最良の実践を行うために、必要な資格を所持し、専門性の向上に努める。
2．（専門職の啓発）社会福祉士は、クライエント・他の専門職・市民に専門職としての実践を適切な手段をもって伝え、社会的信用を高めるよう努める。
3．（信用失墜行為の禁止）社会福祉士は、自分の権限の乱用や品位を傷つける行いなど、専門職全体の信用失墜となるような行為をしてはならない。
4．（社会的信用の保持）社会福祉士は、他の社会福祉士が専門職業の社会的信用を損なうような場合、本人にその事実を知らせ、必要な対応を促す。
5．（専門職の擁護）社会福祉士は、不当な批判を受けることがあれば、専門職として連帯し、その立場を擁護する。
6．（教育・訓練・管理における責務）社会福祉士は、教育・訓練・管理を行う場合、それらを受ける人の人権を尊重し、専門性の向上に寄与する。
7．（調査・研究）社会福祉士は、すべての調査・研究過程で、クライエントを含む研究対象の権利を尊重し、研究対象との関係に十分に注意を払い、倫理性を確保する。
8．（**自己管理**）社会福祉士は、何らかの個人的・社会的な困難に直面し、それが専門的判断や業務遂行に影響する場合、クライエントや他の人々を守るために必要な対応を行い、自己管理に努める。

注1．本綱領には「ソーシャルワーク専門職のグローバル定義」の本文のみを掲載してある。なお、**アジア太平洋**（2016年）および**日本**（2017年）**における展開**が制定されている。
2．本綱領にいう「社会福祉士」とは、本倫理綱領を遵守することを誓約し、ソーシャルワークに携わる者をさす。
3．本綱領にいう「クライエント」とは、「ソーシャルワーク専門職のグローバル定義」に照らし、ソーシャルワーカーに支援を求める人々、ソーシャルワークが必要な人々および変革や開発、結束の必要な社会に含まれるすべての人々をさす。

出典：公益社団法人日本社会福祉士会

えられている。

180 社会福祉士の倫理綱領では、「原理」のなかの「**社会正義**」として、「差別、貧困、抑圧、排除、無関心、暴力、環境破壊などの無い、自由、平等、共生に基づく社会正義の実現をめざす」こととされている。その他「原理」では、「**人権**」「**集団的責任**」「**多様性の尊重**」「**全人的存在**」が記されている。

181 社会福祉士の倫理綱領の倫理基準には、①**クライエントに対する倫理責任**、②**組織・職場に対する倫理責任**、③**社会に対する倫理責任**、④**専門職としての倫理責任**の4つが掲げられている。

182 倫理基準の注目すべきものとして、「参加の促進」「差別や虐待の禁止」「情報処理技術の適切な使用」「同僚などへの敬意」「倫理綱領の理解の促進」「倫理的実践の推進」「組織内アドボカシーの促進」「自己管理」といったものが挙げられる。組織・職場に対する倫理責任は大幅に見直されている。

183 日本社会福祉士会では、会員への支援システム、苦情対応システム、クレーム対応システムを整えている。**苦情対応システム**は、日本社会福祉士会および都道府県社会福祉士会に苦情を申し立て、綱紀委員会が審査の必要性を判断し、必要に応じて調査委員が調査を行い、理事会で懲戒が審議される。

✏ 懲戒（処分）には、厳重注意、戒告、除名があり、除名は、厚生労働省に報告されることとなっている。

◎精神保健福祉士の倫理綱領

184 日本精神保健福祉士協会は、2013（平成25）年に採択した倫理綱領（精神保健福祉士の倫理綱領）を2018（平成30）年に改訂した。

図表5 精神保健福祉士の倫理綱領

前　文

われわれ精神保健福祉士は、個人としての尊厳を尊び、人と環境の関係を捉える視点を持ち、共生社会の実現をめざし、社会福祉学を基盤とする精神保健福祉士の価値・理論・実践をもって精神保健福祉の向上に努めるとともに、クライエントの社会的復権・権利擁護と福祉のための専門的・社会的活動を行う専門職としての資質の向上に努め、誠実に倫理綱領に基づく責務を担う。

目　的

この倫理綱領は、精神保健福祉士の倫理の原則および基準を示すことにより、以下の点を実現することを目的とする。

1．精神保健福祉士の専門職としての価値を示す
2．専門職としての価値に基づき実践する
3．クライエントおよび社会から信頼を得る
4．精神保健福祉士としての価値、倫理原則、倫理基準を遵守する
5．他の専門職や全てのソーシャルワーカーと連携する
6．すべての人が個人として尊重され、共に生きる社会の実現をめざす

倫理原則

1．クライエントに対する責務

⑴クライエントへの関わり

精神保健福祉士は、クライエントの基本的人権を尊重し、個人としての尊厳、法の下の平等、健康で文化的な生活を営む権利を擁護する。

⑵自己決定の尊重

精神保健福祉士は、クライエントの自己決定を尊重し、その自己実現に向けて援助する。

⑶プライバシーと秘密保持

精神保健福祉士は、クライエントのプライバシーを尊重し、その秘密を保持する。

⑷クライエントの批判に対する責務

精神保健福祉士は、クライエントの批判・評価を謙虚に受けとめ、改善する。

⑸一般的責務

精神保健福祉士は、不当な金品の授受に関与してはならない。また、クライエントの人格を傷つける行為をしてはならない。

2．専門職としての責務

⑴専門性の向上

精神保健福祉士は、専門職としての価値に基づき、理論と実践の向上に努める。

⑵専門職自律の責務

精神保健福祉士は同僚の業務を尊重するとともに、相互批判を通じて専門職としての自律性を高める。

⑶地位利用の禁止

精神保健福祉士は、職務の遂行にあたり、クライエントの利益を最優先し、自己の利益のためにその地位を利用してはならない。

⑷批判に関する責務

精神保健福祉士は、自己の業務に対する批判・評価を謙虚に受けとめ、専門性の

向上に努める。
⑸連携の責務
　精神保健福祉士は、他職種・他機関の専門性と価値を尊重し、連携・協働する。
3．機関に対する責務
　精神保健福祉士は、所属機関がクライエントの社会的復権を目指した理念・目的に添って業務が遂行できるように努める。
4．社会に対する責務
　精神保健福祉士は、人々の多様な価値を尊重し、福祉と平和のために、社会的・政治的・文化的活動を通し社会に貢献する。

倫理基準
1．クライエントに対する責務
⑴クライエントへの関わり
　精神保健福祉士は、クライエントをかけがえのない一人の人として尊重し、専門的援助関係を結び、クライエントとともに問題の解決を図る。
⑵自己決定の尊重
a　クライエントの知る権利を尊重し、クライエントが必要とする支援、信頼のおける情報を適切な方法で説明し、クライエントが決定できるよう援助する。
b　業務遂行に関して、サービスを利用する権利および利益、不利益について説明し、疑問に十分応えた後、援助を行う。援助の開始にあたっては、所属する機関や精神保健福祉士の業務について契約関係を明確にする。
c　クライエントが決定することが困難な場合、クライエントの利益を守るため最大限の努力をする。
⑶プライバシーと秘密保持
　精神保健福祉士は、クライエントのプライバシーの権利を擁護し、業務上知り得た個人情報について秘密を保持する。なお、業務を辞めたあとでも、秘密を保持する義務は継続する。
a　第三者から情報の開示の要求がある場合、クライエントの同意を得た上で開示する。クライエントに不利益を及ぼす可能性がある時には、クライエントの秘密保持を優先する。
b　秘密を保持することにより、クライエントまたは第三者の生命、財産に緊急の被害が予測される場合は、クライエントとの協議を含め慎重に対処する。
c　複数の機関による支援やケースカンファレンス等を行う場合には、本人の了承を得て行い、個人情報の提供は必要最小限にとどめる。また、その秘密保持に関しては、細心の注意を払う。
　クライエントに関係する人々の個人情報に関しても同様の配慮を行う。
d　クライエントを他機関に紹介する時には、個人情報や記録の提供についてクライエントとの協議を経て決める。
e　研究等の目的で事例検討を行うときには、本人の了承を得るとともに、個人を特定できないように留意する。
f　クライエントから要求がある時は、クライエントの個人情報を開示する。ただし、記録の中にある第三者の秘密を保護しなければならない。
g　電子機器等によりクライエントの情報を伝達する場合、その情報の秘密性を保証できるよう最善の方策を用い、慎重に行う。
⑷クライエントの批判に対する責務
　精神保健福祉士は、自己の業務におけるクライエントからの批判・評価を受けとめ、改善に努める。
⑸一般的責務
a　精神保健福祉士は、職業的立場を認識し、いかなる事情の下でも精神的・身体的・性的いやがらせ等人格を傷つける行為をしてはならない。
b　精神保健福祉士は、機関が定めた契約による報酬や公的基準で定められた以外の金品の要求・授受をしてはならない。

２．専門職としての責務
⑴専門性の向上
a　精神保健福祉士は専門職としての価値・理論に基づく実践の向上に努め、継続的に研修や教育に参加しなければならない。
b　スーパービジョンと教育指導に関する責務
１）精神保健福祉士はスーパービジョンを行う場合、自己の限界を認識し、専門職として利用できる最新の情報と知識に基づいた指導を行う。
２）精神保健福祉士は、専門職として利用できる最新の情報と知識に基づき学生等の教育や実習指導を積極的に行う。
３）精神保健福祉士は、スーパービジョンや学生等の教育・実習指導を行う場合、公正で適切な指導を行い、スーパーバイジーや学生等に対して差別・酷使・精神的・身体的・性的いやがらせ等人格を傷つける行為をしてはならない。
⑵専門職自律の責務
a　精神保健福祉士は、適切な調査研究、論議、責任ある相互批判、専門職組織活動への参加を通じて、専門職としての自律性を高める。
b　精神保健福祉士は、個人的問題のためにクライエントの援助や業務の遂行に支障をきたす場合には、同僚等に速やかに相談する。また、業務の遂行に支障をきたさないよう、自らの心身の健康に留意する。
⑶地位利用の禁止
精神保健福祉士は業務の遂行にあたりクライエントの利益を最優先し、自己の個人的・宗教的・政治的利益のために自己の地位を利用してはならない。また、専門職の立場を利用し、不正、搾取、ごまかしに参画してはならない。
⑷批判に関する責務
a　精神保健福祉士は、同僚の業務を尊重する。
b　精神保健福祉士は、自己の業務に関する批判・評価を謙虚に受けとめ、改善に努める。
c　精神保健福祉士は、他の精神保健福祉士の非倫理的行動を防止し、改善するよう適切な方法をとる。
⑸連携の責務
a　精神保健福祉士は、クライエントや地域社会の持つ力を尊重し、協働する。
b　精神保健福祉士は、クライエントや地域社会の福祉向上のため、他の専門職や他機関等と協働する。
c　精神保健福祉士は、所属する機関のソーシャルワーカーの業務について、点検・評価し同僚と協働し改善に努める。
d　精神保健福祉士は、職業的関係や立場を認識し、いかなる事情の下でも同僚または関係者への精神的・身体的・性的いやがらせ等人格を傷つける行為をしてはならない。
３．機関に対する責務
精神保健福祉士は、所属機関等が、クライエントの人権を尊重し、業務の改善や向上が必要な際には、機関に対して適切・妥当な方法・手段によって、提言できるように努め、改善を図る。
４．社会に対する責務
精神保健福祉士は、専門職としての価値・理論・実践をもって、地域および社会の活動に参画し、社会の変革と精神保健福祉の向上に貢献する。

出典：公益社団法人日本精神保健福祉士協会

185　精神保健福祉士の倫理綱領にある前文には、「**共生社会**の実現」を目指し、「クライエントの社会的復権・権利擁護と福祉のための専門的・社会的活動を行う」専門職であることが明記されている。

186 精神保健福祉士の倫理綱領では、倫理原則と倫理基準それぞれに、①クライエントに対する責務、②専門職としての責務、③機関に対する責務、④社会に対する責務がある。

187 精神保健福祉士の倫理綱領において、精神保健福祉士は「専門職としての責務」として、①専門性の向上、②専門職自律の責務、③地位利用の禁止、④批判に関する責務、⑤連携の責務が設けられている。

倫理的ジレンマ

188 倫理的ジレンマとは、相反する複数の倫理的根拠が存在し、どれもが重要だと考えられる場合、ソーシャルワーカーがどうすればよいのかと葛藤することである。

出32-96
出36-96

受験対策アドバイス
◆倫理的ジレンマが生じ、その解決を目指す場合、どの倫理的根拠が相反する関係にあるのか明確にすることが大切です。

189 ソーシャルワーク実践における倫理的ジレンマとしては、①守秘義務と第三者の利益を守る責任、②守秘義務と社会に対する責任、③自己決定とクライエントの保護責任、④クライエントに対する責任と所属組織に対する責任、⑤同僚に対する責任と専門性への責任などが代表的な例である◆。これらに対しては、倫理的判断過程に沿って、社会資源を活用しつつ解決していく。

190 ビューチャンプ（Beauchamp, T.）とチャイルドレス（Childress, J.）によれば、守秘義務違反が正当化される場合として、①第三者に及ぶ危害がきわめて重大だと予測されること、②危害を起こす可能性が高いこと、③リスクのある人への警告や保護以外に選択肢がないこと、④守秘義務を破ることによって危害を予防できること、⑤患者に対する危害が最小限で許容範囲内であることを挙げている。

191 ドルゴフ（Dolgoff, R.）らによる倫理的指針選別順位によれば、①生命の保護の原則、②社会正義の原則、③自己決定、自律、自由の原則、④最小限の害の原則、⑤生活の質の原則、⑥プライバシーと守秘義務の原則、⑦誠実さと開示の原則の7つがあり、①の原則が最も重用すべきもので、次いで番号の順に判断していく。

192 倫理的ジレンマに対して、リーマー（Reamer, F.）やヘップワース（Hepworth, D.）は、図表6の考え方を示した。

図表6 倫理的ジレンマに対する価値のハイラキー（ヒエラルキー）

優位 ←

①	クライエントの生命・健康・福利・生活に必要な権利	＞	守秘義務、福祉、教育、レクリエーション（追加的善）
②	ある人の福利	＞	ほかの人のプライバシー、自由、自己決定の権利
③	人々の自己決定の権利（ほかの人の福利を侵さない限り）	＞	適切な知識で斟酌《しんしゃく》した教養のある自発的に決定するに値する基本的な人々の福利の権利
④	クライエントの福利の権利	＞	法律、政策、機関の手続き

実力チェック！一問一答

※解答の横の番号は、本科目で該当する重要項目や図表の番号です。

	問題	解答	番号
1	社会福祉士及び介護福祉士法によると、社会福祉士は相談援助の業務を独占的に行う。	1 ×	5
2	社会福祉士及び介護福祉士法と、精神保健福祉士法には、社会福祉士と精神保健福祉士に共通する「資質向上の責務」が明記されている。	2 ○	6 22
3	社会福祉士の「秘密保持義務」は、社会福祉士の業務を離れた後においても適用される。	3 ○	9
4	「ソーシャルワーク専門職のグローバル定義」（2014年）では、「ソーシャルワークの定義」（2000年）と比べて、ソーシャルワークの中核をなすものとして、集団的責任の原理が加えられた。	4 ○	43
5	慈善組織協会（COS）は、把握したすべての貧困者を救済の価値がある貧困者として救済活動を行った。	5 ×	98 99
6	バーネットが創設したトインビー・ホールは、イギリスにおけるセツルメント運動の拠点となった。	6 ○	104
7	コイトが創設したネイバーフッド・ギルドは、イギリスにおける最初のセツルメントであった。	7 ×	105
8	アダムスが創設したハル・ハウスは、アメリカにおけるセツルメント運動に大きな影響を与えた。	8 ○	105
9	リッチモンドは、『ソーシャル・ケース・ワークとは何か』において、ケースワークを、人間と社会環境を調整し、パーソナリティを発達させる諸過程からなると定義した。	9 ○	110
10	ハミルトンは、心理社会的アプローチを提唱し、社会的側面への援助を取り入れるために「状況のなかの人」という視座からケースワークを捉えた。	10 ×	143 144
11	ジャーメインは、人間と環境の交互作用を基本視点とした生態学的アプローチを展開した。	11 ○	152
12	ジェネラリストアプローチとは、専門職としてのソーシャルワークの共通基盤を確立し、全体を特質づける枠組みを再構築する方法である。	12 ○	162
13	石井十次が創設した家庭学校は、日本におけるセツルメント運動に大きな影響を及ぼした。	13 ×	図表3
14	片山潜が創設したキングスレー館は、日本におけるセツルメント運動の萌芽となった。	14 ○	図表3
15	日本社会福祉士会の「社会福祉士の倫理綱領」によれば、専門職としての倫理責任として、専門性の向上、専門職の啓発、信用失墜行為の禁止などがある。	15 ○	図表4

11

ソーシャルワークの理論と方法

※【　】内は問題番号
※　は新カリにおける新規項目

⑪ ソーシャルワークの理論と方法（共通）

大項目	中項目	小項目（例示）	出題実績		
			第36回	第35回	第34回
1 人と環境との交互作用に関する理論とミクロ・メゾ・マクロレベルにおけるソーシャルワーク	1）システム理論	・一般システム理論，サイバネティックス，自己組織性	【98】	【98】	【98】
	2）生態学理論				
	3）バイオ・サイコ・ソーシャルモデル				
	4）ミクロ・メゾ・マクロレベルにおけるソーシャルワーク				
2 ソーシャルワークの実践モデルとアプローチ	1）ソーシャルワークの様々な実践モデルとアプローチ	・医学モデル ・生活モデル ・ストレングスモデル ・心理社会的アプローチ ・機能的アプローチ ・問題解決アプローチ ・課題中心アプローチ ・危機介入アプローチ ・実存主義アプローチ ・フェミニストアプローチ ・行動変容アプローチ ・エンパワメントアプローチ ・ナラティヴアプローチ ・解決志向アプローチ	【97】 【99】 【100】 【101】 【115】	【99】 【100】	【99】 【100】
3 ソーシャルワークの過程	1）ケースの発見	・アウトリーチ ・スクリーニング			
	2）エンゲージメント（インテーク）	・エンゲージメント（インテーク）の意義，目的，方法，留意点 ・契約			【102】 【103】
	3）アセスメント	・アセスメントの意義，目的，方法，留意点	【102】 【107】		
	4）プランニング	・プランニングの意義，目的，方法，留意点 ・効果と限界の予測 ・支援方針・内容の説明・同意	【103】	【101】	
	5）支援の実施	・支援の意義，目的，方法，留意点			【104】
	6）モニタリング	・モニタリングの意義，目的，方法，留意点 ・効果測定	【104】	【102】	
	7）支援の終結と事後評価	・支援の終結と事後評価の目的，方法，留意点		【103】	
	8）フォローアップ	・フォローアップの目的，方法，留意点	【105】		【105】
4 ソーシャルワークの記録	1）記録の意義と目的	・ソーシャルワークの質の向上 ・支援の継続性，一貫性 ・機関の運営管理 ・教育，研究 ・アカウンタビリティ			
	2）記録の方法と実際	・記録の文体（叙述体，要約体，説明体 等） ・項目式（フェースシート 等） ・図表式（ジェノグラム，エコマップ 等）	【111】	【114】 【115】	【114】
5 ケアマネジメント	1）ケアマネジメントの原則	・ケアマネジメントの歴史 ・適用と対象			
	2）ケアマネジメントの意義と方法	・ケアマネジメントの意義 ・ケアマネジメントのプロセス ・ケアマネジメントのモデル			【109】
6 集団を活用した支援	1）グループワークの意義と目的	・グループダイナミクス ・リーダーシップ		【111】	【112】

大項目	中項目	小項目（例示）	出題実績		
			第36回	第35回	第34回
	2）グループワークの原則	・個別化の原則 ・受容の原則 ・参加の原則 ・体験の原則 ・葛藤解決の原則 ・制限の原則 ・継続評価の原則			
	3）グループワークの展開過程	・準備期，開始期，作業期，終結期	【109】 【117】		【111】
	4）セルフヘルプグループ	・共感性，分かち合い ・ヘルパーセラピー原則 ・体験的知識 ・役割モデルの習得 ・援助者の役割		【112】	
7 コミュニティワーク	1）コミュニティワークの意義と目的	・社会的包摂（ソーシャルインクルージョン） ・住民参加			
	2）コミュニティワークの展開	・地域アセスメント ・地域課題の発見・認識 ・実施計画とモニタリング ・組織化 ・社会資源の開発 ・評価と実施計画の更新	【108】		
8 スーパービジョンとコンサルテーション	1）スーパービジョンの意義，目的，方法	・スーパービジョンの定義 ・スーパーバイザーとスーパーバイジーの関係性 ・スーパービジョンの機能 ・スーパービジョンの形態と方法	【110】	【113】	【113】
	2）コンサルテーションの意義，目的，方法	・コンサルテーションの定義 ・コンサルタントとコンサルティーの関係性 ・コンサルテーションの方法			

1 人と環境との交互作用に関する理論とミクロ・メゾ・マクロレベルにおけるソーシャルワーク

システム理論

出34-98

受験対策アドバイス
システム理論や生態学理論には耳なじみのない用語がいくつかありますが、それぞれの意味がわかると、全体がつながっているのがわかります。1つずつ丁寧に確認しましょう。

1 **システム理論**は、ソーシャルワークを支える理論の1つで、ソーシャルワークの統合化に大きな影響を与えた。システム全体は諸要素より成り立っているという考え方で、全体的モデルという。**人と環境との全体的視座**から把握される。

2 「システム」の用語が広く用いられるようになったのは、ベルタランフィ（Bertalanffy, L.）による**一般システム理論**の概念が登場し、複数の学問分野で説明可能なものとして普及が試みられたことによる。

出32-98

3 一般システム理論の概念が示されたのと同時期に、ウィーナー（Wiener, N.）による**サイバネティックス概念**が提供された。サイバネティックスとは、システムの構成要素間での情報のやり取り（コミュニケーション）において、システムはフィードバック機能をもつことを示した。この考えは、システムがシステムを産出していくという「**自己組織性**」や「**オートポイエーシス**」の概念において注目されている。

4 一般システム理論におけるシステムとは、複数の構成要素が相互に作用している複合体で、ある目的に向かって機能する有機体であると定義し、システムのなかに**サブシステム**が存在することで、より複雑な事象の解明にも有用であることを示した。

出32-98
出33-99
出34-98

5 ソーシャルワークの支援対象となる個人、集団、地域社会は、それぞれをシステムとして捉えることができる。そのため、ソーシャルワークの状況を理解するための理論としてシステムという概念が援用されることとなった。

6 システムの構成要素は、相互に関係があると考えられる。そのため、システムの1つの構成要素に変化を起こすことは、システム内のほかの要素、あるいはシステム全体に変化を及ぼすことになると捉えることができる。

7 システムには、ほかのシステムとの区別が可能な境界（boundary）が存在している。さらにその境界には強弱があり、複数重なっていたり、消滅したりする可能性もある。

8 **開放（open）システム**とは、システムの構成要素やシステム全体がほかのシステムの構成要素や全体と相互に作用し合っているものをいい、環境からの入力（input）と環境への出力（output）が存在する。そのような出入力がないシステムは、**閉鎖（closed）システム**という。 出32-98 出36-98

9 システムは動的なものであることから、フィードバック機能を有している。また、システムとして何らかの目標達成を追求するとともに、ホメオスタシスを維持しようとすることに特徴がある。 出32-98

✎ ホメオスタシスとは、生物が生体内部の状態を一定に保とうとする機能のことで、「生体恒常性」ともいわれる。システム理論においては、開放システム（外部からさまざまな影響を受けるため変化しやすいシステムといえる）が、最終的には安定した状態を維持しようとすると考えられた。

10 ピンカス（Pincus, A.）とミナハン（Minahan, A.）は、ソーシャルワークを1つのシステムと捉え、ソーシャルワーク実践では、ソーシャルワーカーは、4つのサブシステムの相互作用、①チェンジ・エージェント・システム、②クライエント・システム、③ターゲット・システム、④アクション・システムに関心をもつことを提唱している（図表1、図表2参照）。 出33-98 出35-97（相基）

11 **チェンジ・エージェント・システム**とは、正規に雇用された専門職から構成されるシステムで、支援を担当するソーシャルワーカーとそのワーカーが所属する機関や施設をいい、ほかの3つのシステムとかかわるシステムといえる。 出35-97（相基）

12 **クライエント・システム**とは、チェンジ・エージェントからのサービスを求めている人はもとより、サービスを受ける必要があったり、課題の解決や目標の達成に取り組もうとしている個人や家族などから構成されている小集団を指す。 出32-100

13 **ターゲット・システム**とは、チェンジ・エージェントが掲げた目標達成のために、変化を促し影響を及ぼす個人や集団、組織、地域、制度などを指し、クライエント・システムと重複することが多い。 出36-98

14 **アクション・システム**とは、ターゲット・システムの目標達成や変化・変革に影響を与えていく実行活動に参加する人々や資源のすべてを指し、ソーシャルワーカーが協働するシステムのことをいう。

図表1 ピンカスとミナハンの4つのシステム

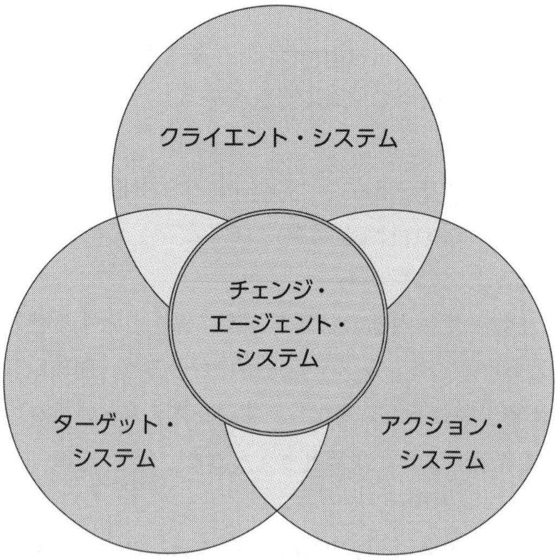

図表2 ピンカスとミナハンの4つのシステムと、ソーシャルワークの3つの実践レベル

	ミクロレベル（利用者や個人）	メゾレベル（グループ、組織、地域社会）	マクロレベル（制度・政策、社会意識）
チェンジ・エージェント・システム（ワーカー・システム）	ワーカー個人やワーカー仲間（個人レベルでの専門職知識や技術の向上などを含む）	ワーカーが所属する組織、専門職団体等の働きかけ等（専門職による会議等も含む）	専門職団体のあり方、国家資格化、国際ソーシャルワーク等
クライエント・システム	クライエントや家族へのアプローチ	クライエントの自助グループや同様の課題をもつ団体の組織化等	クライエント等の全国団体の組織化等
ターゲット・システム	ターゲットとなるクライエント以外の友人、知人、隣人、他専門職への働きかけ等	ターゲットとなるグループ、専門職団体や組織、地域の自治会等への働きかけ等	ターゲットとなる制度・政策、政党、専門職団体、国民の意識に働きかけ等
アクション・システム	アクションを起こすクライエント以外の友人、知人、近隣、他専門職への働きかけ等	アクションを起こすグループ、専門職団体や組織、地域社会への働きかけ等	アクションを起こす政党、政治家、専門職団体への働きかけ、国民の意識改革のためのSNSの利用等

出典：石川久展「わが国におけるミクロ・メゾ・マクロソーシャルワーク実践の理論的枠組に関する一考察――ピンカスとミナハンの4つのシステムを用いてのミクロ・メゾ・マクロ実践モデル体系化の試み」『Human Welfare』第11巻第1号，2019．を一部改変

生態学理論

15 **生態学**は、生物学の一分野としての研究が続けられてきたが、1970年代以降は広大な地域や地球全体規模での環境問題への関心が高まった。その後、それらを1つのシステムとみなす生態系（ecosystem）の考え方が提示されるようになった。

16 ブロンフェンブレンナー（Bronfenbrenner, U.）は、人を対象とした生態学理論の応用例を示し、子どもを取り巻く環境について、**マイクロ**、**メゾ**、**エクソ**、**マクロ**の4つに分けた。そのうえで、それぞれが相互に関係しながら子どもの成長に影響を与えているとした。 出32-106

17 システム理論と生態学理論の知見を、ソーシャルワークのアセスメントにおける固有の視点として取り入れた「**エコシステム的視座**（ecosystem perspective）」が提唱された。その特徴としては、①個人と環境の交互作用の理解に焦点を当てること、②多様なクライエント・システムの理解に適していること、③エコマップの手法を具体化するのが可能であること、④環境に対する働きかけの考察に有用であること、等が挙げられる。

18 ジャーメイン（Germain, C. B.）とギッターマン（Gitterman, A.）は、エコシステム的視座をソーシャルワーカーの実践として体系化し、**ライフモデル（生活モデル）**を提唱した。その特色は、①クライエントの問題に焦点を当てること、②短期間の処遇、③対処の方法に重点が置かれる、④多様な介入の方法をクライエントに合わせて応用し活用するなどが挙げられる。 出36-99

19 ライフモデル（生活モデル）では、環境と個人の二者間で相互に影響し合うばかりでなく、二者の関係が第三者に影響を及ぼす可能性があると捉えるため、二者間の関係を示す相互作用（interaction）よりも**交互作用（transaction）**が用いられる。 出36-99

20 ライフモデルでは、人の生活が交互作用のバランスで成立していると考え、人がバランスを維持しようとする過程を「**適応**」と捉えた。そして、適応が取れている状態を「良好な適合状態」と呼ぶ。これが成立していない状況を、介入が必要な問題あるいはニーズとみなし、そのような状況をもたらす原因を生活ストレッサーと位置づける。

21 **生活ストレッサー**は、転居や就職、結婚、介護、災害などの「生活上の移行・変化」、家族や職場などを含む「環境からの圧力」、意思疎通の欠如や家族内葛藤などの「不適切な対人関係・コミュニケーション」の3つに整理できる。また、さまざまな問題を解消しニーズを満たすために人々が取り組む努力や試みを「**対処（coping）**」という。

バイオ・サイコ・ソーシャルモデル

22 バイオ・サイコ・ソーシャルモデルは、1970年代に医師のエンゲル（Engel, G. L.）によって提唱されたもので、身体疾患を生物的視点だけでなく、心理的かつ社会的視座から理解することを明示した。また、ベルタランフィ（Bertalanffy, L.）の一般システム理論の影響を強く受けており、多元主義の考えをもっている。

23 バイオ・サイコ・ソーシャルモデルは、人間を多面的かつ包括的に理解する視点をもつことに役立つが、物事を因果関係で説明しようとする「還元主義」に陥ることへの危惧も生じる。その場合、人間をまずは生物的視点から捉え、解決しない場合は心理的視点、さらに解決しない場合は社会的視点で捉えようとし、結果的に、事象や状態を要素に分解することによってのみ理解可能となる、という誤りにつながる危険性がある。

図表3 バイオ・サイコ・ソーシャルモデルによる多面的視点

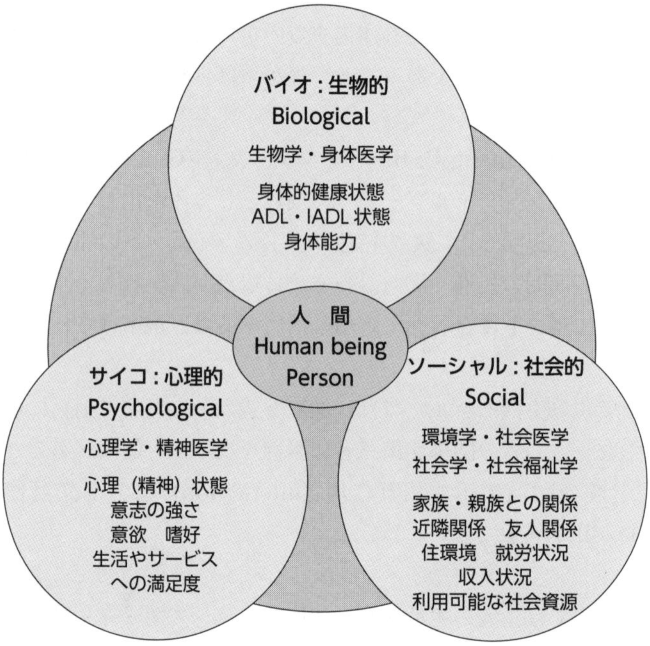

ミクロ・メゾ・マクロレベルにおけるソーシャルワーク

24 国際ソーシャルワーカー連盟（IFSW）によるソーシャルワークの定義によると、ソーシャルワークの対象は、「人とその人を取り巻く環境」とされている。対人支援の専門職の多くは「人」に着目するが、ソーシャルワークでは「人と環境との交互作用」に焦点を当て、個人の抱える課題だけでなく、課題が生じる環境にも着目する。

25 ソーシャルワークは、課題や困難をもたらす環境の構造的な原因を明らかにし、その解消を目指す。また、人と環境との交互作用を理解するうえでは、ミクロレベル、メゾレベル、マクロレベルの3つを一体的に捉える視点が必要となる。

26 **ミクロレベル**とは、個人や家族、さらにその個人を含む小集団の最小のシステムのことであり、支援の対象となる個人や集団に直接的にかかわる。**メゾレベル**とは、ミクロとマクロの中間に位置づけられており、個人等が活動する「地域」や市町村などの基礎自治体が想定される。**マクロレベル**とは、国際ソーシャルワーカー連盟（IFSW）が示す「ソーシャルワークの定義」のうち、「社会変革」にかかわる部分で、都道府県や国、諸外国を含む社会が想定される。

出 32-106
出 34-95（相基）

27 ミクロが最も小さくマクロが最も大きいが、ミクロ、メゾ、マクロの境界は曖昧で、ソーシャルワークを展開する際の設定によって捉え方は変化する。

2 ソーシャルワークの実践モデルとアプローチ

図表4 実践モデルとアプローチ

モデル・アプローチ	主な人物	理論的背景	特　徴
医学モデル	リッチモンド（Richmond, M. E.）	医学理論	・医学的なアプローチにより個人の問題解決を図ろうとする。 ・医師による「診断と治療」の概念をソーシャルワークに取り入れる。
生活モデル	ジャーメイン（Germain, C. B.）、ギッターマン（Gitterman, A.）	システム理論 生態学理論	・人と環境との接触面に介入して関係性の改善を図ることで交互作用の質を高める。 ・人が環境に適応するためのコンピテンスを高めることを志向する。
ストレングスモデル	サリービー（サレイベイ）（Saleebey, D.）	ポストモダニズム	・サリービー（サレイベイ）によれば、ストレングスとは、人間は困難でショッキングな人生経験を軽視したり、人生の苦悩を無視したりせず、むしろこのような試練を教訓にし、耐えていく能力である復元力を基本にしているとする。 ・ストレングスモデル（長所または強さ活用モデル）は、長所あるいは強さに焦点を当て、主体としてのクライエントを強調し、その人の残存能力の強みを見出し、それを意味づけし、評価するもので、クライエントのナラティブを尊重し、主観性、実存性を強調する。これまでのクライエントの弱点や問題点のみを指摘し、その不足や欠点を補う従来の否定的なクライエント観から脱却を図る。
心理社会的アプローチ	ハミルトン（Hamilton, G.）、 ホリス（Hollis, F.）	パーソナリティ論 人格理論 一般システム論	・ハミルトンは、アメリカの社会福祉研究者で、『ケースワークの理論と実際』を著し、診断主義個別援助技術の理論を体系化し、心理社会的過程を重視し、ソーシャルワーク過程の中心をワーカー―クライエント関係を意識的に、また統制しつつ利用することとし、最大の賜は変化と成長を遂げる能力があることの自覚を促すことにあるとした。 ・ホリスは、アメリカの社会福祉研究者で、精神分析、自我心理学、力動精神医学をソーシャルワークのなかに応用し、『ケースワーク―心理社会療法』を著した。診断派に立ちつつも、「状況の中の人」という視点をもとにクライエントの社会的側面の援助を含め、心理社会的アプローチを確立した。 ・受容とは、ワーカーがクライエントに対し積極的で理解ある態度を示し続けることであり、行為についての意見表明ではなく、行為の実行者に対する変わらぬ善意を示すことであるとした。

モデル・アプローチ	主な人物	理論的背景	特　徴
機能的アプローチ	ロビンソン(Robinson, V.)、スモーリー(Smalley, R.)、タフト(Taft, J.)	意志心理学 自我心理学	・「疾病の心理学」よりクライエントの成長や変化をもたらす潜在の可能性と、「成長の心理学」を重視したクライエント中心の立場をとる。 ・援助の過程を「初期の局面、中期の局面、終結の局面」という時間的経過に従って区分した（フォーム）。 ・機関の機能を重視する。
問題解決アプローチ	パールマン(Perlman, H.)	自我心理学（コンピテンス） 合理的問題解決論 シンボリック相互作用論 役割理論	・人の生活は問題解決過程であるという視点に立ち、自我心理学を導入し、動機づけ―能力―機会という枠組みを中心に構成する。 ・クライエントを、社会的に機能する主体的な存在としてとらえる点と、個別援助を、施設・機関の機能を担った援助者と、問題を担っているクライエントの役割関係を通じて展開される問題解決の過程として捉える点に特徴がある。 ・６つのP（詳細は568頁参照）
課題中心アプローチ	リード(Reid, W.)、エプスタイン(Epstein, L.)	人間行為論	・標的とする問題を確定し、その問題を解決するために取り組むべき課題を設定し、期間を限定して進めていく方法である（短期処遇）。 ・課題中心アプローチは、パールマンの問題解決アプローチの影響を受け、それを基礎として発展した。
危機介入アプローチ	ラポポート(Rapoport, L.)、アグレア(Aguilera, D.)、メズイック(Messick, J.)、セルビイ(Selby, E.)、キューブラー-ロス(Kübler-Ross, E.)	危機理論	・ソーシャルワーク理論に精神保健分野などで発達した危機理論を導入したもので、危機に直面して情緒的に混乱しているクライエントに対して、適切な時期に積極的に危機に介入し社会的機能の回復に焦点を当てた援助方法である（死の受容過程）。
行動変容アプローチ	トーマス(Thomas, E.)	学習理論 オペラント行動論	・ソーシャルワーク理論にバンデューラ（Bandura, A.）の提唱した社会的学習理論を導入したもので、条件反射の消去あるいは強化によって特定の症状の解決を図るものである。クライエントの問題に焦点をおき、変化すべき行動を観察することによって、問題行動を修正しようとする考え方である（モデリング）。 ・援助者はクライエントの行動の原因を突き止めようとはしないし、なぜそうするのかも探ろうとはしない。問題行動の社会生活史を探ることは援助者の目的ではないとしている。

モデル・アプローチ	主な人物	理論的背景	特　徴
エンパワメントアプローチ	ソロモン（Solomon, B.）、 デュボイス（Dubois, B.）、 ミレイ（Miley, K.）	生態学 ポストモダニズム コンピテンス概念	・クライエントのもっている力に着目し、その力を引き出して積極的に利用、援助することをいう。これは、アメリカにおける黒人等社会的に抑圧された人々（マイノリティ）が失っている力を強化していこうという考え方。 ・1976年にソロモンによって初めて用いられた、「エンパワメントは、スティグマ化されている集団の構成メンバーであることに基づいて加えられた否定的な評価によって引き起こされたパワーの欠如状態を減らすことを目指して、クライエントもしくはクライエントシステムに対応する一連の諸活動にソーシャルワーカーがかかわっていく過程である」と定義。 ・個人的資源を高めるために必要な社会資源からの拒絶、専門的および対人的技術を習得するために必要な社会資源からの拒絶、高く評価される社会的役割からの拒絶を対象（パワーレスネス）。 ・エンパワメントは、長期にわたって社会的ケアを受けなければならない状況におかれているような高齢者、身体や精神に障害のある人々へのソーシャルワーク実践に拡大。 ・「パワー」とは、ソーシャルワーク実践を統合していく重要な構成要素であり、医学モデルに基づいてクライエントシステムの病理や弱さの側面を志向するあり方を脱却するようになっていき、クライエントの健康や強さの側面を重視する「強さ志向の視点」の必要性が強調される。 ・エンパワメントアプローチは、生態学視点に基礎づけられ、主流として集団志向が重要視される。 ・個人、家族、組織、地域、社会が状況の改善を実現するために、個人的、対人的、政治的パワーを高めるプロセス。
ナラティヴアプローチ	ホワイト（White, M.）、 エプストン（Epston, D.）	社会構成主義 家族療法	・クライエントの語る物語（ドミナント・ストーリー）を通して援助を行うものである。クライエントの現実として存在し、支配している物語を、ソーシャルワーカーは、クライエントとともに協同して見出していく作業が求められる。そして、クライエントが新たな意味の世界をつくり出す（オルタナティヴ・ストーリー）ことにより、問題状況から決別させる。ストレングスモデルの一種。
家族システムアプローチ	ハートマン（Hartman, A.）		・問題をめぐるシステムにはたらきかけることで解決に向かうという前提に立ち、最も身近なシステムとしての家族にはたらきかけを行う。
解決志向アプローチ	ドゥ・シェイザー（Shazer, S. D.）、 バーグ（Berg, I.）	ブリーフセラピー アメリカン・プラグマティズム 社会構成主義	・ブリーフセラピー（短期療法）の1つ。ソリューション・フォーカスト・アプローチ（SFA）。 ・人間の強さに敬意を示し、直接的に解決の状態を目指して治療する。 ・家族発達理論（個人が直面している生活段階の課題を家族を通して解決する）。 ・問題が起きなかった例外的な状況に関心を向けることで問題解決能力を向上させる。
実存主義アプローチ	クリル（Krill, D.）	実存主義	・ワーカーは、クライエントの選択の自由、傾注（クライエントが語る言葉に耳を傾けて、その生きてきた世界を受容すること）、苦悩における意味に関心を向ける。

モデル・アプローチ	主な人物	理論的背景	特　徴
			・自我に囚われた状態からの脱却。 ・家族など重要な他者に関心を向け、疎外から解放。
フェミニストアプローチ	ドミネリ（Dominelli, L.）、マクリード（McLeod, E.）	フェミニズム	・女性の個人的経験世界を政治的に位置づける。 ・公的な声としての表明。
ユニタリーアプローチ	ゴールドシュタイン（Goldstein, H.）	システム理論	・ソーシャルワークを問題解決として把握し、社会的学習に結びつける。 ・一般システム理論をソーシャルワーク理論に取り入れている。

ソーシャルワークの様々な実践モデルとアプローチ

受験対策アドバイス

実践モデルやアプローチは、歴史的な展開を踏まえたうえで、理論的な背景と主な人物、特徴的な内容をセットで理解しましょう。

◎医学モデル

28 **医学モデル**は、医学的なアプローチにより個人の問題解決を図ろうとするものであり、医師の行う「診断と治療」の概念を取り入れていることから「治療モデル」と表現されることもある。このモデルは、客観的証拠（エビデンス）を重視したもので論理実証主義に裏づけられており、**リッチモンド**（Richmond, M. E.）は、医療のもつ治療の概念を取り入れ、『社会診断』を著した。

29 医学モデルは、精神分析理論の強い影響を受けたことから、人間の病理や欠陥に焦点を当てることにより、クライエントの問題を診断し、治療するという方針をとった。その特徴は、個別の面接に時間をかけ、クライエントの心理面を重視することで、**パーソナリティの発達**に焦点を当てることにある。 出 36-99

◎生活モデル

30 **生活モデル**は、生態学とシステム理論を取り入れる形でソーシャルワークに取り入れられ、体系化された。**ジャーメイン**（Germain, C. B.）と**ギッターマン**（Gitterman, A.）は、1980年に「ソーシャルワーク実践――ライフモデル」を発表し、以降、ソーシャルワークの中核的なモデルとして発展した。

31 生活モデルでは、人の抱える問題は、人と環境の交互作用から生まれる不均衡や摩擦、不適応といった生活ストレスにあると捉え、**人と環境との接触面**（interface）に介入して関係性の改善を図ることで交互作用の質を高めることを目指すアプローチをとる。そのため、人が環境に適応するためのコンピテンスを高めることを志向した。

生活ストレスは、人のライフコースに応じて生じるさまざまなライフイベント上で生じる。生活モデルでは、生活ストレスの原因である「生活ストレッサー」に適応するために対処することを目指す。

図表5 3つの生活ストレッサー

人生移行	年齢ごとに対応の難しい課題があり、適応するには変化が要求される（例：学校、仕事、結婚、子育て、定年、介護など）。
環境のプレッシャー	フォーマル・インフォーマルを問わず、さまざまな社会資源にアクセスできない状態や、資源がニーズを満たさない場合にプレッシャーを感じる。
コミュニケーション障害	家族や友人などのサポート資源が乏しい場合は、コミュニケーションの機能不全が生じる。

出32-103
出32-12（心理）

32 **対処（コーピング）**とは、生活ストレッサーに対して適応しようとすることであり、否定的な感情をうまく処理しながら問題を解決する能力のことをいう。対処がうまくいけば、生活ストレスは軽減するが、うまくいかない場合は悪化する。

33 生活モデルでは、データの収集や統合、解釈などの「アセスメント」に重点を置いており、生活ストレッサーの性質や特徴、ストレスの認知能力やそれに対する対処能力などを総合的に評価する。また、アセスメントの際は、エコロジカルマップ（エコマップ）を活用することが多い。

エコロジカルマップ（エコマップ）は、**ハートマン**（Hartman, A.）によって開発されたマッピング技法の1つで、クライエントを中心に置き、家族や関係者を図式化して示したものである。これにより、全体の関係性を簡潔に把握することが可能となる。

◎ストレングスモデル

出36-99

34 **ストレングスモデル**は、クライエントのもつ「強さ」や「能力」はもとより、クライエント周辺の環境や社会資源に焦点を当てた支援モデルである。**ストレングス視点**（strength perspective）といわれることもある。

35 ストレングスモデルによるソーシャルワークでは、クライエント自身が問題を認識し解決する主体であると捉えるため、クライエントのもつ強さを引き出すために、クライエント自身の経験や解釈に関心を寄せる。また、クライエントとソーシャルワーカーの関係は対等であり、協働的なかかわりを重視する。

◎心理社会的アプローチ

36 心理社会的アプローチは、ハミルトン（Hamilton, G.）らの診断派ソーシャルワークの流れを汲み、ホリス（Hollis, F.）によって体系化された。ホリスは、「状況の中の人（Person in his/her situation）」という視点から、自我心理学を基盤として、ソーシャルワーカーがクライエントと状況、ならびにその相互作用を分析するアプローチを示した。

37 心理社会的アプローチでは、クライエント自身が自らの置かれている状況を理解できるように働きかけるため、ソーシャルワーカーは受容的・共感的態度でクライエントを支持し、問題解決への動機づけをもたらそうとする。また、クライエントとソーシャルワーカーの間では二者間の信頼関係のもと肯定的な治療関係を構築するため、長期間のかかわりになる。

◎機能的アプローチ

38 機能的アプローチは、診断派への批判として登場したもので、ランク 出32-101
（Rank, O.）の意志療法の考え方を基盤にしながら、タフト（Taft, J.）やロ 出33-101
ビンソン（Robinson, V.）によって提唱された。機関の機能を重視し、クラ 出34-92（相基）
イエントは潜在的な可能性をもっていると考え、クライエントの成長や変化 出35-99
をもたらす「成長の過程」を重視したクライエント中心の立場をとった。 出36-100

✏ 1960年代以降は、スモーリー（Smalley, R.）が理論を再構築しながら発展させた。

39 機能的アプローチでは、機関が提供する場所や時間、期間や援助過程など、サービスの管理や運営方法の取り決めを書面で示した「フォーム」を用いることで、サービス提供を明確化した。また、機関のもつ構造（物理的環境や方針、限界など）を意識的に活用することで、援助関係の促進につなげようとした。

◎問題解決アプローチ

40 問題解決アプローチは、診断派と機能派を統合する形でパールマン 出32-101
（Perlman, H.）によって提唱された。社会学の役割理論や自我心理学の影 出35-99
響を受けながら、人生は問題解決過程であるという視点に立ち、クライエン 出36-100
トの動機づけ（M：motivation）、クライエントが問題解決しようとする能力（C：capacity）、ソーシャルワーカーや環境から提供される機会（O：opportunities）に着目する。

41 パールマンは、個別支援においては、問題（Problem）をもつ人（Person）と専門職（Professional）が、福祉施設等の場所（Place）でさまざまな資源（Provision）を活用し、互いにかかわりをもちながら一定のプロセス（Process）を通して問題を解決する過程だと捉えた（6つのP）（**図表6参照**）。

図表6 6つのP

問題（Problem）	クライエントが抱えている問題
人（Person）	問題を抱える人
専門職（Professional）	ケースワークを担う専門職
場所（Place）	福祉サービス等を提供する施設や機関
資源（Provision）	活用しうる資源
過程（Process）	問題解決する過程

42 **問題解決アプローチ**の特徴として、クライエントを社会的に機能する主体的な存在として捉えることがある。また、とるべき行動や選択については、問題をクライエントが扱いやすいように部分化して考え、小さな部分の問題に対処できることにより、全般に対処していけるようにした。

◎課題中心アプローチ

出33-103 **43** **課題中心アプローチ**は、**リード**（Reid, W.）と**エプスタイン**（Epstein,
出34-100 L.）によって開発・提唱されたもので、パールマンの問題解決アプローチの影響を受け、発展した。標的とする問題を確定し、その問題を解決していくために取り組むべき課題を設定しながら期間を限定して進めていく方法である。

44 課題中心アプローチでは、クライエント自身が、現在、解決を望んでいる問題を取り上げる。また、クライエント自身が努力することで解決できるように、問題は小さく切り分けて考える。計画的な手法をとりながら、短期的な時間のなかでの解決を目指す。

◎危機介入アプローチ

出34-100 **45** **危機介入アプローチ**は、**アグレア**（Aguilera, D.）、**メズイック**（Messick, J.）、**セルビイ**（Selby, E.）の各研究者によって理論化された。精神保健分野などで発達した危機理論をケースワーク理論に導入したもので、危機に直面して情緒的に混乱しているクライエントに対して、適切な時期に積極的に危機に介入していく援助方法である。

46 危機介入アプローチは、**キューブラー-ロス**（Kübler-Ross, E.）の死の受容過程研究、**リンデマン**（Lindemann, E.）の死別による急性悲嘆反応研究、**キャプラン**（Caplan, G.）の地域予防精神医学の研究を取り入れ、短期処遇の方法として理論化された。

◎実存主義アプローチ

47 実存主義アプローチは、クリル（Krill, D.）によってソーシャルワーク実践に適用された。実存主義アプローチでは、「疎外」に悩み、主体的な存在として自己覚知を発達させたいという意思をもつ者を対象とする。利用者は、「他者」に関心を向けることで、自我に囚われた状態を抜け出し、疎外から解放されるとする。

出35-99
出36-100

◎フェミニストアプローチ

48 フェミニストアプローチは、ドミネリ（Dominelli, L.）とマクリード（McLeod, E.）により体系化された。日々の地域生活のなかで女性を抑圧し束縛している家族介護や保育などに焦点を当て、ソーシャルワーク実践が、フェミニストの視点によって進められることで、女性だけでなく、子どもや男性の福祉も実現すると考えられた。

出36-100

◎行動変容アプローチ

49 行動変容アプローチは、パブロフ（Pavlov, I. P.）のレスポンデント（古典的）条件づけやスキナー（Skinner, B. F.）のオペラント条件づけ、バンデューラ（Bandura, A.）の社会的学習理論をケースワーク理論に導入している。条件反射の消去あるいは強化の知見を活用し、ソーシャルワーカーがクライエントに対し、意図的に刺激や報酬をもたらすことで、問題となる行動の軽減や望ましい行動を増やすことを目指す。

出35-99
出36-101

◎エンパワメントアプローチ

50 エンパワメントアプローチは、セツルメント運動や公民権運動、フェミニズム運動やセルフヘルプ運動などの社会改革を目指そうとする考え方を基盤として、ソロモン（Solomon, B.）によってソーシャルワークに取り入れられた。社会に存在する不平等や不正義を改革し、抑圧された人々の力をどのように高めていくかに着目する。

出34-100
出35-100

51 人は、個人と敵対的な社会環境との相互関係によって無力な状態（パワーレス）に陥ることが多いが、エンパワメントアプローチでは、このような状態を断ち切り、クライエントのもっている力に着目し、その力を引き出して積極的に利用、援助する。

出35-100

52 コックス（Cox, E. O.）とパーソンズ（Parsons, R. J.）は、エンパワメントアプローチを「個人」「対人」「組織」「社会」の４つの次元に整理し、それぞれの次元において、奪われた力を獲得させながら強化していくことを目指した（図表７参照）。

図表7 エンパワメント――4つの次元

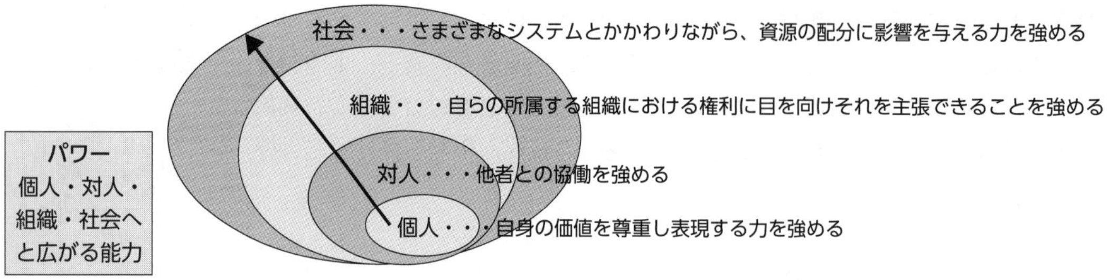

◎ナラティヴアプローチ

53 ナラティヴアプローチの理論的背景には、伝統的な科学主義・実証主義への批判がある。ポストモダンの考え方を基盤としており、主観性と実存性を重視し、現実は人間関係や社会の産物であり、人々はそれを言語によって共有しているとする認識論の立場に立つ。

出34-100 出35-99 **54** ナラティヴアプローチは、クライエントの語る問題が染み込んだ主流の物語（ドミナント・ストーリー）を使いながら、クライエントが新たな意味の世界をつくり出すことによりつくられる新しい物語（オルタナティヴ・ストーリー）を通して、問題状況からの決別を図る。

55 ナラティヴアプローチでは、「人が問題なのではなく、問題こそが問題」という認識をもつため、問題を切り離して捉えることが可能となる。また、クライエントは自らの人生の専門家であり問題解決するための能力を有する人と考えることから、ストレングス視点をもっている。

◎解決志向アプローチ

56 解決志向アプローチは、シェイザー（Shazer, S. D.）とバーグ（Berg, I.）らによって、1980年代に提唱されたブリーフセラピー（短期療法）の1つのアプローチである。クライエントを決して批判的に捉えずに、「クライエントが解決のエキスパートである」ということを中心にして、人間の強さに深い敬意を示し、直接的に解決の状態を目指して治療を進める。

出36-115 **57** 解決志向アプローチでは、「問題が解決された未来像」をイメージさせ、そこに近づくためのスモールステップを踏んでいく。現在うまくいっている状況に目を向け、ミラクル・クエスチョンやスケーリング・クエスチョンを活用する。

✏ ミラクル・クエスチョンとは、「奇跡が起こったと想像してください。今夜眠っている間に、今抱えている問題がすべて解決しているとします。明朝、どのような違いがあることで、奇跡が起こって問題が解決していたことがわかるでしょうか」といった質問である。問題が解決されている姿を見せることで、ゴールが明確化できる。

スケーリング・クエスチョンとは、0から10の数字を用いた質問手法で、「0が一番ひどく10が問題が解決した状態としたとき、今の自分の状態はどのくらいの数字ですか」「とりあえず、数字はいくつになるといいですか」「6に近づくためにできることを1つ選んでください」などの質問をする。

図表8 ソーシャルワークのモデルとアプローチのおおまかな潮流

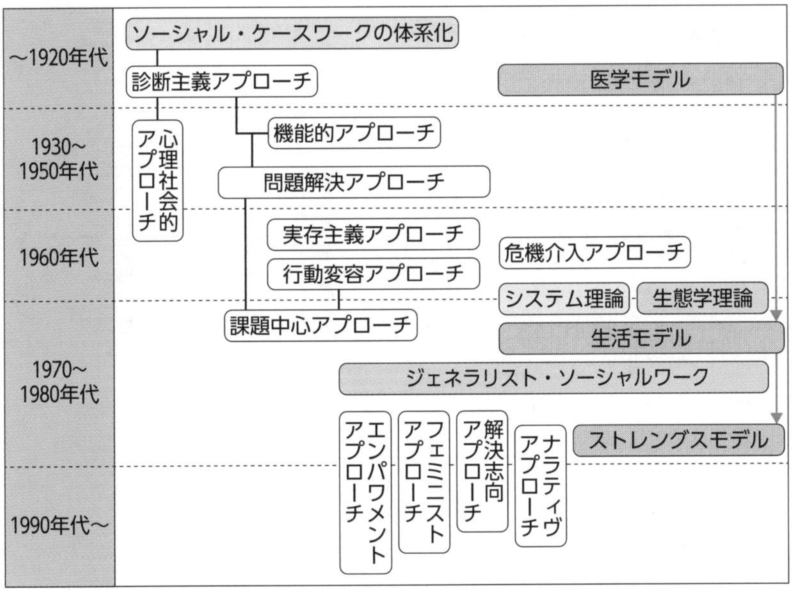

3 ソーシャルワークの過程

図表9 ソーシャルワークの過程

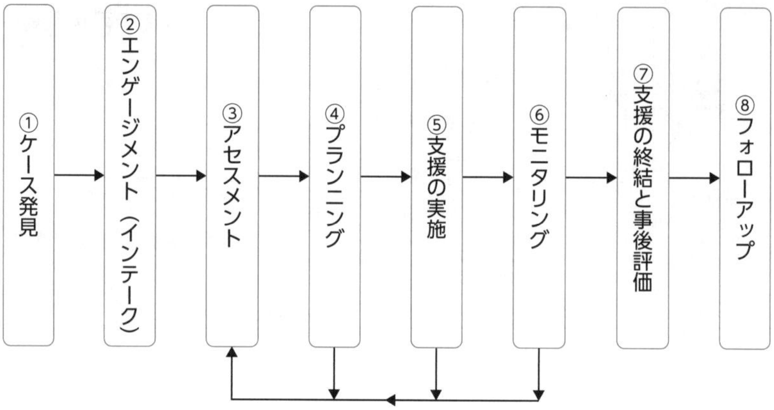

受験対策アドバイス

ソーシャルワークの始まりから終わりまでの基本的な順序が大切です。そのうえで、それぞれの過程における特徴と大事にすべきポイントを理解しましょう。

ケースの発見

58 **ケースの発見**とは、ソーシャルワークの展開過程において最初の段階であり、援助を必要としている人との出会いの場面である。自らの状況を問題と認識し、問題を解決しようとして自ら相談機関にアプローチする人のことをボランタリーなクライエントという。逆に専門的援助の必要性を認識していない人や援助そのものを拒否しているような人はインボランタリーなクライエントという。

59 ケースの発見には、自ら相談機関にアプローチする人や家族や知人の紹介、専門機関からの紹介などを受けた人もいるが、潜在的なニーズを有する人も少なくない。そのため、ソーシャルワーカーの姿勢として、相談者が訪れるのを待つだけでなく、積極的にアウトリーチを行うなど、ケースを発見できるような働きかけが必要である。

60 **インボランタリー**なクライエントは､自ら助けを求めることが難しく、社会的に孤立している場合が多い。住所が定まっていない人や社会的ひきこもりといわれる人、8050世帯や多問題家族などが想定されるが、制度の狭間に隠れている人々に対して、社会的な側面から関心を寄せることが必要である。

出33-111

61 **スクリーニング**とは、ソーシャルワーカーがケースに対応できるかどうか判断することをいう。ケースの発見の段階において、そのケースが自らや自らが所属する機関で対応できるかどうかを見極め、対応困難な場合は、適切な機関等につなぎ、必要な支援が届くようにする必要がある。

エンゲージメント（インテーク）

62 **エンゲージメント**とは、ソーシャルワーカーと援助を必要とする人が出会い、二者で協働して問題解決を図ろうとすることを意味している。1990年代以降のジェネラリスト・ソーシャルワークのなかで用いられてきた。従来のケースワーク分野で用いられてきた「インテーク」より拡大した概念である。

63 エンゲージメント（インテーク）は、ケースの発見によってソーシャルワーカーがかかわるべきさまざまな問題が持ち込まれた最初の局面である。援助を必要とする人のニーズや問題が、援助者や施設・機関の機能で解決緩和できるかどうかの適合性を問う。 出32-103

64 エンゲージメント（インテーク）の段階で援助を必要とする人は、直面する問題からもたらされる不安と、その問題を相談しようとする機関等の職員が対応してくれるか否かなどの2つの不安を抱いている。ソーシャルワーカーは自己紹介し、面接時間について了承を得るとともに、秘密を守ることを伝えて場面設定をする。 出33-102 出35-107

65 エンゲージメント（インテーク）の段階では、援助を必要とする人の「**アンビバレント**」な状態に留意する必要がある。アンビバレントとは「問題を解決したいと思う一方で、その行動をとることへの不安がありこのままでいたい」と考える状態であり、ソーシャルワーカーはその相反する気持ちに思いを寄せ、クライエントの解決したいという思いが拡大していくように働きかける。

66 エンゲージメント（インテーク）のねらいは、申請者の主訴を傾聴し、問題の明確化を図ることや、援助者の役割と援助者の所属機関・施設のサービス内容の明確化、当面一緒に取り組んでいく課題の確定、援助者の機関で援助を受けようとする意思の確認などが挙げられる。また、緊急性の判断をしながら、ニーズを十分に表すことができるように援助していく必要がある。 出33-105 出34-102 出34-105

67 アイビイ（Ivey, A.）は、「**マイクロカウンセリング**」のなかで、傾聴に有効な技法として、励まし、言い換え、感情・意味の反映、要約などのかかわり技法があるとしている。これらの技法を活用することは、エンゲージメント（インテーク）の段階でのソーシャルワーカーと援助を必要とする人との関係構築に役立つ。

出 33-111

68 エンゲージメント（インテーク）では、ソーシャルワーカーがケースに対応できるかなどのスクリーニングが行われる。そして、サービスの提供ができないことが明らかになった場合は、他機関・施設への送致、紹介（リファーラル）が行われる。

アセスメント

出 33-111

69 **アセスメント**は、ソーシャルワーク実践において非常に重要な役割を果たすものであり、支援の対象となる人々や地域の状況を把握し、理解することである。事前評価と訳されることも多い。アセスメントの結果に基づき、具体的な支援や必要なサービスの調整等が明確化され、その後の実践が展開されていく。

70 アセスメントでは、クライエントとクライエントが直面する問題や状況を確認・理解するために資料を収集し、分析・問題解決のための計画を策定していく。集めた情報をもとに、個人・環境・その相互作用の視点から、クライエント等の状況を包括的に理解し、支援目標やそのために取り組むべきことを明確化していく。

71 アセスメントでは、的確な情報収集が必要となるが、その前提として、クライエントとの**パートナーシップ**に基づいて取り組む必要がある。そのため、**コミュニケーションスキル**は、適切なアセスメントのために不可欠な実践力といえる。

72 アセスメントには、支援が必要な個人や世帯、集団へのアセスメントだけでなく、**地域特性**や地域住民の意識等の把握も含めた地域に対するアセスメントも含まれる。ソーシャルワーカーには、ミクロレベルにとどまらないメゾレベルでのアセスメント力も必要となる。

73 アセスメントでは、「状況のなかの人（Person in his/her situation）」の人間観のもと、クライエントが置かれている状況を社会関係や環境との関係のなかで捉え、社会的・構造的に生じている生活のしづらさを理解する視点が必要である。

74 アセスメントでは、「**Bio（生物的）－Psycho（心理的）－Social（社会的）モデル（BPSモデル）**」によるクライエント理解が不可欠である。3つの側面は相互に影響し、関連しあっていることを認識しながら、特定の側面だけをみるのではなく、それぞれの側面における相互作用の現れを理解する。

75 アセスメントにおいては、人と環境及び両者の相互作用に対する捉え方が必要となるため、システム理論や生態学的視点が有用である。生じている問題に対して、原因と結果の直線的な因果関係だけではなく、相互関係に着目することで、円環的な理解が深まる。

76 アセスメントでは、個人や環境の問題・課題ばかりに目を向けるのではなく、個人、家族、集団、環境、地域社会それぞれに対して、ストレングス（強み）に着目することが大切となる。ストレングスや変化の可能性を見出すことで、新たな気づきや展開が期待できる。

77 マイヤー（Meyer, C.）は、アセスメントでは、情報の組織化のために解釈、類推に必要な知識・理論を習得し、理論に基づいた判断がなされるべきだと指摘している。また、アセスメントは、介入法、問題解決法を見つけ出すためのプロセスであり、それらの実現性を考え、結果予測までも含むことが大切であるとしている。

78 アセスメントでは、収集した情報をどのように評価し、支援目標をどのように設定するかの検討が行われる。具体的な目標などが明確にされると、次の段階として、支援の計画が立てられる。この意味でも、アセスメントは支援プロセスの進行とともに展開する動的なプロセスであるといえる。

79 アセスメントは、ソーシャルワーカーのみで行うのではなく、クライエントとともに理解を深めながら、地域住民やほかの専門職、関係機関等との連携・協働のもとで展開されていく。そのため、アセスメントを通して、**多職種連携**やネットワークの構築が図られる。

80 アセスメントを支えるツールとして、**マッピング技法**が活用される。 出36-102
特に、ジェノグラムやエコマップは広く活用されているものであり、視覚的にクライエント等の理解を深めることが可能となる。

81 エコマップは、ハートマン（Hartman, A.）によって考案されたマッ 出36-102
ピング技法の1つで、支援の対象となる本人や家族の関係、ならびに関係者や関係機関、地域の社会資源等の関係を一定の記号で図式化したものである。

82 ジェノグラムは、ボーエン（Bowen, M.）によって開発された。世 出33-112
代関係図、家族関係図とも呼ばれ、**3世代以上の拡大家族**内で繰り返し伝承 出36-102
されてきているような問題の連鎖性を発見していくうえで有効な図式法である。

83 マッピング技法の1つである**ファミリーマップ**は、家族図とも呼ばれ、家族成員間にみられる特定の関心事や問題状況を図式化したもので、家族のもつ病理性の原因分析が明らかになる。

プランニング

出32-103
出35-101
出36-103

84 **プランニング**とは、アセスメントと支援の実施とをつなぐ作業である。支援の具体的方法を選定し、実施計画を立て、当面の目標を設定する。クライエントと協働して策定し、クライエント自身が課題を認識し、解決方法を検討・選択することによって、問題解決への意欲を促すことにつながる。

85 プランニングは、個人や家族が対象の場合は個別面接、集団の場合はグループミーティング、組織や地域であれば会議や委員会などの場を活用して行われる。マクロレベルのプランニングの場合は、自治体が事務局となり、計画策定委員会などが設置される。

86 プランニングによってまとめられたものは、対象や法令等に基づきさまざまな名称で呼称される。たとえば、ケアプラン（介護保険）、自立支援計画（子ども）、地域福祉計画（地域）、障害福祉計画（障害者関係）などがある。

87 プランニングでは、最初に目的の設定がなされる。アセスメントで明らかになった課題や困難を確認し、クライエントとソーシャルワーカーでの認識のすり合わせなどを行いながら、優先順位などを確認していく。その後、目標を設定し、目的を達成するために重要度や緊急性などを確認する。

88 **ヘプワース**（Hepworth, D. H.）によると、目標を記述する際のガイドラインとして次の8つの項目を示している。①ボランタリーなクライエントの場合、目標はクライエントの望む結果に関係している。②インボランタリーなクライエントの場合、目標は動機づけになるものを含んでいる。③目標は明確で測定可能な形で定義する。④目標は実現可能である。⑤目標はソーシャルワーカーの知識とスキルに見合ったものとなっている。⑥目標は肯定的な言葉で述べる。⑦ソーシャルワーカーがためらうような目標に同意するのは避ける。⑧目標は機関の機能に合っている。

89 支援全体について計画を立て支援を進めていくにあたっては、クライエントに支援方針・内容を説明することが求められる。この際、専門家としていかなる効果をもって支援しているのかという**説明責任**（**アカウンタビリティ**）を果たしていく必要がある。

支援の実施

出32-103

90 支援の実施とは、プランニングの過程でまとめられた計画に沿って、さまざまなモデルやアプローチを用いて、クライエント（個人、家族、小集団・組織、地域社会）・環境・クライエントと環境の関係に対して支援することをいう。また、「ソーシャルワーク専門職のグローバル定義」では「介入（インターベンション）」の概念が用いられている。

91 支援の実施には、ソーシャルワーカーがクライエントとの専門的な援助関係を構築し、エンパワメント機能を果たしながら行う直接的支援と、環境に対して働きかけ、社会制度の修正や開発などを行う間接的支援がある。また、クライエントと環境の関係（交互作用）への働きかけは、二者のインターフェイス（接触面）に向けて行われる。

92 支援の実施にあたっては、サービス事業者や**インフォーマル・サポート**の人たちと、ケースカンファレンスを開き、クライエントや家族を交えて、支援の実施について合意をとる。これで、サービス事業者やインフォーマル・サポートの人たちに対して、クライエントや家族の意向を示すことや、サービス提供実施の微調整も可能となる。

93 **ミルン**（Milne, D.）は、社会的支援介入を図表10のように提示した。

図表10 社会的支援介入

①臨床的介入	通常の専門的諸活動と重なっており、社会的支援と地域社会志向が個人治療をより効果的にし、受け入れられるような方法。
②近接的介入	専門家たちが関連した社会的支援の諸問題に取り組むようになったいきさつをより組織的に吟味する。分析レベルは、学校、職場そして家族または友人のレベルである。
③遠隔的介入	物質的社会的欠乏状態、健康教育そして環境デザインといったような精神保健の諸問題にどのように取り組むことができ（少なくとも認識でき）るかということに関連している。

94 **ジョンソン**（Johnson, L.）らは、直接的介入と間接的介入に役立つ活動を図表11のように分類している。 出34-100

95 ジョンソンらによれば、ソーシャルワーカーが政治的働きかけで用いてきた手法としては、①問題を調査し、政策決定者への事実の提示、②公聴会での証言（可能な限り事実を活用する）、③ロビー活動をしたり、立法化のプロセスに立ち会い、可能ならば投票に影響力を行使する、④最近の政策の地域での影響について、議員に情報を提示するためにサービスの提供者と連合を組む、⑤クライエントに影響を与える政策に関する、埋もれていたりまだあやふやな情報を州や国のグループと共有する、⑥社会的問題や人々のニーズに共感をもつ候補者を選挙で支援する、⑦政策決定者に事実や態度を知らせるために、手紙やEメールを送るキャンペーンを行うことなどがあるとしている。

図表11 **直接的介入と間接的介入に役立つ活動**

直接的介入	①人間関係の発展ができるようにする活動 ②状況のなかの人の理解ができるようにする活動 ③計画の過程での活動 ④クライエントが利用可能な資源を知って活用できるようにする活動 ⑤クライエントへのエンパワメントやイネーブリング（個人やシステムが援助や支援なしには取り組むことができなかったような活動を遂行できるようにする）の活動 ⑥危機状況での活動 ⑦クライエントの社会的機能を支援するための活動 ⑧援助の基礎としてクライエントとアクティビティを活用するための活動 ⑨環境のなかでのクライエントとシステムとを媒介するための活動 ⑩ソーシャルワークの臨床モデルを活用する際の活動
間接的介入	①環境の変化を目指す活動 ②影響力のある人を関与させる活動 ③サービスの調整（コーディネーション）に関する活動 ④プログラムの計画、展開の活動 ⑤組織を変化させるための活動 ⑥コーズアドボカシーの活動

96 コンプトン（Compton, B.）らによる介入の技法としては、①資源を確保する（「資源を実際に提供する」「直接介入を図る」「組織化する」を含む）、②自己覚知を高める、③社会的技能を強化する、④情報にアクセスする、⑤意思決定を促進する、⑥意味を探索するといったことを挙げている。

モニタリング

出33-105
出35-102
出36-104

97 モニタリングとは、ソーシャルワークのプロセス（過程）の評価として位置づけられるものであり、支援計画の進捗状況やクライエントのニーズへの対応状況、目標の達成状況などを確認し、経過を継続的に確認し、評価することをいう。

98 モニタリングの目的は、①支援が適切に実施されているか、②クライエントのニーズに対応しているか、③クライエント自身の問題解決に向けた取り組みが進んでいるか、といったことを確認することにある。

99 モニタリングの重要性について、ヘプワース（Hepworth, D. H.）らは、①支援の進捗状況に対するクライエントの考えを引き出すことで、目標達成に向けた取り組みの継続性を高め、あるいはクライエントの失意を見抜きそれに対応すること、②目標達成までの段階的な状況をクライエントにフィードバックすることで援助過程やソーシャルワーカーへの信頼を高めること、と述べている。

100 モニタリングの方法としては、クライエントの生活の場で実施する生活場面面接や、サービス提供者との連絡、担当者会議などがある。 出35-102

101 モニタリングによってクライエントのニーズが満たされていない、あるいはニーズの変化が生じていたり、新たなニーズが発生していることが明らかになった場合には、再アセスメントによって支援計画の修正を行う。そして、新たな援助目標の設定と達成のために必要なサービス資源の提供等を判断するための情報収集を行う。

102 **再アセスメント**では、緊急的な対応の必要性、あるいは生命の危険性などを判断し、即座に対応することが求められる。継続的に対応する必要があるものは、支援の視点を初期より拡大することも考える。 出36-107

103 **効果測定**とは、事例やデータを集積し、支援計画の妥当性や支援の効果性を測ることをいう。クライエントや所属組織、地域や社会に対して、専門家としてどのような効果をもって支援をしているかの説明責任（アカウンタビリティ）を果たすためにも必要となる。 出33-105

104 効果測定では、①従属変数に変化が生じたかどうか、②その変化が独立変数によってもたらされたものかどうかについて明確に説得力をもって示すことができる。また、実践の事例やデータを集積し、効果測定を行い、それを根拠として次の実践に活かす**エビデンス・ベースド・プラクティス**が重要となる。

105 **統制群実験計画法（集団比較実験計画法）**は、同じ問題行動のあるクライエントを、支援を実施した実験群と支援を実施しない統制群に分けて、追跡調査を通じて2つの群を比較研究することにより、支援の効果を明らかにしようとする方法で、普遍的な効果を測定するのに適している。 出32-104

106 **単一事例実験計画法（シングル・システム・デザイン）**は、1980年代に統制群実験計画法に代わって注目されたもので、1人の対象者の状況の変化から、そのクライエントの問題に対して実施した支援との因果関係を判断し、介入（インターベンション）の効果を測定する方法である。 出32-104

✏ 単一事例実験計画法（シングル・システム・デザイン）は、もともと行動療法の分野で発達したもので、支援を行う前（ベースライン期）の問題の状態と支援を受けた後（インターベンション期）の問題の状態のデータをグラフ化し、介入前後の従属変数の水準を視覚的に判断し、時間の流れに沿って繰り返し観察することによって、問題の変化と支援との因果関係を捉えようとする方法である。

107 単一事例実験計画法（シングル・システム・デザイン）の基本形は、ベー 出32-104

スライン期（A）のあとにインターベンション期（B）を設定する「ABデザイン」である。また、ベースライン期とインターベンション期において反復測定を行うことを反転法といい、**図表12**のようなデザインがある。

図表12 シングル・システム・デザイン法

ABデザイン	介入前と介入中に測定を行い、その変化を介入の効果と捉える方法。
ABAデザイン	介入前と介入中と介入後に測定し､介入中はよい状態になるが、介入を中断すると支援前の状態に戻ることを確認して、介入の継続が効果的であることを明らかにする方法。
ABABデザイン	介入前と介入中と介入中断と再介入後に測定し、介入の再開によって効果が再現されることを明らかにしようとする方法。

支援の終結と事後評価

108 **支援の終結**は、**ターミネーション**（termination）とも呼ばれ、ケースの発見・エンゲージメント（インテーク）・アセスメント・プランニング・支援の実施・モニタリングを経て至るソーシャルワークの最終段階である。

109 モニタリングの結果、再アセスメントを行い、新たな生活課題や情報が加わることで、当初の想定どおりに支援の終結を行うことができない場合もある。

出35-103 **110** 支援の終結の条件としては、①問題がクライエントの力によって解決された、②問題が解決されたことについて、ソーシャルワーカーとクライエントの判断が一致している、③今後いくつか解決すべき問題はあるものの、その解決はクライエントが自ら対応できる、④①～③がソーシャルワーカーとクライエントの共通理解となっていることが挙げられる。

111 ソーシャルワーカーがまだ支援が必要であると判断しているにもかかわらず､クライエントが援助者や援助のネットワークから離れてしまう場合、支援の終結として捉えるのではなく中断と考え、再度、クライエントとの援助関係を結べるよう働きかけていく必要がある。

112 残された課題があり､ソーシャルワーカーの所属機関での対応が困難、あるいはほかの機関での支援が望ましいと考えられる場合は、クライエントの相談能力を評価し、その程度に応じた**リファー**（refer：つなぐ）が求められる。

出32-103 **113** **事後評価**（**エバリュエーション**）とは、支援の終結段階において、一連のソーシャルワーク実践が適切に行われたか、また、クライエントに望ましい変化が起こったかを評価することである。

フォローアップ

114 フォローアップとは、支援が終結したあと、生活課題の再燃や新たな課題が生じていないかなどを確認するため、クライエントに連絡をとり、状況を確認することである。特に、インボランタリーなクライエントの場合は、フォローアップ機能が大切になる。 出34-105

115 生活課題の再燃や新たな課題の発生により支援を必要とする状態になった場合は、支援の再開が検討されるが、ソーシャルワーカーの簡単な情報提供やかかわりで問題が解消する場合もある。このような働きをアフターケアという。 出36-105

4 ソーシャルワークの記録

受験対策アドバイス

記録の種類ごとに、いつ誰がどのような内容を記述するものなのかを確実に押さえましょう。また、身近なケースや出来事について、自分自身で記録したりマッピング技法を活用してみたりするのもよいでしょう。

記録の意義と目的

116 ソーシャルワーカーの**記録**には、**社会的責任**が厳しく問われる。記録に対する**情報開示請求**がなされる可能性もあるため、当事者はもとより第三者に読まれることを常に想定したうえで、誰にとっても理解可能な内容で残しておくことが必要である。

117 2001（平成13）年に、「**保健医療分野の情報化に向けてのグランドデザイン**」が策定されて以降、医療機関を中心に記録の電子化が進んだ。近年では福祉領域でも記録のデジタル化が急速に進んでおり、記録にアクセスできる人の**情報セキュリティの徹底**と**情報リテラシー**の向上が課題となっている。

118 記録は、ソーシャルワーカー個人だけでなく、所属組織の運営管理を円滑にするうえで重要なツールであり、ソーシャルワーカーが所属する機関が組織としてソーシャルワークを実践したという証明にもなる。また、複数名のソーシャルワーカーが在籍する場合は、**モニタリング機能**を発揮するうえでも有効である。

119 記録は、クライエント等に対する支援やサービスを説明するためのツールとなるが、クライエントや関係機関はもとより、監査機関や司法関係者等への説明にも用いられる。アカウンタビリティ（説明責任）は、**社会福祉士の倫理綱領**等でも言及されており、記録のもつ意味は大きい。

120 **ハミルトン**（Hamilton, G.）は、診断主義の立場から、ケース記録の目的とは、①サービスを適切にするための援助、②援助の責任を果たすうえでの検討と評価を行うための管理、③知識の交換や技術向上を図るための教育・指導、④新知識を発見し、社会計画や社会予防に資するための調査であると指摘した。

121 **ケーグル**（Kagle, J.）は、記録の目的は、よりよいサービスの提供にあるとし、①クライエントのニーズの明確化、②サービスの文書化、③ケースの継続の維持、④専門職間のコミュニケーションの促進、⑤クライエントとの情報の共有、⑥スーパービジョン、コンサルテーション、同僚間の再検討の促進、⑦サービスの過程とその影響をモニターすること、⑧学生とほかの専門職の教育、⑨管理上の課題に対してのデータの提供、⑩調査・研究のためのデータ提供を挙げる。

122 **カデューシン**（Kadushin, A.）と**ハークネス**（Harkness, D.）は、記録はデータ収集の技術、診断的技術、介入技術、面接技術にならび、ソーシャルワークプロセスに必要な技術であると述べている。

123 記録の目的には、アセスメントや支援計画の根拠を明示しサービス提供の実績を示すことや、支援の継続性や一貫性を担保しサービス評価に資することなどが挙げられる。また、教育や研究、スーパービジョンに活用されることで、ソーシャルワークの質の向上にもつながる。

記録の方法と実際

124 **フェイスシート（フロントシート）**とは、クライエントに関する氏名、性別、年齢、住所、職業、家族構成、紹介経路、主な問題、問題の種類などが、1枚のシートに記入されたものをいう。 出35-114

125 **ケース・ヒストリー（生活史）**とは、機関を利用するまでのクライエントと、その人を取り巻く状況がまとめられたものをいう。年齢や問題によって記録の重点は異なるが、クライエントの背景を知るうえで不可欠なものである。 出33-115

126 **アセスメントシート**は、クライエントが直面している生活上の困難を解決するために、必要な情報を収集し、分析・解釈・関連づけを行い、多面的なニーズを総合的に理解するためのものである。一方プロセスシートは、目標に対する援助過程を時系列に記述し、クライエントやソーシャルワーカーの言動、ソーシャルワーカーの考え、評価などを記録するためのものである。 出35-114

127 **プランニングシート**は、支援計画において作成され、本人の目指す暮らしや総合的な援助の方針などを記入するものである。一方**クロージングシート**は、援助の終結段階で作成される記録であり、援助を終結するための手段や理由、クライエントの状況についての要約と現在の状況、今後の提言などを記録する。 出35-114

128 **ジェノグラム**とは、3世代以上の家族や同居者の状況を視覚的に捉えることができるツールで、表記方法が決まっている。視覚的に家族間の関係がわかるため、記録において活用される場面が多い。 出36-102

129 **エコマップ**は、ハートマン（Hartman, A.）によって開発されたもの 出36-102

で、クライエントと環境の関係性を図式化したものである。ジェノグラムが家族関係に特化しているのに対し、エコマップはクライエントに関連する社会資源やネットワークを表現しており、クライエントの生活状況を把握しやすく、記録においても活用しやすい。

図表13 ジェノグラムの例

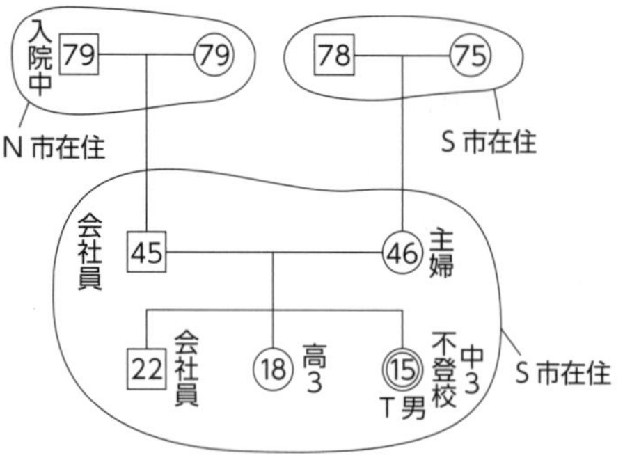

図表14 エコマップの例

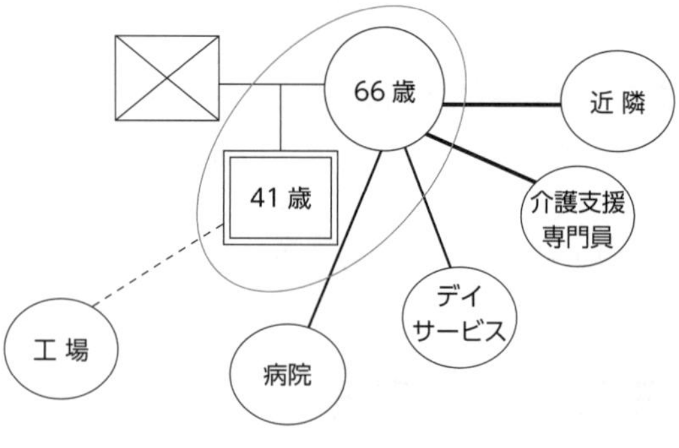

130 クライエントが生まれてから現在までの状況を示した歴表を**タイムライン（生活史）**という。クライエントの話のなかで語られた出来事を左から右に向かって時系列に表示する。タイムラインを使って自分史を振り返ることで、自分自身のストレングスや過去のコーピング実績を再認識することに役立つ。

131 ソーシャルワーカーが作成する記録には、面接中の会話や行動のやりとりなどをすべて記載する「**逐語記録**」や、面接中のやりとりや介入を要約して残す「**要約記録**」、支援計画の継続や修正に関する情報や専門職としての判断、ならびに対応を記載した「**進捗記録**」などがある。また、記録の文体として、過程叙述体、圧縮叙述体などがある。

出32-117
出33-115
出34-114
出35-115

132 記録の文体のうち**過程叙述体**は、ソーシャルワーカーとクライエントのコミュニケーションを詳しく書き留めたもので、**圧縮叙述体**は、全体を短く圧縮したもので、スーパーバイザーに見せるときなどに用いる。また、日付に従って順に記録する過程記録は、たいてい圧縮叙述体である。逐語記録は、叙述体の原型であり、現任訓練や教育でよく用いられる。

出36-111

133 **SOAPノート**とは、Subjective（主観的情報）、Objective（客観的情報）、Assessment（アセスメント）、Plan（計画）の4つのパートで構成されるもので、アメリカの医療現場で使用されはじめた記録の様式である。日本でも医療職を中心に広く活用されており、医療ソーシャルワーカーを中心に活用が広がっている。

5 ケアマネジメント

ケアマネジメントの原則

受験対策アドバイス

ケアマネジメントが誕生し発展してきた歴史を確認しましょう。そのうえで、ケアマネジメントの過程や代表的なモデルとその内容を理解しましょう。

134 **ケアマネジメント**は、イギリスで用いられている用語で、主に高齢者に対する地域ケアの整備を行うことを示している。もともとは、アメリカで1970年代にモリス（Morris, R.）らによって「**ケースマネジメント**」として登場したもので、その後、イギリスでケアマネジメントとして広がった。日本では介護保険制度の導入以降、ケアマネジメントが用いられることになった。

135 ケアマネジメントの必要性の指摘は、1960年代のアメリカにおける貧困との闘い政策のなかで登場した。ここで指摘されたのは、社会福祉関連サービスが断片的な運用であることから、対象者が適切にサービスを利用できないという実態があったことである。そこで、サービスの統合化プログラムのなかで**ワンストップサービス**が重視されることとなり、そのサービスとしてケアマネジメントが導入された。

136 1988年に発表された「地域ケアを実現するための指針に関する報告書（**グリフィス報告**）」では、地域ケアにおけるケアマネジメント機能の重要性を述べており、これを機にイギリスでのケアマネジメントの議論が本格化された。

137 イギリス保健省によって発行された『人々へのケアリング』では、ケアマネジメントの主な目標として、①ノーマライゼーションを基調とした支援、②自立・自律を促進するようなケア提供、③効率的で効果的なサービスの運用、④サービス利用者の視点の尊重などが挙げられている。また、1990年に成立したイギリスの「国民保健サービス及びコミュニティケア法」で、ケアマネジメントが高齢者のための地域ケアに導入されることになった。

138 日本では、1985（昭和60）年に発表された白澤政和による『老人に対するケース・マネジメント－その内容と必要性を中心として』以降、いくつかの関連文献が出版されるようになった。また、在宅介護支援センターがケアマネジメントを行う在宅ケアの中核機関として位置づけられ、介護保険制度以降は、**介護支援専門員**をケアマネジャーと呼称するようになった。

139 ケアマネジメントは、精神衛生プログラムや高齢者福祉分野で取り入れられ、制度を利用することが困難な状態にあるクライエントに、適切な時期に適切な形態で、必要とするすべてのサービスを受けられるように各サービスの調整を図ることを目的としたものである。支援を必要とするクライエントのために1つの窓口で、すべての生活ニーズを明らかにし、合致するサービスを結びつける方法を確立しようとしてきた歴史がある。

140 **ラップ**（Rapp, C. A.）と**ゴスチャ**（Goscha, R. J.）は、ケアマネジメントに関し、①人生には意味があり、人は肯定的なアイデンティティを有しながら変化する、②焦点を当てるべき点は利用者の肯定的な側面であり、問題点ではない、③利用者の居住地域は、資源の宝庫と捉える、④利用者は支援における主人公であり、支援の方向性を決める、⑤利用者とケアマネジャーの関係は重要であり、良好な関係を保つ必要がある、⑥ケアマネジャーの主たる実践現場は地域社会である、という6つの基本的な原則を示した。

ケアマネジメントの意義と方法

141 ケアマネジメントの目的は、クライエントが生活の「主人公（主体者）」であることを実感できるように支援すること、すなわち、利用者の自立や自律を支援することにある。

✏ ここでいう自立・自律は、自分の人生を自分で責任をもって決定していくという考え方であり、生活モデルでいう自立・自律である。

142 ケアマネジメントによる援助の1つに、生活の全体性から焦点を当てる方法がある。健康状況、介護状況、住宅状況などの状況が関連しあって、生活全体に波及しているという認識のもとでニーズを捉え、さらに潜在的なセルフケアを活用して、ケアプランを考えていくことになる。

143 ケアマネジメントモデルのうち「**ブローカーモデル（仲介型モデル）**」とは、利用者のニーズと地域における社会資源を結びつけ、サービス機関間での調整により、利用者のニーズと社会資源との結びつけを可能とするものである。ケアマネジメントの基本形で原初的なモデルといえる。

144 ケアマネジメントモデルのうち「**リハビリテーションモデル**」とは、ブローカーモデルにリハビリテーション的な視点を加えたモデルで、環境調整を行いながら、利用者の機能回復を目指すものである。特に精神障害者などを対象としたもので、日常生活に関するスキルトレーニングなどを含む生活支援を行う。

145 ケアマネジメントモデルのうち「**ストレングスモデル**」とは、利用者のもち味や強みに焦点を当て、その強みを活かしながら生活支援を進めていこうとするモデルである。利用者と専門職との協調関係を重視している。

146 ケアマネジメントモデルのうち「**集中型モデル**」とは、重度精神障害者を支援するための**包括型地域生活支援プログラム**（ACT）の考え方から出てきたモデルである。重度精神障害者が地域で生活していけるように支援するためのモデルで、緊急対応や24時間対応を行うことも含まれる。

147 ケアマネジメントの過程は、ソーシャルワークの過程と基本的に同じであり、①インテーク、②アセスメント（事前評価、スクリーニング（ケースの仕分け）に必要な情報の収集とケースマネジメントによる支援の要否の決定）、③ケース目標の設定とケアプラン（支援計画）の作成、④ケアプランの実施、⑤モニタリング（クライエントおよびケア提供状況についての監視およびフォローアップ）、⑥評価（もしくは、再アセスメント）、⑦終結（フォローアップを含む）をたどる。 出 33-111

148 **マクスリー**（Moxley, D.）は、アセスメントの特色として、①ニーズを基礎にしている、②クライエントのニーズを包括的・全体的に捉える、③クライエントのニーズを学際的に捉える、④クライエントが参加する、⑤進行する過程として捉える、⑥システマティックにニーズを捉える、⑦書式化された文書をつくるといったことを挙げている。

6 集団を活用した支援

受験対策アドバイス

「集団とは何か」「集団がもつ特徴をソーシャルワーカーはどのように活用すべきか」という視点で捉えると、全体を理解しやすくなります。

グループワークの意義と目的

149 グループ（小集団）を介入対象としてソーシャルワークを実践することを**ソーシャルグループワーク**（**グループワーク**）と呼ぶ。グループワークは、クライエント・システムに存在するグループの重要性を認め、グループを対象に意図的な介入を行う方法で、**グループダイナミクス**（**集団力動**）と深く関連する。

出35-111

150 人はグループに所属してほかの**メンバー**とかかわることで、対人関係の理解を深め、社会性を獲得することができる。ソーシャルワーカーは、その機会をソーシャルワーク支援として活用・計画し、グループに生じるメンバー間の相互作用の力を意図的に用い、グループメンバー個々人とグループの成長を支える。

151 グループワークは、教育哲学に基づき実践されてきた歴史があり、ここで重視されたのは、メンバーが互いに学びを経験できること、話し合いの手法を身につけることであった。また、個人が自らのニーズに即したグループに所属することが、個人的変容を促すだけでなく、成長したグループがソーシャルアクションへ関与することで、社会変革を起こすきっかけをつくると考えられてきた。

152 グループワークの特徴は、①参加者はグループで実際に体験を試みる、②参加者はメンバーと呼称されソーシャルワーカーはファシリテーターの役割を担う、③グループメンバーが援助の仲介・媒体として機能する、④メンバーが同じ目的に向かって共時的にグループ活動を共有し、「あなたとともに」という意識が働く、などに整理できる。

153 日本型のグループ規範は、メンバー間の協調性や同質性が要求され、グループをまとめようとする**リーダーシップ規範**に基づき同調圧力が働く場面が見受けられるが、これらは、グループワークを実践する際の規範とは異なることを理解しておく必要がある。

出33-113
出35-111

154 **コノプカ**（Konopka, G.）は、『ソーシャルグループワーク』で、「ソーシャルグループワークとは、ソーシャルワークの1つの方法であり、意図的なグループ経験を通じて、個人の社会的に機能する力を高め、また個人、集団、地域社会の諸問題に、より効果的に対処し得るよう、人々を援助するものである」と定義している。

155 **コイル**（Coyle, G.）は、ソーシャルグループワークとは、「任意につくられたグループで、余暇を利用してグループワーカーの援助のもとに実践される一種の教育的活動であり、集団的な経験を通して個人の成長と発達を図るとともに、社会的に望ましい目的のために各成員が集団を利用することである」と定義している。 出33-113

156 **トレッカー**（Trecker, H.）は、ソーシャルグループワークとは、「1つの方法であり、それによって社会事業団体内のグループに属する各人が、プログラム活動で成員の相互作用を指導するグループワーカーによって援助され、各自の必要と能力に応じてほかの人々と結びつき、成長の機会をもつ経験を与えられ、もって個人、グループ、および地域社会の成長と発展を図らんとするものである」と定義している。 出33-113

157 **シュワルツ**（Schwartz, W.）は、グループワーカーはソーシャルワークの目的を果たすためにグループの状況を用いるという立場から、社会と個人の相互依存性に着目し、ワーカーはその媒介者としての機能を果たすことを強調した「相互作用モデル」「媒介モデル」と呼ばれるソーシャルワークの一般理論をつくり上げた。 出33-113 出35-111

グループワークの原則

158 介入対象となるグループの類型は、①トリートメント・グループ、②タスク・グループの2つに大別される。

- **トリートメント・グループ**は、関係性の問題が人間の生のありように影響し、そこにニーズが発生しているためにグループワークの適用が必要だと想定されるグループをいう。主な目的にはサポート、教育、成長、セラピー、社会化があり、複数の目的がグループメンバーのニーズに基づき融合される。
- **タスク・グループ**は、ある目的や具体的な目標を達成するために編成されたプロジェクト的なグループのことをいう。たとえば、有効な支援をサービス利用者へ適切に提供するために、複数の専門職が集まり、定期的に開催する会議などがタスク・グループに該当し介入対象となる。

159 グループワークにおける**個別化の原則**とは、ソーシャルワーカーはグループ単位で支援するが、その焦点は個々のメンバーに当てられるものであり、グループのメンバー一人ひとり、ならびにグループそのものを独自で個別の存在として理解することである。

160 グループワークにおける**受容の原則**とは、メンバー個々人をその個人がもつ長所や短所を含め純粋に受け入れ、尊重することである。

161　グループワークにおける**参加の原則**とは、メンバーの最大限の参加を目指してグループへの参加を促し、積極的な参加意欲と主体性が育つように支援することである。お互いに刺激し影響しあう相互作用がメンバーの参加意欲を高め、その存在を認めあい、仲間意識を高めていけるように働きかける。

162　グループワークにおける**体験の原則**とは、メンバー間の多様な交流の経験が生まれるように促し、グループ内での問題解決の体験を共有できるように働きかけることである。これらの体験により、個々のメンバーは自らの存在価値に気づくことができる。

163　グループワークにおける**葛藤解決の原則**とは、ソーシャルワーカーの援助によって、グループの相互作用のなかで生じる葛藤やメンバー個人の内面的葛藤の解決を促すことである。葛藤の背後には、他者を理解しようとするエネルギーが隠れており、それを引き出してグループが成長する手助けをする。

164　グループワークにおける**制限の原則**とは、クライエントが自分や他人の生命を脅かしたり、人間関係を破壊する行動をとったりすることがないように保護し、クライエントの自我を強化し、ソーシャルワーカーとよりよい援助関係を保っていくための原則である。

165　グループワークにおける**継続評価の原則**とは、メンバーの変化やグループ活動の過程について、継続した評価を行うことである。メンバーの自発性や参加度、グループとしての目標の理解やメンバー間の相互作用などについての継続した評価を行いながら援助する。

グループワークの展開過程

166　グループ内におけるメンバーとソーシャルワーカーの相互作用やその進行、展開の状態を表現する用語として**グループ・プロセス**がある。ソーシャルワーカーが、グループ・プロセスに適切に介入するためには、グループダイナミクス（集団力動）に関する理解が不可欠となる。相互作用のパターンやメンバー関係の凝集性、融合・統合状態、権力や統制のありよう、グループ内の文化などに留意する必要がある。

出34-111
出35-111

167　グループの発達段階については、おおよそ①準備期、②開始期、③作業期、④終結期に分けられる。**シュワルツ**（Schwartz, W.）は、準備期で波長合わせが強調され、開始期で契約の段階となり、作業期で媒介という主要な課題にワーカーが取り組み、終結期に至ることを示した。

168 **準備期**は、グループを形成する目的やメンバーの構成、規模、期間な 出34-111
どを決定する時期である。また、メンバーの入れ替えが可能なオープン・グ 出35-111
ループなのか、固定メンバーで進行するクローズド・グループなのかを検討 出36-109
する。この時期においては、メンバーの感情を想像する「波長合わせ」が重
視される。

169 **開始期**の特徴としては、新しい出会いへの緊張や不安から、メンバー 出34-111
が互いに注意深くふるまいがちであることが挙げられる。また、グループを 出35-111
促進するソーシャルワーカーに注目が集まり、メンバーは注意深くソーシャルワーカーを観察している。ソーシャルワーカーはグループ内での自己開示の方法やメンバーへの声かけ、雰囲気づくりなどについて、適切なロールモデルを示す必要がある。

170 **作業期**になると、メンバー間で互いの理解を深める機会も増え、自己 出34-111
開示が高くなる。また、メンバーの個人的な課題がグループ内で湧き出る機会が多くなったり、メンバーの役割交代が起きたりするなど、葛藤を含めたさまざまな変化が生じる時期である。グループに生じている状況を注視しながら、メンバーのエンパワメントを促進する機会となる。

171 **終結期**において重要なのは、メンバーに前もってグループワークの終 出34-111
結が近いことを知らせたうえで、終結の準備をともに進めることである。ま 出36-109
た、メンバーの変化を評価したり、グループ全体を**SYMLOG**（**多次元的小集団観察システム**；A System for the Multiple Level Observation of Groups）を用いて評価したりすることもできる。

セルフヘルプグループ

172 **セルフヘルプ**（**self-help**）**グループ**は、既存の社会制度では対応で 出32-115
きていない特別なニーズに応えるための相互扶助を基盤としたボランタリーな活動である。**当事者**自身によって展開されることから、グループワークの実践とは異なる。

173 セルフヘルプグループは、当事者の経験や体験的知識が活かされることで、同じ課題を有する仲間同士の**共感性**や**分かち合い**が作用する。ソーシャルワーカーは、当事者が自らの経験から生まれる実践知に導かれ、当事者性を見失うことなく、当事者として社会にかかわっていくという視点を理解しておくことが大切である。

174 セルフヘルプグループは、伝統的なソーシャルワークとは価値体系も 出32-115

方法も異なる援助で、専門職から独立した組織であるが、専門職の支援を必要とする場合と、当事者のみで専門職を排除する場合がある。当事者のみの場合にはエンパワメントが強調される。

✏ 自己変容機能、相互支援機能、社会変革機能を有する。

175 セルフヘルプグループにおいては、援助されると同時に援助する関係に立つ。**リースマン**（Riessman, F.）は、これを**ヘルパーセラピー原則**（援助者治療原則）とし、援助する人が最も援助を受けるという意味で用いる。

出33-117

176 **当事者組織**は、セルフヘルプグループと共通点が多い。しかし、「当事者」であることを強調しているので専門職や専門機関、行政機関との関係のなかで使われている概念である。また、組織として、福祉・保健・医療サービス利用者としてのソーシャルアクションを強調する。

出33-107
出35-112

177 専門職の支援の度合からみると下記の通りとなる。

✏ セルフヘルプグループには、専門職の支援はほとんどないか、セルフヘルプグループが求めたときのみの関係となる。

✏ 当事者組織は、専門職の雇用がある場合もあるので、限定的か恒常的に専門職の支援があることになる。

✏ サポートグループは、専門職の支援は欠かせないが、当事者が主体的にグループを運営する場合もある。

✏ グループワークのグループは、専門職が終始一貫してグループの活動に責任をもつことになる。

7 コミュニティワーク

コミュニティワークの意義と目的

178 **コミュニティワーク**は、**地域福祉**を推進するソーシャルワークであり、**地域住民**が身近な問題に気づき、自分たちにできる活動で解決・予防できるように、コミュニティワーカーが住民や住民組織などの社会資源を開発、動員、調整する側面的援助である。

179 コミュニティワーカーは、支える側・支えられる側という垣根のない**互助の仕組み**が機能するように働きかけ、**住民参加**・住民主体による地域の課題解決と福祉の価値に根ざした地域づくりを目指す。

180 **社会福祉協議会**は、地域福祉の推進を図る団体で、市町村社会福祉協議会には、コミュニティワークを推進する「**福祉活動専門員**」が配置されている。また福祉活動専門員は、「**コミュニティソーシャルワーカー**」や「**地域福祉コーディネーター**」と呼ばれる援助者の配置も進んでいる。

181 ソーシャルワークの体系において、コミュニティワークは「間接援助技術」と位置づけられてきた歴史がある。コミュニティワークは、コミュニティワーカーが支援を必要とする人々に直接的にかかわるというよりも、地域住民に対する福祉教育や見守り・支援の仕組みづくりに主眼が置かれてきた。

182 コミュニティワーカーは、地域のさまざまな人の思いや行動力を育て、つなぎ合わせることで、いろいろな問題に敏感に気づき、柔軟に解決できる地域を作るという「**地域の福祉力**」を涵養することを目指している。また、**社会的包摂（ソーシャルインクルージョン）**に向けた**福祉教育**も重要な役割となる。

183 コミュニティワーカーである福祉活動専門員が担う機能には、①住民がもつ問題やニーズを発見し把握する「地域アセスメント」を踏まえた福祉問題の掘り起こし、②把握したニーズや福祉問題の共有化、③住民の福祉教育、④ボランティアの開拓、⑤要援護者の仲間づくり、⑥在宅サービスの提供、⑦地域福祉活動計画への意見集約、⑧行政機関などへの提言などが挙げられる。

受験対策アドバイス

地域住民の主体性を活かすことがキーワードです。「地域福祉と包括的支援体制」の内容とセットで理解することで、高得点が狙えます。

コミュニティワークの展開

184 コミュニティワークには、①地域の課題やニーズを把握する**地域アセスメント**、②コミュニティワークに関する**計画策定**とモニタリング、③地域がもつ潜在的な力を活かした**地域組織化**、④新しい**社会資源の開発**、⑤評価と実施計画の更新というプロセスがある。

185 地域アセスメントには、社会福祉協議会や**地域包括支援センター**などのソーシャルワーカーが専門的な支援のために行うものと、地域住民が自ら地域の課題や資源に気づくことを側面的に支えるものという、2つの側面がある。

186 地域アセスメントにおける情報収集の方法には、専門職や住民への調査、住民との話し合いの場を設定する、ワークショップを開催するなどの方法がとられる。その結果を、地域アセスメントシートにまとめ、地域福祉に関する計画に活用する。

187 地域アセスメントで用いられる「**SWOT分析**」とは、Strength（強み）、Weakness（弱み）、Opportunities（機会）、Threats（脅威）の頭文字をとったものである。それぞれに分類される事項を内部環境と外部環境、プラス要因とマイナス要因に分けて現状を分析するツールである（図表15参照）。

図表15 SWOT分析

	プラス要因	マイナス要因
内部環境	Strength（強み）	Weakness（弱み）
外部環境	Opportunities（機会）	Threats（脅威）

188 コミュニティワークでは、①タスク・ゴール（課題達成目標）、②プロセス・ゴール（過程目標）、③リレーションシップ・ゴール（関係性変容・構築の目標）という3つのゴールについて評価する視点をもっている。

- **タスク・ゴール**とは、具体的な問題やニーズをターゲットとして掲げ、解決や充足をどの程度進めるかという視点のことをいう。
- **プロセス・ゴール**は、活動の過程で獲得した連帯意識や改革への意欲といった視点である。
- **リレーションシップ・ゴール**は、タスクに取り組むために関係者（住民、関係機関、行政など）間の対等な協力関係を構築することを目指す視点である。

189 コミュニティワークの評価では、企業活動や政策評価で用いる**ロジック・モデル**や**根本原因解析**（**Root Cause Analysis：RCA**）の手法が着目されている。ロジック・モデルは「インプット（投入）→アクティビティ（活動）→アウトプット（結果）→アウトカム（成果）」というプロセスについて、指標を決めて進めていく思考法で、RCAは、生じている問題の事象ではなく根本にある原因を掘り下げることで再発防止を図る分析手法である。

8 スーパービジョンとコンサルテーション

スーパービジョンの意義、目的、方法

出35-113

190 スーパービジョンとは、「スーパーバイザーが、責任をもってスーパーバイジーの能力を最大限に活かしてよりよい実践ができるように援助する過程」であり、支持的機能、教育的機能、管理的機能がある。

出35-113
出36-110

受験対策アドバイス
さまざまなスーパービジョンの方法について、名称を確実に押さえておきましょう。それぞれの特徴や内容は、名称から想像するとわかりやすいです。

191 スーパービジョンの支持的機能は、スーパーバイジーを支え、バーンアウトの防止や自己覚知の促進とそれに伴う痛みの軽減などの機能がある。教育的機能は、学習の動機づけを高め、知識・技術・価値の伝授などの機能がある。管理的機能は、職場環境の整備、ソーシャルワーカーが組織の一員として援助活動ができるように管理することなどである。

192 ホウキンズ（Hawkins, P.）は、スーパービジョンについて「スーパーバイザーの支援を受けて実践者がクライエントにかかわり、仕事の質を向上させ、クライエントとの関係を変え、自分自身や自身の実践、そして広く専門職を継続的に発展させていこうとする協働の取り組み」であると示している。

出35-113

193 スーパービジョンの目的には、専門性の向上を促進するような働きかけや環境づくりといった「スタッフの育成・専門性の向上」と、組織内のスタッフの業務遂行状況の確認ならびに業務の改善・向上のために必要な事項を検討し、組織の機能を一定水準以上に保てるようにする「組織の機能の維持・向上」がある。

194 一定の組織のなかで援助活動がなされると、ストレスがたまって燃え尽き症候群（バーンアウト・シンドローム）がもたらされやすい。それに対処するためには個人的対応だけに任せるのではなく、組織的レベルで支援体制を用意することが重要である。

出36-110

195 スーパーバイザーとスーパーバイジーの関係性は、スーパービジョンの内容や効果に大きな影響を及ぼすことに留意する必要がある。

「ソーシャルワーカーとクライエントの関係」と「スーパーバイザーとスーパーバイジーの関係」の間にはよく似た状況が生じることがあるが、これを「パラレルプロセス」という。

196 スーパービジョンの形態は、個人スーパービジョンとグループスーパービジョンの2つに大別されるが、変則形として、チームスーパービジョンやピアスーパービジョンがある。ほかにもライブスーパービジョンやセルフスーパービジョンといった形態があるが、それぞれの長所と短所を踏まえたうえで使い分ける必要がある。

197 **個人スーパービジョン**は、スーパーバイザーとスーパーバイジーの1対1の関係（スーパービジョン関係）で契約を結び意思の確認がなされる。事例に合わせて定期的に長期にわたってなされるものから、必要なときに不定期に行い、しかも継続的になされるスーパービジョンなど、さまざまである。スーパーバイジーの自己覚知を促すことは、面接での介入効果を上げるのに有効である。

出32-116
出33-114
出35-113

198 **グループスーパービジョン**とは、スーパーバイザーと複数のスーパーバイジーによる定期的なスーパービジョンをいう。グループ・アプローチはスーパービジョンの考え方を拡大したものである。事例研究などは、スーパービジョンとして用いることが多い。

出32-116
出33-114

199 **チームスーパービジョン**とは、同じチームで協働するメンバーへのスーパービジョンである。メンバーが同じクライエントに向けて協働していることから、メンバー個々に対する働きかけや支援に加え、チームの発達を促進し、チームとしての機能を発揮できるようにすることを目指す。

200 **ピアスーパービジョン**は、学生同士、ワーカー同士が、互いに事例研究などを行うものをいう。自由な雰囲気のもとで自己を表現する場合に有効な方法といえる。アメリカでは、スーパーバイザーやスーパービジョン後独り立ちしたワーカーが、自主的に学習集団をつくって活動している形態をピア・スーパービジョンと呼ぶ。

出33-114

201 **ライブスーパービジョン**の特色は、記録によらず「生の」場面を両者が直接経験できることにあり、援助者がクライエントと面接しているかたわらにスーパーバイザーが座る場合や、ワンサイド・ミラーから見る場合もある。

出33-114

202 **セルフスーパービジョン**は、自分自身で行うスーパービジョンである。自分自身を客観視することにより、困難な場面から今後の見通しを得るのに効果がある。

出33-114

コンサルテーションの意義、目的、方法

203 **コンサルテーション**は、他分野・他領域の専門的な知識や技術につい

ての助言を受けることを指す。助言・指導を行う専門家をコンサルタント、受ける専門家をコンサルティーと呼び、任意で対等な関係となる。

204 ソーシャルワーカーは、多様なクライエント・システムにかかわるため、職務遂行のためにほかの専門職にコンサルテーションを受けることがある。難病患者の支援に際し、病気の理解を深めるために医療職に助言を得ることや多重債務者支援のために司法関係者に相談することなどが想定される。

205 コンサルテーションは、問題解決の過程ではあるが、隣接した領域の専門家によってなされ「管理的機能」を有しないことや、職能団体による制度としての位置づけがないといった点で、スーパービジョンと区別される。

実力チェック！一問一答

※解答の横の番号は、本科目で該当する重要項目や図表の番号です。

1	サイバネティックスとは、システムが他の干渉を受けずに自己変化させようとする仕組みである。	1 ×	3
2	システム理論に基づくソーシャルワークの対象の捉え方として、個人や家族、地域等を相互に影響し合う事象として連続的に捉える。	2 ○	5 6
3	ピンカスとミナハンは、クライエントの環境は、アクション・システムなど、複数のシステムから構成されると説いた。	3 ○	図表1 図表2
4	ストレングモデルでは、問題や欠点、能力附属に注目するのではなく、クライエントと環境のストレングスに注目し、自律的に発達・成長すること、クライエントとの協働などが強調される。	4 ○	34 35
5	機能的アプローチは、クライエントのニーズを機関の機能との関係で明確化し、援助過程のなかでクライエントの社会的機能の向上を目指す。	5 ○	39
6	課題中心アプローチでは、ターゲット問題を明確化し、クライエントが優先順位をつけ、短期処遇を目指す。	6 ○	44
7	行動変容アプローチは、クライエントの望ましい行動を増加させ、望ましくない行動を減少させることを目指す。	7 ○	49
8	エンパワメントアプローチでは、クライエントのパワーレス状態を生み出す抑圧構造への批判的意識を醸成する。	8 ○	51
9	エンゲージメント（インテーク）とは、支援の成果を評価し、その状況によっては終結へと進む段階である。	9 ×	63
10	ジェノグラムは、クライエントを取り巻く人間関係や社会環境における資源のネットワークを可視化したものである。	10 ×	82
11	単一事例実験計画法（シングル・システム・デザイン）を用いると、測定対象のクライエントに対する支援効果を明らかにできる。	11 ○	106
12	プランニングシートには、利用者がサービスを利用してどのような生活をしたのかについて記述する。	12 ×	127
13	シュワルツは、ソーシャルワーカーの役割を、メンバーとグループの媒介者とし、相互作用モデルを提唱した。	13 ○	157
14	グループワークの作業期では、メンバーを同化させ、メンバー同士の対立や葛藤が生じないように援助する。	14 ×	159 170
15	スーパービジョンの教育的機能は、ストレスに対応するようスーパーバイジーの精神面を支える機能である。	15 ×	191

12

社会福祉調査の基礎

※【　】内は問題番号
※■は新カリにおける新規項目

⑫ 社会福祉調査の基礎

大項目	中項目	小項目（例示）	出題実績			
			第 36 回	第 35 回	第 34 回	精神国試
1 社会福祉調査の意義と目的	1）社会福祉調査の意義と目的	・ソーシャルワーク実践の可視化 ・ソーシャルワーク実践の理論化 ・アクション・リサーチ ・公的統計と政策決定 ・ソーシャルワークの価値や倫理と社福祉調査の関連		【84】		
	2）社会福祉調査と社会福祉の歴史的関係	・古典（ブース，ラウントリー，タウンゼント 等）				
	3）統計法	・統計法の概要	【84】	【85】		
2 社会福祉調査における倫理と個人情報保護	1）社会福祉調査における倫理	・倫理的配慮	【85】		【84】*	25【68】
	2）社会福祉調査における個人情報保護	・個人情報保護法の概要			【84】*	
3 社会福祉調査のデザイン	1）調査における考え方・論理	・理論と調査の関係 ・演繹法と帰納法 ・共変関係 ・因果関係 ・内的妥当性と外的妥当性				
	2）社会福祉調査の目的と対象	・目的（探索，記述，説明） ・分析単位（個人，家族，グループ，コミュニティ，社会関係，現象 等） ・母集団，標本，標本の代表性 ・標本抽出（有意抽出，無作為抽出）	【86】			
	3）社会福祉調査でのデータ収集・分析	・量的調査と質的調査 ・フィールド調査 ・文献や既存のデータを用いた調査 ・実験 ・評価のための調査	【90】		【39】	
	4）社会福祉調査のプロセス	・問の設定，概念化・操作化，対象と方法の選択，データ収集，分析，考察				
4 量的調査の方法	1）量的調査の概要	・多数把握，実態把握，因果関係の推論 ・経験の詳細な理解				
	2）量的調査の種類と方法	・全数調査と標本調査，Web 調査 ・横断調査，縦断調査 ・比較調査，繰り返し調査，パネル調査，コホート調査 ・母集団，標本，標本の代表性 ・標本抽出（有意抽出，無作為抽出） ・二次分析		【86】	【85】	24【69】
	3）質問紙の作成方法と留意点	・ワーディングとその他の留意点 ・パーソナルな質問とインパーソナルな質問 ・測定（測定の水準，測定の信頼性と妥当性 等） ・プレコーディングとアフターコーディング ・自計式（自記式），他計式	【87】 【88】	【87】 【88】	【86】	
	4）質問紙の配布と回収	・訪問面接，郵送，留置，集合，電話，インターネット			【87】	
	5）量的調査の集計と分析	・エディティング ・コーディング ・単純集計と記述統計，クロス集計，散布図，相関と回帰，多変量解析			【88】	26【69】
5 質的調査の方法	1）質的調査の概要	・個人の経験の詳細な理解及び他者との相互作用の詳細な理解				
	2）観察法	・参与観察法，非参与観察法，統制的観察法		【89】	【89】	
	3）面接法	・構造化面接法，半構造化面接法，自由面接法 ・フォーカス・グループ・インタビュー ・インタビューガイド，逐語録	【89】		【90】	25【69】
	4）質的調査における記録の方法と留意点	・観察や面接の記録方法 ・音声，映像，テキストのデータの扱い方 ・実践の記録や会議資料等の活用 ・資料収集における ICT の活用				

＊は複数の項目に該当する問題

大項目	中項目	小項目（例示）	出題実績			
			第36回	第35回	第34回	精神国試
	5）質的調査のデータの分析方法	・事例研究 ・グラウンデッドセオリーアプローチ ・ナラティヴアプローチ ・ライフストーリー，ライフヒストリー ・エスノグラフィー ・アクション・リサーチ ・テキストマイニング		【90】		
6 ソーシャルワークにおける評価	1）ソーシャルワークにおける評価の意義	・ミクロ・メゾ・マクロレベルにおける実践の評価 ・根拠に基づく実践（EBP）とナラティヴに基づく実践（NBP） ・アカウンタビリティ				
	2）ソーシャルワークにおける評価対象	・実践，プログラム，政策 ・構造（ストラクチャー） ・過程（プロセス） ・結果（アウトカム） ・影響（インパクト）				
	3）ソーシャルワークにおける評価方法	・シングル・システム・デザイン ・実験計画法 ・質的な評価法				

1 社会福祉調査の意義と目的

社会福祉調査の意義と目的

◎社会調査と社会福祉調査

出32-84 出35-84 **1** 社会調査とは、社会事象に関するデータを現地調査によって客観的な方法で収集、処理、記述および分析する過程を通して、社会事象を定量的または定性的に認識するために行われるものであり、そのプロセス自体も含まれる。

- 社会調査の調査主体は、国（政府）、地方自治体、営利法人（企業）、非営利法人（学校・医療・福祉など）などの組織や機関のほか、研究者・ジャーナリスト・市民などの個人やその集まりである。
- 社会調査の対象は、社会の基本的な構成要素である個人や、市場の構成要素である企業などの集団である。

2 社会調査の歴史的系譜のなかでは最も古い歴史を有するものが、センサスである。

- センサスとは、政治・行政上の目的をもった調査をいう。社会全体を調査対象とするため、公的機関が行うことが多い。
- 代表的なものに、国勢調査（総務省統計局管轄）、経済センサス（総務省・経済産業省管轄）、農林業センサス（農林水産省管轄）がある。

出32-84 出35-84 **3** 社会調査の歴史的系譜には、センサスを第一の系譜として、そのほかに社会踏査、世論調査、市場調査、科学的／学術調査の４つがある（図表１参照）。

図表1 社会調査

社会踏査	社会的な問題を解決する目的をもって行われる社会調査
世論調査	一定の事項に対する一般大衆の意見や態度を量的に測定し、その結果から世論の動向を明らかにするための社会調査
市場調査	企業の意思決定に役立てることを目的として、市場の客観的基礎資料を得るための社会調査。マーケット・リサーチ、またはマーケティング・リサーチとも呼ばれる
科学的／学術調査	科学的な理論構成を目的として行われる社会調査

4 社会福祉調査とは、社会的ニードの充足を図るために、客観的な方法を用いて社会福祉に関するデータを収集、処理、記述および分析する過程を通して、社会福祉に関するさまざまな社会事象を定量的または定性的に認識する一連の過程である。

✏ 社会福祉調査を実施することによって、ソーシャルワーク実践の**可視化**や**理論化**につなげていくことが可能になる。

5 統計調査とは、社会事象を**量的**にとらえることを目的とした社会調査である。大量の情報を収集し、**統計学**に基づき社会事象を統計量として表し分析することによって、社会についての一定の認識を得るために行われる。

◎公的統計と政策決定

6 **公的統計**とは、行政機関、地方公共団体または独立行政法人等が作成する統計をいう。調査統計、業務統計、加工統計が該当する。

✏ **調査統計**とは、統計調査により作成されるものをいう。

✏ **業務統計**とは、業務データを集計することにより作成されるものをいう。

✏ **加工統計**とは、他の統計を加工することにより作成されるものをいう。

7 **基幹統計**とは、国勢統計、国民経済計算および行政機関が作成する統計のうち重要なものとして総務大臣が指定した統計をいう（図表２参照）。 出35-85

図表2 基幹統計一覧

（2024（令和6）年1月1日現在）

名　称		
内閣府(1)	**文部科学省(4)**	**経済産業省(7)**
国民経済計算	学校基本統計	経済産業省生産動態統計
総務省(14)	学校保健統計	ガス事業生産動態統計
国勢統計	学校教員統計	石油製品需給動態統計
住宅・土地統計	社会教育統計	商業動態統計
労働力統計	**厚生労働省(9)**	経済産業省特定業種石油等消費統計
小売物価統計	人口動態統計	経済産業省企業活動基本統計
家計統計	毎月勤労統計	鉱工業指数
個人企業経済統計	薬事工業生産動態統計	**国土交通省(9)**
科学技術研究統計	医療施設統計	港湾統計
地方公務員給与実態統計	患者統計	造船造機統計
就業構造基本統計	賃金構造基本統計	建築着工統計
全国家計構造統計	国民生活基礎統計	鉄道車両等生産動態統計
社会生活基本統計	生命表	建設工事統計
経済構造統計	社会保障費用統計	船員労働統計
産業連関表	**農林水産省(7)**	自動車輸送統計
人口推計	農林業構造統計	内航船舶輸送統計
財務省(1)	牛乳乳製品統計	法人土地・建物基本統計
法人企業統計	作物統計	
国税庁(1)	海面漁業生産統計	
民間給与実態統計	漁業構造統計	
	木材統計	
	農業経営統計	(合計53)

資料：総務省「基幹統計一覧」より作成

- 基幹統計のうち、国民経済計算、農業関連表、生命表、社会保障費用統計、鉱工業指数及び人口推計は**加工統計**であり、その他は**調査統計**である。
- 行政機関が行う統計調査のうち、基幹統計調査以外の調査のことを**一般統計調査**という。

出33-84
出35-84

8 国勢統計とは、わが国の人口の状況を明らかにするための**国勢調査**によって作成する基幹統計である。

- **10**年ごとの大規模調査と、その中間に**5**年ごとに行われる簡易調査がある。
- 調査対象は、**日本に居住する日本国籍をもつ人**だけでなく、**日本に常住する外国人**も対象とする。

出33-84
出36-84

9 国民生活基礎統計とは、世帯の状況を総合的に把握するための**国民生活基礎調査**によって作成する基幹統計である。

- **3**年ごとの大規模調査と、中間の各年に簡易調査が行われる。
- 調査対象は、統計上の抽出方法に基づいて選定された全国の世帯および世帯員である。

出33-84

10 労働力統計とは、わが国の就業・不就業の状況を把握するための**労働力調査**によって作成する基幹統計である。

- 調査対象は一定の統計上の抽出方法に基づき選定された全国の世帯であり、調査時点で求職中の人や、就労も求職もしていない人も**対象とする**。

出33-84

11 家計統計とは、全国の世帯を調査対象とした**家計調査**によって作成する基幹統計である。

- 学生の単身世帯や外国人世帯は対象に**含まれない**。

12 **社会保障費用統計**とは、年金、医療保険、介護保険、雇用保険、生活保護などの社会保障制度に係る1年間の支出（国民に対する金銭・サービスの給付）等を取りまとめた基幹統計である。

- 社会保障費用統計は、**加工統計**である。

社会福祉調査と社会福祉の歴史的関係

出34-26（現社）

13 1886年にブース（Booth, C.）が実施した**ロンドン調査**や、1899年にラウントリー（Rowntree, B. S.）が実施した**ヨーク調査**は、当時のイギリスにおける貧困とその原因を調査した社会踏査として位置づけられる。

- ロンドン調査とは、ロンドン市で実施された貧困調査を指す。貧困の原因が個人にあるのではなく、雇用問題や環境要因などの**社会**にあることを明らかにした。
- ヨーク調査とは、ヨーク市で実施された貧困調査を指す。ラウントリーは、肉体の維持に必要なラインを**第1次貧困線**、飲酒や賭《と》博《ばく》などで消費しなければ肉体を維持できるラインを**第2次貧困線**と定義し、貧困の原因を指摘した。

14 ラウントリーは、社会踏査の結果から**ライフサイクル**と貧困の関係を明らかにした。

✏ 人は人生のなかで、**低年齢期**、**子育て期**、**高齢期**の3回貧困になると指摘した。

15 1960年代にエイベル–スミス（Abel-Smith, B.）とタウンゼント（Townsend, P.）は、イギリスの貧困世帯が増加していることを指摘し、それが**貧困の再発見**の契機となった。 出34-26（現社）

16 タウンゼントは、**相対的剥奪**という概念を用いて相対的貧困を分析した。 出34-26（現社）

✏ 相対的剥奪とは、人が自分の置かれている状態を、絶対的な水準ではなく、**準拠集団との比較**において劣っていると感じている状態をいう。

✏ ブースやラウントリーの貧困調査が**絶対的貧困**を明らかにするものであったのに対して、タウンゼントは一般社会の平均的・標準的な生活水準との比較による**相対的貧困**を唱えた。

統計法

17 1947（昭和22）年に施行となった統計法は、主として、調査データのための基本的な考え方を整理した法律である。2007（平成19）年5月に改正され、2009（平成21）年4月1日より全面施行された。

18 2007（平成19）年の統計法改正の目的は、公的統計の位置づけを「行政のための統計」から「**社会の情報基盤としての統計**」へと転換させることであった。 出32-85

19 2007（平成19）年の統計法改正は、公的統計の体系的かつ効率的な整備およびその有用性の向上を図るため、**公的統計の整備**に関する基本的な計画を策定すること、統計データの**二次利用**を促進すること等を内容とする統計法の全面改正であった。 出32-85

20 2018（平成30）年に、統計法及び独立行政法人統計センター法の一部を改正する法律が公布、2019（令和元）年5月に施行された。**公的統計の効率的な作成**および**調査票情報の活用**を図るための改正であり、主な改正事項は**図表3**のとおりである。

図表3 「統計法及び独立行政法人統計センター法の一部を改正する法律」の主な改正事項

①行政機関等の責務等の規定設置
②事業所母集団データベースに記録されている情報の提供対象の拡大
③調査票情報の提供対象の拡大と二次的利用の成果等の公表
④統計委員会の機能強化
⑤独立行政法人統計センターの業務の追加

出32-85

21 調査票情報の二次利用について、**行政機関の長**は、統計の作成または統計的研究を行う場合と統計調査その他の統計を作成するための調査にかかる名簿を作成する場合に調査票情報を利用することができる（統計法第32条）。

出35-85

22 調査票情報の提供について、**行政機関の長**は、学術研究の発展に資すると認める場合に調査票情報を提供することができる（統計法第33条の2）。

出35-85

23 匿名データの作成について、行政機関の長は、基幹統計調査にかかる匿名データを作成しようとするときは、あらかじめ、**統計委員会**の意見を聴かなければならない（統計法第35条第2項）。

✏ **匿名データ**とは、行政機関等が行う統計調査によって集められた調査票情報を、一般の利用に供することを目的として特定の個人または法人その他の団体の識別ができないように加工したものをいう。

出32-85
出35-85

24 調査票情報等の保護について、統計法では、調査票情報等の適正な管理（第39条）、調査票情報等の利用制限（第40条）、守秘義務（第41条）等を規定しており、**個人情報の秘密漏えいに関する罰則**が第57条に定められている。

出32-85

25 専門的かつ中立公正な調査審議を行う統計委員会について、統計法では、**総務省**に設置することを規定している（第44条）。

2 社会福祉調査における倫理と個人情報保護

社会福祉調査における倫理

26 社会調査を実施する者に求められる倫理的な行動規範として、一般社団法人社会調査協会が定めた**倫理規程**がある（図表4参照）。 出33-85 出34-84

図表4 社会調査協会の倫理規程（色文字は筆者による）

第1条 社会調査は、常に科学的な手続きにのっとり、客観的に実施されなければならない。会員は、絶えず調査技術や作業の水準の向上に努めなければならない。

第2条 社会調査は、実施する国々の国内法規及び国際的諸法規を遵守して実施されなければならない。会員は、故意、不注意にかかわらず社会調査に対する社会の信頼を損なうようないかなる行為もしてはならない。

第3条 調査対象者の協力は、法令が定める場合を除き、**自由意志**によるものでなければならない。会員は、調査対象者に協力を求める際、この点について誤解を招くようなことがあってはならない。

第4条 会員は、調査対象者から求められた場合、調査データの提供先と使用目的を知らせなければならない。会員は、当初の調査目的の趣旨に合致した2次分析や社会調査のアーカイブ・データとして利用される場合および教育研究機関で教育的な目的で利用される場合を除いて、調査データが当該社会調査以外の目的には使用されないことを保証しなければならない。

第5条 会員は、調査対象者のプライバシーの保護を最大限尊重し、調査対象者との信頼関係の構築・維持に努めなければならない。社会調査に協力したことによって調査対象者が苦痛や不利益を被ることがないよう、適切な予防策を講じなければならない。

第6条 会員は、調査対象者をその性別・年齢・出自・人種・エスニシティ・障害の有無などによって差別的に取り扱ってはならない。調査票や報告書などに差別的な表現が含まれないよう注意しなければならない。会員は、調査の過程において、調査対象者および調査員を不快にするような発言や行動がなされないよう十分配慮しなければならない。

第7条 調査対象者が年少者である場合には、会員は特にその人権について配慮しなければならない。調査対象者が満15歳以下である場合には、まず**保護者**もしくは**学校長などの責任ある成人**の承諾を得なければならない。

第8条 会員は、記録機材を用いる場合には、原則として調査対象者に調査の前または後に、調査の目的および**記録機材を使用すること**を知らせなければならない。調査対象者から要請があった場合には、当該部分の記録を破棄または削除しなければならない。

第9条 会員は、調査記録を安全に管理しなければならない。とくに調査票原票・標本リスト・記録媒体は厳重に管理しなければならない。

出典：一般社団法人社会調査協会ホームページ

27 公益社団法人日本社会福祉士会が2020（令和2）年に採択した「**社会福祉士の倫理綱領**」には、社会福祉調査を実施するときに遵守するべき事項として、**図表5**の倫理基準がある。

図表5 社会福祉士の倫理綱領（一部抜粋）

倫理基準

Ⅰ　クライエントに対する倫理責任

8.（プライバシーの尊重と秘密の保持）　社会福祉士は、クライエントのプライバシーを尊重し秘密を保持する。

9.（記録の開示）　社会福祉士は、クライエントから記録の開示の要求があった場合、非開示とすべき正当な事由がない限り、クライエントに記録を開示する。

12.（情報処理技術の適切な使用）　社会福祉士は、情報処理技術の利用がクライエントの権利を侵害する危険性があることを認識し、その適切な使用に努める。

Ⅳ　専門職としての倫理責任

7.（調査・研究）　社会福祉士は、すべての調査・研究過程で、クライエントを含む研究対象の権利を尊重し、研究対象との関係に十分に注意を払い、倫理性を確保する。

出典：公益社団法人日本社会福祉士会

28　公益社団法人日本精神保健福祉士協会が2013（平成25）年に採択し、2018（平成30）年に改訂した「**精神保健福祉士の倫理綱領**」には、社会福祉調査を実施するときに遵守するべき事項として、図表6の倫理原則や倫理基準がある。

図表6 精神保健福祉士の倫理綱領（一部抜粋）

倫理原則

1．クライエントに対する責務

⑶　プライバシーと秘密保持

精神保健福祉士は、クライエントのプライバシーを尊重し、その秘密を保持する。

倫理基準

1．クライエントに対する責務

⑶　プライバシーと秘密保持

精神保健福祉士は、クライエントのプライバシーの権利を擁護し、業務上知り得た個人情報について秘密を保持する。なお、業務を辞めたあとでも、秘密を保持する義務は継続する。

a　第三者から情報の開示の要求がある場合、クライエントの同意を得た上で開示する。クライエントに不利益を及ぼす可能性がある時には、クライエントの秘密保持を優先する。

b　秘密を保持することにより、クライエントまたは第三者の生命、財産に緊急の被害が予測される場合は、クライエントとの協議を含め慎重に対処する。

c　複数の機関による支援やケースカンファレンス等を行う場合には、本人の了承を得て行い、個人情報の提供は必要最小限にとどめる。また、その秘密保持に関しては、細心の注意を払う。クライエントに関係する人々の個人情報に関しても同様の配慮を行う。

d　クライエントを他機関に紹介する時には、個人情報や記録の提供についてクライエントとの協議を経て決める。

e　研究等の目的で事例検討を行うときには、本人の了承を得るとともに、個人を特定できないように留意する。

f　クライエントから要求がある時は、クライエントの個人情報を開示する。ただし、記録の中にある第三者の秘密を保護しなければならない。

g　電子機器等によりクライエントの情報を伝達する場合、その情報の秘密性を保証できるよう最善の方策を用い、慎重に行う。

2. 専門職としての責務

⑵　専門職自律の責務

a　精神保健福祉士は、適切な調査研究、論議、責任ある相互批判、専門職組織活動への参加を通じて、専門職としての自律性を高める。

出典：公益社団法人日本精神保健福祉士協会

29　社会調査の対象者を抽出するときは、住民基本台帳あるいは選挙人名簿から自由に個人情報を閲覧できない。　出 36-85

✎ 個人情報保護の観点から住民基本台帳や選挙人名簿は原則非公開であるが、公益性が高いと認められる社会調査を目的とする場合には、閲覧することが認められている。

30　社会調査は、調査の目的、収集データの利用方法、結果の公表の方法をあらかじめ文書あるいは口頭で調査対象者に知らせ、了解をとったうえで実施する。　出 33-35　出 36-85

✎ 調査前に対象者の協力同意書があっても、調査の途中または調査後の対象者からのデータ削除要請に応じることが求められる。

31　社会福祉施設利用者の家族の実情などの聞き取り調査は、第三者が出入りしない個室で行う。　出 33-85

32　社会調査では、対象者に調査協力の謝礼を渡すことは不可欠ではない。　出 36-85

社会福祉調査における個人情報保護

33　2003（平成15）年に公布され、2005（平成17）年に全面施行された「個人情報の保護に関する法律（個人情報保護法）」では、個人情報の適正な取り扱いに関し、基本理念および政府による基本方針の作成その他の個人情報の保護に関する施策の基本となる事項を定めている。

✎ 2020（令和2）年には、「個人情報の保護に関する法律等の一部を改正する法律」が公布され、2022（令和4）年より全面施行された。改定のポイントは図表7のとおりである。

図表7「個人情報の保護に関する法律等の一部を改正する法律」の主な改正

①漏えい等が発生した場合の報告と本人通知の義務化
②外国にある第三者への提供（越境移転）に係る情報提供の充実
③保有個人データの開示方法の拡大
④個人データの利用の停止・消去等の請求権の拡充
⑤公表等事項の充実
⑥不適正利用の禁止
⑦法令違反に対する罰則の強化

34 個人情報保護法における**個人情報**の定義は、**図表8**のとおりである。

図表8 個人情報保護法における個人情報の定義

生存する個人に関する情報であって、以下のいずれかに該当するものをいう。
・その情報に含まれる氏名、生年月日その他の記述等により特定の個人を識別することができるもの（他の情報と容易に照合することができ、それにより個人が誰であるかを識別することができることとなるものを含む）
・**個人識別符号**が含まれるもの

35 個人識別符号とは、①**身体の一部の特徴を電子計算機のために変換した符号**（DNA、顔、指紋など）、②**サービス利用や書類において対象者ごとに割り振られる符号**（旅券番号、基礎年金番号、免許証番号などの公的番号）のいずれかに該当するものであり、政令・規則で個別に指定される。

36 **要配慮個人情報**とは、人種、信条、社会的身分、病歴、前科、犯罪被害情報、その他本人に対する不当な差別、偏見その他の不利益が生じないように取り扱いに特に配慮を要するものとして政令で定める個人情報のことをいう。

✏ 要配慮個人情報の取得には、原則として**本人の同意**が必要となる。

37 **匿名加工情報**とは、特定の個人を識別することおよびその作成に用いる個人情報を復元することができないように加工された個人情報のことをいう。

3 社会福祉調査のデザイン

調査における考え方・論理

38 ソーシャルワークは、理論、実践、リサーチの相互作用によって成り立っている。

- ソーシャルワークでは、理論から導き出されたモデルやアプローチを、介入や実施として実践する。
- ソーシャルワークの実践による結果や効果をリサーチとして調査したり評価したりする。また、それは新たな理論を生み出すベースにもなる。

39 調査の知識と技術は、ソーシャルワークの過程におけるアセスメントと評価を組織的に実施するための方法論を提供する。

40 ソーシャルワーク・リサーチの方向性として、演繹《えんえき》法的展開と帰納《きのう》法的展開がある。

- 演繹法はトップダウンのアプローチであり、人々の合意を得るための合理的な結論を導き出す方法である。演繹法的な方向性は、リサーチにおいて図表9のような枠組みを提示する。
- 帰納法はボトムアップのアプローチであり、経験を積み重ねることにより一般論を導き出す方法である。帰納法的な方向性は、リサーチにおいて図表10のような展開を示すことができる。

図表9 演繹法的展開

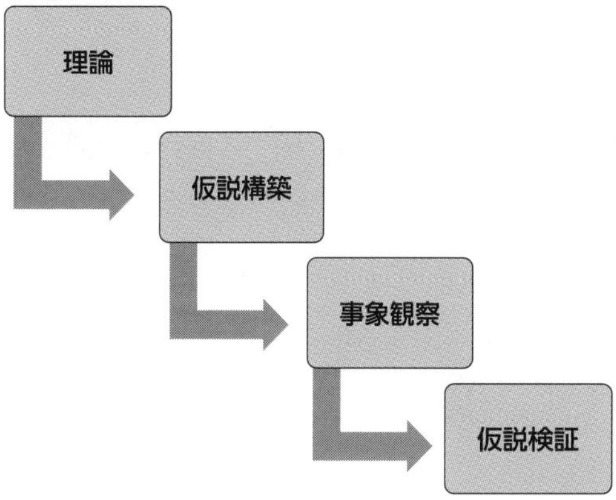

図表10 帰納法的展開

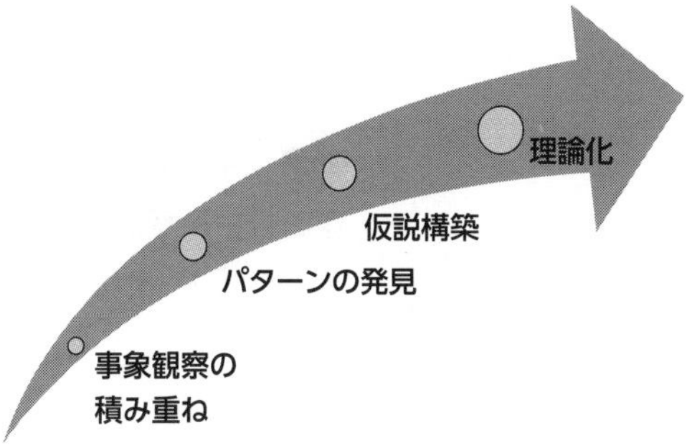

41 社会科学における調査では、多くの場合、因果関係を仮説という形で用いる。

- 因果関係とは、原因とそれによって生じる結果との関係を指す。

- 調査では、原因を**独立変数**、結果を**従属変数**と呼び、独立変数が従属変数に影響を及ぼす関係性に着目する。

42 因果関係が成立する条件には、**時間的優先**、**相関関係の存在**、**他の要因の排除**の3つがある。

- 時間的優先とは、原因と結果には時間差があり、原因が結果より**先にある**ことを意味する。
- 相関関係の存在とは、一方が変化すれば**他方も変化する**ことを意味する。
- 他の要因の排除とは、両者が関係するのは**第三の要因**の影響ではないことを意味する。

43 社会科学における調査の妥当性には、**内的妥当性**と**外的妥当性**がある（図表11参照）。

- **妥当性**とは、対象がどれだけ適切に調査・測定されているのかの程度を指す。

図表11 内的妥当性と外的妥当性

内的妥当性	結果の正当性と因果推論の適切さの程度を示す概念 （調査デザインが因果関係を適切に確かめるものかを示す）
外的妥当性	調査結果に対する一般化の可能性の程度を示す概念 （調査の結果をより広い範囲に一般化することができるのかを示す）

社会福祉調査の目的と対象

44 調査目的は、**仮説検証**と**仮説生成**に大別される。

- **仮説**とは、調査に先立って考えられる予測や予想、または見込みを意味する。
- 調査を実施するための仮説が設定できれば、調査はその仮説を検証する**演繹的**な調査となる。
- 調査に適用できるような仮説が存在しない場合は、**帰納的**に仮説を生成する調査を実施することになる。

45 社会福祉調査には、調査テーマや調査領域に関する既存の知識との関連から、**探索的調査**、**記述的調査**、**説明的調査**という3つのタイプのリサーチ・デザインがある（図表12参照）。

図表12 **既存の知識とリサーチ・デザイン**

タイプ	既存の知識の量	調査の特徴
探索的調査	少ない	テーマに関する探索的な調査であり、調査に関する問題を最初に検討する段階や、先駆的なソーシャルワークの実践領域で調査を実施する場合に選択される
記述的調査	↓	少数の調査対象の特徴や状況等を正確に緻密に記述する調査や、広範囲の調査対象の特徴や状況を数値によって記述する調査である
説明的調査	多い	因果関係や因果関係を成立させる条件、プロセス、構造などを明らかにして状況を説明する調査や、2つ以上の変数の関係を数値で説明する調査である

46 調査目的により調査領域を**分析単位**として部分化し、調査を実施する。

✏ 分析単位には、個人、家族、グループ、コミュニティ、社会関係、現象等がある。

47 設定された調査テーマについて、その対象全体を調査することを**全数調査**という。 出36-86

✏ 調査対象全体を**母集団**と呼ぶ。

48 対象全体から一部を抽出して調査することを**標本調査**という。 出35-86

✏ 母集団から標本を取り出す過程を**標本抽出（サンプリング）**といい、取り出された対象を**標本（サンプル）**と呼ぶ。 出36-86

社会福祉調査でのデータ収集・分析

49 データは、**プライマリー・データ**と**セカンダリー・データ**に分けられる。

✏ プライマリー・データは、当該調査によって**独自に集められたデータ**を指す。

✏ セカンダリー・データは、文献やほかの調査で集められた**既存のデータ**を指す。

50 量的なデータは、標本（サンプル）から情報を組織的に収集し、**数量的**に集約される。

✏ 量的なデータには、多数の標本からデータを収集できる、図表にまとめることができる、**統計的な推測・分析**が可能である、などの特徴がある。

✏ 量的なデータを収集する方法として、**質問紙法**や**実験計画法**がある。

51 質的なデータの収集では、調査の問題意識から、**幅広く多様な性質の資料や情報**をデータとして収集する。

✏ データの特性から調査の対象者が限定されるため、**個人情報保護**に留意が必要である。

✏ 質的なデータを収集する方法として、**面接法**や**観察法**がある。

52 調査者が現場に出向いてインタビューを実施したり、観察したり、複数の方法で包括的にデータを収集することを**現地調査**（**フィールド調査**、**フィールドワーク**）という。

社会福祉調査のプロセス

53 ソーシャルワークにおける調査のプロセスは図表13のとおりである。

図表13 調査のプロセス

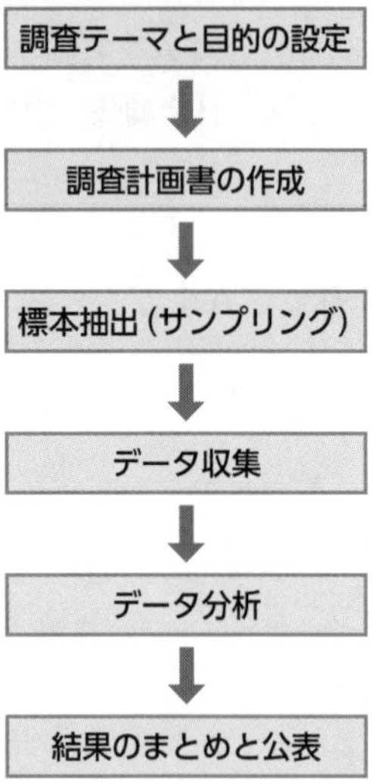

54 **調査計画書**とは､調査がどのように進むのかを文字化したものであり、図表14のような項目がある。

✏ 調査計画書は、共同調査者や関係者と**情報を共有**するためのものである。

図表14 調査計画書の項目

⑴ 調査テーマ
⑵ 調査者氏名（所属組織や共働するソーシャルワーカー等を含む）
⑶ 調査の目的
⑷ 調査の背景と当該調査の意義
⑸ 調査方法
　① 調査対象と標本抽出（サンプリング）
　② 期間
　③ データの収集方法
　④ データの分析方法
　⑤ 結果の公表方法
⑹ 倫理的配慮等

55 **概念化**とは、対象現象を構成する諸事象および関連諸事象に適切な概念を当てはめ、概念によって問題の記述を試みることである。

✏ 仮説検証を目的とした調査では、**検証作業を可能**とするために概念化する。

✏ 仮説生成を目的とした調査では、**仮説を生成**するために概念化する。

56 **操作化**とは、概念を調査ができるように定義することである。

4 量的調査の方法

量的調査の概要

57 量的調査とは、調査対象とする集団全体あるいはその一部から**数値化可能なデータ**を収集し、統計学的な手法を用いて調査対象集団の傾向や特徴等を可視化しようとする調査方法をいう。

58 量的調査では、多くのデータを用いて分析を行う性質上、**多数把握**を基本としている。

- 多数把握とは、**全体性**（マクロレベル）を把握する視点から、**個**（ミクロレベル）の抱える問題や課題を捉え直す考え方をいう。

量的調査の種類と方法

◎全数調査と標本調査

59 **全数調査**とは、母集団（その調査の対象とする集団）のすべてのデータを集める調査のことである。

- 情報を収集する調査対象者を**要素**といい、母集団を構成する要素を分析して得た統計量（平均値や標準偏差など）を**母集団統計量**という。
- 全数調査では母集団を構成する人々全員を調査するため、その規模が大きいほど**多くの時間、労力、費用がかかる**ことがデメリットである。

出35-86
出36-86

60 **標本調査**とは、母集団の一部の要素を抽出した標本データから母集団の性質を推定したり、母集団の性質に対する仮説を検定したりする調査のことである。

- 標本を構成する要素を分析して得た統計量（平均値や標準偏差など）を**標本統計量**という。
- 標本調査では、**母集団を反映している**標本（サンプル）を抽出することが重要となる。

受験対策アドバイス
◆標本抽出（サンプリング）の方法に関する問題はよく出ます。有意抽出と無作為抽出、それぞれの代表的な種類について、名称とその概要を覚えておきましょう。

61 標本抽出（サンプリング）の方法には、大別して**有意抽出**と**無作為抽出**がある（図表15参照）。

図表15 **標本抽出（サンプリング）の方法**

有意抽出（非確率標本抽出）		無作為抽出（確率標本抽出）
無計画抽出	応募法	単純無作為抽出法
	機縁法	系統無作為抽出法
計画抽出	調査者の判断による方法	層化無作為抽出法
	割当法	多段階無作為抽出法

62 有意抽出（非確率標本抽出）には、**無計画抽出**と**計画抽出**がある（図表15参照）。 出33-86 出35-86

✏ 無計画抽出は、**母集団との関係**を考慮せずに抽出する方法である。調査協力の呼びかけに応じた人を標本とする**応募法**、調査者と何らかの縁をもつ人を標本とする**機縁法**がある。

✏ 計画抽出は、**調査者の主観的判断**により抽出される方法である。調査者が母集団を代表する人を選定する**調査者の判断による方法**、いくつかの変数（性別や年代など）に着目し、その割合が母集団と等しくなるよう調査者が選定する**割当法**がある。

63 有意抽出（非確率標本抽出）による標本（サンプル）には**偏り**があり、母集団の性質を推定することは**困難**である。 出32-86

64 無作為抽出（確率標本抽出）は、**確率理論**により、母集団から標本を無作為（ランダム）に抽出する方法であり、すべての対象が標本に選ばれる確率が**等しい**。 出32-86 出33-86 出35-86

✏ 無作為抽出（確率標本抽出）には、単純無作為抽出法、系統無作為抽出法、層化無作為抽出法、多段階無作為抽出法などがある（図表16参照）。

図表16 **無作為抽出（確率標本抽出）の種類**

単純無作為抽出法	乱数表から抽出する標本数を拾う方法
系統無作為抽出法	調査に必要な事項が掲載されている台帳から一定間隔で規則的に標本を抽出する方法
層化無作為抽出法	母集団の属性の比率を確認したうえで属性別に母集団を層に分け、それぞれの層ごとに単純無作為抽出法や系統無作為抽出法を用いて標本を選ぶ方法
多段階無作為抽出法	無作為抽出法を複数回繰り返す方法

65 無作為抽出（確率標本抽出）は、有意抽出（非確率標本抽出）に比べて、母集団に対する代表性が**高い**方法である。 出32-86

66 無作為抽出（確率標本抽出）では、サンプルサイズの大小は、母集団 出33-86

を推計する信頼度に関係する。

出32-86
出35-86

67 標本誤差とは、標本調査において母集団の一部だけを調査することで生じる誤差のことをいう。

- 適切に抽出された標本調査でも、標本誤差は生じる。
- 無作為抽出（確率標本抽出）は標本誤差を最小限にとどめようと試みた方法であり、母集団の性質について統計的に推測できる。

出33-86
出35-86

68 非標本誤差とは、回答者の誤答や記入漏れ、調査者の入力や集計ミスなどで生じる誤差のことである。

- 全数調査における非標本誤差は、真なる母集団統計量を得ることを困難にさせる。
- 標本調査においても、非標本誤差は生じる。

◎横断調査と縦断調査

出33-87
出34-85

69 横断調査とは、調査を1度行い、得られたデータから確認できる傾向や変数間の関係性などを明らかにする方法である。

- 横断調査で得られたデータを、クロスセクショナルデータ（横断データ）と呼ぶ（図表17参照）。
- 横断調査では、1回のみの調査のため、変数間の因果関係を証明することは難しい。

図表17 クロスセクショナルデータとパネルデータ

名前	2000年での年齢	最高血圧			
		2000	2005	2010	2015
A	66	120	115	126	132
B	68	108	119	132	130
C	82	140	162	–	–
D	77	132	148	143	152

-------クロスセクショナルデータ
——パネルデータ
——時系列データ
←2010年以降参加せず（パネルの消耗）

出33-87
出34-85

70 縦断調査とは、ある対象に対して複数回調査を行い、得られたデータから時間経過に沿って集団がもつ情報量の変化を確認する方法である。

- 縦断調査で得られたデータを、時系列データと呼ぶ（図表17参照）。
- 縦断調査には、動向調査、集団調査、パネル調査の3種類がある（図表18参照）。

図表18 縦断調査の種類

	動向調査（傾向調査）	集団調査	パネル調査
調査方法	調査対象者を定義し、時間の経過とともに特定集団の動向（傾向）がどのように変化しているかを確認する	調査者が特定した範囲内の調査対象者が、時間経過のなかでどのように変化していくかを確認する	同一の集団を経時的に複数回調査を行い、その変化を確認する
調査対象	調査時期ごとに調査対象者の定義に該当する者を抽出する	調査時期ごとに特定の集団から調査対象者を抽出する	すべての調査時期で、調査対象者は同一。ただし、調査を重ねるごとに調査対象者が減少する傾向がある

71 パネル調査では、時間を経るにしたがって、何らかの理由で標本が調査から脱落する傾向がある。これを**パネルの消耗**（**摩耗**または**脱落**）という。

出33-87
出34-85

72 最初に横断調査を行い、その対象者を固定したまま時間間隔をあけて縦断調査を行って得られたデータを**パネルデータ**と呼ぶ（図表17参照）。

パネルデータは、**クロスセクショナルデータ**（**横断データ**）と**時系列データ**の両方の特徴を併せもつデータである。

受験対策アドバイス

◆動向（傾向）調査や集団調査では、調査時点ごとに集団を構成する要素が異なります。一方で、パネル調査では、同一の集団に対して複数回調査を行います。

73 **二次分析**とは、既存のデータや行政機関などが収集したデータなど、他者が調査目的を定めて収集したデータを分析することをいう。

質問紙の作成方法と留意点

◎ワーディングの留意点

74 質問紙調査では、調査対象者が理解しやすい**ワーディング**で質問文を作成する必要がある。作成における留意点は、図表19のとおりである。

ワーディングとは、質問文や選択肢における**文章表現**を指す。

出32-88
出33-88
出35-88

受験対策アドバイス

◆質問紙の作成に関する問題では、ダブル・バーレル質問、キャリーオーバー効果などが繰り返し出題されています。これらの用語の理解とともに、適切な質問紙を作成するための留意点を理解しておきましょう。

図表19 質問紙を作成するときの留意点

①明瞭かつ簡潔な文章表現を使用する
②**専門用語**の使用を避ける
③**略語**の使用を避ける
④**二重否定**の使用を避ける
⑤**ダブル・バーレル質問**を避ける
⑥**キャリーオーバー効果**を防ぐ
⑦**パーソナルな質問**と**インパーソナルな質問**を検討する
⑧**誘導質問**（**バイアス質問**）を避ける

75 質問文では、専門用語や略語の使用を避け、**一般的なレベルで使用されているわかりやすい用語**を使用することが求められる。

出35-88

出33-88 76 質問文では、一般的に固定的なイメージをもつ**ステレオタイプな用語**を使うことは避ける。

77 質問文では、「サービスを利用したくないと思うことはないですか？」などの**二重否定**や、「これまでサービスを利用したことはありませんか？」などの**否定疑問**は誤回答につながる可能性があるため使用を避ける。

出32-88 78 質問文では、ダブル・バーレル質問は避け、**一つひとつの事項ごと**に
出33-88 質問することが求められる。
出35-88
- **ダブル・バーレル質問**とは、1つの質問文に2つ以上の事柄が含まれている質問を指す。
- ダブル・バーレル質問を使用すると、調査対象者が回答に戸惑ってしまい、その結果として**回答の記入漏れやミス**が生じる、**信頼性の高い回答**が得られない、などの可能性がある。

出32-88 79 質問文では、相互に関連のある項目はまとめるほうがよいが、**キャリー**
出33-88 **オーバー効果**が出にくい配列とするように検討する必要がある。
- キャリーオーバー効果とは、前に配列された質問の回答が、**後に続く質問の回答**に影響を与えることをいう。

出33-88 80 質問文では、パーソナルな質問を使用するのか、あるいはインパーソナルな質問を使用するのかについては、社会福祉調査の**目的や趣旨**等に基づいて慎重に検討する必要がある。
- **パーソナルな質問**とは、調査対象者の個人的な意見や態度などに関する質問を指す。
- **インパーソナル質問**とは、一般的･社会的な意見や態度に関する質問を指す。

出33-88 81 質問文では、調査対象者の個人的な意思が反映されにくくなるため、**誘導質問（バイアス質問）**の使用を避ける。
- 誘導質問（バイアス質問）とは、**調査者が意図している方向**へ調査対象者の回答を誘導していく質問を指す。

◎質問紙の回答形式

出32-88 82 質問紙の回答形式には、**自由回答法**と**選択肢法（制限回答法）**がある。
出35-88
- 自由回答法とは、**選択肢**を設けずに自由に回答を記述する方法である。自分の意見を自由に詳細に答えることが可能であるが、その一方で、データが大量になると整理や分析が困難になる。
- 選択肢法（制限回答法）とは、事前に用意された**選択肢**のなかから回答を選ぶ方法である。
- 一般的には回答しやすい**選択肢法**が用いられ、必要に応じて**自由回答法**を用いる。

83 選択肢法（制限回答法）の種類には、**多肢選択法**、**複数回答法**、**リッカート法**、**SD法**がある（図表20参照）。 出32-88

図表20 選択肢法（制限回答法）の種類

多肢選択法	事前に用意された選択肢のなかから、当てはまる回答を**一つだけ**選ぶ方法
複数回答法	事前に用意された選択肢のなかから、当てはまる回答を**複数**選ぶ方法
リッカート法	問題や概念に対する調査対象者の態度（認識や反応、満足の程度など）を測定するための方法。**リッカート尺度**を用いる
SD法	問題や概念に対する調査対象者の感情的なイメージを測定するための方法。選択肢に**相対する形容詞**が用いられ、5～7段階で設定された選択肢のなかから回答を選ぶ

84 **リッカート尺度**は、「当てはまる」「どちらともいえない」「当てはまらない」などの多段階で程度を測定する選択肢のなかから回答を求めるものである。 出32-88

85 選択肢法を用いる場合には、想定される回答を**すべて**選択肢に設定すること、選択肢のなかに「**その他**」を設けておくこと、選択肢の内容が**相互に重複**しないように留意すること、などが大切である。 出35-88

86 作成した質問紙の構成や内容が適切かを検討するため、**プリテスト**を実施することが望ましい。 出35-88

◎測定の水準

87 **測定**とは、一定の規則や基準を用いて、調べたい対象の経験的な特性に数値や記号を与える手続きである。

88 測定の内容を数量で表したものを**変数**（**変量**）という。データが収集される変数には、**名義尺度**、**順序尺度**、**間隔尺度**、**比例尺度**の4種類がある（図表21参照）。 出32-87 出35-87 出36-88

89 名義尺度と順序尺度は、**質的データ**の測定尺度であり、間隔尺度と比例尺度は、**量的データ**の測定尺度として区分される。

90 名義尺度、順序尺度、間隔尺度、比例尺度の順で、データのもつ**情報量**が多くなり、尺度としての水準が**高く**なる。 出35-87 出36-88

91 測定の**信頼性**とは、測定した結果に再現性（一貫性）があるかを示すものである。**信頼性係数**として求められる。 出35-87

✏ **再現性**（**一貫性**）とは、同じ調査を複数回繰り返したとしても、得られる

受験対策アドバイス

◆4つの尺度水準について、それぞれの尺度の具体例とともに、算出可能な代表値（平均値、中央値、最頻値）を確認しましょう。

図表21 変数の4つの尺度水準◆

	尺度	変数	例	平均値の算出	中央値の算出	最頻値の算出
質的変数（離散変数）	名義尺度	・順序関係や量的関係のないカテゴリー	性別、国籍、血液型、はい／いいえの回答	不可能	不可能	可能
	順序尺度	・順序関係のあるカテゴリー ・カテゴリー間の差は意味をもたない	学歴、よい／ふつう／悪いなどの程度	不可能	可能	可能
量的変数（連続変数）	間隔尺度	・各カテゴリーの間隔が等しく、測定値間に差の関係が成り立つもの ・負の値になることもある	気温、年号	可能	可能	可能
	比例尺度	・各カテゴリーの間隔が等しく、測定値間に差や比の関係が成り立つもの ・絶対原点（0点）をもつ ・負の値になることはない	所得（年収）、身長	可能	可能	可能

結果は同じであることを意味する。

✏ 信頼性係数は0～1の値をとり、1に近づくほど信頼性は高い。

✏ 信頼性係数を測定する方法には、平行検査法、再検査法、折半法、内的整合性（クロンバックのα係数）がある。

出 35-87

92 測定の妥当性とは、測定したい概念や特性が、どの程度正確に測定できているかを示すものである。

✏ 妥当性を検証するための方法には、内的妥当性、基準関連妥当性、構成概念妥当性がある。

◎プレコーディングとアフターコーディング

93 質問紙に設定した質問項目への回答を、コンピューターソフトに入力できるように数値や記号などのコードに置き換えていく作業をコーディングという。

出 32-90
出 34-87

94 コーディングには、プレコーディングとアフターコーディングの2つの方式がある。

✏ プレコーディングとは、調査の実施前に、質問項目の回答選択肢にあらかじめコードを割り振っておくことをいう。

✏ アフターコーディングとは、質問紙の回収後にコードを割り振ることをいう。自由記述式の質問項目では、事前に用意したコード表に該当するものがない場合、新たにコードを追加する。

◎自計式と他計式

95 **自計式（自記式）**調査とは、調査対象者が質問文を読み、自ら回答を記入する方式で行われる調査である（図表22参照）。 出34-86

96 **他計式（他記式）**調査とは、調査対象者以外の他者（調査員など）が質問文を読み上げ、調査対象者から聞き取った回答を記入する方式で行われる調査である（図表22参照）。 出34-86 出36-87

図表22 自計式（自記式）と他計式（他記式）

	自計式（自記式）調査	他計式（他記式）調査
主な調査方法	留置調査（配票調査）や郵送調査、集合調査、インターネット調査など	訪問面接調査や個別面接調査、電話調査など
利点	プライベートに関する質問に答えやすい、規模を大きくしやすい、など	質問項目や用語を誤解することが減少する、回答の記入漏れやミスが生じにくい、調査対象者本人の回答であることが確認できる、など
欠点	質問項目や用語を誤解して記入してしまう、回答の記入漏れやミスが生じる、調査対象者以外の人が回答する可能性がある、など	調査員との関係が回答の信頼性に影響を及ぼす可能性がある、社会的に望ましい内容に同調する回答を選びがちになる、など

質問紙の配布と回収

97 **訪問面接調査**とは、調査員が調査対象者を訪問して行う、個別面接調査の方法である（図表23参照）。 出33-89 出34-86 出36-87

✏ **個別面接調査**とは、調査対象者一人ひとりと面接をし、調査員が質問文を読み上げて、直接聞き取った回答を質問紙に記入する方法である。

98 **郵送調査**とは、調査対象者に調査協力への依頼文書と質問紙、返信用封筒を郵送し、一定期間内に回答を記入してもらった後、返送してもらう方法である（図表23参照）。 出33-89 出34-86 出36-87

99 **留置調査**とは、**配票調査**とも呼ばれ、調査員が調査対象者を訪問し、調査の趣旨等を説明してから質問紙を配布し回答記入の依頼をして、一定期間後に回収する方法である。（図表23参照）。 出33-89 出34-86 出36-87

100 **集合調査**とは、調査員が調査対象者の集まる会合の場を訪問し、あるいは調査員が設定した場所へ調査対象者に集まってもらい、質問紙を一斉に配布して、その場で記入してもらい回収する方法である（図表23参照）。 出33-89 出36-87

101 **電話調査**とは、調査員が調査対象者に電話で質問を行い、その回答を聞き取って記入していく方法である（図表23参照）。 出34-86 出36-87

✏ 近年ではRDD法（Random Digit Dialing：乱数番号法）が用いられ、コンピューターで無作為に数字を組み合わせて番号をつくるため、電話帳非掲載者も調査の対象にできるようになった。

出34-86 **102** インターネット調査とは、インターネット（web）上で調査対象者を集め、回答を得る方法である（図表23参照）。

図表23 主な調査方法の特徴

	回収率	費用	その他
訪問面接調査	高い	高い	・質問紙への回答記入が難しい調査対象者（高齢者や障害者、子ども）にも実施しやすい ・調査対象者が多いときや調査対象地域が広いときは実施が難しい
郵送調査	低い	安い	・調査対象者の匿名性が確保されやすい ・調査対象者が多いときや調査対象地域が広いときでも実施しやすい
留置調査（配票調査）	高い	安い	・調査対象者が自分の都合に合わせて回答できる ・郵送で質問紙を回収する場合、回収率は低くなる可能性がある
集合調査	高い	安い	・個別に実施する調査に比べて、調査員が調査対象者に与える影響を均一化しやすい ・調査員が調査対象者の集まる場（講演会・研修会など）に訪問して実施する場合、標本に偏りが生じる可能性がある
電話調査	低い	安い	・短時間で実施しやすい ・調査対象者が未登録の電話番号からの着信拒否を設定していたり、電話に応対しない可能性もある
インターネット調査	高い	安い	・短時間で実施しやすい ・調査対象者がインターネットの利用者に限定されてしまい、標本に偏りが生じる可能性がある

出33-89 **103** モニター調査は、ある事柄についての意見を、一定の期間や頻度を定めて調査することである。

✏ モニターとは、調査対象のグループのことをいう。モニターに対してグループインタビュー、郵送調査、インターネット調査などが実施される。

量的調査の集計と分析

◎エディティングとコーディング

出34-87 **104** 量的調査では、一般的にエディティング、コーディング、クリーニングの3段階でデータ化の作業を進めることが望ましい。

✏ エディティングとは、回収した質問紙への誤記入や回答漏れ、回答の矛盾を点検して、合理的に修正可能な回答があれば誤った回答を修正・補正する作業をいう。

✎ クリーニングとは、データ入力が終了した段階で、再度データに誤りや矛盾がないかをコンピューター上で確認する作業をいう。

105 調査票の回収後、1問も回答されていない状態の調査票は有効回答に含めない。 出34-87

106 調査票の回収後の手続きにおいて、無回答や非該当など集計から除去する値のことを欠損値という。

✎ コンピューター処理する場合、調査票で記入者が回答していないところは欠損値として、実際の集計には使われない数値を割り当てて入力する必要がある。

107 ほかの測定値から大きく外れた値のことを外れ値（はずれ値）という。

✎ 測定ミスやデータの入力ミスなど、原因がわかっている外れ値のことを異常値という。調査票の回収後の手続きにおいて、異常値は集計から必ず除去しなければならない。

108 データ分析をする前に、データに入力の誤り等が含まれていないかを確認するため、予備的に集計しチェックする必要がある。 出34-87

◎単純集計と記述統計

109 度数とは、それぞれのカテゴリーや階級に属するデータの数をいう。 出32-89

✎ 各カテゴリーや階級の度数で表された全体の傾向（分布）を度数分布、それを数表に表したものを度数分布表と呼ぶ（図表24参照）。

図表24 度数分布表の例

身長の階級	度数（人数）	相対度数（%）	累積度数（人数）	累積相対度数（%）
155cm 未満	2	22	2	22
155cm 以上160cm 未満	1	11	3	33
160cm 以上165cm 未満	5	56	8	89
165cm 以上	1	11	9	100
総数	9	100		

110 相対度数とは、階級の度数を度数合計で割ったもので、合計に対する割合（%）である（図表24参照）。

111 累積《るいせき》度数とは、そのカテゴリーや階級に含まれる度数を加算して合計（累積）したものであり、累積相対度数とは、各カテゴリーや階級の累積度数の全累計度数に対する割合（%）を示したものである（図表24参照）。

112 統計学では、代表値や散布度などを総称して**基本統計量**という。

単純集計や基本統計量は、**記述統計学**に該当する。記述統計学とは、量的調査によって収集された標本データを調べ、その特徴などを**正確に記述**する統計学をいう。

出32-89 出34-88 113 **代表値**とは、データの分布の特徴を顕著に示すような数値のことである。平均値（標本平均）や中央値、最頻値、最大値・最小値、パーセンタイル（百分位数）、四分位数などがある（図表25参照）。

図表25 量的変数の主な代表値

平均値（標本平均）	通常の**算術平均**を指す データの総和をケースの数で割った値である
中央値	データを大きさの順に並べたとき、**中央にくる値**を指す ケースの数が奇数の場合は、中央にある値が中央値となり、偶数の場合は、中央に並ぶ2つのケースのデータの平均値をとる
最頻値	データのなかで**一番多い値**を指す 度数分布表をつくったとき、一番度数の大きくなる値やカテゴリーである
最大値	データのなかで最も**大きい値**を指す
最小値	データのなかで最も**小さい値**を指す
パーセンタイル（百分位数）	データを昇順に並べたとき、小さい値から数えて何%目の標本の値かを示す統計指標である
四分位数	データを四等分したときの区切りの値を指す

114 四分位数は、**第1四分位数**・**第2四分位数**・**第3四分位数**の3つの数字からなる。

第1四分位数を下側四分位数といい、**25**パーセンタイル（小さい値から数えて25%目）をいう。

第2四分位数は**中央値**と一致し、**50**パーセンタイル（小さい値から数えて50%目）をいう。

第3四分位数を上側四分位数ともいい、**75**パーセンタイル（小さい値から数えて75%目）をいう。

出32-89 出34-88 115 **散布度**とは、データにおける分布の散らばりの程度を示す指標のことである。範囲や四分位範囲、分散、不偏標本分散、標本標準偏差などがある（図表26参照）。

図表26 散布度

範囲	最大値と最小値の差をいう 範囲＝**最大値－最小値**
四分位範囲	標本の半数を占める第1四分位数から第3四分位数までのケースが示す範囲をいう 四分位範囲＝**第3四分位数－第1四分位数**
分散	個々のデータと平均値の差（**偏差**）を2乗した総和（**偏差平方和**）を、データ数(n)で割って算術平均したものをいい、分散の平方根を**標準偏差**いう
不偏標本分散 （不偏分散、標本分散）	偏差平方和をデータ数(n)－1で割って算出する 標本から母集団の分散を推定するときに用いる
標本標準偏差	不偏標本分散の平方根をいう 標本から母集団の標準偏差を推定するときに用いる

116 不偏標本分散ならびに標本標準偏差は、データの量的変数における**標本平均**を中心とした散らばりを示す統計指標である。

117 **歪度**《わいど》とは、分布が平均値を中心に左右対称からどの程度ゆがんでいるのかを示す統計量である。図表27に表した分布であれば、この歪度は、左より正・ゼロ・負となる。 出32-89

図表27 歪度を表した曲線

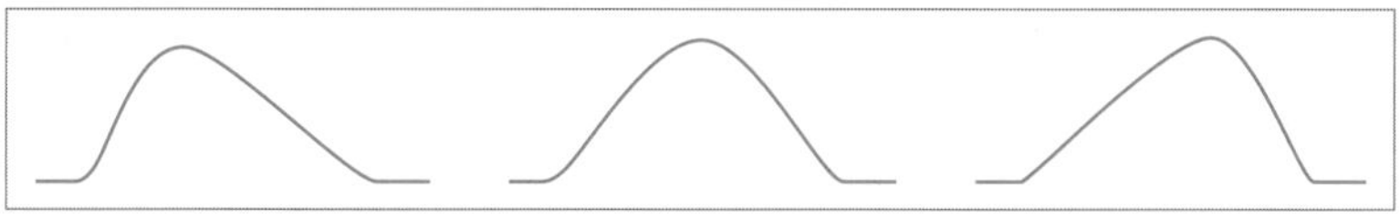

118 **尖度**《せんど》とは、分布の鋭さの程度を評価するための統計量であり、山の尖り度と裾の広がり度を示す。

119 データの全体像を正確かつ直感的に把握するための最も簡潔な方法として、グラフを用いた**データの視覚化**がある。代表的なグラフにはヒストグラム、箱ひげ図、散布図などがある。

- **ヒストグラム**とは、順序尺度などのようにカテゴリーや階級のあるデータに対する度数分布を視覚的に把握するための棒グラフのような図である。
- **箱ひげ図**とは、第1四分位と第2四分位（中央値）、第3四分位、外れ値を除いた最大値・最小値の範囲を視覚的に把握するためのグラフである。
- **散布図**とは、2つの変数（主に量的変数）の大きさや量を把握するため、縦軸（Y軸）と横軸（X軸）からなるグラフにデータをプロットした図である。

120 収集したデータにおける2変数間の関係性を記述するための方法には、**クロス集計表**と**相関係数**がある。

121 クロス集計とは、主に2つ以上の**質的変数（名義尺度・順序尺度）**に対する回答の傾向から両者の関係性を把握するための方法をいう。

122 クロス集計表において、表側項目（表の左側に書いた項目）には**独立変数**、表頭項目（表の上側に書いた項目）には**従属変数**を表示することが多い。

- クロス集計表では、度数よりも**相対度数**の値に着目することで2変数間の変動がより明確になるため、その関係性が解釈しやすくなる（図表28参照）。

図表28 クロス集計表の例

			ソーシャルワーク実践の自己評価		計
			実践できていない	実践できている	
スーパービジョンの受講経験	ある	度数（相対度数）	8 (50.0%)	8 (50.0%)	16 (100.0%)
	ない	度数（相対度数）	18 (90.0%)	2 (10.0%)	20 (100.0%)

123 相関係数とは、2変数間の**直線的関係の強さ**を表す方法である。

124 ピアソンの積率相関係数とは、2変数がともに**量的変数**である場合に、2つの変数間の線形関係（散布図において直線的関係）を表して、その強さを測る指標である。値は、－1から1の範囲の間で変動する。

- 値が1に近いときは、散布図のデータの分布が**右上がり**となる。これを**正の相関**と呼ぶ。
- 値が－1に近いときは、散布図のデータの分布が**右下がり**となる。これは**負の相関**と呼ぶ。
- 値が0に近いときは、規則性をもって変化していないような関係であり、**無相関**と呼ぶ。

出31-88

125 ピアソンの積率相関係数では、非線形関係（散布図において曲線的な関係）は**表れない**。

◎推測統計

出32-89

126 推測統計学において、母集団に起きている特徴や事象を解明しようとする方法には、主に**推定**と**検定**の2つに分類できる。

- **推測統計学**とは、収集した標本データから母集団の特徴を推測しようとする統計学をいう。
- 推測統計学の方法は、総じて**統計的推論**と呼ばれる。

127 推定とは、標本のデータから得られた統計量から、**母集団統計量（母数）**を推測しようとする方法である。

- **点推定**とは、標本から得られる1つの推定値を母集団統計量（母数）とする方法である。
- **区間推定**とは、ある程度幅をもって母集団統計量（母数）が存在する範囲を示す方法である。

128 検定とは、母集団統計量（母数）に関する**仮説**を立て、その成否を標本データから得られた統計量から**確率的**に推断しようとする方法である（図表29参照）。

図表29 **主な検証方法**

・t検定
・分散分析（一元配置分散分析、二元配置分散分析）
・カイ二乗（χ^2）検定
・多変量解析（回帰分析、重回帰分析、クラスター分析）
・因子分析

129 **t検定**とは、2つのグループの平均値の差が偶然的な誤差の範囲にあるかどうかを検証する方法である。

130 **分散分析**とは、グループが3つ以上の場合に、平均値の差を分散の大きさの違いから検証する方法である。

- グループを識別する要素が1つの場合は、**一元配置分散分析**、要素が2つの場合は、**二元配置分散分析**という。

131 **カイ二乗（χ^2）検定**とは、クロス集計結果が統計上有意かどうかを判断する有意確率（p）を算出する方法であり、実測値と期待度数との差から検定統計量である**カイ二乗値**を求める。

132 **多変量解析**とは、3つ以上の変数からなるデータを用いて、変数間の関連を検討する方法である。重回帰分析やクラスター分析などがある。

- **回帰分析**は、原因と結果の関係のような母集団における因果関係を収集した2つ以上の変数間の関連から明らかにしようとする分析方法である。
- **重回帰分析**とは、1つの従属変数と、2つ以上の独立変数の因果関係を同時に検討する場合に行う分析方法である。
- **クラスター分析**とは、集団全体から各変数に対する回答傾向に基づいて特性を見出し、さらにいくつかのまとまりに分類するための分析方法である。

133 **因子分析**とは、複数の変数間に潜在する共通する要因（因子）を探るための分析方法である。

- 想定する因子の数を**因子数**といい、抽出された各因子と分析に用いたそれぞれの項目との関係を表す指標を**因子負荷量**と呼ぶ。

5 質的調査の方法

質的調査の概要

134 質的調査とは、帰納法的に調査を進め、十分に知られていない領域やテーマの記述、説明を目指す方法である。

- 調査領域の記述、仮説生成、理論構築のために選択される調査である。
- 質的調査におけるデータ収集の方法は、主に観察法と面接法である。

135 個人の経験を詳細に理解するためには、常に「環境のなかの人」という視座が必要である。

- 面接や観察は、「環境のなかの人」が切り取られた場面であることを認識しなければならない。

観察法

出33-90
出34-89
出35-89
出36-90

136 観察法とは、調査対象に対しての観察を通してデータを得る方法である。

- 視覚的データだけでなく、インフォーマルなインタビューや、対象者に関連する文書資料、写真、音声なども分析対象となる。
- 観察法には、統制的観察法と非統制的観察法がある（図表30参照）。

図表30 統制的観察法と非統制的観察法

統制的観察法		観察対象のなかの特定の要因を比較的純粋な形で抜き出す目的から、観察場面や観察手段に人工的操作を加えて観察を行う方法
非統制的観察法	非参与観察法	観察にあたって対象や方法に人工的操作を加えず、調査者が直接関与することなく調査データを得る方法
	参与観察法	観察にあたって対象や方法に人工的操作を加えず、調査者が調査対象とする集団や地域社会に入り込み、人々と生活体験をともにしながら調査データを収集する方法

受験対策アドバイス

◆質的調査の方法の1つとして、観察法に関する出題が多いです。統制的観察法と非統制的観察法の違いや、非参与観察法と参与観察法の違いを必ず押さえておきましょう。

137 非参与観察法では、マジックミラー（ワンウェイミラー）やビデオカメラなどを使って、観察者と被観察者が完全に区分された環境のなかで行動を観察する。

138 参与観察における調査者は、調査対象者に調査者として認知されており、調査対象者との**相互作用**によって調査を進める。　出35-89

139 参与観察における調査者の立場には、「完全な観察者」、「参加者としての観察者」、「観察者としての参加者」、「完全な参加者」があり、この立場は調査の過程で変化**することがある**。　出33-90

- 「**完全な観察者**」とは、観察に徹してその場の活動に参加しない立場をいう。
- 「**参加者としての観察者**」とは、観察に重きをおいた立場をいう。
- 「**観察者としての参加者**」とは、参加に重きをおいた立場をいう。
- 「**完全な参加者**」とは、参加を重視する立場をいう。

140 観察法は、質的データを収集するための方法であるが、**量的データ**を収集するときにも用いることができる。　出33-90

面接法

141 面接法とは、調査者と調査対象者との対面的な関係において、**インタビュー**を通してデータを得る方法である。　出34-90　出36-89

- **個別インタビュー**とは、質問項目に基づいて、個別に進められる調査対象者との会話によって生成した口頭データを収集・分析し、仮説やモデルを提出しようとする方法である。
- **グループインタビュー**とは、質問項目に基づいて、調査者と複数の調査対象者との会話や、調査対象者同士の会話によって生成した口頭データを収集・分析し、仮説やモデルを提出しようとする方法である。

142 インタビューの種類には、**構造化面接法**、**半構造化面接法**、**非構造化面接法（自由面接法）**がある（図表31参照）。　出34-90　出34-39（地域）　出36-89

図表31 個別インタビューの種類

構造化面接法	あらかじめ**シナリオ**や**質問項目**を決めておいて、質問の仕方、ペース、時間などが均一化された面接方法
半構造化面接法	質問項目は決めているが、ある程度の自由度をもって進める面接方法
非構造化面接法（自由面接法）	シナリオや質問項目などは用意せず、調査対象者の**自由な語り**を促す面接方法。**参与観察**、**エスノグラフィー**で用いられる

143 非構造化面接（自由面接法）では、調査者に**高度な面接能力**が必要とされる。　出34-90

144 **フォーカス・グループ・インタビュー**は、ある目的に対する情報を収集するために集められた少人数の集団（グループ）に対して、調査者の進行　出34-39（地域）

に沿って行う座談会形式の質的データ収集方法である。

- 調査対象は、調査者の調査デザインに応じてメンバーが選ばれる。

145 インタビューガイドとは、面接調査を実施するにあたって作成されるシナリオや質問事項をまとめたものをいう。

出34-89 **146** 面接法では、調査者と被調査者との間にラポール（信頼関係）が形成されていることが基本である。

- 客観的データを収集するためには、オーバーラポールにならないように注意する必要がある。

質的調査における記録の方法と留意点

◎観察や面接の記録方法

出35-89 **147** フィールドノーツは、主に参与観察で調査を行う際に用いられる記録
出36-90 方法である。

- 調査者が直接観察したもの、調査者が観察しながら感じたこと、観察したものを考察した結果などを記載する。
- 調査者が観察しているその場で書き込む方法と、離れた場所で記載する方法がある。

出35-89 **148** 観察の記録は、現地で見聞きしたことについて、網羅的に記すことが原則である。

出33-90 **149** 観察したことのメモをとる場合には、周囲の状況に配慮して速やかに
出35-89 行う。現地で記録したメモは、観察終了後できるだけ早く観察ノートに記録する。

出36-89 **150** インタビュー記録は、主に面接調査にて作成される記録方法である。

- 筆記や録音データの逐語化などによって作成される。
- 調査対象者の発言内容だけでなく、調査対象者の非言語的な情報（表情や語り口、目線や態度など）も内容を分析するにあたって必要なデータとなる。

出34-90 **151** 録音データを逐語化したものを、トランスクリプトという。
出35-89
- 要約して逐語化すると調査者の恣意的な判断が入る可能性があるため、全文の逐語化が望ましい。

出33-85 **152** ボイスレコーダーやビデオカメラなどの記録機器を使用する場合、調査の対象者に承諾を得る必要がある。

質的調査のデータの分析方法

153 事例研究は、1つまたは少数の事例について詳細に調べる方法である。

- 単独の社会単位（個人や家族、グループ、組織、地域など）を詳細に分析し、置かれている状況や取り巻く社会的構造・プロセスなどを明らかにすることにより、単独の事象から一般的な法則を導き出すことを目的とする。

154 ナラティヴアプローチは、調査対象のナラティヴ（語り）から、その人の主観的な世界を理解しようとするアプローチである。 出34-100（相理） 出35-99（相理）

- 調査のためのナラティヴ（語り）は、ナラティヴリサーチとも呼ばれる。
- 個人が語る人生物語であるライフヒストリーや、個人の主観的な世界を語るライフストーリーもナラティヴアプローチに含まれ、調査のために用いることも可能である。

155 エスノグラフィーとは、民族誌を意味し、文化人類学や民俗学の領域から生まれた質的調査の方法である。エスノグラフィックリサーチとも呼ばれる。

- 特定の集団や社会の行動様式を参与観察によって調査し、集めたデータを分析、解釈して、その背景にある集団の構造や機能、文化などを明らかにすることを目的とする。
- エスノグラフィーでは、現地調査（フィールドワーク）を調査方法の軸とする。

156 アクションリサーチとは、実践と研究を一体的に展開していく方法である。 出34-39（地域） 出36-90

- アクションリサーチは、実験型、組織型、専門型、参加型・エンパワー型の4つに分類される（図表32参照）。
- アクションリサーチでは、質的調査だけでなく、質問紙調査のような量的調査も行う。

図表32 アクションリサーチのタイプ

実験型	研究者が社会状況における介入効果を明らかにする
組織型	類似した組織の研究データを蓄積することで、組織の一般的な原則を発展させる
専門型	専門職が自分たちの領域において、問題を改善するために測定し、アクションを提案する
参加型・エンパワー型	問題解決のアクションに当事者が主体者として加わり、計画を実行していく

157 グラウンデッドセオリーアプローチ（GTA）は、質的データから理論構築を行うための研究法である。 出32-90 出34-39（地域）

- 分析手法は種類によって異なるが、グレーザー（Glaser, B.）が構築したクラシックGTAでは、①調査対象を設定する、②データ収集を行う、③データ分析を行う、④関連する文献の検討を行う、⑤アウトラインを執筆する、という手順で行う。

出35-90

158 KJ法は、コーディングしない質的統合の方法である。

- 川喜田二郎によって開発された、意見やアイデアなどを整理する方法である。
- KJ法では、①表札（カード）づくり、②グループ編成、③図解化、④文章化という基本的な手順で行う。

159 テキストマイニングは、大量のテキストデータから、自然言語処理の手法によって重要なテキスト群を抽出、解析する分析手法の総称である。

- 自然言語処理とは、テキストまたは音声のデータをコンピューターで処理する技術をいう。

出32-90

160 会話分析とは、会話の音声や身振り・表情などの視覚情報を文字に起こして、どのような行為を通して会話を成立させているのかを解明する方法である。

出36-90

161 ドキュメント分析とは、ドキュメント（文書）記録を分析する方法である。

- ドキュメントとして、公的機関の統計や文書、新聞・雑誌などのメディア文書、手紙や日記などの私的文書（個人的記録）も分析の対象となる。

出32-90

162 質的データを収集する観察法や面接法（インタビュー）などと、量的データを収集する質問紙調査などを組み合わせて行う調査の方法をミックス法（混合研究法）という。

6 ソーシャルワークにおける評価

ソーシャルワークにおける評価の意義

163 ソーシャルワークは、その対象によって**ミクロレベル**、**メゾレベル**、**マクロレベル**での実践に分けられる（図表33参照）。

図表33 ミクロレベル・メゾレベル・マクロレベル

レベル	ソーシャルワーク実践の対象	実践の評価の例
ミクロレベル	個人や家族など	子育てや介護に関するニーズへの**個別支援**に対する評価
メゾレベル	施設や機関、地域など	福祉サービス提供者への**第三者評価**
マクロレベル	国、社会、法律・制度など	**地域福祉計画**に対する評価、市町村の制度の評価

164 エビデンス・ベースト・プラクティス（EBP：Evidence Based Practice）とは、**根拠に基づく実践**のことであり、経験則や勘などに頼るのではなく、調査や研究でその有効性が明らかになった科学的な**根拠**（**エビデンス**）を実践に適用することを意味する◆。

165 **エビデンス・ベースト・ソーシャルワーク**（EBSW：Evidence Based Social Work）は、「サービスの選択と適用について、統合的、協働的過程を重要視する実践の有効性を示すエビデンスを意識的、そして体系的に特定、分析、評価、統合するもの」と定義される。

166 ナラティヴ・ベースト・プラクティス（NBP：Narrative Based Practice）とは、**ナラティヴに基づく実践**のことであり、クライエント本人の**語り**（**ナラティヴ**）から、その人の主観的な世界を理解して、実践に適用することを意味する。

167 ソーシャルワークにおける評価は、福祉サービスの安全性やその有効性について利用者や社会に対して**説明責任**（**アカウンタビリティ**）を果たすとともに、よりよい実践やプログラムを提供するために不可欠である。

✏ **ソーシャルワーカー**は、クライエントと関係者、所属する組織・団体、地域等に対する説明責任（アカウンタビリティ）を担っている。

受験対策アドバイス

◆EBPとNBPは対立するものと誤解されがちですが、この2つは相補的な関係にあり、ソーシャルワークの実践において統合されるものと考えられます。

ソーシャルワークにおける評価対象

168 ソーシャルワークにおける評価の対象として、**実践**、**プログラム**、**政策**、**構造**がある。

✏ 実践評価では、利用者や家族、グループ、コミュニティを対象として、**ソーシャルワーカー個人の実践**を評価して、**介入の効果**を確認する。

✏ プログラム評価では、**プログラム全体としての有効性**を評価する。

✏ 政策評価では、ソーシャルワーク実践やプログラムの根底にある、組織や地方自治体、政府の**社会福祉に関連する政策**の公平性や効果を評価する。

✏ 構造評価では、必要な実践、プログラム、施策を提供・立案するための福祉的な**課題やニーズの構造**を評価する。

169 ソーシャルワークにおける評価の種類には、**ニーズ評価**、**過程評価**、**結果評価**、**影響評価**などがある（図表34参照）。

図表34 ソーシャルワークにおける評価の種類

種　類	評価の内容	評価の方法
ニーズ評価	個別のケースにおける問題状況や、社会的な課題などを評価する	**質的**な手法と**量的**な手法（インタビュー、フォーカス・グループ・インタビュー、質問紙調査法、既存の調査の2次データなど）
過程評価（プロセス評価）	個別のケースにおけるサービス提供過程や、福祉プログラムや政策の計画、開発、実施を評価する ※形成的評価とも呼ばれる	**質的**な手法が多い（個人の観察による記述的なデータ、インタビューなど）
結果評価（アウトカム評価）	個別のケースにおける目標や、福祉プログラムや政策の目的がどれくらい達成できたかという結果を評価する ※総括的評価とも呼ばれる	**量的**な手法が多い（質問紙調査法、シングル・システム・デザイン、ランダム化比較試験など）
影響評価（インパクト評価）	個別のケースにおける実践や、福祉プログラムや政策に効果があったか、あるいは他と比較してより効果があったかを評価する	**量的**な手法が多い（シングル・システム・デザイン、ランダム化比較試験など）

ソーシャルワークにおける評価方法

170 ソーシャルワークにおける評価方法は、評価の対象となる実践、プログラム、政策が**どの段階にあるか**を基準に考えて選択する（図表34参照）。

171 **ランダム化比較試験**は、調査対象者を実験群と統制群に無作為（ランダム）に割り当て、2つのグループを比較することによって、介入の効果を検証する実験計画の方法である。**無作為化比較試験**、またはRCT（Randomized Controlled Trial）とも呼ばれる。

- ✏ **実験群**は、介入ありのグループである。
- ✏ **統制群**は、介入なしのグループである。
- ✏ 無作為割当ではなく、希望する者が実験群、希望しない者が統制群のように2つのグループに分ける方法を**疑似実験**という。

172 **シングル・システム・デザイン**は、基本線期と介入期を比較することによって実践やプログラムの効果を確認する方法である（図表35参照）。

- ✏ **基本線期**とは、ベースライン期とも呼ばれ、介入を開始する前の期間をいう。
- ✏ **介入期**とは、インターベンション期とも呼ばれ、介入を開始した後の期間をいう。
- ✏ シングル・システム・デザインは、調査対象が**1ケース（1人）**からでも実行が可能な方法である。

図表35 シングル・システム・デザイン（ABデザイン）の例

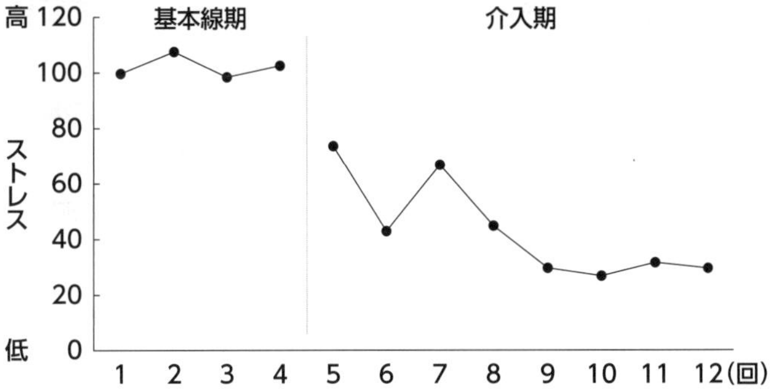

実力チェック！一問一答

※解答の横の番号は、本科目で該当する重要項目や図表の番号です。

1 社会福祉調査は公益性が高いため、調査で得られた個々の調査対象者の氏名、性別、年齢などの属性は、公表すべきである。	**1** ×	24
2 非標本誤差は、回答者の誤答や記入漏れ、調査者の入力や集計のミスなどで生じる。	**2** ○	68
3 横断調査で得られたデータを、時系列データと呼ぶ。	**3** ×	69 70
4 縦断調査とは、複数時点のデータを収集する調査のことをいう。	**4** ○	70
5 1つの質問文で複数の事項を問うことは、複数の回答が同時に得られるので、質問紙の作成において望ましいと考えられている。	**5** ×	78
6 社会福祉調査での測定における尺度において、名義尺度、順序尺度、間隔尺度、比例尺度という4つの尺度水準のうち、大小関係を測定することができるのは、名義尺度である。	**6** ×	88 図表21
7 測定の信頼性とは、測定しようとする概念をどのくらい正確に把握できているかを意味する。	**7** ×	91
8 回収した調査票が正確かどうかを確認する作業のことをコーディングという。	**8** ×	93
9 質問紙を用いた調査では、自計式のほうが他計式よりも、誤記入が起こりやすい。	**9** ○	95 96 図表22
10 訪問面接調査は、自計式であるため、調査者の態度が調査対象者の回答に与える影響を抑制できる。	**10** ×	96 図表22
11 度数分布表は、1つの変数について、それぞれのカテゴリー（階級）に当てはまる度数をまとめた表である。	**11** ○	109
12 観察法における「完全な観察者」は、観察に徹して、その場の活動には参加しない。	**12** ○	139
13 非構造化面接法では、予想される調査対象者の回答を「イエス」「ノー」で記入できるシートを作成する。	**13** ×	142 図表31
14 構造化面接法では、事前に準備をせず、調査対象者が自由に語りやすいように調査を進める。	**14** ×	142 図表31
15 個人が語る人生物語であるライフヒストリーや、主観的な世界を語るライフヒストリーもナラティヴアプローチに含まれる。	**15** ○	154

索　引

A～Z

あ

い

き

く

け

こ

さ

し

す

せ

そ

た

ち

つ

て

と

な

に

ね

の

は

ひ

ふ

へ

ほ

ま

み

む

め

も

や

ゆ

わ

■**本書に関する訂正情報等について**

弊社ホームページ（下記URL）にて随時お知らせいたします。
https://www.chuohoki.co.jp/foruser/social/

■**本書へのご質問について**

下記のURLから「お問い合わせフォーム」にご入力ください。
https://www.chuohoki.co.jp/contact/

社会福祉士・精神保健福祉士国家試験
受験ワークブック2025
共通科目

2024年6月10日　発行

●編　集　中央法規社会福祉士・精神保健福祉士受験対策研究会
●発行者　荘村明彦
●発行所　中央法規出版株式会社
〒110-0016　東京都台東区台東3-29-1　中央法規ビル
Tel 03(6387)3196
https://www.chuohoki.co.jp/
●印刷・製本　株式会社太洋社
●装幀・本文デザイン　木村祐一、濱野実紀（株式会社ゼロメガ）
●装幀キャラクター　坂木浩子

定価はカバーに表示してあります。
ISBN978-4-8243-0035-5

A035